Russland

*Von der Wolga bis zur Newa: Moskau und
Goldener Ring, St. Petersburg und Karelien,
Nowgorod, Pskow und Kasan*

W0191707

Kunst-Reiseführer

Die wichtigsten Orte auf einen Blick

★
Umweg lohnt

★★
keinesfalls versäumen

Inhalt

Kultur und Geschichte

Reiserouten

Goldener Ring

Reiseinformationen von A bis Z   386

*»Schlacht der Nowgo-
roder gegen die Sus-
daler«: Die Ikone im
Kunsthistorischen
Museum Nowgorod
zählt zu den bedeuten-
den Werken der
Nowgoroder Schule
des 15. Jh. Das Sujet
der Schlacht im 12. Jh.
wurde im 15. Jh. in
vielen Varianten ver-
breitet, zu einer Zeit
also, als die freie
Stadtrepublik Now-
gorod von den Vor-
machtansprüchen
Moskaus akut bedroht
war und schließlich
einverleibt wurde ▷*

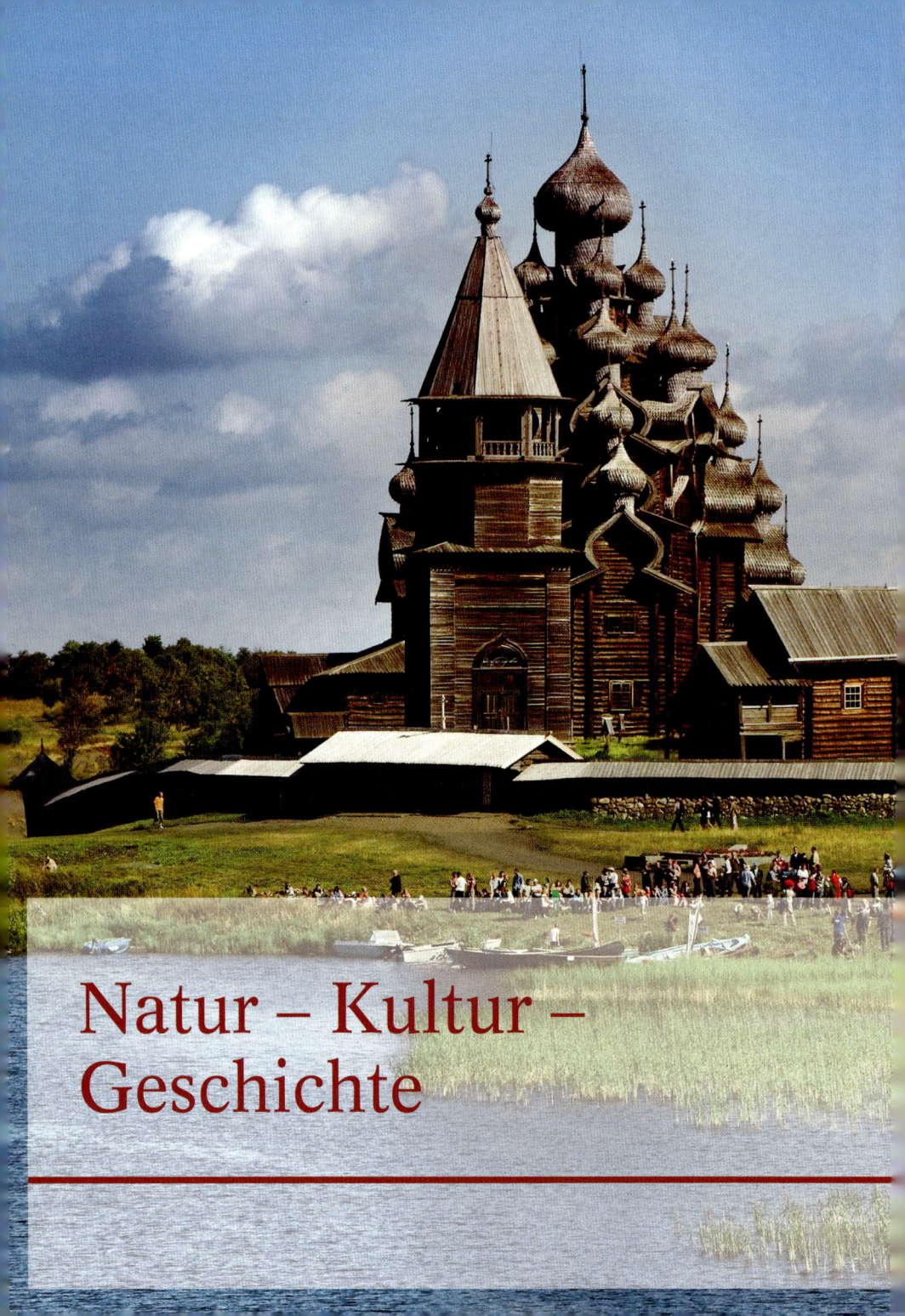

Natur – Kultur –
Geschichte

Die Russlandreise

»Verstand wird Russland nie verstehen, kein Maßstock sein Geheimnis rauben; so wie es ist, so lasst es gehn – An Russland kann man nichts als glauben. Der kühle, wägende Verstand, kann Russlands Wesen nicht verstehen; denn dass es heilig ist, das Land, das kann allein der Glaube sehen.«

Fjodor Tjutschew, 1866

Wilde, aber fremdartige Schönheit, mongolischer Prunk, asiatisches Durcheinander, eine Welt von Chimären, düstere Kreml, vergoldete Kuppeln, barbarische Herrschaft, asiatischer Basar – es ist in der Regel eine Mischung aus bedenklichen und faszinierenden Eindrücken, die historische Reiseberichte über »Moscowien« mitteilen. Das Erstarken des Nachbars im Osten im 15. Jh. hatte englische, deutsche und italienische Gesandte an den Hof des Großfürsten gelockt, die sich um neue diplomatische Beziehungen sowie um Handelsverträge bemühten. Von ihnen stammen die ersten Reiseberichte, darunter die 1556 von Sigismund Freiherr von Herbertstein auf deutsch erschienene Schrift »Moscowiter wunderbare Historien«. Der Habsburger Gesandte, der einen Friedensvertrag zwischen Polen und Russland aushandeln sollte, ist bestrebt, »unbekannte Dinge ans Licht zu bringen« und schildert im Ton der Verwunderung das gesellschaftliche Leben sowie den Aufbau der Städte und des Staates.

Russland wurde im Mittelalter vor allem auch wegen seiner Fremdheit gesucht. Vom Hochsitz zivilisatorischer und kultureller Überlegenheit aus beobachtete eine kleine Gruppe abendländischer Russlandgesandter die andersartige, mal als märchenhaft, mal als schaurig empfundene Welt. Die Gründung St. Petersburgs zu Anfang des 18. Jh. nimmt dem westlichen Blickwinkel seine Lust am Unbekannten. Das ›Fenster nach Europa‹ hat nichts mehr gemein mit dem wilden, bäurischen, sentimentalen und rauhen Russland, und bietet sich dem Reisenden als das Eigene an, gar, so Gogol, als das Abbild »eines akkuraten Deutschen«.

Russland, das mit St. Petersburg vom westlichen Standpunkt aus seinen Platz in der »Gesellschaft der policierten Völker« (so die Formulierung des Friedensschlusses von Nystad 1721, der den Nordischen Krieg beendete) behauptet hatte, schickte nun Künstler zum Studium nach Westeuropa, übernahm im Petersburger Stadtbild die stilistische Gestik der römischen, imperialen Antike und betrieb eine dynastische Heiratspolitik mit deutschen Fürstenhäusern. Der rege kulturelle Austausch verlief nur einseitig, war ein Kulturimport, der zugereisten und angeworbenen Künstlern und Handwerkern zwar ein weites Betätigungsfeld bot, das kulturelle Interesse Westeuropas an Russland aber nicht wecken konnte. Es sei, so der Maler und Kunstkritiker Alexander Benois, »ein unverzeihlicher Fehler, dass in der Kunstgeschichte des 18. und 19. Jh. kein westlicher Gelehrter die Petersburger Baudenkmäler berücksichtigt …« (›*Mir iskusstwa*‹, 1902).

Russland sollte erst im Rahmen einer Heilserwartung kulturelle Popularität für den Westen erlangen – über den Weg der Literatur. Bei der Lektüre Dostojewskijs und Tolstojs entdeckten westliche Kulturpessimisten in den 1890er-Jahren ein immer noch unbekanntes, weites Land sowie ein in seine elementaren Lebensformen eingebundenes Volk, dessen große historische Stunde schon bald nahen würde.

◁ *Auf der Museumsinsel Kischi*

12

Alle Hoffnung auf einen Ausweg aus dem Zivilisationsüberdruss richtete sich auf Russland und auf die diffus herbeigesehnte Spiritualität der ›russischen Seele‹. Die archaisch-patriarchalische, ja die fromme Lebensweise der Russen erschien nun der rechte Weg zur Überwindung der Dekadenz des Westens. So überkam denn auch Rilke in Russland zum ersten Mal, wie er versichert, »ein nicht ausdrückbares Gefühl, ein Gefühl von Heimat«.

Das neuromantische Interesse an Russland gipfelte schließlich in der regelrechten Russophilie der Weimarer Republik, deren Boden auch Kritiker wie Alfred Kerr, vor allem aber Oswald Spenglers viel gelesene, kulturkritische Studie »Der Untergang des Abendlandes« (1918) bereiteten. Neben der »Faustischen Seele«, gleichsam Repräsentant der gesamten, vom Untergang bedrohten Kultur des Abendlandes, erblickt Spengler ein neues russisches Seelentum. »Es war bereits kein lebend wirkliches Russland, das solchergestalt hymnisiert wurde«, schimpfte daraufhin Ernst Bloch.

Die Revolution schließlich lenkte die verklärte Suche nach der russischen Seele, das geistige Interesse auf ein gesellschaftspolitisches um. Russland entwickelte sich in den Jahren nach dem Bürgerkrieg zur Pilgerstätte politisch links orientierter Autoren und Künstler. Jetzt war es der erste sozialistische Arbeiter- und Bauernstaat, der zu detaillierten Schilderungen und glücksverheißenden Darstellungen des Sozialismus Anlass gab. Schriftsteller erkundeten auf organisierten Propagandafahrten das Land der Oktoberrevolution, dessen Wirtschaft sich vorteilhafter zu entwickeln versprach als die des krisengeschüttelten Westen und dessen Kunst so innovativ das gesamte Alltagsleben erfasste. Darüber hinaus galt die Sowjetunion als Bollwerk gegen den Faschismus. Vor den Massenverhaftungen und Schauprozessen im stalinistischen Russland indes verschloss so mancher Bot-

Dostojewskij-Rezeption

Eine Schlüsselrolle in der deutschen Dostojewskij-Rezeption fiel der von Dmitrij S. Mereschkowskij und Arthur Moeller van den Bruck zu Anfang des Jahrhunderts bei Piper edierten Werkausgabe (München 1906–14) zu: In der politisch instabilen Weimarer Republik wurde Dostojewskij u.a. von rechten Intellektuellen als ›konservativer Revolutionär‹ rezipiert.

Andrej Rjabuschkin, »Kaufmannsfamilie im 17. Jahrhundert« (Russisches Museum, St. Petersburg)

13

Die Liste der Gegensätze zwischen Moskau und St. Petersburg ist lang: Moskau ist weiblich und konzentrisch, St. Petersburg männlich und exzentrisch. Moskau liebt bunte Farben und scharfe Kontraste, St. Petersburg strebt nach Homogenität der Farben und Stile. Moskau favorisiert Bögen und Kuppeln, St. Petersburg gerade Linien und spitze Türme. Mit den Worten Gogols: »Moskau ist für Russland eine Notwendigkeit, Russland ist eine Notwendigkeit für St. Petersburg«

schafter beide Augen. Im Jahr der schlimmsten stalinistischen Säuberungen 1937 antwortete Feuchtwanger auf André Gides bittere Abrechnung mit der UdSSR noch mit einer idealistischen Lobeshymne.

Erst seit dem Zusammenbruch der UdSSR, scheint ein ideologisch unverstellter Blick auf Russland möglich. Als Ziel einer Kunst-Reise hat Russland noch keine lange Tradition, die mittelalterlichen Städte des Goldenen Rings sowie Nowgorod und die karelische Landschaft sind eher unbekanntes Terrain. Dabei handelt es sich, abgesehen von Karelien, um eine vielgestaltige Kulturlandschaft, in der sich die Ausbildung der Künste auf einige ambitionierte Zentren konzentriert, die mit der Macht der kirchlichen und weltlichen Auftraggeber stiegen oder sanken. Neben bedeutenden Kirchen und Klöstern sowie mittelalterlicher Fresken- und Ikonenmalerei sollten gerade in der russischen Provinz nicht die kulturellen Nuancen russischen Alltags übersehen werden, die oftmals von einem ebenso unermüdlichen wie unkonventionellen Erfindungsreichtum getragen werden. Die russischen Städte abseits von Moskau und St. Petersburg konnten ihr Eigenleben weitgehend bewahren, das es neben allen Kunstschätzen zu entdecken gilt.

Nach dem Aufstieg Moskaus im 15. Jh. und der sukzessiven Einverleibung aller russischen Fürsten- und Teilfürstentümer in das Moskowiter Reich konzentrierte sich das Kunstschaffen vor allem auf den Ausbau der Hauptstadt. Die Geschichten der einzelnen Fürstentümer wurden nun als organische Vorstufe der Geschichte des Moskauer Einheitsstaates interpretiert. Auch die Kunst, die erstmals wieder nach der jahrhundertelangen Herrschaft der Tataren einen enormen Aufschwung erlebte, musste sich dem Einheitsstreben beugen. Die lokalen Kunsttraditionen Wladimir-Susdals, Nowgorods oder der Gebiete

entlang der Wolga verloren ihre selbstständige Bedeutung und verschmolzen in einem gesamtrussischen Stil, der dem gesteigerten Repräsentationsbedürfnis infolge der gewaltigen territorialen Expansion Russlands Ausdruck verlieh.

Die Gründung St. Petersburgs als prononciert antirussische Stadt zu Beginn des 18. Jh. markiert die kulturelle Neuorientierung und den Bruch mit der altrussischen Tradition. Hatten sich Kunst und Kultur Russlands bis zu diesem Zeitpunkt weitgehend ohne nennenswerte Einflüsse von außen – sieht man einmal von dem Mitwirken italienischer Baumeister beim Ausbau des Kreml im 16. Jh. ab – entwickelt, erfuhren sie nun eine intensive Verwestlichung. In der historischen Rückschau auf diese Epoche der ›Selbstkolonisierung‹ widersetzen sich heute um das nationale Erbe besorgte Angehörige der Intelligenzija vehement allen Symptomen einer Europäisierung Russlands und berufen sich auf einen spezifisch russischen Weg. Die alte kulturelle Auseinandersetzung zwischen Ost und West, die sich Russlands geografischer Lage im Spannungsfeld zwischen Europa und Asien verdankt, wird wieder neu diskutiert. Der Religionsphilosoph Nikolaj Berdjajew (1874–1948), dessen Schriften in sowjetischer Zeit verboten waren und seit dem Zusammenbruch des Staatssozialismus verstärkt rezipiert werden, definiert die Eigentümlichkeit Russlands bei einem Blick auf die Landkarte: »In Russland treffen sich zwei Ströme der Weltgeschichte und geraten in Wechselwirkung miteinander – der Osten und der Westen ... Russland ist ein ganzer Erdteil, ein großer Ost-Westen, es vereinigt zwei Welten. Und immer haben in der russischen Seele zwei Elemente miteinander gerungen – das östliche und das westliche.« Hoffentlich ist es jetzt an der Zeit, dass sie einander verstehen!

Rettung durch die Tataren

Nach Auffassung des vor wenigen Jahren verstorbenen Historikers Lew Gumiljow, Sohn der Dichterin Anna Achmatowa und einer der Wortführer der Slawophilen, retteten die Tataren das alte Russland vor der unvermeidlichen Eroberung durch den Westen, die seine Eigenart völlig zerstört und dadurch in ein wesentlich größeres Verderben gestürzt hätten.

15

Weite Landschaften – Geografie und Klima

Russland ist ein Land der Weite, der Maßlosigkeit, ein Land so groß wie ein Kontinent zwischen Europa und Asien, das sich über zwölf Zeit- und mehrere Klimazonen erstreckt und in dem 150 Mio. Menschen verschiedenster Nationalitäten leben. Diese geografischen Parameter haben die Geschichte und Politik des Landes sowie seine Kunst und Kultur entscheidend mitbestimmt. Aus der extrem kontinentalen Lage Russlands lässt sich beispielsweise die Gründung St. Petersburgs in geografischer Randlage am Zugang zur Ostsee erklären.

Von Westen her dominiert die **osteuropäische Tiefbene** mit ihren sanft gewellten Hügelzügen das Landschaftsbild. Vertikale Akzente setzen hier, wo, wie es in einem Volkslied heißt, die Felder gen Himmel steigen, nur die Kirchtürme. Das seenreiche Gebiet **Kareliens** und die **Kola-Halbinsel** nehmen den Norden Russlands ein, im Süden verlaufen die Gebirgszüge des **Nordkaukasus** sowie die **Kaspische Senke** bis zur unteren Wolga. Den Osten des europäischen Flachlandes begrenzt der **Ural,** die geografische Grenze zwischen Asien und Europa. Hinter den parallel verlaufenden Bergketten des Urals erstreckt sich das westsibirische Tiefland in einer Länge von 7000 km bis zum Pazifik. Im Süden türmen sich Altaj-, Sajan- und Baikal-Gebirge zu mächtigen Bergmassiven auf, im Norden bildet das Nordpolarmeer die natürliche Grenze. Endlose Flüsse durchziehen die Weiten **Sibiriens** in Süd-Nord-Richtung: der Ob mit 3650 km, der Irtysch mit 4248 km sowie der Jenissej (3487 km) und die Lena mit 4400 km, die das Mittelsibirische Bergland mit cañonartigen Flusstälern einschließen. In West-Ost-Richtung durchzieht der Amur das Land mit

Osteuropäische Tiefebene bei Nowgorod

einer Länge von 2824 km. Im europäischen Teil Russlands, dem kulturellen Kernland, ziehen der Don (1870 km), der Ural (2428 km) und die Wolga mit 3530 km als größte Flüsse von Norden nach Süden.

Die enorme Weite des Landes begünstigt ein anderes Zeitempfinden. Die Wege sowohl für Güter als auch für Ideen aus dem Zentrum in die Peripherie sind lang, was allenthalben in der Rückständigkeit der russischen Provinz nur allzu offenkundig wird. Auch die Menschen pflegen hier eine ruhigere Gangart; Warten empfindet hier niemand als lästigen Zeitverlust, sondern als Gelegenheit, mit den Mitwartenden ins Gespräch zu kommen. Die riesige Ausdehnung des Landes sowie sein widriges, **kontinentales Klima** mit langen, kalten Wintern und kurzen, trockenen Sommern haben die Russen auf die heute wieder vielbeschworene Idee des gemeinschaftlichen Lebens (sobornost) verpflichtet, nicht auf die Reibungslosigkeit gesellschaftlicher Dynamik. »Wir Russen sehen wie Europäer aus. Wir haben eine weiße Haut, keine Schlitzaugen. Darum denkt der Westen, wir seien auch Europäer und unsere Geschichte sei wie eine fremde Macht über uns gekommen. Das ist falsch. Wenn Deutsche nach China fahren, wissen sie, dass sie es mit Menschen einer anderen Mentalität zu tun haben. Wer aus dem Westen nach Russland kommt, braucht lange, bis er merkt, dass er Europa verlassen hat« (Viktor Jerofejew).

Auf der Höhe der Petrodollars – Wirtschaft

In Russlands Wirtschaft ist die Rohstoffindustrie dominant. Der Wohlstand, von dem in den vergangenen Jahren zwar nahezu alle Gesellschaftsschichten profitiert haben, vor allem aber die Oligarchen und die Machtelite, stützt sich vor allem auf die natürlichen Bodenschätze. Seit 1993 werden mit dem Öl- und Gasexport schwindelerregende Gewinne erzielt. Aus der Petrokasse werden die einfachen Bedürfnisse des anspruchslosen Volkes befriedigt, was zu einer Festigung des Putin-Systems geführt hat. Doch die Öl- und Gasreserven sind endlich. Großes Gewicht wird daher auf den Aufstieg Russlands zu einer Hochtechnologiemacht gelegt. Der Weg soll von einer auf Energiegütern dominierten Volkswirtschaft zu einer Wissensökonomie führen. Als zentrale Branchen erachtet der Kreml die Luft- und Raumfahrttechnik, die Kernkraft, den Schiffsbau, die Waffenindustrie, die Softwareentwicklung und das Bildungswesen. Den meisten dieser Wirtschaftszweige ist dabei gemeinsam, dass sie in der Hand von Staatsgesellschaften sind.

Unter Putin kam es zu Zusammenlegungen von Staatsunternehmen, bei denen üppige Gelder aus dem Kreml flossen. Diese dominierenden Superholdings, durch die strategische Wirtschaftsobjekte abgeschirmt werden, setzen langsam aber sicher die Konkurrenzfähigkeit der Unternehmen auf dem russischen Markt außer Kraft. Doch solange die

Mehrheit des Staatsapparates von der Situation profitiert und sich an den staatseigenen Unternehmen bedient, dürfte sie kaum geneigt sein, Reformen umzusetzen. Dabei warten wichtige Reformen auf die russische Wirtschaft, der es bislang an der nötigen Diversifizierung fehlt.

Voraussetzung für eine Stärkung von Wirtschaft und Gesellschaft ist ferner eine Verwaltung, die den Bürgern und der Wirtschaft dient. In Russland ist diese Sphäre indes fest im Griff der Korruption, die nahezu systemimmanenten Charakter angenommen hat. Die renommierte Wirtschaftsjournalistin Julia Latynina klagte einmal, dass es in Russland keine Institutionen mehr gebe, sondern nur persönliche Beziehungen. Konkurrenzkämpfe in der Wirtschaft werden nicht durch qualitätsvolle Produktion ausgetragen, Unternehmen müssen sich vielmehr durch große Robustheit auszeichnen gegenüber den Forderungen aggressiver Beamter und den sie bestechenden wirtschaftlichen Konkurrenten. In dem von Transparency International 2008 erstellten Bericht über die Bereitschaft führender Industrienationen im Ausland zu bestechen, liegt Russland auf Platz 22 – es ist der letzte Platz. Korruption ist vor allem in der Wirtschaftselite verbreitet, die in den Putin-Jahren die Macht über den Staat erlangt hat. Ein Elitekartell, in dem sich die Exekutive und Hochfinanz miteinander verbunden haben, kontrolliert den politischen Prozess und hat die ökonomischen Ressourcen unter dem Anschein der Stärkung staatlichen Einflusses de facto privatisiert.

Für viel Aufsehen sorgte 2003 der Fall Chodorkowskij. Der Konzernchef des Ölunternehmens Yukos ist Russlands reichster Mann und war auf dem Weg, sich von dunklen, postsowjetischen Machenschaften zu verabschieden und Transparenz in sein Unternehmen einzuführen. Doch Michail Chodorkowskij unterstützte mit seinen Ölmillionen auch die liberalen Oppositionsparteien Jabloko und SPS, was dem Kreml mehr als missfiel. Seit November 2003 sitzt Chodorkowskij in Haft, 40 Prozent des Yukos-Aktienpakets wurden beschlagnahmt und die russische Justiz leitete gleich ein Dutzend Ermittlungen gegen Yukos ein. Russland will keine Muster-Oligarchen, sondern schuldige Oligarchen, die erpressbar bleiben und jederzeit für den Staat instrumentalisiert werden können.

Die **korrupte Verflechtung von Kapital und Politik** hat sich zur größten Hypothek für die russische Wirtschaft entwickelt und bereitet den Nährboden für mafiose Strukturen und organisierte Kriminalität. Viele hohe und mittlere Funktionäre der zentralen und regionalen Verwaltung ließen sich in die dichtgeflochtene Kette von Korruption und Schattenwirtschaft einspannen. Dringend benötigte Strukturreformen drohen in dieser Kette nur allzuoft zu versanden.

Die wohllautenden Versprechungen von **Demokratie und Marktwirtschaft** haben sich für die Mehrheit der Russen nicht erfüllt. Vielmehr gehören Arbeitslosigkeit und Armut zum Alltag vieler Menschen. Eine Marktwirtschaft, die sich ihrer sozialen Verantwortung entledigt hat, ist für viele Russen gleichbedeutend mit existentieller Verarmung. Noch immer muss ein knappes Drittel der Bevölkerung mit Einkünften unterhalb des Existenzminimums auskommen – und das liegt bei

Bis zum Jahre 2015 soll das ehrgeizige Bauprojekt ›Moskwa City‹ abgeschlossen sein

etwa 65 Euro. Zu einem großen Problem wird ferner die Kluft zwischen der Hauptstadt und dem Rest des Landes. Ein Drittel der ländlichen Bevölkerung ist arm. Dabei geht auch etwa die Hälfte der Armen einer Beschäftigung nach – das Lohnniveau von Lehrern und Ärzten sowie von vielen anderen Staatsbediensteten müsste etwa um ein Dreifaches angehoben werden. Die starke Ungleichheit der Einkommensverhältnisse ist eines der drängendsten gesellschaftlichen Probleme Russlands. Während Moskau unübersehbar boomt, droht auf dem Land die Verelendung ganzer Gegenden. Auch Städte wie St. Petersburg oder Nishni Nowgorod sind wirtschaftlich längst abgehängt. Das Lohnniveau ist in Moskau beispielsweise mehr als doppelt so hoch als an der Newa.

Das russische **Sozialsystem** leistet Unterstützung für Arme und hilft etwa mit subventioniertem Wohnraum oder Grundnahrungsmitteln.

Unter Putin entstand erstmals Spielraum für sozialpolitische Maßnahmen, die über einen rein reaktiven, improvisierenden Charakter hinausgehen. Doch die Sozialleistungen bilden keineswegs ein System sozialer Sicherung. Trotz des schnellen Wirtschaftswachstums reichen die Mittel beispielsweise nicht für eine umfassende Gesundheitsversorgung der Bevölkerung. Bei weitem nicht alle Menschen erhalten unentgeltlich eine ausreichende medizinische Versorgung, ganz zu schweigen von einer guten Versorgung. Patienten müssen Ärzte oft bestechen und ihre eigene Medizin kaufen. Russen haben die niedrigste durchschnittliche Lebenserwartung in Europa: Männer dürfen mit 58, Frauen mit 71 Jahren rechnen.

Transformationsgesellschaften sind gestresste Gesellschaften. Viele Russen fühlen sich infolge der Pluralisierung ihrer Lebenswelten stark verunsichert. Vor allem Männer sind vielfach den Anforderungen des Raubtierkapitalismus russischer Prägung nicht gewachsen und flüchten sich in den Alkohol- und Drogenrausch.

Russische Architektur vom Mittelalter bis zur Moderne

Altrussische Baukunst

Die Geschichte der altrussischen Kunst umfasst eine Zeitspanne vom Beginn des 11. Jh. bis zum ausgehenden 16. Jh., von der Annahme des orthodoxen Christentums unter dem Kiewer Großfürsten Wladimir bis zu den kulturellen Reformen Peters des Großen. Im Schoße der orthodoxen Kirche entstanden Kirchen, Bauplastiken, Wandmalereien und Ikonen. Profane Kunst gab es so gut wie überhaupt nicht. Eine der markantesten Eigenheiten altrussischer Kunst ist die Einheitlichkeit und Beständigkeit ihrer Formensprache. Einmal gefundene oder übernommene architektonische Formen wurden im Laufe der Jahrhunderte nur minimal variiert, auch an den religiösen Bildthemen hielt man schematisch fest. Künstlerische Freiheit gab es nur in einem relativ engen Rahmen, etwa in der Farbgebung oder der Behandlung der Form und des Raumes. Das große Traditionsbewusstsein der altrussischen Kunst, die keine strukturellen Änderungen erfahren hat – abgesehen von einem kurzen Auftauchen der Zeltdachkirche im 16. Jh. – erklärt sich neben dem byzantinischen Erbe u. a. aus der Weite des Landes, die ein ausgedehntes Zeitempfinden begünstigt und damit einen langlebigen Umgang mit Bautypen und Gestaltungsprinzipien.

Die Einführung des orthodoxen Christentums 988 führte Land und Kultur zu einer Annäherung an Byzanz. Im Bann der großen Vergangenheit des Imperiums diente den russischen Großfürsten die Kultur am Kaiserhof in Konstantinopel von nun an als Vorbild. Bis zum 11. Jh. hatte sich in der nordöstlichen Rus der monumentale Steinbau etabliert sowie die ostkirchlichen Techniken der Wandmalerei und in sehr begrenztem Maße auch der Plastik. Im Kirchenbau orientierte man sich an dem Modell der ›eingeschriebenen‹ **Kreuzkuppelkirche,** einem blockhaftem Baukörper mit Tonnenkreuz, über dessen Vierung sich auf einem lichtspendenden Tambour die Hauptkuppel erhebt. Verbreitet war in Russland vor allem die Fünf-, Drei- oder Einkuppelkonstruktion über drei Schiffen.

›Mutter aller russischen Kirchen‹

1037 wurde die **Kiewer Sophien-Kathedrale** vollendet, die ›Mutter aller russischen Kirchen‹. Die gewaltige Stadtkathedrale bildet bereits ein Beispiel für das Bemühen der russischen Baumeister, die meist mit griechischen Architekten zusammenarbeiteten, dem von Byzanz übernommenen Formenkanon eine eigenständige Note abzugewinnen. Für die 13 Kuppeln der Sophien-Kathedrale gibt es kein byzantinisches Vorbild. Ab 1045 entstand die Sophien-Kathedrale in Nowgo-

rod, bei der das Kiewer Vorbild vereinfacht erscheint. Die Zahl der Nebenkuppeln wurde auf vier herabgesetzt – gleichsam Symbol der vier Evangelisten. Am Bau der ersten großen Kathedralen manifestiert sich die russische Vorliebe für rhythmisierte Architekturen. Der Halbkreis als bogenartiger Umriss taucht als Motiv in der russischen Architektur immer wieder auf: in den Helmkuppeln, an den Wellenlinien der Sakomare, an den Arkaden und Scheinarkaden sowie in den Reihen äußerer Galerien. Eine weitere Eigenart der russischen Baukunst ist die Blockhaftigkeit der Baumassen, die ein einheitliches und geschlossenes Raumbild erzielen. Es mag mitunter die Weite des Landes sein, die das Bedürfnis nach einem in sich geschlossenen Raum nährt. Aber auch die mittelalterliche Auffassung von der Unveränderlichkeit des Seins findet in diesen kompakten Bauten ihren Ausdruck, schützte man sich innerhalb der festen vier Wände auch vor der häufig als Bedrohung empfundenen Außenwelt. Die Grundsteinlegung der Kirchen erfolgte nie zufällig, sondern meist an historisch bedeutsamen Orten, an denen sie im Dienst der Verschmelzung von feudaler ›Ideologie‹ und orthodoxer Religion stand.

Profanarchtitektur

Für die Profanarchitektur, die russische Stadt, hatte sich ebenfalls ein festes Bauschema entwickelt. Deren Kern bildete der *kreml* oder *detinez*, hinter dessen Mauern die Fürstenresidenz lag ebenso wie Kathedralen und Klöster, Verwaltungsgebäude, Magazine und Arsenale sowie einige Wohnhäuser des Klerus und des Adels. Die Standortwahl der Zitadelle fiel auf strategisch günstige Orte wie etwa auf Anhöhen, am Zusammenfluss zweier Flüsse, an einer Flussbiegung

Der Kreml von Kasan wurde auf Veranlassung Iwans IV. im 16. Jh. errichtet und zählt neben dem Nowgoroder und Moskauer Kreml zu den besterhaltenen Befestigungsarchitekturen Russlands

Wladimir-Susdaler Bauschule

Das charakteristische Merkmal dieser Schule stellt die Bauplastik dar, die im 12. Jh. zu höchster Blüte gelangte. Die Anregungen für den reichen Skulpturenschmuck kamen aus der mitteleuropäischen Romanik sowie aus Armenien und Georgien. Auch antike Tempel mit ihren skulptierten Giebelreliefs dienten als Vorbilder. Ebenfalls der Romanik verpflichtet zeigt sich die Abstufung der Fassaden auf mittlerer Höhe.

oder an einem See. Vor dem Kreml, gleichsam der Stadtkrone, auf die sich alle dekorativen Bemühungen konzentrieren, erstreckte sich die ebenfalls von einer Wehrmauer umgebene Vorstadt, der *possad*. Der Markt markierte hier den Mittelpunkt, um den sich die Häuser der Händler und Handwerker scharten. Die Bebauung folgte bis zur Zeit Peter des Großen nicht räumlich-ästhetischen Überlegungen, sondern allein praktischen Zwecken. Die Straßen säumten lediglich Staketenzäune, während das Haus weit zurückgesetzt im Hof lag. Bis ins 17. Jh. gibt darüber hinaus das Zusammenspiel von Holz- und Steinarchitektur den russischen Städten ihr Gepräge. Auch die Peter dem Großen so verhasste Uneinheitlichkeit und Enge sind ein Charakteristikum des Stadtbildes. Gebaut wurde nach Belieben und Verlangen, kein übergeordneter Plan hielt das Stadtgefüge zusammen.

Mit der feudalen Zersplitterung im 12. Jh. entwickeln sich einzelne **Kunstzentren,** unter denen Wladimir eine hervorragende Stellung einnimmt. Der Architektur stellten sich in den selbstständigen Fürstentümern neue Aufgaben: Residenzen, Befestigungsanlagen, Kathedralen und Gemeindekirchen wurden errichtet. Der großen kulturellen Blütezeit bereitet der Einfall der mongolischen Tataren 1237–41 ein trauriges Ende. Die russischen Chroniken berichten nun ausschließlich von der Errichtung aus Holz gebauter Kirchen. Und obwohl Nowgorod und Pskow ihre Unabhängigkeit behaupten konnten, erlahmte auch hier die Bautätigkeit. Sie sollte ein Jahrhundert später jedoch mit einer bemerkenswert eigenständigen Formensprache wieder erwachen, die die Entwicklung eines russischen Baustils enorm vorantrieb.

Klöster

Im 14. Jh. beginnt der Aufstieg des Fürstentums Moskau. Zeitgleich gründen Mönche in den unwirtlichen Gebieten im Nordosten der Rus

Einsiedlerklöster, in denen in Notzeiten auch Bauern und Handwerker Zuflucht finden konnten. Alle Klosterbauten, meist nur ein paar einzelne Zellen, die sich um eine Kirche gruppierten, zimmerten die Mönche aus Holz. In der zweiten Hälfte des 14. Jh. entwickelten sich auch Gemeinschaftsklöster, die genauso wie größere Siedlungen mit Erdwällen umgeben und befestigt wurden. Ein sicheres Gefühl für Harmonie und besonderen landschaftlichen Ausdruck bestimmte die Standorte der Kirchen und Klöster. Der vertikale Akzent, den die Glockentürme setzen, erscheint als eine unverzichtbare Ergänzung zu der Weite der hügeligen, mittelrussischen Landschaft. Ende des 15. Jh. waren aus den einst bescheidenen Hütten der asketischen Mönche prachtvolle, wehrhafte Klosterensemble erwachsen, die oftmals auch geistig-kulturelle Zentren waren. Sie folgten in der dekorativen Ausstattung bald dem Beispiel der Kreml und erhielten reich geschmückte Mauern und Türme, prachtvolle Torkirchen sowie vielgeschossige hohe Glockentürme.

Staatsbaukunst der Moskauer Rus

Ende des 15. Jh. hatte Russland endgültig das ›Joch‹ tatarischer Fremdherrschaft abgeschüttelt. Auch die Einigungspolitik war mit der Einverleibung Nowgorods und Twers abgeschlossen. Im Zuge der Hochzeit Iwans III. mit der Nichte des letzten byzantinischen Kaisers, der Paläologen-Prinzessin Zoë (Sophia), 1472, kamen italienische Baumeister, Künstler, Techniker, Diplomaten und Gelehrte nach Moskau und mit ihnen ein ›Hauch‹ von Renaissance. Der Kreml sollte nun nicht mehr allein dem autokratischen Selbstverständnis Iwans III. entsprechen, sondern wurde von italienischen Baumeistern zu einer prachtvollen, repräsentativen Residenz ausgebaut. Unter Iwan III. und Wassilij III., seinem Nachfolger, erhielt der Kreml seine im Wesentlichen bis heute erhaltene Gestalt, über die es im Volksmund hieß: »Über Moskau geht nur der Kreml, und über dem Kreml ist nur noch Gott«.

Die wichtigsten baulichen Aktivitäten des 16. Jh. konzentrierten sich nun auf die Hauptstadt und deren weitere Umgebung. Einen nie zuvor dagewesenen Aufschwung erlebte vor allem die **Kirchen- und Festungsarchitektur.** Die Klöster rund um Moskau wurden befestigt, das Kaufmannsviertel *Kitaj gorod* mit einem neuen Verteidigungswall umgeben und der Nowgoroder Kreml musste sich einer Restauration unterziehen. Ein Meisterwerk der russischen Baukunst entstand 1532 in Kolomenskoje bei Moskau. Die Architektur der Mariä-Entschlafens-Kirche, die erste, große steinerne Zeltdachkirche Russlands, fand in der russischen Holzarchitektur ihr Vorbild. Tortürme und Torkirchen tragen hier oft ein achtkantiges Dach, in dem ebenso wie in Kolomenskoje Beobachtungsstationen eingerichtet waren. Da die in der Form einem Obelisken angenäherte **Zeltdachkirche** der Gemeinde zu wenig Raum bot, ist dieser Bautypus

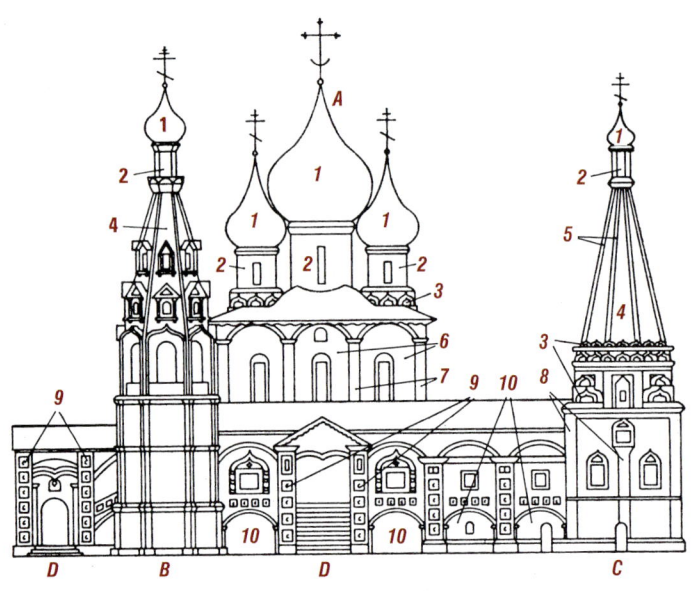

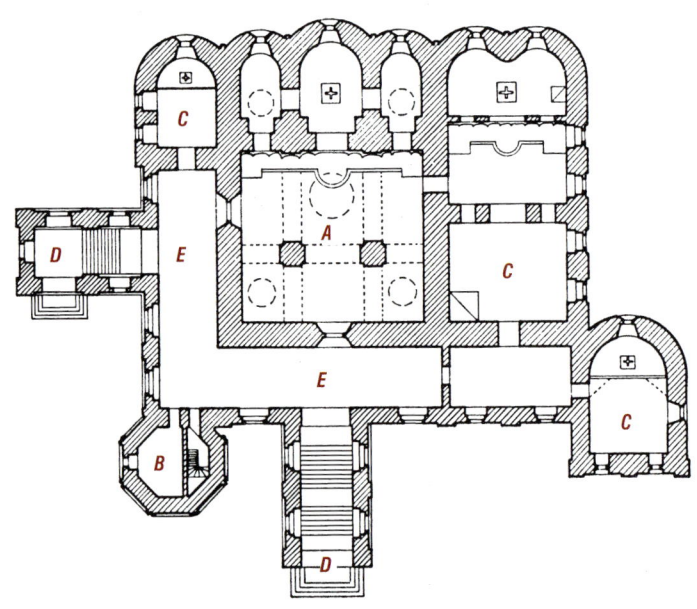

nur als ein kurzes baukünstlerisches Zwischenspiel anzusehen und eng mit der Herrschaftszeit Wassilijs III. verbunden. Unter der nachfolgenden Herrschaft Iwans des Schrecklichen festigte sich die despotische Autokratie, die nach Repräsentanz in prunkvollen Bauwerken strebte. Die heilsgeschichtliche Vorstellung von Moskau als dem ›**Dritten Rom**‹ verschmolz nun mit der theologischen Ikonografie des **Himmlischen Jerusalem.** Die Mariä-Schutz-Kathedrale auf dem Roten Platz, die Iwan 1555–61 aus Dankbarkeit für seinen Sieg über Kasan errichten ließ, ist dafür sichtbarster Ausdruck. Neun einzelne Kirchen fügen sich zu einer Architekturgruppe, bei der sich vier niedrige Kirchen mit Zwiebelkuppeln um vier weitere Turmkirchen gruppieren, die die Zeltdachkirche in der Mitte umschließen. Sowohl im Außenraum als auch im Innenraum dominiert das Oktogon, gleichsam Basisform der Turm- und Zeltdachkirche. Nach der byzantinischen und christlichen Zahlensymbolik, die in der Renaissance wieder große Verbreitung fand, wird die Acht auf die Auferstehung Christi bezogen und ist Symbol eines neuen Lebensbeginns, wie es sich auch das neue Zarenreich erhoffte. Der Mariä-Schutz-Kathedrale wurde dabei die Bedeutung als Abbild des Himmlischen Jerusalem unterlegt.

In der zweiten Hälfte des 16. Jh. brach der starre Formenkanon der altrussischen Architektur allmählich zugunsten einer größeren Stilvielfalt auf, die den Übergang vom Mittelalter zur Neuzeit markiert. Das dekorative Schmuckwerk löste sich vom theologischen Kanon und verselbstständigte sich: so etwa bei der Moskauer Dreifaltigkeits-Kirche in Nikitniki oder der Mariä-Geburts-Kirche, die der erste

Mit 22 Kuppeln übersteigert die Christi-Verklärungs-Kirche auf Kischi (Karelien) die symbolische Nachbildung des Himmlischen Jerusalem. Bei dieser komplizierten Architektur aus Holz wurde kein einziger Nagel verwendet, alle Teile wurden miteinander verzapft oder verzahnt

Russischer Kirchenbau des 17. Jh. am Beispiel der Elias-Kirche in Jaroslawl (1647–50)

A *Hauptkirche*
B *Kolokolnja (Glockenturm)*
C *Pridel (Anbau mit eigenem Altarraum)*
D *Krylzo (überdachter Vorraum, oft mit Treppe)*
E *Galerie*
1 *Kuppeln*
2 *Trommeln*
3 *Kokoschniki*
4 *Zeltdach*
5 *Rippen des Zeltdachs*
6 *Sakomare*
7,8 *Lopatki (pilasterartiger Vorsprung ohne Kapitell)*
9 *Schirinki (dekorativ umrahmte Vertiefung, oft mit Kacheln geschmückt)*
10 *Podklet (Untergeschoss, meist gewölbt und für Wirtschaftszwecke bestimmt)*

Im Hauptraum des Gottesdienstes (A) trennt der Ikonostas den fast quadratischen Gemeinderaum von dem östlich anschließenden Altarraum (mit Apsiden). Auch die Nebenräume (C) werden für den Gottesdienst genutzt und besitzen eigene Ikonostase. Alle für den Gottesdienst bedeutsamen Räume sowie die Galerien (E) sind in mehreren Zonen übereinander völlig ausgemalt. Im Hauptraum (A) ist das Bildprogramm neben den zentralen Erzählungen des Neuen Testaments (Zwölf-Feste-Zyklus) u. a. dem Leben des Patronatsheiligen gewidmet.

Romanow-Zar 1649 für die Moskauer Vorstadt Putinki errichten ließ. Die Vorliebe für üppige Schmuckformen sowie volkstümliche Fantasie kannte die russische Baukunst bereits aus der Holzarchitektur, von der sie sich inspirieren ließ. Im 17. Jh. mehrten sich auch die Profanbauten, die ebenso wie Kirchen üppig verziert wurden. Reisende dieser Jahre berichten zudem von prachtvoll gekleideten Bojaren, die das Bild vom »märchenhaften Russland« (Germaine de Staël) vervollständigen.

Westeuropäische Einflüsse: Barock und Klassizismus

Zum Ende des 17. Jh. machen sich immer mehr Tendenzen zur Vereinheitlichung der Formensprache in der Baukunst bemerkbar sowie ein allgemeines Bedürfnis nach Symmetrie. Aus der Holzarchitektur übernahm man wiederum den Bautyp Achteck auf Viereck, ein horizontal gerichteter Zentralbau, der alle Regeln des orthodoxen Kirchenbaus hinter sich ließ. In den Bauten des sogenannten **Moskauer Barock** oder auch **Naryschkin-Barock** – viele Werke der neuen Richtung hatte der Bojar Naryschkin in Auftrag gegeben – kündigte sich bereits die russische Architektur der Zeit Peters I. an, die viele Jahre in Russland tonangebend wirken sollte. Besonders breite Anwendung fand der Moskauer Barock bei Glockentürmen. Der traditionelle konzentrische Stadtplan war Ende des 17. Jh. weitgehend überwunden, sodass sich mehrere gleichberechtigte Zentren im Stadtgefüge entwickeln konnten. Mit dieser urbanen Entwicklung ging eine allgemeine Erhöhung der Bauten einher, die nun weithin sichtbar sein sollten. Was lag da näher, als den Glockentürmen entsprechende Höhe zu verleihen, zumal dann auch der Schall weiter reicht.

Das 18. Jh. bereitete der altrussischen Kultur ein abruptes Ende. Die **Reformen Peters des Großen** finden ihren genuinen Ausdruck in der Gründung der neuen Hauptstadt St. Petersburg. Ein regelmäßiger Grundriss mit langen Prospekten und weiten Plätzen prägt fortan das Stadtbild, das in Russland keine Vorbilder hatte. Durch die Öffnung nach Europa halten Barock, Klassizismus, Empire, Historismus und Jugendstil in Russland, vor allem aber in St. Petersburg, Einzug. Regelmäßigkeit, bürokratische Strenge und Symmetrie sind nun die für Russlands Stadtbilder verbindlichen ästhetischen Normen. Im Mittelpunkt architektonischer Konzeption standen nicht mehr nur einzelne Gebäude, sondern komplette aufeinander abgestimmte Bauensembles. Unter Katharina II. dehnte sich das Bauprogramm auch auf andere russische Städte aus, deren gewachsenes, gleichsam urwüchsiges urbanes Gefüge mit Idealstadtplänen domestiziert wurde. Mit dieser an zeitgenössischen Ideen des Utilitarismus orientierten städtebaulichen Planung ging die Wende zum Klassizismus Hand in Hand, der auf lange Zeit das Ideal sowohl für die russische Baukunst als auch für die Bildende Kunst bleiben sollte.

Zarskoje Selo, Fassadendetail des Katharinen-Palastes: Die Atlanten waren mit einer Schwefelverbindung aus Zinnsalz beschichtet, die die Skulpturen wie vergoldet aussehen ließ

›Papierarchitektur‹ und die Baukunst des Sozialisitischen Realismus

Der tiefgreifende gesellschaftliche Wandel infolge der Oktober-revolution ›entfesselte‹ auch die russische Architektur, die in bisher unbekanntes Terrain vorzustoßen suchte. »Es schien, als ob der Himmel aufgerollt werden könne, wie ein Pergament« schrieb einmal Viktor Schklowskij über die hochfliegenden Kunstutopien im Zuge der Revolution. Welimir Chlebnikow entwickelt »Fliegende Städte«, Lawinskij ersinnt »Städte auf Stoßdämpfern«, El Lissitzkij erfindet »Wolkenbügel«, Tatlin projektiert »Raumspiralen« und liefert den berühmten Plan für den Turm der Dritten Internationale. Bei all diesen utopischen Projekten sollten die akademischen Grenzen der Architektur überschritten und über alle Lebensbereiche hinweg erweitert werden. Synästhetische Kunstkonzepte hatten unter Einbeziehung von Technik und Folklore Konjunktur. Moskau, die Hauptstadt Sowjetrusslands und der Ende 1922 gegründeten Sowjetunion schien mehr denn je den Forderungen der Avantgarde, mit der Architektur den Alltag der Menschen zu durchdringen, Hoffnung auf Realisierung zu geben. Noch Anfang der 1930er-Jahre zur Zeit der ersten stalinistischen Säuberungen gerät Le Corbusier, der das Moskauer Gebäude des Zentrosojus projektiert hatte, ins Schwärmen: »Heute erleuchtet die UdSSR die ganze Welt mit einer neuen Morgenröte«.

Der sagenumwobene Wettbewerb 1931–33 um den Sowjetpalast, den Stalin anstelle der abgerissenen Erlöser-Kirche auferstehen sehen wollte, machte Corbusier mit der sowjetrussischen Wirklichkeit besser vertraut. Die Künstler der Revolution, die sich als ›Organisatoren des täglichen Lebens‹ verstanden, richteten damals gewaltige Hoffnungen auf das Bauvorhaben des Sowjetpalastes. Avantgardistische Planer wie die Brüder Wesnin oder Naum Gabo, Erich Mendelsohn, Le Corbusier und Walter Gropius reichten ihre Vorschläge jedoch schließlich zu einem Wettbewerb ein, der mit seinem preisgekrönten Entwurf von Boris Iofan der baukünstlerischen Avantgarde den Schlusspunkt setzte. Der Plan für das mit 415 m höchste Haus der Welt, das eine 75 m hohe Lenin-Plastik krönen sollte, der aber nie verwirklicht wurde, gab den Weg in eine Monumentalität frei, die dem Geist der Revolution nur Hohn sprach. Funktionalisten und Konstruktivisten blieb fortan die Wahl zwischen einer ›Papierarchitektur‹ oder der Anpassung an das Neue Bauen unter Stalin, das seine Vorbilder ebenso in der amerikanischen Skyline fand wie in Antike und Renaissance, die nun folkloristisch umgedeutet wurden. Im sowjetischen ›Zuckerbäckerstil‹ fand die neue Richtung ihren genuinen Ausdruck. Nach dem Ende des Weltkrieges begann sich die architektonische Hybris selbst ad absurdum zu führen. Chruschtschow schließlich führte einen entschlossenen Kampf gegen die ›Prachtentfaltung‹ und kurbelte den sozialen Wohnungsbau an. Quartiere in billiger Norm- und Fertigbauweise, für die schnell der Begriff *chruschtschoby* im Umlauf war, eine Verballhornung des Wortes *truschtschoby*

Neue gesichtslose Städte

Die Oktoberrevolution und die frühen Jahre der Sowjetunion schienen progressiven Architekten ein weites Betätigungsfeld zu öffnen. Im Zuge des ersten Fünfjahresplanes ab 1928 waren ca. 200 Industriestädte und ca. 100 Agrostädte geplant, denen sozialistische Reformideen, etwa die bandartig parallel geführte Anordnung von Wohnzellen und Arbeitsstätten, zugrunde lagen. Magnitogorsk oder Wolgograd sind Beispiele dieser zahllosen aus dem Boden gestampften, ge-schichts- und ge-sichtslosen Städte.

Wladimir Tatlins Entwurf für das »Denkmal der Dritten Internationale« (1920) wurde zum Emblem des Konstruktivismus

Das zwischen 1949 und 1953 errichtete Hauptgebäude der Lo- monossow-Universität stellt ein Musterbei- spiel für den unter Stalin favorisierten real-sozialistischen Architekturstil dar

(›Elendsviertel‹), boten vielen Russen einen Ausweg aus den engen *kommunalkas* (›Kommunalwohnungen‹), innovative Architektur aber tilgten sie aus der Kunstgeschichte. Heute sind die Weltstarar- chitekten, allen voran Norman Foster, in Moskau tätig und schließen die russische Hauptstadt mit Chrom-Glas-Türmen an den internatio- nalen Chic an. Der mit 648 m höchste Turm Europas ist in Moskau in den Himmel gewachsen.

Malerei vom Mittelalter zur Moderne

Die altrussische Malerei stand ebenso wie die altrussische Baukunst im Dienst der orthodoxen Kirche. Ab Ende des 10. Jh. schufen russi- sche Maler unter der Leitung von griechischen Künstlern Ikonen, de- ren allein auf kanonisierte Glaubensinhalte bezogene Bildwelt zusam- men mit dem orthodoxen Christentum aus Byzanz übernommen wurde. Bereits im 12. Jh. traten in Nowgorod sowie im Fürstentum Wladimir-Susdal auch russische Maler auf, die den byzantinischen Stil aufgriffen und ihren lokalen Traditionen anverwandelten.

Die Kunst der Ikone

Ikonen wurden in Werkgemeinschaften geschaffen, in denen der Äl- teste die Kompositionsschemata festzulegen hatte. Handbücher *(podlinniki)* gaben einen strikten Kanon vor, der den Malern nur geringe künstlerische Freiräume etwa beim Akzentuieren oder Nu- ancieren ließ. Bis zum Ende des 16. Jh. blieben die russischen Ikonenmaler weitgehend anonym; ihr künstlerisches Schaffen war vielmehr Teil einer ›all-einigen‹ Kunst. Dass herausragende Ikonenmaler dennoch in ihrer künstlerischen Individualität wahrgenommen wurden, bestätigt die Überlieferung der Namen Feofan Greks, Andrej Rubljows oder Dionissijs. Die Maler der Heiligentafeln waren in der mittelalterlichen Rus hochgeachtete Persönlichkeiten, schließlich bedienten sie eine schier unerschöpfliche Nachfrage nach Ikonen. Jedes Haus verfügte in der ›schönen Ecke‹ *(krasnyj ugol)* über einen Andachtsraum, in der die Ikone nicht fehlen durfte, in jedem öffentlichen Gebäude gab es Ikonen und in einer einzelnen Kirche konnten sich mitunter bis zu 3000 Heiligenbilder anhäufen. Kein öffentlicher Platz, keine Kreuzung, keine Hauptstraße, die nicht eine Ikone schmückte.

Ikonen sind bis heute integraler Bestandteil orthodoxer Liturgie. Vielen Heiligentafeln werden wundertätige Kräfte zugeschrieben. Vor allem den Ikonen der Gottesmutter galten immer wieder die flehentlichen Gebete der in den Kampf ziehenden Truppen.

Aus vortatarischer Zeit sind nur wenige Heiligentafeln erhalten, deren Herkunft heute nur teilweise gesichert werden kann. Zeugnisse der altrussischen Kunst des 12. und 13. Jh. hat vor allem Nowgorod bewahrt, das von dem Tatarenjoch verschont blieb. Sehr früh entwickelte sich in der freien Bojarenstadt eine eigenständige, von Byzanz weitgehend unabhängige Ikonenmalerei, die **Nowgoroder Schule.** Scharfe Silhouetten, große Flächigkeit, kräftiges Kolorit, in dem oft Zinnoberrot als Hintergrundfarbe hervorsticht, sowie ein einfacher Bildaufbau sind Charakteristika, die auch in der Volkskunst Gültigkeit haben. Zu den beliebtesten Themen der Nowgoroder gehört der hl. Georg, dessen Gestalt gleichermaßen Heldentum, Tatendrang sowie ein reckenhaftes Selbstverständnis symbolisiert. Mit zunehmender lyrischer Feinheit und technischer Perfektion verlor die Nowgoroder Ikonenmalerei im Laufe des 15. Jh. ihre expressive Unmittelbarkeit. Ohnehin verschmolzen die lokalen Kunsttraditionen – auch die an byzantinischen Prototypen orientierte, repräsentative Malerei Wladimir-Susdals – nun zu dem variationsreichen Stil der **Moskauer Schule,** den ausgefeilte, durchdachte Kompositionen und eine besonders harmonische Farbgebung mit einer Vorliebe für Weiß und Blau sowie Gelb und Türkis kennzeichnen.

Das Goldene Zeitalter der russischen Ikonenmalerei leiteten die beiden Maler Andrej Rubljow und Feofan Grek (Theophanes der Grieche) ein. 1405 arbeiten beide mit Prochor von Gorodez an der Ausmalung der Moskauer Verkündigungs-Kathedrale sowie an deren Ikonostas. Die den Altarraum vom Naos trennende Bilderwand begegnet uns in der altrussischen Kunst erstmals im Schaffen **Feofan Greks** und Andrej Rubljows. Die Vorbilder des **Ikonostas,** dessen Ikonen nahtlos aneinanderstoßen und so eine visuelle Einheit bilden, kamen aus Byzanz. Nach den ersten Modellen des fünfrangigen Ikonostas in der Verkündigungs-Kathedrale und der Mariä-Entschlafens-Kathedrale im Kreml (1405 und 1408) sowie in der Dreifaltigkeits-

---

›theotokos‹

Auf dem Konzil von Ephesos im Jahre 431 wurde die Darstellung der hl. Muttergottes für die kirchliche Kunst kanonisiert. Von nun an galt sie als ›theotokos‹ (Gottesgebärerin) und wurde zum autonomen Bildthema.

Lesetipp

Wer sich umfassend über die Bildlichkeit und den theologischen Aussagegehalt religiöser Kunst in Russland informieren will, dem seien die Schriften Pawel Florenskijs (1888–1937) empfohlen. Seine Schrift »Die Ikonostase« (1922) thematisiert nicht nur die Geschichte des Kultbildes im ostkirchlichen Raum, sondern stellt auch Fragen (wie z. B. die nach dem Gesamtkunstwerk), die in den zeitgenössischen Diskussion der künstlerischen Avantgarden virulent waren.

Idealtypisches Schema eines Ikonostas

1 Heilige Pforte (Königstür bzw. Zarentor) mit Darstellung der Verkündigung und der Evangelisten
2 Abendmahl (Eucharistiefeier)
3 Ikone der Muttergottes
4 Ikone des Kirchenpatrons
5 nördliche Nebenpforte (Darstellungen der Erzengel)
6 südliche Nebenpforte (Darstellungen der Erzengel)
7 Ikonen von Heiligen
8 Hauptrang mit Deesis in der Mitte: Darstellung des thronenden Christus als Weltenrichter, dem sich links Maria und rechts Johannes der Täufer fürbittend zuwenden; nach außen hin folgen Erzengel und Apostel
9 Festtags-Rang (Darstellung der Kirchenfeste)
10 Propheten-Rang
11 Rang der Stammväter Christi
12 ggf. Kreuz oder-Kreuzigungsgruppe

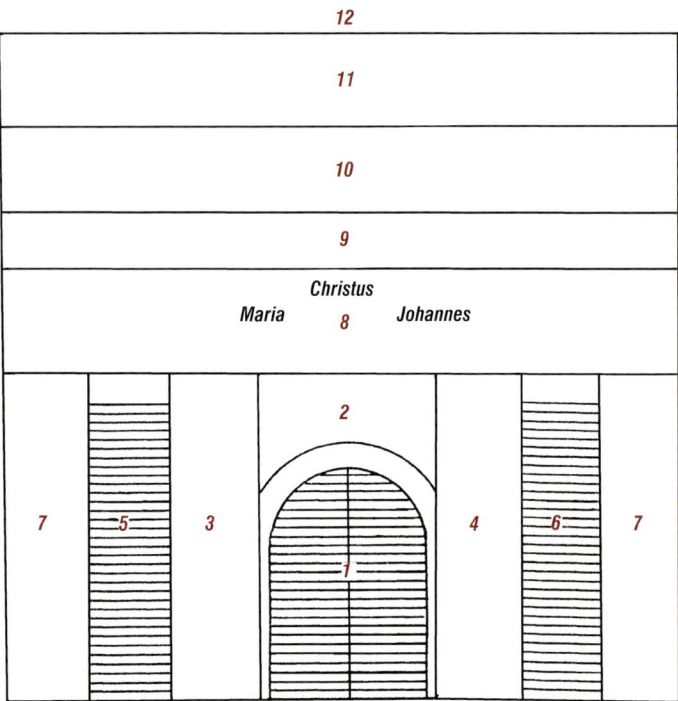

Kathedrale in Sergiew Possad (1425) hat sich ein Grundschema entwickelt, das sich nicht nur künstlerisch, sondern auch inhaltlich an das der Wandmalerei anlehnt. Dem Ikonostas liegt ebenso wie den Wandmalereien eine horizontale und eine vertikale Ordnung zugrunde. Im Zentrum des vertikalen Bildprogramms steht im obersten Rang die Dreieinigkeit oder Gott Zebaoth, flankiert von den Vorvätern Adam, Abel, Noah, Abraham und anderer. Darunter sieht man die Ikone der Gottesmutter Hodigitria oder der Gottesmutter des Zeichens, *snamenije*, gleichsam Sinnbild der Menschwerdung Christi, in einer Reihe mit den Propheten. Es folgt der Festtagsrang mit Szenen aus dem Leben Christi und der Gottesmutter. Die Mitte der Bilderwand nimmt der Deesis-Rang ein mit der zentralen Gestalt Christi auf dem Richterstuhl, der von der Gottesmutter (rechts) und Johannes dem Täufer (links) flankiert wird. Ihnen schließen sich Engel und Heilige als Fürbitter an. Die Mitteltür schmückt vorzugsweise eine Verkündigung, in aller Regel mit den vier Evangelisten oder den beiden Liturgen der orthodoxen Kirche, Basilius und Chrysostomus, bestückt. Linker Hand der Mitteltür findet sich eine Darstellung der Gottesmutter, rechter Hand ein Christusbild oder die Ikone des Patronats, dem die Kirche geweiht ist.

Andrej Rubljow ist ebenso wie Theophanes der Grieche nachhaltig von der Strenge und edlen Erhabenheit der byzantinischen Vorbilder inspiriert, jedoch übernimmt er weder die düstere Dramatik noch die starke Expression. In einer Zeit der Wirren, der inneren Zersplitterung des Landes und der Verelendung des Volkes infolge der Ausbeutung durch die Tataro-Mongolen, malt Rubljow, beeinflusst von den Ideen des Hesychasmus, Bilder von lichter, lyrischer Harmonie. Aus dieser, um 1300 am Berg Athos aufkommenden mystischen Lichtlehre bezieht auch die berühmteste russische Ikone, die Rubljowsche »Dreifaltigkeit« (um 1411) ihren Sinngehalt. Rubljows tiefer Humanismus findet in der Ikonenmalerei des 15. und 16. Jh. ein großes Echo und begründet eine mit der Frührenaissance vergleichbare Entwicklung, obgleich sie sich für eine wirklichkeitsnahe Darstellung noch nicht öffnet.

Andrej Rubljows Ikone der Dreifaltigkeit (um 1411, Tretjakow-Galerie, Moskau): Die Kunst Rubljows ist stark von den Ideen des Hesychasmus beeinflusst. Die um 1300 auf dem Athos aufkommende mystisch-asketische Bewegung des Hesychasmus forderte die innere Einkehr und Selbstversenkung, um zur göttlichen Energie, zum göttlichen Licht vorzustoßen. Die Lehre vom Schweigen und Schauen stieß nicht nur in breiten Gesellschaftskreisen auf ein unerhörtes Interesse, sondern auch bei vielen Künstlern, die sich von der Lichtmystik in ihren Bildwerken inspirieren ließen

31

Seinen bedeutendsten Nachfolger findet Rubljow etwa hundert Jahre später in **Dionissij,** der die lyrische Eleganz, die gelängten Figuren und das leicht flirrende Kolorit Rubljows übernimmt, nun aber eine naturalistisch aufgefasste Humanität in die russische Ikonenmalerei einbringt, die gleichsam Spiegel einer sich verändernden Geisteshaltung ist. Bereits um 1500 kündigt sich eine allmähliche Loslösung vom idealtypischen Kanon an, die Kompositionen verdichten sich und zielen auf eine prachtvolle Wirkung. Mitte des 16. Jh. löst sich die Ikonenmalerei zunehmend von ihrer Definition als Abbild des göttlichen Urbildes. Ikonen illustrieren und erklären nun die liturgischen Texte und an die Stelle der zu Beginn des 15. Jh. beliebten Darstellung der Gottesmutter treten komplexe Themeninhalte, die wiederum neue und kompliziertere Raumlösungen erfordern.

1547 hatte ein verheerender Brand weite Teile Moskaus zerstört. Auch zahlreiche Ikonen waren den Flammen zum Opfer gefallen, sodass es plötzlich einen enormen Bedarf an Heiligentafeln gab. Die eilfertige, massenhafte Produktion, die nun eintrat und vielerorts Nachbildungen alter Ikonen schuf, bedingte ein hohes Maß an Vereinheitlichung der Komposition, die einen elaborierten malerischen Stil weitgehend verhinderte. Auch schienen die Ikonenmaler, die nach dem Brand aus dem ganzen Land nach Moskau beordert wurden, von zweifelhafter Identität zu sein, wie die Forderung der Hundertkapitelsynode 1551 belegt, nach der ein Ikonenmaler »kein Totschläger, Plünderer oder Säufer« sein dürfe.

In der **zweiten Hälfte des 16. Jh.** gewinnt die Malerei an Expressivität. Das Kolorit hat sich nun in Richtung kräftiger Farbvaleurs verändert, die Hintergründe werden vielfach olivgrün und dunkelgelb. Viele erzählerische Details finden zunehmend Eingang in die Bildtafeln und auf Drängen Iwans des Schrecklichen konnte sich die Hundertkapitelsynode gar zu der Neuerung durchringen, dass Heilige und Fürsten in voller Lebensgröße abgebildet werden dürfen und sogar Laien abbildungswürdig seien. Der Bildkanon der Ikonen wird nun komplizierter, ganze Bildtexte wurden vermittelt, für deren Darstellung sich insbesondere die Viten der Heiligen eigneten, boten sie dem Maler doch ein weites Feld epischer Schilderung.

Im **17. Jh.** hält das Besondere und Ungewöhnliche Einzug in die Ikonenmalerei. Zauberhafte Landschaften geben den Hintergrund der Heiligen, und die alttestamentarischen Geschichten, die nun erstmals bildwürdig werden, statten die Maler noch mit einer Portion drastischer Fantasie aus. Die Künstler treten aus der Anonymität hervor. Ein typischer Maler des Übergangs von der altrussischen Malerei zur Neuzeit war **Simon Uschakow,** ein Meister der Licht-Schatten-Malerei, der zwar Ansätze einer Räumlichkeit, aber noch nicht die Zentralperspektive beachtete. Ganz in den Traditionen verhaftet war dagegen die sogenannte **Stroganow-Schule,** die im Auftrag der Grafen Stroganow kleinformatige Ikonen von großer Pretiosität schuf.

Russische Freskenmalerei

Neben Ikonen schuf die russische Kunst des Mittelalters vor allem Wandmalereien. Der Gestaltung des ikonografischen Programms, das man von Byzanz übernahm, sowie der Platzierung der Themen im Kirchenraum liegt das Verständnis des Kirchenraumes als Abbild der göttlichen Heils- und Weltordnung zugrunde. Die Hauptkuppel symbolisiert das Himmelgewölbe, in dem Christus als Alleinherrscher, als Pantokrator, thront. Die vier Erzengel, die als seine Diener gelten, sowie die Cherubim sind unter ihm abgebildet. Im Tambour folgen die 12 Propheten und auf den Pendentifs die vier Evangelisten. Die Tonnengewölbe und oberen Wandfelder übernehmen gemäß ihrer Stellung in der Architektur eine Vermittlungsfunktion zwischen Himmel und Erde, dem Kirchenraum. Hier wird der **Feste-Zyklus des orthodoxen Kirchenkalenders** *(Dodekaortion)* dargestellt. In der dritten Wandzone der vertikalen Hierarchie, dem meist dunklen Kirchenraum, werden die Bildfelder kleiner und stellen die Heiligen und kirchlichen Würdenträger dar.

Neben der Kuppel ist der markanteste Raum im Kirchengebäude die Apsis, in der die Gottesmutter Orans abgebildet wird, gleichsam Mittlerin zwischen Gott und den Gläubigen. Der Ikonostas trennt den Altarraum, das Allerheiligste, vom Gemeinderaum, dem Naos, dessen Bemalung sich nach dem jeweiligen Patronat der Kirche richtet. Die Westwand nimmt dabei wie generell in der Orthodoxie die Darstellung des Jüngsten Gerichts ein. Das byzantinische Bildprogramm, wie es erstmals in der Rus in der Kiewer Sophien-Kathedrale ausgeführt wurde, galt in Russland bis ins 15. Jh. hinein als verbindlich; zu beobachten sind allein regionale Abweichungen. Mit dem Erstarken des Moskauer Fürstentums entwickelten sich gemäß kirchlicher Aufträge neue Bildprogramme, abgestimmt auf ihre jeweilige Funktion wie etwa dem Entgegenwirken immer wieder aufziehender Häresien.

Im Dialog mit Westeuropa

Der Boden für die Säkularisierung der Kunst unter Peter dem Großen war in Russland von der fortschreitenden Verweltlichung in der Ikonenmalerei durchaus vorbereitet, nur eine Tradition hatte sich nicht entwickeln können. Der Reformzar schickte die Künstler nun zum Studium nach Westeuropa, dessen künstlerische Traditionen und Auffassungen bereitwillig aufgenommen wurden. Das 18. Jh. wurde, ungeachtet der von der Petersburger Akademie geförderten Historienmalerei, das Jahrhundert des Porträts. Genre- und Landschaftsmalerei erlebten im 19. Jh. ihre Blütezeit. Hielten die russischen Künstler in der ersten Hälfte entsprechend ihrer traditionellen Gesinnung noch Ausschau nach romantisch verklärten Motiven, so widmeten sie sich in der zweiten Hälfte des 19. Jh. einem kritischen Realismus.

Aus Protest gegen den bleiernen Akademismus und wirklichkeitsfremden Betrieb traten im Jahre 1863 mehrere Künstler aus der St. Petersburger Akademie aus und gründeten die **Gemeinschaft der Wanderer** *(Peredwischniki)*, die ihre künstlerische Aufgabe in der

Ilja Repin, »Die Wolga-treidler« (1870–73, Russisches Museum, St. Petersburg)

Anklage sozialer Missstände sahen. Bedeutsam wurde der kritische Realismus vor allem im Schaffen **Ilja Repins** (1844–1930), des »Samsons der russischen Malerei«. Bezüglich der Sujets sowie der Stilrichtungen ist sein Werk recht uneinheitlich: Neben einer Vielzahl von Porträts schuf Repin vor allem mehrfigurige Darstellungen, die u. a. politische Ereignisse seiner Zeit aufgreifen.

Weltrang erreicht die russische Malerei zum ersten Mal um die Wende zum 20. Jh.: 1899 gründeten Leon Bakst, Alexander Benois sowie Sergej Diaghilew die bedeutende **Künstlergruppe Welt der Kunst** *(Mir iskusstwa)*, die eine gleichnamige Kunstzeitschrift herausgab. Im Gegensatz zu dem auf Inhalt ausgerichteten Programm der Peredwischniki hatten die Künstler der Welt der Kunst die Eigenständigkeit der künstlerischen Form betont und neue formale Wege beschritten. Schönheit und Poesie waren dabei die Eckpfeiler ihres *L'Art pour l'Art*-Konzeptes, das aber in vielem noch den künstlerischen Tendenzen des 19. Jh. verpflichtet war.

Zeit der Avantgarden

Den Übergang zur Malerei des 20. Jh. markieren dagegen die Avantgardebewegungen, die sich nach der Revolution von 1905 formierten. In Auseinandersetzung mit der westlichen Moderne, auf die sich vor allem die russischen Künstlerinnen einließen, schälten sich spezifisch russische Avantgarden heraus, die sich in ihrer Radikalität wechselseitig zu überbieten suchten: Der Rayonismus Michail F. Larionows und Natalja S. Gontscharowas, der Kubo-Futurismus Ljubow S. Popowas und Kasimir Malewitschs, der Konstruktivismus Wladimir Tatlins, der Abstraktionismus Alexander M. Rodtschenkos, die Proun-Kunst El Lissitzkijs, die Skulpto-Malerei Archipenkos sowie der Suprematismus Malewitschs. Die künstlerische Aufbruchstimmung, ja

Lubok

Russische Avantgardekünstler wie Majakowskij, Tatlin, Malewitsch, Larionow oder die Gontscharowa belebten u. a. die Tradition des »lubok«, des russischen Volksbilderbogens, der seit dem 17. Jh. in Umlauf war, und bedienten sich vor allem dessen technischer Methode, bei der die Motive mit Kupferplatten oder Holzstöcken gedruckt und mit der freien Hand auch über die Konturen hinaus ausgemalt wurden.

El Lissitzkij, »Schlag die Weißen mit dem roten Keil« (1920)

Chagall, Kandinskij und Jawlenskij

Die Werke von drei bedeutenden Künstlern der russischen Moderne sind in russischen Museen äußerst spärlich vertreten: Gemälde von Marc Chagall, Wassilij Kandinskij und Alexej Jawlenskij. Ihr Schaffen verbindet sich mit den Kunstmetropolen München, Berlin und Paris, die sie schon zur Jahrhundertwende aufgesucht hatten und in die sie schließlich in den 1920er-Jahren übergesiedelt waren. Alexej Jawlenskij hatte seiner Heimat bereits 1896 den Rücken zugekehrt.

die geradezu explodierende Vielfalt an Ideen, Stilen und Projekten erfasste auch die Bühnenkunst in den Theatern Alexander Tairows und Wsewolod Mejercholds, die Buchgestaltung der avantgardistischen Dichter sowie die Architektur, die Grafik, die Fotografie, das Gebrauchsdesign und die Reklame. Damit hatte sich eines der wichtigsten Ziele der historischen Avantgardebewegungen, nämlich mittels der Kunst den Alltag der Menschen zu durchdringen, in Russland tatsächlich für einige Jahre durchgesetzt.

Nach der Oktoberrevolution versuchten viele Künstler, ihre ästhetischen Konzepte dem Aufbau einer neuen Kultur dienstbar zu machen. Doch im Zuge der Konsolidierung der Sowjetunion nach dem Bürgerkrieg neigte sich die kurze Blüte der frühen, **avantgardistischen Sowjet-Kunst** bereits ihrem Ende zu. Unter den Angriffen der bolschewistischen Partei sahen sich die Avantgardisten zunehmend in künstlerische Nischen verbannt. 1932 ließ Stalin alle freien Künstlerverbände schließen. Von der Kunst wurde die formale Anlehnung an den für die Literatur geforderten **Realismus-Begriff** Maxim Gorkijs gefordert, die Kunstordnung stand fortan im Kampf um Macht und Masse. Künstlern, etwa den Moskauer Konzeptualisten, blieb als Betätigungsfeld allein der Untergrund, aus dem sie erst zu Beginn der Perestroika langsam auftauchten und internationales Aufsehen erregten.

Unter Putin wuchs der politische Druck auf Künstler. Attacken gegenüber Künstlern und Klagen gegen die Kunst sind dabei nicht Folge einer offiziellen Doktrin, sondern vielmehr Begleiterscheinungen einer Politik, die auf Nationalismus setzt, die Orthodoxie hofiert und alles Andersartige moralisch abwertet.

Spiegel der russischen Seele – Literatur

Reisen beginnt im Kopf, und so ist die erste Begegnung mit fremden Ländern häufig literarischer Art. Mehr als für andere Länder gilt sicherlich für Russland: die Adelspaläste Moskaus, die Boulevards, die bürgerlichen Stuben sowie die stinkenden Kanäle St. Petersburgs, die goldenen Kuppeln und Salons, das Leben der Bauern und Beamten sowie die Seelenqualen unruhiger Gemüter – all das hat man zuerst in der Literatur kennengelernt, nicht aber auf Reisen. Die Schauplätze der großen Romane Dostojewskijs, Tolstojs, Gogols oder Bulgakows waren lange Zeit schwer erreichbar, komplizierter jedenfalls als andere europäische Städte und Orte. Viele Reisende mögen Russland also gewissermaßen ›von innen‹ kennen, obwohl sie noch nie russischen Boden betreten haben.

Porträt Puschkins von P. F. Sokolow (1836)

»Es gibt keinen zweiten Ort in Russland, wo die Imagination sich mit solcher Leichtigkeit von der Realität löst: Die russische Literatur begann mit dem Entstehen Petersburgs«, schrieb der Dichter Joseph Brodskij in seinem Essay »Führung durch eine unbenannte Stadt« und verwies auf die kulturelle Bereicherung, die die Stadtgründung St. Petersburgs für Russland brachte. Von Anfang an definierte sich St. Petersburg als urbanes und geistiges Gegenbild zu Moskau, ein Konflikt, der auch in der russischen Literatur Niederschlag fand. Nach W. N. Toporow sprach denn auch »mit dem Mund Petersburgs ganz Russland«.

Ilja Repin malte Tolstoj 1901 barfüßig, einem russischen Bauern ähnlich (Russisches Museum, St. Petersburg)

›Goldenes Zeitalter‹

Die große russische Literatur des 19. Jh. orientierte sich an Westeuropa. Auftakt des ›Goldenen Zeitalters‹ waren die Dichtungen und Verserzählungen **Alexander Puschkins,** bis heute Russlands meistverehrter Poet. Es war sein Verdienst, der russischen Dichtung binnen kürzester Zeit Weltrang verliehen zu haben und den Boden für die rasante literarische Entwicklung Russlands im 19. Jh. vorbereitet zu haben. Zeitgleich schuf der Romantiker **Michail Lermontow** mit den Erzählungen aus »Ein Held unserer Zeit« (1840) die Grundlage für den russischen psychologischen Roman. Das ›soziale Mitleid‹, so wird die bürgerliche Literatur des Realismus in der russischen Literaturgeschichte gekennzeichnet, brachte **Nikolaj Gogol** mit seinen fünf »Petersburger Novellen« (1835) in die russische Literatur ein. Gogol war ein Meister der Satire, der ironisch-spöttischen Beobachtung von Kleinbürgern. In seinen ausführlichen Beschreibungen der Welt der kleinen Leute kündigt sich bereits der russische Realismus an, der von 1840–1900 die dominierende Stilrichtung war. »Wir sind alle aus dem ›Mantel‹ hervorgegangen« apostrophiert Dostojewskij die Wirkung dieser Petersburger Novelle für die Literatur des 19. Jh.

Infolge der Napoleonischen Kriege waren viele russische Adelige und Intellektuelle als Offiziere mit der Geisteswelt Westeuropas in

*Fjodor Michailowitsch
Dostojewskij*

Berührung gekommen. Nach ihrer Rückkehr nach Russland bahnte sich die kulturideologische Spaltung der russischen *intelligenzija* in Westler und Slawophile an, die noch heute ihre Aktualität hat. Während die **Slawophilen,** dem deutschen Idealismus folgend, Zivilisation als westliches Phänomen kritisieren und Kultur als östliches Gut idealisieren und für Russland einen von Westeuropa unabhängigen Weg proklamieren, favorisieren die **Westler** einen Bruch mit der orthodoxen russischen Kultur und somit eine Hinwendung nach Westeuropa. »Ich kehre mich ab von den bärtigen Städten des Ostens«, bezieht Ossip Mandelstam unmissverständlich Position in der Frage nach Russlands geistigem Ort. Gemeinsam war den Westlern und Slawophilen die Kritik an den herrschenden politischen Verhältnissen und die damit verbundene Forderung nach einer sozialkritischen Literatur, zu deren wichtigsten Vertretern Iwan Turgenjew, Iwan Gontscharow, Michail Saltykow-Schtschedrin, Iwan Bunin, Fjodor Dostojewskij und Lew Tolstoj zählen.

Iwan Gontscharow beschreibt das Sein als Soziologe, **Fjodor Dostojewskij** dagegen ist der große Psychologe der russischen Literatur, der das einsame Ich in den Mittelpunkt seiner Betrachtungen stellt. Dabei sind es vor allem zwei Gruppen von Menschen, an denen Dostojewskij seine Ideen entwickelt: Menschen, die mit ihren Leidenschaften kämpfen und diesen schließlich erliegen, oder eifrige Weltverbesserer, die ihr Leben abstrakten Ideen verschrieben haben. **Lew Tolstoj** ist der Moralist der russischen Literatur, geschult an der Philosophie Jean Jacques Rousseaus. Der neben Dostojewskij größte russische Romancier vertritt eine nationale Idee und baut auf eine instinktive Miteinanderverbundenheit, hinter der das einzelne Subjekt zurücktritt. **Anton Tschechow** bereicherte die russische Literatur um die anekdotische Kurzgeschichte, in der er sich als Meister erzählerischer Verdichtung zeigt. Gleich empfindsamen Seismografen reagieren seine Personen auf jede Einwirkung der Wirklichkeit. Seine Dramen, vor allem die »Möwe« (1896) und »Onkel Wanja« (1897), wurden in Konstantin Stanislawskijs Inszenierungen am Moskauer Künstlertheater weltberühmt.

›Silbernes Zeitalter‹

Zu Beginn des 20. Jh. taucht neben der traditionellen Suche der russischen *intelligenzija* nach einem politischen Standort Russlands und nach einem Gleichgewicht zwischen Kollektiv und Individuum in der intellektuellen Debatte ein Novum auf: die religiöse Suche nach dem Sinn. Vorboten der Neubesinnung auf eine transzendente Welterfahrung waren Dostojewskij und Tolstoj sowie der religiöse Philosoph Wladimir Solowjow. 1901 gründeten Dmitrij Mereschkowskij und seine Frau, die Grande Dame des ›Silbernen Zeitalters‹ Sinaida Gippius sowie andere, dem Symbolismus nahestehende Autoren in St. Petersburg die ›**Religiös-Philosophische Vereinigung**‹. Diese gab den

Impuls für die Gründung weiterer literarisch-philosophischer Zirkel, die der »Entzauberung der Welt« durch Positivismus und einen verflachenden Realismus entgegenwirkten.

Bedeutendste Vertreter des **Symbolismus** waren Alexander Blok und Andrej Belyj, dessen Roman »Petersburg« (1913/14) die Stadt zum imaginären Spielraum eines dramatischen, ja revolutionären Kampfes zwischen Vater und Sohn, zwischen Apollon und Dionysos, zwischen dem Sein und dem Nichtsein erklärt. Höchste dichterische Vollkommenheit strebten die Dichter des **Akmeismus** an (griech. *akme* = ›Spitze‹), zu denen Nikolaj Gumiljow, Anna Achmatowa und Ossip Mandelstam gehörten. Die **Futuristen** mit Welemir Chlebnikow, David Burljuk, Alexej Kruschenych und Wladimir Majakowskij hatten ihr poetisches Programm unter dem provokanten Titel »Eine Ohrfeige dem öffentlichen Geschmack« (1912) zeitgleich und in scharfem Gegensatz zu den Symbolisten formuliert.

Russische Literatur im Exil

Den ästhetischen und politischen Standort einer neuen revolutionären Kunst fanden viele Futuristen zunächst in der Sowjetunion. **Wladimir Majakowskij** war Autor eines großartigen Dithyrambos auf Lenin, des patriotischen »Oktoberpoem« (1927), von ungezählten Plakattexten, Losungen und linken Märschen. Majakowskijs »Literatur der Fakten« war von der LEF-Bewegung (›Linke Front der Kunst‹) inspiriert, die Dichtung als operatives Programm verstand, als Produktion und Aktion in einem. Doch Lenin und viele seiner Genossen verstanden die Ziele der literarischen Avantgarde nicht. Wie zahlreiche andere Dichter wurde Majakowskij ›kaltgestellt‹, nahm sich schließlich 1930 das Leben (s. S. 64). Wer konnte, hatte zu dieser Zeit die Sowjetunion schon verlassen: Marina Zwetajewa (s. S. 67), Iwan Bunin, Sinaida Gippius, Konstantin Balmont, Wladimir Nabokow, Alexej Remisow oder Wladislaw Chodassewitsch. Den in Russland verbliebenen Autoren wie der Achmatowa, Boris Pasternak, Andrej Platonow, Sergej Jessenin und Michail Bulgakow setzte die Zensur enge Grenzen. Maxim Gorkij dagegen genoss noch für einige Jahre die Anerkennung der Sowjetregierung. Seine dem Ideal der realistischen Darstellungsästhetik verpflichteten sozialanalytischen Romane galten als beispielhaft für eine neue revolutionäre Literatur. Darüber hinaus fungierte Gorkij mit seiner grundsätzlich affirmativen, in einigen Punkten gleichwohl kritischen Haltung gegenüber Sowjetrussland – 1921 war er zeitweilig emigriert – als Integrationsfigur der unterschiedlichsten Sympathisanten der Revolution.

Die Schaffung eines **offiziellen Schriftstellerverbandes** 1934 würgte schließlich jede schriftstellerische Freiheit ab. Die russische Kultur war im Diktat des sozialistischen Realismus erstickt. Autoren wie Isaak Babel, Ossip Mandelstam oder der Satiriker Daniil Charms wurden verhaftet und ermordet. Wer nicht kniefällige Heldenepen und

Moskauer Konzeptualisten
Die Tradition der literarischen Avantgarde, insbesondere der Gruppierung ›Oberiu‹ um Daniil Charms nehmen seit Mitte der 1970er-Jahre die Moskauer Konzeptualisten auf. Dmitrij Prigow, Wladimir Sorokin und Lew Rubinstein greifen in ihren Texten einen spezifisch russisch-sowjetischen Diskurs auf, um ihn dann ad absurdum zu führen.

Majakowskij vor seinen ROSTA-Fenstern, Fotografie um 1925

Boris Pasternak 1926

bodenständige Dorflyrik schreiben konnte, rettete sich abermals ins Exil. Die russische Literatur blieb nun für viele Jahre in der Diaspora isoliert, abgeschnitten von ihrer Leserschaft und dem kreativen Potential heimatlicher Wirklichkeit. Auch die Tauwetterperiode von 1953 bis zum Machtantritt Breschnews 1964 brachte nicht die erhoffte Liberalisierung des Geisteslebens – 1958 musste **Boris Pasternak** auf den ihm verliehenen Nobelpreis verzichten, um nicht exiliert zu werden. Mit der dritten Emigrationswelle in den 1970er-Jahren verlor die Sowjetunion abermals einige ihrer bedeutendsten Dichter und Denker: Joseph Brodskij, Alexander Galitsch, Alexander Solschenizyn (s. S. 66) und viele andere mehr.

Erst nach **Auflösung der Sowjetunion** 1991 konnte sich die russische Literatur, aufgesplittert in Exilliteratur und Untergrundliteratur im *samisdat* (›Selbstverlag‹) sowie offizieller Literatur wieder vereinigen. Der rasante gesellschaftliche Umschwung brach mit vielen Tabuthemen wie Sexualität, Prostitution, Alkoholismus oder Umweltzerstörung. Autoren wie Wladimir Sorokin, Dmitrij Prigow oder Michail Kononow betreiben in ihren literarischen Werken Sex- und Gewaltexzesse, die die Grenze zum Absurden und Grotesken überschreiten. Der Moskauer Starliterat Viktor Pelewin schreibt mit »Generation P« den Kultroman der Pepsi-Cola-Generation. Doch die Massen lesen Krimis, die – das ist neu in Russland – aus der Feder von Frauen stammen. Alexandra Marinina, Polina Daschkowa und Darja Donzowa gehören zu den berühmten russischen *sisters in crime*, deren Kommissar-Geschichten Millionen-Auflagen erreichen.

Russland in Noten – Musik

Die Musikalität der Russen ist sprichwörtlich und oftmals gerühmt worden. Der Gesang, der sich seit der Christianisierung Ende des 10. Jh. im Schoße der orthodoxen Kirche entwickelt hatte, wurde schon am Hofe Jaroslawls des Weisen gepflegt. Der Fürst ließ byzantinische Sänger nach Kiew kommen, die der Entwicklung der altrussischen Musik wesentliche Impulse gaben. Als »Nachtigall der alten Zeit« feiert das »Igorlied« den altrussischen Sänger und Epiker Bojan am Hofe Jaroslawls des Weisen. Bis zur forcierten Hinwendung nach Westen unter Peter dem Großen verlief die Entwicklung der russischen Musik ohne wesentliche Beziehung zur abendländischen Kunstmusik. Gebrauchslieder, historische Lieder und Tänze, lyrische und epische Lieder, die ihren Stoff in der Heldendichtung fanden, sowie sogenannte *tschastuschki*, Scherzlieder, bilden das vielfältige Repertoire der **Volksmusik,** das fahrende Musikanten und Spielleute, die *skomorochy* vorstellten. Bis zum 17. Jh. waren sie die Hauptrepräsentanten der weltlichen Musik sowie des Theaters in Russland. Sie begleiteten ihre Lieder mit Instrumenten wie der Balalaika, der Domra und der Gusli, dem Gudok oder der Kobsa. Die Kirche beobachtete das Treiben der Skomorochen, die sich in kurze Kaftane und enge Hosen kleideten, mit Argwohn. Ihr Missfallen galt vor allem den Musikinstrumenten, die nach Ermessen der Geistlichkeit die heidnischen Gebräuche des Volkes lebendig hielten. Die »satanischen Lieder« sowie das »Brummen«, »Klimpern« und »Schlagen« der Musikinstrumente galt ihr als sündhaft. Die Verteufelung der Skomorochen durch die Kirche gipfelte im 17. Jh. in ihrer Ausrottung. 1649 wurden Hunderte von Spielleuten in der Moskwa ertränkt; die Überlebenden des Pogroms mussten sich in den einsamen Norden flüchten.

Die russische **Kirchenmusik** konservierte bis ins 17. Jh. die Einstimmigkeit und den altslawischen Kirchengesang. Neue Impulse erhielt sie erst infolge der Hinwendung Russlands zum Abendland, von dem sie zunächst die Polyphonie übernahm, später auch die vokalinstrumentalen Formen des italienischen Barock.

Der Einzug der Kunstmusik

Die Kunstmusik kam erst im Gefolge ausländischer Musiker nach Russland. 1672 wurde am Moskauer Hof erstmals Opera gespielt und gesungen, die in der petrinischen Epoche zur beliebtesten Gattung wurde. Katharina II. schließlich schrieb selbst Operntexte und holte italienische Maestri und Primadonnen an den Petersburger Hof. In der zweiten Hälfte des 18. Jh. stimmten erstmals russische Komponisten nationale Töne gegen die alles beherrschende italienische Oper an, doch die Blütezeit der russischen Kunstmusik beginnt erst mit **Michail Glinka** und seinen beiden Opern »Das Leben für den Zaren« (1836) und »Ruslan und Ludmilla« (1842). Der »Vater der russischen Musik« hatte auf Russlands musikalisches Erbe zurückgegriffen und mannigfaltige Elemente der russischen Volkslieder in die Partitur aufgenommen, die auf einen identitätsstiftenden Rezeptionsakt hin angelegt waren. Als ›Kutschermusik‹ tat die Petersburger höfische Gesellschaft die ersten, ungleich deftigeren russischen Opern ab, mit denen Glinka zwei tonangebende Werke geschaffen hatte, ein national-historisches und ein national-märchenhaftes.

Wegweisend war die nationale Richtung in der Musik Glinkas vor allem für die ›**Gruppe der Fünf**‹ oder das ›**Mächtige Häuflein**‹ mit Modest Mussorgskij, Milij A. Balakirew, Caesar Cui, Alexander Borodin und Nikolaj A. Rimskij-Korsakow, die sich um 1857 in St. Petersburg formiert hatte. Ihnen allen war es mit musikalischem Eifer an der Entwicklung einer russisch-nationalen Kunstmusik gelegen, in der die Eigenarten der russischen Folklore wie Melodik und der Fünfviertel- sowie Elfvierteltakt ihren Widerhall fanden. 1874 wurde im Petersburger Mariinskij-Theater Modest Mussorgskijs »Boris Godunow« uraufgeführt und wurde ein großer Publikumserfolg. Der Durchbruch zu einer russischen Kunstmusik schien damit gelungen. Rimskij-Korsakow unterrichtete am Petersburger Konservatorium und bildete in der ersten russischen Komponistenschule junge Tonsetzer aus, zu denen unter anderem Alexander Glasunow und Igor Strawinskij

Peter (Pjotr) Iljitsch Tschaikowskij um 1890

gehörten, und Balakirew brachte 1866 eine bedeutsame Volksliedersammlung heraus. Einen internationalen Höhepunkt erlebte die russische Kunstmusik aber erst mit dem nationalromantischen Werk von **Peter I. Tschaikowskij.** Der 1840 in der Nähe des Urals geborene Komponist kam 1852 nach St. Petersburg, studierte bei Rubinstein am Konservatorium und lehrte schließlich 1866–78 an der Moskauer Musikhochschule. Tschaikowskij gelang in seinem Œuvre eine individuell geprägte Verschmelzung von russisch-nationalen Elementen mit stilistischen und kompositionstechnischen Mitteln der westeuropäischen Romantik. Charakteristisch für die krisenhafte Übergangsphase von der Spätromantik zur Moderne ist das Klavierwerk **Alexander Skrjabins,** der noch an Brahms und Chopin anknüpft, doch auch seinen mystisch-theosophischen Vorstellungen Ausdruck gibt, in denen sich die musikalische Moderne bereits ankündigt.

Mit **Igor Strawinskij** wird die russische Musik zu einem Feld experimenteller Kompositionsverfahren. Sein expressives Frühwerk stand noch ganz unter dem Einfluss der russischen Romantik, doch schon bald sprengt er die tradierte musikalische Form und das rhythmische Moment tritt in seinen Kompositionen in den Vordergrund sowie eine unerhörte klangliche Vitalität. Strawinskij entfesselt gleichsam harmonisch-melodische Strukturen von einem jahrhundertealten Regelsystem sowie den Rhythmus von seinem taktmetrischen Hintergrund. Bedeutsam für den avantgardistischen Komponisten wurde die Begegnung mit dem Impresario Sergej Diaghilew (s. S. 44) für dessen Ballets Russes er den »Feuervogel« (1910), »Petruschka« (1911) sowie »Le Sacre du Printemps« schrieb, bei dessen Skandalpremiere 1913 in Paris sich der Kritiker Pierre Lalo aus »heftigstem Ekel beide Ohren zuhält.« »Die dissonanteste Musik, die je geschrieben wurde«, urteilt er abfällig, »nie kommt die Note, die man erwartet, sondern genau die daneben liegende schrille, grausige Falschheit.« Die avantgardistischen und experimentellen Strömungen der 1920er-Jahre in Petrograd prägten auch die Kompositionen **Dmitrij Schostakowitschs.** Als gegen ihn in den 1930er-Jahren der Vorwurf des unvermeidlichen ›Formalismus‹ laut wurde, beugte sich der Komponist und begann, sich einer allgemeinverständlichen, ›realistischen‹ und heroischen Tondichtung zu widmen. 1941 schrieb er für das von der Deutschen Wehrmacht belagerte Leningrad die 7. Symphonie, die die beispiellose Standhaftigkeit der Leningrader bejubelt und bis heute jede Konzertsaison in der Petersburger Philharmonie eröffnet. Eine moderate Moderne und ironische Musiksprache vertritt **Sergej Prokofjew,** wie sie sich außer in seinen Filmmusiken vor allem in seiner »Symphonie classique« und dem Ballett »Peter und der Wolf« (1936) äußern.

Einer der bedeutendsten zeitgenössischen Komponisten war der 1934 geborene Musiker **Alfred Schnittke** († 1998), für dessen Werk die Verbindung von neuromantischen mit atonalen Elementen charakteristisch ist. **Boris Tischtschenko,** 1939 geboren, vertont Texte Petersburger Dichter wie Anna Achmatowa oder Joseph Brodskij bzw. findet in der altrussischen Literatur den Stoff für seine modernen

Dmitrij Schostakowitsch um 1940

Opern. Junge Komponisten knüpfen heute vielfach wieder an die musikalische Avantgarde des Futurismus, des Proletkults und der Produktionskunst an, die seit den 1920er-Jahren von den monumentalen Werken des Sozialismus ins Abseits gedrängt und als ›Formalismus‹ diffamiert worden war. Zu einem der bemerkenswertesten zeitgenössischen Komponisten zählt der Moskauer Notendichter **Alexander Wustin,** dessen »Agnus Dei« (1995/96) für gemischten Chor, Schlagzeug und Orgel eine eindringliche Klage auf den desolaten Zustand Russlands und die existentielle Not vieler Menschen formuliert.

Höhensprünge der Seele – Ballett

Jahrzehntelang blickte der Westen neidvoll auf das Reich fragiler Träume, auf die verzauberte Welt, die das russische Ballett auf die Bühne zu bringen vermochte. Die Tänzer des Bolschoj- und Mariinskij-Theaters wurden mit ihrer stilistischen Noblesse, ihrer technischen Perfektion und ihrer außergewöhnlichen Musikalität und Virtuosität in aller Welt bejubelt und zum künstlerischen Aushängeschild der Sowjetunion. Dass sich der Arbeiter- und Bauernstaat gerade durch eine höfische Kunst nach außen repräsentierte, war ein Widerspruch, mit dem Ballett und Partei leben mussten.

Der Boden für die große russische Balletttradition wurde im 18. Jh. bereitet. Zarin Anna Iwanowna engagierte für ihre Bühne im Winterpalast italienische Sänger, die deutsche Schauspieltruppe der Neuberin und einen französischen Lehrer für Gesellschaftstanz. **Jean Baptiste Landé** gründete 1738 zur Erlernung der Tanzschritte eine Ballettschule im Winterpalast, die 1838 in die berühmte, mit ihrer strengen Form gleichsam wie für das Ballett geschaffene Rossi-Straße umzog und heute nach der bedeutendsten russischen Tanzpädagogin **Aggripina Waganowa** (1879–1951) benannt ist. Die ersten Schüler Landés waren 12 Kinder des Hofpersonals. So wie man sich nach Bedarf Leibeigene zu Lehrern, Köchen oder Werkzeugmachern heranzog, bildete man sie auch zu Tänzern aus. Im Moskau des 19. Jh. gab es über 50 Theater und alle dort engagierten Schauspieler und Tänzer waren Leibeigene. Doch nicht nur die Tänzer waren unfrei, auch das Programm unterstand der zaristischen Zensur. Modest Mussorgskijs »Chowanschtschina« (1880) oder Rimskij-Korsakows »Sadko« (1897) trugen den Stempel des Aufführungsverbots, während andere Werke wie Tschaikowskijs »Nussknacker« (1892) oder »Boris Godunow« (1874) von Mussorgskij rigorose Veränderungen erdulden mussten. Die Angst um die ideologisch richtigen Schritte dauerte auch nach der Revolution an.

Eine erste Blütezeit erlebt das russische Ballett unter dem Tänzer und Choreografen **Marius Petipa,** der am Mariinskij-Theater den akademischen Tanzstil zu seltener Perfektion trieb und Petersburg zur Ballettkapitale Europas auferstehen ließ. Tschaikowskij schrieb für

Eine Aufführung von »Schwanensee« am Mariinskij-Theater, St. Petersburg

ihn die Ballette »Dornröschen« (1890) und den »Nussknacker« sowie den schließlich in der Sowjetunion so beliebten »Schwanensee« (1876). Zu Beginn des 20. Jh. zeigte sich auch die russische Tanzkunst erstaunlich offen für die Neuerungen der historischen Avantgardebewegungen. Zur Bühne der revolutionären Choreografien wurde aber bezeichnenderweise das Paris des Fin de siècle, obwohl die Künstler aus St. Petersburg und Moskau stammten. **Sergej Diaghilew und seine Ballets russes** feierten seit 1909 in Paris Triumphe, gastierten bald in allen europäischen Metropolen und während der Kriegsjahre auch in Amerika. Bis zu seinem Tod 1929 realisierte Diaghilew etwa 60 Tanz-

Leon Bakst, »Diaghilew und seine Kinderfrau« (1906; Russisches Museum, St. Petersburg)

konzeptionen. Für seine Arbeit konnte er die außergewöhnlichsten Choreografen und Tänzer gewinnen, darunter Fokin und Njinskij, denen Massine und Balanchine folgten. Seine Kompositionsaufträge vergab Diaghilew an eine denkwürdig heterogene Gruppe von Komponisten, darunter Strawinskij, Debussy, Ravel, Strauss, Prokofjew, Eric Satie oder Bela Bartók. Die Bühnenbilder gestalteten Leon Bakst, Picasso, de Chirico oder Matisse. Diaghilew gelang mit Gesamtkunstwerken dieser Art eine Synthese aller Kunstgattungen. Während das russische Ballett in Westeuropa einen Erfolg nach dem anderen feierte, zelebrierte man am Bolschoj- und Kirow-Theater den reinen klas-sischen Tanz. Das Formalismus-Verdikt der Sowjetunion, das Verbot nicht narrativer Texte, verpflichtete die Tänzer neben immergleichen Klassikern auf Werke des Sozialistischen Realismus, der seit 1950 auch für die Tanzkunst bindend war. Klassenkampfpathos in höfischer Ausdrucksform war das absurde Ergebnis.

Die Bolschewiki, die ihr Hauptquartier in Petrograd im Übrigen in der Villa der Primaballerina Mathilda Kschessinskaja aufgeschlagen hatten, verlegten das Zentrum des Tanzes von der alten Hauptstadt in die neue Kapitale. Das Bolschoj-Theater rückte auf zur ersten Nationalbühne des Landes und entfachte die alte Rivalität zwischen Petersburger und Moskauer Tanzkultur von Neuem. Die Programme der beiden Bühnen unterschieden sich nicht, Schwanensee hier, Schwanensee dort, doch die besseren Tänzer hatte das Mariinskij-Theater, das ab 1935 den Namen des 1934 ermordeten Leningrader Parteisekretärs Sergej Kirow trug. **Rudolf Nurejew, Michail Barischnikow** oder **Natalja Makarowa** waren außergewöhnliche Tanzstars, die allesamt vom Kirow kamen, aber seit 1961 – Nurejew machte den Anfang – in den Westen gingen. Auch **Galina Uljanowa,** Stalins Vorzeigekünstlerin und eine der bedeutendsten Ballerinen der Sowjetunion, hatte ebenfalls am Kirow getanzt, bevor am Bolschoj ihre glänzende Karriere anbrach.

Die seit dem Zusammenbruch des Sozialismus neu gewonnene künstlerische Freiheit, selbst über Inszenierungen und Spielpläne entscheiden zu können, stellt die Choreografen sowohl in Moskau als auch in St. Petersburg vor neue Probleme. Klassisches Formbewusstsein und akademischer Tanz bremsten jahrzehntelang die Entwicklung moderner Choreografien. Nach über 70 Jahren mehr oder weniger *splendid isolation* muss das russische Ballett nach Auflösung der Sowjetunion den Anschluss an moderne Tanzstile finden. Nicht allein das Repertoire, sondern auch die neue Formen der Tanztechnik wollen dabei erarbeitet werden.

›Russenfilme‹

Die Oktoberrevolution gab der Entwicklung des Films in Russland mehr als allen anderen Künsten ihren entscheidenden Impuls. Der Kinoboom, der nach dem Ersten Weltkrieg europaweit um sich griff sowie die Förderung der Filmkunst durch die sowjetische Führung hatten den Filmemachern eine ungeahnte Konjunktur beschert. Im Film erkannten die Bolschewiki ein kongeniales Medium ihrer politischen Zielsetzungen, denn wie keine andere Kunst wirkte der Film gesellschaftsumspannend, lockte arm und reich gleichermaßen in die Kinos. »Hier sind alle beisammen – Studenten und Polizisten, Schriftsteller und Prostituierte, Offiziere und Studentinnen, Intellektuelle mit Bart und Brille, Arbeiter, Verkäufer … kurzum alle«, begeistert sich ein russischer Schriftsteller 1912. In der Filmrezeption schien die Demokratisierung der Kunst visuell fassbar zu werden und so konnte denn auch Lenin den Film als die wichtigste aller Künste preisen. Der sowjetische Film wurde schnell ein Politikum. Während im Westen vor allem Rührstücke über die Leinwand flimmerten, gab der sowjetische Film neuen künstlerischen Formen sowie politischer Propaganda Ausdruck. Und so prophezeit denn auch Walter Benjamin, dass es das konsequente, ideologische Schema des russischen Revolutionsfilms sein wird, das ihn über den »internationalen bürgerlichen Film« triumphieren lassen wird.

Seit Anfang des 20. Jh. hatte es in Russland eine private Filmindustrie gegeben – der erste russische Film wurde bei den Krönungsfeierlichkeiten Nikolaus II. 1896 in Moskau gedreht. Nach der Verstaatlichung 1919 erging an die Filmemacher der Auftrag, die »bürgerlichen Märchen« bloßzustellen. Die stimulierende Wirkung des gesellschaftlichen Umbruchs und der revolutionären ideologischen Ausrichtung brachte bereits Mitte der 1920er-Jahre einen der größten Pioniere der Filmkunst hervor: **Sergej Eisenstein** (s. S. 61), der mit »Panzerkreuzer Potemkin« (1925) eine neue Wahrnehmung der Wirklichkeit ermöglichte, der seine Kamera dem Blickpunkt der Revolution lieh. Mittels der Montagetechnik zergliedert Eisenstein nach kubistischem Vorbild den Raum der Einstellung, um eine bildhafte Intensivierung sowie eine symbolische Deutung der Ereignisse zu erzielen. Dabei spielt die Entwicklung eines linearen Handlungsstrangs fortan nur noch eine untergeordnete Rolle; vielmehr geht es Eisenstein um die Darstellung historischer Entwicklung, um »Einsichtnahme in die Historie« und um unmittelbar erfahrbare emotionale Effekte. Sein revolutionäres Konzept ging auf: Der Erfolg des »Panzerkreuzers Potemkin« machte Eisenstein in aller Welt auf einen Schlag berühmt.

In Berlin begründen Eisensteins »Panzerkreuzer Potemkin« und **Wsewolod Pudowkins** »Sturm über Asien« (1929) die Begeisterung für die neuen ›Russenfilme‹, in deren radikal neuer Sicht auf die Wirk-

Filmplakat zur Uraufführung von Sergej Eisensteins »Panzerkreuzer Potemkin« (1925)

lichkeit Kritiker wie Alfred Kerr die russische Seele gespiegelt sehen wollten. »Zwei kennzeichnende Züge hat angeblich der Russe. Erstens: er ist weich, fühlsam. Zweitens: er ist radikal … Also die zwei Gegensätze (…) sind hier verschmolzen. Id est: russische Kunst geht auch in der Einfühlsamkeit … radikal bis ans Ende«. Neben Eisenstein und Pudowkin wurde der Filmemacher **Dsiga Wertow** als einer der kühnsten Pioniere der Filmkunst gefeiert. Den Millionen von Analphabeten, die das Zarenreich hinterlassen hatte, wollte er mit seiner ›Kino-Prawda‹ die Möglichkeit einer Teilnahme am Informationsfluss der Gegenwart bieten. Wertows ›Filmzeitung‹ (1925) wurde in den Vorortzügen gezeigt, in den Fabrikhallen vorgeführt und trug dazu bei, die Ziele der Revolution auch dort zu verbreiten, wo man weder lesen noch schreiben konnte – zu Beginn der 1920er-Jahre war das noch die große Mehrheit der Bevölkerung. Im Westen wurde Wertow mit seinem Film »Der Mann mit der Kamera« (1929) berühmt, der durch seine radikale Kameraführung besticht.

Der Stalin-Kult sowie der ab dem XVII. Parteikongress propagierte folkloristische Sowjet-Patriotismus beendeten die revolutionäre Filmkunst auf einen Schlag. An das schwülstige Pathos von Arbeiter- und Bauernhelden verlieren die Filme nun ihre ikonografische Adoleszenz. Erst in den 1960er- und 70er-Jahren schaffen Regisseure wie **Andrej Tarkowskij** (s. S. 66) oder **Alexander Askoldow** wieder ernstzunehmende Werke, die jedoch mehrheitlich nicht in den Kinos, sondern in den Regalen und Magazinen der Zensur landen. Askoldows Meisterwerk »Die Kommissarin« von 1967 kam erst mit 20-jähriger Verspätung in die Kinos.

Der 1987 in den Kinos der Perestroika gezeigte Film »Die Reue« (Pokajanie) des georgischen Regisseurs Tengis Abuladse war einer der ersten Filme, der das stalinistische Terror-Regime nach den Bedingungen seiner grenzenlosen Machtfülle befragte. Abuladse tat dies in Form einer Parabel

Perestroika und Glasnost

Erst Gorbatschows Politik der Perestroika und Glasnost gab der Entwicklung des Films in der Sowjetunion neue Impulse. Während bis zu diesem Zeitpunkt verbotene Werke erstmals gezeigt werden konnten, lieferte eine ganze Generation junger Regisseure, darunter Sergej Bodrow und Kira Muratowa, neue Filme, die auch im Westen viel Aufmerksamkeit erregten. Wie die Literatur durchbricht die Kinematografie zunächst die Tabus; der Film prangert soziale Missstände an, Tengis Abuladses »Die Reue« (1984) entlarvt den Stalinismus, Witalij Janewskij erzählt in »Halte still, stirb, erwache« (1990) eine Kindheitsgeschichte aus dem Umkreis eines GULag und die vielbeachtete »Kleine Vera« (1988) von Wassilij Pitschul versucht aus der Enge ihres Lebens – vergeblich – auszubrechen. Die Filme der Perestroika sind erfüllt von Ausweglosigkeit und verzweifeltem Überlebenswillen. Einige Filmemacher, wie etwa Sergej Owtscharow, verarbeiteten die Wirklichkeit des Sowjetalltags aber auch als bitterböse Satire. Die Auflösung der Sowjetunion führte zu einer großen Krise des Kinos, doch schon Ende der 1990er-Jahre feierten Filme wie »Die Sonne, die uns täuscht« von Nikita Michailkow oder die »Rückkehr« von Andrej Zwyagintsew internationale Erfolge.

Daten zur Geschichte

Staatsbildung und Zerfall der Kiewer Rus

862 Rjurik, der Stammvater der Rjurikiden-Dynastie, gründet am Ufer des Wolchows Nowgorod und damit die älteste russische Stadt.

863 Kyrill und Method (s. S. 63) begründen mit Billigung Roms die slawische Orthodoxie; Entwicklung der slawischen Schrift.

879–912 Fürst Oleg gelingt es, 14 ostslawische Stämme unter seiner Herrschaft zu vereinigen. Kiew wird Zentrum des gleichnamigen Reiches, das sich von Karelien im Norden bis zu den Steppengrenzen im Süden und vom Dnjestr bis zur Wolga erstreckt. 911 schließt Oleg einen Handelsvertrag mit Byzanz, gleichsam Auftakt zu äußerst intensiven Beziehungen in der Folgezeit.

988 Christianisierung der Rus unter Wladimir (978–1015). Die russisch-orthodoxe Kirche wird dem Patriarchat von Konstantinopel unterstellt, Einführung des Slawischen als Kirchensprache.

1015 Fürstliche Bruderfehden nach dem Tod Wladimirs. Auf Weisung ihres Bruders Swjatopolk werden Boris und Gleb erschlagen, die später als erste Heilige der russisch-orthodoxen Kirche verehrt werden.

1019–45 Unter Jaroslaw dem Weisen erlebt die Kiewer Rus politisch wie kulturell eine Blütezeit. Die innere Stabilität fördert Jaroslaw durch eine allgemein gültige Gesetzesordnung, die *Russkaja prawda*. Kiew lässt der Fürst zu einer prachtvollen Residenz ausbauen, deren Mittelpunkt die 1037 begonnene Sophien-Kathedrale bildet. In der Kirchenpolitik ist Jaroslaw bemüht, Eigenständigkeit gegenüber Byzanz zu demonstrieren. 1051 lässt er ohne Einwilligung des Patriarchen von Konstantinopel seinen Hofgeistlichen Ilarion zum neuen Metropoliten der Kiewer Rus wählen. Zahlreiche Klöster werden gegründet. Neben Kiew entwickelt sich Nowgorod seit Mitte des 11. Jh. zur aufstrebenden Handelsstadt. Ausdruck eines neuen Selbstverständnisses der Städter, vor allem der Kaufmannsschicht, ist die *wetsche*, die Volksversammlung, die in Nowgorod sowie auch in Rostow Welikij und in Pskow zusammentritt.

1054 Aufteilung des Reiches unter die fünf Söhne Jaroslaws. Erbfolgekriege sowie kriegerische Übergriffe der Steppennomaden. Es bilden sich neue politische Zentren im Nordosten der Rus, so z. B. das Fürstentum Wladimir-Susdal und Rostow Welikij.

1113–32 Großfürst Wladimir II. (Monomach) und seinem Sohn Großfürst Mstislaw I. gelingt es ein letztes Mal, die Vormachtstellung des Kiewer Fürstenhauses innerhalb der Rus zu behaupten.

1136 Nowgorod befreit sich aus der Kiewer Vorherrschaft.

1147 Jurij Dolgorukij, Fürst von Susdal, gründet Moskau. Erbitterte Kämpfe der Fürsten um die Vorherrschaft in der Kiewer Rus.

1169 Andrej Bogoljubskij (1157–74) zerstört Kiew und erhebt Wladimir zur Residenz seines Großfürstentums. Sein Anspruch auf Alleinherrschaft lässt ihn 1175 Opfer einer Verschwörung der Bojaren werden.

Unter Wsewolod III. erlebt das Fürstentum Wladimir-Susdal den Höhepunkt seiner Machtentfaltung. Auch die anderen russischen Fürstentümer gewinnen an Bedeutung, in deren Folge immer neue kriegerische Konflikte aufflammen. Einigendes Band ist allein die Kirche.

1176–1212

Tatarenherrschaft

Einfall Dschingis Khans in die südrussische Steppe. Der Zerfall der Rus in weitgehend isolierte Einzelfürstentümer macht das geschwächte Land zur leichten Beute der Tataren. Mit der Eroberung von Kiew 1240 unter Batu Khan, dem Enkel Dschingis Khans, war ganz Russland (mit Ausnahme von Pskow und Nowgorod) in tataro-mongolischer Gewalt. Einrichtung eines tataro-mongolischen Machtzentrums in Sarai am Unterlauf der Wolga. Das Reich der ›Goldenen Horde‹ erstreckt sich zwischen Irtysch und dem Dnjestr sowie zwischen der Wolga, dem Kaspischen und dem Schwarzen Meer.

1223

Alexander Newskij, Fürst von Nowgorod, besiegt an der Newa, auf die sich sein Beiname bezieht, die Schweden. 1242 schlägt er den Deutschen Orden auf dem Eis des Peipus-Sees und bewahrt Russland vor der päpstlichen Missionierung zum Katholizismus. 1546 wird er kanonisiert.

1240

Wladimir wird Zentrum des russischen Reiches; Alexander Newskij bietet sich Batu Khan als machtbewusster Vasall an und erhält den Großfürstentitel. 1299 verlegt Metropolit Maxim seinen Sitz von Kiew nach Wladimir.

1263

Iwan I., seit 1325 Fürst von Moskau, erhält vom Khan der Goldenen Horde den *jarlyk*, die Bestätigungsurkunde als Großfürst von Wladimir, doch seine Residenz verlegt er nach Moskau. Auch bei der Ein-

1328–40

treibung der Steuern zeigt Iwan I. Eigenständigkeit. Erhebliche Summen der Tributforderungen fließen in die eigene Staatskasse, was ihm den Beinamen Kalita, «Geldsack«, einbringt. Das Geld nutzt Iwan I. zum Ankauf von Ländereien, womit er die Politik der ›Sammlung der russischen Erde‹ einleitet. In einer Mischung aus Rücksichtslosigkeit und staatsmännischer Voraussicht kann er während seiner zwölfjährigen Herrschaft das Territorium seines Fürstentums verdreifachen. 1328 wird die Residenz des Metropoliten nach Moskau verlegt.

1359–89   Unter Dmitrij Donskoj wird Moskau zum Zentrum des Großrussischen Reiches. Seinen Beinamen erhält der Großfürst nach der Schlacht 1380 auf dem Schnepfenfeld am Don, bei der russische Truppen erstmals über die Tataro-Mongolen siegen. 1382 zerstören die Mongolen in einem Akt der Vergeltung Moskau. Das russische Selbstbewusstsein ist dennoch gestärkt.

1389–1462   Erneut kriegerische Konflikte um die Großfürstenwürde. Instabile Machtverhältnisse auch bei der Goldenen Horde.

1439   Union der römisch-katholischen und byzantinischen (griechisch-orthodoxen) Kirche auf dem Konzil in Ferrara/Florenz. Die Vereinigung stößt in Russland auf heftigen Widerstand.

1448   Die Wahl des Bischofs von Rjasan zum Metropoliten ›von Kiew und ganz Russland‹ ist ein erster Schritt zur Selbstständigkeit der russisch-orthodoxen Kirche. Die Eroberung Konstantinopels 1453 durch die osmanischen Türken ist aus russischer Sicht die gerechte Strafe Gottes für die Abkehr vom wahren Glauben. Von nun an sieht sich Russland berufen, das Erbe des Byzantinischen Reiches anzutreten.

1462–1505   Regierungszeit Iwans III.: Er verstand sich als ›Selbstherrscher von ganz Russland‹. 1472 heiratet er Zoë Palaiologos, die Nichte des letzten byzantinischen Kaisers. Die Ehe ist für den Moskauer Reichsgedanken von großer Bedeutung, denn sie verleiht Iwans III. Herrschaft imperiale Aura. Daraufhin wird der byzantinische Staatsbegriff der Symphonia, die Idee der Einheit von Kirche und Staat, zur Staatsdoktrin.

1478   Unterwerfung Nowgorods, Abschluss der Politik des ›Sammelns der russischen Erde‹.

1480   Iwan III. stellt die Tributzahlungen an die Goldene Horde ein und beendet die 250-jährige Fremdherrschaft der Tataro-Mongolen.

Das ›Dritte Rom‹ und der erste russische Zar

1510   Der Mönch Filofej formuliert mit seinen Worten »Moskau ist das dritte Rom, und ein viertes wird es nicht geben« das Kernstück einer Staats- und Reichsideologie, die sich bereits nach dem Fall von Konstantinopel herausgebildet hatte. Russland versteht sich seit dieser Zeit als Wahrer und Bannerträger byzantinischer Traditionen auf religiös-kulturellem sowie auf politischem Gebiet. Dieses Selbstverständnis sollte über Generationen hin der imperialen Politik der Zaren die Richtung geben. Der russische Selbstherrscher galt als der einzig legitimierte

Herrscher der Christenheit in der Nachfolge von Rom und Byzanz. Legenden zementieren die neue Standortbestimmung: Rjurik, Stammvater der Dynastie, wird zum Fürsten aus dem Geschlecht des römischen Kaisers Augustus erhoben, und der Kiewer Großfürst Wladimir II. (1113–25) soll die Kron- und Reichsinsignien, die legendäre Kappe Monomachs, aus den Händen des byzantinischen Kaisers Konstantin IX. Monomachos empfangen haben.

1533–84 Regierungszeit Iwans IV., genannt ›der Gestrenge‹, was aber aufgrund seiner Regierungspolitik später als der ›Schreckliche‹ ausgelegt wird (s. S. 61).

1547 Krönung Iwans IV. zum Zaren. Einen Monat später heiratet er die Bojarentochter Anastassija Romanowna und verbindet damit die Dynastie der Rjurikiden mit der der Romanows. Iwan IV. schafft mit den Strelizen die Vorform eines stehenden Heeres.

1552 Mit der Eroberung von Kasan schafft Iwan IV. die Grundlage zum Vielvölkerreich. 1556 folgt die Eroberung von Astrachan, 1558–82 der Livländische Krieg.

Fürstentum Moskau

0   400   800 km

- Moskau
- Moskauer Reich
- 1533 erworbene Gebiete
- 1582/83 verlorene Gebiete
- 1584 erworbene Gebiete

Eroberungen machten das Fürstentum Moskau zu einem ständig größer werdenden Reich. Iwan III. und sein Sohn Wassilij gewannen im Norden, Westen und Süden große Gebiete hinzu. Iwan IV. verdoppelte die Größe des Reiches durch Kriegszüge im Osten

51

Ein zeitgenössischer Holzschnitt karikiert die Reformen Peters I.: Unter dem Eindruck seiner Reise nach Westeuropa ließ er die Moskauer ihre Kaftane ab- und westliche Kleidung anlegen. Darüber hinaus wurde allen Männern außer Geistlichen und Bauern die traditionellen langen Bärte abgeschnitten. Wer sich weigerte, musste nun Steuern zahlen

1565–72	Einrichtung der *opritschnina*, der Regierung aus dem Exil heraus. Mit seiner Leibgarde, den *opritschniki*, geht Iwan IV. gegen Feinde im Innern vor. Hungersnöte und die Pest schwächen zusätzlich das Land.
1582	Iwan IV. erlässt ein Gesetz, das die Bauern auf Lebenszeit an die Scholle bindet. Eroberung des westsibirischen Khanats durch den Ataman Ermak Timofejew.
1584–98	Regierungszeit Fjodors I. 1584 Gründung des Hafens Archangelsk als erster Zugang Russlands zum Meer.
1589	Einrichtung des Patriarchats in Moskau und endgültige Unabhängigkeit der russisch-orthodoxen Kirche von Konstantinopel.
1598	Ende der Rjurikiden-Dynastie. Die Reichsversammlung wählt Boris Godunow zum Zaren.

Die Zeit der Wirren und der erste Romanow-Zar

1605–13	›Zeit der Wirren‹, die *smuta:* Verschiedene Thronprätendenten und Usurpatoren geben sich als Dmitrij, Iwans IV. ermordeten Sohn, aus und stürzen Russland in kriegerische Konflikte (1605/06 Herrschaft des ›falschen Dmitrij‹).
1610	Polnisch-litauische Truppen belagern zwei Jahre Moskau.
1613–45	Regierungszeit Zar Michail Romanows, die dem Land endlich inneren Frieden bringt.

Reform der russisch-orthodoxen Kirche unter Patriarch Nikon. *1652*

Anschluss der Ukraine an Russland. *1654*

Spaltung der Kirche in Altgläubige, die sich um den Erzpriester Aw- *1656*
wakum gruppieren, und in Anhänger der Reformen Nikons. Tausende
von *raskolniki* (von russ. *raskol* = ›Spaltung‹) flüchten aus Angst vor
Verfolgung in unwegsame Waldgebiete im Norden des Landes.

Bauernaufstand des Kosakenführers Stenka Rasin. *1667–71*

Fjodor III. versucht vergeblich, im ersten Türkenkrieg die Krim und *1677–81*
damit den Zugang zum Meer zu erobern.

Russlands Öffnung nach Westen

Peter I. wird zum Zaren gekrönt. Bewaffnete Aufstände der Strelizen *1682*
setzen gleichzeitig die Krönung von Peters Bruder Iwan durch. Die
Halbschwester Sofia übernimmt die Regentschaft für die noch min-
derjährigen Brüder.

Regierungszeit Peters des Großen, in der es nur ein einziges Jahr des *1689–1725*
Friedens (1724) gibt (s. S. 64).

Peter I. reist als erster russischer Zar, zum blanken Entsetzen der Mos- *1697*
kauer, ins Ausland, vor allem in die Niederlande und nach England,
um dort Vorbilder für die von ihm beabsichtigte Modernisierung Russlands zu studieren.

Ein erneuter Aufstand der Strelizen wird niedergeschlagen. Peter lässt *1698*
die Führer hinrichten und löst die Truppe auf. Beginn der Petrinischen
Reformen, die nahezu alle Bereiche des privaten und öffentlichen Lebens erfassen.

Die byzantinische Zeitrechnung wird durch den Julianischen Kalen- *1700*
der ersetzt. Nach dem Tod Patriarch Adrians schafft Peter I. das Pa-
triarchenamt ab und schafft eine provisorische Kirchenleitung, die
dem Staat untersteht.

Nordischer Krieg, in dem Peter I. das Ziel verfolgt, den Schweden das *1700–21*
Mündungsdelta der Newa abzuringen, um so Russland einen Zugang
zur Ostsee zu verschaffen.

Gründung von St. Petersburg. *1703*

Sieg über König Karl XII. von Schweden bei Poltawa. *1709*

Erster russisch-türkischer Krieg. *1710/11*

St. Petersburg wird russische Hauptstadt. Steinbauten müssen nun im *1712*
ganzen Reich eingestellt werden, damit St. Petersburg zum ›steinernen Paradies‹ werden kann. Peter der Große heiratet Katharina Ska-
wronskaja, die nach seinem Tod 1725 zur Zarin gekrönt wird.

Friede von Nystad: Schweden muss Livland, Estland, Ingermanland *1721*
und Karelien an Russland abtreten. Peter nimmt den Titel ›Allruss-
ländischer Imperator‹ an.

Gründung der Akademie der Wissenschaften in St. Petersburg. *1726*

Regierungszeit Katharinas II. (s. S. 62): Reformen zur Modernisierung *1762–96*
im Sinne des aufgeklärten Absolutismus. Eine Adelsgesellschaft nach
westeuropäischem Vorbild löst das Bojarentum ab.

1768–74 Zweiter russisch-türkischer Krieg. 1773/74 Bauernrevolte unter Emeljan I. Pugatschew. Die politisch instabile Lage lässt Katharina II. aufklärerische Reformen und liberal-humanitäre Ideen verwerfen.

1783 Annexion der Krim.

1787–92 Der dritte russisch-türkische Krieg endet mit dem Frieden von Jassy.

1805–12 Vierter russisch-türkischer Krieg.

1812 ›Vaterländischer Krieg‹ gegen Napoleon. Dem Brand von Moskau fällt Dreiviertel der Bausubstanz zum Opfer.

1814/15 Der Wiener Kongress feiert Alexander I. als ›Retter Europas‹. Ihm zu Ehren richtet man in Berlin einen Alexanderplatz ein. In St. Petersburg und Moskau hingegen bringt der Alexandrinische Klassizismus das gestärkte Selbstbewusstsein Russlands zum Ausdruck.

Politische Krisen, Industrialisierung, Revolution

1816 Gründung von Geheimbünden, in denen sich Protest gegen Russlands soziale und gesellschaftspolitische Rückständigkeit formuliert.

1825 Dekabristenaufstand (russ. *dekabr* = ›Dezember‹), bei dem junge Adelige für demokratische Verhältnisse in Russland eintreten. Der Umsturz scheitert.

1853–56 Krimkrieg, in dem Russland isoliert gegen die Großmächte Frankreich, Großbritannien und die Türkei kämpft.

1861 Aufhebung der Leibeigenschaft, in deren Folge die Bauern zu Millionen in die Städte strömen. Verelendung breiter Schichten der Gesellschaft.

1873 Drei-Kaiser-Bündnis zwischen dem Deutschen Reich, Österreich und Russland.

1881 Die terroristische Gruppe *Narodnaja wolja* (›Volkswille‹) übt ein Attentat auf Alexander II. aus. Neutralitätsvertrag zwischen Österreich-Ungarn, dem Deutschen Reich und Russland.

1882 Weltausstellung in Moskau.

1887 Das Neutralitätsabkommen zwischen Russland und dem Deutschen Reich wird erneuert.

1892 Nach der Entlassung Bismarcks als Reichskanzler 1890 und der Nichtverlängerung des Neutralitätsabkommens durch den neuen Reichskanzler Leo Caprivi schließt Russland mit Frankreich ein geheimes Militärbündnis.

1894 Nikolaj II. besteigt den russischen Thron.

1895 Unter Lenins Leitung formiert sich der Petersburger Kampfbund zur Befreiung der Arbeiterklasse.

1898 Gründung der Sozialdemokratischen Arbeiterpartei Russlands in Minsk, die spätere Keimzelle der KPdSU.

1903 Spaltung der Sozialdemokratischen Arbeiterpartei in Bolschewisten und Menschewisten.

1904/05 Russisch-japanischer Krieg: Streiks und Unruhen erschüttern das Land. Am ›Blutsonntag‹ 1905 werden friedlich demonstrierende Arbeiter vor dem Petersburger Winterpalais mit Schüssen empfangen. Der Tod

»Der Kreml ist rot geworden«, Revolutionsplakat von Dimitrij Moor (1921)

von über 130 Menschen gibt den letzten Anstoß zur ersten russischen, bürgerlich-demokratischen Revolution.

Eintritt Russlands in den Ersten Weltkrieg, in dem Millionen an der Front sterben; u. a. fehlt es den russischen Soldaten an modernem Kriegsgerät. St. Petersburg heißt fortan Petrograd.   *August 1914*

Die Februarrevolution zwingt Nikolaj II. am 15. März zur Abdankung.   *1917*
Die Regierungsgeschäfte übernehmen die bürgerliche Provisorische Regierung sowie Arbeiter- und Soldatenräte. Im April trifft Lenin (s. S. 63) aus seinem Schweizer Exil in Petrograd ein (Formulierung der »Aprilthesen«).

55

1917 In der Nacht des 7. November (nach alter Zeitrechnung: 25. Oktober) stürmen die Bolschewiki das Petersburger Winterpalais, in dem sich die Provisorische Regierung unter dem Vorsitz Kerenskijs aufhält. Lenin übernimmt die Regierungsgewalt. Im Dezember schließt er einen Waffenstillstand mit Deutschland und Österreich-Ungarn, der 1918 in einem Friedensvertrag besiegelt wird.

Gründung der Sowjetunion

1918 Im Januar wird die *Rossijskaja Sozialistitscheskaja Federatiwnaja Sowjetskaja Respublika* (RSFSR) ausgerufen. Aus militärstrategischen Gründen verlegt Lenin den Regierungssitz nach Moskau. Der letzte Zar wird samt seiner Familie in Jekaterinburg ermordet. Einführung des Gregorianischen Kalenders. Auf den 31. Januar 1918 lässt man den 14. Februar folgen.

1918–21 Russischer Bürgerkrieg zwischen der von Trotzkij aufgebauten und geführten Roten Armee und den Weißen Verbänden, die von alliierten Interventionstruppen unterstützt werden.

Vom Stalinismus zur Demokratie

1924 Lenin stirbt in Gorkij bei Moskau nach seinem dritten Schlaganfall. Beisetzung im Mausoleum auf dem Roten Platz. Petrograd wird in Leningrad umbenannt. Im Machtkampf um die Parteiführung setzt sich Stalin (s. S. 65) als neuer Generalsekretär durch.

ab 1927 Industrialisierung und Zwangskollektivierung der Landwirtschaft. Eine politsch gesteuerte Hungerkatastrophe kostet Abermillionen Menschen das Leben.

1937 Der stalinistische Terror erreicht seinen Höhepunkt: Millionen von Menschen werden in die Gefängnisse und Lager des Landes deportiert oder ermordet.

August 1939 Nichtangriffspakt zwischen Hitler und Stalin, der u. a. die Aufteilung Polens vereinbart. Am 1. September beginnt mit dem deutschen Überfall auf Polen der Zweite Weltkrieg.

Juni 1941 Die deutsche Wehrmacht überfällt ohne Kriegserklärung Russland (›Unternehmen Barbarossa‹). Da der deutsche Angriff die Sowjetunion relativ unvorbereitet trifft, kann die Wehrmacht innerhalb von drei Monaten bis kurz vor Moskau vorstoßen.

1941–44 Bis zum 8. September 1941 schließt die Deutsche Wehrmacht einen Belagerungsring um Leningrad. Erst nach 900 Tagen, am 27. Januar 1944, kann die Rote Armee die Stadt wieder befreien. Mehr als 1 Mio. Menschen sind verhungert, erfroren oder erschossen worden.

1942/43 Im November 1942 schließen die sowjetischen Streitkräfte die VI. Armee in Stalingrad ein. Nachdem die sowjetischen Verbände den Ring immer enger gezogen haben, kapitulieren Generalfeldmarschall Friedrich Paulus und General Wilhelm v. Seydlitz im Winter 1943. Etwa

146 000 deutsche Soldaten sind gefallen; 90 000 geraten in Gefangenschaft. Die Schlacht um Stalingrad zählt zu den entscheidenden Wendepunkten des Zweiten Weltkrieges.

Bedingungslose Kapitulation Deutschlands. Die Sowjetunion hat etwa 20 Mio. Kriegstote zu beklagen. Das nördliche Ostpreußen wird in die Sowjetunion einbezogen. *Mai 1945*

Bipolare Weltordnung und Kalter Krieg zwischen den beiden Supermächten USA und Sowjetunion. *ab 1947*

Sowjetische Blockade Westberlins. *1948/49*

Tod Stalins. *1953*

Gründung des Warschauer Pakts. *1955*

XX. Parteitag der KPdSU, der die Entstalinisierung beschließt. Unter Nikita Chruschtschow setzt eine zaghafte Liberalisierung des gesellschaftlichen Lebens ein. Bis Mitte der 60er-Jahre sind die Russen im Wettlauf mit den USA in der Raumfahrt führend: Jurij A. Gagarin ist im April 1961 der erste Mensch im All. *1956*

Nach dem Sturz Chruschtschows verfolgt sein Nachfolger Leonid Breschnew einen strikten Restaurationskurs. Nahezu alle Mitglieder der Regierung haben das Rentenalter erreicht und treiben das Land in die Agonie einer verknöcherten Parteiherrschaft. Die Wirtschaft des Landes gerät indes in den erbarmungslosen Würgegriff des Wettrüstens. *1964–82*

Afghanistan-Krieg. *1979–88*

Reformen unter Michail Gorbatschow: Die *perestroika*, der gesellschaftliche Umbau, erlöst Russland von der mitunter absurden Politik einer senilen Parteiführung. Die Welt blickt voller Hoffnung nach Moskau. Sein politisches Programm von *glasnost* (Transparenz, Offenheit) gibt den Sowjetbürgern nach vielen Jahren des Verstummens wieder eine Stimme. 1986 ereignet sich in Tschernobyl (Ukraine) das bislang schwerste Kernkraft-Unglück (GAU) mit z. T. bis heute anhaltenden Schäden für Mensch und Umwelt. *1985–91*

Gorbatschows Balance zwischen Reform und Restauration weckt immer mehr Unmut innerhalb der Bevölkerung, und der vom Westen hoch geschätzte Parteichef wird zum bestgehassten Mann des Landes. Enorme Engpässe bei der Lebensmittelversorgung. Der Reformwille von oben verwandelt sich in eine nicht mehr aufzuhaltende Revolution von unten. *1989*

Im August putschen Teile der Armee und Partei. Gorbatschow wird auf der Krim unter Arrest gestellt. Boris Jelzin erklärt die Machtübernahme des ›Notstandskomitees‹ für verfassungswidrig und ruft die Bevölkerung zum Widerstand auf. Der Putsch wird am 21. August niedergeschlagen. Gorbatschow tritt im August als Generalsekretär der KPdSU zurück; im Dezember tritt er unter politischem Druck als Präsident zurück. Auflösung der Sowjetunion und Gründung der GUS (Gemeinschaft unabhängiger Staaten). Boris Jelzin wird russischer Präsident, Leningrad wieder in St. Petersburg umbenannt. *1991*

Der Oktoberputsch nationalkonservativer Kräfte gegen Jelzin wird am selben Tag niedergeschlagen. Im Dezember finden die ersten freien Wahlen in Russland statt. *1993*

Michail Gorbatschows Reformen kamen zunächst im Gewand alter Parteitagsrituale daher (etwa 1986). Am 7. November 1987 beteuerte Gorbatschow zum 70. Jahrestag der Oktoberrevolution: »Im Oktober 1917 brachen wir aus der alten Welt aus, lehnten sie endgültig ab. Wir gehen einer neuen Welt entgegen, der Welt des Kommunismus. Von diesem Weg werden wir niemals abweichen.«

1994/95 Brutal geführter Krieg gegen die abtrünnige Kaukasus-Republik Tschetschenien. Jelzins anfängliches Charisma als ›Mann der Stunde‹ ist seit diesem Krieg sowie seit zahlreichen unpopulären Maßnahmen auf dem Wege zur Marktwirtschaft stark angeschlagen. Armut – mehr als 60 Mio. Menschen leben unterhalb des Existenzminimums – Arbeitslosigkeit, Wohnungsnot und Kriminalität sorgen für hochexplosiven sozialen Zündstoff.

1996 Bei den Wahlen zur Staatsduma 1996 geht Jelzin nochmals gegen seinen kommunistischen Herausforderer Sjuganow als Sieger hervor.

1998 Der großen Finanzkrise begegnet Russland mit einer Reform des Steuersystems und des Finanzsektors. Milliardenkredite der Weltbank sollen den Rubel stabilisieren. Die Wirtschaft befindet sich wieder im Abwärtstrend. Dauerhafter Machtkampf zwischen den demokratisch-liberalen Reformern und der parlamentarischen Mehrheit einer antiwestlichen Allianz aus Nationalkonservativen und Kommunisten in der Staatsduma. Im Juli werden die sterblichen Überreste der Zarenfamilie von Jekaterinburg nach St. Petersburg überführt und dort in Gegenwart des Staatspräsidenten Boris Jelzin in der Peter-und-Paul-Kathedrale feierlich beigesetzt. Im August erfolgt eine drastische Abwertung des Rubels; die Finanzkrise weitet sich zur Staatskrise aus.

1999 Jelzin gerät ins Zwielicht: Die Schweizer Justiz ermittelt wegen Korruption im Kreml. Hilfsgelder aus dem Westen in Höhe von 10 Milliarden Dollar fließen auf dubiose Konten. Anfang August dringen bewaffnete islamistische Kämpfer von Tschetschenien nach Dagestan ein. Einige Wochen später detonieren in Moskau und anderen Städten Russlands Bomben in Wohnhäusern. Fast 300 Menschen kommen dabei ums Leben. Die Terroranschläge werden den tschetschenischen Rebellen zur Last gelegt; Beweise dafür gibt es bisher nicht. Nicht ausgeschlossen wurde auch eine Verwicklung des russischen Geheimdienstes in die Bombenanschläge, die die anti-tschetschenische Stimmung in Russland stark angeheizt haben. Im Oktober dringen russische Truppen auf tschetschenisches Gebiet vor und beginnen den zweiten Krieg in der abtrünnigen Kaukasus-Republik. Am 31. Dezember tritt Präsident Jelzin zurück. Ministerpräsident Putin wird, wie in der Verfassung vorgesehen, Interimspräsident bis zur Neuwahl des russischen Präsidenten im Frühjahr 2000.

2000 Putin geht als Sieger der Präsidentenwahlen hervor, bei der elf Kandidaten angetreten waren. Der August 2000 geht als Katastrophenmonat in die russische Geschichte ein: Auf dem Puschkin-Platz im Herzen Moskaus detoniert eine Bombe und fordert 11 Menschenleben. Kurze Zeit später brennt der 540 Meter hohe Moskauer Fernsehturm in Ostankino und das U-Boot ›Kursk‹ sinkt auf den Grund der Barentssee. Das Vertrauen in den Staat hat nach diesen Katastrophen seinen Nullpunkt erreicht. Die russische Wirtschaft befindet sich hingegen in einem Aufwärtstrend: das Bruttoinlandsprodukt nimmt gegenüber dem Vorjahr um 6,7 Prozent zu. Zum Jahreswechsel entscheidet sich Russland für die alte Sowjethymne als Staatshymne.

2001 Präsident Putin versetzt der Pressefreiheit in Russland einen harten Schlag. Der neben TW6 einzig verbliebene nichtstaatliche russische Sender NTW, der den Krieg in Tschetschenien immer wieder kritisiert und die Korruptionsaffairen des Kreml ausführlich an die Öffentlichkeit gebracht hatte, verliert durch die Übernahme des halbstaatlichen Konzerns Gazprom seine Unabhängigkeit.

2002 Das russische Wirtschaftswachstum befindet sich weiterhin im Aufwärtstrend. Im Oktober dringen tschetschenische Terroristen in das Moskauer Musicaltheater ›Nord-Ost‹ ein und nehmen mehrere Hundert Zuschauer als Geiseln. Nach tagelangen Verhandlungen wird das Theater von einem Anti-Terror-Kommando gestürmt. Die Befreiungsaktion fordert zahlreiche Todesopfer und wird in der russischen Öffentlichkeit heftig diskutiert. Wladimir Putin fordert eine »gelenkte Demokratie«.

2003 Am 25. Oktober wird der Ölmagnat Michail Chodorkowskij verhaftet, Russlands reichster Mann und Chef des Yukos-Konzern. Die Staatsanwaltschaft wirft ihm Steuerhinterziehung und Betrug vor und beschlagnahmt 40 Prozent des Yukos-Aktienpakets. Die Börse erleidet ihren dramatischsten Kurseinbruch seit der Finanzkrise 1998. Der Fall Chodorkowskij ist vor allem politisch motiviert; der Oligarch hatte liberale, kremlkritische Parteien finanziert. Aus den Parlamentswahlen im Dezember geht die Kreml-Partei ›Einheit Russlands‹ mit 37,1 Prozent der Stimmen als stärkste Kraft hervor. Die Kommunisten, 1999 noch stärkste Partei in der Duma, stürzen auf 12,7 Prozent ab. Die liberalen Parteien ›Jabloko‹ und ›Union der rechten Kräfte‹ scheitern an der Fünf-Prozent-Hürde. Der ultranationalistische Wladimir Schirinowskij bringt es mit seiner Partei hingegen auf 11,6 Prozent der Stimmen. Westliche Beobachter stufen die Wahl als frei, aber nicht fair ein, weil sich die Partei ›Einheit Russlands‹ die staatlich kontrollierten Fernsehsender und Zeitungen im Wahlkampf zunutze gemacht hat. Ein Bombenanschlag in Moskau gegenüber der Duma fordert sechs Tote und zahlreiche Verletzte. An der Moskwa entsteht ein neues wirtschaftliches Zentrum. ›Moscow City‹ ist das Projekt des ehrgeizigen Bürgermeisters Jurij Luschkow.

2004   Putin tritt seine zweite Amtszeit als Präsident an. Anfang September kommt es im südrussischen Beslan zu einer Geiselnahme in einer Schule. Tschetschenische Separatisten setzen 1200 Schüler, Eltern und Lehrer fest. Bei der Erstürmung des Gebäudes durch russische Sondereinheiten verlieren über 200 Menschen, zumeist Kinder, ihr Leben.

2005   Massenproteste in Moskau und St. Petersburg gegen Sozialkürzungen, die vor allem die Rentner treffen

2006   In Moskau wird die regimekritische Journalistin Anna Politkowskaja kaltblütig erschossen. Die unerschrockene Reporterin hatte vor allem über die Gräueltaten in Tschetschenien berichtet. Die Auftraggeber des Mordes werden niemals gestellt. Regimekritische Journalisten und Rechtsanwälte leben gefährlich, immer wieder erschüttern Morde die Öffentlichkeit, das Vertrauen der Täter in die Straflosigkeit ist offenbar groß. Die russische Opposition wird drangsaliert, Putins ›gelenkte Demokratie‹ lässt keine kritischen Stimmen zu.

2008   Dmitrij Medwedew tritt als dritter Präsident nach dem Fall der Sowjetunion sein Amt an. Putin wird Ministerpräsident – er tritt ab und an, ein Kunststück, das für viel politische Spekulationen sorgt. Im August marschieren russische Truppen zum ersten Mal seit Ende des Kalten Krieges über die Grenze eines souveränen Nachbarlandes. Die russische Armee bombardiert und besetzt Teile Georgiens, nachdem Georgien mit Raketenwerfern gegen die abtrünnige Provinz Süd-Ossetien vorgegangen war. Hunderte Tote und Hunderttausende Flüchtlinge sind zu beklagen.

2009   Die kritische Journalistin und Menschenrechtlerin Natalja Estimirowa wird in Tschetschenien ermordet.

2010   Präsident Medwedew umwirbt die Russen mit neuen Freiheiten, doch schon lange schenken ihm diejenigen, die die Stützen dieser freiheitlichen Gesellschaft sein sollen – Akademiker, Kulturschaffende, innovative Unternehmer und Selbstständige – kaum mehr Glauben. Im Rahmen der größten Hitzeperiode seit Beginn der Wetteraufzeichnungen kommt es im Sommer zu den schwersten Waldbränden der russischen Geschichte.

Galerie bedeutender Persönlichkeiten

Diese Aufstellung verzeichnet all jene Herrscher, Künstler, Dichter und Denker, die im Text nicht die Erwähnung finden, die ihrem Rang für das russische Kulturleben bzw. ihrer Bedeutung für Russlands Geschichte entspricht.

Sergej Eisenstein (1898–1948)

»Ein Leben im Galopp, ohne Umschauen, mit ständigem Umsteigen ..., ein reiches Leben ..., ein Leben, das ich wohl gegen kein anderes eintauschen würde«, räsonierte Sergej Eisenstein nach einer Herzattacke 1946, den nahen Tod zwei Jahre später im Auge. Den Reichtum seines Lebens verdankte Eisenstein u. a. seinen breit gefächerten Talenten. Er arbeitete als Filmemacher, Zeichner, Bühnenbildner, Theaterregisseur und agitierte als überzeugter Revolutionär. Seine Filme, klassische Meisterwerke wie »Streik« (1924), »Panzerkreuzer Potemkin« (1925), »Oktober« (1927), »Alexander Newskij« (1938) und »Iwan der Schreckliche, Teil 1« (1941–45) haben mit ihrer grundlegenden filmästhetischen Neuerung der Montage ein kaum zu überbietendes Echo in der Filmgeschichte erlebt.

Eisenstein wurde 1898 in Riga geborgen. Sein gutbürgerliches Elternhaus verließ er schnell, trat als 20-Jähriger in die Rote Armee ein und beteiligte sich an den Kämpfen der Revolution. Deren Ideale wurden ihm zur ideologischen Basis seines künstlerischen Tuns. 1929 zog es den Filmpionier mit einigen Großprojekten nach Hollywood, doch aufgrund einer zu kostspieligen Produktion konnte er keinen seiner Pläne, darunter ein Film über die mexikanische Revolution, realisieren. »Que viva México« (1931) blieb unvollendet. Nach seiner Rückkehr nach Moskau geriet er auch hier zunehmend in Bedrängnis. 1946 führte Stalin gegen ihn ›Formalismus‹ ins Feld, für die experimentellen und intellektuellen Filme Eisensteins hatte er keine Verwendung mehr. Eisensteins letzter Film, »Iwan der Schreckliche, Teil 2« konnte erst fünf Jahre nach Stalins Tod uraufgeführt werden.

Iwan IV. ›der Schreckliche‹ (1530–84)

Schon immer hat die Gestalt Iwans des Schrecklichen Historiker, Schriftsteller, Maler und Musiker inspiriert. Seine despotische Grausamkeit brachte Iwan IV., der 1547 als erster russischer Herrscher zum Zaren gekrönt wurde, zweifelhafte Berühmtheit in der ganzen Welt ein, ausgedrückt durch den Beinamen der ›Schreckliche‹ beziehungsweise der ›Gestrenge‹ *(grosnyj)*.

Die ersten Regierungsjahre Iwans IV. waren von Reformwillen und politischen Erfolgen in dem dringend modernisierungsbedürftigen Moskauer Reich geprägt. Mit einem neu geordnetem Heer, zu dem erstmals die Strelizen gehörten, startete Iwan IV. mehrere Erobe-

Darstellung Iwans IV. auf einem zeitgenössischen Holzschnitt

rungsfeldzüge, bei denen er dem Moskauer Reich Gebiete einverleiben konnte, die von großer strategischer Bedeutung waren. 1552 wurde Kasan an der Wolga erobert und damit erstmals Gebiet, das nie zur Kiewer Rus gehört hatte. Der Grundstein für den russischen Vielvölkerstaat war damit gelegt. Anschließend drängte Iwan IV. nach Westen. Die nun folgende Offensive galt dem Deutschen Orden. 25 Jahre sollte der Livländische Krieg dauern, der dem Moskauer Reich wirtschaftlich den Ruin brachte. Die Opposition im Inneren des Landes wuchs und nachdem sich Iwans Heerführer 1560 absetzte und sein Statthalter in Livland 1564 nach Litauen floh, witterte der Zar überall Verrat. Die folgende Terrorherrschaft ist Ausdruck seiner Unsicherheit sowie der instabilen politischen Lage, die ihn 1565 dazu zwang, seinen Regierungssitz in die Alexandrowskaja Sloboda außerhalb Moskaus zu verlegen. Hier begründete Iwan IV. die *opritschnina*, die Regierung aus dem Exil heraus beziehungsweise den Staat im Staat, der erst 1572 wieder aufgelöst wurde und nahezu 4000 Opfer gefordert hatte. Das Bild vom schrecklichen Zaren festigte sich aber nicht allein durch seine despotische Willkürherrschaft, sondern auch durch die Ermordung seines Sohnes Iwan (1554–1581), den der Zar als Usurpator verdächtigte und 1581 in einem Streit erschlug. Damit beendete Iwan IV. selbst die Herrschaft der Rjurikiden.

Ilja Kabakow (geb. 1933)

Der russische Konzeptkünstler Ilja Kabakow, 1933 in der Ukraine geboren, zählt zu den bedeutendsten Künstlern der Gegenwart. Kaum eine internationale Kunstschau von Rang, auf der seine gleichsam surrealen Bühnenbilder der untergegangenen Sowjetwirklichkeit fehlen. »Meine Fantasie lebt nur in der Vergangenheit«, hat Kabakow einmal die Triebkraft seiner »flüchtigen Denkmäler« beschrieben. Die Vergangenheit Kabakows liegt in Moskau, wo er offiziell als Kinderbuchillustrator arbeitete und privat Geheimbilder von alltäglichen Absurditäten anfertigte, die er nur dem engsten Freundeskreis zeigen konnte. Drei Jahrzehnte lang gehörte Ilja Kabakow zum Moskauer ›Kreis der inoffiziellen Künstler‹. 1987 durfte er erstmals die Sowjetunion verlassen – und kam nicht mehr zurück. Heute lebt der Konzeptualist in New York und stellt in allen wichtigen Museen der Welt seine Sichtweisen sowjetischer Lebensart aus.

Katharina II. (1729–96)

Seine eifrigste Nachfolgerin fand Peter der Große in Katharina II. Die deutsche Prinzessin Sophie Friederike Auguste von Anhalt-Zerbst kam 1744 auf Geheiß Zarin Elisabeths nach Russland, ein Jahr später heiratete sie den ihr zeitlebens verhassten Thronfolger Peter von Holstein Gottorp, der 1761 zum Zaren gekrönt wurde. Neben einem ausgeprägten Machtinteresse, das sich vordergründig aufklärerisch gab, hatte Katharina II. eine große Schwäche für Männer. Sie gebar drei Kinder von drei verschiedenen Männern und amüsierte sich auch noch im betagten Alter bei zahlreichen Liebschaften. Nach der Absetzung Peters III. und dessen Ermordung, an deren Vorbereitung sie sich bereitwillig beteiligt hatte, wurde sie 1762 zur Zarin gekrönt. Unter ihrer Herrschaft erlebten das Bildungswesen sowie die Schönen Künste eine Blütezeit. Dem Adel räumte Katharina immer mehr Privilegien ein, während den leibeigenen Bauern die letzte Menschenwürde genommen wurde. In ihrem politischen Testament, das sie zehn Jahre vor ihrem Tod verfasste, kommt sie – gleichsam eine Meisterin der Heuchelei – jedoch zu der Selbsteinschätzung: »Auf den russischen Thron gelangt, strebte sie nach dem Guten und suchte ihren Untertanen Glück, Freiheit und Eigentum zu verschaffen.«

Katharina II. als Gesetzgeberin im Tempel der Themis (unbekannter Maler des 18. Jh.)

Die ›Slawenapostel‹
Kyrill (827–869) und Method (um 815–885)

Der Philosoph Kyrill und sein Bruder Method gelten als die Begründer der slawischen Orthodoxie und des slawischen Schrifttums. Die umfangreiche Bildung der späteren ›Slawenapostel‹ – Kyrill studierte Theologie und Philosophie an der berühmten Schule Magnaura in Konstantinopel – ermöglichte ihnen den Eintritt in den Staatsdienst Kaiser Michaels III. Zur christlichen Missionierung und um den Einfluss der römischen Kirche einzudämmen, wurden die beiden Brüder 862 in das Großmährische Reich entsandt. Um den Slawen die christliche Lehre auch schriftlich vermitteln zu können, entwickelten sie das glagolitische Alphabet, eine Schrift, die dem slawischen Lautsystem sehr nahekam *(Glagoliza)*. Die Verschriftlichung der slawischen Volkssprache, die der Papst unter Hinweis auf die drei ›heiligen‹ Sprachen Hebräisch, Griechisch und Latein abgelehnt hatte, bewirkte unter den Slawen einen enormen Christianisierungsschub. Schüler der beiden ›Slawenapostel‹ entwickelten später in Bulgarien die Schriftlichkeit der slawischen Sprache fort und schufen zu Beginn des 10. Jh. das nach Kyrill benannte Alphabet. Auf der Grundlage des Altbulgarischen bzw. Kirchenslawischen konnten sich schließlich die Schriftsprachen des Bulgarischen, Serbischen und Russischen ausbilden.

Lenin (1870–1924)

Wladimir Iljitsch Uljanow wurde am 10. (22. April) 1870 als Sohn eines Studienrats und einer deutschstämmigen Arzttochter in Simbirsk an der Wolga geboren. Ein traumatisches Erlebnis in seiner Jugend – sein Bruder Alexander wurde nach dem 1887 gescheiterten Attentatsversuch auf Alexander III. zum Tode verurteilt und hingerichtet – festigte die politische Radikalität und Entschlossenheit des Heranwachsenden. Immer wieder geriet der Petersburger Rechtsanwalt mit der alles kontrollierenden Obrigkeit in Konflikt bis er schließlich 1897 nach Ostsibirien verbannt wurde, an die Lena, von der er später sein Pseudonym Lenin herleitete. Der Verbannung folgte 1900 die Emi-

Lenin und Nadeschda Krupskaja in Gorki, 1922. Die Krupskaja war seit 1898 mit Lenin verheiratet und zugleich seine treueste Mitstreiterin in Verbannung und Exil. Die vielseitig engagierte Revolutionärin hatte sich vor allem als Theoretikerin der sowjetischen Pädagogik einen Namen gemacht. Im Februar 1939 starb sie in Moskau unter mysteriösen, nie geklärten Umständen

gration nach Westeuropa, wo er weiter an der Propagierung und Mobilisierung für die sozialistische Revolution arbeitete. Nach einem kurzen Aufenthalt im revolutionären Petersburg 1905 kehrte er endgültig im April 1917 nach Russland zurück, um schon wenige Monate später die Herrschaft des ersten sozialistischen Arbeiter- und Bauernstaates der Welt zu übernehmen.

Wladimir Majakowskij (1893–1930)

Das »Wunderding des 20. Jahrhunderts«, so Majakowskijs Selbstsicht, wurde 1893 in Georgien geboren. Der Dichter verkörperte sein provokantes Schaffen auch in seinem Auftreten, ließ sich eine Glatze rasieren und kleidete sich in die vielzitierte gelbe Weste, in deren Knopfloch er wahlweise einen Löffel oder ein Radieschen steckte. Majakowskij genoss es, skandalumwittert, eine »Ohrfeige dem öffentlichen Geschmack« zu sein, wie der Titel des ersten futuristischen Manifests hieß, das er 1912 mit Gleichgesinnten verfasste. Lautstark und agitatorisch rief er zur Befreiung der Kunst aus den Grenzen der Konvention auf; mit seinem donnernden Pathos war er einer der wichtigsten Dichter der Revolution. Doch so eifrig er auch in seinen Versen seine Stimme der Revolution lieh – Mitglied der Kommunistischen Partei war er nie.

So sehr Majakowskij auch das Kollektiv pries, so blieb er doch ein egozentrischer, einsamer ›Multi-Media Künstler‹, der als Maler, Dichter, Agitprop-Künstler, Werbegrafiker, Journalist, Drehbuchautor und Filmschauspieler arbeitete. Es war nur eine Frage der Zeit, bis der ungestüme Dichter mit seinem Temperament verfemt wurde. Formalismus wurde gegen ihn, wie gegen viele andere, ins Feld geführt. Die Revolution hatte ihren Sänger verraten. In seinen Idealen und in der Liebe enttäuscht, wählt Majakowskij am 14. April 1930 den Freitod. »Ich bin mit dem Leben quitt, es ist nicht nötig, dass man sich Not und Qual entgegenhält« schrieb er in seinem Abschiedsgedicht.

Porträt von Peter I. als junger Mann (Gemälde von Godfrey Kneller, Anfang 18. Jh.)

Peter der Große (1672–1725)

Pjotr Alexejewitsch Romanow, 1672 in Moskau geboren, regierte als Zar Peter I. von 1689 bis zu seinem Tod 1725 das Russische Reich. Sein großes Verdienst ist es, das rückständige moskowitische Zarentum aus seiner selbstverordneten Isolation befreit und näher an Europa gebracht zu haben. Dazu bediente sich der Selbstherrscher denkbar unkonventioneller Methoden, deren deutlichster Ausdruck die neue, aus dem Sumpf gestampfte Hauptstadt St. Petersburg war. Beispiellose Willenskraft und Ruhelosigkeit trieben den 1721 zum Imperator gekrönten Zaren zu immer neuen Reformen. Das Urteil aus historischer Rückschau über Peter den Großen bleibt jedoch zwiespältig. Voltaire schreibt 1737 an den preußischen Kronprinzen: »Zar Peter war ein Barbar, aber immerhin ein Barbar, der Menschen geschaffen, Städte gegründet, die Meere durch Kanäle verbunden hat.«

Verhängnisvoll für die Weiterentwicklung Russlands war Peters gro-ßes – nicht immer unbegründetes – Misstrauen gegenüber seinen Un-tertanen, die er durch Spitzel und eine allgegenwärtige bürokratische Kontrolle an jedweder gesellschaftsbildender Entfaltung hinderte.

Sergej Iwanowitsch Schtschukin (1854–1936) und Iwan Abramowitsch Morosow (1871–1921)

Die beiden Moskauer Tuchhändler Iwan Morosow und Sergej Schtschukin hatten zu Beginn des 20. Jh. die weltweit bedeutendsten Sammlungen der Malerei der Moderne zusammengetragen, darunter die Schlüsselwerke »Der Tanz« (1910) und »Die Musik« (1910) von Henri Matisse, die Morosow beim Maler in Auftrag gegeben hatte. Als man die Sammlungen der beiden Kaufleute 1928 zusammenlegte, wur-den 256 Werke aus dem Hause Schtschukins und 564 Werke aus dem Hause Morosow verzeichnet.

1917 wurden Häuser und Kollektionen enteignet. Schtschukin ver-ließ Russland 1918 und lebte bis zu seinem Tod 1936 in Paris. Moro-sow, der zunächst nicht an die Durchsetzungskraft der Bolschewiki glaubte, hatte 1917 seine Bilder an einen geheimen Ort gebracht, von wo er sie aber schon bald wieder zurückholen musste. 1919 wurde sein Haus wie das Palais Schtschukins als Museum für neue westli-che Malerei eröffnet. Morosow war zu dieser Zeit schon nicht mehr in Russland und starb 1921, erst fünfzigjährig, in Karlsbad.

Stalin (1879–1953)

Jossif Wissarionowitsch Dschugaschwili war der Sohn eines Schuh-machers aus der georgischen Provinzstadt Gori. Nach dem Besuch der Pfarrschule trat er in das orthodoxe Priesterseminar von Tiflis ein. Vorzeitig wegen unchristlicher Umtriebe entlassen, wird der 17-jäh-rige Berufsrevolutionär. Seinen Aufstieg vom Redakteur der bolsche-wistischen ›Prawda‹ in der revolutionären Szene des Zarenreiches bis hin zum Alleinherrscher verdankte Jossif Dschugaschwili, der sich später Stalin nannte, der Tatsache, dass ihn Freund und Feind unter-schätzten. Stalin war nicht das Mittelmaß, als das vor allem Leo D. Trotzkij (eigentlich: Lew D. Bronstein) ihn sah. Taktisches und stra-tegisches Geschick, Willenskraft und Entschlossenheit, Organisa-tionstalent sowie eine durchtriebene Kaderpolitik zeichneten ihn aus. Lenin erkannte zu spät, erst kurz vor seinem Tod 1924, dass »die Spei-sen dieses Kochs zu scharf gewürzt sein« würden.

Den Schlüssel zu seinem Verständnis hatte Stalin selbst mit seinem Credo geliefert: »Das Opfer wählen, den zu führenden Schlag sorg-fältig vorbereiten, den Rachedurst unerbittlich stillen und sich dann schlafen legen ... Es gibt nichts Süßeres auf der Welt.« 40 Mio. Men-schen hat Stalin nach vorsichtigen Schätzungen auf seinem Gewis-sen. In den Moskauer Schauprozessen der 30er-Jahre liquidierte er die gesamte bolschewistische Elite, Trotzkij fiel 1941 in Mexiko-Stadt

Stalin spricht auf einer Festsitzung anlässlich der Eröffnung der Moskauer Metro 1935

dem Anschlag eines sowjetischen NKDW-Agenten zum Opfer, die Militärführung der Roten Armee wurde erschossen. 1929 hatte Stalin den Machtkampf für sich entschieden und begann mit der Kollektivierung der Landwirtschaft und der Industrialisierung, die Abermillionen das Leben kostete. Parallel zum Terror weitete sich der Stalin-Kult aus. Sein Bildnis wurde genauso allgegenwärtig wie der Schrecken seines Terrors, der jeden treffen konnte und eine dementsprechend tiefe Verunsicherung innerhalb der Gesellschaft schuf. Der Erfolg des Kults um Stalin, der nach dem Sieg über Hitler-Deutschland ungeahnte Ausmaße erreichte, zeigte sich bei seinem Tod im März 1953. Nicht nur die Massen defilierten trauernd an seinem Leichnam vorbei, sogar Opfer in den Lagern sollen den Diktator beweint haben.

Alexander Solschenizyn (1918–2008)

Der 1918 im Nordkaukasus geborene Autor, der 1945 als Soldat der Roten Armee wegen Kritik an Stalin zu acht Jahren Straflager verurteilt wurde, galt im Westen lange als Gewissen Russlands. Nur wenige brachten gleich Solschenizyn den Mut auf, die Sowjetmacht für ihre Verbrechen an den Menschen öffentlich anzuprangern – mit seiner Erzählung »Ein Tag im Leben des Iwan Denissowitsch« (1962) öffnete er in Russland die Tür zur Welt der Lager, und mit seinem dreibändigen »Archipel GULag« (1973–75) korrigierte er auch das Kommunismus-Bild des Westens. 1970 wurde sein literarisches Werk mit dem Nobelpreis ausgezeichnet, zu dessen Verleihung er aber nicht ausreisen durfte. Vier Jahre später wurde Solschenizyn des Landes verwiesen. Aufnahme fand er zunächst bei Heinrich Böll in Köln, 1976 siedelte er in die USA über. Im Mai 1994 kehrte Solschenizyn nach 20 Jahren Exil auf einer spektakulären, zweimonatigen Bahnreise über Wladiwostok nach Moskau zurück. Die Annäherung an die Heimat von Osten her war Programm: Bei jedem Halt warnte er vor der Aneignung und Übernahme der westlichen Kultur für Russland und sorgte mit verstiegenen Ansichten von der Erneuerung der russischen Gesellschaft auf der Grundlage der dörflichen Gemeinschaft für Befremden.

Andrej Tarkowskij bei den Dreharbeiten zu »Andrej Rubljow« (1966)

Andrej Tarkowskij (1932–86)

Der 1932 in einem Dorf an der Wolga geborene Filmemacher gilt als der ›russischste aller russischen Regisseure‹. Immer suchen seine Filme in der Darstellung des Wirklichen zugleich auch seine Aufhebung, betonen die Metaphysik des Alltäglichen. So bieten sie vor allem der ästhetischen Erkenntnis reichlich Stoff, der Versuch aber, sie logisch aufzuschlüsseln, ist müßig. Tarkowskijs Filme sind die Poesie eines metaphysisch-existenziell bedingten Kunstverständnisses, das von seinem Vater, dem Dichter Arsenij Tarkowskij, herrühren mag.

Nach einem kurzen Sprachstudium bewarb sich Tarkowskij 1954 erfolgreich an der Staatlichen Moskauer Filmhochschule. Sein erster Film, »Iwans Kindheit« (1962), wurde in Venedig preisgekrönt und begründete sogleich seinen internationalen Ruf. Im eigenen Land hatte er indes größte Schwierigkeiten, arbeitete unter dem Diktat von Partei und Bürokratie. Nach der Produktion von »Andrej Rubljow« (1966), »Solaris« (1972), »Der Spiegel« (1974), und »Stalker« (1979) verließ Tarkowskij 1983 die Sowjetunion und ging zunächst nach Italien – hier entstand »Nostalghia« (1983), später emigrierte er nach Paris, wo er im Dezember 1986 nach den Arbeiten an seinem letzten Film, das »Opfer«, an Lungenkrebs starb.

Wladimir Wyssozkij (1938–80)

Er raunte und schrie, erzählte und schmunzelte, spottete und traf mit seinen Liedern, mit seinen Räubergeschichten und seinem Weltschmerz den Nerv der Zeit. Wladimir Wyssozkij war den Russen weit mehr als ein Sänger, Schauspieler und Dichter, Wladimir Wyssozkij war und ist ein Idol, der das Unbehagen einer ganzen Nation zum Schweigen verurteilter und eingeengter Sowjetbürger getroffen hatte. Schon zu Lebzeiten eine Legende, wurde der russische Barde nach seinem Tod 1980 endgültig zum Mythos verklärt. Erst 42 Jahre alt war er, als sein Herz aufgrund exzessiven Wodka- und Zigarettenkonsums versagte. Mit schepprig und kratzig gewordener Stimme hatte er zur Gitarre von der Liebe, dem Krieg, der Einsamkeit, dem Gefängnis, der Korruption und all den falschen Helden gesungen. Am Moskauer Taganka-Theater brillierte Wyssozkij in Hamlet, der Rolle seines Lebens.

Wyssozkij in der Pose des jungen Belmondo aus »Außer Atem«

Marina Zwetajewa (1892–1941)

Die extravagante Dichterin, 1892 in Moskau als Tochter einer Pianistin und des Gründers des Puschkin-Museums der Bildenden Künste geboren, gilt als eine der bedeutendsten Lyrikerinnen des 20. Jh. Ihre Poesie wird getragen von einem romantischen Pathos sowie von einem hohen ethischen Anspruch gegenüber Mensch und Welt. Ihre Ideale hielt sie auch noch aufrecht als ihr Leben längst zu einer unvorstellbar bitteren Tragödie geworden war. Die Jahre das Bürgerkriegs hatten die Familie auseinandergerissen. Zwetajewas Mann, Sergej Efron, der für die Weißgardisten gekämpft hatte, musste ins Ausland fliehen. Die jüngste Tochter war in einem Moskauer Kinderheim verhungert, als sich die Dichterin um die todkranke Tochter Alja kümmern musste.

Scherenschnitt der Zwetajewa von E. S. Krugkikowa (1920)

1922 folgt Marina Zwetajewa mit ihrer Tochter Sergej Efron ins Exil. Für die Dichterin beginnt eine traumatische Odyssee über Berlin und Prag nach Paris, von wo aus sie als gebrochener Mensch 1939 mit ihrem 1925 geborenen Sohn wieder in die Sowjetunion ging. Hier wurden ihr ebenfalls zurückgekehrter Mann, ihre Tochter und Schwester verhaftet – auch die Heimat wird ihr zur Hölle. Im tatarischen Jelbuga wählt Marina Zwetajewa im August 1941 den Freitod. »Eine leidenschaftlichere Stimme ist in der russischen Dichtung des 20. Jahrhunderts nicht erklungen« bekundete Joseph Brodskij seine Verehrung für sein lyrisches Vorbild.

Reiserouten durch
Russland

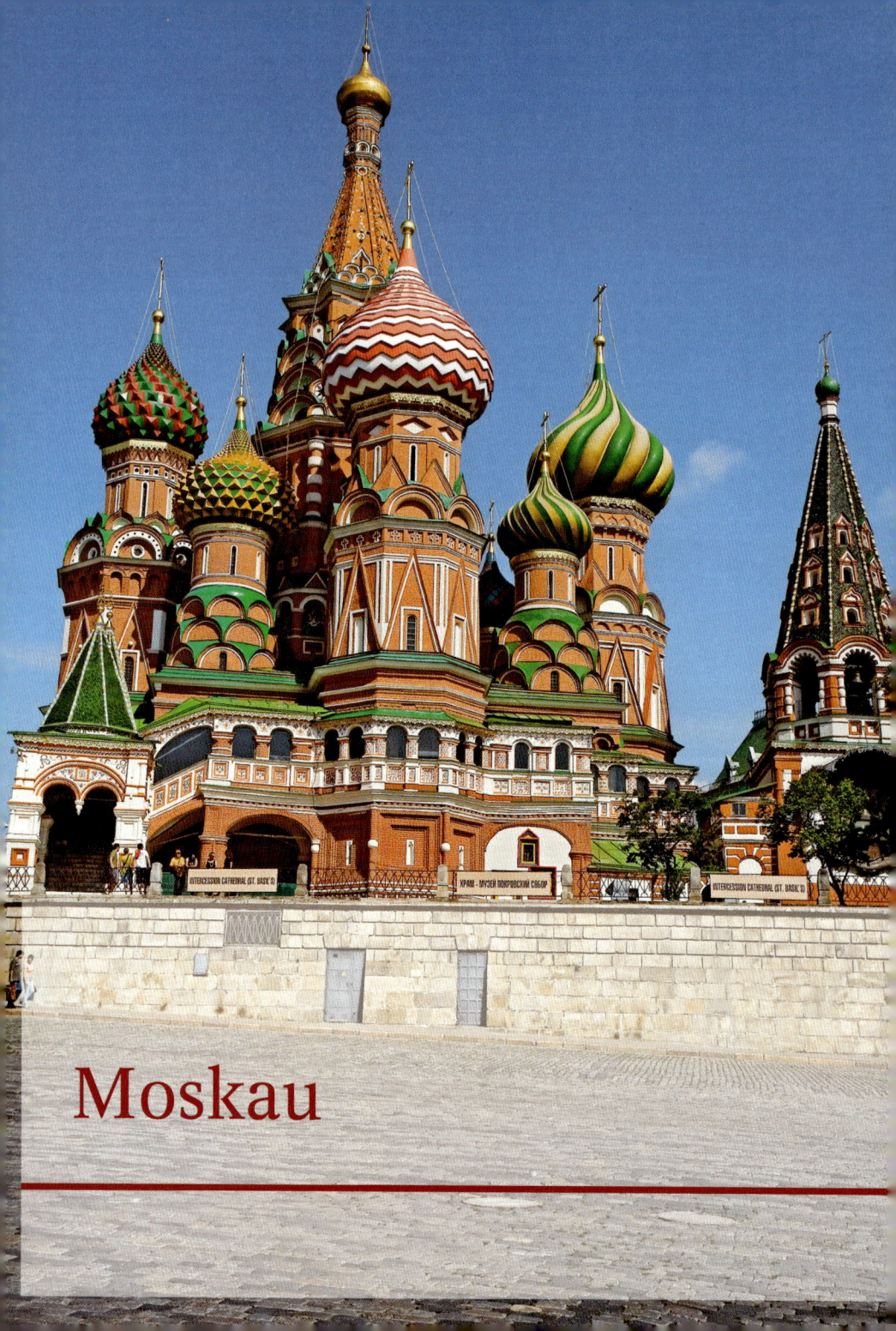

Moskau

Stadt der Gegensätze und Herz Russlands

Die Motive einer Moskau-Reise waren lange Zeit politischer Natur, als Ziel einer Kunst- und Bildungsreise rückte Moskau nur selten in den Blick. Auch die berühmten Moskaubesucher wie etwa Walter Benjamin oder Oskar Maria Graf, Bertolt Brecht oder Heinrich Böll pilgerten zur Stätte einer neuen Gesellschaftsordnung und verstanden sich eher als Mittler zwischen politischen Systemen denn zwischen kulturellen Welten. Heutige Reisende werden indes mit einer furiosen Mischung aus Kunstschönem und revolutionärer Aura konfrontiert: Während man im Lenin-Mausoleum an dem Führer der Revolution vorbeidefiliert, läuten im ›Brustton des Glaubens‹ die Kirchenglocken des Kreml. Das Aufeinanderprallen scharf akzentuierter Gegensätze erstaunt seit eh und je die Besucher Moskaus, u.a. auch Stefan Zweig, der nach einer Moskau-Reise wusste, dass hier nichts zusammenpasste, da Moskau seinem Wesen nach eine »Zwiespältigkeit« war. Moskau, soviel steht fest, ist anders als europäische Kapitalen, erschließt sich dem Reisenden nicht auf gefällige Weise, sondern verunsichert auf den ersten Blick als auseinanderdriftendes Chaos. Doch gerade in dieser Direktheit, in der Vielfalt der bizarren Fügungen liegt auch der Reiz Moskaus, dessen man in dem Moment gewahr wird, in dem man sich von der Erwartung geschlossener historischer Bilder verabschiedet.

Stadtbild

40 mal 40 Kirchen gebe es in Moskau, berichteten Reisende des 19. Jh. Puschkin übernahm das Bild von Moskau als der *belokamennaja*, der Stadt aus weißem Stein, wo »glutvoll, die goldenen Kreuze der altehrwürdigen Kuppeln glänzen.« Aus weißem Stein waren in Moskau zahlreiche Klöster und Kirchen gebaut, aber auch die mächtigen Stadtmauern, die Iwan IV. im 16. Jh. um die Stadt ziehen ließ. Neben goldenen Kuppeln und weißem Stein müssen Türme das Moskauer Stadtbild geprägt haben, denn aus den Ringmauern ragten in kurzen Abständen zahlreiche Wehrtürme. Wer heute durch Moskaus Straßen schlendert, wird weder den einstigen Ruhm als weiße Stadt nachvollziehen können, noch die vielen goldenen Kuppeln leuchten sehen. Es waren vor allem die städtebaulichen Eingriffe des 20. Jh., die dem Moskauer Stadtbild zum Verhängnis geworden sind. Aber immerhin ist die Stadtstruktur heute noch so weit zu erkennen, dass man die Entwicklung Moskaus über die Jahrhunderte nachvollziehen kann.

Die Anlage des alten Moskaus entspricht quasi dem Schachtelprinzip der *matrjoschka*: mit dem Kreml als Kern, um den sich ein Ring nach dem andern legt. Der älteste Halbring umschloss den Burgbezirk. Iwan IV. ließ 1534 eine Mauer um das nordöstlich des Kreml

Cityplan Moskau
s. hintere Innenklappe
Metroplan S. 74

Detailpläne:
Kreml S. 91
Weg 6: Von der Erlöser-Kathedrale zum Neujungfrauen-Kloster
S. 144
Kolomenskoje S. 147

Überblickskarte
Moskaus Umgebung
S. 152

Moskau ★★

**Besonders sehenswert:
Kreml,
Roter Platz,
Puschkin-Museum,
Bolschoj-Theater,
Twerskaja,
Haus des Bojaren Romanow,
Tretjakow-Galerie,
Dreifaltigkeits-Kirche in Nikitniki,
Arbat-Viertel,
Neujungfrauen-Kloster**

Information
www.moscow.ru/de/

Veranstaltungstipps
www.afischa.ru
(Hotels vor Ort besorgen Theaterkarten oder vermitteln Ausflüge usw.)

◁ *Moskau, Basilius-Kathedrale, Abbild des Himmlischen Jerusalem*
◁ ◁ *Zarskoje Selo, Katharinenpalast*

In der Umgebung Moskaus ließ sich der Adel großzügige Landhäuser mit weitläufigen Parks anlegen, die sich oft zu bedeutenden Kunst- und Kulturzentren entwickelten.

gelegene Kaufmannsviertel *Kitaj gorod* ziehen. Eine weitere Mauer umspannte das Kerngebiet der damaligen Stadt, das sich nördlich der Moskwa herausgebildet hatte. Sie war aus weißem Stein gemauert, und gab dem umfriedeten Gebiet seinen Namen: *Belyj gorod* (›Weiße Stadt‹). Der 1591 angelegte Erdwall schließlich umfasste auch das Gebiet südlich der Moskwa und bildete die Stadtgrenze. Heute verläuft hier der Gartenring *(Sadowoje kolzo)*, der nach dem Brand von Moskau 1812 anstelle des Erdwalls angelegt wurde. Der weiße Wehrmauerring um *Belyj gorod* existiert heute als Boulevard-Ring fort, an dem Ende des 18. Jh. der Moskauer Adel prächtige Stadtpalais errichten ließ. Die Mauer um Kitaj gorod mit ihren schönen Stadttoren fiel in den 1930er-Jahren dem Metrobau zum Opfer.

Unablässig drohende Übergriffe der Tataren erforderten ein ausgeklügeltes Befestigungssystem, zu dem auch ein Ring von Klosterfungen am Stadtrand gehörte, deren Architektur gleichermaßen militärischer wie sakraler Natur war. Zahlreiche Klöster in der Innenstadt vervollständigten schließlich das Stadtbild vom ›Dritten Rom‹.

In der zweiten Hälfte des 19. Jh. dehnte sich Moskau im Zuge der Industrialisierung weit über die historischen Stadtgrenzen aus. Ein- bis zweistöckige Wohnhäuser aus Holz reihten sich in den Außenbezirken dicht aneinander, und verkamen aufgrund fehlender sanitärer Anlagen zu Slums.

Auf dem Weg zu einer sozialistischen Musterkapitale

Die Sowjetmacht zeigte sich zunächst aufgeschlossen gegenüber innovativen Bauten des Konstruktivismus, nach Plänen Konstantin Melnikows entstanden Arbeiterclubs und Verwaltungsbauten, doch schon bald konnten die nüchternen, kubischen Bauformen dem Bedürfnis nach Repräsentation nicht mehr genügen. Ab 1935 folgte der sowjetische Städtebau einem Generalplan, der die Errichtung einer sozialistischen Musterkapitale vorsah, der viel historische Bausubstanz zum Opfer fiel: administrative Neubauten zerschnitten oder zerstörten gar völlig über Jahrhunderte gewachsene Stadtviertel. Kirchen, Kathedralen und Klöster ließ Stalin sprengen oder derart zweckentfremden, dass ihre ursprüngliche Funktion nicht mehr zu erkennen war. Als bürgerlich verpönter Baubestand des 19. Jh. musste den einheitlichen, ›modernen‹ Monumentalbauten weichen. Vormals lauschige Alleen verwandelten sich in gigantische, mehrspurige Hauptverkehrsadern. Im Glückstaumel darüber, Kapitale der Sowjetunion zu sein, glaubte Moskau, sich großstädtisches Flair geben zu müssen.

Bis in die 40er-Jahren baute man auch das 1935 in Betrieb genommene **Metronetz** weiter aus, und gestaltete die Stationen als prunkvolle Paläste der Stalin-Architektur, die die Marmorböden und Stuckdecken, die Kristallüster und Säulen der zaristischen Paläste in den Besitz der Werktätigen überführten. Generalissimus Stalin verewigte sich aber nicht nur in den unterirdischen Tempeln der Kunst, sondern auch in den sieben, von ornamentalem Zierrat überladenen ›Zucker-

*Metrostation
Kiewskaja
(Linien 3 und 4)*

bäckerbauten‹, die Ausdruck des von militärischen Erfolgen gestärkten Nationalbewusstseins nach dem Zweiten Weltkrieg sind.

Eine der größten Moskauer **Bausünden** war die Zerstörung eines der ältesten Moskauer Stadtteile: 1962 legten die Stadtplaner durch die gewachsenen Straßenzüge des Arbatviertels den 80 m breiten Kalinin prospekt, heute: Nowyi Arbat, ein Musterbeispiel der Architektur während der Chruschtschow-Ära. Heute verschandeln diese Wohnblocks, die sich in den entlegenen Zonen zu regelrechten Ghettos auftürmen, das Moskauer Stadtbild, gleichsam als Mahnmal städtebaulichen Totalversagens. Mittlerweile hat man sich längst auf die historische Bausubstanz zurückbesonnen und poliert in groß angelegten Restaurationsprojekten wie beispielsweise am Arbat das alte Stadtbild wieder auf. Kirchen, die in den 30er-Jahren des 20. Jh. abgerissen worden waren, sind inzwischen wieder aufgebaut worden.

In staunenswert schnellem Tempo hat sich Moskau unter der Regie seines hemdsärmeligen Bürgermeisters Jurij Luschkow in eine Megametropole verwandelt. An der Moskwa zieht Luschkow ein Wirtschaftszentrum hoch, das sich über 2,5 Millionen Quadratmeter ausdehnt. Ein steil angelegtes Reich, Konsumzone und Verdichtungsraum für 100 000 Büromenschen, mit dem höchsten Turm Europas, der 648 m in den Himmel ragt und 101 Etagen zählt – das ist einsame Spitze. Rossija nennt sich der Gigant. Auch vor den Toren Moskaus finden bedeutende bauliche Veränderungen statt. Ein explosiver Bauboom hat die letzten Grünflächen und Wälder erfasst, wo sich reiche Russen protzige Landhäuser errichten lassen, gern in aberwitzigen Stilzitat-Mischungen. Kaum etwas in der Stadt erinnert noch an die Kapitale der Weltrevolution, vielmehr ist auch Moskau längst eine Kapitale des Weltgeschäfts. Entsprechend viele Chrom-Glas-Investment-Türme sind in den vergangenen Jahren in den Him-

Wladimir Papernyj

Zu den wichtigsten Interpreten der stalinistischen Kunstepoche zählt der Architekturhistoriker Wladimir Papernyj, der in seiner Studie »Kultura 2« von 1985 den hohen Grad an unbeabsichtigter Surrealität aufzeigt, der Kunstwerken und volkspädagogischen Maßnahmen des sozialistischen Realismus innewohnt.

Die Moskauer Metro zählt zu den schönsten der Welt. Einzelne Stationen, wie z. B. die Komsomolskaja an der Linie 1 oder die Kiewskaja an der Linie 3 der seit 1935 gebauten U-Bahn, sind wahre ›Paläste des Proletariats‹

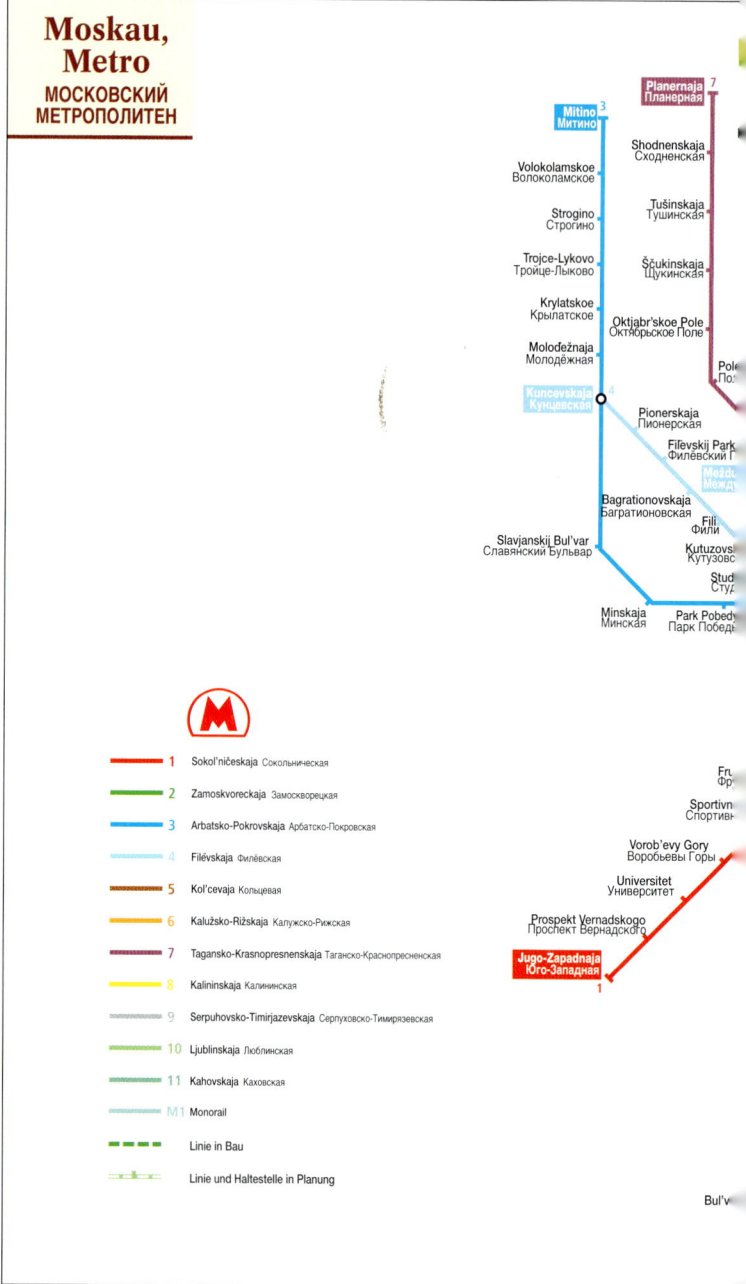

Moskau, Metro
МОСКОВСКИЙ МЕТРОПОЛИТЕН

Planernaja 7
Планерная

Mitino 3
Митино

Shodnenskaja
Сходненская

Volokolamskoe
Волоколамское

Tušinskaja
Тушинская

Strogino
Строгино

Ščukinskaja
Щукинская

Trojce-Lykovo
Тройце-Лыково

Krylatskoe
Крылатское

Oktjabr'skoe Pole
Октябрьское Поле

Moloďežnaja
Молодёжная

Pole
Пол

Kuncevskaja 4
Кунцевская

Pionerskaja
Пионерская

Filevskij Park
Филёвский П

Mežd
Межд

Bagrationovskaja
Багратионовская

Fili
Фили

Slavjanskij Bul'var
Славянский Бульвар

Kutuzovs
Кутузовс

Stud
Сту

Minskaja
Минская

Park Pobedy
Парк Победы

	1	Sokol'ničeskaja Сокольническая
	2	Zamoskvoreckaja Замоскворецкая
	3	Arbatsko-Pokrovskaja Арбатско-Покровская
	4	Filévskaja Филёвская
	5	Kol'cevaja Кольцевая
	6	Kalužsko-Rižskaja Калужско-Рижская
	7	Tagansko-Krasnopresnenskaja Таганско-Краснопресненская
	8	Kalininskaja Калининская
	9	Serpuhovsko-Timirjazevskaja Серпуховско-Тимирязевская
	10	Ljublinskaja Люблинская
	11	Kahovskaja Каховская
	M1	Monorail
- - - -		Linie in Bau
		Linie und Haltestelle in Planung

Fru
Фр

Sportivn
Спортивн

Vorob'evy Gory
Воробьёвы Горы

Universitet
Университет

Prospekt Vernadskogo
Проспект Вернадского

Jugo-Zapadnaja 1
Юго-Западная

Bul'v

mel gewachsen. Etwa 70 Prozent des Kapitals der Russischen Föderation konzentrieren sich in Moskau, das Tag und Nacht gleich einem riesigen Kraftwerk stampft und brummt. Supermärkte sind 24 Stunden geöffnet und nachts blinkt und leuchtet Moskau wie Las Vegas. Auch der Straßenverkehr boomt: 2,9 Millionen Moskauer sind Autobesitzer und stehen täglich auf den vier- bis achtspurigen Straßen im Stau. Jurij Luschkow lässt daher zurzeit das ganze Stadtgebiet mit drei Autobahnringen umgürten, was ihm den Titel ›Herr der Ringe‹ eintrug.

Gesamtkunstwerk Kreml

Detailplan Kreml S. 91

Am Anfang war der Kreml, dann kam alles andere dazu. Der Kreml ist älter als Moskau und älter als Russland. Wie Baumringe legten sich im Laufe der Jahrhunderte die Gebiete des russischen Reiches um die mauerbewehrte Festung. Und auch heute noch ist der Kreml das steinerne Herz Russlands: ein auf 40 m Höhe gelegenes, 28 ha großes Dreieck im Stadtzentrum Moskaus. »So nur, mit dem Kreml vor Augen, kann man Moskau in seinem vollen Leben begleiten, kein Lächeln seiner Mienen versäumen und kein ernstes Wort überhören, welches aus seinen großen dunklen Glocken kommt«, schrieb Rainer Maria Rilke über die Bedeutung der Stadtfestung, von deren Schönheit er nachhaltig beeindruckt war. Wohl kaum ein Dichter, vor dessen Augen sich die Kreml-Pracht entfaltete, geriet nicht ins Schwärmen. Zu einer seiner schönsten Lobeshymnen kam der Kreml durch die Moskauer Dichterin Marina Zwetajewa, die an den Petersburger Poeten Alexander Blok schrieb: »Und du weißt nicht, dass beim Morgenrot im Kreml, es sich leichter atmet als auf der ganzen Welt.«

Kreml

*Exkursionsbüro:
Tel. 49 56 97 03 49
www.kreml.ru
tgl. außer Do
10–17 Uhr
Tickets sind am
Kutafja-Turm von
9.30 bis 16.30 Uhr
erhältlich. Für alle
Kathedralen am
zentralen Kathedralenplatz des Kreml
müssen Eintrittskarten gelöst werden.
Rüstkammer:
in Gruppen um 10,
12, 14.40 und 16.30
Uhr zu besichtigen
(Tickets auch am
Kutafja-Turm).*

Geschichte

»Als Besucher kann man die historischen Denkmäler des Kreml beschaulich bewundern … Wir aber mussten uns hier lange einrichten. Die enge alltägliche Berührung zweier historischer Pole, zweier unversöhnlicher Kulturen war erstaunlich und belustigend« (Lew Trotzkij, »Mein Leben – Versuch einer Autobiografie«, 1925).

Im Kreml laufen die Fäden russischer Geschichte zusammen, und es ist der Kreml, der so etwas wie nationale Identität zu stiften vermag. Seine Geschichte reicht bis in das Jahr 1156 zurück, als er das erste Mal als befestigter Fürstensitz Jurij Dolgorukijs Erwähnung findet. Zwei Jahrhunderte später hatten sich außerhalb der Zitadelle bereits erste Handwerker und Händler angesiedelt und den Grundstein der Vorstadt *(possad)* gelegt. Als Folge der Verlegung des Metropolitensitzes nach Moskau setzte im Kreml ein eilfertiger Kirchenbau ein. 1367 ließ Dmitrij Donskoj die Festung mit einer weißen Kalkstein-

mauer umzingeln, die Moskau als ›weiße Stadt‹ berühmt machte. Langwierige innere Feudalfehden lähmten die Moskauer Bautätigkeit in der Folgezeit bis zum Ende des 15. Jh. Doch dann sollte eine der schönsten Festungsstädte entstehen. Die Großfürsten, die den Handel der gesamten russischen Zentralebene kontrollierten, waren reich und entsprechend machtbewusst geworden. Der Prozess der Herausbildung eines Moskauer Einheitsstaates war weitgehend abgeschlossen, die niedrigen Mauern und bescheidenen Kirchen des Kreml genügten fortan längst nicht mehr den Ansprüchen an eine prachtvolle Hauptstadt.

Den besten Ruf als Baumeister genossen zur damaligen Zeit Italiener und so war es nur folgerichtig, dass Iwan III. Diplomaten nach Italien sandte, um nach Architekten Ausschau zu halten. Die Auswahl der technisch versierten, aber eher noch unbekannten Baumeister, die noch keine eigenständige Handschrift entwickelt hatten, belegt Iwans III. Absicht, die russische Baukunst mit Formen und Techniken der italienischen Renaissance zu bereichern, keineswegs ging es indes um die Adaptation von Raumfindungen der Renaissance in Russland. Zunächst umzingelten oberitalienische Baumeister 1485–95 den Kreml mit einer neuen, sehr viel höheren Mauer, deren Schmuck die gesteigerte Machtfülle des Moskauer Staates unterstrich. Ein ausgeklügeltes Verteidigungssystem mit Mauern, Türmen, Wällen, Bastionen und Gräben festigte die Wehrfunktion des Kreml. Im Inneren reih-

Blick über die Kremlmauern auf die Erzengel-, Mariä-Verkündigungs- und Mariä-Entschlafens-Kathedrale

Die Türme des Kreml

Brände und das raue Moskauer Klima hatten der Mauer bereits nach einem Jahrhundert stark zugesetzt. Im Zuge der Instandsetzungsarbeiten wurden die Türme der Mauer, die im 17. Jh. ihre Verteidigungsfunktion verloren hatte, dekorativ mit Zeltdächern gedeckt. Gleich einem Kranz erheben sich 20 Türme rund um den Kreml, davon markieren drei die Eckpunkte des als Dreieck angelegten Geländes, vier Türme bieten Einlass in den Kreml und ein Turm dient als Brücke.

ten sich die Uspenskij-Kathedrale, die Verkündigungs- und die Erzengel-Kathedrale bereits um den Kathedralenplatz, der zu Beginn des 16. Jh. mit dem Glockenturm Iwan Welikij einen weiteren Akzent in der Vertikalen erhielt. Auch das städtische Umfeld des Kreml ließ man nun nicht mehr außer acht.

Mit der Errichtung der Basilius-Kathedrale auf dem Roten Platz setzte Iwan IV. im 16. Jh. dem Kreml ein prachtvolles Pendant. Der so gewaltig vorangetriebene Ausbau Moskaus zu einer Kapitale kam im 18. Jh. völlig zum Erliegen. Nachdem Peter der Große 1712 seine Residenz in die neue Hauptstadt des Russischen Reiches, nach St. Petersburg, verlegt hatte, verlor der Kreml an Bedeutung. Im nördlichen Teil entstanden lediglich das lang gestreckte Arsenal sowie das Senatsgebäude. Und auch der Plan einer einheitlichen Bebauung des Kreml mit triumphalen Palästen, womit Katharina II. Ende der 70er-Jahre des 18. Jh. liebäugelte, wurde nach dem Türkenkrieg und angesichts leerer Staatskassen wieder aufgegeben.

Zum Symbol des nationalen Widerstandes avancierte die Festung nach dem Abzug der napoleonischen Truppen und dem Brand von Moskau 1812, der auch den Kreml stark in Mitleidenschaft gezogen hatte. Aber es war ohnehin ein Wunder, dass er sich noch über der Stadt erhob, denn die Franzosen hatten versucht, ihn zu sprengen – ohne Erfolg. Nach der Oktoberrevolution erlebte der Kreml seine größte Veränderung: Die Kirche musste nun ausziehen, das Tschudow- und das Himmelfahrts-Kloster wurden abgerissen. Für alle anderen Bauten des Kreml veranlasste Lenin eine dringend notwendige Restaurierung. Die Kathedralen des Kreml sind bis heute Museen; allein an besonderen kirchlichen Festtagen findet hier ein Gottesdienst statt.

Befestigungsring

Den Spasskie-Torturm krönt nach wie vor der rote Stern

»Nein, weder den Kreml noch seine starken Mauern, weder die dunklen Gänge noch seine üppigen Paläste lassen sich beschreiben … Man muss alles sehen«, kapitulierte der russische Dichter Michail Lermontow vor dem Versuch, den Kreml in Worte zu fassen. Die unbeschreibbare Schönheit und Pracht der Befestigungsanlage war seit der Regierungszeit Iwans III. das ›Aushängeschild‹ Russlands, ein Symbol der Macht, die sich hinter hohen Mauern verschanzte. Iwan III. holte Ende des 15. Jh. italienische Baumeister nach Moskau und beauftragte sie 1485 mit dem Bau einer Kremlmauer. Marco Ruffo, Antonio Gilardi, Pietro Antonio Solario und Alevisio di Carcano umzingelten die Kremlanlage mit einer mehr als 2 km langen, roten Ziegelsteinmauer, die durch 18 Türme rhythmisch gegliedert war. Später wurden noch zwei weitere Türme hinzugefügt. Um die Mauer führte ein mit Schindeln gedeckter Wehrgang. Iwan III. hatte von dem prachtvollen Verteidigungswall des Schlosses der Sforza in Mailand gehört, als er die norditalienischen Künstler nach Moskau rief. Doch auch wenn sich gewisse Ähnlichkeiten und Anleihen nicht leugnen lassen, ist in Moskau eine eigenständige, wenn auch von italienischen Künstlern geschaffene, russische Anlage entstanden.

Wie stolze Bewacher erheben sich am Roten Platz der **Erlöser-Tor-turm (1,** *Spasskie worota)* und der Nikolaus-Turm. Immer wieder sieht man eilig eine schwarze Limousine durch den Erlöser-Torturm rauschen; es ist heute das staatsoffizielle Einfahrtstor in den Kreml. Der Turm, sicherlich der schönste im Kranz, wurde nach der bedeu-tenden ›Erlöser-Ikone‹ benannt, die seit 1658 über dem Eingang hing und dem Tor auch religiöse Weihen verlieh: An Festtagen zogen die Prozessionen hier vorbei und jeder, der durch das Tor schritt, musste seine Kopfbedeckung abnehmen. Das galt selbst für den Zaren, für den das Glockenspiel des Turmes jede Viertelstunde die Hymne »Gott erhalte den Zaren« bis weit über die Moskauer Stadtgrenzen hinaus erklingen ließ. Die Revolutionäre tauschten die Spielwalze natürlich aus: Von 1917 an schmetterte die Internationale vom Erlöserturm. Heute schlägt das Glockenspiel nur noch die Stunden.

Optisches Pendant zum Erlöser-Torturm ist der **Nikolaus-Turm (2,** *Nikolskaja baschnja),* den ebenfalls Pietro Antonio Solario 1491 er-richtete. Ein Mosaik des hl. Nikolaus über dem Eingang gab ihm sei-nen Namen. Von der ursprünglichen Architektur des Turmes ist lei-der nicht mehr viel erhalten – 1806 baute ihn Luigi Rusca im neogo-tischen Stil um. Doch bereits sechs Jahre später wurde der Turm von den Franzosen gesprengt. Bei seiner Wiedererrichtung minderte man ein wenig den starken Kontrast zwischen erdverbundenem, schwe-ren Unterbau und aufstrebendem, leichten Überbau, indem man die Eckpunkte des Unterbaus mit Fialen betonte. Nikolaus I., der unter dem Einfluss westeuropäischer Romantik eine Vorliebe für die Neo-gotik entwickelt hatte, gab zudem ein gotisierendes Zeltdach in Auf-trag.

Folgt man der Mauer nun abwärts Richtung Norden, stößt man auf den wuchtigen **Arsenalturm (3,** *Arsenalnaja baschnja),* der am Be-ginn der westlichen Mauer einen Eckpunkt bildet. Für die Verteidi-gung des Kreml besaß er große strategische Bedeutung, von der heute noch seine dicken, massigen Mauern zeugen. Für den Fall einer Be-lagerung war im Kellergeschoss ein Brunnen gebaut worden, der den Kreml mit Trinkwasser versorgte. Man konnte den Kreml auch unge-sehen durch den Arsenalturm verlassen, denn ein Geheimgang führte von hier bis zur Neglinnaja. 1812 fiel auch der Turm der Sprengung des Arsenals zum Opfer, doch beschloss man bald seinen Wiederauf-bau.

Nächst zu dem sich anschließenden **Mittleren Arsenalturm (4,** Srednjaja arsenalnaja baschnja) erhebt sich der höchste Turm des Kreml, der **Dreifaltigkeits-Turm (5,** *Troizkaja baschnja),* der im Wes-ten Zugang zum Kreml gewährt. An den Buden vor dem Turm sind die Eintrittskarten für die Kathedralen und Museen der Stadt-festung erhältlich. Vor dem Zutritt wird man einer Sicherheitskon-trolle unterzogen, da man Regierungsgelände betritt. Vieles im Auf-

Erlöser-Torturm

Schöpfer des reich mit Kalksteindekor ver-zierten Spasskie-Tor-turmes waren Pietro Antonio Solario und Baschen Ogurtschew, der ihn 1625 auf-stockte und ein span-nungsvolles Wechsel-spiel zwischen einem massigen Unterbau und einem sich nach oben verjüngenden Turmaufbau schuf. Pyramiden und Fialen aus Kalkstein verstär-ken die aufstrebende Dynamik des Turmes, dessen krönenden Ab-schluss ein steil in den Himmel aufragendes Zeltdach bildet.

bau und Schmuck des Dreifaltigkeits-Turmes, dessen Name sich vom gleichnamigen Kloster in der Nähe ableitet, erinnert an den Erlöser-Torturm; es handelt sich fast um eine exakte Nachbildung.

Eine Brücke verbindet den größten Kremlturm mit dem kleinsten, dem **Kutafja-Turm (6),** den ein schöner Kranz schmückt. Er ist der wohl ungewöhnlichste Turm in der Kremlmauer und sticht in mancher Hinsicht hervor: während seine Nachbarn nach Häusern edler Bojaren, nach ihrer Lage oder einer Kirche in ihrer Nähe benannt wurden, verdankt der Brückenturm seinen Namen dick vermummten Frauen, die man als kutafja bezeichnete. (russ. *kutat* = ›einhüllen‹) Am Turm selbst sind heute keine Anzeichen mehr für diese Benennung zu erkennen – vielleicht haben die Umbauten im 17. Jh. sein Gesicht erheblich verändert?

Im Süden führt das **Borowizkie-Tor (7,** *Borowizkie worota)* in den Kreml. Der Name leitet sich von dem ›Nadelwald‹ *(bor)* ab, der auch dem Hügel, auf dem der Kreml errichtet wurde, seinen Namen gab (Borowizkie-Hügel). Ihm folgt der **Wasserhebeturm (8,** *Wodowswodnaja baschnja),* der als Eckturm im Südwesten vor allem eine strategische Bedeutung hatte. 1633 baute ein englischer Hydraulikspezialist eine Anlage ein, mittels derer das Wasser aus der Moskwa in den Kreml gepumpt werden konnte. 1812 wurde der Wasserhebeturm, der zu den schönsten des Kreml gehört, von den Franzosen gesprengt, wenig später jedoch in gleicher Gestalt wieder aufgebaut. Die südliche Mauer verläuft nun parallel zur Moskwa. Hier erhebt sich der **Geheimturm (9,** *Tainizkaja baschnja)* der älteste Durchfahrtsturm des Kreml, von dem aus ein Geheimgang an die Moskwa führte.

Den Eckpunkt der Kremlmauer im Südosten sicherte der runde **Moskwa-Turm (10,** *Moskworetzkaja baschnja),* dessen Schießscharten, die sich über den ganzen Turm verteilen, auf nicht immer

Am Kutafja-Turm

friedliche Zeiten schließen lassen. Seinen ursprünglichen Namen erhielt der Turm nach dem Hof des Bojaren Beklemitschew, der hier im Südosten an die Kremlmauer grenzte. Nachdem der Adelige jedoch in Ungnade gefallen war, ließ ihn Wassilij III. 1525 hinrichten und beschlagnahmte das Anwesen, das nun ebenso wie der Turm als Gefängnis genutzt wurde.

An der östlichen Kremlmauer, die über den Hügel verläuft, erhebt sich der etwas gedrungene **Konstantin-Helena-Turm (11,** *Konstantino-Eleninskaja baschnja)*, der nach einer gleichnamigen Kirche in seiner Nähe benannt wurde. Einst herrschte hier reger Verkehr: Kaufleute und Handwerker passierten das ehemalige Tor, das den Kreml mit der hier beginnenden Bolschaja uliza, einer der Hauptstraßen des alten Moskaus, verband. 1380 zog auch ein Teil des russischen Heeres durch das Tor in die Schlacht auf dem Schnepfenfeld, in der Dmitrij Donskoj erstmals die Tataro-Mongolen besiegte.

Der **Sturmgeläuteturm (12,** *Nabatnaja baschnja)* ist nach einer Glocke benannt, die bei Gefahr Alarm schlug. Zum letzten Mal läutete sie 1771 zum Volksaufstand, woraufhin Katharina II. den ›aufständischen‹ Klöppel entfernen ließ. Heute kann man die verstummte Glocke in der Rüstkammer des Kreml sehen.

Kleinster und jüngster Turm der Kremlmauer ist der **Zarenturm (13,** *Zarskaja baschnja)*, der mit seinen Pyramiden und seinem mit einer vergoldeten Wetterfahne gekrönten Zeltdach sehr malerisch anmutet. Der 1680 errichtete Turm diente der Zarenfamilie als Plattform, von der aus sich die Festlichkeiten und das Treiben auf dem Roten Platz beobachten ließen.

Kathedralenplatz

Den Höhepunkt einer jeden Kremlbesichtigung bildet zweifelsohne der Kathedralenplatz, gleichsam architektonisches wie künstlerisches Zentrum der Festungsanlage. Eigentümlich in seiner Stille dieser Welt enthoben, erstreckt sich der Platz als ein fast gleichseitiges Viereck, gesäumt von der Kathedrale Mariä Entschlafung, der Mariä-Verkündigungs-Kathedrale und dem Großen Palast, der Erzengel-Kathedrale und der Kirche für Gewandniederlegung der Gottesmutter, dem Facettenpalast, hinter dem die Zwiebelkuppeln des Terem-Palastes leuchten, dem etwas im Hintergrund gelegenen Patriarchenpalast mit der Zwölf-Apostel-Kirche sowie dem Glockenturm Iwan Welikij. Der großen Wirkung dieses Bauensembles müssen sich die Erbauer bewusst gewesen sein.

Der Kathedralenplatz war das politische und geistliche Zentrum Moskaus, doch seine Aura hat sich leider in museale Atmosphäre verflüchtigt. Seine feierliche Erhabenheit hingegen hat sich der Platz, auf dem immer wieder über das Schicksal Russlands entschieden wurde, bewahrt.

Mariä-Entschlafens-
Kathedrale (Uspenskij
sobor), die Krönungs-
kirche der Zaren am
Kathedralenplatz

Mariä-Entschlafens-Kathedrale (14)

Die größte und bedeutendste Kremlkirche ist die Mariä-Entschlafens-Kathedrale *(Uspenskij sobor)*. Sie entstand Ende des 15. Jh. als Ausdruck eines kraftvollen Aufbruchs des Moskauer Reiches und war von vornherein als Krönungskirche der Zaren sowie als Kirche der Inthronisation und Bestattung der Metropoliten und Patriarchen bestimmt. Dieser Zweckbestimmung entsprechend sollte sie denn auch besonders prachtvoll und großartig ausfallen. Iwan III. hatte die großfürstliche Mariä-Himmelfahrts-Kathedrale aus dem 12. Jh. in Wladimir als Orientierung für das Moskauer Bauvorhaben vor Augen, nicht allein aus bauästhetischen Gründen, sondern auch, um die staatsbildende Rolle Moskaus zu unterstreichen. Iwans III. Politik der Zentralisierung hatte zur Bauzeit der Kathedrale eine neue Stufe erreicht, nachdem endlich auch das widerspenstige Nowgorod unterworfen worden war. Darüber hinaus mag der Wunsch eine Rolle gespielt haben, die Kultur des unabhängigen Russlands vormongolischer Zeit wieder aufleben zu lassen. Bei einer ersten Ausschau nach einem Baumeister fiel die Wahl zunächst auf einen Künstler aus Pskow. Doch dessen Bau stürzte bereits kurz vor der Fertigstellung 1474 wieder ein. Die Aufregung im strenggläubigen Moskau war groß. Es war jedoch nicht der Zorn Gottes, der die Kirche zum Einsturz brachte, sondern statische Unzulänglichkeiten sowie zu dünnflüssiger Mörtel. Nun holte man den italienischen Ingenieur und Baumeister Rudolfo, genannt Aristotele Fioravanti nach Russland. Für den Moskauer Staat war er nicht nur in städtebaulicher Hinsicht ein Glücksfall, sondern auch eine ideale Herausforderung, wehte in seinem Gefolge doch ein

Rudolfo Fioravanti

Seine architekturtechnische Neuerung lag u. a. darin, in Mischbauweise auszuziegeln und den Gewölben eine geringere Stärke zu verleihen, wodurch sich der Druck auf Wände und Säulen verminderte und sich Möglichkeiten für neue Raumlösungen eröffneten.

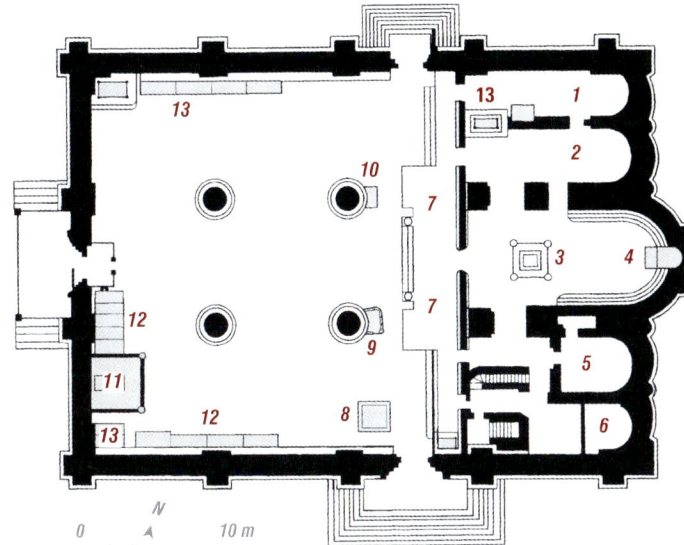

Hauch von italienischer Renaissance durch die orthodoxe und verschlossene russische Hauptstadt. Fioravanti war instruiert, eine für Russland typische Bauform zu verwirklichen, doch auf geniale Weise gelang es ihm, mittels architekturtechnischer Neuerungen die russische Baukunst zu modernisieren und eine Kathedrale zu errichten, in dem russische Tradition und italienische Renaissance miteinander verschmelzen. Die Rationalität, das Gefühl für Maß und Proportion und die geometrische Untergliederung der Fläche in der Renaissance – all das klingt in der Fassade der Uspenskij-Kathedrale an. In ihren Grundformen orientiert sich die Kathedrale jedoch an der altrussischen Tradition: Fioravanti übernahm die übliche Fünf-Kuppelanlage, sechs Pfeiler und tiefe Stufenportale. In ihrer architektonischen Geschlossenheit gleicht sie einem blockhaften Palast und so konnte ein russischer Kunsthistoriker den Vergleich ziehen, die Kathedrale ruhe auf der Erde wie ein »vollkommener Kristallkörper«.

In bemerkenswerter Weise verstand es Fioravanti, die Kräfte in der Schlichtheit der Formen zu bündeln. Prachtvoll gestaltete er lediglich das **Südportal,** durch das die Zaren Einzug in die Kirche hielten. Die Tür wurde mit biblischen Motiven geschmückt, deren vergoldete Reliefierung sich effektvoll vom schwarzen Grund abhebt. Das 16. Jh. suchte die strenge, kompakte Komposition der Kathedrale mit Freskenschmuck der Portale und der Blendbögen über den Apsiden aufzulockern.

In ungewohnter Höhe und Weite öffnet sich der **Innenraum,** den Säulen rhythmisch gliedern. In ihrer schlanken Eleganz – man verglich sie mit Bäumen – tragen sie scheinbar leichtfüßig die Kronen

Der Innenraum der Uspenskij-Kathedrale vor dem Ikonostas

des großen Gewölbes. Der für damalige Zeiten ungewöhnlich lichter-füllte und saalartige Innenraum entstand ebenfalls unter dem Ein-druck des neuen Menschenbildes der italienischen Renaissance. Wäh-rend die Erfahrungen der Renaissance für die russische Baukunst neue Impulse brachten, orientierte sich die bildende Kunst weiterhin an den tradierten Vorbildern, in erster Linie an der Schule Andrej Rubl-jows. Die erste vollständige Bemalung der Uspenskij-Kathedrale ist für die Jahre 1513–15 belegt. Auf durchgehendem Goldgrund malten Künstler aus dem Umkreis Dionissijs und Andrej Rubljows **Fresken und Ikonen,** die einen außerordentlich feierlichen Rahmen für Staats-zeremonien boten. Von Dionissij selbst ist unter anderem das Fresko »Anbetung der Weisen« an der Nordwand der südlichen Nebenapsis sowie »Alexios der Gottesmann« auf der Altarschranke erhalten. Un-verkennbar für seine Handschrift sowie für den Stil seiner Schule sind die schlanken, grazilen, stark gelängten Figuren, die in leichte Bewe-gungen eingebunden sind sowie das zarte, helle Kolorit. Dionissij strebte anders als Rubljow nicht nach Raumtiefe und Plastizität, son-dern gewann der Vereinfachung ein Maximum an Aussagekraft und Wirkung ab. Das Fresko der »Vierzig Märtyrer von Sebaste« in der Peter-Paul-Kapelle der nördlichen Apsis wird der Schule Andrej Rubljows zugeschrieben.

Alle Fresken entsprechen dem Kanon, der für die Ausmalung von Kirchen unter dem Patrozinium der Gottesmutter verbindlich war. Der Ikonostas mit drei Bildrängen von Dionissij aus dem 16. Jh. ist heute leider nicht mehr erhalten. 1652 errichtete man im Zuge der neuen Ausmalung der Kathedrale einen **fünfrangigen Ikonostas,** in dem 69 Ikonen Platz haben. Zu den bedeutendsten Heiligentafeln der Uspenskij-Kathedrale gehörten die als Nationalheiligtum verehrte **»Gottesmutter von Wladimir«** sowie die aus Nowgorod stammende

Übermalte Fresken

1642 gab der erste Romanow-Zar, Michail Fjodorowitsch, eine neue Ausgestaltung der Kathedrale in Auf-trag, bei der die alten Fresken übermalt wur-den. Mehr als 150 Künstler aus ganz Russland beteiligten sich an der Ausgestal-tung der Uspenskij-Kathedrale, die so für viele Kirchen zum Vor-bild wurde. Erst bei der Restaurierung 1961 kamen die ur-sprünglichen Fresken wieder zum Vorschein.

Ikone der »**Verkündigung von Ustjug**«, die beide seit den 20er-Jahren des 20. Jh. zum Bestand der Tretjakow-Galerie gehören. Heute nehmen »Der heilige Georg« aus dem 12. Jh., eine zweiseitige Ikone aus Nowgorod, die Georg als blühenden Jüngling, voller Leben und Schönheit abbildet, sowie »Der Erlöser mit dem zornigen Blick«, eine Ikone aus der Mitte des 14. Jh., die in ihrer Strenge der byzantinischen Auffassung nahesteht, den herausragenden Platz in der Rangfolge der Ikonen ein. Haar, Gesicht und Kleidung des Erlösers sind in dunklen Kontrastfarben gehalten, der Widerschein des Lichts konzentriert sich allein auf die Augen und die in Zornesfalten gelegte Stirn.

Im rechten Seitenschiff nahe dem Südportal wurde 1552 auf Geheiß Iwans IV. der **Zarenthron** aufgestellt, dessen Zeltdach an die Form der Monomachenkappe erinnert. Die Schnitzereien des aus Nussbaum- und Lindenholz gearbeiteten Throns festigen die Legende um die Reichsinsignien Wladimir Monomachs, die ihm der byzantinische Kaiser Konstantin Monomachos übergeben haben soll – die Wahl des Themas war von der Absicht diktiert, die Ideologie von Moskau als drittem Rom zu untermauern. Während der Krönungsfeierlichkeiten thronten die Zaren auf dem Monomach-Stuhl; das Oberhaupt der Kirche nahm auf dem steinernen Patriarchenthron Platz, und der Thron neben dem Patriarchenstuhl war den Zarinnen vorbehalten.

Im Schatten der Uspenskij-Kathedrale

Ganz im Schatten der majestätischen Pracht der Uspenskij-Kathedrale erhebt sich in der Nordwestecke des Platzes die **Zerkow Rispoloschenija (15**, Kirche der Gewandniederlegung Mariä), eine der kleinsten Kirchen im Kreml, die 1484/85 anstelle einer abgebrannten Kirche auf dem Metropolitenhof entstand. Der kleine, nur von einer Kuppel gekrönte Bau, zeigt die für die Pskower Architektur charakteristische bewegte Leichtigkeit und wirkt trotz der relativen Kompaktheit nicht gedrungen. Die hellen, geradezu lichten Fresken im Kircheninnern richten sich streng nach dem Kanon der Marienverehrung und orientieren sich stilistisch an den Fresken der Uspenskij-Kathedrale. An der Altarwand berichtet ein Fresko von dem Gewand Mariä, das 473 von Jerusalem nach Konstantinopel gebracht wurde und die Stadt der Legende nach vor feindlichen Übergriffen schützte.

Neben der Rispoloschenija-Kirche entstanden rund um den Metropolitenhof immer mehr Gebäude der geistlichen Würdenträger. Der als segenbringend proklamierte Pakt mit den Zaren hatte der Kirche viel Macht in die Hände gelegt. So entsprach denn auch der einst aus Holz errichtete Patriarchenpalast keineswegs mehr dem Repräsentationsbedürfnis und dem Geltungsdrang des Patriarchen Nikon, zumal er sich gerade mit Hilfe des Zaren gegen die Altgläubigen durchgesetzt hatte. 1655/56 ließ er einen neuen Patriarchenpalast mit einem großen Saal für festliche Empfänge sowie die **Zwölf-Apostel-Kathedrale (16**, *Sobor dwenadzati apostolow*) errichten. Über den

Grab des Metropoliten

Das älteste Grab in der Uspenskij-Kathedrale ist das des Metropoliten Petr, der auch den Anstoß zum Bau einer Mariä-Entschlafens-Kathedrale auf dem Gelände des Kreml gegeben hatte. 1326, im Jahr der Grundsteinlegung, fand er den Tod. Der Metropolit, der 1339 kanonisiert und zum Schutzpatron Moskaus erhoben wurde, fand in der Peter-Paul-Kapelle seine letzte Ruhestätte.

85

zwei Torbögen der Paradeeinfahrt zum Patriarchenpalast entstand eine kleine Kirche, die fünf Kuppeln krönen. Ihre Formensprache – wie beispielsweise die Blendarkaden und flachen Kuppeln – geht vor allem auf altrussische Vorbilder zurück, sollte die Architektur der Patriarchenkirche doch gleichsam die Anbindung an die Tradition zur Schau tragen. So wurden denn auch bei der Fassadengestaltung des unter Nikon erbauten Patriarchenpalastes vor allem altrussische Bauformen berücksichtigt.

Den größten Raum im **Patriarchenpalast (17),** den man auch von innen besichtigen kann, nimmt das Kreuzgemach ein, in dem früher Kirchenversammlungen stattfanden und Gäste empfangen wurden. Von der ursprünglich prachtvollen Ausstattung, die der des Zarenpalastes durchaus ebenbürtig war, ist leider nichts mehr erhalten. Aber auch die Konstruktion des Saales ist äußerst ungewöhnlich für die damalige Zeit. Das Gewölbe ruht nicht, wie Mitte des 17. Jh. üblich, auf einer Mittelstütze, sondern dehnt sich mit geradezu schwunghafter Leichtigkeit über 280 m² frei aus.

1700 hatte Peter I. das Patriarchat abgeschafft und an seiner Stelle den Heiligen Synod ins Leben gerufen. Der Patriarchenpalast verwaiste daraufhin, bis Katharina II. 1763 das Kreuzgemach zum Salbölsaal umfunktionieren ließ. Die Öfen, auf denen das Chrisma aus verschiedenen Kräutern und Essenzen zubereitet wurde, sind heute noch zu sehen. Sie gehören zu dem Museum für Kunsthandwerk und Kultur des 17. Jh., dessen umfangreiche Sammlung im Salbölsaal sowie im Refektorium und in weiteren Räumen des Patriarchenpalastes untergebracht ist. Neben Tafelgeschirr der Zaren und Patriarchen sowie besonders schönen Silberarbeiten aus Augsburg und Nürnberg zeigt das Museum eine Uhrensammlung, liturgisches Gerät, Ikonenbeschläge und Gewänder der Patriarchen.

Mariä-Verkündigungs-Kathedrale (18)

Die Mariä-Verkündigungs-Kathedrale *(Blagoweschtschenskij sobor),* die den Kathedralenplatz im Südwesten begrenzt, bildet mit ihrer häuslichen Eleganz einen spannungsvollen Kontrapunkt zu der strengen Harmonie der Uspenskij-Kathedrale. Mit ihren neun Kuppeln, die sich golden gegen den Himmel abheben, und ihrer verspielten Dynamik wirkt sie eher pittoresk. Meister aus Pskow errichteten sie im Zuge der umfassenden Rekonstruktion des Kreml anstelle einer fürstlichen Hauskirche aus dem 14. Jh., die Feofan Grek (Theophanes der Grieche), Andrej Rubljow und Prochor Gorodetskij ausgemalt hatten. Den wachsenden Reichtum der Zaren sollte auch die Hauskirche zum Ausdruck bringen und so wurde sie im Laufe der Zeit zur ›Goldgedeckten‹. All die herrschaftliche Pracht nahm bei einem Brand 1547 erheblichen Schaden. Die maßgeblichen Umbauten im Auftrag Iwans IV. – der vorhandenen südöstlichen Kapelle fügte man drei weitere, kuppelgekrönte hinzu – wurden organisch in den Baukörper mit einbezogen.

Iwan IV. ließ die Mariä-Verkündigungs-Kathedrale nicht nur aus bauästhetischen Gründen mit neun Kuppeln versehen: Nach der Eroberung von Kasan, Festung und Residenz des gleichnamigen Khanats, war die Neun eine symbolträchtige Zahl geworden, denn die Heere Iwans IV. hatten die Stadt acht Tage lang belagern müssen, um sie am neunten einnehmen zu können. Die Neun war fortan die Zahl des Sieges, und alle Kirchen der Zeit – auch die Basilius-Kathedrale auf dem Roten Platz – erhielten neun Kuppeln

In den **Innenraum** der Kathedrale führen die Galerien, die mit Darstellungen aus dem Alten Testament ausgemalt sind. Aber auch Bildnisse antiker Dichter, Gelehrter und Philosophen säumen den Weg in das Innere. Säulenpaare mit korinthischen Kapitellen rahmen das herrliche Blaue Portal, das gleich einer Himmelstür reliefartig mit vergoldetem Dekor geschmückt ist. Motive der italienischen Frührenaissance-Ornamentik klingen hier an und deuten auf Alevisio Nuovo als Baumeister dieser himmlischen Pracht. Der Innenraum der Kathedrale, der mit geschliffenen Jaspisplatten aus dem Ural ausgelegt

Rubljows Ikonen in der Festtagsreihe

Mariä Verkündigung, Christi Geburt, Darbringung im Tempel, Taufe Christi, Verklärung Christi, Auferweckung des Lazarus und Christi Einzug in Jerusalem sind Ikonen Rubljows in der Festtagsreihe. Der ruhige Rhythmus der Linien, der in die Eleganz der Bewegungen mündet, und die warme Farbgebung, die die Gestalten in andächtige Einkehr einbindet, sind typische Merkmale von Rubljows Malerei. Außer Andrej Rubljow und Feofan Grek arbeitete auch Prochor Gorodetskij am Ikonostas, der das Dargestellte nicht wie Rubljow harmonisierte, sondern eher dramatisierte.

ist, blieb überraschend klein, geradezu intim. 1508 wurde die Verkündigungs-Kathedrale laut schriftlicher Überlieferung von Feodossij, dem Sohn des Dionissij, und seinen Gehilfen ausgemalt. Die Thematik der Fresken folgt der ostkirchlichen Tradition. Auffallend ist jedoch die Fülle von Szenen aus der Johannes-Apokalypse, die auf die weitverbreitete apokalyptische Naherwartung an der Wende vom 15. zum 16. Jh. hindeuten. Neben ›orthodoxen‹ Sujets greifen die Fresken auch Themen der Politik auf, die die Bedeutung der Kathedrale als Staatskirche hervorheben. So dokumentieren die Schutzheiligen der Städte Nowgorod, Twer, Pskow, Jaroslawl, Tschernigow und Rostow am Don, die alle gewaltsam dem Moskauer Fürstentum unterworfen wurden, die russische Einheit. Von den Pfeilern blicken Bildnisse byzantinischer Kaiser sowie russischer Großfürsten herab und erinnern an die legitime Thronfolge der Moskauer Herrscher. Um auch geistesgeschichtlich Kontinuität zu stiften, stellte man in den Nischen antike Philosophen und Dichter (Aristoteles, Thukydides, Plutarch, Homer und Vergil) dar.

Die **Fresken des Altarraums** werden größtenteils Feodossij, der einen rhythmisch-majestätischen Malstil und eine fein abgestufte, lichte Kolorierung pflegte, zugeschrieben. Seine meist gelängten Figuren sind in bedachten Bewegungen vor dem Hintergrund reich gestalteter Fantasie-Architekturen eingefangen.

Glanzstück der Verkündigungs-Kathedrale ist der **Ikonostas,** der 1405 angefertigt wurde und zu den ältesten erhaltenen, mehrrangigen Bilderwänden zählt. Er enthält Ikonen von Rubljow, Feofan Grek und Prochor Gorodetskij. 1894 wurde er mit vergoldeter, ziselierter Bronze verkleidet, die die Heiligenbilder in ein warmes, tragendes Licht taucht. Die Lokale Reihe im unteren Teil des Ikonostas vereint neben Ikonen, die speziell für die Verkündigungs-Kathedrale gemalt wurden, Heiligenbilder aus allen Jahrhunderten und den verschiedensten Schulen. Künstlerisch von besonderer Bedeutung ist die Deesis-Reihe, die älteste des Ikonostas mit den einzigen erhaltenen Arbeiten Feofan Greks aus der Moskauer Periode. Die zentrale Christusgestalt, neben der die Gottesmutter und Johannes der Täufer fürbitten, sowie der Erzengel Gabriel auf der rechten Seite und Basilius der Große auf der linken Seite zeigen Greks kühnen und entschiedenen Stil und die für seine Figuren typische innere Spannung. Die geradezu mathematische Komposition der Gestalten und das ruhige, bedachte Kolorit bringen das tiefe, gleichsam poetisch gefasste Seelenleben seiner Figuren zum Ausdruck. Die Darstellungen des Apostels Petrus und Erzengels Michael neben der Gottesmutter linker Hand der Deesis-Reihe deuten in ihrer rhythmischen Linienführung und weichen Bewegung sowie in ihrer intimen Auffassung auf die Schule Andrej Rubljows. Obwohl drei oder gar noch mehr Maler an der Ausführung des Deesis-Ranges beteiligt waren, wirkt er dank der einheitlichen Farbgebung wie von einer Hand gemalt. Auf die Handschrift Rubljows selbst deuten einige Ikonen in der Festtagsreihe, die den Rang über der Deesis einnimmt.

Der vierte Rang mit der Gottesmutter und den Propheten datiert aus dem 16. Jh. Die Ikonen tragen in ihrer schweren, dunklen Farbgebung und ihrer inneren Dramatik alle typischen Züge der Ikonenmalerei Pskows. Im oberen Rang sind die Kirchenväter versammelt. Die sogenannten **Kokoschniki-Ikonen** mit ihren kielbogenförmigen Umrahmungen stammen aus dem 19. Jh.

Erzengel-Kathedrale (19)

Die einem Palast gleichende Erzengel-Kathedrale *(Archangelskij sobor)* mit den silbernen Kuppeln war von Anfang an als Begräbniskapelle der Großfürsten und Zaren geplant. Im Zuge des Kremlausbaus beauftragte Wassilij III. 1505 den venezianischen Architekten Alevisio Nuovo mit einem längst fällig gewordenen Neubau der Grabkirche von 1333: Nuovo gestaltete die Kathedrale unverkennbar im Stil der russischen Tradition einer Kreuzkuppelkirche mit einer Hauptkuppel und vier Nebenkuppeln sowie mit einer Hauptapsis und Nebenapsiden. Doch den traditionell konzipierten Baukörper versetzte Nuovo mit Elementen der norditalienischen Renaissance. Blüten, Fabeltiere, Arabesken und Kandelaber sowie Vasen schmükken die Portale aus weißem Kalkstein und Muscheln, wie man sie aus Venedig kennt, öffnen sich zu Halbkreisen in den Archivolten. Die horizontal betonte Gliederung der Fassade verleiht der Kathedrale welt-

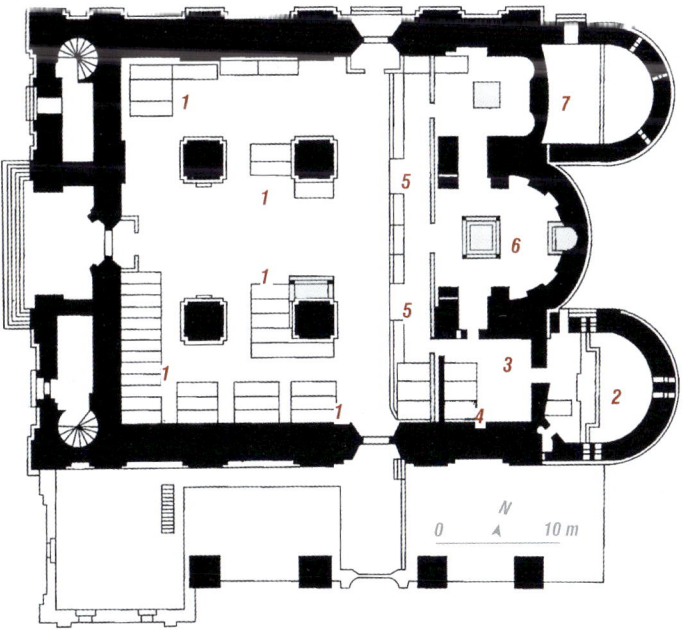

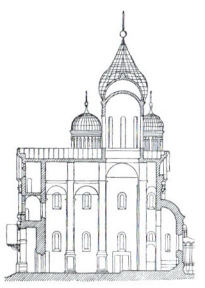

Erzengel-Kathedrale, Grund- und Aufriss

1 Fürstensarkophage
2 Kapelle Johannes des Täufers
3 Diakonikon
4 Grab Iwans IV.
5 Ikonostas
6 Kapelle des Erzengels Michael
7 Kapelle des hl. Uar

N
0   10 m

89

Der vierrangige Ikonostas der Erzengel-Kathedrale aus dem Jahre 1680 markiert den Übergang von einer idealen zu einer naturwahren Darstellung, die Ausdruck einer sich allmählich veräußerlichenden geistigen Welt ist. So lässt sich besonders in den Ikonen der Festtagsreihe über der Deesis das Bemühen um Perspektive und Plastizität erkennen. Die monumentale Hauptikone der Kathedrale nimmt ihren Platz im Lokalen Rang ein und zeigt Michael in kraftvollem Aufbegehren. Der Erzengel mit verfinsterter Miene ist in einer äußerst dynamischen Körperwendung dargestellt, die den Eindruck einer in der russischen Kunst zu dieser Zeit ungewohnten Spannung und Siegesgewissheit erweckt, die Ausdruck des neuen Selbstverständnisses nach dem Triumph über das Tatarenjoch war. Auch die Szenen der 18 Randfelder sind von einer neuen, freien Auffassung des Themas durchdrungen.

lichen Charakter. 1508 kamen die Bauarbeiten zum Abschluss und das bis zu diesem Zeitpunkt in Russland unbekannte Dekor der Kirche sollte in der Folgezeit im ganzen Reich Verbreitung finden.

Der **Innenraum** der Kathedrale überrascht in seiner dunklen Enge, die man angesichts des palastartigen Außenbaus nicht erwartet. Assoziationen an ein ›finsteres Mittelalter‹ werden hier geweckt. Ein mächtiges, drückendes Tonnengewölbe legt sich schwer auf sechs wuchtige Kreuzpfeiler, von denen streng **Bildnisse der Fürsten der alten Rus** blicken. Die Erzengel-Kathedrale ist Grablege für alle Großfürsten und Zaren seit Iwan Kalita, der 1341 den Tod fand, bis hin zu Fjodor Alexejewitsch, dem Bruder Peters des Großen, der 1682 starb. 46 aus weißem Stein gemauerte Fürstensarkophage sind im Kirchenraum aufgebahrt. Nach der Gründung St. Petersburgs 1703 und der Verlegung der Residenz in die neue Hauptstadt ließen sich die Zaren zwar weiterhin in der Uspenskij-Kathedrale krönen, doch ihre letzte Ruhestätte fanden sie von nun an in der Peter-Paul-Kathedrale an der Newa. Die ältesten Gräber reihen sich an der Südwand: hier liegen neben Iwan Kalita und Dmitrij Donskoj, Wassilij I., Wassilij II., Iwan III. und der Erbauer der Kathedrale, Wassilij III. Zar Iwan IV. bestimmte noch zu Lebzeiten die Kapelle Johannes des Täufers, die sich hinter dem Ikonostas befindet, zu seiner Grablege, doch vor ihm wurde hier 1584 sein ermordeter Sohn beigesetzt, den er im Affekt erschlagen hatte. 1598 folgte Iwans IV. dritter Sohn Fjodor.

Die **ursprünglichen Wandmalereien** sind leider nur noch in Versatzstücken erhalten. Allein im Diakonikon vor der Kapelle Johannes des Täufers tauchen noch Fresken aus der Zeit der Errichtung der Kathedrale aus dem Dunkel auf, darunter das »Gastmahl des Reichen«, das einen beeindruckenden Architekturhintergrund aufweist und in seiner irdischen Pracht bereits weltlichen Charakter hat. Alle anderen Wandbilder wurden im Zuge einer umfangreichen Restaurierung der Kirche 1652 entfernt oder übermalt, wobei man sich aber wahrscheinlich an der ursprünglichen Ausstattung der Kirche orientierte. Das **ikonografische Programm** nimmt neben traditionellen Themen auf den Erzengel Michael und die Bedeutung der Kirche als Grablege Bezug. Bevor die Moskauer Großfürsten in den Krieg zogen, kamen sie noch einmal zum Gebet hierher und baten um den Schutz des Erzengels, der als Anführer der himmlischen Heerscharen verehrt wurde. Die Nord- und Südwände sind den Taten des Erzengels Michael gewidmet, in denen die nationale Befreiung vom Tatarenjoch noch einmal lebendig wird. So drängt der Erzengel in den beiden Schlachtenbildern »Gideon besiegt die Midianiter« an der Südwand und »Sieg über das assyrische Heer« an der Nordwand mit erhobenem Schwert die feindlichen Heere zurück, denen eindeutig tatarische Züge eigen sind. Im unteren Teil der Grabeskirche sichert die Ahnenreihe den russischen Teil- und Großfürsten ewigen Ruhm. Die **Porträtgalerie** ist der bedeutendste Teil der Wandmalereien, in der über 60 Herrscher unter ihren Namensheiligen abgebildet sind. Wassilij III., der Erbauer der Kirche, ließ sich am nordwestlichen Pfeiler mit zu Christi erhobenen Händen abbilden.

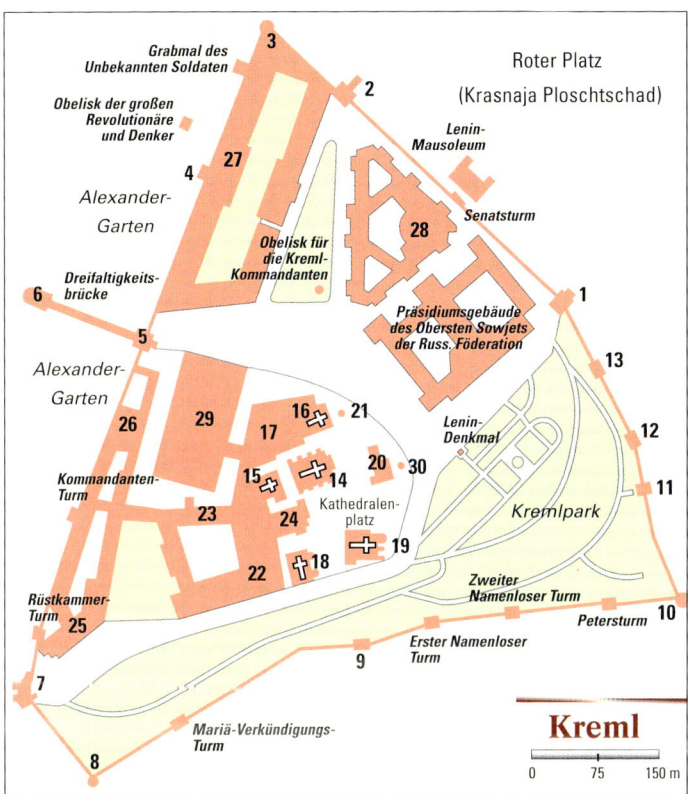

Kreml

Glockenturm Iwan Welikij (20)

Weithin sichtbar überragt der Glockenturm Iwan der Große *(Kolo-kolnja ›Iwan Welikij‹)* ganz Moskau. Bis zur Errichtung des Fern-sehturms in Ostankino war er mit seinen 81 m das höchste Bauwerk Moskaus. Von hier aus verschafften sich bedeutende Staatsmänner, die nicht immer in friedlicher Mission gekommen waren, wie z. B. Na-poleon, einen ersten Überblick über das Häuser- und Kuppelmeer Moskaus. Leider ist der berühmte und so aufschlussreiche Blick vom Glockenturm auf Moskau seit 1918 nicht mehr möglich.

Nach einem erfolgreich abgeschlossenen Feldzug gegen Pskow hatte Iwan Kalita 1329 den Grundstein für eine Kirche gelegt, die er seinem Namenspatron weihte. Ihre eigentümliche Architektur brachte ihr den Namen ›brennende Kerze‹ ein. Offenbar war bereits die erste, an die-ser Stelle errichtete Kirche ein schlanker, lang gestreckter Bau, der ei-nen dominanten vertikalen Akzent im Kreml setzte. Im Zuge des re-präsentativen Ausbaus der Festung beauftragte Iwan III. den Bau-meister Bon Frjasin mit einem Neubau. Der Architekt erkannte die besondere Bedeutung der Ausrichtung dieser Kirche in die Vertika-len, die eine stark raumbildende Kraft im Kreml entfaltete und zog über einem achteckigen Grundriss drei Geschosse mit jeweils offenen Schallarkaden hoch. In dem massiven unteren Geschoss befindet sich die kleine **Johannes-Klimakos-Kirche.** Das kleinste, obere Geschoss wurde 1600 im Auftrag Boris Godunows mit zwei Reihen Kokoschniki dekorativ aufgestockt. In seiner Massigkeit beherrscht der Glocken-turm heute den Kathedralenplatz und reißt den Blick geradezu selbst-süchtig an sich. Doch die ausgewogenen Proportionen und der rei-che Kalksteinschmuck stimmen wieder versöhnlich.

*Die größte Glocke der
Welt, 1730 gegossen,
stürzte beim Brand
von 1737 aus dem
Glockenstuhl zu Boden
und zerbrach*

Ohnehin darf man beim Anblick der im Kreml-Ensemble etwas übertrieben wirkenden Höhe des Glockenturmes nicht seine Funktion aus den Augen verlieren, sollte er doch die schwerste Glocke der Welt tragen. Vor dem Hintergrund der vermeintlichen Rechtgläubigkeit war Russland bemüht, immer voluminösere Glocken zu gießen, die lautstark den wahren Glauben verkünden konnten. 1654 hatte man immerhin schon eine 128 t schwere Glocke gegossen, die im Dachstuhl des Iwan Welikij tönte. Sie wurde ein Jahr später durch eine 182 t schwere Glocke ersetzt, die weit über die Moskauer Stadtgrenzen zu hören war. 1701 erfasste eine Feuersbrunst den Glockenturm und die Glocke stürzte zur Erde. Aus ihrem Bruch wurde 1730 im Auftrag der Zarin Anna Iwanowna mit 201 925 kg, 6,14 m Höhe und einem Durchmesser von 6,6 m die **größte Glocke der Welt (30)** gegossen, die lebensgroße Porträts ihrer Auftraggeberin zieren. An ihrer Seite ist Zar Alexej Michajlowitsch abgebildet, der die Glocke von 1655 hatte gießen lassen. 1737 ließ abermals ein Brand die Glocke auf die Erde stürzen. Fast 100 Jahre blieb sie unbeachtet, bis der französische Architekt Auguste de Montferrand ihr 1836 wenigstens zu einem musealen Leben verhalf und sie auf einen achteckigen Sockel setzte.

Nördlich des Iwan Welikij entstand Ende des 17. Jh. anstelle einer 1532 errichteten Kirche eine steinerne Glockenwand. 1812 wurde sie zusammen mit dem sogenannten **Filaret-Anbau,** einem zweiten Glockenturm, von den napoleonischen Truppen gesprengt – allein der Iwan Welikij hielt dem Dynamit stand. Doch schon zwei Jahre später ließ Alexander I. die Glockenwand und den Filaret-Anbau mit insgesamt 22 Glocken wieder neu errichten.

Östlich der Zwölf-Apostel-Kathedrale steht die **Zarenkanone (21,** *Zar puschka),* die jedoch nie zum Einsatz kam. Sie sollte der Verteidigung des Kreml gegen die Krimtataren dienen und war auf die Brücke über die Moskwa gerichtet.

Museum der Kremlarchitektur

Im Glockenturm hat das Museum der Kremlarchitektur seinen Sitz.

Kremlpalast

Die Moskauer Großfürsten residierten seit dem 14. Jh. in dem **Kremlpalast (22,** *Kremlewskij dworez)* auf dem höchsten Punkt des Kreml, von dem sich ein prächtiger Ausblick über die Stadt bietet. Der heutige Kreml-Palast entstand in der ersten Hälfte des 19. Jh. unter der Leitung des Hofarchitekten Konstantin Thon, der auch die Rüstkammer errichtete. Die Architektur des Kremlschlosses verquickt klassizistische und altrussische Formen, wie sie im sogenannten Russischen Stil programmatisch wurden, um im krisenhaften 19. Jh. für eine ›offizielle Volkstümlichkeit‹ zu sorgen. Die Schmuckformen des Terem-Palastes, die die Fassade wiederholt, sind zur Bauzeit längst zum bloßen Zitat ohne bindende Kraft verkommen. In seiner stilistischen Beliebtheit wirkt der Kreml-Palast nicht mehr raumhaft und plastisch, sondern eher malerisch und unwirklich.

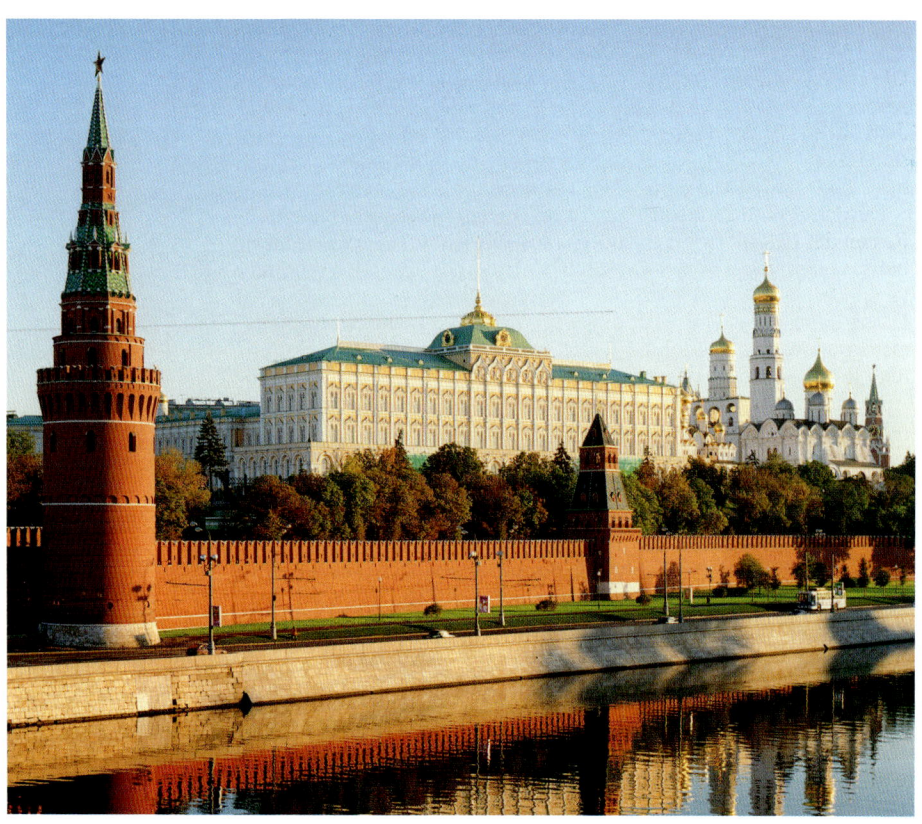

Großer Kreml-Palast

Die Neuerrichtung des Kreml-Palastes war nötig geworden, nachdem die Zaren seit Verlegung der Residenz nach St. Petersburg 1703 den Gebäudekomplex hatten verkommen lassen, sodass Nikolaus I. einen Neubau anordnete. Von der ursprünglichen Residenz der Moskauer Großfürsten, einem altrussischen *choromy*-Bau aus einzelnen Zimmern, die durch Treppen und Brücken miteinander verbunden waren, ist leider nichts mehr erhalten. Die kleine Kirche, die 1330 im Zentrum der Anlage errichtet worden und die älteste ganz Moskaus war, fiel 1920 den bolschewistischen Kirchensprengungen zum Opfer. Allein der Facettenpalast des 16. Jh. sowie der Terem-Palast aus dem 17. Jh. haben die Zeiten überdauert. Der Facettenpalast, der Terem, sechs Palastkirchen sowie der pseudo-russische Neubau Konstantin Thons bilden heute ein geschlossenes Rechteck.

Stilwechsel bestimmen auch das **Innere** des Palastes. Empire, Pseudobarock, Neo-Renaissance und Neo-Klassizismus sowie Zweites Rokoko geben sich hier ein eigentümliches Stelldichein mit kostbarsten Stoffen, Teppichen, Edelsteinen, Bronze und edlen Hölzern.

Terem-Palast

Die grün gekachelten schlanken Trommeln, auf denen sich golden elf Kuppeln gegen den Himmel abheben, sind das einzige, was man von dem **Terem-Palast (23,** *Teremnoj dworez)* und seinen Hauskirchen sehen kann. Nur mit Sondergenehmigung kann der Palast der Zaren besichtigt werden, der wohl zu den schönsten Bauten des Kreml zählt.

Elf goldene Kuppeln zieren den Terem-Palast

Der 1635/36 im Auftrag des Zaren Michail Fjodorowitsch auf den Resten der Paläste Iwans III. und Iwans IV. errichtete *teremok* (Turmhaus, von griech. *teremnon* = Haus, Wohnung) besticht durch seine verspielte Architektur. Bunte Kacheln mit floralem Schmuck sowie Darstellungen von Vögeln und Tieren verzaubern die Gesimse, fantasievolle Relieffassungen rahmen die Fenster und Portale. Im vierten Geschoss akzentuiert ein Baldachin das Fenster des Thronsaals. Aus dem sogenannten Bittstellerfenster wurde täglich ein Kasten herabgelassen, in den ein jeder seine Wünsche legen konnte. Das Volk sprach spöttisch vom ›langen Kasten‹, denn oft vergingen Jahre, bis man sich der Gesuche annahm – wenn überhaupt.

Ihren Gottesdienst feierte die Zarenfamilie in den sechs kleinen **Hauskirchen,** die zum Terem-Palast gehören.

Facettenpalast

Der **Facettenpalast (24,** *Granowitaja palata)* ist im Gegensatz zu dem malerischen Teremok ein kompakter Bau, dessen Fassade nach Vorbildern der italienischen Frührenaissance mit facettenförmigen Quadern geschmückt wurde. Iwan III. hatte ihn 1487 bei den italienischen Baumeistern Marco Ruffo und Pietro Antonio Solari in Auftrag gegeben. Die prächtigen barocken Umrahmungen der Fenster sind ein Werk des 17. Jh.

In dem prachtvoll mit Fresken und vergoldeten Innenportalen ausgestatteten **Thron- und Paradesaal,** der sich über 495 m^2 nahezu quadratisch unter vier mächtigen Kreuzgewölben erstreckt, empfängt die russische Regierung bis heute ihre Gäste, daher ist der Facettenpalast für die Öffentlichkeit unzugänglich.

Rüstkammer

Nicht nur Juwelen und Diamanten gehören zu einer der schönsten Pretiosensammlungen der Welt in der Rüstkammer **(25,** *Oruschejnaja palata),* sondern auch die Krönungsinsignien, historische Waffen und Rüstungen, Ikonen, liturgisches Gerät, kostbare Gewänder, Kunsthandwerk und Handschriften sowie Staatskarossen, Kutschen und Schlitten. Neben russischen Schätzen umfasst der Bestand des Museums auch westeuropäisches, orientalisches und nordeuropäisches Kunsthandwerk. Für all die Kostbarkeiten errichtete Konstantin Thon

Das Trauma des jungen Zaren Peter

Einlass zum Facettenpalast bot früher eine prächtige Freitreppe, die nach dem Machtantritt Stalins leider abgetragen wurde. Die Treppe erlangte in der russischen Geschichte grausame Berühmtheit: 1682 erstachen hier aufständische Strelizen Mitglieder der Zarenfamilie. Peter, noch ein Kind, hatte alles mit ansehen müssen und erlebte ein Trauma, was viele seiner Biografen als Grund für die tiefe Abneigung gegen Moskau angeben.

1844–51 die Rüstkammer in pseudorussischem Stil und baute eines der größten Museen des 19. Jh. Eintrittskarten erhält man an der Kasse beim Kutafja-Turm.

Russlands Schatztruhe

Die legendäre Monomach-Kappe, eine wahrscheinlich byzantinische Arbeit aus dem Ende des 13. Jh., war bis zur Kaiserkrönung Peters des Großen Kroninsignie aller Moskauer Großfürsten und Zaren. Ein äußerst kunstvolles Filigranmuster bedeckt acht trapezähnliche, miteinander verbundene Goldplatten, die sich gleichsam zu einer Kuppel formen

Die Moskauer Großfürsten machten um ihre Schätze kein Geheimnis, und wenn Gäste an den Zarenhof kamen, führten sie ihren Reichtum gerne vor, den sie im Laufe der Jahrhunderte gesammelt hatten. In der ganzen Welt wurde Russland deshalb für die Pracht seiner Juwelen berühmt. Kaum ein Kleidungsstück oder Gebrauchsgegenstand, der nicht mit Gold, Silber, Edelsteinen und Perlen besetzt, belegt und durchwirkt worden wäre. »Der Reichtum und Prunk des russischen Hofes übertrifft die fantasievollsten Beschreibungen … Der Luxus und Glanz der Kleider der Höflinge und die Unmengen von Edelsteinen lassen alle anderen europäischen Höfe weit hinter sich«, schrieb der Engländer William Coxe 1784 von seiner Reise nach Polen und Russland. Im Kreml wurden die Schätze in einer speziellen Schatzkammer gehütet. In der Rüstkammer dagegen lagerten – so schon ihr Name – kostbare Musketen und Säbel aus aller Welt. Sie diente auch als Waffenschmiede und seit der zweiten Hälfte des 17. Jh. als Ikonenwerkstatt. Wenig später zogen auch die bedeutendsten Kunsthandwerker ein. Als der Hof mitsamt den Meistern 1711 nach St. Petersburg umzog, drohte die kostbare Sammlung im Kreml dem Verfall anheimzufallen. Erst Alexander I., der große Museumsgründer, regte 1806 an, die Schätze zu inventarisieren und die Sammlung einem auserwählten Publikum zugänglich zu machen. Im Laufe des 19. Jh. wuchs der Bestand weiter an. Vor allem nach dem Oktoberrevolution kamen im Zuge der Enteignungen von Zar, Höflingen und privaten Kollektionären sowie durch die Beschlagnahmungen in den Kirchen zahlreiche Exponate hinzu.

Die Schätze türmen sich in der Rüstkammer. Ikonen, Juweliersarbeiten, Kelche, Stickereien, Porzellan, Uhren, mit Perlen durchwebte Gewänder, Throne, Zaumzeug, die Krönungsinsignien, Paradeequipagen – sie alle legen Zeugnis von dem überschwenglichen, schier unvorstellbaren Prunk am russischen Hofe ab. Iwan IV. war mit seinem Elfenbeinthron geradezu bescheiden, ließ doch Boris Godunow auf seinen mit Blattgold überzogenen Thron über 2000 Edelsteine setzen und Michail Fjodorowitsch, der erste Romanow-Zar, residierte auf dem **Diamantenthron,** einer persischen Arbeit, die als Geschenk einer armenischen, in Persien tätigen Handelskompanie nach Moskau kam. Mit über 800 Diamanten macht der mit getriebenen Silberplatten, farbigen Miniaturen und Stickereien verzierte Thron seinem Namen alle Ehre. Dass auch die hohe Geistlichkeit gern in Gold repräsentierte, zeigen die kostbaren **Sarg- und Altardecken,** die liturgischen Gewänder, darunter vor allem das Gewand des Patriarchen Nikon, das mit Perlen, Edelsteinen und Goldplättchen bestickt ist. Die schönsten und fantasievollsten Pretiosen findet man im **Diamanten-Fonds** im Erdgeschoss der Rüstkammer.

Im Umfeld der Rüstkammer

Der **Vergnügungspalast (26,** *Poteschnyj dworez)* neben der Rüstkammer wurde seit 1668 als Komödientheater genutzt. An- und Umbauten verwandelten das Palais 1806/07 in ein Wohnhaus für den Kremlkommandanten Jegotow. Dabei blieb nur die Fassade des zentralen Baus in ihrem Originalzustand erhalten. Am Paradetor deuten noch die Löwenmasken auf die ursprüngliche Bestimmung des Hauses.

Der Bau des **Arsenals (27)** zog sich von 1702–1736 hin und geht auf einen Plan Peters des Großen zurück. Der Zar befand sich im ersten Jahr des Nordischen Krieges gegen Schweden und befahl, auf dem Gelände des Kreml ein gigantisches Zeughaus zu errichten. Auf dem ehemaligen Hofgelände Boris Godunows begannen die beiden Künstler Michail Tschoglokow und Iwan Saltanow mit dem Bau des trapezförmigen, um einen Innenhof angelegten Arsenals, das zum architektonischen Vorboten des strengen Klassizismus im malerischen Kreml-Ensemble werden sollte. Sie konnten ihren Auftrag allerdings nicht mehr ausführen, da Peter mit der Eroberung der Inseln im Newa-Delta seine Vision einer neuen Hauptstadt am Meer Wirklichkeit werden ließ. 1714 durfte in ganz Russland kein Stein mehr gemauert werden, es sei denn in St. Petersburg. Erst nach 34 Jahren sollte das Zeughaus fertiggestellt sein.

Auf dem Platz vor dem Arsenal kämpften im November 1917 mit zäher Entschlossenheit Rot- gegen Weißgardisten. Am 3. (16.) November gelang es den Bolschewiki, das Arsenal zu besetzen, womit auch die Machtübernahme in Moskau faktisch vollzogen war.

Mit dem Bau des **Senats (28)** gegenüber der Ostfassade des Arsenals setzte sich Katharina II. ihr vermeintlich aufklärerisch-liberales Denkmal im Kreml. 1776–87 errichtete Matwej Kasakow für das Justiz- und Adelsdepartement des neuen Verwaltungssystems ein Gebäude, das sich über einem gleichschenkeligen Dreieck mit abgestumpften Ecken erhebt. In die Spitze platzierte er die – für das Gebäude charakteristische – Rotunde mit dem Katharinensaal, der in seinem Inneren mit einem allegorischen Figurenprogramm Gesetzgebung, Rechtsprechung, Achtung des Menschen und Bildung als höchste gesellschaftliche Werte in Szene setzt. In der Praxis regierte Katharina II. spätestens seit dem Bauernaufstand 1773/74 freilich weit an solchen Idealen vorbei. Nach der Oktoberrevolution verstanden sich aber die neuen Machthaber als Wahrer dieser Menschenrechte und traten im Katharinensaal zu Parteikonferenzen zusammen. Lenin selbst wählte 1918 vier Zimmer im Senatsgebäude zu seinen Wohn- und Arbeitsräumen.

Der 1961 entstandene **Kongresspalast (29)** markiert das letzte Bauwerk im Kremlensemble, mit dem sich auch die sozialistische Architektur im alten Stadtkern verewigte. Das Haus des Volkes, ein kompaktes Rechteck aus Glas und Beton mit 6000 Plätzen für Kongressteilnehmer oder Konzert- und Theaterbesucher wurde für derartige Bauten in der ganzen Sowjetunion richtungsweisend.

Vom Roten Platz
zum Puschkin-Museum

Roter Platz

Cityplan Moskau

*Zur Nummerierung
der folgenden Sehens-
würdigkeiten siehe
Cityplan Moskau in
der Umschlagklappe
hinten*

Das gewaltige architektonische Zusammenspiel von Basilius-Kathedrale, Historischem Museum, GUM und Kremlmauer zählt zum Be-
eindruckendsten, was Moskau zu bieten hat. Um den Roten Platz in
seiner Länge zu überqueren, scheint man endlos gehen zu müssen,
und wenn irgend möglich, nutzen die Moskauer lieber die kleinen
Seitenstraßen hinter dem Gum, um ihn zu umgehen – allzu klein und
nichtig fühlt man sich angesichts seiner triumphalen Ausmaße.

Der Rote Platz *(Krasnaja ploschtschad,* Красная площадь) ist der
größte und älteste Platz Moskaus. Ende des 15. Jh. wurde er im Zuge
des Kremlausbaus unter Iwan III. als Marktflecken angelegt. Der hol-
steinische Gesandte Adam Olearius, der Anfang des 17. Jh. reiste, erzählt, dass »vor dem Schlosse der größte und beste Marcktplatz der
gantzen Stadt (ist), welcher den gantzen Tag voll Handelsleute, von
Mann und Weibespersonen, Sclaven und Müßiggängern stehet.«

*Der Rote Platz ist der
größte und älteste
Platz Moskaus*

98

Die lange Reihe der verschiedenen Namen des Platzes kann auch etwas über seine Geschichte erzählen: zu Anfang hieß er ›Handelsplatz‹, dann gab ihm eine Dreifaltigkeits-Kirche seinen Namen. Als ganz Kitaj gorod 1571 in Flammen aufging, erinnerte er als ›Brandplatz‹ *(Poscharnaja ploschtschad)* an die Katastrophe. Erst Mitte des 17. Jh. bürgerte sich die Bezeichnung *Krasnaja ploschtschad* ein, was ursprünglich ›schöner Platz‹ bedeutete. Denn rund um den Platz hatten sich vornehme Geschäftshäuser angesiedelt. Nach der Oktoberrevolution machte man sich die Doppelbedeutung von *krasnyj* (= schön, rot) zunutze und sprach fortan vom ›Roten Platz‹.

Der Rote Platz ist gleichsam Russlands historische Bühne. Hier ließen die Zaren ihre Truppen paradieren, eine Tradition, an der auch die Generalsekretäre festhielten. Auf dem Roten Platz wurde über Leben und Tod entschieden, hier wurden neue Gesetze verkündet, hier trafen die großen Handelsrouten aufeinander, von hier aus zogen die Soldaten in den Krieg. Alle bedeutsamen Verwaltungseinrichtungen wie beispielsweise der Münzhof oder das zentrale Moskauer Stadtamt residierten hier. Am Jahrestag der Oktoberrevolution (7. November) und am 1. Mai fanden hier pompös inszenierte Militärparaden statt. Nach dem Zweiten Weltkrieg trug man die Fahnen der Deutschen Wehrmacht zusammen und verbrannte sie als Zeichen des Sie-

Die Prominenz des Ortes spricht für sich

Am Roten Platz hatte die erste Moskauer Universität ihren Sitz, unter Peter dem Großen wurde die erste öffentliche Bibliothek hier eingerichtet und das erste öffentlich zugängliche Theater. Hier probte das Volk den Aufstand, hier stellte man die Leiche des ›falschen Dmitrij‹ zur Schau, hier erhoben sich 1682 und 1698 die Strelizen und wurden später von Peter I. an Ort und Stelle auch hingerichtet.

Kuppeln, Trommeln
und Kokoschniki der
Basilius-Kathedrale,
davor das Denkmal
von Minin und
Poscharskij

**Basilius-Kathedrale,
Grundriss**

 1 Mariä-Schutz-
   Kirche
 2 Dreifaltigkeits-
   Kirche
 3 Kirche des Einzugs
   Christi in
   Jerusalem
 4 Cyprianus- und
   Justinus-Kirche
 5 Kirche Nikolaus'
   des Wunder-
   täters
 6 Alexander-
   Swirskij-Kirche
 7 Kirche Gregors
   des Armeniers
 8 Warlaam-
   Chytynskij-Kirche
 9 Kirche der hll. drei
   Patriarchen
10 Theodosius-Kirche

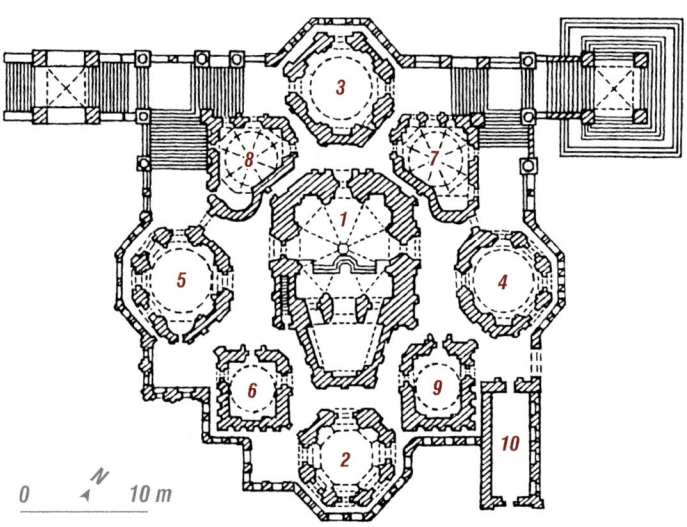

ges über Hitlerdeutschland vor dem Lenin-Mausoleum. Im April 1961 ließ sich Jurij Gagarin von der Volksmenge feiern, nachdem er als erster Mensch in einer Raumkapsel die Erde umkreist hatte. Auch die ersten Kundgebungen der Moskauer Demokratie-Bewegung fanden auf dem Roten Platz statt: 1991 versammelten sich hier Tausende, um gegen den Militärputsch zu demonstrieren. Wie in einem Brennspiegel fokussiert sich auf diesem Platz russische Geschichte, und man darf wohl gespannt sein, welche Ereignisse sich hier noch abspielen werden.

Basilius-Kathedrale (1)

Seine Pracht und Schönheit verdankt der Rote Platz im Wesentlichen neben den Kremlmauern und -türmen der Basilius-Kathedrale *(Chram Wassilija Blaschennogo)*. Mit ihrem bunten Formenspiel ist die Basilius-Kathedrale längst zu einem Wahrzeichen Moskaus, wenn nicht zum Sinnbild Russlands geworden. Iwan IV. gab sie 1553 als Dank für seinen Sieg über die Tataren in Kasan in Auftrag. Mit der Einnahme der Festung und Residenz des Kasaner Khanats hatten russische Truppen erstmals Staatsgebiet erobert, das außerhalb der Grenzen der alten Kiewer Rus lag und so den Grundstein für den späteren Vielvölkerstaat gelegt (vgl. S. 51). Im Taumel des Triumphes befahl der Zar, an der Stelle der alten Dreifaltigkeits-Kathedrale eine Kirche zu errichten, die Mariä-Schutz geweiht sein sollte, denn Iwan hatte Kasan einen Tag nach Mariä Schutz (1. Oktober) genommen. Die russischen Baumeister Barma und Postnik – womöglich ein und dieselbe Person – verstanden es, den russischen Sieg über die Tataro-Mongolen ausdrucksvoll in der triumphalen Formensprache der Kathedrale zur Geltung zu bringen. 1588, bereits vier Jahre nach dem Tod Iwans IV., wurde eine Kapelle über dem Grab Basilius des Seligen errichtet, der 1552 auf dem Friedhof der alten Dreifaltigkeits-Kirche beigesetzt worden war.

Wassilij Blaschennyj, genannt ›Basilius der Selige‹, war ein sogenannter ›Narr in Christo‹ *(Christa radi jurodiwyj)*. Die Lehre der Bibel, »Selig sind, die geistlich arm sind«, glaubte das russische Volk in den heiligen Narren verkörpert zu sehen. Meist waren es Bettler oder gesellschaftlich Verstoßene, die als auserkorene Menschen Gottes verehrt wurden. Von Wassilij Blaschennyj ist bekannt, dass er über große prophetische Gaben verfügte. Über die Jahrhunderte hinweg ist folgende Legende überliefert worden: Dem armen Wassilij Blaschennyj hatte ein reicher Kaufmann einen Pelzmantel geschenkt. Zwei Gauner, die dies beobachtet hatten und um die Gutmütigkeit Wassilijs wussten, ersannen eine List, um ihm den Pelz wieder streitig zu machen. Einer von ihnen ging auf Wassilij, der durch das Budengewirr am Roten Platz schlenderte, zu, und bat ihn um den Mantel für seinen Freund, der bereits im Sterben liege und noch nicht einmal etwas zum Zudecken habe. Wassilij zog darauf in selbstloser Nächstenliebe seinen Mantel aus und gab ihn dem Gauner mit den Worten: »Nimm

Basilius-Kathedrale

Nov.–April Mi–Mo 11–17, Mai–Okt. tgl. 11–18 Uhr

Geblendete Baumeister

Dass Iwan IV. Postnik und Barma nach der Errichtung blenden ließ, damit sie nie wieder eine Kathedrale von vergleichbarer Schönheit errichten könnten, bereicherte die unerhörte Entstehungsgeschichte der Basilius-Kathedrale um eine historische Anekdote, die ein derartiges architektonisches Wunderwerk brauchte. Die Episode bestätigte schließlich nur dem Zar Iwan IV. vorauseilenden Ruf des ›schrecklichen‹ Zaren und unterstrich die Einzigartigkeit der Kathedrale.

Denkmal für Kusma Minin und Fürst Poscharskij

Nördlich der Kathedrale erinnert das Denkmal an die Befreiung von den Polen 1612. Minin, der Dorfvorsteher von Nischnij-Nowgorod, hatte 1611 eine gegen die polnischen Invasoren gerichtete Landwehr aufgestellt, die sich schon bald zu einem stattlichen Heer entwickelte, dessen militärische Führung Fürst Poscharskij übernahm. 1612 gelang es ihnen, die Polen in die Flucht zu schlagen. Seither wird das ungleiche Paar von Dorfvorsteher und Fürst als Nationalhelden verehrt. Von ihren Heldentaten berichten die Basreliefs im Postament des Denkmals. Es wurde 1818 enthüllt, und ist das erste Denkmal Moskaus. Mehr als 14 Jahre hatte der klassizistische Bildhauer Iwan Martos an dem tragenden Konzept gefeilt, das durch den napoleonischen Krieg von 1812 patriotische Aktualität erhielt.

meinen Pelz und alles sei so, wie du es sagst.« Als der Gauner mit dem Pelz zurückkam, war sein Freund bereits tot. Dank der großen Popularität solcher Legenden bürgerte sich schon bald nach dem Bau der Kapelle über dem Grab des Narren in Christo der Name ›Basilius-Kathedrale‹ ein.

Ob man von der Moskwa, vom Kreml oder vom Roten Platz auf die Basilius-Kathedrale zukommt: **Jede Fassade ist eine Hauptfassade.** Das äußerlich etwas durcheinandergewürfelte Gewirr von Kuppeln und Türmen folgt bei näherer Betrachtung strenger Symmetrie. Die Kathedrale setzt sich insgesamt aus neun Kirchen zusammen: an die zentrale Mariä-Schutz-Kirche, ein Oktogon, schließen sich in den Himmelsrichtungen vier achteckige Kapellen an. Vier weitere Kapellen errichteten Barma und Postnik in den Diagonalen. Enge, überwölbte Gänge, die sich immer wieder zu kleinen Plätzen weiten, verbinden die neun Kirchen miteinander zu einem Baukörper. Die Vorstellung des Himmlischen Jerusalem hat bei der Architektur der Basilius-Kathedrale eine große Rolle gespielt. Jede der neun Kapellen ragt turmförmig in den Himmel und wird von gedrehten, facettierten und bunt bemalten Zwiebelkuppeln gekrönt. Der mittlere Turm mündet in ein Zeltdach mit einer kleinen, goldenen Zwiebelkuppel.

Die **Fassaden** bestechen mit ihrem Schwung schöpferischer Fantasie. Die Fülle an Friesen und Pilastern, Rosetten, Kokoschniki, Schirinki und Blendgiebeln stimmt gleichsam eine Lobeshymne auf die erfolgreiche Politik des Zaren an. Ein Leitmotiv des Fassadenschmucks ist der Halbkreis, der die dynamisch nach oben strebende Turm- und Kuppelgruppe unterstreicht. In der zweiten Hälfte des 17. Jh. wurde im Osten der Kathedrale ein **Glockenturm** errichtet, der mit einem etwas untersetzt wirkenden Zeltdach abschließt. Zur gleichen Zeit begann man auch mit der exotischen Verzierung der Kuppeln und der Bemalung der Kirche, die den der Wirklichkeit entrückten Gesamteindruck noch steigert. Erst wenn man die Kathedrale ganz umläuft, erschließt sich ihre spannungsreiche Vielfalt vollends, und man meint, immer wieder eine neue Kirche zu erblicken.

Wer die ausladende Pracht des Außenbaus auch im Innern erwartet, sieht sich enttäuscht. Hier zeigt sich die Kathedrale überraschend eng und düster, in ihrem Grundgedanken ist sie vor allem auf theatralische Außenwirkung angelegt. Im späten 16. Jh. und zu Beginn des 17. Jh. wurden die Basilius-Kapelle mit Szenen aus dem Leben des Heiligen und die Treppenaufgänge mit floralen Ornamenten ausgemalt.

Richtplatz und Kaufhaus GUM

Der **Richtplatz (2,** *Lobnoje mesto)* schlägt eines der dunkelsten Kapitel der russischen Geschichte auf. Denn hier war nicht allein das Podium, von dem aus sich Zaren wie Patriarchen an das Volk wandten. Vor ihm wurden Oppositionelle, Aufständische und Rebellen gefoltert und hingerichtet. 1698 ließ Peter I. hier über 2000 Strelizen enthaupten und ihre Köpfe als Warnung auf dem Roten Platz ausstellen.

Das Kaufhaus GUM ist im Zuge der postsozialistischen Geschäftigkeit expandiert und belegt nun auch die Handelsreihen entlang dem Wetoschnyj pereulok, die mit Brücken mit dem Haupthaus verbunden sind

Das **GUM (3,** *Gossudarstwennyj uniwersalnyj magasin,* Staatliches Allgemeines Kaufhaus) ist in aller Welt als das russische Kaufhaus schlechthin berühmt und wurde in sowjetischen Zeiten oft als Gradmesser des Warenangebotes im Land bemüht. Die ehemals Neuen Oberen Handelsreihen sind heute fest in der Hand westlicher Konzerne.

Das GUM schließt den Roten Platz im Nordosten ab und geht auf eine jahrhundertealte Tradition der Handelsreihen zurück. 1888 war eine Neuerrichtung der heruntergekommenen Handelsreihen nötig geworden, und Nikolaus II. beauftragte den Petersburger Baumeister Pomeranzew mit der Planung. Sein Entwurf, den er bis 1894 ausführte, trug einerseits den technischen Anforderungen eines funktionalen, für den Warenumschlag geeigneten Baus Rechnung, andererseits huldigte er in seiner gleichermaßen der Renaissance wie der russischen Volkskunst entlehnten Formensprache dem historischen Zeitgeist. Trotz der Komplexität der Passage, die sich mit ihren Straßen, Brücken und Galerien wie eine kleine eigene Handelsstadt ausnimmt, gelang es Pomeranzew, eine Passagenarchitektur von geradezu schwebender Leichtigkeit zu schaffen. Dazu trägt auch das große, überraschend feingliedrige Glasdach bei, das von nahezu unsichtbar verspannten Seilen gehalten wird. Im Zentrum der Handelsreihen sprudelt ein Springbrunnen und sorgt für bewegte Eleganz.

Lenin-Mausoleum (4)

An die sowjetische Ära des Roten Platzes erinnert das Lenin-Mausoleum *(Mawsolej V. I. Lenina).* Schier endlos waren bis Ende der 1980er-Jahre die Reihen derer, die dem charismatischen Revolutionär die letzte Ehre erweisen wollten und zum Teil wohl auch mussten. Denn bei Betriebsausflügen stand der Besuch des Mausoleums an erster Stelle ei-

Lenin-Mausoleum
www.lenin.ru
Di, Mi, Do und Sa
10–13 Uhr

Bei Paraden diente das Mausoleum als Tribüne für die Sowjetführung, wobei die jeweilige Platzordnung schon immer richtungsweisend in Hinblick auf die Machtverteilung im Kreml war

nes Moskauprogramms. Seit ein paar Jahren kommen nur noch Neugierige hierher, und man überlegt, Lenin nach mehr als 70 Jahren nun endlich in Petersburg neben seiner Mutter beizusetzen. Noch kann man aber einen letzten Blick auf den Bolschewikenführer werfen, der hier im Halbdunkel einer mit schwarzem und grauem Labradorstein ausgekleideten Grabkammer seine Unsterblichkeit demonstriert.

Lenin starb am 21. Januar 1924 in Gorki bei Moskau. Vier Tage nach seinem Tod hatte man beschlossen, auf dem Roten Platz ein Mausoleum für den Führer der Revolution zu errichten. Alexej Schtschussew hatte zunächst ein Mausoleum aus Holz errichtet, das er 1929 nochmals aus Stein baute, da man befürchtete, dass der Leichnam Lenins in dem Klima des Holzbaus doch von der Vergänglichkeit eingeholt werden könnte. Zwei Wissenschaftler arbeiteten seit 1924 ausschließlich an der Einbalsamierung und Konservierung der Leiche. Man hatte sogar extra ein Straßenbahngleis zum Mausoleum verlegt. Heute ist immerhin noch ein wissenschaftliches Institut mit der Instandhaltung von Lenins Leichnam beschäftigt, und es darf sich mittlerweile rühmen, die weltweit beste Technik für ein ›Leben nach dem Tod‹ entwickelt zu haben. Worin diese besteht, ist Staatsgeheimnis.

Schtschussews Mausoleum von 1929 zählt zu den wenigen Beispielen verwirklichter Avantgarde in der sowjetischen Architektur. Sieben Quader hat der Baumeister miteinander verschachtelt, gleichsam als wären es die Bauteile eines Kinderturmes. Die tragende Inszenierung der Horizontalen, der Linie des Endes, sowie die elegante Schichtung individuell differenzierter Quader und das zeremonielle Bündeln der Kräfte in elementaren Formen sind ein seltenes Beispiel gelungener Avantgardearchitektur. In eleganter, leichter Weise hebt sich dieser ›Tempel‹ von der Kremlmauer ab.

Hinter dem Tannenhain findet man an der Kremlmauer die Gräber berühmter Kommunisten sowie die von Opfern der Oktoberrevolution. Auf diesem nicht unbedingt rühmlichen Ehrenfriedhof ruhen Führer der KP wie Sergej M. Kirow, Michail I. Kalinin, Jakow Swerdlow, Felix Dserschinskij, der berüchtigte erste Leiter der Tscheka, einer der Vorgängerorganisationen des KGB, Michail W. Frunse, Stalins Gehilfe Andrej A. Schdanow und Kliment J. Woroschilow. ›Schlechte Gesellschaft‹ leistet ihnen vor allem Stalin, der nach seiner Verbannung aus dem Mausoleum gleichfalls an der Kremlmauer beigesetzt wurde. Zur Besonderheit dieses Friedhofs gehört, dass Täter und Opfer hier dicht beieinander liegen, hatte doch Stalin den Befehl zur Ermordung des Leningrader Parteisekretärs Kirow ausgegeben. Auch die Frau Lenins, Nadeschda Krupskaja, starb eines mysteriösen Todes, der bis heute ungeklärt ist. Die Parteifunktionäre Walerian W. Kujbyschew und Menschinskij fielen ebenfalls den Todesschwadronen Stalins zum Opfer. Neben Stalin fanden auch Leonid Breschnew, Jurij Andropow und Konstantin U. Tschernenko hier ihre letzte Ruhe. Darüber hinaus befinden sich an der Kremlmauer die Gräber einiger kommunistischer Berühmtheiten: Clara Zetkin, Maxim Gorkij, Anatolij Lunatscharskij und Ines Armand ruhen hier ebenso wie der Kosmonaut Jurij Gagarin.

Historisches Museum (5)

Nach dem Spaziergang entlang der Kremlmauer ist es nur folgerichtig, dem Historischen Museum *(Istoritscheskij musej)* einen Besuch abzustatten, das den Roten Platz im Norden begrenzt. Seine vielfältige Formensprache, die ausgiebig Elemente altrussischer Baukunst zitiert, sollte gleichsam ein Lehrstück in russischer Architekturgeschichte sein. 1872 übernahmen der Ingenieur Alexander Semjonow und der Baumeister Wladimir Sherwood den Auftrag für einen Museumsbau, der sich in das Bauensemble des Roten Platzes einfügen sollte. Dabei wiederholten sie bei der Fassadengestaltung u. a. die für ein Museum etwas überladen und übertrieben wirkenden Gestaltungselemente der Basilius-Kathedrale. Dennoch verleiht der ausladende, prachtvolle Backsteinbau mit seinen Türmchen und weißen Dächern dem Roten Platz eine weitere volkstümliche Note.

Alexander-Garten

Der Alexander-Garten *(Alexandrowskij sad)*, der sich entlang der nordwestlichen Kremlmauer erstreckt, ist zu jeder Jahreszeit eine bei den Moskauern beliebte Oase der Ruhe inmitten der hektischen Betriebsamkeit im Zentrum der Stadt. Keimzelle der Anlage war der Apothekergarten Iwans IV., in dem Heilkräuter gezogen wurden. Die Hauptapotheke Moskaus befand sich gleich um die Ecke an der Stelle des Historischen Museums am Roten Platz. 1820 hatte Alexander I. einen Garten von dem Landschaftsarchitekten Ossip Beauvais anlegen lassen und ihn nach sich benannt. Schon bald gehörte der Alexander-Garten fest zur Moskauer Stadtkultur. Hier flanierte man in seinen schönsten Kleidern und wurde an Sonn- und Feiertagen sogar von der Musik einer Kapelle begleitet. Die Grotte Beauvais' sorgte für ein wenig Romantik in dem sonst so rational angelegten Garten.

Das Historische Museum ist das bedeutendste Museum der Geschichte Russlands und der ehemaligen Sowjetunion. Von den mehr als 4,5 Mio. Exponaten kann allerdings nur ein Bruchteil – immerhin noch rund 44 000 Ausstellungsstücke – gezeigt werden. Die Sammlung umfasst den zeitlichen Rahmen von der Altsteinzeit bis zur Gegenwart. Zur Dokumentation der Kiewer Rus, des Großfürstentums Wladimir-Susdal sowie der Gründung des Moskauer Staates wurde eine eigene Abteilung eingerichtet. Die Geschichte der Sowjetunion hingegen, die jahrzehntelang im Auftrag und nach Geschmack der Parteisekretäre geschrieben wurde, bedarf einer vollständigen Überarbeitung

105

Am **Grabmal des Unbekannten Soldaten (6)** im Oberen Alexander-Garten lassen sich gerne frisch Vermählte fotografieren. Die eigentümliche Kulisse für Hochzeitsaufnahmen zeigt, wie sehr sich in Russland mit dem Sieg über das faschistische Deutschland noch immer Nationalstolz verbindet. Das Grabmal wurde zum 25. Jahrestag des Sieges über Hitlerdeutschland über den Gebeinen gefallener Soldaten errichtet. Ihnen zu Ehren brennt die ewige Flamme, die von einer Platte aus rotem Granit eingefasst ist. Der Weg zum Grabmal des Unbekannten Soldaten ist mit Granitsockeln gesäumt, in denen Erde der ›Heldenstädte‹ des Zweiten Weltkriegs an das Überleben erinnert: Leningrad, Kiew, Minsk, Wolgograd (bis 1961 Stalingrad), Sewastopol, Odessa, Kertsch, Noworossisk, Tula und Bresk.

Manege (7)

Ein ›Schwarm‹ von dorischen Halbsäulen umläuft den klassizistischen Bau der Manege *(Manesch)* an dem gleichnamigen Platz. Zar Alexander I., der sowohl in Petersburg als auch in Moskau in seinem unbeirrbaren Sendungsbewusstsein nach dem Sieg über Napoleons Grande Armée Aufmarschplätze anlegen ließ, wollte hier ein triumphales Großprojekt verwirklichen. 2000 Soldaten sollten zum Gedenken an den Sieg von 1812 zur Parade in einem Gebäude antreten können. Der monumentale Plan stellte bestimmte Anforderungen an den Architekten, den General Augustin de Béthancourt et Molina. In Windeseile errichtete er einen weit ausladenden Bau, in dessen Innerem keine stützende Konstruktion die weite Raumflucht von 166 x 45 m stört. Béthancourt hatte die tragenden Säulen an die Außenfassade der Manege verlegt, wo sie die Länge des Gebäudes in ihrer scheinbar nicht enden wollenden Reihe betonen. Nachdem 1817 hier die Gedenkfeiern inszeniert worden waren, nutzte man die Manege ab 1831 für Ausstellungen und Konzerte. Nach einem kurzen Inter-

Die Manege dient heute als Ort für Kunstausstellungen

mezzo, in dem sie als Kontrollposten der Polizei diente, die um die Jahrhundertwende ihr Augenmerk vor allem auf die ›unruhige‹ Moskauer Universität richtete, wird die Manege seit 1957 als zentraler Ausstellungssaal genutzt. In sowjetischer Zeit war sie vor allem Präsentationsort offizieller Kunst. 1962 durften erstmals auch einige unabhängige Künstler an einer Kunstschau teilnehmen. Man hat es heute mit einer Rekonstruktion zu tun, denn die Manege brannte 2004 in der Nacht der Wiederwahl Wladimir Putins ab. Nach nur einem Jahr stand der Neubau, sogar die berühmte Hängedecke wurde wiederhergestellt.

Der **Manegenplatz,** früher Aufmarschfeld für Militärparaden, ist seit 1997 mit seiner prunkversessenen Anlage und seinen wuchtigen gusseisernen Kandelabern zum Sinnbild des neuen Repräsentationsbedürfnisses Russlands geworden. Unter dem Platz ist ein dreistöckiges modernes Einkaufsparadies mit Tiefgaragen und allem erdenklichen Komfort entstanden. Zwar hat das ehrgeizige Projekt jahrelang Kritik begleitet – durch die Absenkung des Grundwassers ist sogar eine Gefährdung des von jahrhundertealten Holzpfählen gestützten Kremlfundaments nicht auszuschließen –, doch alle Bedenken sind ungehört verhallt. Wie so oft in Moskau ist auch dieser Neubau schneller gewachsen als das gesellschaftspolitische Umfeld, in dem man sich über Stadtplanungen und künftige städtische Kultur verständigt. Auf gesellschaftlichen Konsens ist auch nicht unbedingt die **Weltuhr** Surab Zeretelis gestoßen, die die Mitte des Manegenplatzes verunziert. Der schlechte Geschmack gipfelt aber erst recht in dem anmutigen Denkmalensemble von bronzenen Bären, Wildschweinen, Störchen und Fröschen, die sich im Bach am Rande des Manegenplatzes ein denkwürdiges Stelldichein geben.

Alte Universität und Staatsbibliothek

Der russische Universalgelehrte Michail Lomonossow ist der Vater der 1755 gegründeten Moskauer Universität, die heute außerhalb des Stadtzentrums in einem der typischen ›Zuckerbäckerbauten‹ der Stalin-Ära auf den Sperlingsbergen ihren Sitz hat. In St. Petersburg gab es bereits seit 1724 die Akademie der Wissenschaften, doch die Petersburger hatten noch genug mit der von Peter dem Großen verordneten kulturellen Rosskur zu tun und dachten nicht an ein Studium. Elisabeth I., Peters Tochter, hoffte daher, in der alten Hauptstadt auf mehr Interesse zu stoßen. Mit wenig Erfolg, denn Johann Gottfried Seume zählte noch 1805 nur 250 Studenten. »Freilich eine sehr kleine Anzahl für die Hauptstadt eines so ungeheuren Reichs. Indessen geht es doch besser als vor 20 Jahren, wo nicht die Hälfte der Anzahl da war, ob man gleich Moskau die einzige Universität des Reichs nennen konnte« (Johann Gottfried Seume, »Mein Sommer 1805«). Dabei hatte man für den Abschluss eines Universitätsstudiums einige bedeutende gesellschaftliche Anreize geschaffen: So wurden Bürgerli-

›Haus am Ufer‹

In dem legendären
›Haus am Ufer‹ auf der
anderen Seite des Bol-
schoj Kammenyj most
(an der Steinbrücke
beim Paschkow-Haus)
lebte die Politelite der
Sowjetunion. Das
1931 nach Plänen von
Boris Ioffan im Sinne
einer autarken Wohn-
einheit fertiggestellte
Gebäude galt als
feinste Moskauer
Adresse. Ein kleines
Museum im Erdge-
schoss (erreichbar
über den Innenhof)
schlüsselt die wech-
selvolle Geschichte
des Hauses und seiner
Bewohner auf, von de-
nen in den Jahren des
stalinistischen Terrors
Hunderte deportiert
wurden.

che in den Adelsstand erhoben, wenn sie das der Universität ange-schlossene Gymnasium besuchten, und wer die Universität mit einem Examen abschloss, bekleidete den Rang eines Oberoffiziers.

Zunächst bezog die erste russische Universität einige Räume am Roten Platz, später verlegte sie ihren Sitz in das Anwesen des Fürsten Repnin in der Bolschaja Nikitskaja ul. Katharina II. erweiterte die Universität ganz im Geiste der Aufklärung und kaufte noch weitere Gebäude in der Umgebung dazu. 1786 verband der klassizistische Architekt Kasakow die Häuser und errichtete einen monumentalen Mitteltrakt. Beim großen Brand von Moskau 1812 nahm auch die **Universität (8,** *Uniwersitet)* erheblichen Schaden, der einen Neubau erforderte, dessen Architektur sich im Wesentlichen aber an dem Ent-wurf Matwej Kasakows orientierte.

Die **Russische Staatsbibliothek (9,** *Russkaja gossudarstwennaja biblioteka)* ist mit rund 30 Mio. Bänden die größte Bibliothek Russ-lands und eine der bedeutendsten der Welt. Das neoklassizistische Gebäude nimmt ein ganzes Straßengeviert ein. Der Buchbestand ent-wickelte sich 1924 aus der reichen Büchersammlung Rumjanzew, die seit 1862 im heute der Russischen Staatsbibliothek angeschlossenen Paschkow-Haus untergebracht war.

Das Zusammenspiel der Proportionen und der strengen Rationalität des **Paschkow-Hauses** ein paar Schritte weiter rühmten die Zeitge-nossen als architektonisches ›Weltwunder‹. Die Paschkows, eine der reichsten Familien Russlands, ließen den monumentalen Palast 1784–86 von Baschenow erbauen. Das Paschkow-Haus ist ein Hauptwerk der frühklassizistischen Architektur in Moskau: Die symmetrische Hauptfassade gliedert sich in einen zentralen Baukörper, den Galerien mit den zwei Flügelanbauten zur Rechten und zur Linken verbinden. Der mit korinthischen Säulen geschmückte Portikus des Kubus wie-derholt sich in den Flügelanbauten und stiftet so der Fassade ein ver-bindendes Motiv. Balustraden und Vasen nehmen die Vertikalrichtung der Säulen auf und leiten zum Belvedere über, das sich gleich einer Krone hoch über dem Paschkow-Haus erhebt. Ebenmaß, ausgewogene Proportion sowie das Gleichgewicht zwischen körperlichem Umfang und räumlicher Umgebung feiern hier ihre Renaissance.

Puschkin-Museum

Puschkin-Museum

Wolchonka 12–14
Tel. 49 56 97 95 78
www.museums.ru
Di–So 10–19
(letzter Eintritt
18) Uhr

Das **Puschkin-Museum der Bildenden Künste (10,** *Musej isobrasi-telnych iskusstw im. A. S. Puschkina)* blickt auf eher bescheidene Anfänge zurück. Als es 1912 auf die Initiative des Universitätsprofes-sors Zwetajew, Vater der bedeutenden Dichterin Marina Zwetajewa, hin eröffnet wurde, konnte es neben einer Münzensammlung sowie einer kleinen ägyptischen Sammlung nur wenige Gemälde und auch nur die Abgüsse antiker Skulpturen zeigen. Das Museum wurde initi-iert als Sammlung von Kopien berühmter Bildwerke aller Kulturen und Kunstepochen, und so mutet denn der Bestand auch heute noch

etwas eklektizistisch an: neben einem Pharaonensarg und dem goti-schen Kirchenportal des Limburger Doms reicht die Sammlung über den Bamberger Reiter bis zu Michelangelos David. Der Bestand legt unweigerlich die Vermutung nahe, dass bereits zur Zarenzeit den Rus-sen keine Reise zu den Originalen und ihrer Umgebung zugedacht war.

1898 wurde bei Roman J. Klein ein Neubau in Auftrag gegeben, der mit Spenden privater Mäzene finanziert werden konnte. Klein errich-tete bis 1912 einen neoklassizistischen Monumentalbau, der gerade an-tiker Kunst einen entsprechenden Ausstellungsrahmen bietet. Die Har-monie von Raum und Exponat lässt die **Antikensammlung** im Pusch-kin-Museum besonders gut zur Geltung kommen. Nach der Oktoberrevolution erhielt das ursprünglich nach Alexander III. be-nannte Museum den Namen Puschkins, zu dem es aber inhaltlich in keinerlei Verbindung steht.

Erst nach der Oktoberrevolution erlangten die Bestände des Mu-seums Berühmtheit, nachdem man private Kunstsammler enteignet und ihre Bilder dem Museum überlassen hatte. Bedeutsam waren vor allem die **Sammlungen der Mäzene Iwan Morosow und Sergej Schtschukin** (s. S. 65), die vorrangig hervorragende Werke der klas-sischen Moderne enthielten und gleichermaßen auf die Petersburger Eremitage und das Puschkin-Museum verteilt wurden. Gemälde aus der Kollektion Sergej Tretjakows ergänzten die **Sammlung französi-scher Malerei,** die zu den bedeutendsten außerhalb Frankreichs zählt.

Im Nachbargebäude (Wolchonka 14) zeigt die **Galerie der euro-päischen und amerikanischen Kunst des 19. und 20. Jahrhunderts** Werke der Moderne, darunter viele Schlüsselwerke von Pablo Picasso, Henri Matisse oder Chaim Soutine.

Von der Nikolskaja uliza über die Twerskaja zum Kusnezkij most

Das Viertel rund um den Kreml untersteht der Herrschaft des Handels, Moskau ist das Shopping-Zentrum für ganz Russland, vor allem die lokalen Oligarchen aus Sibirien, aber auch viele *businesmeny* aus Mittel- und Zentralasien reisen an, um im GUM und den benachbarten Handelsreihen einzukaufen. Die Nikolskaja uliza ist ferner eine beliebte Flaniermeile der Moskauer; seitdem sie in eine Fußgängerzone verwandelt wurde, kann man hier ungestört Einkäufe tätigen oder zum Sehen und Gesehenwerden aufmarschieren. Die Moskauer Börse ist auch nicht weit, daher hat man es in diesem Viertel mit einem hohen Aufkommen an fein gekleideten Geschäftsmännern zu tun.

Von Plätzen des Handels ist es nicht mehr weit zum **Münzhof (11,** *Monetnyj dwor)*. Er liegt am Istoritscheskij projesd (Исторический проезд) gegenüber dem Historischen Museum. Im düsteren Hof des u. a. auch als Schuldgefängnis genutzten Gebäudes findet man den 1697 errichteten Neuen Münzhof mit einer schön geschmückten altrussischen Fassade, hinter der 1775 der Führer des Bauern- und Kosakenaufstandes Emeljan Pugatschow gefangen gehalten wurde, bevor man ihn auf dem Roten Platz vierteilte.

Nikolskaja uliza

Auftakt der Nikolskaja uliza (Никольская улица), eine der schönsten und ältesten Moskauer Straßen, bildet seit 1990 wieder die kleine **Kasaner Kathedrale (12,** *Kasanskij sobor),* die in ihrer aufdring-

Seit 1990 beherrscht wieder die Kasaner Kathedrale den Weg vom Roten Platz zur alten Straße nach Wladimir

lichen Farbgebung den Übergang vom Roten Platz in die alte Straße nach Wladimir beherrscht. Die Kathedrale, 1620 zu Ehren Fürst Poscharskijs errichtet, diente als Aufbewahrungsort der als wundertätig verehrten Ikone der Gottesmutter von Kasan, die Poscharskij in seinem Kampf gegen die Polen mit sich geführt hatte. Stalin ließ die Kathedrale 1934 abreißen, da sie den von der Nikolskaja uliza kommenden Truppenaufmarsch störte. Boris Jelzin hingegen legte 1990 den ersten Stein zu ihrer Wiedererrichtung in altrussischer Formensprache. Manchmal, im Angesicht der vielen neuen Altbauten Moskaus, stellen sich Bilder von einem Disneyland patriotischen Zuschnitts ein.

Das **Erlöser-Kloster ›Hinter der Ikone‹ (13,** *Saikonospasskij monastyr)* geht auf eine Gründung Boris Godunows von 1600 zurück. Den Beinamen erhielt es, weil es sich hinter den Handelsreihen für Ikonen befand. 1687 öffnete die erste Bildungsinstitution Russlands, die Slawisch-Griechisch-Lateinische Akademie, als Nachfolgerin der hier bestehenden gräkophilen Schule ihre Pforten. Universitäten und Hochschulen, wie sie das europäische Bildungswesen zu dieser Zeit bereits kannte, gab es in Russland noch nicht. So gingen der Gründung der Akademie denn auch lange Diskussionen voraus, in denen zwischen den ›Lateinern‹ und ›Griechen‹ ausgefochten wurde, in welchem Maße nichtorthodoxe Lehren, also lateinisch-westliches Wissen, vermittelt werden sollten. Neben den drei Sprachen standen Theologie und alle freien Künste auf dem Lehrplan, zu denen Grammatik, Rhetorik, Dialektik, Musik, Astronomie, Geometrie und Arithmetik zählten. Zu Beginn des 18. Jh. erweiterten sich die Lehrinhalte um die Fächer Medizin, Physik, Französisch und Philosophie.

Das **Kloster des Erscheinens Christi (14,** *Bogojawlenskij monastyr)* in der gleichnamigen Gasse ist eines der ältesten der Stadt. 1296 wurde es von Daniil, dem Sohn Alexander Newskijs, gegründet. Seine Geschichte ist äußerst turbulent, da es mehrmals bis auf die Grundmauern zerstört wurde. Man würde es heute wohl kaum als Kloster erkennen, denn seit den 20er-Jahren wurde es als Mietshaus genutzt und sieht entsprechend verwohnt aus. Inzwischen ist das Kloster aber wieder im Besitz der Kirche, die es aufwendig restauriert.

Beinahe selbstsüchtig rückt sich der **Druckereihof (15,** *Petschatnyj dwor)* in der Nikolskaja uliza in den Vordergrund. Nicht nur dass seine Fassade frisch getüncht in türkisgrün und weiß erstrahlt, auch das ungewöhnlich üppige und verspielte Dekor des Gebäudes mit seinen gotisierenden Spitzbogenfenstern und wuchernden Pflanzenornamenten sowie der Sonnenuhr verleihen ihm ein geradezu südländisches Flair. Eine denkbar ungewöhnliche Fassade für einen Druckereihof, die ein weiteres Beispiel für den Eklektizismus der russischen Variante des Historismus darstellt. 1814 wurde das Gebäude von den Baumeistern Bakarew und Mironowskij anstelle einer alten Druckerei errichtet, in der 1564 das erste russische Buch und 1703 die erste russische Zeitung publiziert wurden.

Neben dem Druckereihof, im Haus Nr. 17, befand sich das für seine Küche berühmte **Restaurant Slawjanskij Basar (16),** das auch ein

Michail Lomonossow

Zu den Schülern an der Slawisch-Griechisch-Lateinischen Akademie zählte auch Michail Lomonossow, (1711–65), der Gründer der Moskauer Universität. Er verfasste neben bedeutenden Schriften zur Chemie, Physik und Geschichte eine Grammatik der neurussischen Schriftsprache sowie eine Poetik, die eine der Grundlagen der russischen Literatursprache schuf. Gegenwärtig überlegt man, ob die einst so traditionsreiche Lehranstalt wieder neubegründet werden soll.

111

Stück Theatergeschichte schrieb. Denn hier trafen sich im Juni 1898 erstmals die beiden Schauspieler Konstantin Stanislawskij und Wladimir Nemirowitsch-Dantschenko, die noch im selben Jahr das Moskauer Künstlertheater gründeten.

Lubjanka-Platz

Der weitläufige, viel befahrene und gesichtslose Lubjanka-Platz *(Lubjanskaja ploschtschad,* Лубянская пл.) erinnert an eines der dunkelsten Kapitel der russischen Geschichte. Hier schaltete und waltete der KGB in seiner Zentrale, zu der auch eines der gefürchtetsten Gefängnisse des Landes, die Lubjanka, gehörte. Während der stalinistischen Terrorherrschaft, aber auch später noch unter Breschnew, galt die Lubjanka als erste Station vor dem Abtransport nach Sibirien. Für viele Moskauer war sie aber auch die letzte Station. Alexander Solschenizyn spricht vom »Golgatha des Lubjanka-Platzes« und Ilja Ehrenburg erzählt, dass man selbst im Sommer das Frösteln bekomme, wenn man an der Lubjanka vorbeigehe. Viele Moskauer wechseln deshalb noch heute auf die andere Straßenseite. Früher erinnerte in der Mitte des Lubjanka-Platzes ein Dserschinskij-Denkmal an den ersten Leiter der *Tscheka,* der Staatssicherheit, die für Tausende von Morden verantwortlich ist. 1991 holten ihn die Moskauer selbst vom Sockel. Seither klafft hier eine denkwürdige Lücke.

Die **Bolschaja Lubjanka,** die die Moskauer Ringe vom Lubjanka-Platz aus schneidet, zählt zu den traditionsreichsten Straßen Moskaus. Prunkvolle Stadtpaläste wie beispielsweise Haus Nr. 14, ein barockes Meisterwerk, dessen Entwurf auf Bartolomeo Rastrelli zurückgeht, halten ihre Glanzzeit in Erinnerung.

Ort zündender Ideen

Im Slawjanskij Basar stieg 1905 auch die Dynamitspezialistin Dora Brilliant ab, die die Bomben für den Anschlag auf den Großfürsten bastelte, der im Kreml zwischen Arsenal und Senat 1905 ums Leben kam.

Das **Majakowskij-Museum (17)** an der Ecke der Mjasnizkaja uliza (Мясницкая улица) zum Lubjanskij projesd (Лубянский проезд) ist ein spannender Ausflug in die Welt des Futurismus, und es zählt mit Sicherheit zu den ungewöhnlichsten und schönsten Literaturmuseen Europas. Den einst nüchternen Museumsbau erweckten Taras Poljakow und Jewgenij Anaspurow 1989 zu neuem Leben. Es entstand ein postfuturistisches Gesamtkunstwerk, das den Besucher auf die Reise in die experimentierfreudige Zeit der künstlerischen Avantgarden vor dem Ersten Weltkrieg mitnimmt. Auf mehreren Ebenen werden Zeitgeschichte sowie das literarische und künstlerische Schaffen des Dichters aufgerollt. Majakowskij, dessen Büste sich vor dem Museum auf den Trümmern eines Sowjetsterns erhebt, arbeitete in diesem Haus seit 1919. Am 14. April 1930 nahm sich der Dichter der Revolution in seinem spärlich möblierten Arbeitszimmer unter dem Dach, dem sogenannten ›Bootszimmer‹, das Leben.

In selbst erwählter Klausur schrieb Majakowskij im Winter 1923 eine seiner eigenwilligsten Dichtungen »Darüber« (›Pro Eto‹), was jeden Poeten zum Dichten bringt. Den Buchumschlag gestaltete Alexander Rodtschenko; abgebildet ist Majakowskijs große Liebe Lilja Brik.

Rund um den Theaterplatz

Der noble Bau des **Bolschoj-Theaters (18)** stammt aus der Mitte des 19. Jh. Der erste Vorgängerbau von 1781 war bereits 1805 abgebrannt, da immer mit offenem Feuer gearbeitet werden musste, sei es bei der Petroleum-Beleuchtung des Großen Saales oder bei Aufführungen. Der Nachfolgebau fiel 1812 dem Brand von Moskau zum Opfer. Beim Wiederaufbau im Stil des russischen Klassizismus orientierte sich Albert Cavos weitgehend an den Entwürfen Ossip Beauvais, der 1813 die Pläne für das große Theater geliefert hatte.

Ein prächtiger Portikus akzentuiert kraftvoll die Front des Bolschoj-Theaters und gibt gleichsam die bedeutungsvolle Größe des Theaters vor. Acht massive Säulen lenken den Blick auf den Frontgiebel, den eine Bronzequadriga mit dem Wagen Apolls krönt. Während im 19. Jh. der Geschmack der Zeit vor allem italienische und französische Opern auf die Bühne brachte, ist das Bolschoj-Theater heute in aller Welt für seine legendären Ballettaufführungen berühmt. Auf seinen Brettern tanzten die besten Tänzer und Ballerinen der Welt, darunter Galina Uljanowa und Maja Plissezkaja. Auch wenn seit einiger Zeit sogar experimentelle Inszenierungen in das Programm rutschen, ist die nationale ›Klassik‹ wie z. B. Tschaikowskijs »Schwanensee« seit mehr als 100 Jahren tonangebend. Gleich neben dem Bolschoj-Theater ist in den letzten Jahren ein Erweiterungsbau entstanden, die Neue Bühne des Bolschoj-Theaters, auf der ebenfalls Oper und Ballett gegeben werden.

Das **Malyj-Theater (19)** war seit seiner Eröffnung 1824 das bedeutendste Sprechtheater Moskaus. Hier wurde 1831 Alexander S. Gribojedows Komödie »Verstand schafft Leiden« uraufgeführt, eine satirische Sittenschilderung der damaligen Zustände in der höheren Moskauer Gesellschaft, die der Dichter und Diplomat dank seiner Herkunft selbst nur allzu gut kannte. 1886 wurde Alexander Ostrows-

Majakowskij-Museum

*Lubjanskij proesd 3/6
Tel. 49 56 21 95 37
www.mayakovsky.info/
Fr–Di 10–17, Do 13–20 Uhr, Mi und am letzten Fr des Monats geschl.*

Bolschoj-Theater

*www.bolshoi.ru
Kartenreservierung:
Tel. 49 52 50 73 17
(11–19 Uhr)
Fax 49 56 92 00 50
http://boxoffice.bolshoi.ru
sales@bolshoi.ru*

Im Bolschoj-Theater

kij Dramaturg des Malyj-Theaters. Noch im selben Jahr erlag er jedoch einer Angina pectoris. Ein Denkmal des Dramatikers erinnert vor dem Malyj-Theater an den Schöpfer einer »ganz besonderen Welt«, wie der Dichter Gontscharow die Dramen Ostrowskijs feierte. Ostrowskij hatte vor allem die Kaufmannsschicht des 19. Jh. im spöttisch-komischen Zerrbild auf die Bühne gebracht. In dem Geburtshaus des Dramatikers in der uliza Malaja Ordynka 9 ist ein Museum eingerichtet.

Im Süden des Theaterplatzes, am Teatralnyj projesd 1 (Театральный проезд), entdeckt man ein berühmtes Bekenntnis Moskaus zum Jugendstil. Das **Hotel Metropol (20),** das William Walcot 1899–1903 errichtete, sollte in seiner Architektur die Idee des Gesamtkunstwerkes versinnbildlichen. Zugleich war es eine Herausforderung an die Konvention. Die Vorlage für das Majolikabild »Die Traumprinzessin«, das das Tympanon der Fassade schmückt, hatte Michail Wrubel 1896 erfolglos für eine Ausstellung eingereicht. Dass Wrubel es dann im folgenden als Majolika für das Metropol im Zentrum Moskaus verewigen konnte, war ein Triumph der modernen Kunst.

Heftig umkämpft

Während der Revolution waren das Metropol sowie das Gebäude der Duma, das spätere Lenin-Museum, besonders hart umkämpft. Die Weißgardisten verteidigten beide Gebäude bis zum bitteren Ende.

Das **Zentrale Lenin-Museum (21,** *Zentralnyj musej V. I. Lenina)* im ehemaligen Bau der Moskauer Stadtduma ist 1996 aufgelöst worden. Die 34 Säle dienen der Moskauer Biennale, die seit Winter 2005 alle zwei Jahre aktuelle Positionen der Kunst präsentiert.

Haus der Adelsversammlung

Im ehemaligen **Haus der Adelsversammlung (22,** *Dom blagorodnogo sobranija),* einem noblen alten Stadtpalais in der uliza Bolschaja Dmitrowka 1/6 (улица Бол. Дмитровка), spiegelt sich die verschlun-

gene, kontrastreiche Moskauer Stadtgeschichte. 1784 beauftragte die Moskauer Adelsgesellschaft den klassizistischen Baumeister Matwej Kasakow mit der Errichtung eines Palastes. Durch den Brand von 1812 zum Teil zerstört und durch Umbauten zu Beginn des 20. Jh. verändert, ist von dem ursprünglichen Palast lediglich noch Kasakows **Säulensaal** erhalten, der als schönster klassizistischer Saal Moskaus gerühmt wird. Seine außerordentliche Eleganz mit prächtigen Lüstern und Wandspiegeln brachten schon die Zeitgenossen ins Schwärmen. Glanzvolle, festliche Bälle fanden hier statt, zu denen u. a. Lermontow, Puschkin und Lew Tolstoj geladen waren. Nach solcherart ausgelassenen Abenden, an denen auch der Zar teilnahm, drangen mit der Zeit auch die enormen sozialen Probleme Russlands in den Säulensaal. 1856 kündigte Zar Alexander II. hier die bevorstehende Befreiung der Bauern aus der Leibeigenschaft an. 1880 hielt Dostojewskij wenige Wochen vor seinem Tod in dem feierlichen Ambiente des Säulensaales seine legendäre Rede über Puschkin anlässlich der Enthüllung eines Denkmals.

Mit der Oktoberrevolution begannen auch für den Palast neue Zeiten. Wo einstmals galante Grafen grazile Gräfinnen zum Tanze aufgefordert hatten, stapften nun die schweren Stiefel der Gewerkschaftler durch die Säle. 1919 erklärte Lenin das Haus der Adelsversammlung, ganz den neuen Zeiten entsprechend, zum Haus der Gewerkschaften, in dem er selbst häufig vor das Rednerpult trat – meist mit erhobener Faust. Nach seinem Tod 1924 defilierten einige Tage lang Millionen von Menschen im Säulensaal an seinem Leichnam vorbei, bevor er im Mausoleum auf dem Roten Platz zur Schau gestellt wurde. Nach dem Tod Stalins, der das Haus der Gewerkschaften für die großen Schauprozesse genutzt hatte, wiederholten sich die Bilder.

Dostojewskij und Puschkin

In seiner pathetischen, slawophil gefärbten Rede würdigt Fjodor Dostojewskij Puschkin als »Kraft des russischen Volksgeistes« und vereinnahmt den Dichter als Garant seiner Vision von der »russischen Idee«. Dostojewskij glaubte fest an die messianische Berufung des russischen Volkes, das auserwählt sei, »die europäischen Widersprüche in sich endgültig zu versöhnen«. Die Puschkin-Rede Dostojewskijs erntete tosenden Beifall und gilt als geistiges Vermächtnis des Romanciers.

115

In der ehemaligen gigantischen **Behörde für Wirtschaftsplanung** neben dem Haus der Adelsversammlung tagen seit dem Oktoberputsch von 1993 die 450 Abgeordneten der Staatsduma, die neben dem Föderationsrat die zweite Kammer des russischen Parlaments bildet.

Mamontows Privatoper

Die geschäftige **Bolschaja Dmitrowka** (ул. Бол. Дмитровка) ist eine der ältesten Straßen Moskaus und führte nach Dmitrow an der Jachroma, einer wichtigen Handelsstadt des Mittelalters. Im 19. Jh. stand die Bolschaja Dmitrowka (ehem. uliza Puschkina) ganz im Bann der **Privatoper Sawwa Mamontows (23,** Haus Nr. 6) und ihres exzentrischen Publikums. Mamontow, ein kunstsinniger Kaufmann, war eine Moskauer Institution: seine Opern, darunter vor allem russische, zählten zu den großen gesellschaftlichen Ereignissen, auf die die Moskauer lange hinfieberten. Er brachte zu einer Zeit Mussorgskij und Rimskij-Korsakow auf die Bühne, als sich das Bolschoj-Theater noch ausschließlich für italienische Singspiele interessierte. Mit seinen unkonventionellen Aufführungen gelang es ihm, einige bedeutende Künstler für die Bühnenausstattung zu gewinnen, darunter den russischen Symbolisten Michail Wrubel, sowie die besten Sänger und Musiker des Landes: Fjodor Schaljapin glänzte hier viele Male mit seiner weltberühmten Bassstimme und Sergej Rachmaninow hat in Mamontows Oper zum ersten Mal dirigiert.

1899 hatten die aufwendigen Inszenierungen alle Gelder des Mäzens verschlungen. Doch schon bald fand sich ein ebenbürtiger Nachfolger, der mit gleicher Begeisterung bis in die 20er-Jahre die Oper weiterführte. Heute beherbergt das Haus das Moskauer Operettentheater.

Twerskaja

Die Twerskaja uliza (Тверская ул.) war die Prachtstraße Moskaus. Ihre Bedeutung als elegante Hauptschlagader der Stadt büßte die Twerskaja erst zu Beginn des 20. Jh. ein. Und in den 1930er-Jahren verlor sie endgültig ihr Gesicht an die reibungslose Präsentation der Macht. Stalin brauchte eine Paradestraße zum Kreml, ließ die Twerskaja begradigen und auf das Doppelte verbreitern. Jahrzehntelang rollten nun die Militärparaden über die achtspurige Straße. Als Prospekt des militärischen Aufmarsches hatte die Twerskaja Tradition: Schon Peter der Große zog über sie in die alte Hauptstadt ein.

An den einstigen Charme der Straße mit ihren eleganten Palästen erinnern heute nur noch historische Postkarten und Fotografien. Manches alte Gebäude hat sich jedoch noch in den Hinterhöfen versteckt, so z. B. der prachtvolle **Stadtpalast der Trojekurows,** den man hinter der Fassade des Hauses Nr. 4 findet. Die Twerskaja selbst hat man in eine gesichtslose, nahezu entkernte Straße mit monumentalen Gebäuden aus grauem Granit im Geiste stalinistischer Allherrschaft verwandelt. Sie ist heute ein vielbefahrener, lauter Prospekt, dank der vielen Geschäfte, Restaurants und Cafés aber eine der belebtesten Moskauer Hauptstraßen.

Das **Moskauer Künstlertheater (24,** *Moskowskij chudoschestwennyj teatr)* in dem Kamergerskij projesd (Камергерский проезд) hat nicht nur russische, sondern auch europäische Theatergeschichte geschrieben. Von hier gingen wesentliche Impulse für die Theaterästhetik der 1920er-Jahre aus. Gorkij war begeistert von dem neuen Theater, das viele seiner Stücke erstmals zur Aufführung brachte, und verglich seinen Rang mit dem der Tretjakow-Galerie oder sogar dem der Basilius-Kathedrale. 1902 mietete sich das von Stanislawskij und Nemirowitsch-Dantschenko 1898 gegründete Moskauer Künstlertheater in dem Stadtpalast ein, den der Jugendstilarchitekt Schechtel nach der Theaterästhetik Stanislawskijs umbaute. So durfte beispielsweise der Zuschauerraum in seiner Ausstattung nicht von dem Geschehen auf der Bühne ablenken. Seine nüchterne Schlichtheit, die man wohl kaum einem Architekten der verwunschenen Formen des Jugendstil zutraut, darf daher nicht verwundern. Das Programm des Künstlertheaters war revolutionär: Viele Stücke Gorkijs, darunter das »Nachtasyl‹ (1904), und Tschechows (»Die Möwe«, »Onkel Wanja«, »Drei Schwestern« und »Der Kirschgarten«) wurden hier uraufgeführt. Die »Möwe« Tschechows schmückt noch heute den Vorhang.

Stanislawskijs Theaterarbeit brachte den bürgerlichen Realismus auf die Bühne und verdrängte das deklamatorische Pathos des 19. Jh. Auch wenn der revolutionäre Elan der ersten Jahre heute längst verflogen ist, die Aufführungen des Künstlertheaters sind noch immer

Konstantin
Stanislawskij

Seine ›empirische‹
Theaterarbeit führte
Stanislawskij immer
wieder in die entlegensten Orte in Moskau und Umgebung.
Im Rahmen einer Inszenierung von Gorkijs
›Nachtasyl‹ (1902)
machte er sich zur
Chitrowka auf, einem
großen Platz, der vom
Swinjin pereulok bis
zum Pokrowskij-Boulevard reichte und ein
einziges Elendsquartier war. Stanislawskij
notierte: »Alle zwei-
und dreistöckigen
Häuser rund um den
Platz waren voll von
Nachtasylen, in denen
bis zu zehntausend
Menschen übernachteten und auf engstem
Raum eine Unterkunft
fanden.«

Ausschnitt aus Boris
Grigorjews Porträt des
Regisseurs Wsewolod
Mejerchold von 1916
(Russisches Museum,
St. Petersburg)

Das Denkmal des Stadtgründers Jurij Dolgorukij (russ. ›dolgorukij‹, langer Arm‹)

sehr gefragt und manch alter Moskauer investiert einen Großteil seiner Rente in eine Eintrittskarte.

Im **Haus Nr. 12** des Brjusow pereulok (Брюсов переулок) lebte seit 1928 der avantgardistische Theaterregisseur und Direktor des Moskauer Staatstheaters **Wsewolod Mejerchold (25),** der 1940 wegen angeblicher Spionage für den japanischen und englischen Geheimdienst in einem spektakulär irrwitzigen Prozess zum Tode verurteilt wurde. Mejerchold, der für das Theater eine ›Kinofizierung‹ propagierte, also eine Ästhetik der laufenden Bilder, war ein auch im Berlin der 1920er-Jahre gefeierter Revolutionär der Bühne, der sowohl den Theaterraum als auch die Aufführungspraxis nachhaltig erneuerte. Im Haus **Nr. 23** des Brjusow pereulok war **Dmitrij Schostakowitsch (26)** 1962–75 zu Hause.

Auf halber Höhe der Twerskaja bis zum Puschkin-Platz *(Puschkinskaja ploschtschad,* Пушкинская пл.) weist Jurij Dolgorukij hoch zu Ross mit entschiedener Geste auf das Gebiet, das er für seine neue Stadt Moskau auserkoren hatte. Das **Reiterstandbild des Stadtgründers (27)** wurde 1947 zum 800. Stadtjubiläum enthüllt.

Hinter dem Denkmal verbindet eine der ältesten Moskauer Straßen, die **Stoleschnikow-Gasse** (Столешников пер.), die Twerskaja mit der Bolschaja Dmitrowka und uliza Petrowka (ул. Петровка). Der Name erinnert an die Weber, die hier früher die Wäsche für den Zarenhof fertigten. Im Haus **Nr. 9** wohnte der sozialkritische Schriftsteller **Wladimir Giljarowskij (28),** dessen eindringliche Reportagen die armseligen Verhältnisse in Moskau zu Anfang des 20. Jh. anprangerten. Der Publizist nahm kein Blatt vor den Mund, wenn er die Viertel der Arbeiter mit ihren Garküchen, Asylunterkünften und dem billigen Straßenstrich schilderte. Tschechow, Andrej Belyj, Stanislawskij und Nemirowitsch-Dantschenko, Jessenin sowie der berühmte Sänger Schaljapin zählten zu Giljarowskijs Freunden, die oft hierher kamen, um über die bedenklichen Zeichen der Zeit zu diskutieren.

In der Parallelstraße **Glinischtschewskij pereulok** (Глинищевский переулок) ist im Wohnhaus Nr. 5/7 des Mitbegründers des Moskauer Künstlertheaters **Nemirowitsch-Dantschenko** ein kleines **Museum (29)** eingerichtet.

Stadtpolitik wird im **Moskauer Rathaus (30,** *Moskowskij Sowjet)* gemacht, das weithin sichtbar in der Signalfarbe Rot an der Twerskaja leuchtet. Das klassizistische Gebäude, das Matwej Kasakow 1782 errichtete, diente bis 1917 den Moskauer Stadtvätern als Amtssitz. Seit einigen Jahren krönt wieder das russische Staatswappen mit Gregorij dem Drachentöter das Tympanon des Hauses. Wie durch ein Wunder entging der Stadtpalast in den 1930er-Jahren Stalins Abbruch- und Erneuerungswahn und erfuhr die Gnade der ›Zurücksetzung‹. 14 m wurde das Rathaus vom Straßenverlauf verschoben. Die beiden Geschosse, um die man den sowjet dann aufstockte, nahmen dem Gebäude seine einstige Eleganz und lassen es zu wuchtig erscheinen.

Nemirowitsch-Dantschenko-Museum

Glinischtschewskij pereulok 5/7
Tel. 49 56 50 53 91
Mi–So 12–18 Uhr

*Der berühmte Fein-
kostladen Jelissejew
besticht nicht allein
durch seine Auslagen,
sondern auch durch
seinen prächtigen
Dekor*

Hotel Lux (31)

Lebenszeit auf Abruf verbrachten viele engagierte Kommunisten in
dem legendären Hotel Lux auf der Twerskaja, einem kleinen, mittlerweile ziemlich heruntergekommenen Hotel, in dem man nur bis in
die Vorhalle vordringen kann. An illustren Gästen hat es dem Lux nie
gefehlt. Das heutige Hotel Central war die Luxusherberge der Kom-
intern. Ernö Gerö, Palmiro Togliatti, Georgij Dimitrow, Maurice Tho-
rez und Wilhelm Pieck, Walter Ulbricht sowie Herbert Wehner – Emi-
granten aus Nazideutschland – verbrachten hier, zum Teil sogar mit
ihren Familien, mehrere Monate. Doch das Lux war alles andere als
ein normales Hotel. Unter dem Deckmantel allumfassender Konspi-
ration wurden hier Pläne für die Weltrevolution geschmiedet. Es wurde
zum Umschlagplatz der durchreisenden Delegierten der Kommunistischen Internationale aus dem Fernen Osten, darunter Tschou En-
Lai, treuer Weggefährte Mao Tse Tungs, und Ho Tschi Minh.

Feinkostladen Jelissejew (32)

Ein Mekka wohlhabender Gourmets war und ist heute wieder der
Feinkostladen der Jelissejews an der Twerskaja. 1898–1901 verwandelte G. B. Baranowskij den eigentlich klassizistischen Palast von Matwej Kasakow in den größten Moskauer Lebensmittelladen. Baranowskij hatte sich dabei mit einem eklektischen Eifer ausgetobt, dessen Ergebnis zwischen Kunst und Kitsch spannungsreich oszilliert.
Es entstand der Jelissejew-Stil: pompös, mit Marmor, reichem Stuck,
Spiegeln, buntem Glas, Bronze und Edelhölzern sowie schweren Kris-
tallüstern. Um die Fülle des Warenangebots ästhetisch widerzuspiegeln bzw. zu überhöhen, wurden alle Dekorationsmöglichkeiten des

Jugendstil und Historismus beschwört. Einige Jahre später richtete Baranowskij im gleichen Stil für die Jelissejews auch in St. Petersburg und Kiew eine Filiale ein.

Petrowka

Die **uliza Petrowka** (ул. Петровка) ist heute eine der belebtesten Einkaufsstraßen Moskaus. Zahlreiche Geschäfte und Warenhäuser sowie eine elegante Einkaufspassage laden hier zum Bummeln ein.

Weithin sichtbar überragt der Glockenturm des **Hohen Peters-Kloster (33,** *Wysoko-Petrowskij-monastyr)* die Moskauer Einkaufsmeile. Inmitten der Geschäftigkeit bietet die Anlage ein vergessenes Rückzugsgebiet, das den Besucher mit gleichsam irritierender Ruhe empfängt. Hinter den hohen Klostermauern war das Reich der Naryschkins, der Familie Peters I., die den Ausbau des Klosters veranlasst hatte und es als Grablege nutzte. Nach dem blutigen Aufstand der Strelizen wurden die ermordeten Angehörigen der Zarin Natalja Naryschkina im Hohen Peter-Kloster beigesetzt. Im Jahre 1694 fand hier auch die Zarin selbst ihre letzte Ruhe. Peter I. hatte nach seiner Krönung zum Zaren die Refektoriumskirche in Auftrag gegeben und geweiht.

Das Hohe Peter-Kloster ist eines der ältesten der Stadt. Auf einer Anhöhe im Norden Moskaus wachte es im Kranz anderer Wehrklöster über die Hauptstadt. Gründer war Dmitrij Donskoj, der nach seinem Sieg auf dem Schnepfenfeld 1380 in ganz Moskau aus Dankbarkeit Kirchen gestiftet hatte. Nach Umbauten im 17. Jh. zeigt sich die Klosteranlage seither als ein relativ geschlossenes Bauensemble des sogenannten Moskauer Barock.

In das Haus der Naryschkins ist heute das **Museum der russischen Literatur (34)** eingezogen, dessen Sammlung Texte vom 18. Jh. bis zum Ende des 19. Jh. umfasst. Zahlreiche Erstausgaben, Briefe und Notizen sowie eine Fülle von Dingen aus dem persönlichen Besitz der Dichter lassen das literarische Leben vergangener Jahrhunderte wieder lebendig werden.

Das **klassizistische Palais (35)** in der Petrowka 25 trägt die Handschrift Matwej Kasakows. Der Gleichklang aller Raumteile lässt noch einmal antikes Ebenmaß lebendig werden. Tschechow hatte eines seiner vielen Moskauer Domizile 1903/04 im Haus Nr. 19, wo er im Januar 1904 sein 25-jähriges Jubiläum als Bühnenautor feierte. Der Dichter fühlte sich zeitlebens mit der Petrowka verbunden und schrieb noch als schwerkranker Mann von seinem Kuraufenthalt auf der Krim, er träume davon, die Petrowka entlangzuschlendern.

Im **Haus Nr. 15 (36)** fand zu Beginn des 20. Jh. die erste Ausstellung der von Sergej Diaghilew ins Leben gerufenen Künstlervereinigung Mir iskusstwa statt, deren symbolistische Werke den bis dahin weit verbreiteten Akademismus in der russischen Kunst überwanden. Die Künstler der ›Welt der Kunst‹ hatten mit dem Schlachtruf »Talente aller Richtungen, vereinigt Euch!« den Anstoß für weitere Avantgardebewegungen gegeben.

Sechs aufeinanderfolgende Passagen machten den südlichen Teil der Petrowka bei Wind und Wetter zu einem beliebten Einkaufsviertel der Moskauer. Bereits 1820 entstand zwischen der Petrowka und dem Kusnezkij most (Кузнецкий мост) die erste **Passage (37,** *passach).* Die überdachten Ladenstraßen, in denen man auch im Winter elegant flanieren konnte und die möglichst zwei Straßen miteinander verbinden sollten, kamen dann Mitte des 19. Jh. in allen europäischen Großstädten in Mode. Wie elegant sich eine solche Passagenarchitektur zu Anfang des 20. Jh. gab, kann man heute noch in der Petrowka-Passage sehen, einer lichtdurchfluteten Einkaufsstraße, in der die Moskauer im Luxus schwelgen können.

Neben der Petrowka-Passage lädt das **Zentrale Warenhaus ZUM (38,** Petrowka 2), das Roman I. Klein zwischen 1906 und 1908 für die Firma Muir & Meriliz errichtete, zu einer kleinen Erlebnisreise durch die postsozialistische Neu-Moskauer Warenwelt ein. Nichts, was es hier nicht gäbe. Das Nachholbedürfnis ist groß und die Neuen Russen mögen es gern extravagant. Käufer, um die ein Dutzend Bodyguards tänzeln, gehören zum immer wieder staunenswerten Alltag in Moskau.

Schmiedebrücke und Café ›Roter Hahn‹

Auf der **Schmiedebrücke (39,** *Kusnezkij most,* Кузнецкий мост) herrscht zu jeder Tageszeit Hochbetrieb. Die Moskauer kommen gern hier her und durchkämmen die Buchläden oder genießen die geschäftige Atmosphäre, die immer noch an Paris erinnert. Bis zur Oktoberrevolution war der Kusnezkij most fest in der Hand von Franzosen. Vornehmlich die Haute Couture hatte sich an der Schmiedebrücke niedergelassen, auf der früher einmal die Kanonen für den Zarenhof gefertigt wurden. Die Hautvolee ganz Russlands flanierte hier und suchte nach der passenden Abendrobe.

Am Kusnezkij most bot der berühmte französische Goldschmied Carl Fabergé den passenden Schmuck an. Gesprochen wurde im Moskauer Paris – was auch sonst? – nur Französisch. Kritische Stimmen blieben darüber natürlich nicht aus, und 1843 setzte man mit einem durch und durch russischem Konfektionsgeschäft ein Zeichen nationalen Aufbegehrens.

Im Haus Nr. 11 hatten die Moskauer Futuristen mit dem **Café ›Roter Hahn‹ (40)** ihren Treffpunkt. Mejerchold und Majakowskij debattierten hier über die Rettung der Welt durch die Kunst. Heute lassen sich die Moskauer lieber durch den Luxus dieser Welt retten wie beispielsweise in der Sanduny-Banja, dem Edelschwitzbad in der Neglinnaja uliza 14. In prachtvoll-schwül ausgestatteten Marmorsälen bringen feuchte Hitzeschwaden den betuchteren Teil der Moskauer Bevölkerung ins Schwitzen.

Kitaj gorod

Kitaj gorod (Китай город) – der Name geht möglicherweise auf den alt-russischen Begriff *kiti* zurück, wie man die mit Erde gefüllten Körbe bezeichnet, die bei Überfällen die Schutzwälle verstärkten – ist eines der ältesten Viertel Moskaus, und auch wenn kein einheitliches historisches Bild mehr zustande kommt, lässt es viel von der Atmosphäre erahnen, die diese verwinkelten Straßen zwischen einer Vielzahl von Kirchen und Handelsreihen mit Leben füllte. Hier siedelten vor allem Handwerker und Händler, worauf noch die erhaltenen alten Straßennamen wie beispielsweise Rybnyj-(Fisch-) oder Chrustalnyj pereulok (Kristallgasse, Хрустальный переулок) hindeuten. Im 16. Jh. wurde das Gebiet um den Roten Platz mit einer eigenen Wehrmauer aus Kalkstein umgeben. Heute sind nur noch **Reste der Befestigungsmauer (41)** erhalten, die man in der Metrostation Kitaj gorod oder am Slawjanskaja ploschtschad (Славянская пл.) sehen kann.

Bojaren und die Geistlichkeit verdrängten Mitte des 15. Jh. Kaufleute und Handwerker und prägten ein neues soziales Milieu. Nichtsdestotrotz blieb Kitaj gorod immer dem Handel zugetan, zumal zu Beginn des 20. Jh. vornehme Geschäftshäuser und Banken nahe dem Kreml ihre Niederlassungen suchten. Erst in sozialistischen Zeiten wurde die Gegend gleichsam entkernt, nachdem ganze Straßenzüge dem überdimensionierten Hotelneubau Rossija weichen mussten und mehrere Verwaltungseinrichtungen hier ihren Sitz bezogen. Zahlreiche Häuser und Kirchen wurden von ihrem ursprünglichen Umfeld isoliert und können sich auch nach vielen Jahren nicht an die Nachbarschaft monströser Nutzbauten gewöhnen. Aber gerade in der Allgegenwart der Gegensätze findet Moskau ja auch ein Stück seiner Wahrheit.

Am Alten Englischen Handelshof: Die englisch-russischen Handelsbeziehungen kamen eher zufällig zustande. Auf der Suche nach einem nördlichen Seeweg nach China strandete ein Schiff der englischen Handelskompanie im Weißen Meer. Den Kapitän brachte man nach Moskau zu Zar Iwan IV., der sich an einer neuen Wareneinfuhr nach Russland interessiert zeigte, da ihm das Handelsrecht gestattete, die Preise selbst festzuschreiben

Warwarka

Kaum eine Straße bringt die Geschichte in ihrer architektonischen Ganzheit besser und dramatischer zum Ausdruck als die Warwarka (Варварка ул.), eine der Hauptstraßen von Kitaj gorod. Hier lagen bis ins 18. Jh. die Werkstätten der Ikonenmaler. Dass die Straße einst ganz dem Himmel ergeben war, daran erinnert noch eine Reihe von Kirchen, die sich lange Zeit neben der Gigantomanie des 23-stöckigen **Hotels Rossija (42)** behaupten musste, dass 2009 abgerissen wurde. Auf der anderen Straßenseite ziehen sich die klassizistischen, mit Halbsäulen und korinthischen Kapitellen gegliederten Fassaden des **Alten Kaufhofs (43,** *Gostinnyj dwor)* entlang, der sich im Geviert zwischen Rybnyj (Рыбный) und Chrustalnyj pereulok, Warwarka und Iljinka-Straße (Ильинка) geschaffen hat. 1790–1805 entstand er nach Plänen von Giacomo Quarenghi. Seit der Oktoberrevolution hat die Moskauer Verwaltung hier ihren Sitz.

Zwischen der klassizistischen **Kirche der hl. Barbara (44,** *Zerkow Warwary)*, die dieser Straße auch den Namen gab, und der 1698 errichteten **Maxim-Kirche** *(Zerkow Maksima)* liegt unterhalb des Straßenniveaus der **Alte Englische Hof (45,** *Staryj angliskij dwor)*, in dem seit Mitte des 16. Jh. die englischen Handelsreisenden und Gesandten übernachteten, wenn sie Moskau besuchten. Der Alte Englische Hof spielte eine wichtige Rolle bei der Entwicklung der russisch-englischen Handelsbeziehungen.

Die kleine **Kirche des hl. Grigorij Pskowskogo Gora** setzt mit ihren blauen, mit goldenen Sternen gleich einem Himmelszelt verzierten Zwiebelkuppeln einen pittoresken Akzent vor der Hotelfront des 1964 erbauten Rossijas, das mit dominanten Zufahrtrampen gleichsam in den historischen Zusammenhalt der Straße greift.

Blick über die Maxim-Kirche auf den Alten Kaufhof

123

Haus des Bojaren

uliza Warwarka 10
Tel. 49 52 98 37 06
Mi–Mo 11–17 Uhr

Kloster zu Mariä Erscheinung (46)

Direkt an der Zufahrtsrampe unterhalb des Straßenniveaus liegt das Kloster zu Mariä Erscheinung *(Snamenskij monastyr)*, das Michail Fjodorowitsch 1631 ursprünglich für den Kreml gegründet hatte, doch bereits drei Jahre später auf dem Grundstück der Romanows errichten ließ. Zur Klosteranlage gehört neben der fünfkuppeligen Kathedrale auch das **Haus des Bojaren Romanow** *(Dom musej bojarina)* eines der bedeutendsten Denkmäler profaner Architektur in Russland. Das spätmittelalterliche Familienhaus, das u. a. Rainer Maria Rilke mehrmals aufsuchte, vermittelt den seltenen Eindruck des häuslichen Lebens der Bojaren im ausgehenden 16. Jh. in Russland. Der verspielte und originelle Charakter des Hauses, das in seiner Mehrteiligkeit Entsprechungen zur Schachtelarchitektur der choromy zeigt, und die mit einem geometrischen Muster überzogene Fassade, die den Eindruck eines Schatzkästchens suggeriert, sind nur der Auftakt zu einer märchenhaften Welt im Innern. Die Hausbesichtigung beginnt im Keller, dem trockensten Raum des Hauses, wo neben Körben, Kwassfässern und Honigtrögen auch die Schätze der Bojaren in aufwendig gearbeiteten Holztruhen lagerten. Über eine Paradetreppe gelangt man in die Wohnräume, die streng nach Geschlechtern getrennt waren. Allein außerordentliche Anlässe, etwa wenn seltene oder bedeutende Gäste kamen, gaben der Frau Zutritt in die Gemächer des Bojaren. Er selbst wiederum gelangte, wann immer er wollte, über eine Geheimtreppe in die Räume seiner Frau.

Die Frau des Bojaren

Ihr blieb der zweite Stock des Hauses vorbehalten, den sie nur selten verließ. Allein zum Kirchgang oder zu besonderen Festlichkeiten zeigte sie sich in der Öffentlichkeit. Das Einkaufen nahmen die Männer in die Hand, der Frau blieb nur ein Händler, der ab und zu mal mit einem bescheidenen Angebot im Haus vorbeikam. Die Spindel oder die Sticknadel in der Hand, verlief ihr Leben in bitterer Eintönigkeit. Bereits im Kindesalter waren Mädchen zu Handarbeiten angehalten, um bis zur Heirat mit 15 Jahren eine stattliche Aussteuer vorzeigen zu können. Die Jungen dagegen wurden im Knabenzimmer in den Wissenschaften ausgebildet und von Privatlehrer unterrichtet. Neben Lesen und Schreiben, Lateinisch und Mathematik stand die Kunst der Jagd auf dem Stundenplan.

Im Gästezimmer empfing der Bojar die Freunde des Hauses. Gegessen wurde mit den Händen und in die großen Holztröge füllte man Bier oder *kwass* (ein aus gegorenem Schwarzbrot zubereitetes Getränk). Jedes Zimmer in einem russischen Haus hatte eine ›rote‹ beziehungsweise ›schöne Ecke‹ *(Krasnyj ugol)*, in der die Ikone hing, die neben den bemalten Wänden zum wichtigsten Schmuck eines altrussischen Hauses gehörte.

Das vom Gästezimmer her zugängliche Kabinett mit holländischen Ledertapeten war der Arbeitsraum des Bojaren, dessen Tag für gewöhnlich um vier Uhr morgens mit einem Gebet begann. Die Bibliothek der Romanows war eine der bedeutendsten Moskaus. Den häufigen Bränden in der Hauptstadt Rechnung tragend, wurden die Bücher fest in einem Holzeinband mit zwei Schlössern verschlossen, um sie so vor dem Feuer im Brunnen retten zu können. Dank des festen Einbands drang kein Wasser in die wertvollen Seiten, sodass die Bücher mehr oder weniger unbeschadet die Flammen überstanden. Abgesehen von Büchern war die Bibliothek dem Schachspiel vorbehalten, das allerdings im Geheimen stattfinden musste, da es kirchlich verboten war.

Allerheiligenkirche ›Auf der Kuliskach‹ (47)

Die Warwarka mündet in den kleinen gleichnamigen Platz, an der sich die rot gestrichene Allerheiligenkirche ›Auf der Kuliskach‹ *(Zer-*

kow swjatych na Kuliskach) erhebt. Bereits 1380 wurde im Auftrag Dmitrij Donskojs an dieser Stelle zum Gedenken an die gefallenen Krieger im Kampf gegen die Mongolen auf dem Schnepfenfeld eine kleine Holzkirche errichtet. Der Beiname ›*na Kuliskach*‹ leitet sich von einer gleichnamigen Lichtung ab, die als Bauplatz diente. Der heutige frisch restaurierte Bau entstand zu Beginn des 16. Jh., büßte seine ursprüngliche Architektur aber infolge späterer Umbauten ein. Wahrscheinlich hat sich bei einem dieser baulichen Eingriffe auch der Glockenturm etwas zur Erde geneigt, sodass er heute leicht schief steht. Im Laufe der Jahrhunderte ist darüber hinaus das Erdgeschoss der Kirche abgesunken, und als Kellergeschoss genutzt worden. Im Foyer gleich rechts neben dem Eingang gibt es eine kleine Dokumentation darüber, in welch erbärmlichem Zustand der Staat die Kirche belassen hatte. Der Innenraum mit einem Christus Pantokrator darstellenden Deckengemälde ist immer sehr belebt. Zwischen in tiefer Andacht versunkenen Gläubigen wischen alte Frauen den Boden, legen neue Kerzen zurecht und bereiten den nächsten Gottesdienst vor.

Westfassade der Dreifaltigkeits-Kirche in Nikitniki; der überschwengliche Baudekor mit stark profilierten Gesimsen, Blendgiebeln und Fensterrahmungen, paarigen und verkürzten Säulen, Schirinki, bunten Kacheln, Girki und Kokoschniki fand im Moskau des 17. Jh. großes Echo

Dreifaltigkeits-Kirche in Nikitniki

Die **Dreifaltigkeits-Kirche in Nikitniki (48,** *Zerkow troizy ›w nikit-nikach‹),* eine der schönsten Kirchen des 17. Jh., verdankt Moskau dem reichen Kaufmann Grigorij Nikitnikow, der in Kitaj gorod mit Salzen und Fischen handelte. 1628 ließ er anstelle einer abgebrannten Kirche gleich neben seinem Palast, mit dem sie einst verbunden war, die Dreifaltigkeits-Kirche errichten, in deren hohen Kalksteinsockel er seine Handelsgüter lagerte. Ein Schwarm von versetzten Kokoschniki, Zwillingsbögen, Girki, mit bunten Kacheln gefüllte Schirinki und Blendarkaden krausen und schnörkeln sich um die Kirche als ob der Architekt nur mit dem Ausdenken solcher Zierformen beschäftigt gewesen wäre. Die in einzelne **Kapellen,** ein **Refektorium,** einen **Anbau** und einen **Glockenturm** aufgegliederten Raumteile der Kirche orientieren sich an der Bauweise der russischen *choromy,* bei denen jeder einzelne Raum als eine architektonische Einheit *(klet)* mit Dach und Türen gedacht war, die durch Übergänge gleich einem Labyrinth miteinander verbunden wurden. Der Dreieinigkeitskirche, die sich in ihrer Architektur an dem Terem-Palast im Kreml orientiert, folgten stilistisch zahlreiche, ähnlich malerische Kirchen in ganz Moskau nach.

Die gut erhaltenen **Wandmalereien** im Innenraum der Kirche haben bereits genrehaften Charakter. An der Westwand sieht man bei der »Hochzeit von Kanaa« Gäste in kostbaren Gewändern der russischen Kaufmannsschicht des 17. Jh., während die Dienstleute in russischen Kaftanen stecken. Bedeutsam ist auch das russische Birkenbäumchen, das sich etwas kläglich einen Platz im paradiesischen Garten der Komposition »Das wachsame Auge« behauptet, ist doch die Darstellung der heimatlichen Natur zu dieser Zeit ein absolutes No-

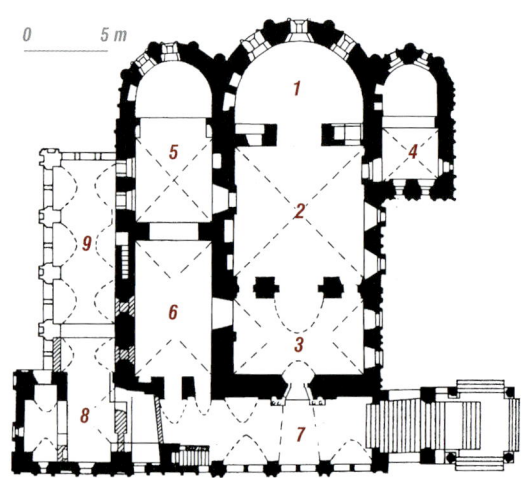

Dreifaltigkeits-Kirche in Nikitniki, Grundriss

1 Altarraum
2 Naos
3 Vorraum
4 Kapelle des Märtyrers Nikita
5 Nikolaus-Kapelle
6 Refektorium
7 Westliche Galerie
8 Glockenturm-kapelle Johannes des Evangelisten
9 Nördliche Galerie

vum. 1652/53 wurden die Wandmalereien sowie die Ikonen des Deesis-Ranges unter Beteiligung von Malern aus der Rüstkammer des
Zaren ausgeführt. In der kleinen, dem Märtyrer Nikita geweihten **Süd-
kapelle** befindet sich die Grablege der Nikitnikows. Den Stifter der
Kirche, seine Söhne und Enkel sieht man ohne Heiligenschein und
in blauen und roten Kaufmannskaftanen beim »Großen Einzug in Jerusalem« auf einer Ikone des 17. Jh. im Ikonostas abgebildet.

Neuer Platz

Den Neuen Platz *(Nowaja ploschtschad*, Новая пл.) beherrscht die
pseudo-russische Fassade des **Polytechnischen Museums (49).** Der
Bestand des Museums entwickelte sich 1872 aus der Polytechnischen
Ausstellung, zu deren Eröffnung Tschaikowskij eigens eine Kantate
komponierte. Die Sammlung zeigt mehr als 30 000 technische Exponate von den ersten Dampfmaschinen bis hin zu Robotern. In der gegenüberliegenden **St. Johannes-Kirche (50),** ein klassizistischer Bau
von 1825, hat das Museum der Geschichte Moskaus seinen Sitz.

Samoskworetschie –
das Viertel jenseits der Moskwa

Jenseits der Moskwa, in Samoskworetschie (Замоскворечье), entwickelte sich seit dem 16. Jh. ein Moskauer Gartenviertel. Die reichen
Moskauer ließen sich hier üppige Parks anlegen und verwandelten
den Stadtteil in eine blühende Oase. Auch der Zarengarten befand
sich in Samoskworetschie, dessen nördlicher Teil 1783 zur langgezo-
genen Insel wurde, als man einen Kanal anlegte, um die Hochwas-
sergefahr der Moskwa einzudämmen.

In *Bersenewka* (Берсеневка), dem nordwestlichen Teil von Samoskworetschie, lebten seit Ende des 15. Jh. die Gärtner des Zaren. Mitunter waren sie mit ihrer Gartenkunst reiche Leute geworden. So auch
Awerkij Kirillow, der in Moskau mehrere Geschäfte betrieb, Salz gewann und Herr ganzer Dörfer mitsamt der Bauern war. Er hätte noch
viel mehr Reichtümer angesammelt, wenn er nicht 1682 während des
Strelizenaufstandes ermordet worden wäre, weil er als leitender Beamter der Bojarenduma die Naryschkins, also die Familie Peters I.,
unterstützt hatte.

1656/57 setzte sich Awerkij Kirillow mit der **Nikolaus-Kirche in
Bersenewka (51,** *Zerkow Nikoly w bersenewke)* ein Denkmal. Die
Hauskirche hätte schöner nicht ausfallen können: Sie folgt in ihrer
Fassadengestaltung altrussischen Bauformen, die gleichermaßen einer strengen Regelmäßigkeit unterworfen sind und verspielte Variationen aufweisen. Ein Meisterwerk des unbekannten Baumeisters ist
das tonnenförmige, musisch geschwungene Dach des Refektoriums

Dorf in der Stadt

*Im Quartier jenseits
der Moskwa ist die
Zeit bis heute ein we-
nig stehengeblieben,
hier mag Walter Ben-
jamin bei seinen Mos-
kau-Aufenthalten zu
der berühmten Cha-
rakteristik angeregt
worden sein, das rus-
sische Dorf spiele in
Moskaus Straßen Ver-
steck. Die Einwohner
von Samoskworet-
schie sitzen an war-
men Tagen vor ihren
Häusern oder in den
kleinen grünen Parks
vor Kirchen und bere-
den Alltagssorgen.
Samoskworetschie
ist weitgehend eine
Enklave des viel be-
schworenen »alten
Moskau« geblieben
und lädt zum Schlen-
dern durch stille Stra-
ßen ein. Den Blick in
die berühmten Mos-
kauer Hinterhöfe darf
man nicht versäumen.*

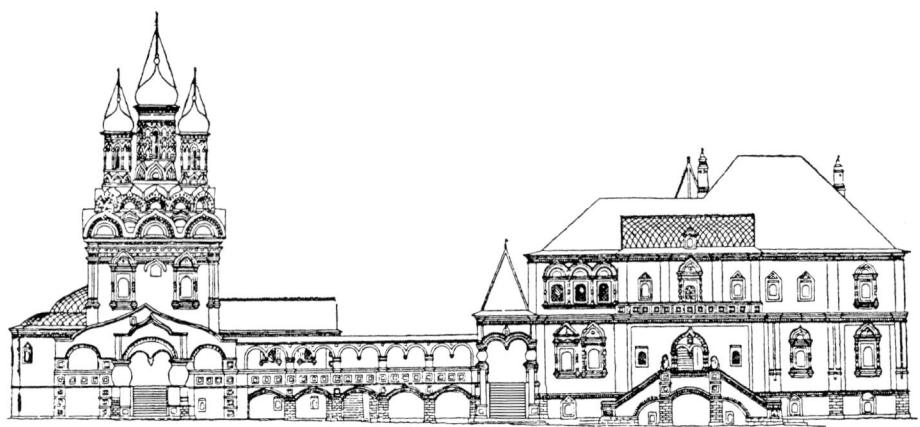

Seitenansicht des Hauses von Awerkij Kirillow samt angebauter Hauskirche, der Nikolaus-Kirche (17. Jh.)

im Norden, das sich geradezu mit Leichtigkeit über die Doppelarkaden legt. Die Nikolaus-Kirche gehört zu dem Typus der pfeilerlosen Fünf-Kuppelkirche mit drei Apsiden. Einen besonderen Akzent hat der Baumeister auf die hohen Tamboure gelegt, die die Kuppeln tragen, und zu denen Kokoschniki und ein Sakomargewölbe überleiten. Die Innenausstattung ist leider nicht mehr erhalten.

Ebenso wie die Nikolaus-Kirche fällt auch das **Haus des Awerkij Kirillow (52,** *Dom Awerkija Kirillowa)* nicht gerade bescheiden aus, auch wenn es im Laufe der Jahrhunderte viel von seinem ursprünglichen Charme verloren hat. Mit seiner Vorliebe fürs Dekorative hatte der Gärtner sein Haus mit einem bunten Kachelteppich verkleidet, der leider nicht mehr erhalten ist. Seine Idee machte in Moskau jedoch Schule und fand eifrige Nachahmer. Mehrere Um- und Anbauten lassen den ursprünglichen Charakter des Hauses heute nur noch erahnen. So zerstört beispielsweise der Anbau zweier Eingänge in strenger Symmetrie die einst malerische Anlage des Palastes. Seine zurückhaltende, nach Regelmäßigkeit strebende Eleganz verdankt das Haus erst dem architektonischen Geist der Epoche Peters des Großen.

Eine der schönsten Moskauer Kirchen ist die **Auferstehungs-Kirche in Kadaschi (53,** *Zerkow woskressenija w kadaschach)* in der ehemaligen Böttchervorstadt, die Moskau den hier ansässigen Handwerkern verdankt. Sie brachten bis 1687 die Mittel auf, um eine repräsentative Kirche als Zeichen ihres Selbstbewusstseins zu errichten. Der Baumeister ist nicht überliefert, dabei hat er bei der Fassadengestaltung der Erlöserkirche viel Geschick in der Kalksteindekoration bewiesen: die traditionellen Kokoschniki sind durch drei Reihen Hahnenkämme ersetzt, deren Formensprache die Fenstergiebel fortführren. Gedrehte Säulen akzentuieren sowohl die Fenster als auch die Tamboure, und ein besonders üppiger Schmuck lenkt den Blick auf die Portale der Erlöser-Kirche.

Tretjakow-Galerie

Sie ist so etwas wie ein Nationalheiligtum, die **Tretjakow-Galerie (54,** *Tretjakowskaja galereja)*, gleichsam ein ›Bilderbuch der russischen Geschichte‹. Die Sammlung des Museums nahm 1856 ihren Ausgang, als der 24-jährige Pawel Tretjakow das Gemälde »Die Versuchung« von Nikolaus Schilder kaufte. Daraufhin unterlag er selbst der Versuchung, Kunst zu sammeln, in die er einen Großteil seines zum Teil ererbten und zum anderen Teil in der Textilindustrie erwirtschafteten Vermögens investierte. Nachdem sein Haus in der Lawruschin-Gasse vor lauter Bildern längst aus allen Nähten platzte, ließ Tretjakow anbauen. Doch auch zahlreiche Anbauten konnten schon bald nicht mehr die ständig wachsende Sammlung fassen. 1872–74 entstand neben seinem Wohnhaus eine Pinakothek. Wer immer wollte, konnte die Galerie besuchen – ein für jene Zeit ungewöhnlich demokratischer Ansatz. 1892 vermachte Tretjakow seine Sammlung mit insgesamt 5800 Bildern dem Moskauer Stadtrat mit der Auflage, sie auch weiterhin allen zugänglich zu machen. Darüber hinaus erhielt die Stadt auch die Sammlung von Tretjakows jüngerem Bruder Sergej, der neben russischen Werken auch französische Arbeiten gesammelt hatte. Nach Tretjakows Tod nutzte man auch das Wohnhaus des Kollektionärs als Museum und vereinte 1901/02 alle Bauten hinter einer von Wiktor Wasnezow im altrussischen Stil entworfenen Fassade.

Das Denkmal Tretjakows vor der Hauptfassade des gleichnamigen Museums

Das von dem Moskauer Künstler Alexander Kibalnikow geschaffene **Denkmal Tretjakows** vor der Hauptfassade des Museums erinnert heute an den großen Moskauer Kunstfreund und -förderer, der die Entwicklung der russischen Kunst durch sein großzügiges Mäzenatentum entscheidend mitbestimmt hat.

Besichtigung

Die **altrussische Abteilung** der Galerie wurde erst in sowjetischer Zeit gegründet, nachdem die bedeutendsten russischen Ikonen aus den Kirchen in das Museum überführt worden waren. In den vergangenen Jahren wurde um die Sammlung immer wieder heftig gestritten, denn die Orthodoxie fordert viele Ikonen des Museums zurück. Das Moskauer Patriarchat besteht auch darauf, an hohen Feiertagen die eine oder andere Ikone aus dem Museumsbestand auf Prozessionen mitzuführen, was die Museumsmitarbeiter noch jedes Mal um ihren Schlaf bringt. Die Gefahr, dass Russlands älteste Kunstschätze Schaden bei solchen Ausflügen nehmen, ist groß. Die Kirche indes sieht in Ikonen keine Kunst, sondern Abbildungen der Heiligen, die durch sie wirken. Zu einem Kompromiss fanden Museum und Kirche im Umgang mit Russlands ältester Ikone, der ›Gottesmutter von Vladimir‹. Sie schmückt die Kirche des Museums und ist durch einen Gang mit der Sammlung außerhalb der Gottesdienste auch für das weltliche Publikum zugänglich. Die ältesten Ikonen der Tretjakow-Galerie stammen aus dem 12. Jh.. Die meist großen Augen der Heiligen, der

Die berühmteste Ikone Russlands, die ›Gottesmutter von Wladimir‹, wurde 1918 in den Bestand der Tretjakow-Galerie aufgenommen

Dionissij und die Moskauer Schule

Neben Ikonen aus Nowgoroder und Pskower Schulen sind die Ikonen der Moskauer Schule des 15. und 16. h. besonders reich vertreten. Ihre Kunst stand sehr unter dem Einfluss des Rubljowschen Humanismus. Den größten Widerhall fand Rubljow in Dionissij, für dessen Schaffen zarte, bisweilen transparente Farbvaleurs und weiche Übergänge charakteristisch sind. Doch anders als noch Rubljow strebten Dionissij und die Maler seines Umfeldes bereits nach einer erzählerischen Wirkung der Ikonen, bei der sich Bildende Kunst und Literatur wechselseitig durchdrangen. Beliebtes Thema waren deshalb die Viten der Heiligen, die dem Maler epische Schilderungen erlaubten.

Illusionismus der angehauchten Hautfarbe, die unmerklichen Übergänge zu dunklen, grünen Schatten sowie das feine Rot der Wangen und der strenge, feierliche Ausdruck zeugen von byzantinischem Einfluss. Die berühmte Ikone der »Gottesmutter von Wladimir« entstand im 11. Jh. in Byzanz und wird als Palladium Russlands verehrt. Andrej Bogoljubskij hatte sie 1155 in Kiew geraubt und in seine Residenz nach Wladimir gebracht – daher der Name. Im 14. Jh. kam sie nach Moskau in die Uspenskij-Kathedrale des Kreml. Als berühmteste Ikone Russlands diente sie als Vorbild für ungezählte Kopien, von denen eine auch Andrej Rubljow zugeschrieben wird.

Eine weitere wundertätige Heiligentafel ist die Ikone der Gottesmutter vom Don‹, die dem russischen Heer in der ruhmreichen Schlacht auf dem Schnepfenfeld 1380 beigestanden haben soll. Auch Iwan der Schreckliche nahm sie bei seinem erfolgreichen Feldzug gegen Kasan 1552 mit. Und Boris Godunow ließ sich 1598 vor ihr zum Zaren krönen. Als Schöpfer nimmt man Theophanes den Griechen (Feofan Grek) an. Die Gottesmutter vom Typus der *umilenije* (›Rührung‹) ist von einem für die Kunst des Theophanes typischen, und in der byzantinischen Kunst eigentlich unbekannten individualisierten Ausdruck geprägt, der sich der weichen Linienführung verdankt. Ein charakteristischer Zug russischer Ikonenmalerei ist zudem ein Hang zur Asymmetrie, der im Gesicht der Gottesmutter zum Ausdruck kommt: die rechte Wange ist schmaler als die linke, Augen und Mund liegen nicht parallel zueinander, und der Mund schiebt sich leicht nach rechts. Diese freiere Auffassung bewirkt den emotionalen Ausdruck, ja die Lebendigkeit der Gottesmutter. Auf der Rückseite dieser Ikone malte Theophanes das »Entschlafen der Gottesmutter«, eine vielfigurige Komposition, die sich durch ihre frappante wirklichkeitsnahe Darstellung auszeichnet.

Ein Hauptwerk altrussischer Malerei ist Andrej Rubljows Ikone der Dreifaltigkeit (s. Abb. S. 31), ein alttestamentarisches Thema, das in der byzantinischen Kunst weit verbreitet war. Das Mahl der drei Engel bei Abraham und Sara gilt als Zeichen des Bundes zwischen Gott und den Menschen. Daher ist das organisierende Prinzip der Rubljowschen Darstellung der Kreis, Symbol der Einheit, der die Gruppe der drei Engel umschließt. Rubljow war ebenso wie Feofan Grek von der Licht- und Schweigelehre des Hesychasmus beeinflusst und lässt seine durchstrahlten Engel einen inneren Dialog führen.

Den Auftakt zur Kunst des 17., 18. und 19. Jh. macht die **Porträtmalerei Iwan Nikitins** (1688–1741). Der Maler prägte einen lebendigen und einfühlsamen Stil in der Porträtmalerei, die in der zweiten Hälfte des 18. Jh. mit den Werken von **Fjodor Rokotow** (1735–1808), **Dmitrij Lewitzkij** (1735–1822) und **Wladimir Borowikowskij** (1757–1825) ihre Blütezeit erreicht. Für das 18. Jh. außergewöhnlich ist das Gemälde einer »Unbekannten in russischer Tracht« des Malers **Igor Argunow**, eines Leibeigenen des Grafen Scheremetjew. Die Darstellung einer Bäuerin findet sich zu dieser Zeit selten in der russischen Kunst und nimmt bereits die patriotische Richtung des 19. Jh. vorweg.

Die ungestüme und leidenschaftliche Natur russischer Frauengestalten im Roman des 19. Jh. hat **Ossip Kiprenskij** (1782–1836) scheinbar mit seinen Bildnissen vorbereitet. Der Maler der verträumten, aber gleichsam ruhelosen »Gräfin Rostoptschina« oder den »Schwestern Gagarin« gilt als Wegbereiter der russischen Romantik.

Nach der Erfahrung des Vaterländischen Krieges 1812 und neu erwachsenem russischem Nationalbewusstsein wurden **Monumental- und Historienmalerei** zur beliebtesten Bildgattung. Die Themen entstammten größtenteils der antiken Literatur, der russischen Geschichte sowie dem unerschöpflichen Fundus des Alten und Neuen Testaments. Neben Loschenko sind **Karl Brjullow** (1799–1842), der Nazarener **Fjodor Bruni** (1799–1875 und **Alexander Iwanow** (1806–58) die bedeutendsten Vertreter der Historienmalerei. Letzterer malte mehr als 20 Jahre an seinem Bild »Christus erscheint dem Volk im Jordantal während der Passionspredigt Johannes des Täufers«, ein unvollendet gebliebenes Werk, das die sittliche Erneuerung des Menschen ›predigt‹.

Die **Freilichtmalerei** vertritt **Silwestr Schtschedrin** (1791–1830), der in Italien studiert hatte, wo er, ungeachtet der akademischen Forderungen, einem realistischen Naturstudium nachging, das die stark idealisierte Landschaftsmalerei langsam hinter sich ließ.

Im ersten Viertel des 19. Jh. ebnen verklärende Dorfidyllen und poetisch-sentimentalische Porträts den Weg für die **Genremalerei,** die erstmals in der russischen Kunst das Leben der einfachen Bauern und kleinen Leute schildert. Bedeutung in dieser Bildgattung erreichte vor allem **Alexej Wenezianow** (1780–1847) mit seinem romantischen Realismus wie in dem Werk »Auf dem Acker. Frühling«, einem Lobpreis auf die Einheit zwischen Mensch und Natur. **Pawel Fjodotow** (1815–52) lässt im konventionell gemalten, bürgerlichen Genrebild erstmals satirische Züge erkennen. Er gilt als Begründer des russischen, kritischen Realismus.

Aus Protest gegen den starren Regelkanon der Petersburger Akademie und ihren wirklichkeitsfremden Betrieb traten 1863 mehrere Künstler aus der Akademie aus und gründeten eine Gemeinschaft, innerhalb derer sie ihre Werke im Rahmen von Wanderausstellungen einem möglichst großen Publikum zugänglich machen wollten. 1871 fand in St. Petersburg die erste Ausstellung mit Werken der sogenannten ›Wanderer‹ *(Peredwischniki)* statt, die bis zur Jahrhundertwende tonangebend waren. Begeistert hatte das Publikum die lebensvollen Werke der Wanderer aufgenommen, die ihre eigenen Sujets suchten und ihre Staffeleien im Freien aufstellten. Die Künstler hatten sich zu einer recht heterogenen Gruppe zusammengefunden, in der es einerseits Maler gab, deren Idyllen kaum noch eine Verankerung in der Realität aufwiesen, und andererseits Künstler, die sich den sozialen Fragen der Zeit stellten und kritisch Anklage gegen gesellschaftliche Missstände erhoben. Eine dritte Gruppe wandte sich der Märchen- und Sagenwelt Russlands zu. Allen gemeinsam aber war der Versuch, sich sowohl von dem akademischen Kanon sowie von den westeuropäischen Vorbildern zu lösen. Zu den bedeutendsten

Die Entwicklung der Sammlung

Pawel Tretjakow sammelte Kunst weniger systematisch als vielmehr nach persönlichem Geschmack, der sich an Authentizität und Realitätssinn der Kunstwerke orientierte. Künstlerische Kriterien wie Farbwahl, Licht oder Aufbau spielten eher eine untergeordnete Rolle. Vor allem die sozialkritischen und realistischen Arbeiten der Peredwischniki (›Wanderer‹), die seine Zeitgenossen waren, gehörten zum Kern der Galerie und sollten zur moralischen und patriotischen Erziehung des Volkes beitragen. In den Jahren nach der Oktoberrevolution wuchs die Sammlung durch die Verstaatlichung privater Kollektionen sowie des Kirchenbesitzes um ein Fünffaches an. Seit der Neueröffnung steht der Kunst der russischen Avantgarde und des sozialistischen Realismus ein eigener Bau, die Neue Tretjakow-Galerie am Krymskij Wal, zur Verfügung.

Wassilij I. Surikow, »Die Bojarin Moro-sowa« (1884–87; Tretjakow-Galerie)

Peredwischniki gehörten Wassilij Perow, Iwan Kramskoj, Nikolaj Ge, Iwan Schischkin sowie Fjodor Wassiljew und Viktor Wasnezow, der als erster russischer Maler die Helden der »Bylinendichtung«, der alt-russischen Sagen, dargestellt hat.

Ilja Repin (1844–1930) besticht durch eine in der russischen Male-rei bisher unbekannte Anpassungsfähigkeit der malerischen Sprache, die es ihm erlaubt, sich ganz unterschiedlichen Sujets zuzuwenden. Die »Kreuzprozession im Kursker Gouvernement« ist ein lebendiges Ge-mälde der russischen Gesellschaft in der zweiten Hälfte des 19. Jh., das Typen wie soziale Verhaltensweisen genau studiert. Mit ebensolcher Detailversessenheit sowie einem Hang zur Dekorativität wendet sich **Wassilij I. Surikow** (1848–1916) noch einmal der Historienmalerei zu. Zu seinen besten Werken zählt die »Bojarin Morosowa«, die in Ketten auf einem Schlitten durch die Menschenmenge abgeführt wird, da sie sich den Altgläubigen verpflichtet fühlt. Das Zeichen der *raskolniki*, die zwei erhobenen Finger, erwidert ein Narr in Christi am Wegrand.

Im Werk des Symbolisten **Michail Wrubel** (1856–1910) haben rein ästhetische Prinzipien die soziale Thematik endgültig verdrängt. Wru-bel schloss sich um die Wende zum 20. Jh. dem Künstlerkreis an, der sich um Sergej Djaghilew und seine 1899 gegründete Zeitschrift *Mir is-kusstwa* (›Welt der Kunst‹) gruppiert hatte. Ihm gehörten u. a. **Leon Bakst** (1866–1924), **Boris Kustodiew** (1878–1927), **Alexander Benois** (1870–1960) und **Mstislaw Dobuschinskij** (1875–1957) an. Die russi-schen Künstler der klassischen Moderne, der Avantgarde und des So-zialistischen Realismus sind in der **Neuen Tretjakow-Galerie** am Krymskij wal untergebracht. Die Dependance für die Kunst des 20. Jh. richtete man in dem Moskauer Künstlerhaus an der Moskwa ein.

Einen wesentlichen Vorstoß zur abstrakten Kunst in Russland leisteten **Michail Larionow** (1881–1964) und **Natalja Gontscharowa** (1893–1962), deren primitivistischer Stil an Prinzipien der Ikonenmalerei erinnert. Die beiden Maler gehörten der bedeutenden und einflussreichen Künstlervereinigung Karo Bube an, die 1910 ihre erste Ausstellung organisierte. Ab 1911/12 malten sowohl Larionow als auch Gontscharowa schilfartige Strahlenbündel *(rayons),* die sich prismatisch über einen perspektivischen Flachraum verteilen. Diese Strahlenmalerei ging als **Rayonismus** in die Kunstgeschichte ein. Dem ›Karo Buben‹ gehörten anfangs auch **Marc Chagall** (1887–1986), **Wassilij Kandinskij** (1866–1944) und **Kasimir Malewitsch** (1887–1935) an, später Vertreter jeweils eigenständiger Avantgarden.

Kasimir Malewitsch, »Beim Sensen« (1929; Tretjakow-Galerie)

Den **Sozialistischen Realismus** repräsentieren Werke aus nahezu allen ehemaligen Sowjetrepubliken. Ihm lag die Idee zugrunde, die gesellschaftliche Wirklichkeit derart abzubilden, dass als deren einzige und positive Zukunftsperspektive der Sozialismus hervortritt. Erst in den 1960er-Jahren gab es erste Versuche, diesen strengen Regelkanon zu durchbrechen. Unabhängigen Künstlern blieb nur die ›innere Emigration‹, ausstellen konnten sie ihre Werke nur im Westen.

Kirche des hl. Georg von Neokesarea und Haus der Demidows

Die **Kirche des hl. Georg von Neokesarea (55,** *Zerkow Grigorija Neokesarijskogo)* wurde infolge ihres außergewöhnlichen Fassadenschmucks auch ›die Schöne‹ genannt. Diese Auszeichnung verdankt sie vor allem dem oberen Teil ihres Kubus, der von einem Fries aus vielfarbigen Kacheln mit Pfauenaugen umzogen wird. Auch die Fensterrahmungen und Sakomare leuchten von weitem in fröhlichen Farben.

In der **Großen Dolmetschergasse** *(Bolschoj tolmatschewskij pereulok,* Бол. толмачевский переулок) lebten früher die Dolmetscher, die zwischen den Russen und den Tataren vermittelten. In Samoskworetschje wurde seit dem Mittelalter ein großer Pferdemarkt abgehalten, auf dem die Tataren ihre berühmten, besonders schnellen Pferde an Russen verkauften, die aus dem ganzen Land hierher kamen. Im Jahre 1777 ließ sich die Moskauer Familie Demidow, eine der mächtigsten des Landes, in der Großen Dolmetschergasse einen weitläufigen Landsitz errichten. Ihr großes Vermögen hatte sie dem Handel mit Waffen zu verdanken. Nikita Demidow hatte das Kriegsgerät für den Nordischen Krieg geliefert, in dem Peter der Große den Schweden das Gebiet im Mündungsdelta der Newa abgerungen hatte. Um die Mitte des 18. Jh. waren 33 Minen und Eisenwerke die Stütze ihres Reichtums, in denen etwa 38 000 leibeigene Arbeiter schuften mussten.

Das pompöse **Haus der Demidows (56,** *Dom Demidowych)* in Samoskworetschie war nur eines von vielen, die die Familie in Moskau unterhielt. Seine klassizistische Fassade erhielt es erst in den 1820er-Jahren, nachdem es bei dem großen Brand von Moskau stark in Mitleidenschaft gezogen worden war. Schmuckstück des Anwesens ist ein wunderschönes Gartengitter, das den Palast elegant umspielt.

Erlöser-Andronikow-Kloster

Das Erlöser-Andronikow-Kloster *(Spaso-Andronikow-monastyr)* steht heute inmitten einer viel befahrenen Gegend, und bei dem Donnern der schweren Lastwagen kann man sich schwerlich vorstellen, dass hier einst Mönche in stiller Einkehr und Ruhe lebten. Aber hat man einmal die lauschige Allee erreicht, in der ein **Denkmal** an den bedeutendsten russischen Ikonenmaler **Andrej Rubljow** erinnert, und durch das **Heilige Tor** das Klostergelände betreten, dann empfängt einen doch irritierende Ruhe.

Das Erlöser-Andronikow-Kloster wurde zwischen 1390 und 1392 von dem Mönch Andronik, einem Schüler des Sergij von Radonesch, gegründet. Die ursprüngliche Anlage des Erlöser-Andronikow-Klosters war aus Holz gebaut mit einer kleinen, bescheidenen Kirche. Palisaden und Türme unterstrichen die Wehrfunktion, die allen Klöstern an den Einfallstraßen nach Moskau zukam. Erst in der zweiten Hälfte des 17. Jh. wird eine steinerne Ummauerung in den Quellen erwähnt. Umbauten haben den ursprünglichen Charakter des Andronikow-Klosters im 19. Jh. stark verändert, die erst Mitte der 1950er-Jahre wieder zugunsten einer originalgetreuen Rekonstruktion abgetragen wurden.

Zu besonderen Ehren kam das Kloster nach der bedeutenden Schlacht auf dem Schnepfenfeld. Die Leichname der gefallenen Moskauer Krieger ließ Dmitrij auf Holzbahren in die Hauptstadt tragen, wo sie das Volk am Andronikow-Kloster erwartete. Auf dem Friedhof des Klosters wurden die Gefallenen dann beigesetzt. In der Folgezeit erlebte das Kloster eine Blüte, die vor allem der Kultur zugute kam. Die Mönche schrieben Chroniken, und Kalligrafen verzierten die Handschriften. Die Ikonenwerkstatt unterstand den beiden Meistern Andrej Rubljow, der bis an sein Lebensende hier lebte und schließlich auch hier beigesetzt wurde, sowie Daniil Tschornyj.

Die Erzengel Michael-und-Metropolit-Alexej-Kirche im Erlöser-Andronikow-Kloster

Die Oktoberrevolution bereitete dem Klosterleben ein Ende. 1947 wurde die Anlage in einen Museumskomplex für altrussische Kunst verwandelt und nach Andrej Rubljow benannt. In dem **Klostermuseum** sind von Rubljow aber lediglich Kopien seiner Fresken aus der Uspenskij-Kathedrale in Wladimir (s. S. 220) zu sehen. Darüber hinaus umfasst die Sammlung Ikonen vom 14.–19. Jh. der Moskauer, Twerer und Nördlichen Schule sowie wenige Beispiele altrussischer Holzplastik.

Die Klosteranlage beherrscht die **Erzengel Michael-und-Metropolit-Alexej-Kirche** *(Zerkow Archangela Michaila i Mitropolita Alexeja)*. Ihre Bauzeit erstreckt sich von 1694–1739 und ist eng verbunden mit dem Wohl und Wehe der Ehe Peters I. Der Beginn der Bauarbeiten fällt noch in die Zeit des Patronats der Lopuchins über das Andronikow-Kloster, deren Tochter Jewdokija Lopuchina Zar Peter I. geheiratet hatte. Als Peter sie 1679 verbannte, stoppten die Lopuchins sämtliche Bauarbeiten im Kloster und beteiligten sich an dem Komplott des Zarewitsch. Erst 1729 konnte der Bau im Stil des Naryschkin-Barock vollendet werden, nachdem die Lopuchins aus der Verbannung nach Moskau zurückgekehrt waren.

Das 1504–06 unter Iwan III. errichtete **Refektorium** an der Uferböschung orientiert sich in seiner strengen Feierlichkeit an dem Facettenpalast des Kreml. Im Keller, der als Gefängnis genutzt wurde, saß im 17. Jh. der Erzpriester Awwakum ein, der führende Kopf der Bewegung der *raskolniki.*

Die kleine **Erlöser-Kathedrale** *(Spasskij sobor)* aus Kalkstein wurde aus Spenden einer reichen Moskauer Kaufmannsfamilie, den Jermolins, von 1410–27 errichtet. Sie ist das älteste, aus dem 15. Jh. erhaltene Bauwerk in Moskau. In der Architektur der Erlöser-Kathedrale verbinden sich die Tradition der frühen Moskauer Baukunst und ein neuer Kirchentypus, der beispielgebend werden sollte: Der Grundriss einer Vierpfeiler-Kreuzkuppelkirche mit drei Apsiden wurde einer ›gotisch‹ inspirierten Neuerung unterzogen. Dabei erhöhte man die Mittelschiffsgewölbe sowie die Gurtbögen der Vierung, wodurch sich der kubische Block stufenförmig dem Himmel entgegenstreckt. Kielbogensakomare und Kokoschniki betonen die dynamische Stufenform. Nichts scheint hier die Höhenbewegung aufzuhalten, auch die schmalen Fenster und die kielbogenförmigen Portale drängen auf wärts, alles suggeriert Bewegung. Die Innenausstattung der Kirche muss einst von besonderer Schönheit gewesen sein. Im 17. Jh. wurde der Freskenschmuck von Andrej Rubljow und seinen Gehilfen jedoch abgeschlagen. Allein einige Pflanzenornamente in weißen Kreisen auf schwarzem Fond in den Fensterlaibungen sind noch von der ursprünglichen Ausmalung erhalten.

Weitere Wehrklöster

Zu den Wehrklöstern rund um Moskau gehörte auch das Danilow-Kloster, das 1282 gegründet wurde. Aus der ersten Bauperiode sind leider keine Bauten erhalten; die Danilow-Kirche stammt von 1652. Im Norden des Kreml liegt das Donskoj-Kloster, das von einer eindrucksvollen turmbewehrten Mauer umschlossen wird. Die Klosterkirchen sind vornehmlich Werke des Moskauer Barock.

Auf den Spuren Moskauer Dichter – Vom Arbat zum Nikitskij-Boulevard

Altes Arbat-Viertel

Der *Arbat* (Арбат), das ist nicht nur eine Straße sondern eine Legende, die heute leider – jedenfalls in den Augen der Moskauer – ihren Zauber verloren hat. Der Arbat, die einstige Straße der Künstler, Literaten, der Schauspieler und Kaufleute, ist zu einer billigen Touristenzeile verkommen, die die Bohème vergangener Zeiten nur noch erahnen lässt.

Am Alten Arbat, dem literarischen Viertel Moskaus

Seinen ersten Rückschlag musste der Arbat bereits 1948 hinnehmen, als am Smolensker Platz das 27 geschossige Außenministerium hochgezogen wurde, dessen monströse Hässlichkeit auch noch in den Arbat einwirkte. In den 1960er-Jahren wurde sein Flair dann endgültig zerstört als Chruschtschow mit dem Nowyj Arbat, dem ›Neuen Arbat‹, eine Schneise in die gewachsene Straßenkultur schlagen ließ.

Der Arbat ist seit 1493 urkundlich belegt. Den Namen brachten wahrscheinlich Händler aus Arabien mit. Von Anfang an war der Arbat eine wichtige Handelsstraße, in der sich auch zahlreiche Handwerker niedergelassen hatten, deren Existenz in den umliegenden Straßennamen noch lebendig ist *(Serebranyj pereulok,* ›Gasse der Silberschmiede‹; *Starokonjuschennyj pereulok,* ›Gasse der Stallmeister‹). Seine Blütezeit erlebte der Arbat im 19. Jh., als der Kaufmannsstand gewachsenes Prestige mit großen Handelshöfen und prächtigen Stadtpalais zum Ausdruck brachte. Maler, Schriftsteller und Schauspieler prägten das unkonventionelle Flair, das Nährboden für den künstlerischen Aufbruch Russlands zu Beginn des 20. Jh. war. Bereits im 19. Jh. gärte in dem Viertel mit seinen kleinen Plätzen, Gässchen und verwunschenen Straßen revolutionäres Gedankengut. Der Anarchist Fürst Kropotkin verlebte hier seine Kinder- und Jugendjahre, und von Turgenjew ist zu erfahren, dass es in dem Arbat-Viertel »einige Häuser (gab), in denen fast jeden Abend rhetorische Auseinandersetzungen stattfanden über wichtige Fragen … und sinnlose – über abstrakte und philosophische Fragen sowie politische« (Iwan Turgenjew).

Der Arbat war ein Literatennest. Hier lebten zeitweise Gogol, Tolstoj, Alexander Blok (Haus Nr. 51), aber auch Tschaikowskij und Ilja Repin. In der Wohnung des Komponisten **Alexander Skrjabin** in dem Nikolopeskowskij pereulok Nr. 11 (Николопесковский Переулок) ist ein **Museum (57)** eingerichtet.

Im Palais Chitrowo auf dem Arbat (Nr. 53), einem eleganten azur-
blauen Stadtpalast, hatte Puschkin eine Wohnung bezogen. Später
lebte auch Tschaikowskij vorübergehend in dem Haus. Heute ist hier
ein **Puschkin-Gedenkmuseum (58,** *Musej Puschkina)* eingerichtet.
Die Sammlung dokumentiert Puschkins Verhältnis zu Moskau, und
in den Wohnräumen, in denen der Dichter im Freundeskreis seinen
Polterabend gefeiert hatte, sind auch einige Möbelstücke aus dem persönlichen Besitz des Dichters zu sehen.

Gleich neben dem Puschkin-Gedenkmuseum ist in dem Haus Nr. 55
ein **Andrej Belyj-Museum (59,** *Musej A. Belogo)* eingerichtet. Der
bedeutendste russische Symbolist wurde 1880 in dem Haus am Arbat
als Sohn eines Mathematikprofessors geboren und lebte im Hause seiner Eltern bis zu seinem 26. Lebensjahr. Als Sohn eines Naturwis-
senschaftlers war Andrej Belyj, was soviel wie ›Andreas der Weiße‹
bedeutet und sein selbstgewähltes Pseudonym für Andrej Bugaew war,
schon früh mit allen erdenklichen Philosophemen vertraut. 1895 zog
der Bruder des Philosophen Wladimir Solowjow in dasselbe Haus,
und in dem künstlerischen Wohnambiente der Solowjows wird Andrej Belyj das positivistische Mathematikermileu seines Zuhauses vollends verhasst. Erfüllt von dem Wunsch »das Universum von zuun-
terst zuoberst zu kehren«, wandte er sich zunächst der Metaphysik
zu, um schließlich bei der Steinerschen Anthroposophie zu landen.
In der elterlichen Wohnung ist neben einigen Möbeln aus dem persönlichen Besitz und zahlreichen Fotografien auch eine von Andrej
Belyj angelegte »Lebenskarte« zu sehen, die seinen Vorstellungen der
›Dritten Welt‹, einem Reich der Symbole, entsprungen ist.

Ein Prachtbau avantgardistischer Architektur vor »ihrem funktio-
nalistischen Sündenfall« ist das **Wohnhaus** des konstruktivistischen
Architekten **Konstantin Melnikow (60)** in dem Kriwoarbatskij pereulok Nr. 10 (Кривоарбатский Переулок). Zwei ineinander ver-
schränkte Zylinder entzünden ein spannungsvolles Wechselspiel zwischen irritierender Schlichtheit und geometrischer Schönheit. Das
unlängst restaurierte architektonische Schmuckstück zählt zu den wenigen im konstruktivistischen Stil errichteten Gebäuden Moskaus.

Die Reihe der Literaturmuseen setzt sich fort mit dem zeitweiligen
Domizil des bedeutenden russischen Publizisten Alexander Herzen,
der in dem Pereulok Siwzew Wraschek 27 (Пер. Сивцев Вражек) lebte.
Das einfache Steinhaus, das heute das **Herzen-Museum (61,** *Musej
Gerzena)* beherbergt, hatte der Vater des Schriftstellers 1839 erworben – zu einer Zeit, als Herzen wegen seiner sozialistischen Gesinnung aus Moskau verbannt worden war. Erst 1842 durfte er in die
Stadt zurückkehren und lebte bis zu seiner endgültigen Emigration
1847 in der Siwzew-Wraschek-Gasse. Hier arbeitete er an seinem berühmten Roman »Wer ist schuld?« (1846), in dem er sich ebenso wie
in zahlreichen Erzählungen für eine humane Gesellschaftsordnung
einsetzt. Alexander Herzen war einer der glühendsten Verfechter einer Aufhebung der Leibeigenschaft und propagierte einen ethischen
Sozialismus als ideale politische Ordnung für Russland. Das Museum

Skrjabin-Museum

*Nikolopeskowskij
pereulok 11
Tel. 49 92 41 19 01
Mi, Fr 12–18, Do,
Sa, So 10–16 Uhr,
am letzten Fr im
Monat geschl.*

Puschkin-Museum

*Arbat 53
Tel. 49 92 41 22 46
Mi–So 10–18 (Sa
bis 20) Uhr, am letz-
ten Fr im Monat
geschl.*

Belyj-Museum

*Arbat 55
Tel. 49 92 41 77 02
Mi–So 11–18 Uhr,
am letzten Fr im
Monat geschl.*

Herzen-Museum

*Perculok Siwzew
Wraschek 27
Tel. 49 92 41 58 59
zur Zeit wegen Re-
novierung geschl.*

137

Nikolaj Gogol (Kupfer-stich von 1841 nach einem Gemälde von F. A. Möller)

Gogol-Museum

Nikitskij Bulwar 7 a
Tel. 49 56 91 12 40
www.domgogolya.ru
Mo, Mi, Do, Fr 12–
19, Sa/So bis 17
Uhr

Lermontow-Museum

uliza M. Moltscha-nowka
Tel. 49 56 91 52 98
Mi, Fr 14–18, Do,
Sa, So 11–17 Uhr

Zwetajewa-Museum

Borssiglebskij
pereulok 6
Tel. 49 56 95 35 43
Mo–Fr 12–18, Do
bis 20, So bis 17
Uhr, am letzten Fr
des Monats geschl.

bewahrt einige Dinge aus dem persönlichen Besitz des Publizisten und dokumentiert Leben und Werk Alexander Herzens.

Das **Gogol-Museum (62,** *Musej Gogolja)* im kaisergelb-weißen Anwesen in der Bolschaja Nikitskaja erinnert an den Verfasser des »Revisors«, eines der berühmtesten russischen Bühnenwerke über die ewige Korruption im Land. Gogol war häufig umgezogen und wohnte zumeist bei seinen Freuden, daher ist wenig aus seinem persönlichen Besitz erhalten. Doch hat man sich bei der Eröffnung des Museums 2009 um ein vergangenheitsgetreues Setting bemüht und mit vielen Sonderanfertigungen jene Atmosphäre geschaffen, in der der Komödiendichter geschrieben hat. Alle Heiterkeit ist bei Gogol immer umzingelt von den dunklen Gespenstern des Lebens, die Mimik des Lachens wechselt immer ab mit der Mimik der Trauer.

Gleich hinter den gigantischen Verwaltungsbauten am Neuen Arbat versteckt sich in dem Straßengewirr des Alten Arbat in der uliza M. Moltschanowka (ул М. Моланoвка) das heimelige **Holzhaus der Großmutter Michail Lermontows (63),** in dem der Dichter 1830–32 lebte. In dem Haus ist heute ein kleines Museum eingerichtet, dessen Sammlung Leben und Werk des bedeutenden Dichters dokumentiert. Lermontow, der in Technik und Thematik an Byron geschult war, und in seiner Versdichtung ebenfalls zu dämonisierender Selbststilisierung neigte, schrieb in dem Haus seiner Großmutter mehr als hundert Gedichte sowie Verserzählungen und Dramen. Auch der erste Entwurf des »Dämon« (1856) entstand in dieser Zeit.

In für Moskauer Verhältnisse unmittelbarer Nachbarschaft lebte bis 1922 die extravagante russische Dichterin **Marina Zwetajewa.** In dem Haus in dem Borissoglebskij pereulok 6 (Борисоглебский пер.) ist der neben Anna Achmatowa bedeutendsten russischen *Poetessa‹* dieses Jahrhunderts heute ein **Gedenkmuseum (64)** gewidmet. Marina Zwetajewa hatte die Kriegs- und Revolutionszeiten allein mit ihrer Tochter hier verlebt; ihr Mann, Sergej Efron, hatte sich als Kriegsfreiwilliger gemeldet, später schloss er sich den ›Weißen‹ an. Bis zu ihrer Emigration 1922 harrte sie in dem Haus mit den zwei Pappeln aus. Doch schon bald sollte es in dem Haus in dem Borissoglebskij pereulok enger werden. Nach dem Bürgerkrieg wurde es vom Staat beschlagnahmt, und proletarische Familien zogen ein. Ihr selbst blieben aber immerhin drei Zimmer, in denen sie mit ihren beiden Töchtern und dem Kindermädchen Unterschlupf fand. »Wir leben noch dort, wo wir früher waren, im Esszimmer. Alles andere ist besetzt. Das Haus ist ausgeraubt und zusammengeschlagen. Ein Elendsquartier. Wir heizen mit Möbeln« schreibt sie im Dezember 1920 an ihre Schwester Asja nach Koktebel. Das nunmehr in Kommunalwohnungen aufgeteilte Haus ist in der russischen Literatur mehrfach beschrieben worden, einige der eindringlichsten Schilderungen stammen von Ilja Ehrenburg, der im Winter 1917/18 erstmals in die Borissoglebskij-Gasse kam und angesichts der Unordnung »erstarrte«. Das **Literaturmuseum** in dem Trubnikowskij pereulok (Трубниковский пер.) stellt im Rahmen wechselnder Ausstellungen die russische Literatur des 20. Jh. vor.

Bolschaja Nikitskaja und Umgebung

Die elegante, aber etwas in die Jahre gekommene Bolschaja Nikitskaja uliza (Бол. Никитская ул., ehemals *uliza Gerzena)* war in den 20er-Jahren des 20. Jh. nach dem sozialkritischen Autor Alexander Herzen benannt worden. Seit 1996 bezieht die einst belebte Handelsstraße ihren Namen wieder vom Nikitskij-Nonnenkloster. Im 17. und 18. Jh. war die Bolschaja Nikitskaja besonders bei der Aristokratie beliebt, die sich hier vornehme Stadtpalais errichten ließ, die der Straße heute ihr nobles Flair geben.

Das Treppenhaus in der Villa Rjabuschinskaja. Nach der Oktoberrevolution wurde das Haus enteignet und zeitweise als Kinderheim genutzt. Beim Anblick all dieser Pracht und architektonischen Höchstleistung gibt es noch immer zu denken, dass Schechtel 1926 in einem Zimmer in einer Kommunalwohnung völlig verarmt starb. In das von ihm errichtete Haus zog 1931 Maxim Gorkij nach seiner Rückkehr aus Capri ein. Man mag staunen, wie bürgerlich der Autor des Sozialistischen Realismus in seinen wuchtigen Herrenzimmermöbeln lebte, auch seine bürger-Sammlerleidenschaft überrascht: Gorkij hatte eine beachtliche Zahl chinesischer Porzellanfiguren zusammengetragen. Heute beherbergt die Villa ein Gorkij-Gedenkmuseum, das mit viel Fotomaterial Leben und Wirken des Dichters dokumentiert

Gorkij-Museum

*in der Villa
Rjabuschinskaja
Malaja Nikitskaja
6/2
Tel. 49 56 90 05 35
Mi, Fr 12–19, Do,
Sa, So 10–17 Uhr*

In der stillen, formstrengen **Kirche der Großen Auferstehung (65,** *Zerkow bolschogo woskressenija)* heiratete am 18. Februar (2. März) 1831 Puschkin Natalja Gontscharowa. Während der Zeremonie fiel der Ehering zu Boden, was Puschkin auch später noch sehr beunruhigte, da es ihm als ein schlechtes Omen erschien.

Der Bau geht auf das 19. Jh. zurück und ist mit seiner schlichten und verhaltenen Formensprache ein Beispiel für den Moskauer Spätklassizismus. Die strenge Symmetrie der Anlage unterstreicht ein kleines Refektorium – ebenso hoch wie die Apsiden – das sich im Westen an die Kirche anschließt. Die Fassade wird allein von einem stark hervortretenden viersäuligen ionischen Portikus akzentuiert, den Stuckmedaillons zieren.

Villa Rjabuschinskaja (66)

Die Villa Rjabuschinskaja *(Osobnjak Rjabuschinskogo)* ist mit Sicherheit eine der schönsten Jugendstilvillen der Welt. 1900 gab der Moskauer Kaufmann und Millionär Rjabuschinskij bei dem befreundeten Jugendstilarchitekten Fjodor Schechtel ein Haus in Auftrag. Schechtel errichtete eine Villa, die weniger durch eine auffällige Fassadengestaltung ins Auge fällt, wie sonst bei Jugendstilbauten, als vielmehr durch den kubischen Baukörper mit eigenwillig asymmetrischen Mauervorsprüngen, massiven Treppen sowie mit unterschiedlich gestalteten Balkonen, die die Gleichwertigkeit aller Fassaden betonen. Bei der Außengestaltung übte Schechtel besonnene Zurückhaltung: allein ein breiter Mosaikfries mit Iris-Darstellungen umzieht gleich einem Blumenband den oberen Teil der Villa.

Sinn für Schönheit spricht aus allen Details der Villa und zeigt sich gerade auch in der Inneneinrichtung, deren Prachtstück eine von organischen Formen bewegte und gegliederte Paradetreppe ist. Sämtliche Details der Inneneinrichtung – von den Türklinken bis zu den Vetragen, von den Lampen bis zum Kamin – sind im Sinne eines Gesamtkunstwerkes konzipiert, dessen Leitmotiv das Lorbeer-Blatt ist.

Neben der Villa Rjabuschinskaja liegt in der uliza Spiridonowka die als **Museum** eingerichtete ehemalige Wohnung des Schriftstellers **Alexej N. Tolstoj** (1883– 1945), der mit seinem historischen Roman »Peter I.« bekannt wurde.

Tschechow-Museum und Bulgakows »Meister und Margarita«

»Ich habe mich schrecklich in Moskau verliebt. Wer sich einmal hierher gewöhnt, der fährt nicht mehr weg. Ich bin ein ewig Moskauer«, schrieb Anton Tschechow begeistert seinem Freund in die Provinz. Tschechow hatte sich in Moskau verliebt, obwohl er unter äußerst widrigen Bedingungen hier lebte. In nassen und kalten Wohnungen in Samoskworetschie, die Gift für seinen Bluthusten waren, der ihn seit 1883 quälte, wurde er immer schwermütiger und entschloss sich schließlich zum Umzug in ein besseres Viertel. Im August 1886 fand er ein Zuhause in dem Haus Kornejew an der Sadowaja Kudrinskaja 6 (Садовая Кудринская) in dem heute ein **Tschechow-Gedenkmuseum (67)** eingerichtet ist. Vier Jahre lebte der Dichter mit seiner Familie hier, bevor er sich aus humanitären Gründen zu der Sträflingsinsel Sachalin aufmachte. Als er zurückkam, war die Familie bereits in die Malaja Dmitrowka (Малая Дмитровка) 29 gezogen, weil sie das große Haus nicht halten konnte. Tschechow, der Arzt war und als Schriftsteller noch keinen Namen hatte, lebte in schlichter Bescheidenheit. Literarische Anerkennung erfuhr er erstmals 1888 mit seiner Novelle »Die Steppe«, für die er mit dem Puschkin-Preis ausgezeichnet wurde. Die lebhafte Atmosphäre bei den Tschechows, zu deren Gästen unter anderem Tschaikowskij, Stanislawskij und Nemerowitsch-Dantschenko gehörten, hält das Hausmuseum noch heute in zahlreichen Fotografien fest.

Anton Tschechow (oben) und Michail Bulgakow (unten)

Folgt man der Sadowaja Kudrinskaja, zweigt rechts die Malaja Bronnaja uliza (Малая Бронная улица) ab, die einer der Schauplätze des berühmten Romans **»Der Meister und Margarita«** (1928–40) von Michail Bulgakow ist. Seit ein paar Jahren finden hier Bulgakow-Feste in den Kostümierungen der Romanprotagonisten statt. Allen voran ist der Oberteufel Woland bei den Moskauern beliebt, der in der Bolschaja Sadowaja 10 (Большая Садовая улица) lebte. Die »unheimliche Wohnung« oder die »**Wohnung des Bösen« (68)** trägt noch immer die Nummer 50 und war 1921–24 das Domizil von Bulgakow.

Die Gegend um die **Patriarchenteiche (69,** *Patriarschie prudy)* mit ihren schattigen Alleen gehört zu den schönsten Moskaus und hat sich viel von ihrem alten Charme bewahrt. Geradezu heimelig gibt sich die Weltstadt hier, und die alten Moskauer kommen gern, um am Ufer des Teiches den Flügen von Bulgakows Margarita nachzuschauen.

Die ehemals drei Teiche wurden im 16. Jh. ausgehoben, um den Haushalt des Moskauer Metropoliten mit frischen Forellen zu versorgen. Nur ein Teich überstand die Jahrhunderte, und die Angel wirft man hier bestimmt vergebens aus. Folgt man der Malaja Bronnaja (Малая Бронная), der alten Verbindungsstraße nach Twer, stößt man auf den Twerskoj Boulevard (Тверской ьулявар), eine in der russischen Literatur vielzitierte Lindenallee. In dem kaisergelb-weißen Adelspalast Nr. 25 hat das **Gorkij-Literaturinstitut (70)** seinen Sitz, Russlands hohe Dichterschule, in der von Jewgenij Jewtuschenko über Dschingis Aitmatow bis Viktor Pelewin alle die Kunst des Schreibens lernten. Die literarischen Wurzeln des Palais reichen bis ins 19. Jh. zurück, als Alexander Herzen hier geboren wurde. Später lebten Andrej Platonow und Ossip Mandelstam vorübergehend in dem Haus. Über den Nikitskije worota-Platz erreicht man den Nikitskij Boulevard (Никитский ьул.), der nach dem Stadtbrand von 1812 entstand und die Moskauer Ringanlage zwischen dem Arbat und der Bolschaja Nikitskaja Uliza (Бол. Никтская улица) ergänzt.

Tschechow-
Museum

Sadowaja
Kudrinskaja 6
Tel. 49 56 91 63 45
Di, Do, Sa 11–18,
Mi, Fr 14–20 Uhr

141

Das **Lunin-Haus (71,** *Dom Lunina)* ist einer der pompösesten Adelssitze am Boulevard. 1818–22 ließ der Moskauer General Lunin das Haus von dem italienischen Baumeister Gilardi errichten, der aufgrund des begrenzten Baulandes eine für klassizistische Stadtpalais ungewöhnliche Architektur fand: Er verzichtete auf die klassische Dreiteilung in zwei Seitenflügel und einen Hauptteil und schuf eine in sich geschlossene Komposition, deren Hauptfassade ein achtsäuliger korinthischer Portikus akzentuiert. Der südlich anschließende Wohnflügel nimmt die vertikale Dynamik durch Säulen noch einmal auf, der Wirtschaftsflügel im Norden blieb schlicht. Die Lyra im Fassadenschmuck verweist auf einst musische Bewohner des Hauses: Lunins Tochter war eine begnadete Sopranistin und lud oft zu Konzerten ein. Heute beherbergt das Lunin-Haus das Museum der Kunst der Völker des Orients, das mit mehr als 30 000 Exponaten einen eindrucksvollen Überblick über orientalische Kunsttraditionen gibt.

Die Motive für den 1997 abgeschlossenen Wiederaufbau der Erlöser-Kathedrale waren eher staatspolitischer denn religiöser Natur: Die monumentale Kathedrale soll ein »Symbol der geistig-moralischen Wiedergeburt Russlands« sein

Auf der gegenüberliegenden Seite des Boulevards lebte **Nikolaj Gogol** nach seiner Rückkehr aus Italien 1848. Im Hof des Hauses gedenkt eine Plastik von Nikolaj Andrejew des Dichters. Der Autor der »Toten Seelen« (1842) und des »Revisors« (1836) bezog im Haus am Nikitskij Boulevard zwei Zimmer im nördlichen Seitenflügel, der seine Fassade dem Hof zuwendet. Hier arbeitete Gogol auch an dem zweiten Band der »Toten Seelen«, den er jedoch in einem Anfall von Selbstzweifeln 1852 verbrannte. Danach verfiel er in völlige Apathie, verweigerte jegliche Nahrung und starb am 21. Februar (4. März) 1852.

Über die Pretschistenka zum Neujungfrauen-Kloster

Erlöser-Kathedrale

Südlich der uliza Pretschistenka (гдю Зкуршыеутлф) wurde 1838–88 die **Erlöser-Kathedrale (1,** Чкфьф Чкшыеф Ызфышеудй) als Gedächtniskirche für den russischen Sieg über Napoleon errichtet. Der gewaltige 103 m hohe Kuppelbau war einst die größte orthodoxe Kirche der Welt. Zehntausend Gläubige fanden im Innenraum Platz, für dessen Ausstattung fast eine halbe Tonne Gold sowie kostbarste Edelsteine genutzt wurden. 1931 ließ Stalin die Erlöser-Kathedrale sprengen, um Platz für den gigantischen Palast der Sowjets zu schaffen. Über das Fundament wuchs das neue Symbol kommunistischer Herrschaft jedoch nie hinaus. Chruschtschow ließ in den 1950er-Jahren schließlich ein Freiluftschwimmbad auf den Fundamenten errichten. Doch die Dämpfe des beheizten, bei den Moskauern überaus beliebten Bades schädigten die Kunstsammlungen des Puschkin-Museums, und da ohnehin kein Geld da war, um eine dringend anstehende Renovierung vorzunehmen, schloss man das Schwimmbad 1993. Zum 850. Geburtstag Moskaus 1997 hat sich der Kreis wieder geschlossen. An der Stelle des Schwimmbades thront nun wieder die Kathedrale. Die Baupläne knüpften ungebrochen an die Zarenzeit an, in der Staat und Kirche ein symbiotisches Verhältnis pflegten. Nicht frei von Unbehagen steht man vor einem in mittelalterlicher Formensprache gehaltenen Bauwerk, das heute in jeder Hinsicht ein bloßes Zitat ist, des Mittelalters wie des 19. Jh.

Pretschistenka

Die Pretschistenka (гдю Зкуршыеутлф) ist eine der schönsten Moskauer Straßen. Ursprünglich wohnten hier die Stallknechte des Zaren. Im 18. und 19. Jh. entdeckte jedoch die Moskauer Aristokratie die Gegend an der vom Kreml zum Neujungfrauen-Kloster führenden Straße, deren weite Flucht wie geschaffen war für die Reihung klassizistischer Fassaden. So entstand ein Stadtpalais nach dem anderen, in denen heute zahlreiche Botschaften ihren Sitz haben. Im 19. Jh. hingegen gärten in den adeligen Salons auch die sozialrevolutionären Ideen der Dekabristen, was der Pretschistenka aus dem Munde Alexander Herzens den Titel eines ›Moskauer Faubourg St. Germain‹ einbrachte.

In dem spätklassizistischen **Herrensitz der Chruschtschows (2,** *Usadba Chruschtschewych),* zu dem ursprünglich auch ein Park mit Pavillons, eine Hauskirche und ein Wirtschaftsgebäude gehörten, ist heute ein Puschkin-Museum eingerichtet, dessen Interieur einen guten

Detailplan: ›Von der Erlöser-Kathedrale zum Neujungfrauen-Kloster‹ S. 144

Wohnaus Leo Tolstoj

In der uliza Lwa Tolstogo 21 (Di–So 10–17 Uhr, letzter Freitag im Monat geschl.) liegt das Wohnhaus Tolstojs, in dem er von 1882 bis 1901 mit seiner großen Familie die Wintermonate verbrachte, 1921 wurde in dem alten Holzhaus ein Wohnungsmuseum eingerichtet, in dem u. a. das Arbeitszimmer in seinem ursprünglichen Zustand erhalten ist. Hier hatte er den Roman »Auferstehung« (1898) geschrieben, den der Synod mit Billigung Nikolajs II. 1901 mit der Exkommunikation Tolstojs quittierte, welcher nach dem Ausschluss aus der Kirche wieder auf sein Landgut Jasnaja Poljana zurückkehrte.

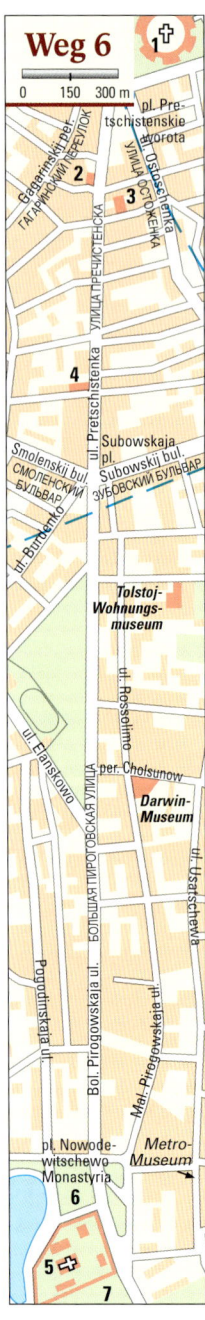

Einblick in großbürgerliche Wohnkultur des 19. Jh. vermittelt. Der Dichter selbst hat nie im Chruschtschow-Haus gelebt, aber immerhin erwähnte er in seiner Dichtung den Garten, der zu den schönsten ganz Moskaus zählte. Die Sammlung des Museums zeigt einige Gegenstände aus dem persönlichen Besitz des Dichters sowie Erstausgaben und zahlreiche Erinnerungsstücke der Familie sowie von seinen Freunden.

Der Architekt des Chruschtschow-Hauses, Alexander Grigorjew, errichtete 1817–22 auch das **Haus der Lopuchins (3,** *Dom Lopuchina),* das das Tolstoj-Museum beherbergt. Die umfangreiche Sammlung, zu der der gesamte literarische Nachlass Tolstojs gehört, dokumentiert anhand von Fotografien, Tondokumenten und Dokumentarfilmen Leben und Werk des großen russischen Dichters, dessen beeindruckende Persönlichkeit auch zahlreiche Porträts vergegenwärtigen.

Ein mit Blattwerk geziertes Gartengitter ist der Auftakt zur **Villa Derosinskaja (4,** *Osobnjak Derosinskoj)* in dem Kropotkinskij pereulok (Лкцзщелштылшо зукю)б einem von Schechtel errichteten Jugendstilhaus. Das gigantische Buntglasfenster, das alle Geschosse miteinander verbindet, zieht selbstsüchtig den Blick auf sich und gibt die großartigen Maßstäbe der Villa vor.

Neujungfrauen-Kloster

Einer anderen Welt gleich erhebt sich das **Neujungfrauen-Kloster (5,** *Nowodewitschij monastyr)* inmitten der lärmenden Straßen Moskaus. Die dicken Klostermauern beflügeln die Einbildungskraft während man den Eingang in diese abgeschiedene Welt sucht. Die dicken weißen Mauern mit den backsteinroten Turmkronen haben viel gesehen und erlebt: Das Kloster war immer eng mit dem Zarenhaus verbunden. Boris Godunow hatte als Regent Fjodors gar hier gewohnt und wurde 1598 in der Smolensker Kathedrale zum Zaren gekrönt.

1523 hatte Wassilij III. am linken Ufer der südwestlichen Moskwaschleife an der Straße nach Smolensk und Litauen ein Wehrkloster errichten lassen, das einen möglichen Sturm sowohl der Litauer als auch der Krimtataren abhalten sollte. Dem Angriff unter Mehmet Girai 1571 konnte das Kloster allerdings genauso wenig standhalten wie ganz Moskau. Die Wiederaufbauarbeiten zogen sich über Jahre hin, doch schließlich überstand das Neujungfrauen-Kloster unbeschadet den letzten Angriff der Tataren 1591. Auch die 1812 von den französischen Besatzern geplante Sprengung schlug glücklicherweise fehl. Zu dieser Zeit diente das Kloster bereits als Frauengefängnis. Die erste Insassin war Sophia, die Halbschwester Peters des Großen, die dieser gezwungen hatte, sich in ein Kloster zurückzuziehen. Ein paar Jahre später verbannte er auch seine Ehefrau hinter die dicken Klostermauern. Riesige Ländereien mehrten den Reichtum des Klosters, das zu den größten Grundbesitzern ganz Russlands gehörte. Fast 15 000 Leibeigene – die dazugehörigen Frauen wurden erst gar nicht gezählt – bestellten für das Kloster die Felder in den Weiten Russlands.

Vom ursprünglichen
Wehrcharakter des
Klosters zeugt bis
heute der Ring mäch-
tiger Mauern, die Ende
des 16. Jh. nach dem
Vorbild des Kreml um
das unregelmäßige
Fünfeck der Anlage
gezogen wurden. 16
Wehrtürme, davon vier
runde und 12 eckige,
dienten ebenfalls der
Verteidigung des Klos-
ters, für die mehr als
300 Strelizen ständig
stationiert waren.
Erst Ende des 17. Jh.
war die Gefahr eines
Angriffs gebannt. Den
Türmen setzte man
nun die schmuck-
vollen roten Kronen
auf und über den Ein-
gangstoren wurden
Torkirchen errichtet

Kathedrale der Gottesmutter von Smolensk

Das Zentrum der Klosteranlage nimmt die Kathedrale der Gottesmutter von Smolensk *(Sobor Smolenskoj Bogomateri)* ein, von Wassilij III. 1524/25 als Zeichen des Sieges über Smolensk 1514 gestiftet.
Die Baumeister sind nicht überliefert, die Architektur legt jedoch nahe,
dass Italiener beteiligt waren.

   Der **Außenbau** ist ein Konglomerat traditoneller Bauformen der
Kathedralen im Moskauer Kreml: Die Anordnung und Vermaßung
der Fenster sowie die Sakomare sind Formfindungen der Mariä-Entschlafens-Kathedrale verpflichtet ebenso wie die Gliederung durch
Bogenlisenen. Neu sind die gedeckten Galerien, die die Kathedrale
im Norden, Süden und Westen umgeben und zu der südlichen bzw.
nördlichen Seitenkapelle führen. Sie wirkten beispielgebend und wurden 1564 beim Bau der Mariä-Verkündigungs-Kathedrale wiederholt.
Bauliche Entsprechungen zeigt die Kathedrale auch zu der Susdaler
Mariä-Schutz-Kathedrale im gleichnamigen Kloster, die nach dem
Willen Wassilijs um 1518 entstand.

   Der erste Eindruck, den man beim Betreten des Innenraumes gewinnt, ist vom vergoldeten, fünfrangigen Ikonostas geprägt. Peters
Schwester Sophia hatte dieses Werk 1683 bei Meistern der Rüstkammer in Auftrag gegeben. Die Malereien aus dem 16. Jh. ›feiern‹ die An-
gliederung von Smolensk an das Moskauer Reich. Darüber hinaus
wird in der Wandgestaltung der Kathedrale vor allem die »Gottesmutter Smolenskaja« geehrt, die dem Bildtypus der Hodegetria zuzu-
rechnen ist und deren Ikone als wundertätig gilt.

   Im **Sockelgeschoss** wurden im 16. und 17. Jh. Grablegen für Äbtis-
sinnen und Fürstinnen geschaffen. Hier findet man auch die Gräber
der Familie Iwans IV. sowie die Grablege der Zarewna Sophia.

   Westlich der Smolensker Kathedrale erstreckt sich der eindrucksvolle Komplex des **Refektoriums** *(Trapesa)* samt Kirche Mariä Ent-

schlafung *(Trapesnaja palata s zerkowju Uspenija)*, die beide 1685–1687 errichtet wurden. Im Innern der Trapesa überwältigt der imposante Hauptsaal mit einer Weite von 390 m²: Er wurde nicht nur als Speisesaal der Nonnen, sondern auch als Empfangssaal genutzt.

Der sechsgeschossige **Glockenturm** *(Kolokolnja)*, der sich in die schwindelerregende Höhe von 72 m erhebt, beherrscht die Klosteranlage mit seiner sich nach oben hin verjüngenden Eleganz. Mit facettenreich gestalteten Fensterrahmungen, Säulen und Balustraden, die sich dekorativ vom Baukörper abheben, scheint er gleichsam in den Himmel zu entschweben (s. Abb. S. 385).

Von originellem Charakter ist die **Christi-Verklärungs-Kirche** *(Preobraschenskaja zerkow)*, die dem Nordtor aufgesetzt ist. Doppelsäulen betonen die ungewöhnlichen Proportionen der Kirche mit einem extrem hochgezogenen Kubus. Die großen Muscheln der Sakomare greifen Schmuckelemente der Erzengel-Kathedrale des Kreml auf.

Alter und Neuer Friedhof

Der ruhige, ehrfurchtsvolle **Alte Friedhof (6)** im Neujungfrauen-Kloster genießt als letzte Ruhestätte einen hohen Prestigewert. Seit der Klostergründung wurden unter dem dichten Blätterdach der alten Bäume nur Adelige und höchste Würdenträger beigesetzt. Da man mit dem Verkauf von Grabplätzen einen beachtlichen Verdienst erzielen konnte, kamen im 19. Jh. auch Gelehrte, Dichter und vor allem begüterte Kaufleute hinzu.

Unsterblich allerdings muss man sein, um auf dem **Neuen Friedhof (7)** seine letzte Ruhestätte zu finden. Soviel durchgeistigte Köpfe aus Marmor oder Bronze: Dichter, Komponisten, Musiker, Künstler, Politiker und Regisseure! Bei einem Spaziergang über den Friedhof kann man sich der gesamten russischen Kultur- und Geistesgeschichte versichern. Hier trifft man auf die Gräber von Gogol, Tschechow, Tolstoj, Giljarowskij, Stanislawskij und Nemirowitsch-Dantschenko, Schostakowitsch, Leonid Kogan, Majakowskij, Tretjakow, Schaljapin, Prokofjew, Skrjabin sowie Rubinstein. Im neueren Teil des Friedhofs sind David Ojstrach, Wladimir Wyssozkij und Bulat Okudschawa beigesetzt sowie Nikita Chruschtschow. Chruschtschows Grabstein schuf übrigens Ernst Neiswestnyj, ein moderner Künstler, für den der Parteisekretär bei einem Besuch seiner Kunstschau nur Hohn übrig hatte.

Moskaus Umgebung

*Überblickskarte
Moskaus Umgebung
S. 152*

Kolomenskoje

Südlich der Moskauer Innenstadt liegt an einer Schleife der Moskwa Kolomenskoje (Коломенское). Die alte Zarenresidenz Dmitrij Donskojs und seiner Nachfolger ist ein beliebtes Ausflugsziel der stressgeplagten Großstädter und längst vom Moskauer Stadtgebiet einverleibt worden. Vor allem im Winter bietet Kolomenskoje ein pittoreskes Bild, wenn die Kinder auf Plastiktüten das Steilufer hinuntersausen und nichts den Eindruck einer verschneiten Idylle zu stören vermag.

Dass Kolomenskoje einst eine prachtvolle Residenz war, ist ob der nur vereinzelt erhaltenen Bauwerke schwer vorstellbar. Allein die elegante Christi-Himmelfahrts-Kirche, die Wassilij III. in Auftrag gab, bewahrt noch die herrschaftliche Größe der Anlage, zu der ein ganz aus Holz errichteter Palast Alexej Michailowitschs gehörte, der im 17. Jh. wegen seines ausladenden Schmuckwerks als achtes Weltwunder erachtet wurde. Eine Idee aller architektonischen und künstlerischen Herrlichkeiten, die der Palast zu vereinigen schien, gibt das im 19. Jh. entstandene Modell im Kolomenskojer Museum in der alten Kanzlei.

Kolomenskoje ★

Kolomenskoje

*Tel. 49 96 12 52 17
April–Okt. 8–22
(Nov.–März bis 21)
Uhr, alle Museen
auf dem Gelände
Di–So 10–18 (Tickets bis 17.30) Uhr*

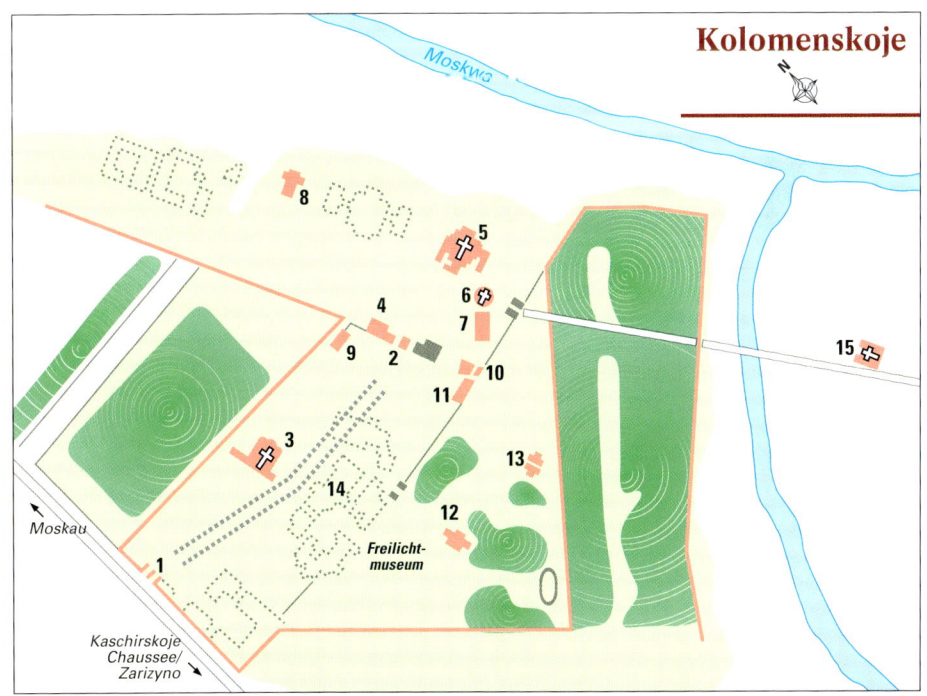

147

Katharina II. veranlasste 1768 den Abriss des baufällig gewordenen und aus der Mode gekommenen Palastes. Überdauert haben von der Residenz Alexej Michailowitschs allein das wuchtige **Erlösertor (1,** *Spasskie worota)* mit dem botschka-Dach in Gestalt eines Halbzylinders, der kielbogenförmig nach oben zuläuft, das **Vordere Tor (2)** zur Moskwa hin und die **Kirche der Gottesmutter von Kasan (3,** *Zerkow Kasanskoj Bogomateri)* mit ihren goldbesternten Himmelszeltkuppeln. Alexej hatte sie 1649 als Palastkirche errichten lassen in einer für die Zeit charakteristischen Architektur. Die Wandmalereien wurden im 19. Jh. erneuert. Die Lindenallee geleitet den Weg zum Vorderen Tor mit dem Zeltdach-Glockenturm, durch das man einst die Residenz betrat. Die schlichte Fassade wird allein durch das farbliche Wechselspiel von weißen Mauern und rotem Ziegel der Sockel, Tor- und Fensterrahmen sowie des Zahnfrieses belebt. Zum Empfang der Gäste hatte der Zar im typisch barocken Bemühen um gleichermaßen ausgefallene wie technisch perfekte Repräsentation Löwen aus Holz vor der Fassade aufstellen lassen, die mittels eines Mechanismus die Augen rollen und mit dem Schwanz wedeln konnten. In der sogenannten Orgelkammer über den Torbögen werden Turmuhrmechanismen ausgestellt sowie einige Glocken.

Im Umfeld des Tores finden sich verstreut verschiedene Wirtschafts- und Verwaltungsgebäude Kolomenskojes, in denen die Sammlungen des **Museums (4)** untergebracht sind. Die Kollektion bewahrt in ihrer Einfachheit und unprätentiösen Darbietung sowie in ihrer bunten Vielfalt gleichsam das anmutig-menschliche Moment der russischen Volkskunst. Zu sehen sind Schnitzereien, Schmiedekunst, Fliesen und Kacheln sowie Ikonenmalerei.

Christi-Himmelfahrts-Kirche (5)

Das architektonische Juwel Kolomenskojes ist die Christi-Himmelfahrts-Kirche *(Zerkow wosnessenija)* die zweite aus Stein errichtete und größte Zeltdachkirche Russlands. Stolz ragt sie mit 62 m am Steilufer der Moskwa in den Himmel. »Und diese Kirche war von so wunderbarer Höhe und Schönheit, wie es sie zuvor in der Rus nicht gegeben hat«, berichtet die Chronik zu der 1530 in nur zwei Jahren Bauzeit errichteten Himmelfahrtskathedrale. Wassilij III. hatte sie zu Ehren der Geburt seines Sohnes Iwan gleichsam als Memorialbau in Auftrag gegeben.

Das Zeltdach war in der russischen Architektur bis zu diesem Zeitpunkt nur in der Holzbaukunst aufgetreten. Auf der Suche nach neuen Bauformen in der ersten Hälfte des 16. Jh. zeigte sich die Architektur offen für Einflüsse aus der Volkskunst und adoptierte als markanteste Stilform schließlich das Zeltdach. Die neue Dachform verdankt sich jedoch nicht allein einem bauästhetischen Bedürfnis nach Innovation; im Zeltdach hatte auch das russische Staatsverständnis seinen kongenialen Ausdruck gefunden: Verweist es doch direkt auf das Aufschlagen des alttestamentarischen Bundeszeltes, von dem aus Gott

Die Christi-Himmelsfahrts-Kirche ist die bedeutendste Zeltdachkirche Russlands

seinem auserwählten irdischen Herrscher, dem Zaren, die Verteidigung des rechten Glaubens auferlegt. Die staatstheologisch motivierte Innovation der Architektur folgte durchaus aktuellen Gegebenheiten, denn der unter Wassilij III. herbeigeführte Friede war von vielen Seiten bedroht: An der Wolga bereitete sich das Khanat Kasan auf einen Angriff vor, auch die Khane der Krim warteten nur auf eine Gelegenheit zum Überfall, Polen und Litauen spekulierten auf das Gebiet rund um Smolensk, und im Nordwesten des Staates hegten Schweden und deutsche Ordensritter bedrohliche Expansionspläne.

Am Bau der Christi-Himmelfahrts-Kirche lassen sich **vier kompositorische Abschnitte** ablesen, die in der Gesamtschau jedoch ein äußerst stimmiges Bild ergeben. Auf dem hohen, von Arkaden durchbrochenen Sockel erhebt sich der zentrale Kubus mit risalitähnlichen Vorsprüngen. Auf ihm sitzt ein wuchtiges Oktogon, das wiederum den Zeltdachturm mit einem kleinen Kuppeltambour trägt. Drei Freitreppen greifen gleich Armen in das umliegende Land. Ihr einladender Charakter täuscht. Die Kirche hatte allein Memorialcharakter, außer für den Zaren und sein Gefolge ließ der kleine – leider fast immer verschlossene Innenraum – kaum Platz für die Gläubigen. Während die Treppen den Bau gleichsam zu verankern suchen, streben alle anderen Bauteile nach oben. Pfeile zwischen den Pilastern geben die Richtung vor, der sich drei Reihen Kokoschniki, in die Höhe gezogene Fenster sowie Kielbögen und Rhomben, die dem Zeltdach Struktur geben, anschließen.

In unmittelbarer Nähe sieht man den kleinen, von flachen Pilastern gegliederten Rundbau der **Georgs-Kirche ›Unter den Glocken‹ (6)**, die in der ersten Hälfte des 16. Jh. an der Stelle einer kleinen Holzkirche entstand, die Dmitrij Donskoj als Dank für seinen Sieg auf dem Schnepfenfeld errichtet hatte.

Auf- und Grundriss der Christi-Himmelfahrts-Kirche in Kolomeskoje

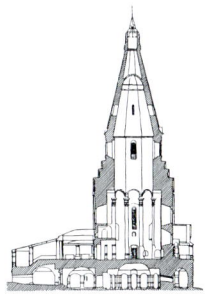

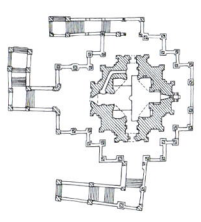

Zur Kirche der Enthauptung Johannes des Täufers und zum Häuschen Peters des Großen

Vorbei an dem mächtigen **Wasserhebeturm (7),** der den Zarenpalast in Kolomenskoje mit fließendem Wasser versorgte, was damals einer Sensation gleichkam, gelangt man über einen schmalen Pfad nach Djakowo (Дяково). In einer tiefen Senke ließ Iwan der Schreckliche Mitte des 16. Jh. wahrscheinlich anlässlich seiner Krönung zum Zaren eine denkbar außergewöhnliche Kirche errichten. Von Weitem vermittelt die **Kirche der Enthauptung Johannes des Täufers (15,** *Zerkow useknowenija glawy Ioanna Predtetschi)* den Eindruck einer Burg – dafür spricht auch der auffallend repräsentative Charakter der Kirche. Um einen zentralen, achteckigen Turm gruppieren sich vier weitere, oktogonale Türme, die sich über einem gemeinsamen Sockelgeschoss erheben. Die Architektur zeichnet sich durch Uneinheitlichkeit aus; die Kapellen wirken gedrungen, der sie überragende Zentralkorpus dagegen lässt sie in seiner Massivität noch kürzer erscheinen, als sie ohnehin schon geraten sind. Die acht wuchtigen Halbzylinder, die den Tambour umstehen, verstärken den Eindruck lastender Schwere, der auf Baumeister aus Pskow schließen lässt.

Im Westen der Anlage von Kolomenskoje wurden aus verschiedenen Gegenden Russlands Holzbauten zusammengetragen, die heute zum Bestand eines Freilichtmuseums gehören. Dazu zählt auch das **Häuschen Peters des Großen (12),** in dem er bei seinen Aufenthalten in Archangelsk lebte. Peter, der in seiner Körpergestalt einem Hünen glich, konnte in den drei niedrigen Zimmern nicht einmal aufrecht stehen.

Zarizyno

Folgt man dem Flusslauf der Moskwa nach Süden, erreicht man nach einem etwa halbstündigen Spaziergang die Zarenresidenz Zarizyno (Царицыно). Das einfache Leben, das Peter I. bei aller Vorliebe für Größe immer wieder einholte, schien auch für Katharina II. nicht ohne Reiz. 1776 beauftragte sie Baschenow mit einer gotisierenden Zarenresidenz in Zarizyno, in der sie als »einfache Gutsbesitzerin leben« wollte. Baschenow griff tief in das zeitgenössische Arsenal möglicher Architekturformen und förderte ein typisches Rokoko-Idyll mit Pavillons, Brücken, Toren und einem Opernhaus zutage. Die künstliche Anlage traf jedoch keineswegs den Geschmack Katharinas, die die Bauleitung nun hoffnungsvoll auf Kasakow übertrug. Der Tod der Zarin 1796 stoppte jedoch alle weiteren Bauvorhaben. Zarizyno – noch unvollendet – verfiel und glich jahrzehntelang einer romantisch verwilderten Ruinenlandschaft. Seit den 80er-Jahren des 20. Jh. haben Restauratoren die Zarenresidenz jedoch weitgehend wieder instand gesetzt.

Zaryzino
uliza Dolskaja 1
Tel. 49 53 22 68 43
www.tsaritsyno-mu
seum.ru
Nov.–April Mi–So
11–18 Uhr; April–
Okt. Mi–Fr 11–18,
Sa/So bis 19 Uhr

Kuskowo

Der klassizistische Herrensitz Kuskowo (Кусково) im Osten des Moskauer Stadtgebietes galt einst als Moskauer Versailles. Der Vergleich beschreibt die Pracht und den Reichtum, mit denen die Scheremetjews, eine der wohlhabendsten Familien des Landes, 1749 eine Sommerresidenz nahe Moskaus errichten ließen. In russischer Tradition entstand das Schloss von Kuskowo als Holzbau, der auf einem gemauerten Sockel ruht. Die Hauptfassade im Süden akzentuiert ein Portikus mit ionischen Säulen, der einst bis zu 25 000 Gäste empfing, die Graf Scheremetjew zu seinen im ganzen Land gefragten Festen einlud.

Die **Innenräume** des Schlosses sind im Geschmack des 18. Jh. mit Stuckarbeiten, Säulen, flämischen Gobelins, englischen Möbeln, Gemälden und Skulpturen eingerichtet. Gleich einer Symphonie – die Architektur galt im 18. Jh. als Schwester der Tonkunst – klingt in jedem Gemach eine neue Stimmung an, vom feierlichen Pathos des Vestibüls bis zur leichten Festlichkeit des Weißen Tanzsaals.

Im Park von Kuskowo, eine der ältesten und einst größten Gartenanlagen in der Umgebung Moskaus, herrschen analog zur Architektur Ebenmaß und Symmetrie nach französischem Vorbild: Schnurgerade Alleen kreuzen sich im rechten Winkel oder bilden Diagonalen, die zwischen teppichartigen Parterres verlaufen, deren Rasenflächen einst komplizierte Muster bildeten. Skulpturen begleiten alle Wege, an denen verschiedene kleine Bauten liegen wie das Holländische Häuschen mit dem Keramikmuseum im westlichen Park, die Eremitage, die Grotte am Ufer des italienischen Teiches im östlichen Teil des Parks, die Menagerie sowie das Italienische Häuschen. In der Orangerie am Ende der Hauptallee sind die reich bestückten Samm-

Kuskowo
uliza Junosti 2
Tel. 495 37 53 31
Nov.–März 10–16
(April–Okt. bis 18)
Uhr, Tickets bis eine
Std. vor Schließung,
am letzten Mi im
Monat geschl.

Der Weiße Tanzsaal
von Schloss Kuskowo

151

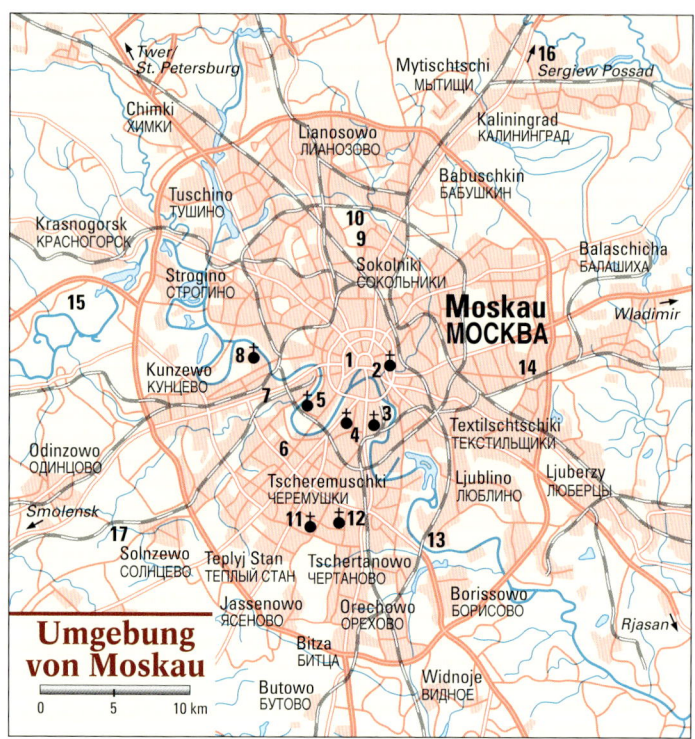

Umgebung
von Moskau

0   5   10 km

Moskaus Umgebung

1 Beschreibung
2 Kreml
3 Erlöser-Androni-
  kow-Kloster
4 Danilow-Kloster
5 Donskoj-Kloster
6 Neujungfrauen-
  Kloster

7 Lomonossow-
  Universität
8 Borodino-
  Denkmal
9 Mariä Schutz-
  Kirche in Fili
10 Ostankino
11 Gelände der ehe-
  maligen Volks-

wirtschaftsaus-
stellung (WDNCHa)
12 Kolomenskoje
13 Djakowo
13 Zarizyno
14 Kuskowo
15 Archangelskoje
16 Abramzewo
17 Peredelkino

lungen des Porzellanmuseums ausgestellt, dessen Exponate die Entwicklung des Porzellans vom 18. Jh. bis zum Agitpropteller der Revolutionszeit dokumentieren.

Außer in Kuskowo besaßen die Scheremetjews noch ein weiteres Landgut in Ostankino (10), wo 1794 ein Schloss und ein bedeutendes Leibeigenentheater errichtet wurden. 170 Schauspieler, Musiker, Instrumentenbauer, Dekorateure, Kostümbildner, Tänzer und Sänger gehörten zu Scheremetjews Truppe, die über die Landesgrenze hinaus berühmt war. 1801 ehelichte der Graf sogar die leibeigene Sängerin Praskowja Kowalowa.

Archangelskoje

Der Herrensitz Archangelskoje (Архангельское) ist eines der prächtigsten Kunstschlösser Russlands. In dem 20 km westlich von Moskau gelegenen Gebiet an der Moskwa entstand zu Beginn des 19. Jh. ein prunkvoller Adelspalast, an dessen Gestaltung die bedeutendsten Künstler damaliger Zeit mitwirkten. Den Namen verdankt Archangelskoje einer kleinen hölzernen Erzengel-Kirche, die 1667 durch eine Einkuppelkirche aus Stein ersetzt wurde.

1810 erwarben die Jussupows das Landgut, eine der einflussreichsten und wohlhabendsten Familien Russlands. Unter der Regie Fürst Nikolaj Jussupows, der als russischer Gesandter in Italien ein intimer Kenner und Liebhaber westeuropäischer Kunst war, entwickelte sich Archangelskoje ähnlich wie die italienischen Höfe der Renaissance zu einem künstlerischen Zentrum. Das Schloss, 1780 von Fürst Golizyn bei dem Franzosen de Guerné in Auftrag gegeben und 1804 von Ossip Beauvais restauriert, bewahrte die repräsentativen Kunstsammlungen der Jussupows sowie ihre französische Bibliothek mit 16 000 Bänden. 1818 richtete der ›Kurfürst‹ auf seinem Landgut eine Malschule ein, in der Leibeigene zu Künstlern ausgebildet wurden. Auch eine Porzellanmanufaktur nahm bald ihren Betrieb auf, und im Theater von Archangelskoje führten leibeigene Schauspieler und Musiker Stücke der französischen Klassik auf.

Nach dem Tod des Fürsten 1830 schwand auch das Kunstimperium dahin. Die Moskauer hatten sich zu dieser Zeit ohnehin mit St. Petersburg als Hauptstadt angefreundet und ihre herrschaftlichen Landsitze rund um Moskau aufgelöst. Auch die Jussupows überführten große Teile ihrer Kunstschätze in ihr Palais an der Mojka. Und Archangelskoje überließ man mehr oder weniger dem Verfall. Erst in den 80er-Jahren des 20. Jh. begann man mit der Restaurierung des ehemaligen Kunstzentrums, das heute wieder in erneuertem Glanz erstrahlt.

Schloss

Ein prunkvolles Tor, einem Triumphbogen gleich, geleitet den Weg in den **Ehrenhof,** an dem sich die Nordfassade des Schlosses erstreckt. Die klassizistische und monumentale Eleganz des Baus, der 1790 nach einem Entwurf des Pariser Baumeisters Charles de Guerné entstanden war, stimmt bereits auf die einzigartige Pracht und Fülle im Innern ein. Die Skulptur im Ehrenhof ist ein Abbild (18. Jh.) einer entsprechenden Darstellung der Antike: »Menelaos mit der Leiche des Patroklos«.

Die Besichtigung der **Innenräume** gerät schnell zu einem Rundgang durch eine überladen inszenierte Antike: Säulen aus weißem Stuckmarmor, vergoldete Leuchter, versilberte Möbel, Kopien antiker Skulpturen, Gemälde und Wandmalereien, die ihre Themen aus den klassischen Mythologien beziehen, sowie kostbare Sammlungen

Archangelskoje ★

Archangelskoje
Tel. 49 53 63 13 75
www.arkhangels
koe.ru
Park: Mi–So 10–20
Uhr
Schloss: Mi–So
10.30–17 (Sa/So
bis 18) Uhr, Tickets
bis 30 Min. vor
Schließung

Die russische ›usadba‹ ist ein charakteristisches Architekturensemble, zu dem Wohnbauten, Wirtschaftsgebäude sowie Parks und Gärten gehören. Die Kultur der Gutshöfe des russischen Adels wurde u. a. von der Vorstellung getragen, dass sich aus der Hinwendung zum Land sittlich-moralischer Gewinn ziehen ließe. Ihre Blütezeit erlebte die Architektur der ›usadba‹ zur Mitte des 18. Jh., als die Gutshöfe von führenden klassizistischen Architekten zu prunkvollen Landsitzen ausgebaut wurden.

von Kristall und Porzellan fügen sich zu einem illustrativen Bild russischer Adelskultur, deren Prunksucht in Europa wohl unübertroffen blieb.

Zahlreiche Originalgemälde des Palastes gingen nach der Revolution in die Sammlungen der Petersburger Eremitage über, darunter vor allem französische Malerei des 17. bis 19. Jh. In der Galerie von Archangelskoje blieben aber Werke von Claude Lorrain, François Boucher, Anthonis van Dycks und zwei Gemälde Tiepolos, denen ein eigener Raum gewidmet ist. 1816 wurde in der nördlichen Enfilade der **Tiepolo-Saal** eingerichtet, der seitdem zwei Gemälde des Venezianers birgt: »Antonius und Kleopatra« sowie das »Festmahl der Kleopatra«. Die Reihe der Marmorbüsten wurde von italienischen Künstlern nach antiken Vorbildern gefertigt.

Den Bestand der **Bibliothek** im Obergeschoss trug ebenfalls Nikolaj Jussupow zusammen. Auf seinen Reisen durch Westeuropa hielt er Ausschau nach Erstausgaben, Klassikern und bibliophilen Kostbarkeiten, von denen viele nach der Verstaatlichung Archangelskojes in die russische Staatsbibliothek wanderten. Doch auch der heutige Bestand der Jussupow-Bibliothek ist noch immer beeindruckend.

Park und Theater

Das großzügige Gebiet rund um das Schloss ließ auch der Naturgestaltung weiten Raum. Das klassizistisch motivierte Streben nach Ebenmaß, Harmonie, Rhythmus und pathetischer Größe ließ in Archangelskoje einen terrassierten Park entstehen, den ursprünglich mehr als 150 Skulpturen schmückten. Der unteren Parkterrasse schließt sich ein romantischer englischer Landschaftsgarten an, in dem man immer wieder auf kleine Bauwerke stößt.

Im Westen des Gartens liegt das **Leibeigenentheater** von Archangelskoje. Der italienische Maler, Architekt und Bühnenbildner Pietro Gonzaga, der auf Einladung Jussupows 1792 nach Russland gekommen war, hatte den Entwurf für den schlichten Bau geliefert, den man über eine ausladende, mit Marmorvasen geschmückte Freitreppe betritt. Gonzagas Fantasie sind auch der mit klassizistischen Architekturformen gestaltete Bühnenraum sowie der Vorhang und die vier verbliebenen Bühnenbilder entsprungen, deren starker Ausdruck und große illusionistische Wirkung der russischen Theaterdekoration innovative Impulse gaben.

Abramzewo

In unmittelbarer Nähe der Jaroslawler Chaussee nach Sergiew Possad liegt 60 km nördlich von Moskau das Landgut Abramzewo (Абрамцево). Auf einer Anhöhe über einem kleinen See gruppiert sich eine Handvoll einfacher Holzhäuser, gleichsam eine Idylle, von der man auf den ersten Blick nicht erwarten würde, dass sie einmal die Großen der russischen Kunst, Musik und Literatur angezogen hat. Den Ruf Abramzewos als künstlerisches Zentrum festigte bereits der realistische Romancier Sergej Aksakow, der 1840 mit Frau und elf Kindern aus der Stadt nach Abramzewo zog. Schon bald richtete man einen *jour fixe* ein, an dem Schriftsteller und Künstler teilnahmen und kulturphilosophische Fragen, wie z. B. die nach Russlands ›Wesen‹ und politischer Orientierung erörterten – Aksakows Söhne waren engagierte Parteigänger der Slawophilen. Häufige Gäste waren u. a. Gogol und Turgenjew sowie der Literaturkritiker Belinskij.

Den unerschütterlichen sowjetischen Fortschrittsgedanken bewahrt noch bruchstückhaft die ›Ausstellung der Volkswirtschaftlichen Errungenschaften der ehemaligen Sowjetrepubliken‹ (WDNCHa). Zwischen den monströsen Bauten der 1950er- und 60er-Jahre ragt hier ein Sputnik-Denkmal mit 96 m Höhe in den Himmel. Das berühmte sozialistische Denkmal des Arbeiters und der Kolchosbäuerin schuf Vera Muchina 1937 anlässlich der Pariser Weltausstellung

Die kulturelle Tradition des Ortes fand ihre Fortsetzung auch unter Sawwa Mamontow, der Abramzewo 1870 nach dem Tod Aksakows erwarb. Mamontow hatte ein großes Vermögen mit dem Handel von Holz und Seide erworben, das er großzügig für die Kunst bereitstellte. Seinem Mäzenatentum verdankte Moskau eine Privatoper (s. S. 116) und Abramzewo eine Künstlerkolonie, zu der die Maler Ilja Repin, Michail Wrubel, Wassilij Polenow, Wiktor Wasnezow oder Michail Nesterow gehörten sowie der Sänger Fjodor Schaljapin. »In unserer Künstleroase war er wie ein frischer, erquickender und schöpferischer Regen«, notierte Ilja Repin über Mamontow.

Die lebendige Stimmung Abramzewos bewahren heute Fotografien, die in dem **Haupthaus mit den roten Fensterläden** zu sehen sind. Möbel und Gegenstände aus dem persönlichen Besitz Aksakows sowie Mamontows und schließlich einige in Abramzewo entstandene Werke vervollständigen das Bild der Literaten- und Künstlerkolonie. Der künstlerische Esprit des Kreises um Mamontow suchte ähnlich wie die Bewegung der ›Wanderer‹ die ›ursprüngliche‹ Kunst des russischen Dorfes wiederzubeleben. So entstanden denn auch in Abramzewo kunstvoll verzierte Holzhäuser, die u. a. als Werkstätten und Gästehäuser genutzt wurden. Heute sind hier die Sammlungen des Museums untergebracht, zu denen neben russischem Kunsthandwerk verspielte Tonplastiken Michail Wrubels gehören. Die **»Hütte auf Hühnerbeinen«,** in der laut russischen Märchen die Hexe Baba Yaga haust, baute der Maler Wiktor Wasnezow, der auch in der bildenden Kunst die alten Sagen und die Helden der Bylinen-Dichtung zu neuem Leben erweckte. In der Musikgeschichte inspirierte die Hexenbehausung Modest Mussorgskij zu dem IX. Bild in seiner Tondichtung »Bilder einer Ausstellung«. Die kleine Erlöser-Kirche am Ende des Weges ist ein Gemeinschaftsprojekt mehrerer Künstler.

Der Maler **Wassilij Polenow** verließ Abramzewo in den 80er-Jahren des 19. Jh., um am Ufer der Oka eine neue Künstlerkolonie zu gründen. Das Landhaus im Süden Moskaus, das der Maler als Galerie seiner Landschaftsbilder nutzte, ist heute ein **Museum,** das an die illustren Gäste sowie an den Schaffensgeist Polenows erinnert.

Abramzewo

uliza Musejnaja 1
Tel. 49 65 43 24 70
http://abramtsewo.
ru
während der Sommermonate Mi–So
10–16.30 (im Winter bis 15.30) Uhr

Reisen & Genießen

Hotels

Luxus

In dem eleganten Haus der Kempinski-Gruppe unterhalb des Roten Platzes malten Ende des 19. Jh. Viktor Wasnezow und Iwan Kramskoj jene Motive, die sich ihnen vom Fenster aus boten: Basilius-Kathedrale, Roter Platz und Kreml mit dem großartigen Zusammenspiel der Türme.

*****Hotel Baltschug Kempinski
Uliza Baltschug 1
Tel. 49 52 87 20 00, Fax 49 52 87 20 02
www.kempinski.com
Metro: Nowokusnetzkaja, Tretjakowskaja

Die Wintergarten-Suiten blicken auf den Kreml, die Park-Suiten in Moskauer Hinterhöfe. Ansonsten ein großartiges Hotel mit Aussichtsterrasse auf dem Dach, auf der man auch frühstücken und abends essen kann. Wellness-Bereich mit Schwimmbad und Fitnessräumen.

*****Ararat Park Hyatt Moscow
Uliza Neglinnaja 4
Tel. 49 57 83 12 34, Fax 49 57 83 12 35
www.moscow.park.hyatt.com
Metro: Ochotnyj Rjad, Teatralnaja

Vom Bett aus lassen sich die Schnörkel des Historischen Museums zählen und abends genießt man von der Dachterrasse einen atemberaubenden Blick auf den Roten Platz. Marmorbäder, Wellness-Bereich.

*****The Ritz-Carlton
Twerskaja 3
Tel. 49 52 25 88 88, Fax 49 52 25 84 00
www.ritzcarlton.com
Metro: Twerskaja

In einer ruhigen Seitenstraße der Twerskaja und unmittelbarer Nähe zum historischen Zentrum liegt das Golden Apple. Klassisches Design, sehr moderne Ausstattung. Stylische Bar, Restaurant.

*****Golden Apple Boutique Hotel
Malaja Dmitrowka uliza 11
Tel. 49 59 80 70 00, Fax 49 59 80 70 01
www.goldenapple.ru
Metro: Majakowskaja

Mittelklasse

Das Hotel war einmal das Haus eines Moskauer Bürgermeisters. Es hat den Charme eines Wohnhauses bewahrt. Im kleinen Café wird europäisches Frühstück serviert. Das Zentrum ist zu Fuß zu erreichen.

****East-West Hotel
Twerskoj bulwar 14
Tel. 49 52 32 28 57, Fax 49 59 56 30 27
www.eastwesthotel.ru
Metro: Twerskaja

Kleines, sympathisches Haus in einer schönen mittelalterlichen Moskauer Straße. Die Zimmer genügen allen Ansprüchen, die Atmosphäre ist freundlich und zuvorkommend. Zum Kreml sind es zu Fuß etwa 20 Min.

****Sretninskaja Gostinnyza
Uliza Sretenka 15
Tel. 49 59 33 55 44, Fax 49 59 33 55 45
www.hotel-sretenskaya.ru
Metro: Sucharewskaja

Einer von Stalins Zuckerbäckerbauten. Das Hotel stammt noch aus Sowjetzeiten, den Charme muss man mögen ... Es wurde aber 2004 renoviert.

****Ukraina
Kutusowskij prospekt 2/1
Tel. 49 59 56 06 59
www.hotelukraina.ru
Metro: Kiewskaja, Krasnopresnenskaja

Ein modernes, typisch russisches Mittel-klassehotel mit praktischen Zimmern, ruhig gelegen in der Nähe des Paweletskij-Bahnhofs, der gut ins Moskauer Metronetz eingebettet ist. Üppiges Frühstücksbuffet.

***Katerina City
Schlusowaja nabereschnaja 6
Tel. 49 57 95 24 44, Fax 49 57 95 24 43
www.katerinahotels.com
Metro: Paweletskaja

Günstig

Ein eher gesichtsloser Kasten auf halber Strecke zwischen Flughafen Domodedowo und Stadtzentrum, das man mit öffentlichen Verkehrsmitteln erreicht. Sehr ordentliche Zimmer, reichhaltiges Frühstücks-buffet, gutes Preis-Leistungs-Verhältnis.

****Milan Hotel
Uliza Shipilowskaja 28a
Tel. 49 56 48 92 92, Fax 49 56 48 92 92
www.hotelmilan.ru

Restaurants

In den Kellergemäuern eines mittelalterlichen Hauses wird feinste russische Küche zu akzeptablen Preisen serviert (Piroggen, Stör und Bœuf Stroganow). Sehr freundliche, unkomplizierte Atmosphäre.

Kitesch
Uliza Petrowka 23/10
Tel. 49 56 50 66 85
www.kitezh-town.ru
Metro: Twerskaja, Teatralnaja
tgl. 12–24 Uhr

Russische bäuerliche Atmosphäre mit Holztischen und rustikalem Dekor. Das Restaurant ist einer Mühle nachempfunden, deftige, schmackhafte russische Küche.

Na Melnize
Sadowaja Spasskaja 24
Tel. 49 56 25 88 90
www.namelnitse.ru
Metro: Krassnyje Warota
tgl. 11–1 Uhr

Ukrainische Küche in rustikaler Umgebung und heiter-fröhlicher Atmosphäre. Große Portionen, aber durchaus fein abgestimmt.

Kortschma
Uliza Mjasnitzskaja 47
Tel. 49 56 07 17 62
Metro: Tretjakowskaja
tgl. 10–1 Uhr

Auf drei Etagen im Stil eines Herrenhauses des 19. Jh. diniert man nach aristokratischer Tradition. Publikum und büchersattes Ambiente sind mindestens so wichtig wie das Menü. Ein außergewöhnlicher Abend, der seinen Preis hat. Beliebt ist das Frühstück nach einer langen Moskauer Nacht.

Kafe Puschkin
Twerskoj bulwar 26a
Tel. 49 52 29 55 90
www.cafe-pushkin.ru
Metro: Tswetnoj bulwar
tgl. rund um die Uhr

Man fühlt sich wie in einem gehobenen Zuhause in diesem liebevoll eingerichteten Restaurant. Die Küche bietet einen guten Mix aus russischer Tradition und Salaten.

Mari Vanna
Spiridonewskij pereulok 10 a
Tel. 49 56 50 65 00
www.marivanna.ru
Metro: Puschkinskaja, Twerskaja
tgl. 9–24 Uhr

Georgische Küche in kaukasischem Ambiente, Livemusik und Tanz. Auf der Speisekarte stehen etwa Auberginenmus mit Granatapfelkernen, Rindfleisch im Tontöpfchen mit geräucherten Pflaumen, Fladenbrot mit Käse oder Lamm-Kebab.

Genatsvale
Uliza Ostoschenka 12/1
Tel. 49 52 02 04 45
www.genatsvale.ru
Metro: Arbatskaja
tgl. 12–24 Uhr

Goldener Ring

Russische Seelenbilder – Städte und Klöster des Goldenen Rings

*Überblickskarte
›Goldener Ring‹ S. 182*

*Citypläne:
Pereslawl-Salesskij
S. 168
Jaroslawl S. 185
Kostroma S. 194
Susdal S. 207
Wladimir S. 219*

Nordöstlich von Moskau erstreckt sich bis zur Wolga ein Ring von altrussischen Städten und Klöstern – steinerne Zeugen der bewegten und mitunter ›goldenen‹ russischen Vergangenheit. Sie waren die ersten Städte in Russland, Vorboten Moskaus und später St. Petersburgs. Bis heute verdichtet sich hier am ehesten das russische Lebensgefühl, die Verbundenheit mit der Natur, das Sehnen nach allem Himmlischen, die schöne Melancholie und die Abwesenheit der Zeit. Der Duft von Kohlsuppe zieht hier durch die Straßen und manch einer spielt sonntagmorgens auf der Ziehharmonika eine dieser unendlich traurig-schönen Weisen. Wer über die russischen Lande reist, wird auch die Städte verstehen können, denn ein geflügeltes Wort besagt: »Kratze am Russen, und es kommt der Mensch vom Lande zum Vorschein.«

Die altrussischen Städte verbindet nicht allein ihre außerordentliche Schönheit, die jede Zeit überdauert hat. Sie alle lagen an der wichtigen Handelsstraße in der fruchtbaren Hügellandschaft nordöstlich von Moskau, die sie mit der Wolga verband und damit mit dem Rest des Landes. Der Handel bescherte den Städten auch politische Bedeutung: Als ab der zweiten Hälfte des 12. Jh. die Vormachtstellung von Kiew, der ›Mutter aller russischen Städte‹, zu bröckeln begann und die Stadt ihre einigende Macht verlor, trat eine Vielzahl selbständiger Teilfürstentümer mit eigenen Hauptstädten, mit lokalen Adelsgeschlechtern und Fürstendynastien an die Stelle der Zentralgewalt. Die Fürsten- und Teilfürstentümer pflegten eigene kulturelle und wirtschaftliche Beziehungen, und auch ihre politischen Interessen rückten immer mehr in den Vordergrund. Im Zuge des Bedeutungszuwachses der städtischen Gefüge stellten sich auch der Architektur neue Anforderungen: Befestigungsanlagen, Fürstenresidenzen, Bojarenhäuser, Klöster, Kathedralen und Stadtkirchen mussten gebaut werden.

Im machtpolitischen Vakuum, das der Fall von Kiew zurückließ, erstarkten neben Nowgorod, Minsk und Smolensk vor allem die Städte im Nordosten der Rus zwischen Wolga und Oka: Rostow Welikij, Pereslawl-Salesskij, Jaroslawl, Susdal und Wladimir. Erst als die tataro-mongolischen Horden im 13. Jh. aus dem Osten bis an die Wolga vorstießen, nahm ihre außerordentliche Blütezeit ein Ende. Doch noch heute künden die Kirchen und Klöster, die Kreml und Paläste von ihrer großen Geschichte. Harmonisch sind sie in die stille Landschaft des russischen Nordostens eingebettet: Die Fahrt zu den Städten des Goldenen Rings führt durch sanft gewellte Hügelketten, in die sich kleine Seen und Flüsse einschmiegen, vorbei an Birken- und Kiefernwäldern, in denen hell die bunten Holzhäuschen aufleuchten. Traumwelten von damals und heute scheinen sich hier nur allzu schnell zu vermengen.

»Wir verdanken es den Mönchen, dass wir eine Geschichte haben, folglich auch, dass wir eine Kultur besitzen.«
Alexander Puschkin

*◁ Rostow Welikij,
Maria-Entschlafens-Kathedrale*

159

Sergiew Possad – die Klosterstadt

70 km nördlich von Moskau liegt Sergiew Possad (Сергиев Посад), eine kleine russische Provinzstadt. Die etwa 115 000 Einwohner leben hier von der Elektrotechnik, von der Lackfarbenproduktion und von der Spielzeugherstellung. Die Stadt selbst wäre wohl keine Reise wert, würde nicht an ihrem östlichen Rand das berühmteste russische Kloster, das Dreifaltigkeits-Kloster des hl. Sergij *(Troize-Sergiewa Lawra)* liegen. Sowohl in künstlerischer als auch in historischer Hinsicht ist der Komplex die bedeutendste Klosteranlage Russlands.

Man erreicht Sergiew Possad mit dem Zug vom Jaroslawler Bahnhof in Moskau oder mit dem Wagen über den Prospekt mira (Проспект мира) und die Jaroslawler Chaussee (Ярославское шоссе), einer ausgebauten Schnellstraße.

Geschichte

Porträt des hl. Sergij Radoneschskij auf einer Ikone des 17. Jh. (Staatliches Museum für Religionsgeschichte, Moskau)

Das Kloster erinnert heute noch mit seinem Namen an den Gründer, Sergij Radoneschskij, der 1314 als Sohn eines Rostower Bojaren geboren wurde. 1345 entschloss er sich, in dem dichten Wald von Radonesch eine Einsiedelei zu gründen. Schon bald folgten ihm andere Eremiten, und es entstand eine ansehnliche Klostergemeinde. Aus der Erfahrung der Einsiedelei heraus initiierte Sergij eine der bedeutendsten Reformen monastischen Lebens in Russland, indem er das Gemeinschaftskloster einführte. Als Abt des aus der Einsiedelei schnell angewachsenen Dreifaltigkeits-Klosters machte er Sergiew Possad zum kulturellen Mittelpunkt der Rus unter dem Tatarenjoch. Zu seinen Schülern zählten u. a. der Ikonenmaler Andrej Rubljow, der ihm zu Ehren die berühmte Ikone der Dreifaltigkeit malte, der Hagiograf und Buchillustrator Jepiphani der Weise sowie Stefan von Perm, der Missionar des Hohen Nordens.

Sergij Radoneschskij ließ seine unangefochtene geistliche Autorität auch für politische Zwecke einspannen und unterstützte die Moskauer Einigungspolitik, was dem Kloster bald eine bevorzugte Stellung einbrachte. 1380 segnete er Dmitrij Iwanowitsch (Donskoj) bevor er in die Schlacht auf dem Schnepfenfeld zog. Der Sieg über die Tataren ließ das Kloster zum bedeutendsten Heiligtum des neuen Russlands aufsteigen. 1392 starb Sergij, 1422 wurde er kanonisiert. Über seinem Grab errichtete man daraufhin die Dreifaltigkeits-Kathedrale, die in der Folgezeit zu einem wichtigen Pilgerort wurde, an dem man sich den Segen des Heiligen erhoffte.

Zum Symbol nationalen Widerstands avancierte das Kloster in der Zeit der Wirren. Während alle Städte und Wehrklöster des Moskauer Reiches der polnisch-litauischen Invasion zu Beginn des 17. Jh. erlagen, konnte selbst das 30 000 Mann starke Heer des ›falschen Dmitrij‹ nichts gegen das Bollwerk des Dreifaltigkeits-Klosters ausrichten. Wie bereits Anfang des 17. Jh. hatten die Äbte auch in den folgenden Jahren ein sicheres Gespür für die politischen Tendenzen im Lande; stets waren sie just auf der ›richtigen Seite‹. So öffneten sie denn auch ihre Tore für Natalja Naryschkina und ihre beiden Söhne Peter und Iwan, die auf der Flucht vor den aufständischen Strelizen waren. Im August 1689 suchte Peter ein zweites Mal vor den Strelizen Schutz im Kloster. Zum Zaren gekrönt, dankte er es dem Kloster mit üppigen Schenkungen und zahlreichen Privilegien. Zu dieser Zeit hatte das Dreifaltigkeits-Kloster die Höhe seiner Machtentfaltung erreicht. Neben dem Zaren war es der reichste Grundherr des Russischen Reiches mit fast 17 000 Bauernhöfen. Doch schon bald brauchte Peter Geld für den Nordischen Krieg und seine neue Stadt St. Petersburg, und er beschloss, sich an den Kirchenkassen zu bereichern. Dem schwer zu verkraftenden Einschnitt im Vermögen zum Trotz büßte das Kloster seine hervorragende Stellung keineswegs ein.

Um die Mitte des 18. Jh. arbeiteten etwa 108 000 Leibeigene für das Kloster, dem 2700 Siedlungen im ganzen Land gehörten. Die Gläubigen schienen sich an der hemmungslosen Ausbeutung und an dem Reichtum nicht zu stören und noch bis zur Oktoberrevolution pilgerten jährlich etwa 100 000 Menschen zu dem Grab des Einsiedlers, dessen Prinzipien schon lange nicht mehr befolgt wurden. 1920 löste ein Dekret das Kloster auf, der Besitz wurde verstaatlicht. Nach dem Ende des Zweiten Weltkrieges konnte es wieder von der russisch-orthodoxen Kirche genutzt werden; bis zur Rückgabe des Moskauer Danilow-Klosters an die Kirche 1988 war die Troiza auch der Sitz des russischen Patriarchen. Heute befindet sich noch die Geistliche Akademie im Dreifaltigkeits-Kloster, in der junge Priester ausgebildet werden.

Sagorsk

1930 war Sergiew Possad nach dem Funktionär Sagorskij in Sagorsk umbenannt worden, der 1919 in Moskau einem Bombenattentat zum Opfer gefallen war. Seit der Auflösung der Sowjetunion ist aus Sagorsk 1991 wieder Sergiew Possad geworden.

Besichtigung

Die mächtigen, weißen Mauern um das Kloster erinnern mit ihren Schießscharten und Wehrgängen an seine Funktion als Festung. Etwa 90 Geschütze waren auf der 1168 m langen Klostermauer seit Mitte des 17. Jh. postiert, mehr als Nowgorod zu seiner Verteidigung zur Verfügung standen. Nachdem die Troiza ihre Verteidigungsfunktion verloren hatte, erhielten die insgesamt 11 Wehrtürme dekorative Aufbauten.

Der Zugang zum Klosterkomplex führt durch das **Heilige Tor (1)** an der Ostseite der Wehrmauer, hinter dem die **Torkirche Johannes des Täufers (2,** *Nadwratnaja zerkow Ioanna Predtetschi)* aufragt. Den Durchgang säumen zumeist Bettler, die hier auf die Mildtätigkeit der Gläubigen hoffen dürfen. Die rote Torkirche stiftete 1692 die reiche Kaufmannsfamilie Stroganow; die Fresken in ihrem Durchgang zeigen Szenen aus dem Leben des Sergij Radoneschskij. Innerhalb der Klostermauern herrscht reges Treiben. Priester in schwarzen Umhängen huschen hier schnell von einer Kirche zur anderen und seg-

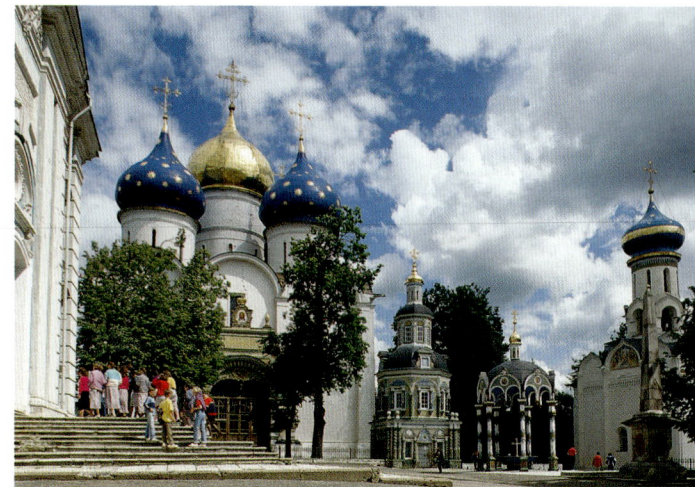

Die Mariä-Entschla-fens-Kathedrale und die Heilig-Geist-Kirche von Sergiew Possad: Sieht man heute das imposante Bauensemble des Klosters, dann kann man sich nur schwerlich vorstellen, dass dieser repräsentative, wirtschaftliche Prosperität und Machtfülle demonstrierende Komplex aus einer Gruppe gezimmerter Klausen um die kleine, hölzerne Dreifaltigkeits-Kirche erwachsen ist. Das Leben der Mönche entsprach den Gesetzen der Askese; jeder bewirtschaftete nur einen kleinen Garten, der alles zum Leben Nötige erbringen musste

nen flüchtig die alten Frauen, die ihnen im Vorbeigehen ehrfürchtig die Hand küssen. Die Pilger, die aus ganz Russland den Weg hierher gefunden haben, tauschen ihre Erfahrungen aus und füllen in der Brunnenkapelle in ihre mitgebrachten Gefäße heiliges Wasser, dem man Heilkräfte nachsagt. Vor allem in Sergiew Possad wird die tiefe Religiosität der Russen offenkundig.

Zu den bedeutendsten russischen Gelehrten, die im Dreifaltigkeits-Kloster tätig waren, zählt Pawel Florenskij (1882–1937). Im Denken des Religionsphilosophen, der in einem stalinistischen Lager ermordet wurde, verdichtet sich die altrussische Tradition mit den Spekulationen der Jahrhundertwende.

Dreifaltigkeits-Kathedrale (3)

Man kann sich dem Weg der Pilger anschließen und zunächst die Dreifaltigkeits-Kathedrale *(Troizkij sobor)* besichtigen. Sie ist die älteste Kirche, und wurde 1423 über dem Grab des heiliggesprochenen Sergij Radoneschskij errichtet. Die Baumeister sind nicht überliefert, doch mehrere Details lassen vermuten, dass auch Andrej Rubljow an der Errichtung beteiligt war. Die Dreifaltigkeits-Kirche erweckt trotz ihrer geringen Ausmaße den Eindruck feierlicher Monumentalität. Mit ihren drei hohen Apsiden und dem turmartigen Tambour scheint es sie trotz ihrer Schwere in den Himmel zu ziehen. Die Fassaden wirken streng und werden allein von drei Ornamentfriesen aufgelockert, die den plastischen Baukörper und die Apsiden umgürten und sich im Tambour wiederholen. Die Klarheit des Außenbaus lässt auch einen eher strengen Innenraum vermuten, doch hier überrascht schummrige Dämmerung, in der nur die Ikonen gleich Himmelsfens-

Bittgebete

Verlässt man die Dreifaltigkeits-Kathedrale, mag man die vielen Zettel auf den Bänken im Eingang bemerken. Sie enthalten die Wünsche der Pilger, die die Priester im Gottesdienst in ihre Bittgebete einbeziehen.

tern aufleuchten. Eine unablässige Menschenmenge zieht voller Ehr-
erbietung an dem prunkvollen Grab des hl. Sergij vorbei, über dem
sich ein schützender Baldachin erhebt. Von den Fresken, die Andrej
Rubljow und Daniil Tschornyj 1425–27 auftrugen, sind leider nur noch
ornamentale Reste erhalten. 1635 wurde die Kirche ein zweites Mal
ausgemalt und die Restaurierungsarbeiten in diesem Jahrhundert

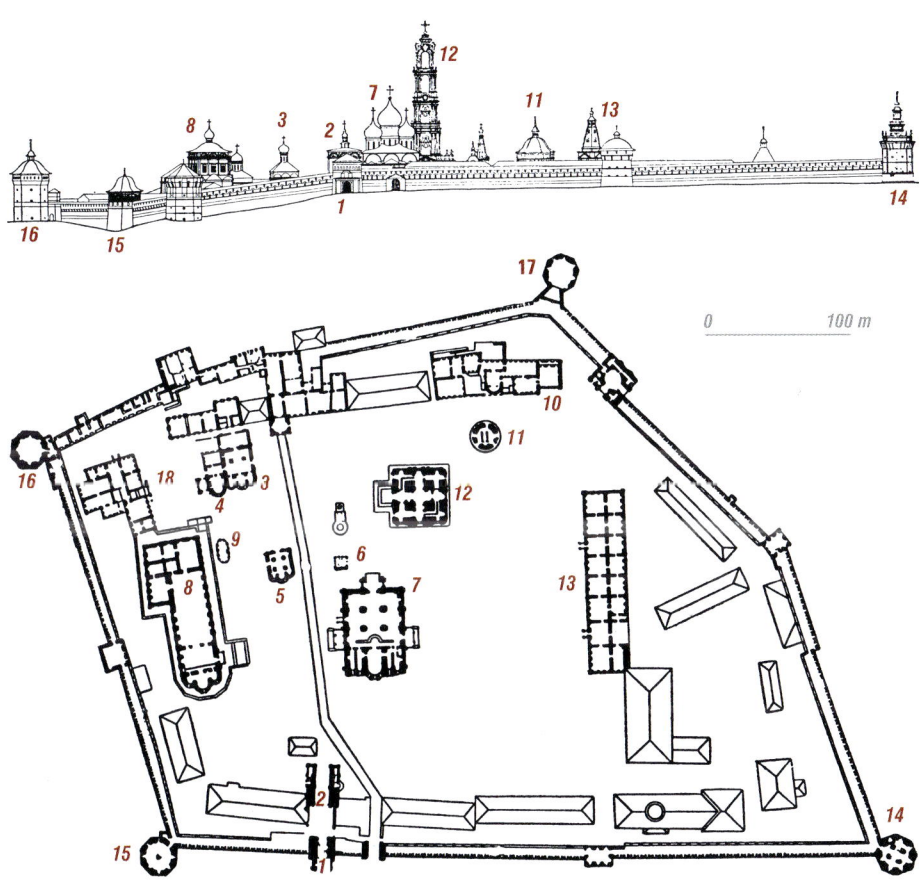

Sergiew Possad

1 Heiliges Tor
2 Torkirche Johan-
  nes des Täufers
3 Dreifaltigkeits-
  Kathedrale
4 Nikon-Kapelle

5 Heilig-Geist-Kirche
6 Brunnenkapelle
7 Mariä-Entschla-
  fens-Kathedrale
8 Refektorium
9 Micheas-Kirche
10 Spital und Kirche

  der hl. Sosima und
  hl. Sawwatija
  (Kunsthistorisches
  Museum)
11 Kirche der
  Gottesmutter von
  Smolensk

12 Glockenturm
13 Zarenpalast
14 Ententurm
15 Piatnizkaja-Turm
16 Wasserturm
17 Zimmermannsturm
18 Metropolitenpalast

konnten nur noch die Übermalungen freilegen. Fast völlig erhalten geblieben ist der große Ikonostas mit Ikonen Andrej Rubljows und Daniil Tschornyjs. Die bedeutendste Heiligentafel war die der Dreifaltigkeit, deren Original sich in der Moskauer Tretjakow-Galerie befindet (s. Abb. S. 31).

An der Südfassade der Dreifaltigkeits-Kathedrale wurde 1548 über dem Grab des Abtes Nikon, dem Nachfolger Sergij Radoneschskij, die einkuppelige **Nikon-Kapelle (4)** errichtet, ein eleganter, plastisch stark ausgeformter Bau.

Die in der Mitte des Klosterhofs gelegene **Heilig-Geist-Kirche (5,** *Duchowskaja zerkow),* die mit ihrem schlanken kubischen Baukörper weitaus zierlicher und eleganter als die Dreifaltigkeits-Kathedrale wirkt, errichteten Baumeister aus Pskow im Jahre 1476. Sie ist die älteste erhaltene ›Kirche unter den Glocken‹, der älteste Sakralbau, in dem Gotteshaus und Glockenturm in einem einheitlichen Baukörper vereint sind. Typisch für die Pskower Baukunst sind wuchtige zylinderförmige Pfeiler, die das Gewölbe des Glockengeschosses tragen, gebündelte Pilaster, die die Fassade dreiteilen sowie der dekorative Kreis, der die Westfassade schmückt.

Die volkstümliche **Brunnenkapelle (6,** *Nadkladeschnaja tschasownaja)* nimmt im Dreifaltigkeits-Kloster eine besondere Stellung ein. Ihre Bedeutung lässt sich schon an dem unablässigen Pilgerstrom erkennen, der sich hier Heilwasser in alle erdenklichen Gefäße abfüllt. Bereits 1644 hat man an dieser Stelle eine Quelle entdeckt, deren Wasser als heilig erklärt wurde, da ihm heilende Eigenschaften zugeschrieben wurden. Die Brunnenkapelle, die über der Quelle im 17. Jh. errichtet wurde, scheint mit ihrem Farben- und Formenreichtum und mit ihrer Lust an verspielter Schönheit ein Hohelied auf das kostbare Wasser zu singen.

Mariä-Entschlafens-Kathedrale (7)

Das Spiel der Farben und Formen in der Fassade der Brunnenkapelle bildet einen strengen Kontrast zu der schlichten und klaren Formensprache der Mariä-Entschlafens-Kathedrale *(Uspenskij sobor).* Zur Grundsteinlegung war Iwan IV. eigens mit seiner Familie angereist. Der Zar war der Auftraggeber der Kathedrale, die nach dem Muster der Mariä-Entschlafens-Kathedrale im Moskauer Kreml errichtet werden sollte. Iwans IV. anfängliches Interesse ließ aber bereits nach wenigen Jahren nach, da sich das Kloster missbilligend gegenüber seiner *opritschnina* verhielt. Erst 1585 konnten die Bauarbeiten wieder aufgenommen werden, da der Zar noch vor seinem Tode dem Kloster eine großzügige Spende gemacht hatte, in der Hoffnung, sich nach der Ermordung seines Sohnes das Seelenheil erkaufen zu können.

Dominiert wird die Uspenskij-Kathedrale von den fünf, sich dicht aneinander drängenden, goldbesternten Kuppeln. Sie verleihen dem schlichten Außenbau, dessen Fassade plastisch betonte Lisenen gliedern, eine erhabene Feierlichkeit.

Boris Godunov

Vor der Mariä-Entschlafens-Kathedrale haben Boris Godunow und seine Familie ihre letzte Ruhe gefunden. Eigentlich war der Zar in einer Familiengruft unter der westlichen Vorhalle beigesetzt, doch seitdem diese 1780 abgetragen worden war, gibt es keine direkte Anbindung der Gruft an die Kathedrale mehr. Boris Godunow war 1605 gestorben. Nur wenige Tage später fanden auch seine Frau und sein Sohn in den Kämpfen um die Thronnachfolge den Tod. Nachdem der zunächst siegreiche ›falsche Dmitrij‹ den Leichnam Godunows aus der Zarengruft in der Erzengel-Kathedrale im Kreml entfernen ließ, traten die Gebeine des Zaren eine lange Reise an, die schließlich während der Herrschaft Zar Wassilij Schujskijs im Dreifaltigkeits-Kloster endete.

Der strengen Außengestaltung entspricht im Innenraum die kühle, eher zurückhaltende blau-violette Farbpalette der prachtvollen Fresken. Jaroslawler Meister malten 1648 den Innenraum in nur 100 Tagen in der für sie typischen monumentalen Manier aus. Die Fresken markieren mit zahlreichen Beispielen die Übergangszeit von der idealen zur naturnahen Darstellung zu Beginn des 17. Jh. Der reich verzierte Ikonostas gibt in seiner üppigen Pracht bereits einen Vorgeschmack auf die barocken Ausführungen im 18. Jh.

Vor dem Refektorium

Refektorium (8)

Im Auftrag Iwans IV. entstand auch das prachtvolle **Refektorium (8,** *Trapesnaja palata),* das man mit seinem reine Lebensfreude versprühenden Fassadenschmuck sicherlich nicht im Kloster der Einsiedler vermutet hätte. Allein die kleine, einkuppelige Sergius-Kirche, die sich im Osten anschließt, deutet auf die Bestimmung des Gebäudes. 1686–92 war das Refektorium anstelle der Gemächer der Zarin entstanden. Die Askese und einfache Lebensweise der Mönche, die neben ihrer geistigen Suche schwere Feldarbeit verrichteten, gehörten zu dieser Zeit längst der Vergangenheit an. Der üppige Fassadenschmuck macht dies geradezu augenfällig: ein geometrisches Muster in Grün, Blau, Gelb und Rot überzieht die lange Fassade, deren rhythmisch gliedernde Halbsäulen ein breites Gesims tragen. Um die darüberliegende Attika rankt sich ein Kranz aus Segmentbögen, die mit Muscheln geschmückt sind. Besonders prachtvoll sind die überdachten Fenster gestaltet, die gedrehte und mit Wein berankte Kalksteinsäulen rahmen. Mit 510 m² beeindruckt der Innenraum des Refektoriums in seiner Weite, die keine einzige Säule stört.

Vor dem Refektorium erhebt sich die kleine **Micheas-Kirche (9,** *Micheawskaja zerkow),* ein Werk des 18. Jh.

Spitalsgebäude (10)

Im Baukomplex nahe der Westmauer war das Spital mit der **Kirche der hll. Sosima und Sawwatija** *Bolniza Palaty s zerkwju Sosimy i Sawwatija)* untergebracht. Die schlanke Zeltdachkirche, deren Fassade üppig geschmückt ist, scheint die Spitalbauten, die zwischen 1635 und 1638 entstanden, optisch auseinanderzurücken, sind aber durch enge Übergänge und Treppen miteinander verbunden.

Im Innern des Spitals sowie in der sich anschließenden Klostersakristei ist heute die **Sammlung des Kunsthistorischen Museums** von Sergiew Possad untergebracht. Neben altrussischer Malerei, altrussischer Volkskunst und russischer Kunst des 18.–20. Jh. umfassen die Museumsbestände auch reichlich Anschauungsmaterial zur Geschichte des Klosters. Zu den bedeutendsten Exponaten der Sammlung gehören zwei Ikonen aus dem 14. Jh., die »Gottesmutter Hodegetria« und »Nikolaus der Wundertäter«, die beide aus dem persönlichen Besitz Sergij Radoneschkijs stammen sollen. Neben der

Stickereien mit Gold- und Silbergarn

Die ›Nadelmalerei‹ wurde von der Kirche gefördert, die religiöse Motive mit Gold- und Silbergarn auf kostbaren Seidenstoffen in Auftrag gab. Krönender Abschluss solcher Stickereien waren oftmals kostbare Perlen und Edelsteine. Im Dreifaltigkeits-Kloster bewahrt man die älteste erhaltene Stickerei mit der Darstellung der Grablegung Christi, das ›Blaue Tuch‹ aus dem 15. Jh. Auch das Sakraltuch des Sergij Radoneschkij mit dem sehr persönlich gefassten Porträt des Klostergründers ist zu sehen.

Sammlung altrussischer Malerei, zu der auch Ikonostasen gehören, zeigt das Museum eine umfangreiche Kollektion von Stickereien. Sie waren ein beliebtes Mitbringsel der Zaren und des russischen Adels und stammten aus meist hauseigenen Werkstätten.

In der **Sakristei** zeigt eine Sammlung Kleinplastiken, darunter zwei bedeutende byzantinische Kameen aus dem 11. Jh., die den hl. Georg in Kriegsrüstung sowie den Erzengel Michael darstellen. Iwan der Schreckliche hatte dem Kloster einen mit Edelsteinen besetzten Beschlag, einen sogenannten *oklad*, für die Dreifaltigkeits-Ikone von Andrej Rubljow geschenkt, ein Meisterwerk der Juwelierkunst des 16. Jh. Besonders schöne Exponate beherbergt die Abteilung der dekorativen und angewandten Volkskunst, die einen umfassenden Einblick in das Leben des einfachen Volkes gibt. Der Anblick all der bunt bemalten Webstühle oder Schlitten beflügelt die Vorstellungskraft und lässt das russische Landleben mit all seinen Märchen und Geschichten lebendig werden.

Die kleine, blau-weiß gestrichene **Kirche der Gottesmutter von Smolensk (11,** *Zerkow Smolenskoj Bogomateri)* ließ Alexej Rasumowskij, Favorit der Zarin Elisabeth, anstelle der alten Klosterküche 1745–1748 errichten. Der Bau im Stil des Petersburger Barock erhebt sich über einem achteckigen Grundriss mit abwechselnd konkaven und konvexen Seiten und erinnert in seiner eleganten Verspieltheit eher an die Eremitage eines Landschaftsgartens denn an eine Kirche.

In unmittelbarer Nachbarschaft zu der Kirche der Gottesmutter von Smolensk ragt der 88 m hohe **Glockenturm (12,** *Kolokolnja)* in den Himmel, der als der höchste und schönste ganz Russlands gilt und den bereits Zeitgenossen in Superlativen priesen. Da man sich in der Troiza besonders nah dem Himmel fühlte, jedenfalls näher als in Moskau, sollte dieser 1741 begonnene Glockenturm den Iwan Welikij im Moskauer Kreml um 6 m überragen. Darüber hinaus setzte man den sechs Geschossen, die sich verjüngend aus dem mächtigen Untergeschoss in den Himmel schrauben, ein besonders großes Kreuz auf – Zeichen auch dafür, dass die Grenzen zwischen Machtdemonstration und Religiosität immer fließender wurden. Dass der Glockenturm trotz seiner Größe nicht schwerfällig und klobig wirkt, ist den Schallarkaden zu verdanken, die die Geschosse in ihrer Massivität durchbrechen und ihnen eine gewisse Leichtigkeit verleihen. Die Illusion der Schwerelosigkeit verstärken darüber hinaus auch die Kalksteinsäulen, die die Bögen rahmen.

An der Nordmauer des Klosters erhebt sich der **Zarenpalast (13,** *Zarskije tschertogi),* der Ende des 17. Jh. einen alten Holzbau ersetzte. Offenbar sollte auch ein bauliches Pendant zum Refektorium geschaffen werden, denn der Zarenpalast dehnt sich ebenso lang hinter einer farbenfrohen Fassade aus. Akzentuiert werden vor allem die Fensterrahmungen des Hauptgeschosses, hinter denen die Enfilade der Wohn- und Repräsentationsräume des Zaren lag. Im Erdgeschoss waren dagegen die Wirtschaftsräume eingerichtet. Der einst reiche Fassadenschmuck aus Kacheln ist heute leider nicht mehr erhalten.

Pereslawl-Salesskij – Stadt ›hinter den Wäldern‹

Schnurgerade durch eine leicht gewellte Hügellandschaft geht die Fahrt weiter von Sergiew Possad auf der Jaroslawler-Straße nach Pereslawl-Salesskij (Переславль-Залесский). Ein schöner Laubwald, der später von hohen Tannen abgelöst wird, begleitet den Weg, der auf dieser Strecke leicht zum Ziel wird. Die beschauliche, 124 km nördlich von Moskau gelegene Stadt erstreckt sich mit vielen alten Kirchen am Ostufer des Pleschtschejewo-Sees. Beim Anblick der zahlreichen kleinen Holzhäuschen, über denen sich die wuchtigen Kuppeln der Kirchen weithin sichtbar erheben, mag man sich der Gegenwart enthoben fühlen und in das russische Leben des Mittelalters eintauchen. Die schweigenden, dunklen Wälder rund um Pereslawl-Salesskij haben die alten Geschichten von verbotener Liebe, von Wundern und Erscheinungen, von Mord und Sühne bewahrt. Die einst so einsame Region bot sich für Sagen und Mythen geradezu an.

Geschichte

Die Gegend um Pereslawl-Salesskij war bereits im Neolithikum besiedelt. Im 9. Jh. ließen sich dann die Slawen aus den Steppen am Pleschtschejewo-See nieder, wo man zahlreiche Kurgane fand. Als Jurij Dolgorukij, Fürst der nordöstlichen Rus, 1152 eine neue Festung am Südufer der Trubesch errichten ließ, wählte er für den neuen Stützpunkt den Namen einer Stadt im Süden der Kiewer Rus, Perejaslawl, und den Fluss benannte er nach der Trubesch, die durch Kiew fließt. Die Namensgebung war Programm, ging es Jurij doch um die Thronfolge seines Vaters Wladimir Monomach in Kiew. Da die Gegend im Nordosten der Rus durch riesige Wälder von Kiew getrennt war, erhielten zahlreiche Stadtneugründungen den Beinamen salesskij, was soviel wie ›hinter den Wäldern‹ bedeutet. Jurij Dolgorukij, der eifrige Städtegründer, ließ in erster Linie aus strategischen Gründen am Ufer der Trubesch eine der mächtigsten Festungen mit Wall und Graben errichten, kreuzten sich hier doch die Straßen, die von Kiew nach Rostow und von Nowgorod zu den fruchtbaren Ebenen von Susdal führten. Das waren damals wichtige Handelswege, über die auch der Warenverkehr mit dem Orient verlief.

   Die sich rasch entwickelnde Stadt erlebte ihre höchste Blüte vor allem unter den Großfürsten aus Wladimir, Wsewolod (1176–1212) und später unter dessen Sohn Jaroslawl. Unter ihrer Herrschaft prosperierte Pereslawl zu einem bedeutenden Kulturzentrum. Das 13. Jh. wurde jedoch nicht nur zur Blütezeit, sondern auch zur dunkelsten Epoche in der Geschichte Pereslawls. Sechsmal verwüsteten die Tataren die Stadt, sechsmal bauten die Bewohner sie wieder auf. 1302 fiel das Fürstentum Pereslawl an Moskau und unterstützte dessen Po-

Führungsansprüche

Zu Beginn des 14. Jh. stritten Twer und Moskau um die Führung der Rus. 1302 war das Fürstentum Pereslawl durch die testamentarische Verfügung des letzten Fürsten Iwan an Moskau gefallen, was die Moskauer Einigungspolitik erheblich vorantrieb. Doch Twer sah nicht tatenlos zu. 1304 kam es zur Schlacht bei Pereslawl, aus der jedoch die vereinigten Moskauer und Pereslawler Streitkräfte siegreich hervorgingen. Aus Rache wurde nun der moskaufreundliche Metropolit Peter, der zwar formal seinen Sitz in Wladimir hatte, faktisch aber an der Moskwa residierte, der Korruption beschuldigt und beim Patriarchen von Konstantinopel ›angeschwärzt‹. 1313 wurde Peter in einer Gerichtsverhandlung freigesprochen, das geistliche Oberhaupt von Twer hingegen wurde abgesetzt. Metropolit Peter dankte es den Moskauern, indem er seinen Sitz 1326 auch faktisch an die Moskwa verlegte, was den Führungsanspruch der Stadt innerhalb der Rus erheblich festigte.

litik des »Sammelns der russischen Erde«. Die Aufnahme von Handelsbeziehungen mit einigen westeuropäischen Ländern bescherte Pereslawl im 16. Jh. einen neuen Aufschwung. Durch seine günstige Lage an der wichtigen Handelsstraße von Moskau nach Archangelsk, dem einzigen Hafen des damaligen Russland, fand ein reger wirtschaftlicher wie auch kultureller Austausch mit anderen Städten und Ländern statt. Die polnisch-litauische Invasion, die Zeit der Wirren sowie zahlreiche Epidemien machten der günstigen Entwicklung Anfang des 17. Jh. ein Ende.

Bergkloster

Bereits aus der Ferne erblickt man das **Bergkloster (1,** *Gorizkij monastyr),* das hoch über Stadt und See thront. Die einstige Bedeutung und der Reichtum des Klosters lassen sich auch heute noch an der Großartigkeit der Anlage ablesen. Iwan Kalita hatte es zu Beginn des 14. Jh. auf einem Steilhang im Süden der Stadt gegründet und dem Mariä-Entschlafens-Fest am 15. August geweiht. Eine entscheidende Rolle spielte das Kloster in der zweiten Hälfte des 14. Jh., als einer der Erzbischöfe, Pimen, zum Metropoliten ganz Russlands aufstieg. Reiche Schenkungen von seiten der Großfürsten stärkten die wirtschaftliche Stellung – zahlreiche Dörfer, Wälder, Salzsiedereien und Mühlen gehörten bald zu seinem Besitz.

Von weitem mag das Kloster mit seinen trutzigen Mauern wie eine Festungsanlage wirken, Schießscharten deuten auf seine Wehrfunktion hin, die jedoch zum Zeitpunkt der Entstehung bereits nicht mehr zu erfüllen war. Die im 17. und 18. Jh. errichtete Klosterumfriedung orientierte sich somit ausschließlich an der baulichen Tradition der Jahrhunderte zuvor. Die massiven Mauern wurden prachtvoll mit Halbsäulen, Zahnfriesen, Nischen sowie Rahmungen um die Schießscharten ausgestattet. Die achteckigen **Tortürme** indes wirken geradezu elegant. Besonderen Akzent legten die namentlich leider nicht überlieferten Baumeister auf das **Heilige Tor** an der Südseite, über dem sich die **Nikolaus-Torkirche** erhebt sowie auf das östliche Tor der Klostermauer, durch das man den Klosterhof heute betritt. Aufwendige Stukkaturarbeiten in der Tradition des frühen Moskauer Barock zieren das Heilige Tor und lenken den Blick in die Höhe zur Nikolaus-Kirche, deren Altarraum bereits über dem ebenfalls sehr prachtvoll gestalteten **Pförtnerhaus** liegt. Geradezu verschwenderisch steigern Stukkatur, Säulen, Friese und Kacheln den Gesamteindruck, weshalb der asymmetrisch angelegte Bau oftmals mit einem ›Schatzkästchen‹ verglichen wird.

Dominiert wird die Klosteranlage von der **Mariä-Entschlafens-Kathedrale** *(Uspenskij sobor)* und ihren sieben Kuppeln. Der 1757 im Stil des Petersburger Barock errichtete Bau gibt sich ungewöhnlich schlicht und verhalten, erst im Innenraum entfaltet er seine überschwengliche Pracht. Bemerkenswert ist vor allem der hohe, vergoldete Ikonostas, ein Werk Moskauer Künstler, der zu den bedeutendsten Ikonenwänden des russischen Barock zählt.

Die auf einer Sichtachse mit der Mariä-Entschlafens-Kathedrale errichtete **Allerheiligen-Refektoriumskirche** aus dem 17. Jh. erhebt sich scheinbar nur mit Mühe über einem quadratischen Grundriss und mutet etwas klobig an. Belebt wird die Fassade vom spannungsreichen Spiel zwischen massivem Baukörper einerseits und kegelförmigem, behendem Fünfkuppelabschluss andererseits. In den Räumen des Refektoriums, dessen Repräsentationssaal sich über 300 m^2 erstreckt, ist heute ein sehenswertes **Volkskundemuseum** untergebracht. Die Sammlung umfasst Ikonen, darunter eine überraschend wirklichkeitsnahe Darstellung der Apostel Peter und Paul aus dem 15. Jh., kunsthandwerkliche Arbeiten, Schmuck, Kleidung, Stickereien und Schnitzereien, historische Urkunden und Bücher.

Der **Glockenturm** des Klosters, ein schwerfälliger, dreigeschossiger Ziegelsteinbau, ragt an der Ostmauer empor und empfing die Reisenden aus Moskau und Jaroslawl schon von weitem.

See

Der Pleschtschejewo-See ist nicht nur voller Fische – besonders berühmt sind seine Heringe, die Zwergmaränen, die das Pereslawler Stadtwappen zieren und an Festtagen sogar die Tafel des Zaren krönten – sondern auch voller Geschichten und Legenden. Die meisten ranken sich um den blaugrauen Findling, den berühmten **Blauen Stein (2)** am Nordostufer des Sees. Gletschereis hatte den 9 t schwe-

Der Name ›Pereslawl‹

… leitet sich vom russischen ›perenjat‹ (übernehmen) und ›slawa‹ (Ruhm) ab. Zahlreiche mittelalterliche Städte, darunter Pereslawl Kiewskij oder Pereslawl Rjasanskij, trugen diese Hoffnung ganz nach der Devise ›nomen est omen‹ im Namensbild.

Expressive Holzplastik

Im Volkskundemuseum verdient die außergewöhnliche Kollektion von Holzplastiken gesonderte Beachtung. Die orthodoxe Kirche suchte ohne bleibenden Erfolg die Herstellung solcher Holzplastiken zu unterbinden, gegen den Willen der Kirche wurden immer wieder Heiligenfiguren in Umlauf gebracht. Die hier aufbewahrten Skulpturen beeindrucken in ihrer großen expressiven Simplizität und Unmittelbarkeit, die sie der bloßen Bearbeitung mit dem Beil verdanken.

ren Findling in prähistorischen Zeiten auf eine Anhöhe am Ostufer des Sees getrieben. Schon die ugrischen Nerjanen, später auch die seit dem 9. Jh. zugewanderten Slawen maßen dem mächtigen Stein eine besondere Bedeutung bei und verehrten ihn als Sitz der Götter. Man kam hierher, um für sein Seelenheil zu beten, Kranke erhofften sich Genesung und an Feiertagen bedeckte ein Blumenmeer den Stein, um die Geister gnädig zu stimmen. Jahrhundertelang kämpfte die Kirche vergebens gegen den heidnischen Brauch und als alle Drohgebärden nichts halfen, ließ sie ihn im 18. Jh. kurzerhand in eine eigens ausgehobene Grube wälzen. Doch die Jahreszeiten machten der Geistlichkeit einen Strich durch die Rechnung: Das alljährliche Frühjahrshochwasser schwemmte den Stein wieder frei, was dem Glauben an seine Heiligkeit natürlich großen Aufschwung brachte. Daraufhin plante man, über dem Stein eine Kirche zu errichten, um ihn so in den christlichen Kultus zu integrieren. Als er über den zugefrorenen See zu seinem Bauplatz getragen wurde, brach das Eis, und der Stein versank. Nach mehreren Jahrzehnten fand man ihn schließlich wieder im seichten Wasser an der Stelle, von wo aus er über die Jahrhunderte hinweg fabelhafterweise mehr und mehr dem Ufer zugeglitten war. Auch wenn sich hier Legende und Geschichte verquicken – der Findling genießt in Pereslawl-Salesskij jedenfalls größten Respekt.

Peter I. kam oft zum Pleschtschejewo-See, um an seinen Ufern von Russlands neuer Seemacht zu träumen. Der Zar hatte den holländischen Schiffsbaumeister Karsten Brant nach Pereslawl geschickt, der ihm hier eine kleine Fregatte aufbaute, mit der Peter mehr oder weniger im Spiel Seemanöver durchführte. Mehr als 100 Schiffe machte die Flotte des Zaren aus, die schon bald durch eine einsatzfähige ersetzt werden sollte, die den Schweden zu Beginn des 17. Jh. den lang ersehnten Zugang zur Ostsee abringen konnte. Von den Spielfregatten Peters I. ist leider nur noch der Kahn Fortuna erhalten, der heute im **Museum Botik (3)** aufbewahrt wird. Alle anderen Schiffe fielen 1783 einer Feuersbrunst zum Opfer. Das kleine Museum zwischen dem Gorizkij-Kloster und dem Seeufer dokumentiert anhand einer sehenswerten Sammlung den Aufbau der ersten russischen Kriegsflotte.

Dreifaltigkeits-Danilow-Kloster

Das **Dreifaltigkeits-Danilow-Kloster (4,** *Troizkij Danilow monastyr*) im südwestlichen Teil der Stadt erreicht man über die Hauptstraße des Ortes, die uliza Moskowskaja (ул. Москbeskaя). Das Kloster ist eine Gründung des Mönchs Daniil, der im Gorizkij-Kloster gegenüber gelebt hatte. Daniil war der Beichtvater des Moskauer Großfürsten Wassilij III. (reg. 1505–33), der nach der Geburt seines Sohnes Iwan die **Dreifaltigkeits-Kathedrale** *(Troizkij sobor)* des Klosters errichten ließ. Die Kirche, deren Bau sich von 1530–32 hinzog, geht wahrscheinlich auf einen Entwurf des Rostower Baumeisters Grigorij Borissow zurück, der als ›Ziegelmeister‹ strenger Monumental-

bauten in den Städten am Goldenen Ring berühmt war. Die Ausgewogenheit der Proportionen sowie die fein profilierten Gliederungs-
elemente des schlichten Baus verleihen der Dreifaltigkeits-Kathedrale
ihr feierlich-strenges Äußeres.

Der **Innenraum** beeindruckt vor allem mit prachtvollen Fresken
aus dem 17. Jh. Unter der Leitung der Künstler Gurij Nikitin und Sila
Sawin gestaltete eine Gruppe von Malern aus Kostroma 1662–68 die
Wände und Bögen sowie die Kuppel der Kathedrale mit Motiven aus
dem Alten und Neuen Testament. Vorherr- schend sind die Schrecken
der Apokalypse, die dem Innenraum trotz der behenden Rhythmik
der Figurationen und trotz der kraftvollen Farben eine eher düstere
Stimmung verleihen.

Die kleine, einkuppelige **Spitalkirche Allerheiligen** (*Zerkow wsech
swjatych*) wirkt mit ihrem quadratischen Baukörper und den plastisch
stark hervortretenden Apsiden eher gedrungen. Dabei umgibt sie aber
eine heitere Atmosphäre, die die üppig angeordneten Kokoschniki suggerieren. Die zugehörigen Spitalbauten sind leider nicht mehr erhalten. In der Fassadengestaltung des Refektoriums mit der **Kirche zur
Lobpreisung der Gottesmutter** (*Trapesnaja palata i Zerkow Pach-
waly Bogorodizy*) spielen die für das 17. Jh. typischen Rahmungen aus
Formziegeln, Schirinki sowie zahlreiche andere altrussische Dekora-
tionsvarianten kunstvoll mit den Schmuckformen des Barock ineinander. Das Refektorium ist daher ein anschauliches Beispiel für den
Übergang vom überschwenglichen Gebrauch architektonischen
Schmuckwerks zu Beginn des 18. Jh., dessen Ideenvorrat längst auf-
gebraucht war, zur Symmetrie und zur Spannung gewagt kombinier-
ter Raumgruppen im Barock, die der Architektur neue Impulse gaben.

Das massive Ehrentor in Form eines Triumphbogens ist das einzige
Bauwerk, das von der Klosterumfriedung erhalten blieb.

Am Kreml

Die Christi-Verklä-rungs-Kathedrale diente als Begräbnis-stätte der Teilfürsten. 1294 wurde hier der Sohn Alexander News-kijs, Dmitrij, beige-setzt. Ihm folgte 1302 der letzte Fürst von Pereslawl, Iwan, der sein Fürstentum dem Moskauer Staat über-lassen hatte

Den **Kreml (5)** umgab ein Erdwall, dessen Verlauf heute in etwa die uliza Walowoje kolzo (ул. Валовое кольцо) nachzeichnet. Jurij Dolgo-rukij hatte ihn 1152 über 2,5 km aufschütten lassen. Noch heute er-reicht der Befestigungsring seine ursprüngliche Höhe von 8–15 m, hoch genug für einen prachtvollen Blick auf Stadt und See sowie auf die Umgebung Pereslawl-Salesskijs. Die Kremlmauer mit ihren 12 Wach-türmen, die das 28 ha große Gelände umgab, ist leider nicht mehr er-halten. Allein die Kirchen haben die Jahrhunderte überdauert.

Die **Christi-Verklärungs-Kathedrale (6,** *Spaso Preobraschenskij sobor),* die ihre Hauptfassade dem Roten bzw. Schönen Platz (Kras-naja ploschtschad) zuwendet, gab Jurij Dolgorukij 1152 in Auftrag. Ihre Bauformen folgen dem traditionellen Typ der Kreuzkuppelkir-che mit vier Pfeilern und Emporen. Die strengen Formen sowie die massive Kuppel geben ihr ein wehrhaftes Äußeres, denn die unmit-telbar an den Festungswällen errichtete Kathedrale war Teil der For-tifikationsanlage. Die Kathedrale, die älteste im Nordosten der Rus, besticht durch ihre schlichte Fassadengestaltung, deren Strenge nur durch einen Arkaturfries um die Apsiden und einen abgestuften Drei-ecksfries am Tambour aufgelockert wird.

Der Innenraum suggeriert Leichtigkeit und lässt den nach außen hin abweisenden, massigen Eindruck vergessen. Von den Fresken, mit denen die bedeutendsten Künstler der Zeit beauftragt waren, sind heute leider keine mehr erhalten. Auch die Majolikaplatten, die einst dem Fußboden ein geometrisches Muster gaben, sind durch einfache Kalksteinplatten ersetzt worden.

An der Südseite des Roten Platzes, auf dem ein Denkmal an die Heldentaten Alexander Newskijs erinnert, erhebt sich die **Kirche des Metropoliten Peter (7,** *Zerkow Petra Mitropolita),* die eng mit der russischen Geschichte verbunden ist. Sie ist dem Metropoliten Peter gewidmet, der in dem Machtkampf zwischen Moskau und dem Fürs-tentum Twer für die Stadt an der Moskwa Position bezogen hatte. Pe-ter zu Ehren ließen die Pereslawler eine kleine Holzkirche errichten, die 1585 durch einen Steinbau ersetzt wurde. Der Bau weist alle ty-pischen Merkmale der Zeit auf. Er ist als Zentralbau mit vier gleichen Fassaden konzipiert und erhebt sich über einem kreuzförmigen Grundriss. Die Bogengänge, die um das hohe Sockelgeschoss führen, scheinen der Kirche geradezu weltlichen Charakter zu geben, zumal auch die sonst üblichen halbrunden Apsiden fehlen. Ein hohes Zelt-dach krönt den Bau mit einer kleinen Zwiebelkuppel. Der einst auch von einem Zeltdach gekrönte Glockenturm der Metropolit-Peter-Kir-che wurde 1826 durch einen klassizistischen Bau ersetzt.

Östlich der Metropolit-Peter-Kirche schließen sich zwei barocke Kirchen an, die **Wladimir-Kathedrale** und die **Alexander-Newskij-Kirche (8),** die zu einem nicht mehr erhaltenen Klosterensemble ge-hörten. Beide Kirchen wurden innerhalb nur eines Jahres nebenein-ander errichtet und gleichen sich in vielen Details.

Niketas-Kloster

Im Norden Pereslawl-Salesskijs thront malerisch auf einer Anhöhe das Niketas-Kloster **(9,** *Nikitskij monastyr)*, das in seiner idyllischen Abgeschiedenheit ein Stück altes Russland bewahrt. Bereits im 13. Jh. hatte sich an den Nordhängen des Sees eine Klostergemeinde niedergelassen, deren Holzbauten 1528 auf Geheiß des Moskauer Großfürsten Wassilij III. durch steinerne ersetzt wurden. Zu einem Ausbau des Klosters kam es aber erst unter Iwan dem Schrecklichen: Während seiner opritschnina wurde das Niketas-Kloster, das an der wichtigen Verbindungsstraße von Moskau nach Archangelsk lag, zu einer repräsentativen Festung ausgebaut. An dem noch heute erhaltenen einheitlichen Charakter der Klostergebäude lässt sich die geschwinde Bauzeit ablesen: In nur drei Jahren, von 1561 bis 1564, entstanden die Festungsmauern mit den Wachtürmen, die Mönchszellen, das Refektorium sowie die Klosterkirche. Dank großzügiger Schenkungen seitens Iwans IV. kam das Niketas-Kloster rasch zu beachtlichem Reichtum. Seine Wehrhaftigkeit musste es erstmals während der polnischen Belagerung Anfang des 17. Jh. unter Beweis stellen: 15 Tage lang hielten die Verteidiger den Angriffen erfolgreich stand. Die Klostermauern waren stark in Mitleidenschaft gezogen worden und mussten 1643 wieder aufgebaut werden. Auch der Zeltdach-Glockenturm entstand im 17. Jh.

Mittelpunkt des Klosters ist die große **Niketas-Kathedrale** *(Nikitskij sobor)*, ein mächtiger Kreuzkuppelbau, den fünf Zwiebelkuppeln kronen. Die Architektur der Niketas-Kathedrale ist für das 16. Jh. ungewöhnlich streng und orientiert sich am Bau der Christi-Verklärungs-Kathedrale im Pereslawler Kreml. Eine deutliche Entsprechung zu der Kathedrale des Kreml zeigt der außengewöhnlich große Mittelbau, der sich gleich einem Turm in die Höhe schraubt und den eine mächtige Kuppel abschließt. Aus der Zeit Wassilijs III. stammt noch die **südliche Kapelle** mit ihren dreiblättrigen Sakomaren. Sie wurde im 16. Jh. aufgestockt und in den Neubau miteinbezogen. Die **Fassadengestaltung** ist für ihre Entstehungszeit ungewöhnlich schlicht: Allein Lisenen gliedern den Korpus, der dank der hohen, schmalen Fenster trotz seiner wuchtigen Mauern nicht gedrungen wirkt. Die Inschriften auf der Kalksteinplatte im Mauerwerk der Kathedrale erinnern an ein Kirchenkonzert ganz besonderer Art: Um seiner Freude über die schnelle Fertigstellung der Kathedrale Ausdruck zu verleihen, sang Zar Iwan der Schreckliche persönlich zusammen mit seinem Gefolge im Chorraum.

Der **Innenraum** ist grandios in seiner lichten Weitläufigkeit. Die Kuppelpfeiler mussten so weit auseinandergerückt werden, dass sie gerade noch dem Gewicht des Tambour standhalten können. Das 18. Jh. hat mit einer Erhöhung der Tamboure zur Verschönerung der Kathedrale beitragen wollen. Die neue Höhe war jedoch nicht von Dauer: 1987 stürzte die Mittelkuppel ein. Die Restaurierungsarbeiten sind heute weitgehend abgeschlossen.

Im Süden der Kathedrale erstreckt sich das prächtige zweige-schossige Refektorium, das im 17. Jh. aufgestockt und im Geiste des Moskauer Barock umgebaut wurde. Die Fassadengestaltung besticht durch außergewöhnlich elegante Proportionen aller sich zu einer fas-zinierenden Silhouette verdichtenden Details: paarweise angeordnete Halbsäulen, Fensterrahmungen, fein profilierte Gesimse sowie abge-stufte Friese. Die spielerische Leichtigkeit des Refektoriums nimmt auch die Architektur der Mariä-Verkündigungs-Kirche auf, deren fünf Kuppeln von graziler Eleganz sind. Der Glockenturm des Klosters ist ein Werk des 19. Jh.

Rostow Welikij – alte Bojarenstadt am Nero-See

Rostow Welikij ★

Wer über Pereslawl-Salesskij nach Rostow Welikij (Ростов Великий) reist, sieht schon von Weitem den glatten, bleigrauen Nero-See, hin-ter dem sich die grandiose Kuppelsilhouette des Rostower Kreml vor dem oftmals ebenso bleigrauen Himmel stimmungsvoll abhebt.

Rostow Welikij trauert den Zeiten nach, als es seinem Namen (›Groß-Rostow‹) noch alle Ehre machte. Nun musste es selbst diesen – jeden-falls offiziell – abgeben, damit man das 35 000 Einwohner zählende Pro-vinznest nicht mit der Millionenstadt Rostow am Don verwechselt: Heute heißt es schlicht Rostow Jaroslawskij (Ростов Ярославский).

Geschichte

Rostow ist eine der ältesten Städte Russlands; 862 wird es erstmals urkundlich erwähnt, doch bereits zuvor hatten finnougrische Merja-nen am Ufer des Nero-Sees, dem sie seinen Namen gaben, gesiedelt. Seit dem 11. Jh. gehörte Rostow zum Fürstentum Wladimir-Susdal, doch die mächtigen Rostower Bojaren hatten ein ausgeprägtes Macht-bewusstsein, das auf möglichst große Eigenständigkeit pochte. So be-stimmte denn auch nicht der Fürst über die Stadtgeschicke, sondern – analog der freiheitlichen Nowgoroder Verfassung – die *wetsche*, die ›Volksversammlung‹ unter dem Vorsitz der Bojaren. Wie tief verwur-zelt der Drang nach Selbstbestimmung der Rostower war, belegen erste Versuche einer Christianisierung im 11. Jh., denen sie sich denk-bar feindselig widersetzten. Die ersten beiden Bischöfe wurden fort-gejagt und der dritte, Leontij, starb 1073 als Märtyrer.

Ankäufe großer Ländereien verliehen der Stadt im 12. Jh. den Bei-namen *Welikij*, die ›Große‹, ein Ehrentitel, den sonst nur wenige Städte, darunter Nowgorod trugen. Weniger als andere Städte schien denn auch die tataro-monogolische Fremdherrschaft Rostow in sei-ner wirtschaftlichen und kulturellen Entwicklung zu hemmen, das 13. Jh. bescherte der Stadt am Nero-See eine ungeahnte Blütezeit.

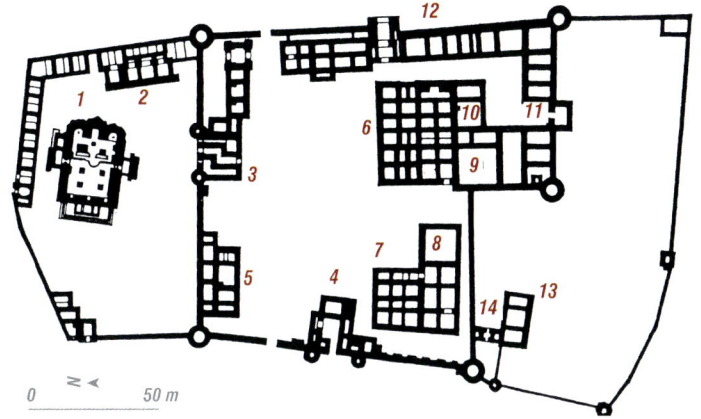

1 *Mariä-Entschla-*
   fens-Kathedrale
2 *Glockenwand*
3 *Christi-Auferste-*
   hungs-Torkirche
4 *Kirche Johannes*
   des Evangelisten
5 *Hodegetria-Kirche*
6 *Samuel-Bau*
7 *Roter Palast*
8 *Rotes Gemach*
9 *Weißer Saal*
10 *Erlöser-Kirche*
11 *Fürstenpalast*
12 *Erzbischöflicher*
   Palast
13 *Kirche Grigorijs*
   des Gottes-
   gelehrten
14 *Marstall*

Hartnäckig und mit Erfolg hatten sich die Bojaren bis zur Mitte des 14. Jh. gegen die Versuche Moskaus zur Wehr gesetzt, Rostow Welikij zu unterwerfen. Danach war es vorbei mit der Selbstbestimmung. Endgültig verlor die Stadt jede politische Bedeutung, nachdem Fürst Iwan der Lange 1474 seine noch verbliebenen Ländereien an den Moskauer Großfürsten Iwan III. verkauft hatte.

Rostow spielte nun allein als Erzbistum noch eine Rolle auf der Bühne überregionaler Politik. Ende des 16. Jh. bekleidete der Rostower Erzbischof das Amt des Metropoliten, der allein noch dem Patriarchen der russisch-orthodoxen Kirche unterstand. Der Aufstieg in der Kirchenhierarchie schlug sich auch für die Stadt in Wohlstand nieder: Sie war Herrin über tausende Hektar Land samt Dörfern und Menschen. Diese Besitztümer stellten der Kirche wiederum die materiellen Mittel bereit für die prachtvolle Anlage des Metropolitenhofes. Die Säkularisation des Kirchenbesitzes und die Verlegung des Metropolitensitzes nach Jaroslawl führten im 18. Jh. zum Verfall der Residenz. Die Gebäude verwandelten sich in Warenlager und Verwaltungsbauten, bis man in den 70er-Jahren des 19. Jh. mit ihrer neuerlichen Instandsetzung begann.

Kreml

Rostow Welikij sucht man vor allem wegen seines Kreml auf. Die auf den Nero-See ausgerichtete Anlage ist äußerst malerisch und scheint geradewegs einem russischen Märchen vom guten Zar und seiner friedliebenden Herrschaft entsprungen zu sein. Doch kein Fürst oder Zar residierte hinter den dicken, weiß getünchten Mauern, sondern der Rostower Metropolit.

Mitte des 17. Jh. war in Russland ein Glaubenskrieg zwischen Altgläubigen und Reformern unter dem Patriarchen Nikon entbrannt.

Blick auf die Uspenskij-Kathedrale und den Glockenturm von Rostow Welikij

Mit dem Sieg Nikons, den auch Zar Alexej unterstützt hatte, schien die alte hierarchische Ordnung vom Primat der Kirche gegenüber weltlichen Gewalten wiederhergestellt. Doch der Patriarch scheiterte an seinem Machtbewusstsein und fiel in Ungnade. 1660 enthob eine russische Bischofssynode Nikon seines Amtes, das nun dem Rostower Metropoliten Iona Syssojewitsch übertragen wurde. Nachdem sich Iona bei einem Gottesdienst allerdings von seinem Vorgänger segnen ließ, musste er auf Beschluss des Konzils von Moskau 1666/67 nach Rostow zurückkehren. Hier gab er Nikons Idee vom Primat der Kirche Gestalt und ließ ein weltliches Kremlschloss als Metropolitenhof errichten. Der Residenzbau des Metropoliten, der heute als Rostower Kreml geläufig ist, wurde in den 70er-Jahren des 17. Jh. begonnen und stellt eines der schönsten Architekturensembles Russlands dar.

Uspenskij-Kathedrale und Glockenwand

Auftakt und Vorhof zum Rostower Kreml ist der begraste Kathedralenplatz, den die **Mariä-Entschlafens-Kathedrale (1,** *Uspenskij sobor)* begrenzt. Sie wurde im frühen 16. Jh. auf den Überresten zweier fürstlicher Kathedralen aus dem 12. und 13. Jh. errichtet und ist das älteste erhaltene Bauwerk Rostow Welikijs. Flache Pilaster gliedern die schlichte Fassade und enden in kielförmigen Sakomaren. Auf hohen Tambouren erheben sich fünf mächtige Zwiebelkuppeln, deren silberner Glanz sich fluoreszierend vor dem meist grauen Himmel abhebt. Ihre würdevolle architektonische Wirkung bezieht die Kathedrale vor allem aus ihren ausgewogenen Proportionen.

Den Innenraum gestalteten Maler unter der Leitung Sila Sawins und Gurij Nikitins aus Kostroma. Die ursprünglichen Fresken nahmen jedoch leider bei einem Brand erheblichen Schaden und wurden 1779 übermalt. Die heutige Ausgestaltung der Kirche stammt aus der zweiten Hälfte des 18. Jh. Die Kathedrale diente mitunter als Grablege der Rostower Fürsten und Metropoliten. Auch Iona Syssojewitsch, der geistliche Bauherr des Kreml, wurde hier beigesetzt.

Gleich neben der Kathedrale läuten seit Jahrhunderten die weltberühmten Rostower Glocken. Bis zu 20 km weit reicht ihr Klang, doch ihr Nachhall war bis nach Paris zu hören, von wo aus sich Hector Berlioz 1869 eigens nach Rostow Welikij aufmachte, um die 18 verschiedenen Melodien des Großen Geläuts, für das die Rostower Glöckner weltberühmt waren, mit eigenen Ohren zu erleben. Die **Glockenwand (2,** *Swonniza)* wurde in zwei Bauabschnitten 1682–87 errichtet. Architektonisches Vorbild war der Iwan Welikij im Moskauer Kreml, den Iona während seiner Amtszeit als Metropolit aus dem Patriarchenpalast im Moskauer Kreml täglich vor Augen hatte. An den Turm mit seinen drei Schallarkaden wurde ein weiterer Turm mit nur einem großen Bogen angefügt, der die größte Glocke, die *Syssoja,* aufnimmt. Die 32 760 kg schwere Glocke ertönt heute, wie auch die anderen, nur noch selten, denn für das Rostower Glockenspiel werden fünf erfahrene Glöckner gebraucht. Wer dennoch in den klangvollen Genuss kommen möchte, muss sich wohl oder übel mit einer Kassette zufrieden geben.

Vorhof des Kreml

Durch das Tor gegenüber der Kathedrale gelangt man in das Innere des Kreml. Es ist der ursprüngliche Haupteingang, dessen rechtes Tor später zugemauert wurde.

Die mächtige, 2 m dicke und bis zu 12 m hohe Mauer mit elf imposanten Rundtürmen, die den Metropolitenhof umgibt, lässt eine strategisch bedeutsame Festungsanlage vermuten. Es waren jedoch ausschließlich repräsentative Bedürfnisse, die diese Befestigung motivierten. Beim Eingang an der Westmauer ist rechter Hand noch eine niedrige Ziegelsteinmauer des im 16. Jh. aufgelösten Grigorjewskij-Kloster erhalten, an dessen Stelle sich später der Garten des Metropoliten befand. Sergij von Radonesch, der Gründer des Dreifaltigkeits-Klosters in Sergiew Possad, hatte hier als Mönch gelebt.

Auch die wehrhafte Anlage der großartigen **Christi-Auferstehungs-Torkirche (3,** *Zerkow Woskressenija),* die von zwei massiven runden Türmen flankiert wird, belegt die altrussische Bautradition. 1670 wurde sie im Auftrag Ionas errichtet. Drei Arkadenbögen sowie Galerien verleihen dem Bau seine Rhythmik. Die Wände des Innenraums schmücken Fresken aus dem 18. Jh., die ein dramatisches Pathos er-

Die Bebauung des Metropolitenhofs

Alle Gebäude außer dem Samuel-Bau sind an den Mauerring gerückt und gruppieren sich um einen parkähnlichen Platz mit einem Weiher, in dessen dunklem Wasser sich die Bäume spiegeln. Iona hatte den Hof bei dem Baumeister Dossajew in Auftrag gegeben, der bei der Anlage des Kreml die neuen baukünstlerischen Prinzipien seiner Zeit verwirklichte und vor allem auf die Gesamtwirkung des Ensembles bedacht war.

füllt. Drastisch schildert der Zyklus der Passion Christi Leiden und Erniedrigungen, auf deren konkrete Darstellung in früheren Jahrhunderten verzichtet wurde.

Paarweise angeordnete Halbsäulen auf hohem Sockel gliedern die Seitenwände; der Ikonostas wurde durch eine steinerne, bemalte Altarwand mit Arkaden und drei Öffnungen ersetzt, was man in der Rostower Kirchenbaukunst des 17. Jh. häufiger antreffen kann.

An der Westmauer erhebt sich die zweite Torkirche der Anlage, die **Kirche Johannes Evangelist (4,** *Zerkow Ioanna Bogoslowa).* 1683 erbaut, orientiert sie sich weitgehend an der Architektur der Christi-Auferstehungs-Kirche. Alles scheint hier in einer einzigen Bewegung gen Himmel begriffen zu sein: alle Proportionen der Kirche, vor allem aber die Tamboure, sind stark vertikal betont. Die Wände des Innenraums überziehen Wandmalereien, deren blau schimmernde Farbvaleurs eine stimmungsvolle Festlichkeit verbreiten.

Im Winkel beider Torkirchen steht die kleine **Hodegetria-Kirche (5,** *Zerkow Odigitrii),* die Ende des 17. Jh. als einziges Bauwerk unter Ionas Nachfolger, dem Metropoliten Iosaf Lazarewitsch errichtet wurde. Sie rückt sich vor allem mit ihrer schönen verschiedenfarbigen Rautenfassade in den Vordergrund, die die Handschrift des Moskauer Barock trägt und deutliche Entsprechungen zum Refektorium des Dreifaltigkeits-Klosters von Sergiew Possad aufweist.

Das Zentrum des Metropolitenhofes beherrscht der **Samuel-Bau (6,** *Samuilow korpus),* einst Amtssitz des Metropoliten. Der Gebäudekomplex entstand in drei Bauabschnitten: Der Grundsteinlegung des unteren Kernbaus im 16. Jh. folgten in den beiden folgenden Jahrhunderten jeweils ein weiteres Stockwerk.

In der Südostecke des Metropolitenhofes stößt man auf den eleganten **Roten Palast (7,** *Krasnaja palata).* Den Auftakt zu dem von 1670–1680 errichteten Gästehaus für den Zaren und sein Gefolge bildet eine malerische Vortreppe und eine Teremok-Galerie. Sie geleiten den Weg zum **Roten Gemach (8),** ein 250 m² großer, düsterer Raum, dessen einst mit Fresken verziertes Gewölbe nur von einem Pfeiler getragen wird. Im Roten Palast, der zu Beginn des 20. Jh. aus Ruinen wieder auferstand, ist heute ein Hotel untergebracht – das Rote Gemach nutzt man als Restaurant, in dem man an langen Holztischen den Prunk alter Zeiten in Erinnerung rufen mag.

Dem Roten Palast gegenüber liegt – mit dem Samuel-Bau verbunden – der **Weiße Saal (9),** dessen Vorhalle die **Erlöser-Kirche (10,** *Zerkow Spas na Senjach)* überwölbt. In dieser Art ›Privatkapelle‹ empfing der Metropolit Iona seine Gäste und veranstaltete geistliche Konzerte. In ihrer schlichten Einfachheit erinnert die 1675 erbaute Kirche an traditionelle russische Holzbauten. Doch so bescheiden sich die Fassade von außen geben mag, so prunkvoll empfängt der Innenraum seine Besucher. Die Jaroslawler Künstler Iwan und Fjodor Karpow sowie Dmitrij Stepanow malten die Kirche in den 80er-Jahren des 17. Jh. mit Szenen aus dem Neuen Testament aus. Der Ikonostas ist wie in den beiden Torkirchen durch eine steinerne Altarwand ersetzt.

»Das Jüngste Gericht«

In der Erlöser-Kirche verdient das Fresko des Jüngsten Gerichts an der Westwand, in dem sich eine unproportional große Anzahl von Sündern ausmachen lässt, besondere Beachtung. Sämtliche Sünder sind als Nicht-Russen, u. a. als westliche Europäer, dargestellt – ein Indiz dafür, wie sehr die gegen Ende des 17. Jh. vermehrt ins Land gekommenen Ausländer der russisch-orthodoxen Kirche ein Dorn im Auge waren: Westliches Gedankengut war nicht willkommen. Eine besonders lyrische Darstellung eines schlafenden Jüngers findet sich an der südlichen Wand. Harmonische, nahezu in sich geschlossene Proportionen sowie eine ausdrucksstarke, aber feine Linienführung verleihen dem Schlafenden plastische Kraft.

In den Weißen Saal gelangt man von der Vorhalle durch einen Empfangsraum. Sein breites Gewölbe lastet schwer auf einem mächtigen Pfeiler, der einst mit Fresken verziert war, die aber leider nicht mehr erhalten sind. Der Weiße Saal sowie die angrenzenden Nebenräume beherbergen seit 1883 das Rostower Museum. Neben Ikonen, liturgischem Gerät und historischen Gebrauchsgegenständen zeigt das Museum Emailminiaturen, für die die Meister in Rostow Welikij im ganzen Land berühmt waren. Beachtung verdient eine in der russischen Kunst selten anzutreffende Holzplastik des hl. Georg, eine Arbeit des 15. Jh.

Der alte **Fürstenpalast (11,** *Knjascheskie terema)* gegenüber dem Weißen Saal stammt aus dem 16. Jh. Die gedrungene und verschachtelte Anlage mit kleinen Zimmern, Geheimgängen und Kerkern trägt die Handschrift der Baukunst unter Iwan dem Schrecklichen. An der Ostmauer erstreckt sich zwischen dem Wasser- und Gartenturm der **Erzbischöfliche Palast (12,** *Mitropolitschi palaty),* in dem die Rostower Erzbischöfe und Metropoliten bis zur Errichtung des Metropolitenhofes wohnten und der später als Wirtschaftsgebäude genutzt wurde.

Die **Kirche Grigorijs des Gottesgelehrten (13,** *Zerkow Grigorija Bogoslowa)* im Südwesten hinter den Kremlmauern erinnert mit ihrem Namen noch an das Grigorij-Kloster, das sich an dieser Stelle befand. Mönche hatten hier die erste Lehranstalt der nordöstlichen Rus eingerichtet, deren vorzüglichen Ruf Gelehrte wie Stefan von Perm sowie Jepiphani der Weise begründeten.

Der Possad

Das Handelszentrum von Rostow Welikij war der Marktplatz, der *torg,* der im Norden an den Kathedralenplatz grenzt. Handelsreihen und Kaufhöfe mit umlaufenden Arkadengängen aus den 30er-Jahren des 19. Jh. laden noch heute dazu ein, das skurrile Verkaufsangebot der rus-

Marktfrau an den Handelsreihen des Possad

sischen Provinz in Augenschein zu nehmen. Die Bedürfnisse scheinen sich hier durchaus noch mit dem Notwendigsten zufrieden zu geben.

Die Erlöser-Kirche auf dem Markt ist ein Werk des 17. Jh. Die wunderschöne, kleine **Isidor-Kirche** *(Zerkow Isidora)* im Schatten alter Bäume im Nordosten hinter dem Metropolitenhof trägt in ihrer Architektur bereits Elemente der italienischen Renaissance. Wie sehr auch die Zeitgenossen das kleine Meisterwerk zu schätzen wussten, belegt eine Inschrift an der Westfassade, die Andrej Malyj als Baumeister nennt sowie das Jahr ihrer Entstehung (1566). Auftraggeber dieser in der Ausgewogenheit ihrer Baulieder beeindruckenden Kirche war Iwan IV. Die Isidor-Kirche wirkte u. a. für zahlreiche weitere Sakralbauten, darunter die Erlöserkirche über der Vorhalle, beispielgebend. Der Innenraum ist mit Fresken aus dem 18. Jh. geschmückt. Bemerkenswert sind vor allem die Szenen aus dem Leben des hl. Isidors, in die sogar Darstellungen der Rostower Baukunst Eingang gefunden haben.

Erlöser-Jakowlew-Kloster

Am Ufer des Nero-Sees westlich des historischen Stadtkerns Rostows liegt in einem außerordentlich stimmungsvollen Ambiente das Erlöser-Jakowlew-Kloster *(Spaso Jakowlenskij monastyr)* mit seinen weithin sichtbaren Türmen. Jahrzehntelang war es trotz seiner exponierten Lage in Vergessenheit geraten, doch seit einigen Jahren machen sich Restauratoren daran, die Bauten zu retten. Das im 14. Jh. gegründete Kloster mit Wehrmauer, aus der vier achteckige Türme und der Glockenturm ragen, birgt eine baukünstlerische Rarität: Die **Dmitrij-Kirche** *(Dmitriewskaja zerkow)* zählt zu den originellsten Sakralbauten des Goldenen Rings. 1794 gaben die Scheremetjews, eine der einflussreichsten Familien des Landes, bei dem Moskauer Baumeister

Jelissej Nasarow eine dem hl. Demetrios geweihte Kirche in Auftrag. In einer ungewohnten Weise gelang es Nasarow, den traditionellen Typus der Fünfkuppelkirche mit den neuen Bauformen des russischen Klassizismus zu verquicken. Welche Bewunderung Nasarow mit seiner baulichen Lösung unter den Zeitgenossen hervorrief, belegt die fünfkuppelige **Jakob-Kirche** direkt gegenüber, die zwischen 1824 und 1836 im freudigen Taumel über die neue Formfindung nahezu als Kopie der Dmitrij-Kirche entstand.

Die älteste Kirche des Klosters ist die **Kathedrale zur Empfängnis der hl. Anna** *(Satschatewskaja zerkow)*, 1686 im Auftrag Ionas als typische Klosterkirche des 17. Jh. mit fünf Kuppeln und schlichten Fassaden errichtet. Im Innern der Kirche ist die untere Reihe der Fresken beachtenswert, die das Leben des Klostergründers, Bischof Jakob, schildern. Vollendet wird die eindrucksvolle Silhouette des Jakow-lew-Klosters von der **Erlöser-Kathedrale auf dem Sand** *(Spasskij sobor na peskach)* vor den Klostermauern, die als einziges Bauwerk eines im 13. Jh. gegründeten Klosters erhalten geblieben ist.

Abraham-Kloster

Ebenfalls am Nero-See, in der uliza Scheljabowskogo (ул. шельябовского), liegt das Abraham-Kloster *(Abraamijew monastyr)*. Das vermutlich bereits im 11. Jh. gegründete Kloster zählt zu den ältesten Klöstern der Rus. Der Legende nach gelangte der Mönch Abraham mit missionarischen Absichten an den Nero-See, um die dort lebenden Slawen zum christlichen Glauben zu bekehren. Mit Hilfe eines wundertätigen Stabes, der fabelhafterweise schon im Besitz des Evangelisten Johannes gewesen sein soll, ›tötete‹ Abraham die heidnische Gottheit Weles und gründete an Ort und Stelle ein Kloster. Den noch heute im Abraham-Kloster verwahrten, legendären Stab nutzten später auch die Zaren zur Durchsetzung ihrer Ziele. Iwan IV. nahm ihn auf seinen Feldzug gegen das Kasaner Khanat mit – und erneut führte der Stab zum Sieg über den Unglauben. Anschließend gab der Zar in Moskau die Basilius-Kathedrale und im Abraham-Kloster in Rostow die **Kathedrale des Erscheinens Christi** *(Bogojawlenskij sobor)* in Auftrag. Der Entwurf des 1553 entstandenen Baus geht vermutlich auf den Baumeister Andrej Malyj zurück. Fantasievolle Verspieltheit bestimmt die bewegte Silhouette der komplizierten, ineinander verschränkten Architektur mit zeltdachgedeckten Kapellenanbauten, Glockenturm sowie Galerien und Freitreppen.

Zum Klosterkomplex gehören weiterhin die **Wwedenskaja-Kirche** aus dem Jahre 1650 südlich der Kathedrale und die **Nikola-Torkirche,** ein Werk des 17. Jh., als Iona noch Abt des Klosters war. Das 19. Jh. fügte der von zwei Seiten mit Türmen flankierten Torkirche den klassizistischen Portikus an der Westfassade und den Glockenturm an. Auch sämtliche Wirtschaftsgebäude des Klosters stammen aus dieser Zeit.

Boris-und-Gleb-Kloster

Uglitsch

Die beschauliche kleine Stadt Uglitsch (Углич) an der Wolga war seit 1218 bis zur Eroberung durch Moskau 1329 Hauptstadt eines gleichnamigen Fürstentums. Ausdruck des auf Handel beruhenden Wohlstands sind der aus dem 16. Jh. stammende Kreml samt Resten des ehemaligen Fürstenpalastes sowie die Demetrius-Kathedrale von 1692. Auch das Auferstehungs-Kloster ist ein Bau des 17. Jh.

18 km außerhalb der Stadt liegt an der Straße nach Uglitsch das Boris-und-Gleb-Kloster *(Borissoglebskij monastyr,* Борисоглебский). Die Fahrt führt vorbei an blühenden Feldern, die Hügellinien vollziehen sanfte Bewegungen bis schließlich Tannenwald die Straße begleitet. Unverhofft tauchen plötzlich die imposanten Wehrtürme des Boris-und-Gleb-Klosters, das zwei Schüler Sergij Radoneschkijs, Fjodor und Pawel, im 14. Jh. in der Einsamkeit der nordöstlichen Rus gegründet hatten. Die heutigen Klosterbauten nahe des waldreichen Ufers der Ust entstanden alle zwischen dem 16. und 17. Jh. und sind von großem kunsthistorischen Interesse, da sie viele Bauformen, die später im Rostower Kreml Anwendung fanden, vorwegnehmen. Die mächtigen, mit 14 gewaltigen Wehrtürmen bestückten Mauern verdeutlichen die einst bedeutende Verteidigungsfunktion des Klosters an dem Weg von Rostow nach Uglitsch. Zwei Torkirchen empfangen den Besucher und geleiten ihn in den großzügigen Hof.

Die **Kirche des hl. Sergij** im Süden der Anlage entstand wahrscheinlich um 1544 als Fünfkuppelanlage. Ihre Architektur zeigt deutliche Entsprechungen zu der Boris-und-Gleb-Kathedrale und beschränkt sich ebenso wie diese auf nahezu schmucklose, monumentalen Ernst suggerierende Fassaden. Im Norden schließt sich der Kirche des hl. Sergij die außergewöhnlich hohe **Sretenskaja-Kirche** an, die von zwei Türmen flankiert wird und zeitgleich mit der eleganten Glockenwand im Jahre 1680 entstand.

Mittelpunkt der einsamen Klosteranlage ist die **Boris-und-Gleb-Kathedrale** *(Borissoglebskij sobor),* die Grigorij Borissow 1522 er-

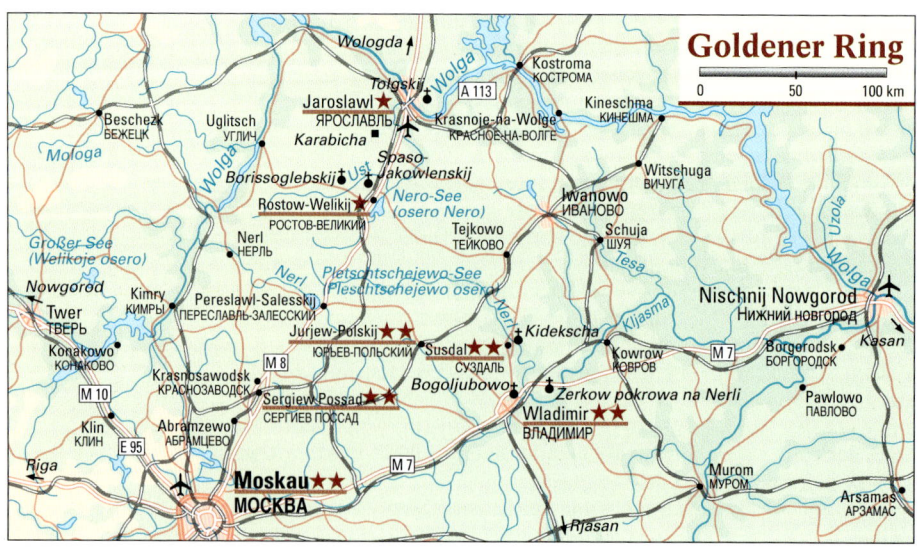

richtete. Der massive, schlichte Bau, der im 17. und 18. Jh. einige vermeintlich schmückende Veränderungen erfuhr – bewahrt dennoch etwas von der Kraft seines Ursprungs. Die benachbarte **Mariä-Verkündigungs-Kirche** *(Blagoweschenskaja zerkow)* samt Refektorium trägt ebenfalls die Handschrift Borissows, die Umbauten des 17. Jh. jedoch stark beeinträchtigten.

Jaroslawl – Handelsstadt an der Wolga

Mit über einer halben Million Einwohnern ist Jaroslawl (Ярославль) Gebietshauptstadt an der oberen Wolga. Eine breit gefächerte Industrie, zu der die Gummiproduktion, der Maschinenbau sowie die Chemie gehören, bildet den wirtschaftlichen Motor der Region. Jaroslawls Trabantensiedlungen greifen weit ins Umland aus. Das auf beide Ufer der Wolga konzentrierte historische Zentrum scheint dabei von den modernen Wohnsilos der Peripherie regelrecht bedrängt zu werden.

Jaroslawl ★

Information
www.adm.yar.ru

Geschichte

Dem Flusslauf der Wolga verdankt Jaroslawl seine Entstehung. 1010 hatte Fürst Jaroslaw der Weise an der Mündung des Kotorosl in die Wolga eine Stadt gegründet. Und da Stadtgründungen eines Weisen nicht allein aus strategischen Erwägungen hervorgehen, rankt sich um ihren Ursprung eine Legende: Im ›Bärenwinkel‹, einer spitzen Landzunge an der Mündung des Kotorosl in die Wolga, soll Jaroslaw mit bloßen Händen eine Bärin erlegt haben; das Tier schmückt bis heute das Stadtwappen.

Mit der feudalen Zersplitterung des Kiewer Reiches im 12. Jh. wurde das Fürstentum Rostow-Susdal, zu dem auch Jaroslawl gehörte, selbstständig. Die junge Stadt entwickelte sich rasch zu einem blühenden Handelszentrum an der Wolga, über die der Handel der Ostseeländer mit dem Mittleren und Fernen Osten verlief. Politisch führte wachsender Wohlstand 1218 zur Unabhängigkeitserklärung von Rostow-Susdal, infolgedessen Jaroslawl zur Hauptstadt eines Teilfürstentums aufrückte. Den viel versprechenden Anfängen von Jaroslawl bereiteten die Reiterhorden der Tataro-Mongolen 1238 ein jähes Ende: Nach ihrem Einfall lag Jaroslawl, wie viele andere Städte auch, in Schutt und Asche. Um so entschlossener beteiligten sich 1380 auch Truppen der Hafenstadt an der Wolga an dem siegreichen Feldzug Dmitrij Donskojs gegen die Heere Batu-Khans auf dem Schnepfenfeld.

Nach dem Erstarken ›Moskowiens‹ im 15. Jh. unterstellte sich Jaroslawl 1463 dem neuen Machtzentrum. Für die Stadt brach nun abermals eine Zeit wirtschaftlicher Blüte an, in der sie sich zu einem der bedeutendsten Handelszentren des Landes entwickelte. Es waren dann auch Kaufleute, die die Stadt nach einer verheerenden Feuers-

Igor-Lied
Im Jahre 1792 fand man die einzig bekannte Handschrift des »Igorliedes« im Erlöser-Kloster, ein Heldenepos aus dem 12. Jh., das als das älteste Dokument russischer Literatur gilt. Innerhalb wie außerhalb Russlands weckte das Poem anonymer Herkunft höchstes Interesse und wurde von zahlreichen Dichtern, darunter Konstantin Balmont, Wladimir Nabokow und Rainer Maria Rilke übertragen.

brunst 1658, in der Brücken, Klöster, Kirchen und Tausende von Wohnhäusern schweren Schaden nahmen, aus den Trümmern wieder auferstehen ließen. Der eilige Wiederaufbau begünstigte einen mehr oder weniger einheitlichen Stil, eine Kirche entstand nach der anderen und wetteiferte um den Titel der Schönsten. Mitte des 17. Jh. wurde Jaroslawl mit seiner Einwohnerzahl nur noch von Moskau übertroffen. Ihren hohen Stellenwert büßte die Stadt erst ein, nachdem Peter der Große mit St. Petersburg einen Ostseehafen gegründet hatte und sowohl der Handelsweg über die Wolga als auch die Handelsstraße nach Archangelsk, die traditionell über Jaroslawl führte, zweitrangig wurden. Das 18. Jh. bescherte Jaroslawl einen neuen Stadtplan nach klassizistischem Muster, der den alten Baubestand vorangegangener Jahrhunderte wirkungsvoll mit großen Stadtprospekten und weiten Plätzen in Szene setzte.

Erlöser-Kloster

Wehrhaftes Kloster

Mit reichen Geschenken und Ländereien bedacht, zählte das Erlöser-Kloster im 16. Jh. zu den größten und reichsten des Landes. Prachtvolle Bauten entstanden und wurden mit kostbaren Fresken geschmückt. Doch auch seine militärische Funktion hatte das Kloster beibehalten, die es im 17. Jh. unter Beweis stellen musste, als der Stab der Landwehr Minins und Poscharskijs während der polnisch-litauischen Belagerung hier Stellung bezog. 1787 wurde es aufgelöst und als Residenz der Erzbischöfe genutzt. Heute gehört es zum ›Historischen Architektur- und Kunstmuseumskomplex‹ von Jaroslawl.

Den historischen Kern Jaroslawls bildet das **Erlöser-Kloster (1,** *Spasskij monastyr).* Es wurde bereits im 12. Jh. am Ufer des Kotorosl gegründet, der etwas weiter flussabwärts in die Wolga mündet. Das mit wuchtigen, unüberwindbaren Mauern gesicherte Kloster übernahm lange Zeit die Funktion eines Kreml: Zu Beginn des 13. Jh. wurden hier die ersten Steinbauten errichtet, darunter auch ein Krankenhaus sowie ein Heim für Waisen. Vor allem aber eilte dem Kloster der Ruf einer bedeutenden Lehranstalt voraus: Die Klosterbibliothek umfasste alle wichtigen Werke der damaligen Zeit und in dem großen Scriptorium schrieben die Mönche alte Bücher ab und illustrierten Manuskripte.

Wer sich dem Erlöser-Kloster von Süden nähert, mag sich beim Anblick des malerischen Bauensembles verwundert fragen, wie es eine so wichtige Verteidigungsfunktion übernehmen konnte. Doch die dekorativen Rundtürme an der Südmauer, die geradezu von zierlicher Eleganz sind, schmücken die Klosterbefestigung erst seit 1800. Zu dieser Zeit verringerte man auch die Mauerhöhe, um den nahenden Pilgern schon von weitem die Schönheit des Klosters zu eröffnen. Von der ursprünglichen Klosterbefestigung aus dem 16. Jh. ist leider nur noch das **Heilige Tor** erhalten, das 1516 als mächtiger Kubus mit zwei Bögen und einem Wachturm entstand. Alle weiteren Türme, Tore und Mauern sind Werke des 17. Jh. Heute gelangt man durch die Pforte für alle Tage an der Südmauer in den Innenhof und stößt direkt auf das **Haus des Klosterabtes,** das im 17. Jh. mit seinem elaborierten Schmuckwerk in deutlich anderer Formensprache als das **Refektorium** an dieses angefügt wurde. In seiner Kompaktheit und Monumentalität ist die *trapesa* für den Anfang des 16. Jh. einzigartig in der nordöstlichen Rus. Der massive zweigeschossige Steinbau ist nur von kleinen, gleich Noten versetzten Fenstern durchbrochen, deren asymmetrische Anordnung einem noch öfter in Jaroslawl begegnen wird. Breite, stark verflachte Lisenen übernehmen die Gliederung der Fas-

sade, deren einziger Schmuck ein Fries unmittelbar unter dem Gesims darstellt. Im Osten schließt sich die **Kirche des Refektoriums** an, deren ursprüngliche Architektur bei Umbauten im 19. Jh. leider stark entstellt wurde.

Die **Christi-Verklärungs-Kathedrale** (*Spaso Preobraschenskij sobor*) ist der älteste erhaltene Bau von Jaroslawl. Wassilij III. hatte die Kathedrale 1516 bei Moskauer Baumeistern in Auftrag gegeben, nachdem der Vorgängerbau aus dem 13. Jh. 1501 in Flammen aufgegangen war. Schwere, geometrische Formen bestimmen das Äußere der Kathedrale, die sich über dem Grundriss einer Vierpfeiler-Kreuzkuppelkirche mit drei Apsiden erhebt. Die hohen Tamboure setzen in dem sonst eher horizontal betonten Bau einen vertikalen Akzent. Ihre schmalen, hochgezogenen Fenster bilden zudem einen ästhetisch spannungsreichen Kontrast zu den bauchigen Bögen der umlaufenden Galerien, die ihre Entsprechung in den durch runde Fenster unterbrochenen Sakomaren finden.

Der Innenraum beeindruckt vor allem mit seinen kostbaren Fresken aus dem 16. Jh., die viele städtebauliche Details und Landschaften der alten Rus festhalten. Über die Westwand erstreckt sich dem orthodoxen Kanon entsprechend ein Fresko des Jüngsten Gerichts, das die Ungläubigen in festliche Gewänder gekleidet und mit reichem Schmuck oder Beduinentüchern auf dem Kopf, als Orientalen charakterisiert, darstellt. Die noch erhaltenen Ikonen des ursprünglichen Ikonostas, darunter die bedeutendste die »Verkündigung der Gottesmutter mit Akathistos« (15. Jh.), sind heute im Architektur- und Kunsthistorischen Museum in Jaroslawl zu sehen. An seiner Ausgestaltung beteiligten sich Moskauer Künstler sowie Maler aus dem Kreis um Dionissij.

Der spätklassizistische Anbau mit der Dreikuppelkirche des Einzugs nach Jerusalem, der anstelle einer Kapelle aus dem 13. Jh. errichtet wurde, markiert einen bauästhetischen Bruch in der Gesamtwirkung des Klosterensembles. Auch der Glockenturm des Klosters, der sich über der Kirche der Gottesmutter vom Höhlenkloster erhebt, will sich nicht so recht in das ohnehin heterogene Gesamtbild einfügen. Sein neogotischer Aufsatz mit der kleinen Rotunde, der ihm zu Beginn des 19. Jh. angefügt wurde, mahnt geradezu an eine authentische und zeitgemäße Formensprache in der Baukunst. Die Aussichtsterrassen im Obergeschoss dagegen bieten ein großartiges Panorama über Jaroslawl und die Wolga.

Stadt der Kaufleute

Gegenüber dem Kloster, am Podbelskij-Platz 25 a (Подбельская пл.) gab der Kaufmann Alexej Subtschaninow im Jahre 1684 die **Kirche des Erscheinens Christi (21,** *Zerkow Bogojawlenija)* in Auftrag. Den schlanken, gleichsam erhabenen, pfeilerlosen Bau schmücken zwei Reihen Kokoschniki, die zu den fünf grünen Zwiebelkuppeln überleiten. Das harmonische Farbspiel zwischen dunkelrotem Backsteinbau und grünen Kuppeln nehmen die Fliesenfriese der Fassade wieder auf. Im Nordosten der Kirche erhebt sich der in den Bau integrierte Glockenturm, dessen Fassade Schirinki schmücken.

In den Innenraum der Kirche fällt durch die hohen Bogenfenster reichlich Licht, das seine Weitläufigkeit hervorhebt. 1692/93 malten verschiedene Meister das Innere in einem verhaltenen Kolorit, in dem dunkle Farbvaleurs überwiegen, aus. Auffallend sind neben einem Bemühen um eine individuelle Charakterisierung der Figuren, Profilbildnisse, die man zu dieser Zeit sehr selten in Russland findet.

Folgt man der Uferstraße in nordwestlicher Richtung, gelangt man zur **Vorstadtkirche Nikolaus' des Wasserträgers (3,** *Zerkow Nikoly Mokrogo),* die mit der kleinen **Winterkirche der Tichwiner Gottesmutter (4,** *Zerkow Tichwinskoj Bogomateri)* in der zweiten Hälfte des

17. Jh. im Auftrag von Kaufleuten errichtet wurde. Die Kirche Nikolaus' des Wasserträgers birgt sehr schöne Wandmalereien aus dem Jahre 1673. Die vier oberen Reihen der Nord- und Südwand thematisieren das Leben des heiligen Nikolaus. Die Westwand nimmt die übliche Darstellung des Jüngsten Gerichts ein. Auffallend ist, dass der Maler die Figuren mit großer individueller Zeichnung erfasst, in einer überraschend freien Malweise, die dem Geschehen großen Ausdruck verleiht. Die expressive Dramatisierung der Gerichtsdarstellung ist ein Charakteristikum der Jaroslawler Malerei des 17. Jh.

Metropolitenpalast

*Wolschskaja
nabereschnaja 20
Tel. 48 52 30 35 04
Sa–Do 10–18 Uhr,
am letzten Do des
Monats geschl.*

Kunstmuseum

*Wolschskaja
nabereschnaja 23
Di–So 10–17.30
(Tickets bis 17) Uhr*

Das Ufer des Kotorosl säumen mehrere Kirchen, gleichsam aneinandergereiht wie an einer Perlenschnur (s. Cityplan Nr. 5–7, S. 185). Sie stammen alle aus dem 17. Jh. und verdanken sich dem Aufschwung des Handels, den die Gründung der Hafenstadt Archangelsk 1584 Jaroslawl bescherte, da die Kaufleute hier ihre Handelsreise über die Wolga zum Weißen Meer antraten. Diese Stiftungen von Kaufleuten geleiten den Weg zum **Metropolitenpalast (8,** *Mitropolitschi palaty),* dessen zwei Stockwerke sich über dem Grundriss eines regelmäßigen Rechtecks erheben. Lisenen und zu Gruppen angeordnete Fenster gliedern die elegante Fassade, um die über dem Erdgeschoss und unter dem Dachgesims ein feingliedriger doppelter Fries läuft. Heute ist in dem Palast die Sammlung altrussischer Malerei des Kunstmuseums untergebracht, die eine Fülle von Ikonen der Jaroslawler Malschule beherbergt. Fabulierfreude sowie die Vorliebe für eine breite Farbpalette sind ihre hervorstechendsten Merkmale.

Der wuchtige **Wolga- oder Arsenalturm (9)** am Flusskai war Teil der Stadtbefestigung Jaroslawls. Nachdem 1658 die alten Mauern niedergebrannt waren, umgab man das Stadtgebiet 1658–60 mit einer neuen, mit 16 Türmen bewehrten Befestigungsanlage, an die noch der Blasius-Turm, der die Stadt an der Straße nach Uglitsch schützte, der Wlasjew-Turm sowie der Wolgaturm erinnern. Der trutzige, mächtige Turm, der ursprünglich an seiner Nordseite noch von einem weiteren Turm geschützt wurde, diente zur Verteidigung der Stadt am sogenannten ›Bärenwinkel‹, der zur Wolga hin abfiel. Seit 1842 nutzte man den Wolgaturm als Arsenal.

Im **Kunstmuseum (10)** am Wolga-Kai 23 *(Wolschskaja nabereschnaja,* Волжская наб.), das im ehemaligen Haus des Gouverneurs untergebracht ist, dokumentiert eine kleine, aber durchaus sehenswerte Sammlung die Entwicklung russischer Malerei vom 18.–20. Jh.

Kirche Nikolaus' des Hoffnung Verheißenden (11)

Die zwischen 1620 und 1622 erbaute Kirche Nikolaus' des Hoffnung Verheißenden *(Zerkow Nikoly nadejna)* im Narodnyj pereulok (Народный пер.) ist eine Stiftung des Kaufmanns Nadej Swetschnikow. Das gestiegene Repräsentationsbedürfnis des Kaufmannstandes diktierte die Architektur der Hauskirche, in der Swetschnikow im Kreise seiner Familie und seiner Freunde der Liturgie beiwohnte – ein Privileg, das sich bis dahin nur der Zar und der Hochadel erlauben konnten. Die Fassadengestaltung der Kirche in der Handels- und Handwerkersiedlung am hohen Wolga-Ufer zeichnet noch die Klarheit der Formen und Proportionen aus; in der Sparsamkeit ihrer Außengestaltung könnte man sie auch für einen Bau des 15. Jh. halten. Starke Umbauten um 1700 – von den einst fünf Kuppeln blieb nur eine, der Glockenturm wurde dagegen angefügt – haben den ursprünglichen Charakter der Kirche leider stark beeinträchtigt.

Der **Innenraum** ist reich mit Fresken geschmückt, die von Meistern aus Kostroma, Jaroslawl und Nischnij Nowgorod 1640/41 geschaffen wurden. Thema der Wandmalereien ist die Vita des hl. Nikolaus, dem auch die Kirche geweiht ist. In epischer Breite berichten sie von seinen Wundertaten. Die Fresken der Mariä-Verkündigungs-Kapelle schildern die Visionen des Johannes Klimakos, die ein beliebtes Thema der russischen Malerei des 17. Jh. waren, denn bei der Darstellung der Visionen konnte sich die weit verbreitete Lust am Fantastischen ausleben.

Christi-Geburts-Kirche (12)

Auch die benachbarte Christi-Geburts-Kirche *(Zerkow Roschdestwa Christowa)* in der uliza Kedrowa (ул. Кедрова) wurde 1635–44 aus den Mitteln zweier Kaufmannsfamilien errichtet. Nasarow und Gurjew gaben eine märchenhafte Kirche mit üppigem Dekor in Auftrag, die ihre Vorbilder in der fliesengeschmückten Pracht der Moscheen Mittelasiens haben dürfte, wohin die Kaufleute oft reisten. Über dem quadratischen Baukörper der Glockenturm-Torkirche wölben sich drei Zeltdächer, wobei die seitlichen in kleine Türme umgedeutet sind, die der Kirche einen weltlichen Charakter geben und an eine Burg erinnern.

Im **Innenraum** der Kirche begrüßen die Kirchenstifter den Besucher: Die Mitglieder der Familien Nasarow und Gurjew prangen als Fresko nicht ohne Geltungsbewusstsein an den Säulen in unterster Reihe. Die Wände sind mit Wandmalereien überzogen, darunter an der Westwand eine bemerkenswerte Komposition der Jaroslawler Malerei des 17. Jh. »Aller Atem, Gott zum Ruhme« ist ein aus der Ikonenmalerei übernommenes Sujet. Mit weichen, zarten Pastelltönen stellt der Künstler einen märchenhaften Garten dar, voller Tiere und Vögel, die zwischen Wirklichkeit und Fiktion oszillieren. Die im Kreis stehenden biblischen Figuren symbolisieren den Lauf des Lebens.

Die Galerien der Prophet-Elias-Kirche bestechen mit ihren farbenprächtigen Malereien aus dem 17. Jh.

189

Prophet-Elias-Kirche (13)

Blick über den Ostrowskij-Pavillon auf die Flusslandschaft der Wolga

Zur schönsten Kirche Jaroslawls, der Prophet-Elias-Kirche *(Zerkow Ilij Proroka)*, gelangt man durch den Narodnyj pereulok oder durch eine seiner Parallelstraßen. Insgesamt sieben Straßen führen strahlenförmig zum Iljinskaja ploschtschad (Ильинская пл.), dem zentralen Platz des alten Stadtkerns. Im 17. Jh. war das Gebiet noch Teil des weitläufigen Besitzes der Skripins, einer reichen Kaufmannsfamilie, die zu den einflussreichsten des Landes gehörte. Grundlage ihres riesigen Vermögens war der Handel mit Perlen und Edelsteinen sowie kostbaren Pelzen aus Sibirien. 1647 hatte Skripin eine Hauskirche in Auftrag gegeben, die dem Propheten Elias geweiht wurde. Im Zuge der städtebaulichen Neugestaltung Jaroslawls im 18. Jh. erkor man die Kirche aufgrund ihrer außerordentlichen Schönheit zum Zentrum der Stadt, von dem aus sieben Straßen strahlenförmig die einzelnen Quartiere erschließen.

Patriarchensitz

In der Prophet-Elias-Kirche erinnert der Patriarchensitz aus der zweiten Hälfte des 17. Jh. in seiner Formensprache an die Kapelle der Gewandniederlegung Mariä, bei der ebenfalls eine Doppelreihe von kleinen Kokoschniki zu dem aufstrebenden Zeltdach überleitet.

Die Prophet-Elias-Kirche ist ein Kreuzkuppelbau mit vier Pfeilern und fünf Kuppeln, Galerien, Kapellenanbauten und Treppenaufgängen. Die zeltdachbekrönte Kapelle der Gewandniederlegung Mariä an der Südwestecke und der Zeltdach-Glockenturm an der Nordwestecke schließen das Ensemble ab, das ein spannungsreiches Wechselspiel zwischen asymmetrischen Baukörpern einerseits und zentraler Ausrichtung andererseits entfaltet (vgl. Abb. S. 24).

Üppig geschmückte Galerien geleiten zum festlichen **Innenraum** der Kirche, den noch die originären Fresken auskleiden, die von einer Künstlerwerkstatt aus Kostroma unter der Leitung Gurij Nikitins und Sila Sawins 1680/81 ausgeführt wurden. Die Fresken erzählen mit Lust am Detail vom Leben des Propheten Elias und den Taten Jesajas. Ihr Realismus reiht sie fast schon in die Genre- und Landschaftsmalerei ein, zumal ein Großteil der Darstellung die Illustration der einfachen Landarbeit einnimmt. Dabei fällt auf, dass die von festlichem Überschwang getragenen Fresken allen mittelalterlichen Ernst, alle alttestamentarische Wucht verloren haben. Der Ikonostas der Kirche ist ein Meisterwerk des Hochbarock. Dass sich auch die Ikonenmalerei immer mehr um eine naturgetreue Abbildung bemühte, belegen zahlreiche genrehafte Darstellungen sowie Landschaftsbilder.

Korowniki und Gerbervorstadt

Über den Moskowskij prospekt (Московский пр.) gelangt man über den Kotorosl nach Korowniki an der Mündung des Flusslaufs in die Wolga. Der Name geht auf eine ›Kuhweide‹ zurück, auf der in den Flussauen früher das Vieh graste. Im 15. und 16. Jh. siedelten hier Handwerker und Kaufleute. Zwei von ihnen, die Kaufleute Iwan und Fjodor Neschdanowskij, gaben 1649 die **Johannes-Chrysostomos-Kirche (14,** *Zerkow Ioanna Zlatousta)* in Auftrag, eine charakteristische Fünfkuppelkirche mit Galerien und Vorhallen, die von Zeltdächern gedeckt wird. Zusammen mit der Kirche der Gottesmutter von Wladimir und dem Heiligen Tor bildet sie ein Bauensemble von

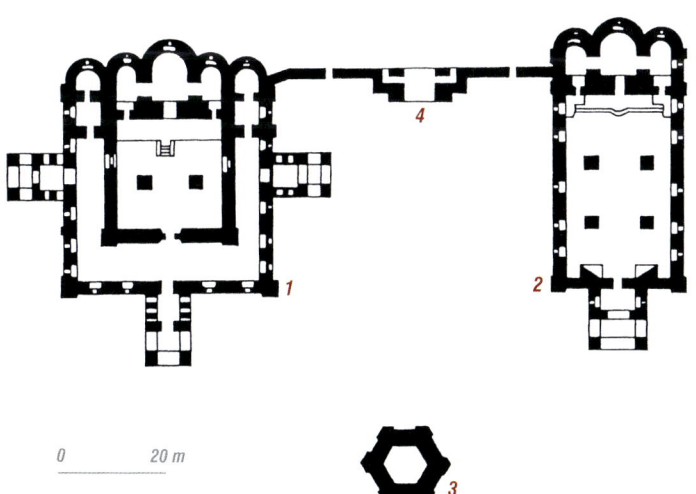

0 20 m

Jaroslawl, Grundriss des Kirchenensembles in Korowniki

1 *Johannes-Chry-sostomos-Kirche*
2 *Kirche der Gottesmutter von Wladimir*
3 *Glockenturm*
4 *Heiliges Tor*

191

beeindruckender Schönheit nahe der Mündung des Kotorosl in die Wolga. Das ursprüngliche Schmuckwerk der Kirche war sehr einfach gehalten, wurde in den 80er-Jahren des 17. Jh. aber entsprechend dem Geschmack der Zeit unter dem Einfluss Moskauer Traditionen weiter ausgeführt. Lasierte Kacheln beleben nun zusammen mit gebündelten Halbsäulen die Fassade, die Fenster schmücken plastische Rahmungen.

15 Jahre nach der Errichtung der Johannes-Chrysostomos-Kirche gaben die beiden Kaufleute – auf Ensemblewirkung bedacht – noch eine zweite Kirche in Auftrag. Die Architektur der **Kirche der Gottesmutter von Wladimir (15,** *Zerkow Wladimirskoj Bogomateri)* orientiert sich weitgehend an ihrer Nachbarin, fällt aber ein wenig schlichter aus. So fehlen etwa die Seitenkapellen. Auch das Gewölbe ist wesentlich niedriger, weshalb der Innenraum mehr Wärme bietet als der der Nachbarkirche und vor allem im Winter zu Gottesdiensten genutzt wurde.

Der elegante **Glockenturm (16)** von 1680 schraubt sich spielerisch über einem achteckigen Grundriss weit hinauf in den Himmel und entfaltet eine kontrastreiche Wechselwirkung zwischen schlichtem Unterbau und malerischem Glockengeschoss, das ein Zeltdach bedeckt. Die spannungsreiche Bauform des im Volksmund als ›Jaroslawler Kerze‹ apostrophierten Turms wirkte in der Folgezeit beispielgebend.

Am Schnittpunkt der Achse, die entlang der Hauptapsis der beiden Kirchen verläuft, verbindet das zu Beginn des 18. Jh. im Stil des Naryschkin-Barock errichtete Heilige Tor als architektonisches Pendant zum Glockenturm die Bauten zu einem harmonischen Ensemble, das als Höhepunkt der Jaroslawler Baukunst des 17. Jh. gelten darf.

Am Südufer des Kotorosl erhebt sich in der Gerbervorstadt Toltschkowo die imposante **Kirche Johannes des Täufers (17,** *Zerkow Ioanna Predtetschi),* die sich im Osten von ihrer schönsten Seite zeigt: Über fünf gleich hohen Apsiden ragen 15 Kuppeln in den Himmel. Üppig ist auch die Fassadengestaltung mit Schirinki und Kacheln sowie Fresken an den Giebeln. Die Bemalung der Ecken täuscht Ziegelwerk vor, die der Apsiden Rustikamauerung. Dekor, wohin das Auge blickt, denn das russische »Wunder an Schmuckwerk« war in Jaroslawl noch nicht geschehen. Die »Kirchen preisen die reiche Hand« apostrophierte der russische Schriftsteller Konstantin Istomin in der zweiten Hälfte des 17. Jh. ein ästhetisches Prinzip, das ganz nach der Devise verfuhr je schmuckvoller, desto gottgefälliger.

1694 wurde der Innenraum in nur 13 Monaten unter der Leitung Jaroslawler Meister mit nahezu allen Themen des Alten und Neuen Testaments ausgemalt. Besonders viel Raum nehmen die Szenen der Apokalypse ein, die mit epischer Lust den Weltuntergang schildern. In der unteren Reihe der Fresken findet sich eine einzigartige Galerie aller Heiligen des orthodoxen Christentums, die bis zum Zeitpunkt der Errichtung der Kirche kanonisiert waren.

Tolgskij-Kloster

Etwa 6 km außerhalb Jaroslawls liegt am linken Ufer der Wolga das Tolgskij-Kloster *(Tolgskij monastyr,* Толгский монастыр). Malerisch in die Flussauen eingebettet, bietet es einen romantisch-schwermütigen Anblick. Erst im 20. Jh. ist das 1314 gegründete Kloster dem Jaroslawler Stadtgebiet so nah gerückt; früher lebten die Mönche hier in beschaulicher Einsamkeit inmitten eines Pinienwaldes, von dem heute nur noch klägliche Reste zeugen. Berühmtheit erlangte das Kloster durch die Ikone der *Tolgskaja Bogomater.* Von insgesamt drei erhaltenen Ausführungen der Tolgskaja-Gottesmutter, eine seitenverkehrte Variante des Wladimirskaja-Bildtypus, ist vor allem die 1655 entstandene Ikone von großem Wert (Jaroslawler Kunstmuseum), dokumentiert sie doch in den Bildfeldern rund um die Jungfrau mit Kind die Baugeschichte der Errichtung der **Wwedenskij-Kathedrale** *(Wwedenskij sobor).* Bis ins 16. Jh. hatte das Kloster aus Holz bestanden. 1681–88 entstand die massive Vierpfeilerkirche auf hohem Sockel, mit einer umlaufenden Galerie. Den Innenraum schmücken üppig freskierte Bilderzählungen, die in den unteren Reihen der West- und Südwand ebenfalls die Baugeschichte der Kathedrale thematisieren.

Eine geschlossene Galerie verbindet die Kathedrale mit dem 1826 errichteten **Glockenstuhl,** dem der Klassizismus neue Formen gab. Die Nordwand der Klosterumfriedung nimmt die **Erlöser-Kirche** *(Spasskaja zerkow)* ein, das einzige Bauwerk von Jaroslawl und Umgebung im Stil des Moskauer Barock. Südlich der Kirche ist der älteste Bau des Klosters erhalten, die **Krestowosdwischenskaja-Kirche** mit einem Refektorium aus dem Jahre 1620.

Kostroma – klassizistische Handelsstadt

Der Weg von Jaroslawl nach Kostroma (Кострома) folgt beständig dem Flusslauf der Wolga. Felder erstrecken sich in der weiten Ebene, auf denen gebündelter Flachs trocknet, der zu den wichtigsten Agrarprodukten der Region zählt. Die Webereien, die sich im 19. Jh. in Kostroma ansiedelten, versorgten einst das ganze Land mit feinstem Segeltuch.

Den Reisenden begrüßte die mittelalterliche Stadt an der oberen Wolga früher mit einem prachtvollen Panorama, das die großen Kathedralen beherrschten. Die viel gerühmte Silhouette Kostromas mit dem Hypathios-Kloster, der Uspenskij-Kathedrale sowie der Dreifaltigkeits-Kathedrale und der Auferstehungs-Kirche im Walde fiel jedoch in den 30er-Jahren dem vermeintlichen Modernisierungswillen der neuen Sowjetmacht zum Opfer, die das einheitliche Stadtbild mit überdimensionierten Wohnblocks entstellte. Einen ersten großen städ-

Kostroma ★★

Information
www.kostroma.ru

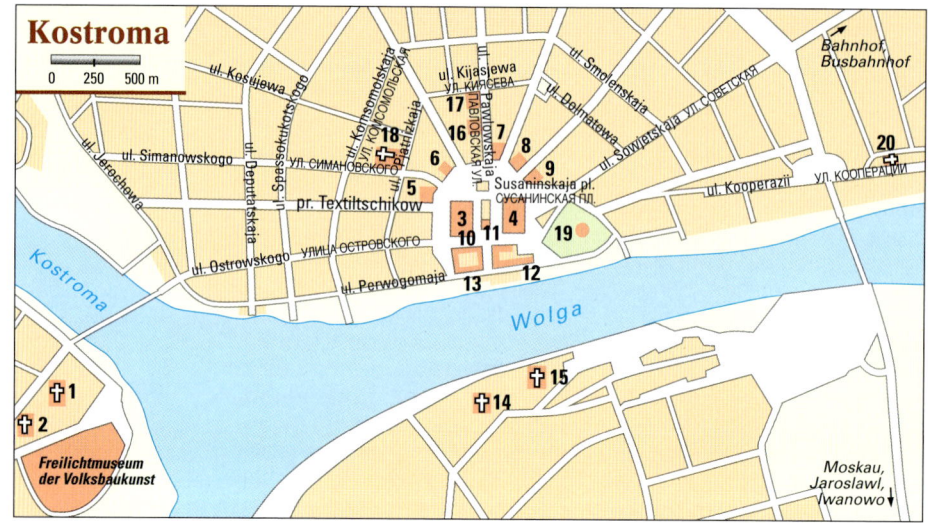

Kostroma

1 Hypathios-Kloster	10 Ölreihen
2 Kirche Johannes des Gottes-gelehrten	11 Tabakreihen
3 Mehlhändlerreihen	12 Pfefferkuchenreihen
4 Schöne Reihen	13 Fischreihen
5 Feuerwachturm	14 Christi-Verklärungs-Kirche
6 Hauptwache	15 Elias-Kirche
7 Borschtschow-Haus	16 Kunstmuseum
8 Gerichtsgebäude	17 Haus der Adelsversammlung
9 Gouvernementverwaltung	18 Kloster zu Christi-Erscheinen
	19 Ostrowskij-Pavillon
	20 Christi-Auferstehungs-Kirche i.W.

tebaulichen Eingriff erlebte Kostroma bereits unter Katharina der Großen, die hier, wie in 500 anderen russischen Städten auch, eine klassizistische Architektur in Auftrag gab. Das spannungsreiche Zusammenspiel zwischen dem fächerförmig angelegten Stadtgrundriss mit
zahlreichen klassizistischen Bauten im Zentrum einerseits und den
Relikten mittelalterlicher Architektur andererseits ist mit Sicherheit
der besondere Reiz Kostromas.

Als Stadt geht Kostroma auf eine Gründung Jurij Dolgorukijs im
12. Jh. zurück und wird 1213 erstmals urkundlich erwähnt. 1364 ver-
leibte das Moskauer Großfürstentum die bis dahin zum Fürstentum
Wladimir zugehörige Stadt ein und baute sie zur Festung an der oberen Wolga aus. Bereits im 16. Jh. bot Kostroma das Bild einer florie-
renden Handels- und Handwerkerstadt, deren Baumeister und Maler im ganzen Land gefragt waren. Und das Hypathios-Kloster entwickelte sich mit Unterstützung Boris Godunows zu einem bedeutenden
kulturellen Zentrum.

Hypathios-Kloster

Eindrucksvoll beherrscht das **Hypathios-Kloster (1,** *Ipatjewskij monastyr)* das rechte Kostroma-Ufer nahe der Mündung in die Wolga. Das Bauensemble, das einst vor den Toren der Stadt lag, ist der ganze Stolz Kostromas, und da bedeutende Bauten immer auch einer Legende bedürfen, erzählt man sich gern die Geschichte von dem Tataren Tschet, der hier auf seiner Reise zum Großfürsten schwer erkrankte. In seinem Fieberwahn erschien ihm die Jungfrau Maria in Begleitung des Märtyrers Hypathios Gangrskij und des Apostels Philippus, die ihm Heilung versprachen, sofern er sich taufen lasse. Tschet ließ sich auf das Angebot ein, wurde gerettet und gründete aus Dankbarkeit ein Kloster, das Hypathios-Kloster. Eine erste Blüte erlebte das Ensemble unter Boris Godunow Ende des 16. Jh., der sich zu den Nachfahren Tschets rechnete. 1585 gab er die ersten steinernen, etwa 6 m hohen Mauern des Klosters in Auftrag. Dem Kloster, zu dem zahlreiche Ländereien gehörten, das eigene Zölle erhob und über 400 Dörfer herrschte, wurde nun eine Malerwerkstatt angeschlossen, aus der in der Folgezeit bedeutende Künstler hervorgingen. Anfang des 17. Jh. wurde die Anlage zur Festung umgebaut, und die Mauern erreichten eine Höhe von 11 m. Vier Türme markierten die Eckpunkte. An der südlichen Mauer ist noch der klobige **Woskobojnaja-Turm** aus dem 16. Jh. erhalten. Ebenso wie die Mauer umgaben auch den Torturm Schwalbenschwanzzinnen, die jedoch später unter dem Gebälk verschwanden.

Besondere politische Bedeutung kam dem Kloster im 17. Jh. zur Zeit der polnischen Invasion zu. 1609 hatten sich die Polen mehr als sechs Monate hinter den hohen Mauern des Hypathios-Klosters verschanzt, nachdem der Versuch, Kostroma einzunehmen, gescheitert war. Dank einer List gelang es den Einwohnern Kostromas jedoch, das Kloster zu befreien, in dem der 1613 zum Zaren ernannte Michail Romanow bis zur Befreiung lebte. Den Schutz des Klosters dankten die Romanows mit großzügigen Zuwendungen, sodass das Hypathios-Kloster bald zu einem der bedeutendsten Klöster des Landes aufstieg. 1642–45 entstand im Südwesten des Klosters die sogenannte **Neue Stadt** *(Nowyj gorod),* ein nahezu quadratisches Areal, das ebenfalls von einer Mauer mit zwei Türmen sowie einem Torturm (Grüner Turm) umgeben wurde.

Hierher wurde 1955 die **Christi-Verklärungs-Kirche** (17. Jh.) aus dem Dorf Spas Wesch gebracht, um sie vor der Anlage eines Stausees zu retten. Die auf Pfählen errichtete Holzkirche entspricht dem in der russischen Holzbaukunst weitverbreiteten Typus der Einraumkirche, der offenbar die Vorstellung vom ›Kirchenschiff‹ auch baulich umsetzt. Dabei wurden meist drei vierwandige, überdachte Raumeinheiten in einer Achse angeordnet, wobei der Altarraum entweder die Mitte oder die Zelle *(klet)* vor der Apsis einnehmen kann.

Den Zugang zum eigentlichen Klosterbezirk eröffnet ein in die Nordmauer eingelassenes Ehrentor, das 1767 extra für den Besuch

Katharinas II. geschaffen worden war. Den architektonischen Mittelpunkt des Klosters bildet die **Dreifaltigkeits-Kathedrale** *(Troizkij sobor),* ein wuchtiger Monumentalbau, den fünf goldene Kuppeln krönen. 1558 gaben die Godunows die Kathedrale in Auftrag, die nur wenige Jahre nach ihrer Fertigstellung, am 29. Januar 1649, infolge einer Explosion von Schwarzpulver, das hier gelagert war, bis auf die Grundmauern zerstört wurde. In nur einem Jahr entstand eine neue Kathedrale vom Vier-Pfeiler-Typus mit einer umlaufenden Galerie, zu der mit Zeltdächern behaubte Vorhallen den Auftakt bilden. Schirinki sowie kielförmige Arkaden an den Kuppeltambours, die auch der Fassadenschmuck der Nordmauer zum Klosterhof aufnimmt, bilden den prägenden Dekor. Im westlichen Unterbau der Galerie befindet sich das Grab der Eltern Boris Godunows.

Den Weg in den Innenraum der Kathedrale geleiten profilierte Stufenportale, deren Kupfertüren noch vom Ursprungsbau erhalten sind. Bemerkenswerterweise mischen sich unter die an dem vergoldeten Ikonostas dargestellten Personen, die bei der Erscheinung Christi anwesend sind, griechische Autoren und Philosophen wie etwa Homer, Euripides, Menandros oder Platon und Apollon mit einem großen Bart, der in der Rus ebenso wie Platon als Prophet verehrt wurde.

Der wuchtige **Glockenturm** im Westen der Kathedrale wurde in mehreren Bauphasen seit Beginn des 17. Jh. zu einer imposanten Glockenwand erweitert. Dem dreigeschossigen Turm mit durchbrochener Glockenwand, die das Geläut aufnahm, fügte man 1649 einen viergeschossigen Turm an, den ein kleines Zeltdach deckt. Das **Erzbischöfliche Palais** im Nordosten des Klosterhofes vereinigt in seiner Architektur ebenfalls unterschiedliche Bauphasen. Der älteste Teil ist das Erdgeschoss vom Ende des 16. Jh.; die Abtgemächer

Deesis-Rang mit Darstellung Johannes' des Täufers am Ikonostas der Dreifaltigkeits-Kathedrale

im ersten Stock wurden im 17. Jh. fertiggestellt, und den zweiten Stock setzte man erst im 19. Jh. auf. Entsprechend uneinheitlich ist die Fassadengestaltung vom strengen Erdgeschoss bis zum verspielten zweiten Stock, in dem die Fenster so nah aneinander gerückt sind, dass ihr Schmuck die Wand fast vollständig einnimmt. Im östlichen Teil des Erzbischöflichen Gemaches stoßen die drei einstöckigen **Mönchszellen** an, und im Süden setzte man 1760 mit dem bunten fliesenverkleideten Vorbau einen malerischen Akzent.

Das Gebäude mit den Mönchszellen beherbergt die Sammlung des Historischen Museums zur vorrevolutionären Geschichte Kostromas. Das schlichte Gebäude ›Über den Kellern‹ entstand im 16. Jh. und wurde im 17. Jh. um eine Etage aufgestockt. Es gehörte zu den Wirtschaftsgebäuden des Klosters; in den Kellern lagerten Wein und Lebensmittel. Die plastische Kraft des Baus bündelt ein umlaufender Zahnfries, der mit dem Musterband am Dachgesims korrespondiert. Das Romanow-Palais drängt sich mit bemalten Fassaden in den Vordergrund: Im südlichen Flügel des zweiten Stockwerks hatte 1613 Michail Romanow, der spätere Zar, mit seiner Mutter gelebt. Anlass für den Architekten Fjodor Richter, das Haus im 19. Jh. nach dem Vorbild des Moskauer Hauses der Bojaren Romanow sowie nach dem Terem-Palast im Moskauer Kreml umzubauen. Ebenfalls aus dem 19. Jh. stammt die Chrysanthos- und Darja-Torkirche an der Ostmauer, für Konstantin Thon, den Architekten des Kremlpalastes, ein typisches, historisierendes Stilgemisch.

Die Wände der Drei-faltigkeits-Kathedrale wurden 1684 unter der Leitung von Gurij Nikitin und Sila Sawin nach der in der russisch-orthodoxen verbindlichen Ikonografie freskiert. Die Fabulierfreude der Fresken und die Vorliebe für einen drastischen Realismus sind charakteristisch für das 17. Jh.

Vor der nördlichen Mauer des Hypathios-Klosters zeigt das Freilichtmuseum für Holzbaukunst kunstvoll gezimmerte Kirchen, Wohnhäuser und Nutzbauten vom 16.–19. Jh. Inmitten üppiger Löwenzahnwiesen wird hier ein Stück altes Russland konserviert. Aus dem Jahre 1552 stammt die **Gottesmutter-Kirche** *(Zerkow Bogomateri)*, die aus dem Dorf Cholm überführt wurde. Sie entstand im Jahr des Sieges über Kasan, der Bastion der Goldenen Horde, die acht Tage lang von den Truppen Iwans IV. belagert worden war. In der russischen Architektur hat dieser militärische Erfolg nachhaltigen Widerhall in der beliebten Verwendung des Oktogons als organisierender Grundform gefunden.

Die Architektur der imposanten Kirche setzt sich aus zwei übereinandergesetzten Achtecken zusammen, die fünf Kuppeln krönen. Ein rechteckiges Refektorium im Westen und eine an drei Seiten umlaufende, geschlossene Galerie erwecken den Eindruck eleganter Stattlichkeit. Die **Erlöser-Kirche** am Ufer der Wolga stammt aus dem Dorf Fominskoje und wurde etwa um 1721 in der traditionellen Form der dreibalkigen Kletkirche (russ. *klet*, Zelle) errichtet. Bemerkenswert ist ihr schöner, schlanker Zeltdach-Glockenstuhl.

Nahe dem Kloster erhebt sich die zwischen 1681 und 1687 erbaute **Kirche Johannes' des Gottesgelehrten** *(Zerkow Ioanna Bogoslowa)*. Mit ihren fünf Kuppeln, dem hohen Zeltdach-Glockenturm, ihrem bunten Fliesenschmuck und den dreigezackten Kokoschniki ist sie ein charakteristisches Beispiel für die Baukunst des 17. Jh. an der oberen Wolga.

Klassizistisches Handelszentrum

Das Stadtzentrum von Kostroma am Ufer der Wolga weist in stilistischer Hinsicht eine beachtliche Geschlossenheit auf. Im 18. Jh. war man weniger an der Bauweise einzelner Kirchen und Gebäude interessiert als vielmehr an der planerischen Gestaltung ganzer Straßenzüge und Plätze, wie neben St. Petersburg u. a. auch Kostromas Zentrum sinnfällig belegt. Da die Künstler nicht mehr an private Auftraggeber oder den Hof gebunden waren, sondern vielmehr staatliche Aufträge ausführten, wurde der Konzeption öffentlicher Bauten wie Ämtern, Theatern oder Lehranstalten große Aufmerksamkeit entgegengebracht. Unerlässlich im neuen Stadtbild, das auf ein reibungsloses Funktionieren des Gemeinwesens abzielte, sind die Kaufhöfe, für die Kostromas Handelsreihen mit ihren Laubengängen ein gutes Beispiel sind: die **Mehlhändlerreihen (3),** 1789–93 über dem Grundriss eines großen Rechtecks zwischen der uliza Ostrowskogo (ул. Островского) und dem prospekt Textilschikow (пр. Текстильщиков) entstanden, bilden zusammen mit den gegenüberliegenden **Schönen Reihen (4)** und dem Feuerwachturm ein großes, frühklassizistisches Ensemble. Der **Feuerwachturm (5),** der dank seiner Höhe die Anlage beherrscht, wurde 1823 errichtet: dem kubischen Baukörper setzte

der Architekt einen mächtigen, sechssäuligen ionischen Portikus vor – die Überdimensionierung der architektonischen Formen im Klassizismus entsprang der beabsichtigten Fernwirkung von Gebäuden. Der schlanke, oktogonale Turm der Feuerwache, der sich nach oben verjüngt, passt sich den vom Portikus vorgegebenen Proportionen jedoch nicht an, sodass insgesamt ein uneinheitlicher Eindruck entsteht. Die **Hauptwache (6)** nebenan, ebenfalls Teil des Platzensembles, überzeugt dagegen mit ausgewogenen Proportionen. Dem Platz wendet sie sich mit einem festlichen, dorischen Säulenportikus zu. Das **Haus des Generals Borschtschow (7)**, das **Gerichtsgebäude (8)** sowie die **Gouvernementsverwaltung (9)** vervollständigen den rhythmischen Gleichklang des Platzes, den im Süden die **Ölreihen (10)** begrenzen.

Die **Tabakreihen (11)** mit einer Kolonnade dorischer Säulen, 1819 nach einem Entwurf von Stassow errichtet, bilden zusammen mit den Schönen Reihen eine Straße; südlich, am Ufer der Wolga, liegen die **Pfefferkuchenreihen (12)**, von deren Mitte aus über eine Treppe der Weg zur **Fischreihe (13)** führt. Das geistliche Zentrum der Handelsreihen ist die Erlöser-Kirche in den Reihen (1766) mit ihrem klassizistischen Glockentorturm.

Gegenüber den Handelsreihen erhebt sich am anderen Ufer der Wolga die **Christi-Verklärungs-Kirche (14,** *Zerkow spasa preobraschenija),* ein eigentümlich gedrungenes Ensemble von 1685, zu dem eine Fünf-Kuppel-Kirche mit üppig geschmückter Fassade, ein Refektorium sowie ein Zeltdach-Glockenturm gehören. In unmittelbarer Nachbarschaft war zuvor 1663 die schlichte **Elias-Kirche (15)** entstanden.

Kostromas **Kunstmuseum (16)** am prospekt Mira (проспект Мира), ein dem Historismus verpflichteter Bau vom Beginn des 20. Jh., zeigt neben Ikonen zahlreiche Werke des 17.–20. Jh., darunter Arbeiten von Boris Kustodiew, Nikolaj Roerich oder Tatlin. Der lang gestreckte Bau nebenan ist das **Haus der Adelsversammlung (17).** Stuckdekor sowie Pilaster und Dreiecksgiebel über den Fenstern des Mittelbaus beleben die strenge Fassade eines Stadtpalais, das im 18. Jh. für eine reiche Kaufmannsfamilie errichtet worden war. Als die Adelsversammlung den Palast erwarb, ließ sie ihn in den 30er-Jahren des 19. Jh. umbauen. Die eigentliche Pracht entfalten erst die Innenräume des Palais: Auftakt ist eine herrschaftliche gusseiserne Paradetreppe, die Frauenköpfe und Palmetten schmücken. Sie führt vom Vestibül in den ersten Stock, den der Versammlungssaal mit einer prunkvollen Kassettendecke einnimmt.

Im 15. Jh. gründete der Mönch Niketas aus dem Sergios-Dreifaltigkeits-Kloster in Sergiew Possad das **Kloster zu Christi Erscheinen (18,** *Bogojawlenskij monastyr)* in der Handwerkervorstadt (heute uliza Simanowskogo; ул. Симановского). Ein mächtiger Wehrturm der ehemaligen Klosterumfriedung, der im 19. Jh. als Glockenturm mit einem schwerfälligen Zeltdach umgebaut wurde, empfängt den Besucher. Das Kloster bietet ein Bild des Verfalls; wie die Mehrzahl der Sakralbauten in den Städten des Goldenen Ringes wurde es zweckentfremdet und wartet nun auf eine umfassende Restaurierung. Den baulichen Akzent des Klosters, zu dem noch das Refektorium aus dem 18. Jh. und die Gebäude der Mönchszellen gehören, setzt die Kathedrale des Erscheinens Christi, deren harmonische Proportionen beeindrucken. Die Bauarbeiten zogen sich von 1559 bis 1565 hin: Der mächtige Vier-Pfeiler-Kubus mit plastisch stark ausgebildeten Apsiden ruht auf einem hohen Unterbau und schließt mit fünf Kuppeln

Christi-Auferstehungs-Kirche im Walde, ein schönes Beispiel für den außergewöhnlichen Reichtum an Zierformen im Kirchenbau des 17. Jh.

ab, die hohen, mit Blendarkaden geschmückten Tambours aufsitzen. Die ursprüngliche Architektur des ältesten Bauwerks in Kostroma ist nur schwer rekonstruierbar, da massive Anbauten im 19. Jh. im pseudo-russischen Stil die ursprüngliche Formensprache entstellten.

Die Wandmalereien im Innenraum der Kathedrale schuf eine Werk-statt unter der Führung der berühmten Künstler Gurij Nikitin und Sila Sawin aus Kostroma.

Kostromas kunsthistorisch ›wertvollstes‹ Ensemble liegt etwas au-ßerhalb des Stadtzentrums im Osten. Die Christi-Auferstehungs-Kir-che im Walde *(Zerkow Woskressenija na debre,* s. u.) zählt zu den be-deutendsten Sakralbauten an der Wolga und zu den schönsten des 17. Jh. überhaupt. Man erreicht sie über die uliza Kooperazii (ул. Ко-операции), vorbei am **Pavillon Ostrowskijs (19)** am Ufer der Wolga, eine offene Rotunde mit acht ionischen Säulen, die eine halbrunde Kup-pel tragen. Sie wurde im 19. Jh. errichtet und nach dem Dramatiker Alexander Ostrowskij benannt, dessen literarisches Schaffen eng mit Kostroma und seiner Umgebung verbunden ist – Ostrowskij hatte viele Jahre in Tschelkowo gelebt. Die Kaufleute Kostromas mögen ihn dar-über hinaus zu manchem Charakter seiner Komödien inspiriert haben.

Auferstehungs-Kirche im Walde

Die außergewöhnliche Schönheit dieser Kirche **(20)** bedurfte einer ungewöhnlichen Entstehungsgeschichte: Der Kostromaer Farben-händler Kyrill Issakow, der die Kirche 1645 stiftete, wollte von den Engländern ein Fass Indigo kaufen, doch als er das Fass in dem gu-ten Glauben öffnete, die kostbaren Pigmente vorzufinden, sah er sich vor einem Berg Gold. Dem Himmel dankte er den glücklichen Zufall mit dem Bau einer zauberhaften Kirche. So will es die Legende. 1651 war die Auferstehungs-Kirche im Wald fertiggestellt. Den Backstein-bau vom Vier-Pfeiler-Typus krönen fünf Zwiebelkuppeln. Paarweise angeordnete Halbsäulen übernehmen die Gliederung der Fassaden, die stark profilierte Sakomare, ein Ornamentfries sowie Kokoschniki über den Fenstern schmücken. Eine Bogengalerie umläuft die Kirche. Einen malerischen Akzent setzen die Treppenvorbauten an drei Sei-ten mit Zeltdächern. Vor allem der Zugang im Westen, das **Heilige Tor,** bietet ein heiter-verspieltes Bild. Die zwei gedrungen wirkenden Torbögen ruhen auf wuchtigen Vasen. Schirinki aus Ziegeln, die mit Kalksteinreliefs gefüllt sind, schmücken den Torbogen, über dem sich drei kleine Zeltdächer erheben und das Bild eines ›Märchenpalastes‹ vervollkommnen. Die Motive der Reliefs – Löwen, Einhörner, Peli-kane etc. – traten bereits in der vormongolischen Rus auf, damals aber noch als Relikte heidnischer Kulte. Im 17. Jh. holt sie die Lust am De-kor wieder zum Vorschein, allerdings ohne religiösen Unterton, son-dern allein im Sinne schmückender Bedeutung. Immer wieder kommt die wunderliche Fantasie des 17. Jh. bei der Gestaltung der Kirche mit

Fresko mit Christus als Pantokrator, umringt von Engeln, Maria (links) und Johannes dem Täufer (rechts), in der Auferstehungs-Kirche im Walde

Das Gute und das Böse

Die Gegenüberstellung des Guten (Paradiesgarten) und des Bösen (Apokalypse) wird im 17. Jh. zu einem fundamentalen Bestreben der russischen Kunst, das erst mit der Erweiterung des strengen Sujetkanons um zuvor tabuisierte Themen ermöglicht wird.

ihrer Freude am Verzieren, mit ihrem Erfindungsreichtum und ihrer Vielfalt zum Zug.

Dem Wunderwerk an äußerem Schmuck entspricht ein prachtvoll gestalteter **Innenraum.** Die Galerie zieren Fresken mit Themen aus der Apokalypse und den Apokryphen, die in Russland erstmals im 17. Jh. als Sujet der Malerei erschlossen wurden. Die grafisch anmutende Darstellung des Geschehens, der lineare Rhythmus sowie die repräsentative Verhaltenheit der Bildsprache ordnen die Fresken der sogenannten Godunow-Schule zu, die sich um die Wende vom 16. zum 17. Jh. formierte. An der Südseite der Galerie findet man alttestamentarische Sujets wie die Erschaffung Adams und Evas oder die Vertreibung aus dem Paradies, die das starke Bedürfnis nach Dekorativität der Wandmalereien zum Ausdruck bringen. Stark profilierte Portale geleiten den Weg in den Gemeinderaum. Hier verdient vor allem die Dreiheiligen-Kapelle mit dem kunstvoll geschnitzten Königstor Beachtung. Sie ist Basilius dem Großen, Gregor von Nazianz und Johannes Chrysostomos gewidmet und mit Themen aus dem Leben der drei Heiligen ausgemalt.

Abstecher nach Krasnoje an der Wolga

Etwa 30 km südöstlich von Kostroma liegt der kleine Ort Krasnoje na Wolge (Красное-На-Волге), die ›Schöne an der Wolga‹. Inmitten der verwitterten Holzhäuser rund um den **Roten Platz** findet man noch das alte Russland, ungeschönt und rau. Die Armut in der russischen Provinz hat auch ein architektonisches Gesicht, das des Zerfalls. Die ›Schöne an der Wolga‹ verheißt den tagtäglichen Überlebenskampf, der mit dem Wasserholen in der Wolga morgens beginnt und mit dem letzten Einheizen vor der Nacht endet. Nur die Alten sind dageblieben und die Kinder der Jungen, die ihr Glück in der Stadt suchen.

Vermutlich sah es in Krasnoje Ende des 16. Jh. nicht viel anders aus, als Boris Godunow hier 1592 eine Zeltdachkirche in Auftrag gab. Die **Kirche des Erscheinens Christi** *(Zerkow Bogojawlenija)* ist die einzige Attraktion der kleinen Stadt, man kann sie bequem per Schiff von Kostroma aus erreichen. Der kubische Baukörper, das aufgesetzte, sich verjüngende Oktogon mit den Kokoschniki sowie das hohe Zeltdach, zu dem kleine Kokoschniki-Pyramiden überleiten, türmen sich zu einer harmonischen Architektur aufeinander. Eine kleine Helmkuppel auf hoher Trommel krönt die Himmelstürmerei nach dem Vorbild der Kirche in Kolomenskoje.

Susdal – Poesie in Stein

Susdal ★★

Ein von einem goldenen Kreuz gekrönter Jagdfalke ziert das stolze Wappen von Susdal (Суздаль), der ältesten Stadt im Nordosten der Rus, die nach dem Zweiten Weltkrieg zur ›Hauptstadt des Goldenen Rings‹ erkoren wurde. Das Wappen ist gleichsam Ausdruck der Macht und der Schönheit Susdals, die sich bis heute erhalten hat. Selbst sowjetische Stadtplaner wagten es nicht, hier aus der großen baukünstlerischen Tradition auszuscheren, und so beeinträchtigen weder bombastische Fabrikanlagen noch gigantische Wohnsilos die pittoreske Stadtsilhouette. Der kunsthistorischen Geschlossenheit, die man in Russland sonst allein in St. Petersburg findet, verdankt die Stadt ihre große Anziehungskraft. In Susdal verzaubert das alte Russland spätestens hier – und vor allem im Winter, wenn in den Nächten der Raureif fällt und die Eisblumen blühen – ist man im russischen Märchen angekommen.

Information
www.susdal.de

Geschichte

Im 10. Jh. kamen slawische Siedler aus dem Gebiet von Smolensk in die fruchtbare Gegend um Susdal, wo bereits zuvor finno-ugrische Stämme gesiedelt hatten. Die Menschen fanden hier gute Lebensbedingungen: Die Wälder rund um Susdal boten sowohl reichlich Nahrung als auch Schutz vor Überfällen von Nomadenstämmen. Die »Laurentius-Chronik« erwähnt den Ort erstmals 1024. Zu dieser Zeit war Susdal bereits eine bedeutende Siedlung und neben Rostow Welikij ein wichtiges Handelszentrum in der nordöstlichen Rus. Eine erste Blütezeit erlebte die Stadt im 12. Jh. unter Fürst Jurij Dolgorukij, der 1152 Susdal zur Hauptstadt seines Landes machte. Die Macht der alteingesessenen Bojarengeschlechter Susdals ließ es ihm ratsam erscheinen, seine Residenz außerhalb der Stadt in Kidekscha einzurichten. Sein Sohn Andrej Bogoljubskij verlegte die Hauptstadt aus Respekt vor dem Rostower und Susdaler Bojarenadel gar nach Wladimir. Susdals Bedeutung wurde dadurch keineswegs geschmälert, vielmehr ent-

In Susdal stößt man auch abseits der großen Kirchen- und Klosterensembles auf Architektur des ›märchenhaften Russland‹. Typisch für die ländlichen Orte des Goldenen Rings sind die reich verzierten Holzhäuser aus dem 19. und frühen 20. Jh.

wickelte sich die Stadt zu einem bedeutenden Handelszentrum, dem erst der Mongolensturm 1238 ein jähes Ende bereitete.

Nach einem kurzen Zwischenspiel als Bischofssitz des inzwischen um Nischnij Nowgorod angewachsenen Fürstentums Mitte des 14. Jh. fällt Susdal 1392 an Moskau. Ein Versuch im 15. Jh., sich wieder von den verhassten Moskauern zu lösen, wurde von Wassilij III. blutig niedergeschlagen. Die Stadt versank nun in politische Bedeutungslosigkeit, entwickelte sich aber gleichzeitig unter der wohlwollenden Hand der Moskauer Großfürsten und Zaren zu einem bedeutenden geistlichen Zentrum des Landes: Klöster und Kirchen entstanden in rasantem Tempo, und 1573 entfielen in Susdal auf nur 400 Gehöfte allein 49 Kirchen.

Die größten Bewährungsproben Susdals fielen in das 17. Jh.: Während der polnisch-litauischen Invasion 1608–11 wurde Susdal mehrmals nahezu vollständig zerstört. Den westlichen Invasoren folgten 1634 die Krimtataren, die die Stadt erobern konnten. 1644 ging ganz Susdal in Flammen auf, und 1654/55 raffte die Pest fast die Hälfte der Bewohner dahin. All diese Katastrophen scheinen den Bau von Kirchen und Klöstern noch beflügelt zu haben: überall entstanden Steinkirchen mit üppigem Dekor, eine schöner als die andere, als wollte man den Himmel gnädig stimmen. 1719 wurden bei einem Brand alle Holzbauten der Stadt erneut zerstört. Für den Wiederaufbau der Häuser und Kirchen wurden nun Steine verwendet. Vor allem der wirtschaftlich erstarkte Kaufmannstand sowie die Handwerker ließen in ihren Siedlungen zahllose Kirchen errichten, die das Gesamtbild der Stadt nicht nur bereicherten, sondern auch vereinheitlichten. Zuvor durch weite Distanzen getrennte, baukünstlerische Ensembles wie der Kreml und die Wehrklöster wurden nun im Stadtbild miteinander verbunden. Im Zuge reger Bautätigkeiten erfuhr auch die Ikonenmalerei einen ungeahnten Aufschwung, und schon bald kam Susdal in den Ruf der ›Stadt der Herrgottsmaler‹.

1796 wurde die Stadt dem Gouvernement Wladimir angegliedert, doch konnte Susdal aufgrund seiner langen politischen Unabhängigkeit sein Stadtwappen erhalten ohne – wie alle anderen Städte – den Wladimirer Löwen aufzunehmen. Nach einer kurzen Bauphase im Stil des Klassizismus zu Anfang des 19. Jh. versank Susdal allmählich in einen tiefen Dornröschenschlaf. Die Einwohner lebten vom Gemüseanbau, und von außen verirrte sich kaum jemand in dieses Provinznest, wo es mehr Kirchen als Haushalte gab. Nach der Oktoberrevolution wurden die meisten Bauten restauriert, und da Susdal abseits der Hauptverkehrswege des Landes liegt, entging es dem Schicksal einer heute äußerst fragwürdigen ›Modernisierung‹. Heute ist Susdal, wo etwa 12 000 Menschen leben, ein Freilichtmuseum altrussischer Baukunst und Kultur.

Kreml

An einer Biegung der seicht dahinziehenden Kamenka erhebt sich auf einer Anhöhe der Susdaler Kreml. Von der einst imposanten Anlage aus dem 11. Jh. mit 1400 m langen Erdwällen, zahlreichen Wehrtürmen und Kirchen ist leider nichts mehr erhalten. Heute hört man die Hähne von den umliegenden Höfen krähen – Provinzidylle. Aus späteren Bauphasen aber haben die berühmte **Mariä-Geburts-Kathedrale (1,** *Sobor Roschdestwa Bogorodizy)*, die erste Steinkirche des Kreml, sowie der Glockenturm und die Bischofsresidenz die Jahrhunderte überdauert. Die Kathedrale ist der einzige aus vormongolischer Zeit erhaltene Bau Susdals. Bereits Wladimir Monomach hatte um

Von dem einstigen Befestigungsring des Susdaler Kreml ist nichts mehr erhalten; Blick über die Nikolaus-Holzkirche auf die Mariä-Geburts-Kathedrale

Südportal

Das prachtvolle Süd-portal, Hauptzugang der Mariä-Geburts-Kathedrale aus dem 13. Jh., war gleichsam ein Triumphbogen, durch den der Fürst mit seinem Gefolge Einzug in die Kirche hielt. Frauenmasken, deren typisch romani-schen Punktpupillen man auch in Westeu-ropa begegnet, bele-ben die Pilaster. Pflan-zenornamente zieren die Archivolten, und die Löwen der Kapi-telle bewachen sorg-sam den Eingang.

1100 eine kleine Holzkirche an dieser Stelle errichten lassen, die Ju-rij Dolgorukij 1148 durch einen Kalksteinbau ersetzen ließ. 1222–25 entstand der heutige Kathedralbau. Infolge der zahlreichen Umbau-ten und Instandsetzungsarbeiten lässt sich das ursprüngliche Ausse-hen der Kathedrale nur noch schwerlich rekonstruieren. Aus dem 13. Jh. ist nur der untere, von der Arkatur begrenzte Baukörper aus dem berühmten, weißen Susdaler Kalkstein erhalten. Die Mauern da-rüber sind im 16. Jh. bereits aus Ziegelstein angefügt worden. Die letzte Neuerung datiert in die Mitte des 18. Jh., als man der Kathedrale an-stelle ihrer wehrhaften Helmhauben fünf Zwiebelkuppeln aufsetzte. Leider sind große Teile des reichen bauplastischen Schmucks der Fas-saden nicht mehr erhalten. Charakteristisch für die Ornamentik der Mariä-Geburts-Kathedrale sind zahlreiche Pflanzen- und Tier-, vor allem Löwenmotive, wie man sie aus der orientalischen Portalarchi-tektur kennt. Die üppig ornamentierten Säulen- und Kapitellformen erinnern darüber hinaus an romanische Kirchenbauten, wie es etwa in Italien gibt.

Im **Innenraum** der Kathedrale sind vor allem im Altarbereich De-tails der ursprünglichen Ausmalung von 1225 erhalten, leicht erkenn-bar an der weichen Farbgebung sowie an der klaren Zeichnung. Das ebenfalls zarte Kolorit der Fresken aus dem 15. und 16. Jh. ist leider der rüden Restaurierung unserer Zeit zum Opfer gefallen, die mit kräf-tigen Farben das Wiedererwachen der Orthodoxie beschwört. Glanz verleihen dem Innenraum die berühmten Goldenen Türen des West- und Südportals aus dem 13. Jh., die die ältesten Beispiele russischen Goldgusses sind. Beide zweiflügeligen Portale sind in einzelne be-malte Felder aufgeteilt, deren Szenen vom Leben Christi und der Got-tesmutter erzählen (westliche Tür); die Löwen, Greifen und Drachen in den unteren vier Bildfeldern übernehmen hier ebenso wie der Tür-griff in Gestalt eines Löwenkopfes die Rolle von Wächtern. Das Bild-programm des südlichen Portals zeigt die Taten der Erzengel, vor al-lem des hl. Michael, des Herrschers über die himmlischen Heerscha-ren, den die russischen Fürsten ebenso wie Normannen und Langobarden als ihren Schutzengel verehrten. Die feine Linienfüh-

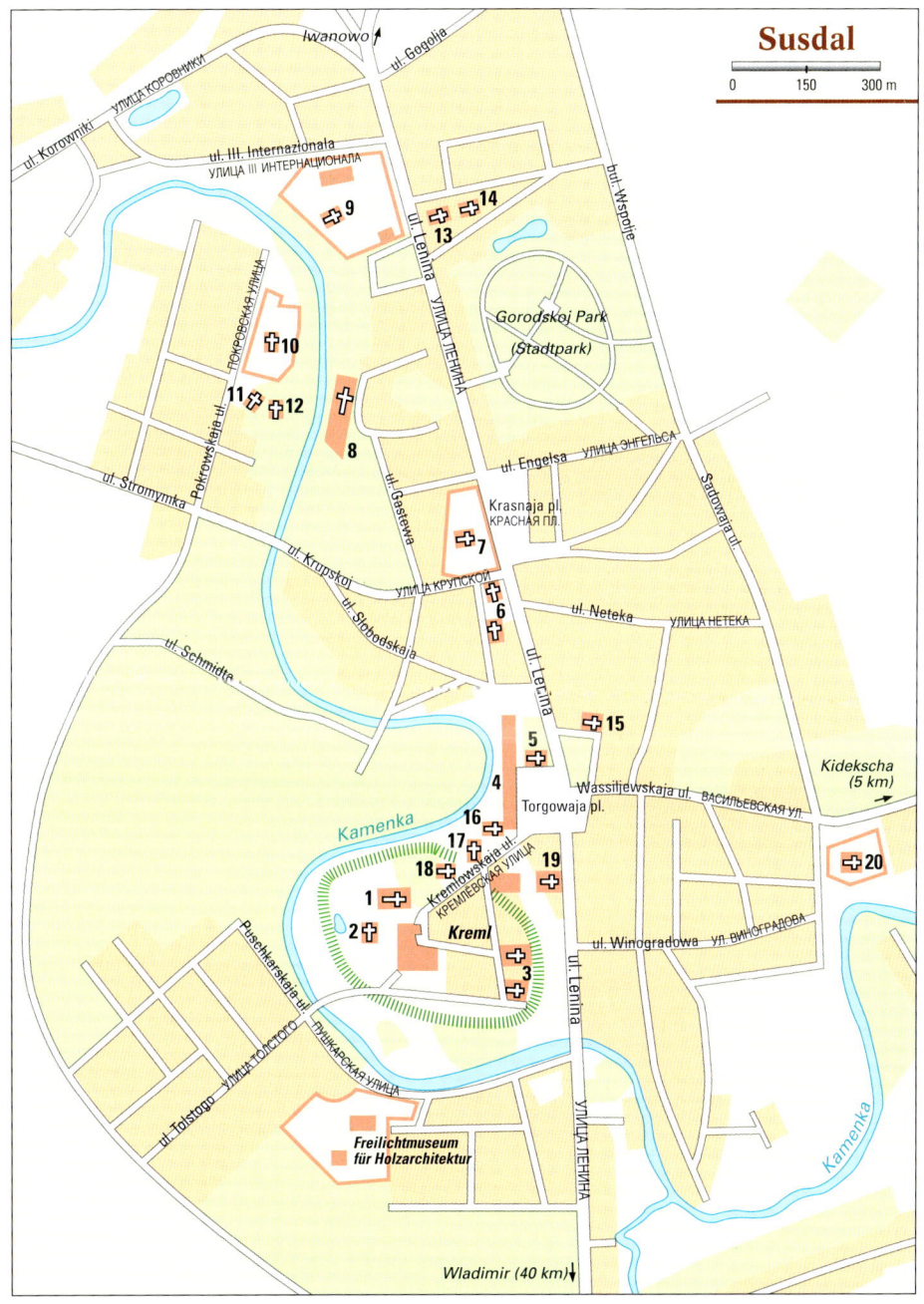

Susdal

0   150   300 m

Iwanowo

ul. Gogolja

ul. Korowniki

УЛИЦА КОРОВНИКИ

ul. III. Internazionala
УЛИЦА III ИНТЕРНАЦИОНАЛА

9

14
13

bul. Wspolje

ul. Lenina
УЛИЦА ЛЕНИНА

Gorodskoj Park
(Stadtpark)

Pokrowskaja ulica

10

11   12

8

Pokrowskaja ul.

ul. Stromynka

ul. Engelsa   УЛИЦА ЭНГЕЛЬСА

Sadowaja ul.

ul. Gastewa

Krasnaja pl.
КРАСНАЯ ПЛ.

ul. Krupskoj

7

ul. Slobodskaja

УЛИЦА КРУПСКОЙ

6

ul. Neteka   УЛИЦА НЕТЕКА

ul. Schmidta

ul. Letina

15

5

4

Kamenka

16

17

18

19

Kidekscha
(5 km)

Wassiljewskaja ul.   ВАСИЛЬЕВСКАЯ УЛ.

Torgowaja pl.

1

2

Kremlowskaja ul.
КРЕМЛЁВСКАЯ УЛИЦА

20

Kreml

3

ul. Winogradowa   УЛ. ВИНОГРАДОВА

Puschkarskaja ul.

ul. Tolstogo   УЛИЦА ТОЛСТОГО

ПУШКАРСКАЯ УЛИЦА

ul. Lenina

УЛИЦА ЛЕНИНА

Kamenka

Freilichtmuseum
für Holzarchitektur

Wladimir (40 km)

207

Ausschnitt aus der ursprünglichen Ausmalung der Mariä-Geburts-Kathedrale von 1225 mit der Darstellung eines Kirchenvaters

rung der in Feuervergoldung geschaffenen Darstellungen lässt auf einen Künstler aus dem byzantinischen Kulturkreis schließen. Beachtung verdient das Bild des doppelköpfigen Adlers, das älteste dieser Art in Russland.

Den Glockenturm gab der Erzbischof Serapion 1635 in Auftrag. Er erhebt sich schwerfällig über einem achteckigen Grundriss und mündet in ein hohes Zeltdach. Die im 17. Jh. angefügte Uhr hält es mit der Zeit besonders genau und hat neben einem Stunden- auch einen Viertelstundenschlag. Ein dreibogiger Übergang verbindet den wuchtigen Glockenturm mit dem **Erzbischöflichen Palast.** Der Susdaler Metropolit Hilarion hatte ihn 1682–1707 in Anbindung eines bereits bestehenden Bischofspalastes aus dem 15. Jh. errichten lassen. Durch einen Treppenanbau, über dem sich ein malerisches Zeltdach mit grün glasierten Ziegeln spannt, gelangt man in den weitläufigen Kreuzsaal im zweiten Stock, der sich über 300 m² ausdehnt. Das Interieur stammt aus dem 18. Jh. und wurde weitgehend originalgetreu wieder hergestellt. In der Saalflucht der bischöflichen Gemächer ist ein Museum altrussischer Ikonenmalerei untergebracht, dessen Sammlung neben ausdrucksstarken, gleichsam aber lakonisch wirkenden Bildtafeln der Rostow-Susdaler Schule die bedeutende Ikone der ›Gottesmutter Maximowskaja‹ zeigt, die 1299 im Auftrag des Metropoliten Maxim entstanden und nach der Verlegung des Metropolitensitzes von Kiew nach Wladimir hierher gelangt war. Das **Historische Museum** dokumentiert mit archäologischen Funden, Kunsthandwerk sowie Gebrauchsgegenständen die bewegte Geschichte Susdals. 1960 baute man auf dem Kremlgelände die hölzerne, aus einem benachbarten Dorf stammende **Nikolaus-Kirche aus Glotowo (2)** auf, die in ihrer Formgebung an ein kleines Schiff erinnert.

Erzbischöflicher Palast

Historisches Museum

ul. Kremlewskaja 3
Tel. 49 23 12 09 37
Mi–Mo 10–18 Uhr,
letzter Fr im Monat
geschl.

Vorstadt der Kaufleute und Handwerker

Außerhalb der Kremlmauern liegt die Vorstadt, der possad. Eine der schönsten Vorstadtkirchen leisteten sich die Kaufleute und Handwerker in der uliza Alexej Lebedewa (ул. Алексей Лебедева), die von der alten Kremlallee abzweigt. Die elegante **Kirche Nikolaus' des Wundertäters (3,** *Zerkow Nikolaja Tschudotworza)* mit gerahmten Fenstern und Portalen stammt aus dem Jahre 1720. Ihr Schmuckstück ist der prächtige Glockenturm, der sich mit einem für die Susdaler Baukunst charakteristischen, konkav gewölbten Zeltdach in den Himmel streckt. Gleich nebenan erhebt sich die kleine Winterkirche, die ebenfalls Nikolaus dem Wundertäter geweiht ist. Dabei wurde auch die Winterkirche nicht durch ein Heizsystem erwärmt. Lediglich ein winziges Öfchen im Altar, das niedrige Gewölbe, die Kerzenflammen und die Lampaden sorgten für Wärme.

Der Weg vom Kreml zum Marktplatz, dem Torgowaja ploschtschad (Торговая пл.), führt durch eine lauschige alte Allee, die kleine Verkaufsstände säumen, an denen sich die Handikonen und Heiligenbildchen türmen. Im gemächlichen Zentrum der Stadt entstanden 1806–11 die schneeweißen, klassizistischen **Handelsreihen (4)** mit Dutzenden von Läden. Auf dem Platz bieten dicke Frauen mit bunten Tüchern Waldbeeren, Pilze und Blumen an – ein Bild, das sich seit dem 18. Jh. sicher nicht viel gewandelt hat.

Dominiert wird der grob gepflasterte Platz von der sehr schlichten Eleganz der **Christi-Auferstehungs-Kirche (5,** *Zerkow Woskressenija Christowa),* die 1720 als Hauptkirche des Handelszentrums errichtet wurde. Die einstige Schönheit lässt sich heute nur noch erahnen, da die Kirche leider in einem sehr schlechten Zustand erhalten ist. Die Außenflächen sind völlig schmucklos, um so üppiger gestaltete man den Kielbogenfries und die Außentreppe an der Südfassade. Den Glockenturm ziert eine Reihe von Nischen, die mit farbigen, glasierten Kacheln ausgelegt ist. Dem dekorativen Kontrast von schmuckem Glockenturm und schlichter Kirche wird man in Susdal noch oft begegnen. Auch die eher kleinen Dimensionen und einfachen Formen der Kirche sind typisch für die Susdaler Architektur des 18. und 19. Jh. Die Baumeister hatten sich auf kubische Baukörper mit Walmdach anstelle der alten halbkreis- oder schildförmigen Giebelüberdachung spezialisiert.

Neben der Christi-Auferstehungs-Kirche verdient auch die 1667 errichtete **Lazarus-Kirche (6,** *Zerkow Lasarja),* ein sehr seltener Typ eines Zwei-Pfeiler-Baus, nördlich des *torg* in der Staraja uliza (Старая улица) Beachtung. Auch sie war eine Stiftung der Händler und Handwerker und zählt zu den ältesten Steinbauten in der ehemaligen Vorstadtsiedlung. 1745 wurde die **Antipa-Winterkirche** mit einer kleinen Kuppel nach dem Vorbild der Holzarchitektur angebaut. Ihr ungewöhnlicher **Glockenturm** gehört mit seiner schönen Bemalung und seiner spannungsreichen Formensprache zu den schönsten des Goldenen Rings. Kräftige Fialen leiten vom bodenständigen

Das Heilige Tor von 1688 bildet den glanz-vollen Auftakt zum Kloster der Gewand-niederlegung Mariä

Kubus zu dem hohen zweigeschossigen Oktogon über, das auch die Glocken aufnimmt. Die Reihen von abgestuften Konsolen sowie die farblichen Akzente verleihen dem Glockenturm seine malerische Verspieltheit.

Bei einem Spaziergang durch die ehemalige Vorstadt wird man noch zahlreiche weitere Kirchen aus dem 18. Jh. entdecken, denn zu dieser Zeit prosperierte das örtliche Gewerbe und verlieh seinem Wohlstand sichtbaren Ausdruck.

Wehrklöster

Kloster der Gewandniederlegung Mariä (7)

Außerhalb der Stadtmauer umgab Susdal ein Ring von 15 Klöstern, die zum Teil als Wehranlage geplant waren. Verlässt man den Possad in nördlicher Richtung über die Lenin-Straße (улица Ленина), gelangt man zu dem 1207 gegründeten Kloster der Gewandniederlegung Mariä *(Rispoloschenskij monastyr)* mit seiner rot-weiß gestrichenen Klosterumfriedung und dem schönen, aber leider sehr verfallenen **Heiligen Tor** *(Swjatje worota)*. 1688 von Andrej Smakow, Iwan Grjasnow und Iwan Mamin errichtet, galt es bereits den Zeitgenossen als Meisterwerk. Über dem massiven Unterbau mit zwei unterschiedlich großen Durchgangsbögen erheben sich märchenhaft zwei Zeltdächer, die mit zwei Reihen vorgetäuschter Schallöffnungen, sogenannten sluchi, glasierten Kacheln und Schirinki geschmückt sind. Glasierte Kacheln beleben auch die Wandflächen des Blocks. Leider bieten alle Bauten des Klosters ein trauriges Bild des Zerfalls.

Erster Steinbau war die verhältnismäßig kleine Kathedrale zur Gewandniederlegung Mariä, über der sich auf lang gestreckten Tambouren drei Kuppeln erheben. Die Kathedrale stammt aus den 20er-Jahren des 16. Jh. und zeigt sich mit einer strengen Fassade, die nur von den gotischen Nischenbändern unter den Sakomaren geschmückt wird. Die westliche Vorhalle wurde in der Formensprache des Moskauer Barock im 17. Jh. angefügt.

Der in kaiserlichem Gelb gehaltene mächtige **Glockenturm** des Klosters beherrscht das Stadtbild. Anlässlich des Sieges über Napoleons Grande Armée wurde er 1813 in 74 m Höhe errichtet. Bis heute ist er ausschließlich ein Symbol russischen Nationalstolzes geblieben, denn in die Stadtsilhouette, geschweige denn in das Klosterensemble hat er sich mit seiner klassizistischen, gelb-weißen Fassade nicht einbinden lassen. Die Aussichtsterrasse im oberen Geschoss bietet einen weiten Blick über Susdal und die leicht gewellten Susdaler Lande.

Alexander-Kloster (8)

Im Nordwesten der Stadt, am hohen Ufer der Kamenka, stiftete Alexander Newskij im Jahre 1240 das nach ihm benannte Alexander-Kloster *(Alexandrowskij monastyr)*. Der Fürst hatte es als Zuflucht für Witwen und Waisen gedacht, denn zwei Jahre vor Baubeginn waren die Tataro-Mongolen in Russland eingefallen. Bevor Katharina II. das Kloster im Zuge einer Kirchenreform 1764 aufgelöst hatte, gehörte es zu den vier mit besonderen Privilegien ausgestatteten russischen Klöstern, die lawra genannt wurden. Heute ist von dem einstigen Reichtum nicht mehr viel zu sehen, denn allein die Christi-Himmelfahrts-Kirche, der Glockenturm und das Heilige Tor haben

211

die Jahrhunderte überdauert. Die niedrige Klostermauer mit den kleinen Ecktürmen ist eine wenig überzeugende Rekonstruktion.

Die **Christi-Himmelfahrts-Kirche** *(Zerkow Wosnessenija Christowa)* wurde 1695 von Natalja Kirillowna, der Mutter Peters des Großen, in Auftrag gegeben. Die eher verhaltene Fassade des massigen, kubischen Baukörpers mit einer plastisch stark ausgeformten Apsis und einem Nebenaltar, der als Winterkirche genutzt wurde, wird von Bogenfenstern rhythmisch gegliedert.

Spaso-Ewfimíjewskij-Kloster (9)

Besonders malerisch, gleichsam kulissenhaft liegt das Erlöser-Euthymios-Kloster *(Spaso Ewfimíjewskij monastyr)* am Steilhang der Kamenka, und die imposante Wehrmauer mit seinen 12 mächtigen Rundtürmen spiegelt sich im dunklen Wasser. Von Anfang an war das Kloster als eine Festung konzipiert, denn es wurde zu einer Zeit (1352) gegründet, als sich das Fürstentum Susdal-Nischnij-Nowgorod gegen das Fürstentum Moskau zu verteidigen hatte. Anfang des 17. Jh. plünderten die polnisch-litauischen Invasoren die üppigen Schätze des Klosters. An die heldenhafte Befreiung des Klosters erinnert am Eingang zum Klosterhof eine Büste Poscharskijs, der 1642 in einer Familiengruft vor der Klosterkathedrale seine letzte Ruhe fand. Ende des 17. Jh. lebte der ›falsche Dmitrij‹ ein Jahr lang in diesem Kloster.

Katharina II. hatte hinter den trutzigen Klostermauern ein Staatsgefängnis für Oppositionelle eingerichtet. Kommandant des Kerkers, in dem hauptsächlich religiöse Reformer einsaßen, war der Abt des Klosters. Erst 1905 wurden die Zellen aufgelöst. Seit der Oktoberrevolution dient das Kloster nur noch als Museum.

Über 1200 m dehnt sich die wuchtige Mauer mit 12 Wehrtürmen um das Kloster. Im Südosten entstand 1664 das **Haupttor,** ein gewaltiger Viereckbau von 22 m Höhe, den ein Zeltdach mit einer kleinen Kuppel krönt. Wieder trifft man hier auf dekorative Kontraste: dem schlichten, strengen Unterbau wurde ein üppig geschmückter Oberbau angefügt. Über einen Hof gelangt man zu der massiven **Mariä-Verkündigungs-Torkirche** *(Blagoweschenskaja zerkow),* die mehr der Verteidigung des Klosters denn dem Gottesdienst diente.

Im Innenhof des Klosters bergen die einstigen Mönchszellen ein **Museum Zeitgenössischer Volkskunst.** Folgt man dem lang gezogenen zweistöckigen Korpus, trifft man auf das Krankenhaus mit der **Nikolskaja-Kirche.** Im ehemaligen Hospitaltrakt ist die **Goldene Schatzkammer** untergebracht, die altrussische Pretiosen, kostbare Stickereien, liturgisches Gerät und feine Silberarbeiten hütet.

Erlöser-Euthymios-Kloster

Di–So 10–18,
Glockenkonzert um
10.30, 12, 13.30, 15
und 16.30 Uhr

An der Nordmauer erhebt sich über dem Grab des Klostergründers Euthymios die gewaltige **Christi-Verklärungs-Kathedrale** *(Spaso Preobraschenskij sobor).* An der Stelle der 1594 errichteten Grabkirche liegt heute der Euthymios-Nebenaltar. Den kompakten, wuchtigen Eindruck verstärkt ein für die Susdal-Wladimirer Baukunst charakteristischer Arkaturfries, der die Fassade umgürtet.

Glocken spielten in der mittelalterlichen Rus eine bedeutende Rolle: Sie läuteten, wenn Gefahr drohte, bei Feuer und anderen Katastrophen. Ihr voller, schwerer Klang rief auch das Volk zusammen, daher nahmen neue, ungerufene Stadtherren als erstes die Glocken ab: Iwan III. ließ die Nowgoroder Wetsche-Glocke nach Moskau bringen, Boris Godunow schaffte die Glocke aus Uglitsch nach Sibirien, wo sie den Tod des Zarewitsch Dmitrij verkünden sollte, und Alexander Herzen nannte seine im Exil veröffentlichte Zeitschrift ›Die Glocke‹

Im **Innenraum** haben sich Fresken aus dem 17. Jh. von den Malern Gurij Nikitin und Sila Sawin aus Kostroma erhalten. Das vielfigurige Programm thematisiert die Passion Christi sowie die Gründungsgeschichte des Klosters, die Pfeiler schmücken Heilige und Erzengel. Gleich links neben dem Portal erkennt man die Figur des Klostergründers Euthymios, eines russischen Heiligen aus Nischnij Nowgorod.

Der malerische **Glockenturm** der Kathedrale, über dem sich majestätisch ein zehneckiges Zeltdach erhebt, ist ein Werk des 16. Jh. In seinem zweiten Geschoss richtete man 1530 eine kleine Kirche ›unter den Glocken ein«, die Johannes dem Täufer geweiht wurde. Die Glocken nahm allerdings das dritte Geschoss auf. Die Museumsleitung lässt es sich nicht nehmen und lädt mehrmals täglich die Besucher zum Glockenkonzert ein – ein wunderschönes, unerhörtes Tonspektakel.

Im Westen der Kathedrale steht die schlanke **Mariä-Entschlafens-Refektoriumskirche** *(Uspenskaja trapesnaja zerkow)*, die 1525 erbaut wurde und zu den ersten russischen Steinkirchen mit Zeltdach zählt. An der Westseite der Kirche schließt sich das eingeschossige **Refektorium** an und im Süden der **Erzbischöfliche Palast** aus dem 18. Jh., in dem eine sehenswerte Ausstellung von Büchern aus sechs Jahrhunderten untergebracht ist. Neben großen Folianten in getriebenen Silberbeschlägen und kostbaren alten Evangelien zeigt die Sammlung das erste illustrierte russische Schreiblehrbuch, Ausgaben Lenins sozialistischer Zeitung *Iskra* (›Der Funke‹), die im Münchener Exil herausgegeben wurde, die erste Prawda sowie einige illustrierte Erstausgaben russischer Avantgarde-Autoren. In den unteren Räumen des Erzbischöflichen Palastes war Generalfeldmarschall Paulus, der die VI. Armee in Stalingrad kommandiert hatte, nach dem Zweiten Weltkrieg zeitweise interniert.

Pokrowskij-Kloster (10)

Eine verwitterte Holzbrücke über die Kamenka führt zum Mariä-Schutz-Kloster *(Pokrowskij monastyr)* mit seiner weithin sichtbaren Kathedrale. Der malerische Anblick des weiß getünchten Bauensembles macht die Vorstellung schwer, dass das Nonnenkloster ein beliebter Verbannungsort für Fürstinnen und Zarinnen war.

Die Legende besagt, Fürst Andrej Konstantinowitsch habe das Kloster infolge eines Gelübdes gestiftet, das er 1364 in der Not eines Sturms auf der Wolga abgelegt hatte. Historisch gilt jedoch der Moskauer Großfürst Wassilij III. als Gründer des Klosters. Er hatte seine Frau, Solomonia Saburowa, hierher verbannt, da sie ihm angeblich keinen Thronfolger schenken konnte. Doch die rasche Hochzeit mit der jungen und schönen Polin Jelena Glinskaja lässt darauf schließen, dass dies wohl eher der wahre Grund der Verbannung war. Um eine Scheidung des Metropoliten zu erwirken, stattete der Großfürst das Kloster mit prächtigen Bauten und großen Ländereien aus. Das Schicksal Solomonia Saburowas sollte noch zahlreiche andere Frauen ereilen, darunter auch Jewdokija Lopuchina, die Frau Peters des Großen.

Der Weg in den Klosterhof führt durch das **Heilige Tor** mit der **Mariä-Verkündigungs-Torkirche,** 1518 fast zeitgleich mit der Kathedrale vollendet. Der majestätische pfeilerlose Bau mit vier Apsiden und zwei Kapellen, über dem sich drei unproportional kleine Kuppeln erheben, bezieht seine bauästhetische Wirkung vor allem aus der spannungsreichen Asymmetrie, die immer wieder von ausgewogenen Zierformen durchdrungen wird. Ein gepflegter, blühender Klosterhof empfängt den Besucher im Mariä-Schutz-Kloster, das zukünftig wieder in einer Mischfunktion aus Kloster und Hotel genutzt werden soll.

Die **Mariä-Schutz-Kathedrale** *(Pokrowskij sobor)* beherrscht mit ihrer wuchtigen Fassade das Klosterensemble. Sie wurde 1510–18 im Auftrag Wassilijs III. als dreikuppelige Vierpfeilerkirche mit runden Galerien auf einem Unterbau errichtet. Der Innenraum wurde nie bemalt und wirkt in seiner Nüchternheit eher streng.

Seit dem 18. Jh. verbindet ein Übergang die Kathedrale mit dem **Glockenturm,** dem ein relativ kurzes, schweres Zeltdach aufsitzt. Die beiden unteren Geschosse des Glockenturms entstanden 1515 und dienten der Grablege adeliger Frauen.

Das Zentrum des Klosterhofes markiert das **Refektorium,** dessen Hauptsaal mit traditioneller russischer Küche gut bewirtschaftet wird. Die 1551 errichtete **Refektoriumskirche der Unbefleckten Empfängnis der hl. Anna** fällt durch ihr ungewöhnliches Dekor ei-

Solomonias Sohn

Eine Legende besagt, Solomonia Saburowa habe in dem Kloster einen Sohn zur Welt gebracht, dessen Tod sie vortäuschte, um ihm das Leben zu retten. 1934 fand man im Unterbau der Kathedrale einen kleinen Kalkgrabstein, unter dem eine in kostbare Gewänder gehüllte Puppe lag. Ihren Sohn hatte Solomonia Saburowa angeblich in Pflege gegeben; Gerüchten zufolge sei aus ihm der berüchtigte Räuber Kudejar geworden. Wesentlich wahrscheinlicher ist aber, dass die arme, betrogene Ehefrau in ihrer Verzweiflung die ganze Geschichte inszeniert hat und in der Tat keinen Sohn zur Welt gebracht hat.

Auf dieser Ikone des 16. Jh. aus dem Po-krowskij-Kloster ist Christus als Erlöser auf dem Thron darge-stellt. Ihm zu Füßen liegt der Erzbischof von Nowgorod Jefrem in anbetender Haltung (Proskynese). Die Iko-nografie der Prosky-nese ist im gesamten von Byzanz beeinfluss-ten Kulturraum anzu-treffen, so z. B. auch auf Sizilien in Santa Maria dell'Ammiraglio (›La Martorana‹) in Palermo

nes roten rhombenförmigen Backsteinfrieses auf. Während des 16. Jh. fügte man dem Refektorium auch noch einen wuchtigen Wachturm mit Zeltdachspitze an. Seine starke Wirkung bezieht der Turm aus dem Wechsel von viereckigem, schwerem Unterbau zu ei-nem behenden, sechseckigen oberen Mittelteil, über dem sich ein weiteres Sechseck erhebt.

Im Südwesten des Klosterhofes schließt sich das **Gerichtshaus** an, in dem Bauern wegen säumiger Abgaben oder Nonnen wegen strafbarer Vergehen zur Rechenschaft gezogen wurden. Die Urteile fällten höhere Geistliche nach eigenem Ermessen. Im Gerichtshaus wurden aber auch Wirtschaftsfragen verhandelt, denn das Kloster war ein Großgrundbesitzer, für den etwa 7000 leibeigene Bauern arbeiteten.

Kidekscha

Etwa 5 km östlich von Susdal liegt das Dorf Kidekscha (Кидекша), in dem Fürst Jurij Dolgorukij im 12. Jh. seine Residenz am Ufer des Nerl gründete. Einsam und malerisch, inmitten grüner Wiesen ist hier – unter einem endlos weiten Himmel – ein Augenblick russischen Mittelalters erhalten geblieben. Tarkowskij hatte diesen Ort für seinen bedeutenden Film über den Ikonenmaler Andrej Rubljow gewählt.

Jurij Dolgorukij gab an, eine Weisung Gottes erhalten zu haben, seine fürstliche Residenz hierher zu verlegen. In Wirklichkeit aber war die Wahl des Ortes ideologisch motiviert. Kidekscha war ein legendenreicher Ort. So sollen sich hier am Ufer des Nerl die beiden Brüder Boris und Gleb auf ihrem Weg nach Kiew getroffen haben, wo sie 1015 von ihrem Bruder, dem Großfürsten Swjatopolk, ermordet wurden. Seither galten die beiden ersten russischen Nationalheiligen als Patrone der Einheit. Die Ermordung war Auftakt der blutigen Fürstenfehden in der Rus, die es der Eroberungspolitik der Tataro-Mongolen so leicht machten. 1238 zerstörten sie die Fürstenresidenz. Allein die schwerfällig wirkende **Boris-und-Gleb-Kirche** *(Zerkow Borisa i Gleba)* aus dem Jahr 1152 wurde verschont und blieb bis heute erhalten. Zusammen mit der Christi-Verklärungs-Kathedrale in Pereslawl-Salesskij ist sie die älteste erhaltene Steinkirche der nordöstlichen Rus. Die Fassade ist streng und verhalten, allein ein Ornamentband aus einem Zahnfries und einem Bogenfries über keilförmigen Konsolen, das an das lombardische Band erinnert, umgürtet den Bau. Die ursprünglich wehrhafte Helmkuppel wurde im 16. Jh. gegen eine kleine Zwiebelkuppel ausgewechselt. Der Innenraum bewahrt über den Emporen in den Arkosolien Fresken des 12. Jh., darunter eine Darstellung der Frau Dolgorukijs, einer griechischen Prinzessin, in fürstlichem Gewand.

Der **Glockenturm** sowie das **Heilige Tor** entstanden Ende des 17. Jh.; 1780 errichtete man die beheizbare **Stefan-Winterkirche.**

Die Boris-und-Gleb-Kirche von Kidekscha stammt aus der Mitte des 12. Jh. und ist somit zusammen mit der Christi-Verklärungs-Kathedrale in Pereslawl-Salesskij eine der ältesten vollständig erhaltenen Steinkirchen der nordöstlichen Rus

Jurjew Polskij – Spuren romanischer Reliefkunst

Die kleine Stadt Jurjew Polskij (Юрьев Польский) ist wie Moskau eine Gründung Jurij Dolgorukijs von 1152. Dolgorukij hatte hier eine Festung zum Schutze seines Susdaler Fürstentums angelegt und mit Erdwällen ringförmig umgeben, die man heute noch erkennen kann.

Jurjew Polskij ★★

Berühmtheit erlangte die kleine Provinzstadt wegen der außerordentlichen Schönheit und Bedeutsamkeit der **Georgs-Kathedrale** *(Georgiewskij sobor)*, die 1230–34 im Auftrag des Fürsten Swjatoslaw Wsewolodowitsch errichtet wurde. Eine ganze Werkstatt war in den Bau der einkuppeligen Vierpfeilerkirche aus weißem Kalkstein mit drei Vorhallen im Norden, Westen und Süden sowie drei Apsiden im Osten beteiligt; als Leiter ist ein ›Meister Bakun‹ belegt. Die Fassaden überzieht ein Teppich aus ornamentalem Schmuck und Reliefs. Das Bildprogramm verdichtet sich leider nicht mehr zu einer eindeutigen Aussage, da der obere Teil der Kirche in den 1460er-Jahren einstürzte. Bei der Restaurierung 1471 wurde die Anordnung der Reliefs verändert, gingen auch die ursprünglichen Proportionen der Kirche verloren, indem man den Sakomar-Abschluss durch ein Walmdach ersetzte und die Höhe des Baus verringerte. Der großartige Figurenschmuck der Kathedrale, von dem bis heute noch etwa 400 Skulpturen erhalten sind, zeigt neben volkstümlich-fantastischen, sehr flächenhaft aufgefassten Hintergrundreliefs auch halbplastische Ikonen.

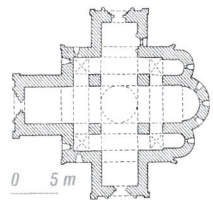

Jurjew-Polskij, Georgs-Kathedrale, Grundriss

Das nahe gelegene **Erzengel-Michael-Kloster** *(Michailo Archangelskij monastyr)* ist eine Gründung des 13. Jh., die bis heute erhaltenen Bauten stammen jedoch alle aus dem 17. und 18. Jh. Schmuckstück der von einem mächtigen Mauerring mit Türmen umgebenen Klosteranlage ist der oktogonale Glockenturm, den ein hohes Zeltdach mit drei Reihen *sluchi* abschließt. Die beiden Geschosse über der Sockelzone schmücken Schirinki.

Wladimir – mittelalterliche Hauptstadt des Nordostens

In Anbetracht der musealen Verschlafenheit Susdals ist Wladimir (Владимир) geradezu eine pulsierende Stadt mit etwa 300 000 Einwohnern. In der Gebietshauptstadt am hohen Bergufer der Kljasma sucht man nach dem alten Russland vergeblich. 70 Jahre Sozialismus haben hier deutliche Spuren hinterlassen, so u. a. die größte Traktorenfabrik der Welt. Gesichtslose Plattenbauten prägen die Stadtsilhouette und machen es schwer, sich die einstige Schönheit des politischen und kulturellen Zentrums der nordöstlichen Rus vorzustellen. Das moderne Wladimir verspricht keine stimmungsvollen Stadtprospekte, sondern vielmehr kontrastreiche Perspektiven, die sich aus der wi-

Wladimir ★★

Information

www.vladimir-city.ru/welcome

217

derstreitenden Fügung von prachtvollen Kathedralen und der kahlen Funktionalität sozialistischer Großbauten ergeben.

Wladimir ist heute eine geschäftige Industriestadt in der russischen Provinz. Traktoren, Lederwaren, Uhren, Elektromotoren sowie Textilien gehören zu ihren Erzeugnisen. Die rasante Industrialisierung wurde vor allem während des Stalinismus vorangetrieben; dass noch im 19. Jh. Wladimir wegen seiner Kirschgärten gerühmt wurde, vermag man heute nicht zu glauben.

Geschichte

Lackschatullen statt Ikonen

Nach der Zerstörung Wladimirs durch die Tataren flüchteten zahlreiche Ikonenmaler vor den Reiterhorden in die unzugänglichen Wälder im Nordosten, wo sie ihre Kunst in den neu gegründeten Dörfern Palech, Choluj und Mstjora weiterführten. Bis zur Oktoberrevolution waren die drei Dörfer bedeutende Zentren der Ikonenmalerei; die Bolschewiki untersagten in ihrem Kampf gegen die Kirche die sakrale Kunst. Daher griffen die drei Dörfer eine Tradition aus Fedoskino östlich von Moskau auf, wo schwarze Lackschatullen schon seit dem 18. Jh. kunstvoll dekoriert wurden. So entstanden die allerorts angebotenen Papiermaché-Kästchen mit akribisch gearbeiteten Szenen aus der russischen Märchenwelt.

1108 kam Wladimir II. Monomach, Fürst von Tschernigow, in diese Gegend und gründete an der Kljasma eine Grenzfestung, der er seinen Namen gab. Die Lage Wladimirs lässt auf handelspolitische Gründe schließen, da man über die Kljasma schnell die Wolga erreichte und sich schon bald Handelswege entwickelten. Die erste Blüte erlebte Wladimir 1157, als der Enkel Monomachs, Andrej Bogoljubskij, die Hauptstadt des Fürstentums Rostow-Susdal hierher verlegte. Andrej (eine der bedeutendsten Persönlichkeiten seiner Zeit und als Herrscher sogar von Kaiser Friedrich I. zur Kenntnis genommen) war in den Machtkämpfen um Kiew längst nicht mehr in dem Maße wie sein Vater, Jurij Dolgorukij, engagiert. Vielmehr kümmerte er sich um den Ausbau seines eigenen Machtbereichs, und der war nur gegen den Widerstand der Rostower und Susdaler Bojaren zu erreichen, weshalb er seine Hauptstadt nach Wladimir verlegte. Was ihm dabei vorschwebte, zeigt die neue Befestigungsanlage, mit der er die Stadt umschloss und die ebenso wie Konstantinopel und Kiew ein aus Stein gebautes und von einer Kirche gekröntes Goldenes Tor erhielt. Um nicht nur in politischer, sondern auch in kultureller Hinsicht Unabhängigkeit von den Ahnen, d.h. von Kiew, zu demonstrieren, holte Andrej aus dem ganzen Land sowie aus dem Ausland bedeutende Baumeister in die junge Stadt, die die herrlichsten Kathedralen, Kirchen und Klöster errichten sollten. 1155 entführte er aus Wyschgorod bei Kiew nach Wladimir das berühmte Gottesmutterbild vom Typ der ›Barmherzigen‹ (russ. *umilenije*), das im 11. Jh. in einer Konstantinopler Werkstatt entstanden war. Nach dem Glauben der Russen griff die berühmte ›Gottesmutter von Wladimir‹ (s. Abb. S. 129) immer wieder hilfreich in die Geschicke Russlands ein und wurde als Palladium des Zarenreiches verehrt.

1175 wurde Andrej von aufständischen Bojaren erschlagen. Sein Bruder, Wsewolod III., aufgrund seiner zahlreichen Nachkommenschaft das ›große Nest‹ genannt, war durch die Erfahrung klug geworden und verfolgte sein Ziel uneingeschränkter Fürstenmacht mit weniger grausamen Methoden als Andrej. Während Wsewolods Herrschaft erlebte Wladimir eine Ruhepause vom autoritären Schrecken, Wsewolod starb als selbsternannter Großfürst von Wladimir. 1238 eroberten die Horden des Batu-Khan Wladimir. Doch auch der tataro-mongolische Über-

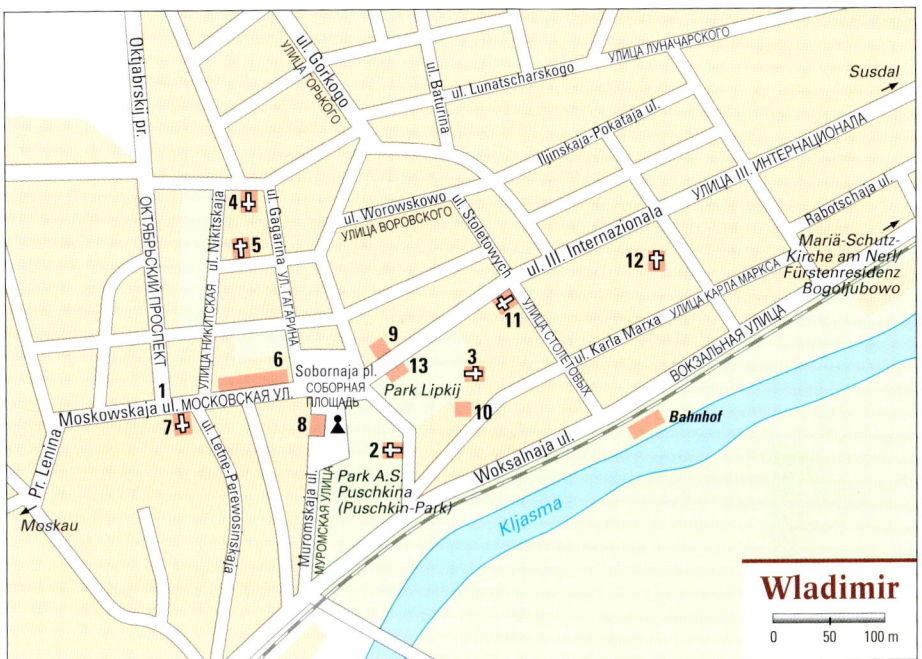

Wladimir

fall konnte den beginnenden Aufstieg Wladimirs nicht bremsen. Alexander Newskij, 1252–63 Großfürst von Wladimir, praktizierte eine kalkulierte Erfüllungspolitik gegenüber den Tataren und konnte das Land so im Westen gegen den Deutschen Orden verteidigen. 1299 verlegte der Metropolit Maxim seinen Sitz von Kiew nach Wladimir. Doch politisch war Moskau nun erstarkt, und als es sich 1364 die Stadt einverleibte, hatte Wladimir jede Bedeutung verloren.

Stadtbesichtigung

Früheren Besuchern Wladimirs öffnete das **Goldene Tor (1,** *Solotyje worota)* den Weg in die Stadt. Es bot von Westen her Einlass in die innere Zitadelle, den *detinez* mit dem Fürstenpalast, den wichtigsten Kathedralen sowie dem Bischofshof. Das Goldene Tor war Teil eines groß angelegten Fortifikationssystems mit mächtigen Erdwällen, die Wladimir an drei Seiten umschlossen. Im Süden bot das Steilufer der Kljasma natürlichen Schutz. 1158–64 wurde das Goldene Tor im Auftrag Andrej Bogoljubskijs errichtet. Dabei war es ganz und gar nicht als bloßes Einfahrtstor in die Residenz von Wladimir geplant. Vielmehr reihte es Wladimir in die Erbfolge Konstantinopel-Kiew ein, deren Goldene Tore die Vorbilder für Wladimir lieferten.

Das Goldene Tor leitet seinen Namen aber nicht nur aus der Tradition ab, sondern war tatsächlich mit vergoldetem Kupfer gedeckt. Beim Anblick der imposanten Anlage glaubt man gern, dass der trutzige Festungsbau im Verlauf seiner Geschichte niemals von Feinden bezwungen werden konnte. Die **Torkirche der Gewandniederlegung Mariä** wurde während des 18. Jh. umgebaut. Wahrscheinlich fügte man zu dieser Zeit auch die beiden runden Ecktürme hinzu. An der südlichen Wand führt eine Treppe zur Kirche und auf die Verteidigungsplattform, die ursprünglich durch Zinnen geschützt war.

Maria-Entschlafens-Kathedrale (2)

Der an einen Triumphbogen erinnernde Torbau unterstreicht in vollem Umfang das Repräsentationsbedürfnis Andrej Bogoljubskijs, das in der 1158–60 erbauten Mariä-Entschlafens-Kathedrale *(Uspenskij sobor)* seinen Höhepunkt erreichte. Sie ist die Hauptkirche der nordöstlichen Rus und eines der großartigsten Beispiele russischer Baukunst des Mittelalters. Mit majestätischer Geste erhebt sich die Kathedrale hoch über Wladimir und scheint dem Himmel viel näher zu sein als der Erde. Zahlreiche Legenden kreisen denn auch darum, wie die Kathedrale schwebend der Erde entgleitet. Andrej plante, als er im April des Jahres 1158 den Grundstein zur Kathedrale legte, den wichtigsten Sakralbau der Rus zu errichten, der im Rang der Kiewer Sophien-Kathedrale gleichkommen sollte. Zur Hauptikone der neuen Kathedrale erkor man selbstverständlich die ›Gottesmutter von Wladimir‹ (s. Abb. S. 129). 1160 wurde die Kathedrale Mariä-Entschlafen geweiht, ein Festtag, der im orthodoxen Kirchenkalender mit dem Sophienfest zusammenfällt.

Die Mariä-Entschlafens-Kathedrale war nach dem Vorbild der gleichnamigen Kirche des Kiewer Höhlenklosters zunächst ein dreischiffiger Bau mit drei Apsiden, drei kleinen Vorhallen, im Westen, Süden und Norden, sowie zwei Treppentürmen. Sechs Innenpfeiler stützten die Konstruktion. Ihren besonderen Glanz verliehen ihr die vergoldeten Portale sowie eine goldene Kuppel. Die Innenausstattung versetzte die Zeitgenossen mit all ihren Edelsteinen, dem Gold und den Kupfer- und Majolikaplatten in bewunderndes Entzücken und war in aller Munde. Dass hier der ›Himmel auf Erden‹ war, das stellte keiner mehr in Frage. Nach einem Brand 1185 ließ Wsewolod III. die Türme und Vorhallen abtragen und durch Galerien ersetzen, für de-

Georgs-Kirche

Die kleine, historisierende Georgs-Kirche entstand erst 1862 als Verbindung zwischen der Uspenskij-Kathedrale und dem klassizistischen Glockenturm. Leider stört sie das Gesamtbild und nimmt dem Bau seine stille Erhabenheit.

ren Verbindung Bögen in die Wände gebrochen wurden. Einem gesteigerten Repräsentationsbedürfnis entsprang wohl die Vermehrung von ehemals drei Schiffen auf fünf. Auch die Apsiden wurden umgebaut, und der Hauptkuppel stellte man vier weitere Kuppeln zur Seite. Nach dem Überfall der tataro-mongolischen Horden im 13. Jh. blieb von aller Pracht allein eine verrußte Fassade stehen. 1408 packte Wassilij I. der Ehrgeiz, die Kathedrale ebenso prachtvoll wieder aufbauen zu lassen. Andrej Rubljow und Daniil Tschornyj wurden damit beauftragt, sie auszumalen.

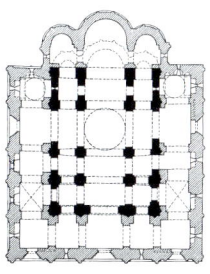

0   10 m

Mariä-Entschlafens-Kathedrale, Grundriss

Pilaster mit korinthischen Kapitellen übernehmen die vertikale **Gliederung der Fassade** der Uspenskij-Kathedrale, die horizontale Gliederung obliegt zwei Reihen Blendarkaden. Löwen- und Frauenköpfe blicken von der Fassade – sie sind für die Wladimirer Baukunst typisch; der Löwe ziert auch das Stadtwappen. An der Westfassade sind Maskenkonsolen erhalten, die eine Beteiligung lombardischer Steinmetze, wahrscheinlich der maestri comacini, am Bau der Kathedrale nahe legen. Tiefe Stufenportale mit geschnittenen Bögen geleiten den Weg in einen schummrigen, überraschend kleinen **Innenraum.** Auf die Zahl der Apostel anspielend, fällt das Licht durch zwölf Fenster in den Tambouren der Kuppeln. Die Ausmalung der Kathedrale ist leider nur noch fragmentarisch erhalten, sie gehörte zu den Meisterwerken der russischen Malerei. Die ältesten Wandmalereien gehen auf das Jahr 1185 zurück: In der Nordgalerie findet man noch eine Prophetenreihe, in der **Andreas-Kapelle** stammt die Figur des Abraham aus dieser Zeit ebenso wie die Heiligen an den Pfeilern hinter dem Ikonostas. 1408 malte Andrej Rubljow zusammen mit Daniil Tschornyj das Jüngste Gericht in der Mariä-Entschlafens-Kirche, das dem Kanon entsprechend den ganzen westlichen Teil einnahm. Leider sind nur die Apostel erhalten geblieben, denen Andrej Rubljow bereits individualisierende Züge verlieh. Im Gewölbe erkennt man noch schwach Christus als Weltenrichter über die vier Kaiserreiche, eine Szenerie analog zu der biblischen Vision von den vier Tieren und dem Menschensohn: ein Bär symbolisiert das babylonische, ein Greif das makedonische, der geflügelte Panther steht für das römische und das gehörnte Tier für das Reich des Antichristen. Apostel und Engel bevölkern die Gewölbefelder. An den westlichen Bögen blasen die berühmten Erzengel Rubljows Posaune. Ihrer außerordentlichen Schönheit und sanften Verträumtheit ist alle byzantinische Strenge fremd. Im Nordschiff hat sich das großartige Fresko »Einzug der Gerechten ins Paradies« erhalten, mit der herausragenden Gestalt des Paulus', der mit der Linken in stürmischer Bewegung eine Schriftrolle schwingt und mit der Rechten den Vorvätern den Weg ins Paradies weist. Ihm gegenüber ist die des Petrus', der voran geht und sich den Vorvätern zuwendet. Die christliche Historiografie verband die beiden Heiligen zu einem Gegensatzpaar, bei dem Petrus die innere Einkehr verkörperte und Paulus den Tatendrang. Rubljow verdeutlicht dieses Spannungsfeld durch einen in sich ruhenden Petrus, bei dessen Figurenzeichnung antike Vorbilder eine Rolle gespielt haben dürf-

Ikonostas

Die Ikonen des Ikonostas, die ebenfalls Andrej Rubljow und Daniil Tschornyj schufen, befinden sich heute in den Museen Moskaus und St. Petersburgs.

ten, und durch einen die Gruppe überragenden, tatkräftigen Paulus. Alle Fresken der beiden Ikonenmeister überzeugen neben ihrer lyrischen Grundhaltung und sanften Formgebung vor allem durch einen erstaunlichen Naturalismus in der Darstellung.

Demetrius-Kathedrale (3)

Das Stifterrelief am östlichen Giebelfeld der Nordfassade der Demetrius-Kathedrale zeigt Wsewolod III. und fünf seiner Söhne. Die Löwen und Greifen sind heraldischen sowie apotropäischen Ursprungs

Die Demetrius-Kathedrale *(Dmitrijewskij sobor)* war die Hauptkirche des Fürstenhofes. Wsewolod III. hatte sie 1194 in Auftrag gegeben, drei Jahre später war sie fertiggestellt. Sie erhebt sich nur wenige hundert Meter von der Mariä-Entschlafens-Kathedrale entfernt, ebenfalls am Steilhang der Kljasma, in vollendeter Schönheit. In ihren ausgewogenen Proportionen und in ihrem kraftvollen Erscheinungsbild gibt sie sich gleich einer Apotheose fürstlicher Macht, schwankend zwischen Himmel und Erde. Geradezu mit majestätischer Grazie steigt ihre Kuppel auf, und wenn sie die Sonne zum Leuchten bringt, dann scheint sie ein Versprechen für den Himmel auf Erden zu geben.

Einzigartiger Reliefschmuck bedeckt die Außenwände oberhalb eines den Baukörper umziehenden Blendarkadengürtels. Anders als in der romanischen Plastik fehlt es der Fassadenskulptur in Wladimir an dramatischer Expressivität. Das Figurenprogramm formuliert die Idee eines mächtigen und vereinigten, göttlich legitimierten Fürstentums und ist programmatisch vor dem Hintergrund der Führungsansprüche Wladimirs zu lesen. Original sind nur die Figuren im Westteil der Nordfassade, darunter eine Darstellung der Fürsten Boris (mit Bart) und Gleb (bartlos), beide gekrönt. Die übrigen Figuren entstanden bei der etwas unglücklichen Restaurierung im 19. Jh., bei der alte Figuren abgeschlagen und durch plumpe Nachbildungen ersetzt wurden. Auf allen drei Seiten erscheinen beherrschend im Mittelfeld entweder König David oder König Salomon.

Die Demetrius-Kathedrale besticht durch ausgewogene Proportionen

Um die Könige herum gruppiert sich auf allen Fassadenflächen ein ikonografisches Programm mit Chimären, Löwen, Greifen, Vögeln, Sirenen und Reitern. Vielfach entstammen die Figuren der Welt der Mythen, die in den Reliefs der Kathedrale christlich umgedeutet wurden. Fantastische Darstellungen waren im Mittelalter darüber hinaus sehr gefragt; sie stillten die Lust am grausigen Schrecken. Auch historische Figuren haben Eingang in den Fassadenschmuck gefunden: An der **Südfassade,** die man als ›Fürstenfassade‹ bezeichnet, weil der Herrscher durch ihr Portal einzog, sieht man im rechten Sakomar die »Himmelfahrt Alexanders von Makedonien«: Alexander der große war eine populäre Gestalt in den mittelalterlichen russischen Legenden und gleichsam ein Sinnbild imperialen Triumphes.

Von dem originalen Freskenschmuck im **Innenraum** der Demetrius-Kathedrale sind noch Fragmente des Jüngsten Gerichts unter den Emporen im westlichen Teil zu sehen. Wie in der Uspenskij-Kathedrale erkennt man nur noch die Apostel. Ihr strenger, gespannter Gesichtsausdruck zeugt von einer großen psychologischen Durchdringung der Figuren. Das gedämpfte Kolorit sowie die meisterhafte Modellierung von Licht und Schatten deutet auf byzantinische Künstler hin.

In der Umgebung

Im Nordwesten Wladimirs ließ die Frau Wsewolods III., Maria Sarnowna, 1200 ein **Fürstinnenkloster** errichten. Aus der Gründungszeit sind jedoch keine Gebäude erhalten. Die heutige weithin sichtbare **Mariä-Entschlafens-Kathedrale (4,** *Uspenskij sobor)* ist ein Werk des frühen 16. Jh. Die bedeutende Ausmalung im Innenraum schuf eine Moskauer Werkstatt um 1647/48. Da die Architektur keine Gliederung im Innenraum vornimmt, bot sich den Malern gleichsam ein großes Bildfeld, das zu einer weit ausholenden, epischen und figurenreichen Komposition einlud.

Bogoljubowo

10 km nordöstlich von Wladimir an der alten Straße nach Nischnij-Nowgorod errichtete Andrej Bogoljubskij auf einem Hügel unweit der Mündung des Nerl in die Kljasma eine **Fürstenresidenz,** nach der er seinen Beinamen erhielt und in der er 1174 ermordet wurde: Bogoljubowo (Боголюбово), was soviel wie ›Gottesliebe‹ bedeutet. Leider ist die Residenz, die den Wasserweg von Susdal nach Wladimir kontrollieren sollte, bis auf wenige Gebäude nicht mehr erhalten. Ihr Baugedanke brachte klar das politische Selbstverständnis Andrej Bogoljubskijs zum Ausdruck: Mittelpunkt des geschlossenen Gebäudevierecks, dem fürstlichen Wohnhaus gegenüber war die Kirche zur Geburt der Gottesmutter, deren überaus prachtvolle Ausstattung die Zeitgenossen in ehrfürchtiges Staunen versetzte. Wer hier residierte, verstand sich als Stellvertreter Gottes auf Erden.

Stadtentwicklung

Ende des 18. Jh. war Wladimir in den Rang einer Gouverneurstadt erhoben worden. Der Plan einer regelmäßigen Bebauung im Sinne der europäischen Aufklärung, den Katharina II. fast allen russischen Städten verordnet hatte, respektierte in Wladimir die Lage und städtische Einbettung der alten Kalksteinbauten. In den letzten Jahren hat man in der Nachbarschaft der Demetrius-Kathedrale auch die Maria-Gewand-Niederlegungs-Kathedrale wieder neu errichtet. Sie war den sowjetischen Stadtplanungen zum Opfer gefallen und unter Stalin abgerissen worden.

*Rekonstruktionszeich-
nung der Palastfront
von Bogoljubowo*

Der ganze Komplex ist wahrscheinlich schon während der Mongo-leneinfälle stark zerstört worden. Der untere Absatz des **Treppen-turms** ist der einzig erhaltene Teil der ursprünglichen Anlage. Die Blendarkaden sind ein wiederkehrendes Motiv der Demetrius- wie der Uspenskij-Kathedrale. Im 18. Jh. wandelte man die ehemalige Fürstenresidenz in ein Kloster um, dessen Mauerverlauf sich an der alten Umfriedung orientierte. Bei dem Versuch, die Fenster der Kathedrale zu vergrößern, stürzte sie ein und wurde durch die jetzige Kirche 1727 ersetzt. Die Frauen- und Löwenköpfe im Innern schmückten einst die Außenfassade. Ihr scharf geschnittenes Profil deutet auf romanische Meister, die Andrej Bogoljubskij an seinen Hof rufen ließ. Die Löwenköpfe wirkten in der Wladimirer Baukunst in der Folgezeit beispielgebend.

An der Stelle des alten fürstlichen Palastes erhebt sich heute der Bau mit den Mönchszellen. Die massive Fünfkuppelkirche in pseu-dobyzantinischem Stil entstand 1866.

Mariä-Schutz-Kirche am Nerl

Auf einer leichten Anhöhe über einem Weiher liegt abseits der Verkehrswege die Mariä-Schutz-Kirche am Nerl *(Zerkow pokrowa na Nerli)*. Vielen gilt sie als die schönste Kirche Russlands, und man will es gerne glauben beim Anblick dieser Harmonie der Proportionen, die Wiesen mit Kamillenblüten und Dotterblumen umfangen. Plastische Energie und die Kraft natürlicher Ordnungen gehen hier noch eine ungewohnte Bindung ein: geradezu schwerelos scheint die Kirche in der sie umgebenden Landschaft und in der Weite des Himmels aufgehoben zu sein.

Mit Leichtigkeit erhebt sich der Baukörper der Kirche. Puristen bedauern den Verlust der Galerien, die ursprünglich an der West-, Süd- und Nordfassade angebaut waren; heutige Besucher dagegen werden sich an dem uneingeschränkt wohlproportionierten und heiteren Bau erfreuen. 1165 ließ Andrej Bogoljubskij die Kirche in nur einem Sommer errichten und weihte sie dem Fest zum Schutze der Jungfrau, das Andrej selbst als kirchlichen Feiertag deklariert hatte.

Frauenmaske als Symbol Marias bzw. der altslawischen ›Mutter Erde‹. Neben romanischen Schmuck-elementen waren für die Fassadenskulptur in Wladimir byzantini-sche, transkaukasi-sche und orientalische Vorbilder wirksam

Die **Fassade** teilen Lisenen mit Halbsäulen in drei Abschnitte und leiten zu den Sakomaren über. Die horizontale Gliederung übernimmt ein Blendarkadenfries, dessen Konsolen mit Löwen, Leoparden, Greifen und anderen Chimären geschmückt sind.

Wie bei der Demetrius-Kathedrale eröffnet auch hier König David das Bildprogramm. Jeder zentrale Sakomar ist dem königlichen Psalmensänger gewidmet, der Philister besiegte und Gründer des jüdischen Staates war. In ihm fand Andrej ein kongeniales Vorbild, hatte er sich doch auch wiederholt gegen die Machtansprüche anderer russischer Fürsten sowie gegen die vordringenden Wolga-Bulgaren zu verteidigen, bevor er letztere siegreich geschlagen hatte. Rechts und links von David erkennt man gebändigte Löwen und Vö-

Mariä-Schutz-Kirche am Nerl: Bereits in der »Laurentius-Chronik« heißt es bewundernd, Andrej habe eine Kirche gebaut, »wie es sie in Russland nie gab und auch nie geben wird«

gel, Symbole der Unterwerfung und des Schutzes. Löwen wachen auch über die hohen, schmalen Fenster der Kirche.

Der **Innenraum** der Kirche empfängt seine Besucher in heller, heiterer Festlichkeit. Widerstandslos gleitet der Blick in die Höhe des Raumes, die einen imposanten Eindruck hinterlässt. Die vier kreuzförmigen Gewölbepfeiler sind mit liegenden Löwen geschmückt, Symbole großfürstlicher Macht. Der Löwe, der im ganzen Mittelalter, vor allem in der Romanik als Symbol große Verbreitung fand, kann sowohl als Sinnbild Gottes als auch des Teufels gedeutet werden. Darüber hinaus verkörpert er Wachsamkeit und fürstliche Macht.

Um auch den Reiz der umliegenden Landschaft vollends auszuschöpfen, empfiehlt sich ein Bad im kühlen Wasser des Weihers.

Murom – Kunstzentrum an der Oka

Murom (Муром) ist eine verschlafene Kleinstadt am Ufer der Oka. Die Zeiten, in denen Murom ein blühendes Zentrum des Murom-Rjasaner-Fürstentums war und eine bedeutende Handelsmetropole an der Oka, spiegeln heute sich noch in der repräsentativen Kirchen- und Klosterarchitektur wider. Zu Beginn des 16. Jh. konnte Moskau das Murom-Rjasaner-Fürstentum, das mehr als andere russische Gebiete immer wieder Eindringlingen von außen sowie furchtbaren Verwüstungen ausgesetzt war, einverleiben. Im Zuge der Eroberungspolitik Iwans IV. fiel Murom eine große militärische Bedeutung als strategischer Stützpunkt während des Feldzuges gegen Kasan zu.

Dem Sieg über die Wolgatataren verdankte Murom drei prachtvolle Kirchen, von denen die **Kosmas-und-Damian-Kirche** *(Zerkow Kosmy i Damjana)* bis heute erhalten ist. Iwan der Schreckliche gab sie 1556 am linken, erhöhten Ufer der Oka in Auftrag. Die Kirche fällt durch einige Besonderheiten auf wie etwa die plastisch stark ausgeformte Apsis, die einen spannungsvollen Kontrast zum Volumen des zentralen Baukörpers aufbaut, oder die verflochtenen Kokoschniki des Oktogons, in denen der Einfluss gotischer Schmuckformen offenkundig wird.

Mitte des 17. Jh. war Murom dank seiner Lage am Ufer der Oka eine blühende Handelsstadt. Ausdruck einstigen wirtschaftlichen Reichtums ist das prachtvolle Ensemble des Dreifaltigkeits- und Mariä-Verkündigungs-Klosters. Der unmittelbaren, selten anzutreffenden Nachbarschaft der beiden Klöster mit ihren Zeltdachkompositionen verdankt Murom ein äußerst malerisches Stadtbild.

Im Zentrum des Dreifaltigkeits-Klosters erhebt sich die **Dreifaltig-keits-Kathedrale** *(Troizkij sobor)*, eine prachtvolle, an plastischem Dekor reiche Fünfkuppelanlage, die 1642/43 entstand. Blickfang ist ihr schönes Gebälk, das Kacheln mit Tiermotiven zieren. Malerisch zeigt sich auch die **Torkirche der Gottesmutter von Kasan,** die 1648 errichtet wurde und von einem zierlichen Zeltdach gekrönt wird.

Die **Mariä-Verkündigungs-Kathedrale** *(Blagoweschtschenskij sobor)* mit ihrem pittoresken Treppenvorbau und dreifachen Zelt-dachabschluss zeigt eine stilistische Verwandtschaft zu der Christi-Auferstehungs-Kirche im Walde in Kostroma. Sie entstand unter Iwan dem Schrecklichen, wurde in der zweiten Hälfte des 17. Jh., als auch der Glockenturm errichtet wurde, aber stark verändert. Die turmbe-wehrten Befestigungsanlagen beider Klöster sind Werke des 19. Jh.

Rjasan – Hochburg des Naryschkin-Barock

Rjasan (Рязань) war einst die blühende Hauptstadt eines gleichnami-gen Fürstentums, das 1521 von Moskau einverleibt wurde. Bis 1778 trug die Stadt den Namen *Pereslawl-Rjasanskij*, der erstmals 1205 in den Annalen der Geschichte auftaucht. Aus der vormongolischen Zeit sind leider bis auf eine Kirche keine Zeugnisse der Baukunst mehr erhalten, da die Tataren unter Batu-Khan die Stadt 1237 dem Erdbo-den gleichmachten. Die Blütezeit Rjasans fiel in das 17. Jh., in dem zahlreiche Vorstadtkirchen sowie Klöster entstanden, die den ver-bindlichen Einfluss der Moskauer Architektur belegen. Stilprägend für die Rjasaner Baukunst wurde vor allem der Naryschkin-Barock mit seinem Kirchentyp ›Achteck über Viereck‹.

Zu den bedeutendsten Bauwerken Rjasans zählt die **Mariä-Ent-schlafens-Kathedrale** *(Uspenskij sobor)* im Kreml, der auf einer Anhöhe an der Mündung des Lybed in den Trubesch liegt. Im Auftrag des Metropoliten Hilarion entstand 1693–99 ein imposanter Kathe-dralbau von außerordentlicher Größe mit einer Fülle stilistischer Be-sonderheiten wie etwa der Errichtung auf einem *podklet* mit Fenstern oder der Vielgestaltigkeit der Fensterrahmungen. Der Innenraum bezieht seine große Wirkung aus seiner Weite und seinem barocken achtrangigen Ikonostas von 1699. Der Glockenturm ist ein Werk un-terschiedlicher Stilepochen, die er aber in einem geschlossenen, in sich schlüssigen Bau vereint.

Dem Glockenturm gegenüber liegt die **Kirche des Erscheinens Christi** *(Zerkow Bogojawlenija)*, ein Beispiel des frühen Moskauer Barock von 1647. Die **Erzengel-Kathedrale** *(Archangelskij sobor)* im Norden des Kreml entstand ebenfalls unter dem Eindruck der Moskauer Bautradition, aber zu Beginn des 16. Jh. Umbauten im 17. und 19. Jh. haben die ursprüngliche klare Formensprache jedoch be-einträchtigt. Die Erzengel-Kathedrale diente als Grablege der Rjasa-

Rjasan ★

ner Fürsten. Von der ursprünglichen Ausstattung ist außer einiger Ikonen ein bedeutendes Altartuch erhalten: »Das von Wolken umhüllte Entschlafen der Gottesmutter«. Die Seiden-, Silber- und Goldfadenstickerei aus dem 16. Jh. wird im Kreismuseum Rjasan aufbewahrt.

Die **Christi-Verklärungs-Kathedrale** *(Preobraschenskij sobor)* des Kreml entstand mit ihrem üppigen Kachelschmuck zu Beginn des 18. Jh. In ihrer Nachbarschaft liegt der schöne **Erzbischöfliche Palast,** dessen Fassade die Entwicklungsphasen des russischen Barock belegt. Im Osten des Kreml liegt die 1642 errichtete Heilig-Geist-Kirche *(Duchowskaja zerkow)* mit zwei Zeltdächern.

Der Klassizismus brachte Rjasan ein regelmäßiges, rechtwinkliges Straßennetz in den 1780er-Jahren sowie eine Vielzahl öffentlicher Bauten, darunter das **Knabengymnasium,** das **Gouvernements-krankenhaus,** das **Altersheim** sowie die **Handelsreihen.** Der Entwurf für das lang gestreckte zweigeschossige **Haus der Rjumins** mit einer prachtvollen Parkfassade wird Kasakow zugeschrieben. Ende des 19. Jh. war der bedeutendste russische Jugendstilarchitekt Fjodor Schechtel in Rjasan tätig. Die Formensprache des von ihm projektierten Schlosses der Derwis in Kirizy (Кирицы) modifiziert mittelalterliche Bauformen auf der Suche nach naturnahen organischen Lösungen.

In der Umgebung

Etwa 20 km nördlich von Rjasan liegt das **Solotschinskij-Kloster** *(Solotschinskij monastyr)*, eine Gründung aus dem 14. Jh. Die bis heute erhaltenen Bauten stammen jedoch alle aus dem 17. Jh., so die Heilig-Geist-Kirche, die ebenso wie die Torkirche Johannes des Täufers dem Bauprinzip des Naryschkin-Barock ›Achteck auf Viereck‹ folgt.

Reisen & Genießen

Verkehrsverbindungen

Wer den Goldenen Ring auf eigene Faust bereisen möchte, nimmt am besten den Zug von Moskau nach Wladimir. Mehrmals tgl. verkehren Züge vom Kursker Bahnhof *(Kurskij wogsal;* Metro: Kurskaja). Man kann die Züge nach Nischnij Nowgorod oder Richtung Sibirien nehmen. Die Strecke beträgt 179 km, der Zug braucht etwa 2 Std.

Von Wladimir nimmt man am besten ein Taxi nach Susdal (ca. 15 €). Vom Bahnhof fahren aber auch Busse.

Sergiew Possad erreicht man von Moskau mit dem Vorortzug vom Jaroslawler Bahnhof *(Jaroslawskij wogsal;* Metro: Komsomolskaja) in Richtung Sergiew Possad oder Alexandrow. Die Fahrt mit der *elektrischka,* wie der Vorortzug auf russisch heißt, dauert etwa 1,5 Std.

Pereslawl-Salesskij erreicht man vom Busbahnhof (Metro: Schelkowskaja) mit dem Express-Bus in etwa 3 Std. Von Sergijew Possad fährt auch ein Bus nach Pereslawl-Salesskij.

Nach Rostow Welikij fährt von Moskau ein Schellzug vom Jaroslawler Bahnhof (Metro: Komsomolskaja) in drei Std.

Und Kostroma, die nördlichste Stadt des Goldenen Rings, 372 km von Moskau entfernt, erreicht man ebenfalls mit dem Zug in etwa 7 Std. vom Jaroslawler Bahnhof *(Jaroslawskij wogsal;* Metro: Komsomolskaja) aus.

Hotels und Restaurants

Zum Übernachten empfiehlt sich vor allem Susdal, da der Ort so romantisch eingebettet in Hügeln liegt und auch kunsthistorisch sehr viel zu bieten hat. Wer in Susdal ein Hotel bezieht, kann auch Wladimir leicht mit besichtigen.

Ein anderer romantischer Ort zum Übernachten ist Pereslawl-Salesskij am ruhigen und geheimnisvollen Pleschtschejewo-See.

… in Susdal

Man kann in kleinen Holzhütten ganz russisch wohnen oder aber in einem Steinhaus unterkommen. Der Hotelkomplex Puschkarskaja Sloboda ist liebevoll gestaltet und bietet zwei, drei Restaurants mit deftiger russischer Küche. Spa-Bereich. Bei der Zimmerreservierung sollte man auf jeden Fall darauf achten, dass das Zimmer nicht über dem hoteleigenen Discoclub liegt.

****Puschkarskaja Sloboda Hotel
Uliza Lenina 43
Tel. 49 23 12 33 03

Wer es russisch-rustikal mag, ist gut in dem Hotel ›Jagdhaus‹ aufgehoben. Zur Inneneinrichtung gehören viele ausgestopfte Tiere und Vögel der Umgebung, die Atmosphäre ist aber ganz lebendig und von einer gewissen gemütlichen Eleganz.

Gostinniza Ochotnej domik
Uliza Korowniki 45
Tel. 49 23 12 15 30

Großzügige Zimmer in russischem Stil findet man in diesem Hotel in unmittelbarer Nachbarschaft des Kreml. Es bietet allen Komfort in mittelalterlichen Mauern am Ufer der Kamenka.

****Hotel Kremlewskij
Uliza Tolstogo 5
Tel./Fax 49 23 12 34 80
www.kremlinhotel.ru

Im Kreml kann man unter einer mittelalterlichen Gewölbedecke gute russische Gerichte bekommen. Vor allem der Fisch aus den umliegenden Seen und Flüssen wird hier in Butter mit Kartoffeln schmackhaft und fein zubereitet.

Trapeznaja
Uliza Kremlewskaja 20
Tel. 49 23 12 17 63
www.trapeznaya.ru

… in Pereslawl-Salesskij

Einfache Zimmer, sauber und freundlicher Service bei einem ausgewogenen Preis-Leistungs-Verhältnis:

Pereslawl
Uliza Rostowskaja 27
Tel. 48 53 53 17 88, 48 53 53 15 59
Fax 48 53 53 40 62
www.hotelpereslavl.ru

Großzügige Zimmer bietet das moderne, ambitionierte

Motel Navigator
Uliza Majakowskogo 1
Tel. 48 53 53 64 09
www.nawigator.ru

Sieben Kilometer vor der Stadt liegt das Bauernstilhotel und -restaurant

Lesnaja Skaska
Tel. 48 53 52 32 07

An der Wolga

Von Nischnij Nowgorod bis Astrachan

Karte s. vordere Umschlaginnenklappe Cityplan Kasan S. 234

»Mütterchen Russlands« besingt ein russisches Volkslied die Wolga, den russischen Schicksalsstrom, der von der Quelle in den Waldai-Höhen bis zur Mündung in das Kaspische Meer eine Strecke von insgesamt 3690 km zurücklegt und somit der längste Fluss Europas ist. Wasserreich zieht die Wolga in großen Schleifen von Westen nach Osten durch die Weite des Landes, durchströmt sowohl die Waldgebiete der Taiga als auch die russische Steppe bevor sie in den größten Salzsee der Erde, in das 30 m unter dem Meeresspiegel gelegene Kaspische Meer mündet. Unberührte Flusslandschaften, wie sie die Maler des 19. Jh. noch vorfanden, sind heute leider selten geworden. Seit den 1930er-Jahren hat die Wolga keinen natürlichen Flusslauf mehr; ihre Wassermassen werden vielmehr auf einer Strecke von nahezu 3000 km zwischen Rschjew und Wolgograd von 200 Stauseen zwecks Stromerzeugung in Wasserkraftwerken aufgefangen. Die Folgen der Stauung für die Wasserqualität sowie für die Uferlandschaft sind verheerend, doch die Versöhnung von Ökonomie und Ökologie ist den Russen nach wie vor ein unbekanntes Anliegen.

Das Becken der Wolga nimmt ein Drittel des europäischen Teils Russlands ein und begrenzt gewissermaßen sein kulturelles Kernland. Der Strom war eine bedeutende Handelsroute und die Städte an seinem Ufer gelangten binnen kurzer Zeit zu beachtlichem Reichtum, zumal auch die fruchtbaren Schwarzerdegebiete des Beckens sowie die üppigen Fischgründe der Wolga Wohlstand sicherten. Bis ins 19. Jh. zogen Wolgatreidler die schweren Lastkähne unter unmenschlichen Anstrengungen die Wolga stromaufwärts, wie es Ilja Repin in seinem berühmten **Bild »Die Wolgatreidler«** dargestellt hat (1870–73; Russisches Museum, St. Petersburg; s. Abb. S. 35).

Seit der forcierten Industrialisierung Sowjetrusslands in den 1930er-Jahren entwickelte sich das Wolgabecken zu einer bedeutenden Wirtschaftsregion, deren Fundamente unter anderem reiche Vorkommen an Erdgas und Erdöl sowie mineralischen Baustoffen sind. Während die altrussischen Städte am oberen Flussabschnitt trotz rasanter Industrialisierung weitgehend ihren Charakter wahren konnten, wurden am mittleren und unteren Flusslauf zu Sowjetzeiten zahlreiche Hafenstädte aus dem Boden gestampft. Mittelalterliche Städte verwandelte man hingegen ohne Rücksicht auf gewachsene urbane Strukturen in Industriezentren. Bedeutung hatte in der Wolga-Region u. a. die Rüstungsindustrie, die Nischnij Nowgorod, Kasan sowie Astrachan zu ›geschlossenen‹ Städten machte.

Ein Besuch der Wolga-Städte macht auch für den Kulturreisenden Sinn. In Kasan, Samara und Astrachan verschmelzen der europäische und der asiatische Teil Russlands, neben Kirchen treten hier Moscheen. Die Gedenkstätten und Stadtbilder von Uljanowsk und Wolgograd bieten schließlich reichlich Anschauung sowjetischer Staatsarchitektur.

◁ *Bei Nischni Nowgorod*

Nischnij Nowgorod – Millionenstadt an der Wolga

Information

www.admgor. nnov.ru

»Alles, was in Moskau nicht gedacht werden darf, denkt man in Gorkij«

Während der restaurativen Breschnew-Ära entwickelte sich Gorkij zu einem literarisch-geistigen Zentrum der Sowjetunion. Die infolge der Rüstungsindustrie geschlossene Stadt erschien den Parteiobersten als idealer Ort zur Verbannung unliebsamer Regimegegner, die hier eine rege kulturelle Tätigkeit entfalteten soweit es ihre stark eingeschränkten Lebensumstände zulie-ßen. »Alles, was in Moskau nicht gedacht werden darf, denkt man in Gorkij«, so lautete lange Zeit eine sowjetische Devise.

Mit nahezu 1,5 Mio. Einwohnern ist Nischnij Nowgorod (Нижний Новгород) die größte Stadt an der Wolga. Von 1932–1991 war sie gegen den ausdrücklichen Willen Maxim Gorkijs nach dem Schöpfer des Sozialistischen Realismus benannt und eine geschlossene Stadt, in der Kriegsgerät produziert wurde. Weltweite Berühmtheit erlangte Gorkij indes nicht als Geburtsort des Schriftstellers, sondern als Verbannungsort des Physikers, Dissidenten und Nobelpreisträgers Andrej Sacharow (1921–89), in dessen Haus heute ein kleines Museum eingerichtet ist. Das Geburtshaus Gorkijs in der uliza Semaschko (ул. Семашко) kann man ebenfalls besichtigen.

1221 am Zusammenfluss von Wolga und Oka von Jurij Wsewolodowitsch gegründet, entwickelte sich Nischnij Nowgorod schnell zu einer bedeutenden Grenzfestung, die die Rus nach Osten hin sichern sollte. 1374 entstand der mächtige **Kreml** mit einem 2 km langen Mauerring und 13 Türmen. Zu Beginn des 16. Jh. baute man die damals schon imposante Anlage zu einer modernen Wehrfestung aus. 1628–31 entstand die **Erzengel-Kathedrale** *(Archangelskij sobor)* nach Plänen Lawrenti Wosoulins anstelle der fürstlichen Kirche aus dem 14. Jh., von der einige bauliche Details in den Neubau eingingen. Das Zeltdach mag als Siegesdenkmal der Landwehr 1611/12 unter der Führung von Minin und Poscharskij gedeutet werden, an deren Triumph über die polnischen Invasoren auch ein **Granitobelisk** erinnert. Das klassizistische **Haus des Gouverneurs** entstand Ende des 18. Jh. im Zuge eines regelmäßigen Bebauungsplans für Nischnij Nowgorod, dem die Stadt auch die übrigen repräsentativen Bauten verdankt. In dem Haus

Nischnij Nowgorod, Erlöser-Kloster mit der Mariä-Entschlafens-Kirche auf einer Anhöhe über der Wolga

des Malers und Fotografen Andrej Karelin (1837–1906) hat man 1992 ein sehenswertes **Museum für russische Fotografie** eingerichtet – eine Zeitreise in das alte Russland. Am Ufer der Wolga erstreckt sich das 1631 begonnene und im 17. Jh. vollendete **Höhlenkloster** *(Petscherskij monastyr)* mit einer von fünf Kuppeln gekrönten **Christi-Himmelfahrts-Kathedrale** *(Wosnessenskij sobor)*. Ende des 17. Jh. traten die Stroganows als Auftraggeber von Kirchen in Nischnij Nowgorod auf den Plan. Die bedeutendste und reichste Kaufmannsfamilie Russlands unterhielt hier ihr größtes Handelskontor und stiftete neben der Kirche der Gottesmutter von Smolensk in Gordejewka (1694–97) die **Mariä-Geburts-Kirche** *(Zerkow Roschdestwo Bogomateri)*. Der üppige, stark modellierte Kalksteindekor beider Bauten belegt den Einfluss der westeuropäischen Architektur auf den sogenannten ›Stroganow-Barock‹. Die Geschäftigkeit der Hauptstraße, der **Bolschaja pokrowskaja** (Большая покровская), mag an die Zeiten erinnern, als Nischnij Nowgorod die bedeutendste Messestadt Russlands war und Güter über die Wolga nach China, Indien oder Persien verschifft wurden. »Moskau ist der Bauch, aber Nischnij Nowgorod ist die Geldbörse«, lautete seit Beginn der Messen im Jahre 1817 eine geflügelte Redensart.

Museum für russische Fotografie

uliza Piskunowa 9
Tel. 83 14 37 37 43
Di–Fr 10–18 (Sa bis 17, So bis 16) Uhr

Kasan – Hauptstadt der Tataren

Kasan (Қазань) ist die Hauptstadt der ›Autonomen Republik Tatarstan‹, in der auf einer Fläche von 68 000 km² 3,7 Mio. Menschen leben, davon 1,9 Mio. Tataren. Das ursprüngliche Siedlungsgebiet der Tataren liegt im Nordosten der Mongolei, von wo aus sie seit dem 10. Jh. zunächst in den Süden Sibiriens vordrangen und schließlich in den Westen. Im 13. Jh. wurden sie von den ebenfalls in den Westen vorstoßenden Mongolen besiegt und unterstanden fortan der Herrschaft der Goldenen Horde. Die in Tatarstan sowie in der russischen Föderation lebenden Tataren sind heute Nachfahren der türkischen Stämme des Khanats von Kasan, in das das Reich der Goldenen Horde neben den Khanaten Krim und Astrachan zu Beginn des 15. Jh. zerfallen war. 1552 gelang es Iwan dem Schrecklichen, Kasan nach mehreren vergeblichen Vorstößen bereits unter Iwan III. zu erobern und dem Moskauer Staat einzuverleiben. Bis zu Beginn des 18. Jh. konnten die Tataren trotz starker russischer Einflussnahme und Besiedlung ihre kulturelle Identität – Tataren sind sunnitischen Glaubens – weitgehend wahren. Erst Peter I. forcierte ihre Christianisierung und Akkulturation. Lenins Nationalitätenpolitik räumte den Tataren in einem begrenzten Rahmen wieder das Recht auf kulturelle Selbstbestimmung ein, die unter Stalin 1937 wieder ein schnelles Ende fand, als seine *tschistka* (›Säuberung‹) auch Tatarstan erfasste. Tatarisches Nationalbewusstsein artikulierte sich infolge langer Jahre der Unterdrückung um so vehementer nach der Auflösung der Sowjetunion. 1992 wurde die doppelte Staatsbürgerschaft eingeführt, an den Schu-

Kasan ★

Information
www.kazan1000.ru

233

Kasan

1 *Mariä-Verkündi-*
  gungs-Kathedrale
2 *Tainizkij-Palast*
3 *Gouverneurssitz*
4 *Sjüjümbike-Turm*
5 *Peter-Paul-*
  Kathedrale

len ist Tatarisch Pflichtfach, und ein Vertrag von 1994 über die »Abgrenzung der Zuständigkeitsbereiche« räumt der Autonomen Republik, die über zahlreiche Bodenschätze verfügt, souveräne Entscheidungsbefugnisse ein.

Der Kasaner **Kreml** ist ein Werk des 16. Jh. und wurde auf Veranlassung Iwans IV. von den beiden Pskower Baumeistern Posnik Jakowlew und Iwan Schirjajew errichtet.

Eine 5 m dicke und mit ursprünglich 13 Türmen bewehrte weiße Kalksteinmauer umgibt den historischen Stadtkern Kasans mit der **Mariä-Verkündigungs-Kathedrale (1,** *Blagoweschtschenskij sobor)* von 1562, dem **Tainizkij-Palast (2)** und dem **Haus des Gouverneurs (3)** aus dem 17. Jh., in dem gegenwärtig der Präsident von Tatarstan residiert.

Der aus Ziegelstein gemauerte, schiefe **Sjüjümbike-Turm (4)** gilt als das Wahrzeichen Kasans. Um ihn rankt sich eine Legende, derzufolge Iwan der Schreckliche der außerordentlichen Schönheit der tatarischen Fürstin Sjüjümbike verfallen war und sie heiraten wollte. Sjüjümbike verlangte ihrerseits nach einem Turm der höher als alle

234

Moscheen Kasans sein solle, woraufhin Iwan der Schreckliche binnen sieben Tagen den 57 m hohen Sjüjümbike-Turm errichten ließ. Bei dem Panoramablick über ihr Land entschied die Fürstin jedoch, Kasan nie zu verlassen und stürzte sich in den Tod.

Nach dem Besuch Peters I. in Kasan 1722 begannen die Bauarbeiten für die schönste Kasaner Kirche, die **Peter-Paul-Kathedrale (5)** in der uliza Musy Dschalilja (ул. Музы Джалиля). In stilistischer Verwandtschaft zu den beiden ›Stroganow-Kirchen‹ in Nischnij Nowgorod wurde sie mit üppigem Kalksteindekor geschmückt, der sich in blau-grün-Tönen vor der weißen Fassade der barocken Kirche abhebt.

Die Moscheen in den tatarischen Vorstädten Kasans, in die die Einwohner von den neuen russischen Zuzüglern immer weiter abgedrängt worden waren, stammen nahezu alle aus dem 18. Jh. Die neuerliche Errichtung von Moscheen allerorten deutet auf eine Wiederbelebung des Islam an der Wolga.

Die 1804 gegründete Kasaner Universität war bis ins 20. Jh. das wichtigste kulturelle Zentrum an der Wolga. Zu ihren Studenten zählten Leo Tolstoj und der Komponist Milij Balakirew. Der junge Jurastudent Wladimir Uljanow (Lenin) musste die Universität wegen revolutionärer Tätigkeit nach nur 114 Studientagen wieder verlassen.

Uljanowsk – Liebeserklärung an Lenin

Während überall im Lande nach Auflösung der Sowjetunion die Lenin-Denkmäler fielen, Lenin-Museen in Historische Museen umgewandelt wurden und zahlreiche Lenin-Plätze und -straßen wieder ihren alten Namen erhielten, steht Uljanowsk noch ganz im Bann des großen Revolutionärs. Seine Besucher begrüßt Uljanowsk (Ульяновск) mit einem 47 m hohen **Obelisken,** den ein riesenhafter Sowjet-Stern krönt. Die Stadt, die bis 1924 den Namen *Simbirsk* trug, ist der Geburtsort Wladimir Iljitsch Uljanows, der sich nach seinem Exil an der Lena in Sibirien Lenin nannte. Unter Breschnew wurde die kleine Provinzstadt anlässlich Lenins 100. Geburtstag 1970 zur Pilgerstätte der Partei aufgeputzt, wo es sieben Uljanow-Wohnhäuser gab, Museen, weite Aufmarschplätze für die Festtage sowie einen ›Memorialkomplex‹ im **Park der Völkerfreundschaft** auf einer Anhöhe über der Wolga.

Der Festsaal des auf 50 Stützsäulen ruhenden Baukomplexes kann bis zu 1300 Parteigänger aufnehmen. Der Innenhof umschließt das Geburtshaus Lenins sowie das Haus, in dem die Familie Uljanow 1870/71 lebte. Seit Uljanowsk sich vom Pathos der Partei befreit hat und die Kommunisten in Russland kleinlauter geworden sind, hat sich über die Stadt eine gespenstische Atmosphäre gelegt, gleichsam die Aura der entzauberten Revolution.

Noch während des Zarismus galt Simbirsk als ›Adelsnest‹ und bot dem 1812 hier geborenen Dichter Iwan Gontscharow viel Stoff für sei-

Information

www.welcometo ulyanovsk.com

nen Roman »Oblomow« (1859). Gontscharow zeichnet ein Bild des Gutsbesitzers Oblomow, der infolge seiner materiellen Sicherheit keinen Ausweg aus erstickender Ruhe, Schläfrigkeit und Trägheit findet. Im **Geburtshaus Gontscharows** ist heute ein Museum eingerichtet.

Samara – von der Panzerschmiede zur offenen Stadt

Samara (Самара) ist ein bedeutendes Industriezentrum an der oberen Wolga, dessen Tradition bis ins 19. Jh. zurückreicht. Die neoklassizistischen Bauten der zweiten Hälfte des 19. Jh. sowie einige Jugendstilhäuser belegen den einstigen Wohlstand, der vor allem auf der Landwirtschaft gründete. Heute ergibt sich in Samara kein geschlossenes Bild mehr – von einst mehr als 40 orthodoxen Kirchen und Klöstern sind nur noch wenige erhalten, und die großen Industrieanlagen der Nachkriegszeit haben tiefe Furchen in das einst gewachsene urbane Gefüge gefressen. Samara, das 1935–91 *Kujbyschew* hieß und eine für Ausländer geschlossene Stadt war, gehört seit 1941 zu den russischen Rüstungszentren – hier wurde das Kampfflugzeug vom Typ ›Iljuschin IL 2‹ gebaut. Neben den Rüstungsbetrieben wurden auch nahezu alle kulturellen Institutionen 1941 von Moskau nach Samara evakuiert, nachdem die Front der Hauptstadt gefährlich nah gerückt war. Stalin ließ sich in der Tiefe der Erde neben dem Dramentheater einen **Bunker** einrichten, den man heute besichtigen kann.

Dom Gontscharowa

*Samara
bis 2012 wegen
Restaurierung
geschl.*

Musej Samare

*uliza Kujbyschewa
92
Samara
Tel. 84 63 22 18 61
Di–So 11–17 Uhr*

*Kunstmuseum
Saratow*

*uliza Radischt-
schewa 39
Tel. 84 52 26 16 06
Di–So 10–18 Uhr,
am letzten Arbeits-
tag des Monats
geschl.*

Saratow – alte Festung über der Wolga

Seinen Ursprung verdankt Saratow (Саратов) einer Festung, die 1590 zum Schutz der Handelsstraße über die Wolga angelegt wurde. Bis ins 18. Jh. hatte sich aus der Zitadelle eine blühende Handelsstadt entwickelt, deren Baubestand aber leider Opfer eines Brandes im Jahre 1810 wurde. Allein die **Dreifaltigkeits-Kathedrale** *(Troizkij sobor)* von 1695 überlebte die Flammen. Seine schönsten Bauten verdankt Saratow Fjodor Schechtel, der unter anderem die Pläne für die schöne **Markthalle** lieferte. Das **Kunstmuseum** besitzt neben einer lokalen Sammlung auch einige Werke russischer Meister, darunter Repin oder Wrubel. Saratow ist die Heimat des Gesellschaftskritikers Nikolaj Tschernyschewskij, in dessen Geburtshaus in der nach ihm benannten Straße ein kleines sehenswertes Museum eingerichtet ist.

Gegenüber von Saratow lag am linken Ufer der Wolga der Siedlungsschwerpunkt der Wolga-Deutschen, die sich auf Einladung Katharinas II. ab 1762 in der russischen Steppe niedergelassen hatten. Nach der Oktoberrevolution wurde 1924 die ›Autonome Sowjetrepublik der Wolga-Deutschen‹ gegründet, die gleichzeitig den Höhepunkt und kurze Zeit später bereits den Niedergang der deutschen Kultur an der Wolga markierte.

Wolgograd – Schicksalsstadt des Zweiten Weltkriegs

Am Zusammenfluss von Wolga und Zariza wurde 1590 eine Festung gegründet, die sich wie nahezu alle Städte an der Wolga bis zum 18. Jh. zu einem bedeutenden Warenumschlagplatz entwickelte, der den Namen *Zarizyn* trug. Im Zuge der Industrialisierung des 19. Jh. gewann der Kohleabbau für Zarizyn eine große Bedeutung, und die Bevölkerung wuchs schnell auf eine geschätzte Zahl von 185 000 Einwohnern an. Die elenden Lebensumstände trieben Tausende von Arbeitern in Zarizyn in die Revolution. 1925 wurde Zarizyn in Stalingrad umbenannt, nachdem die von Stalin und Woroschilow befehligten Rotarmisten im russischen Bürgerkrieg die Weißen Truppen aus Zaryzin zurückdrängten.

Im **Zweiten Weltkrieg** fand in Stalingrad von Sommer 1942 bis Februar 1943 eine der erbittertsten Schlachten statt, die die Wende des Krieges brachte. Bereits die verlustreiche Schlacht um Moskau (September 1941–April 1942) hatte den Anfang vom Ende der deutschen Kriegserfolge an der Ostfront markiert. Da auch die Einnahme Leningrads missglückt war, war Hitler fest entschlossen, die Stadt zu erobern, zumal sie nach seinem verhassten Gegner benannt war und die Einnahme des Unterlaufs der Wolga den Zugang zu den Ölquellen zwischen Kaspischem Meer und Ural ermöglicht hätte. In erbitterten Kämpfen wurde bis zuletzt Meter für Meter um Fabrikgelände, Straßen, Häuser gerungen; die Stadt glich nach wenigen Wochen einem Trümmerfeld. Im November 1942 hatte die russische Gegenoffensive eingesetzt. Als die VI. Armee unter Generalfeldmarschall Paulus eingeschlossen war, befahl Hitler ›Durchhalten‹ – auf deutscher Seite das Todesurteil für mehr als 200 000 Soldaten. Am 2. Februar kapitulierten die Reste der VI. Armee, nachdem Generalfeldmarschall Paulus und 23 Generäle bereits in Gefangenschaft geraten waren – schätzungsweise 120 000 Wehrmachtssoldaten traten den Weg in die Kriegsgefangenschaft an, aus der nur etwa 6000 nach 1945 zurückkehrten.

Heute erinnert eine Fülle von Denkmälern an die Kampfhandlungen in und um Stalingrad, denen neben mehr als 250 000 russischen Soldaten vermutlich auch 300 000 Zivilisten zum Opfer fielen. Die bedeutendste **Gedenkstätte** liegt auf dem im Zweiten Weltkrieg schwer umkämpften Hügel, dem sogenannten Mamaj-Hügel: Die Statue »**Mutter Heimat**« ist mit 85 m die größte Europas und verlieh dem Nationalstolz der Sowjetunion Ausdruck, der unauflösbar mit dem Sieg über Hitlerdeutschland verschmolzen war. Alle die Anzahl der Opfer betreffenden Angaben müssen unter Vorbehalt gelesen werden. In bisher nicht gekanntem Ausmaß konfrontierte der Zweite Welt-

Lesetipp

Wer sich aus historischer Perspektive umfassend mit der architektonischen Gesamtkonzeption Wolgograds und seiner Gedenkstätten befassen will, dem sei die Studie von Sabine Arnold, »Stalingrad im sowjetischen Gedächtnis. Kriegserinnerung und Geschichtsbild im totalitären Staat« (Bochum 1998) empfohlen.

Wolgograd: Mit einer Gesamthöhe von 85 m ist das Monumentaldenkmal »Mutter Heimat« die größte Statue Europas

krieg Hinterbliebene und Historiker mit dem »Verlust der Leiche« (Reinhart Koselleck), d. h. den als Personen nicht mehr zähl- und identifizierbaren Opfern.

Nach dem Krieg wurde Stalingrad, das seit 1961 den Namen Wolgograd (Волгоград) trägt, als sowjetische ›Heldenstadt‹ neu aufgebaut. Dem Aufbau lag ein Generalplan zugrunde, der Idealvorstellungen sozialistischer Staatsarchitektur entsprach. Mit der Ausführung wurde der namhafte Architekt Karo Alabjan beauftragt. In 75 km Länge erstreckt sich die Stadt am rechten Ufer der Wolga und bietet heute ein eher trauriges Bild gebauten sowjetischen Funktionalismus in Fertigplatten.

Astrachan –
Hafenstadt im Wolga-Delta

Wie St. Petersburg ist Astrachan (Астрахан) auf zahlreichen Inseln erbaut, die Brücken miteinander verbinden. Die Stadt im Delta der Wolga nahe des Kaspischen Meeres erfuhr ihre bauliche Blütezeit unter Peter I., in dessen Auftrag die noch heute erhaltenen Bauten des weißen Kreml entstanden. Die fünfkuppelige **Mariä-Entschlafens-Kathedrale** *(Uspenskij sobor)* im Osten des Kreml wurde von einem leibeigenen Baumeister 1698 errichtet und fällt durch ihren ungewöhnlichen Unterbau auf. Die **Dreifaltigkeits-Kathedrale** *(Troizkij sobor)* im Zentrum des Kreml ist ein Werk des 18. Jh. Neben einigen leider stark renovierungsbedürftigen Kirchen findet man in Astrachan auch eine **persische Moschee** aus dem Jahr 1859 sowie die **Weiße** und die **Schwarze Moschee** der Tataren. Die einst kulturelle Vielfalt verdankt Astrachan seinem Hafen, von dem die Handelsschiffe gen mittleren Osten nach China und Südwestasien aufbrachen. Kaufleute aus diesen Erdteilen ließen sich im alten persischen und indischen Viertel der Stadt nieder, doch ihre Spuren sind heute leider weitgehend verwischt. Ihrem berühmtesten Sohn, Boris Kustodiew (1878–1927), widmete die Stadt ihr sehenswertes **Kunstmuseum.** Die von der national-romantischen Schule geprägten Werke Kustodiews sind leicht an ihrem leuchtenden, farbenprächtigen Kolorit zu erkennen.

Kustodiew-
Kunstmuseum

uliza Kalischina 26
Tel. 85 12 22 16 29
Di–So 10–18 Uhr

Reisen & Genießen

Hotels
… in Wolgograd
Das zentrale Hotel in einem Bau von 1958 wird noch immer ein wenig vom Geist der Sowjetunion umweht. Gediegener Sowjetmuff für Nostalgiker. Die sauberen und komfortablen Zimmer genügen – abgesehen von der Ästhetik – allen Ansprüchen. Der Bahnhof ist 500 m, der Flughafen 20 km entfernt, bis zur Wolga sind es 5 min. zu Fuß.

Wolgograd Inturist
Uliza Mira 14
Tel. 84 42 30 23 01
Fax 84 42 30 23 00
www.volgograd-inturist.ru

… in Astrachan
Das 2009 eröffnete Grandhotel an der Wolga bietet allen Komfort, obgleich es etwas an Atmosphäre fehlt. Aber für die Provinz eine gute Übernachtungsmöglichkeit mit großem Pool und Wellnessbereich. Sehr freundliches Personal, Restaurant mit mediterraner und kaukasischer Küche. Im Sommer Café auf der Wolgaterrasse. 5 km zum Flughafen, 3 km zum Bahnhof.

*****Al Pash Grand Hotel
Uliza Kuibyscheva 69
Tel. 85 12 48 25 25
Fax 85 12 48 25 26
www.grand.alpash.ru

St. Petersburg

Russlands Fenster gen Westen

*City-Detailpläne
St. Petersburg (Wege
1–5): S. 245, 282/283,
294, 305, 315
Metroplan S. 260*

*Überblickskarte
Umgebung von St.
Petersburg S. 322*

Die auf 44 Inseln im Mündungsdelta der Newa mit 68 Kanälen und Flussarmen erbaute alte russische Hauptstadt hat in ihrem Stadtbild eine Homogenität der Stile und Farben bewahrt, die man bei Millionenstädten nur selten antrifft. Die stilistische Geschlossenheit der Bauten, die weitgehend alle dem 18. und 19. Jh. entstammen, sowie ihr nahezu ausschließlich ›kaisergelbweißes‹, rotes, beiges oder jadegrün-weißes Erscheinungsbild suggerieren einen Eindruck von Kulissenhaftigkeit. Peter der Große und seine Nachfolger hätten ihre Hauptstadt »als Theater verstanden«, schrieb bereits 1839 Marquis Adolphe de Custine aus St. Petersburg.

Tatsächlich ist St. Petersburg im Unterschied etwa zu Moskau keine organisch gewachsene, sondern eine demiurgisch geplante, der Fantasie Zar Peters I. entsprungene Stadt. Wie der Name besagt, wurde St. Petersburg 1703 zu Ehren des hl. Petrus sowie zu Ehren ihres Begründers gebaut. Der Boden, den Peter I. für seine neue Stadt ausgewählt hatte, war geschichtslos. Niemals zuvor hatte es im Mündungsdelta der Newa eine Siedlung gegeben, geschweige denn eine Stadt. Die Erschaffung St. Petersburgs aus dem Nichts bot der russischen Literatur bis heute viel Stoff. Andrej Belyj spricht vom »Hirngespinst«, Joseph Brodskij weiß, dass es in Russland keinen zweiten Ort gibt, »wo die Imagination sich mit solcher Leichtigkeit von der Realität löst«, und Ossip Mandelstam kommt zu dem Schluss: »Die ganze Fata Morgana Petersburgs war nur ein Traum, eine glänzende Decke über dem Abgrund.« Von Anfang an beflügelte die widernatürliche Entstehung St. Petersburgs die Fantasien seines Untergangs, der in den Augen vieler Russen nur die gerechte Strafe für das gottlose Vorgehen Peters I. gewesen wäre. »Dreihundert Jahre besteht Deine Stadt, dann aber wird sie untergehen«, prophezeite ein Mönch dem Zaren, der sich durch derartige Verwünschungen keineswegs in seinen Plänen beirren ließ.

Nachdem Peter I. im Nordischen Krieg den Schweden den strategisch günstigen Meerzugang am Finnischen Meerbusen abgerungen hatte, beschloss er 1703, auf der Haseninsel eine Festung zu errichten. Ein Jahr später erwähnte Peter I. in einem Brief an seinen Vertrauten Menschikow bereits die Idee einer neuen Hauptstadt, 1712 verlegte er die Residenz von Moskau nach St. Petersburg in dem Wissen, »die Menschen lieben St. Petersburg nicht, anzünden werden sie die Stadt und die Flotte, sobald ich tot bin, aber solange ich lebe, halte ich sie hier fest …« Dass die Menschen St. Petersburg nicht lieben konnten, lag u. a. daran, dass Unzählige brutal zu Bauarbeitern versklavt wurden und die gesamte Bevölkerung Sonderabgaben zu entrichten hatte. Binnen kürzester Zeit war das ganze Land in den Aufbau St. Petersburgs involviert, Tausenden kostete er das Leben.

Unter widrigsten Bedingungen, meist mit bloßen Händen und in ständigem Kampf gegen das Sumpffieber, gegen den Hunger und die

St. Petersburg ★★

**Besonders sehenswert:
Eremitage,
Schlossplatz,
Sommergarten,
Peter-Paul-Festung,
Strelka,
Kunstkammer,
Kunstakademie,
Admiralität,
Eherner Reiter,
Jussupow-Palast,
Newskij prospekt,
Russisches Museum,
Rossi-Straße,
Smolnyj-Kloster,
Tschesme-Kirche**

Information

*www.visit-
petersburg.com*

Veranstaltungstipps

*www.spbguide.ru
oder www.city-
guide.spb.ru*

◁ *Die Jordan-Treppe
bildet den glanzvollen
Auftakt zu den Sammlungen der Eremitage
im Winterpalast*

»Peter der Große gründet St. Petersburg«, Gemälde von Alexander v. Kotzebue (1862; Stiftung Maximilianeum, München)

»Indem Peter der Große Russland an das europäische Leben anschloss, hat er dem russischen Leben eine neue, sehr weite Form gegeben, seine substanzielle Grundlage jedoch keineswegs verändert; ebenso wie die Vertreter der neuen europäischen Welt nach Aneignung der herrlichen Früchte, die ihnen die antike Welt hinterlassen hat, keineswegs zu Griechen oder Römern wurden, sondern sich in ihren eigenständigen Formen entwickelten.«
Wissarion Belinskij
(1947)

Ruhr errichteten die *rabotnye ljudi*, die sogenannten ›Arbeitsleute‹, das »Paradies«, wie Peter I. seine neue Stadt zu nennen pflegte. Andererseits gründete die Antipathie der Russen gegenüber St. Petersburg auf der Opposition der orthodoxen Kirche gegen die kulturelle Neuorientierung Russlands nach Westen. Russlands neue Hauptstadt war im Sinne des Reformprogramms eines ›Fensters nach Europa‹ eine westlich geprägte Stadt, deren Planung und Architektur ein sinnfälliges Gegenprogramm zu Moskau war.

Stadt- und Architekturgeschichte

Die Anregungen für die »erfundenste Stadt der Welt« (Dostojewskij) hatte Peter I. auf seinen Auslandsreisen empfangen; seit 1697 hatten ihn seine Reisen vor allem nach Venedig und Amsterdam geführt. So entsprach die Berufung ausländischer Baumeister zur Errichtung eines ›Venedigs des Nordens‹ einer gewissen Logik. In der zweiten Hälfte des 18. und im ersten Viertel des 19. Jh. wurde St. Petersburg zur ›Pilgerstätte‹ italienischer und französischer Architekten und Bildhauer, die die westeuropäische Formensprache mit russischen Bautraditionen verschmolzen.

Zu einem besonderen Glücksfall für St. Petersburg wurde der um 1700 in Paris geborene italienische Baumeister Bartolomeo Rastrelli. Der Hofbaumeister Anna Iwanownas und später auch Elisabeth Petrownas zeichnet sich durch besonders originale Bauideen aus, in denen altrussische Tradition und westeuropäische Formensprache spannungsvoll zusammenfinden. Sein exzessiver Gebrauch von Schmuckformen, seine Vorliebe für Vergoldung und Pflanzenornamentik, für kühne Gliederungen und starke Licht-Schatten-Effekte lockern noch heute das oftmals strenge Bild der Petersburger Architektur auf und verleihen ihr eine gewisse Dramatik. Mit Rastrellis Bauten, zu deren namhaftesten der Winterpalast, das Smolnyj-Kloster und der Stroganow-Palast zählen, fand die Petersburger Architektur zu ihrem eigenen, großen Stil. Daran knüpfte in der zweiten Jahrhunderthälfte der von Katharina II. favorisierte Klassizismus an, und so wuchsen an den graniteingefassten Ufern der Newa in Windeseile ›tempelartige‹ Paläste empor. Über die Newa wurden Steinbrücken gespannt, die die Inseln der Stadt miteinander verbanden, und in der Innenstadt entstanden im Zuge eines ausgefeilten Bebauungsprogramms zahlreiche Kirchen und Profanbauten. Mehr als ein Dutzend Baumeister waren mit dem klassizistischen Ausbau Petersburgs befasst, auf den Europa nun neidvoll seinen Blick heftete, denn nirgendwo sonst konzentrierten sich städtebauliche Aktivitäten in einem so großen Rahmen und auf so hohem Niveau wie an der Newa.

Seinen Höhepunkt erlebte der russische Klassizismus unter Alexander I., als die großen Ensembles des Hofarchitekten Carlo Rossi dem von militärischen Erfolgen gegen Napoleon gestärkten Nationalbewusstsein Russlands Ausdruck verliehen. St. Petersburg verdankt

Rossi die innere Geschlossenheit, die großartigen Plätze und Prospekte. Der Architekt italienisch-russischer Abstammung stellte bei der Stadtplanung eine beispiellose Fähigkeit zu klarer räumlicher Gestaltung unter Beweis, deren Zug ins Große sowie Tendenz zum dramatischen Pathos gleichsam Alexanders I. selbst auferlegte kulturelle Mission unterstrich. Nach einem Intermezzo der Neostile seit den 1830er-Jahren, das vor allem dem **Russischen Stil** in der ›unrussischsten Stadt Russlands‹ Auftrieb gegeben hatte und byzantinisch oder altrussisch inspirierte Bauten wie die Auferstehungs-Kirche am Gribojedow-Kanal ohne jegliche kulturelle Verankerung im Stadtbild hinterließ, erlebte die Petersburger Baukunst zum Ende des 19. Jh. noch einmal eine Blüte im Formenreichtum des **Jugendstils.** Mit seiner Lust am Formenspiel, an der freien Komposition des Baukörpers sowie mit seiner Vorliebe für schmückende Details bereicherte der stil modern die Stadtlandschaft um zahlreiche lebendige Akzente, die einen scharfen Kontrast zu der Disziplin der strengen Fassaden des Klassizismus formulieren. Der bedeutendste Vertreter des stil modern in St. Petersburg, Fjodor Lidwal, lieferte die Entwürfe für Hotels und schuf die berühmte Don Asow-Bank. Alexander Hogen baute Villen und gab die Idee für die Petersburger Moschee. Unverkennbar verleihen die Bauten dieser Periode einem neuen Selbstbewusstsein Ausdruck: Als »Laboratorium der Moderne« (Karl Schlögel) brachte St. Petersburg in Architektur, Malerei, Literatur und Musik zur Jahrhundertwende viel Neues hervor.

Zu Beginn des Ersten Weltkriegs russifizierte St. Petersburg seinen Namen zu *Petrograd*, das 1917 zum Schauplatz der russischen Oktoberrevolution werden sollte. 1918 erhielt Moskau wieder den Hauptstadt-Status, und St. Petersburg, die ›Wiege der Oktoberrevolution‹, geriet in den Windschatten der großen Politik. Nach dem Tod Lenins 1924 wurde Petrograd zu Ehren des Revolutionsführers in *Leningrad* umbenannt, wo nun 275 Gedenkstätten – mal eine Tafel an einem klassizistischen Palais, mal ein Wohnungsmuseum – fortwährend an den Revolutionär erinnerten. »Von der Nation wird diese Stadt entschieden als Leningrad erlebt; mit der zunehmenden Vulgarität dessen, was sie umfasst, wird sie mehr und mehr zu Leningrad«, schrieb Joseph Brodskij über die Stadt des proletarischen Aufstandes. Trotz erfolgreichen Widerstands gegen die deutsche Belagerung 1941–43 stand der Name Leningrad in den Augen vieler Petersburger für eine zivilisatorische Katastrophe, dies mag ein Grund dafür gewesen sein, dass sie sich in einem Referendum 1991 wieder für den alten Namen entschieden: *St. Petersburg.* Mit dem alten Namen kam neues Leben in die Fünf-Millionen-Metropole. Der Newskij prospekt schüttelte seine endlosen Warteschlangen ab und bietet wieder alten, neuen Luxus; die Hotels, Restaurants und Cafés bemühen sich, den Gast auch wirklich als Gast zu empfangen, und viele der bröckelnden Fassaden strahlen in neuer Pracht. Große Lust zum Schwärmen macht sich dennoch nicht breit: zu hoch ist die Zahl derer, die das neue St. Petersburg von seinem Aufschwung ausschließt. »Stadt des Prunkes, Stadt

In der Jugendstilvilla der Primaballerina Kschessinskaja hatten 1917 die Bolschewiki ihr Zentralkomitee eingerichtet. Inspiriert vom ›stil modern‹ halten die Glasfenster die Erinnerung an die Revolution wach

Deutsche Belagerung im II. Weltkrieg

»Schenija starb am 28. 12. um 12.30 Uhr morgens, Großmutter ist gestorben, 25. Januar 3 Uhr mittags, 1942. Mama am 13. Mai um 7.30 Uhr morgens. Onkel Wassja starb am 13. 4., 2 Uhr nachts, 1942. Die Sawitschews sind tot. Alle sind tot.«
Tanja Sawitschew, die den erbarmungslosen Tod ihrer Familie während der Blockade notierte, starb am 1. Juli 1944 in einem Leningrader Krankenhaus.

der Nöte«, wie Puschkin dichtete, war St. Petersburg schon immer. Allein die außergewöhnliche Schönheit der Stadtprospekte, die sich im weichen Licht des beginnenden Abends in den Kanälen spiegeln, stimmt wieder versöhnlich, nimmt der Wirklichkeit ein wenig von ihrer Härte. Oder die Weißen Nächte im Juni, wenn »die aufragenden Häuser, schattenlos, mit golden verbrämten Dächern wirken wie zerbrechliche Porzellangebilde. (…) Das gläserne Rosa des Himmels ist so hell, dass die hellblaue Aquarellfläche des Flusses es kaum widerzuspiegeln vermag. (…) In solchen Nächten kann man nur schwer einschlafen, es ist zu hell, und kein Traum reicht an die Wirklichkeit heran. An diese Wirklichkeit, in der der Mensch keinen Schatten wirft – wie Wasser« (Joseph Brodskij, »Führung durch eine umbenannte Stadt«, in: »Flucht aus Byzanz«, 1979).

Vom Schlossplatz zur Fontanka

Blutsonntag

Am 9. (22.) Januar 1905 zogen friedlich demonstrierende Arbeiter zum Zarenpalast, um Nikolaus II. eine Petition zu überreichen, in der sie um Abhilfe ihrer elenden Lebensverhältnisse baten. Doch der Zar hielt sich außerhalb der Stadt auf, und Großfürst Wladimir, in seinem autokratischen Selbstverständnis schon stark verunsichert, ließ auf die mit Kreuzen, Ikonen und Zarenbildern vor dem Winterpalast stehende Menge schießen. Der sog. Blutsonntag, der mehr als 130 Demonstranten das Leben kostete, löste eine Welle von Unruhen und Streiks im ganzen Land aus und zerriss endgültig das Band zwischen Volk und ›Väterchen Zar‹.

Der **Schlossplatz** *(Dworzowaja ploschtschad,* Дворцовая пл.) ist das Petersburger Gegenstück zum Roten Platz in Moskau. Seine Maßstäbe sind nicht mehr für Menschen erdacht, die hier zusammentreffen, sondern für eine imperiale Macht, die sich glanzvoll in Szene setzt. So findet man den Schlossplatz denn auch meist menschenleer; die Petersburger meiden ihn gar und nehmen lieber den Umweg über den Newskij oder den Schlosskai. Am eindrucksvollsten wirkt der Schlossplatz von der Bolschaja Morskaja uliza (Бол. Морская ул.) her, die zu Rossis Triumphbogen führt, der den Blick in die ganze Weite des Platzes freigibt. An seiner Stirnseite erstreckt sich der Winterpalast, der die Schaffung eines repräsentativen Platzes notwendig machte. Die Suche nach einem Architekten, der Rastrellis Winterpalast ein ebenbürtiges Gegenüber bieten konnte, sollte jedoch schwierig und langwierig werden. Doch nach Russlands Sieg über Napoleon und um dem gewachsenen Repräsentationsbedürfnis adäquat Rechnung tragen zu können, war eine architektonische Lösung immer dringlicher geworden, sodass man 1819 eine Baukommission ins Leben rief, deren Vorsitz Carlo Rossi übernahm. Rossi schuf das feierliche Halbrund des Generalstabsgebäudes, der Ministerien und des Triumphbogens, das dem Platz seine Tiefe und seine noble Zurückhaltung gibt. Die bogenförmige Anlage des Platzes unterstreicht das geometrische Parkett, auf dem die russische Geschichte entscheidende ›Auftritte‹ erlebte: 1917 stürmten die Bolschewiki über den Schlossplatz, nahmen das Winterpalais ein und stürzten das Land in einen dreijährigen Bürgerkrieg.

Die **Alexander-Säule (1)** in der Mitte der zentralen Achse vom Triumphbogen zum Haupttor des Winterpalastes erinnert an den Sieg Alexanders I. über Napoleon. Der 704 t schwere Monolith aus finnischem Granit trägt in 47,5 m Höhe einen Engel, der weithin sichtbar ein Kreuz in den Händen hält und mit seinem Fuß eine Schlange zertritt. Die

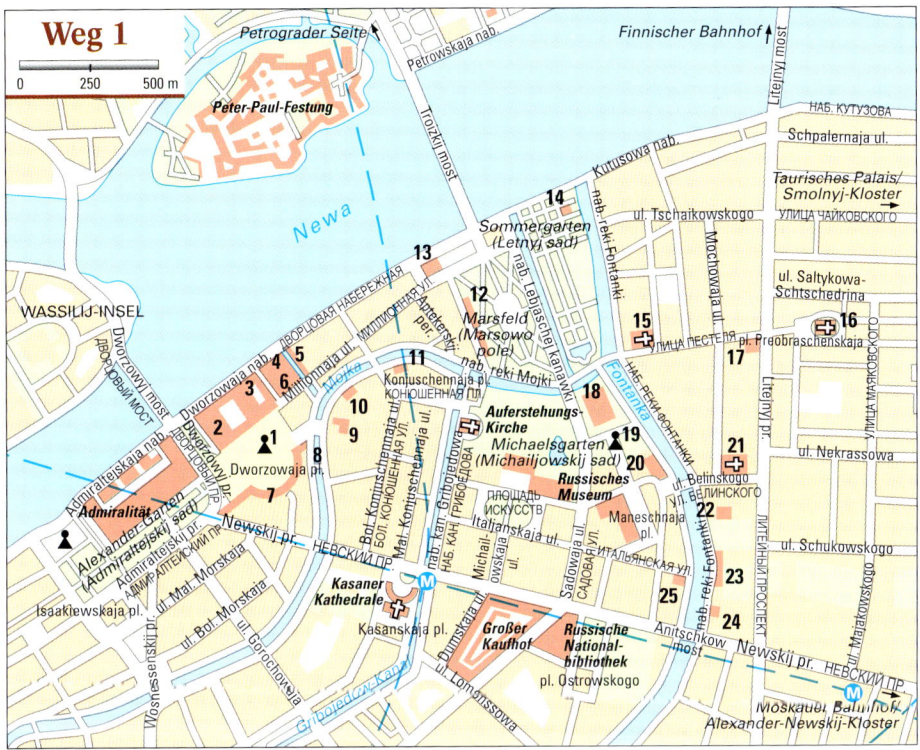

Weg 1:
Vom Schlossplatz
zur Fontanka

1 Alexander-Säule
2 Winterpalast
3 Kleine Eremitage
4 Alte Eremitage
5 Eremitage-Theater
6 Neue Eremitage
7 Generalstabs-
gebäude
8 Sängerbrücke
9 Glinka-Kapelle
10 ehem. Wohnhaus
Puschkins
11 Marstall
12 Kaserne des Paw-
lowsker Regiments
13 Marmorpalais
14 Sommerpalast
15 Kirche des
hl. Pantaleon
16 Preobraschenskij-
Kathedrale
17 ehem. Wohnhaus
Brodskijs
18 Michaels-Schloss
(Ingenieurschloss)
19 Rastrellis Reiter-
standbild Peters I.
20 Zirkus
21 Simeon-und-Anna-
Kirche
22 Scheremetjew-
Palais/Achmatowa-
Museum
23 Katharinen-Institut
24 ehem. Wohnhaus
Turgenjews
25 Schuwalow-Palais

höchste Triumphsäule der Welt gab Nikolaj I. 1829, vier Jahre nach dem Dekabristenaufstand, als schiere Machtdemonstration bei Auguste Montferrand in Auftrag. Die den russischen Sieg verherrlichenden Bas-reliefs im mächtigen Piedestal der Säule schufen die beiden Künstler Iwan Leppe und Petr Swinzow. Nach der Revolution wollte man den Engel gegen ein Standbild Lenins austauschen – die Proletarisierung der Alexander-Säule scheiterte jedoch am Traditionsbewusstsein Anatolij Lunatscharskijs, des Volkskommissars für Bildungswesen.

Winterpalast und Eremitage

Das bedeutendste Monument der Stadt ist die Zarenresidenz. Der **Winterpalast (2,** *Simnyj dworez)*, in den sich die Zaren während der kalten Jahreszeit zurückzogen, ist von grandioser Wirkung. Neben seiner immensen Größe verdankt er dies u. a. seiner türkisgrünen Farbgebung, von der sich weiße Säulen, Fensterrahmungen und Gesimse sowie ockerfarbene Kapitelle und Stuckverzierungen effektvoll abheben. Sein farbliches Erscheinungsbild änderte sich jedoch mehrmals in der Geschichte; zur Zeit der Revolution war er tief rot, später gab man ihm einen türkis-grünen Anstrich, in den 80er-Jahren des 20. Jh. schließlich mischte sich mehr Blau in den Wandgrund.

Der Winterpalast blickt auf drei Vorgängerbauten und eine vertrackte Baugeschichte zurück. Die Grundsteinlegung einer Zarenresidenz ist schon für das Jahr 1711 belegt, doch stellte erst der barocke Entwurf Rastrellis von 1754, den Peters Tochter Elisabeth I. in Auftrag gegeben hatte, den imperialen Geschmack zufrieden. Der Baumeister konnte jedoch sein letztes und größtes Projekt nicht mehr zu Ende führen, den Bauschmuck fertigten verschiedene Architekten unter Katharina II. 1837 nahm der Winterpalast bei einem Brand großen Schaden, der einen kompletten Wiederaufbau notwendig machte. Die Leitung wurde Wassilij Stassow und Alexander Brjullow übertragen, die sich aber nach den Plänen des Originals richteten.

Blick vom Dach des Winterpalastes auf den Schlossplatz mit der Alexander-Säule

Rastrelli hatte dem Winterpalast einen Ehrenhof in Form eines geschlossenen Vierecks zugrunde gelegt, um den sich vier große Flügel gruppieren, die durch schmale Trakte miteinander verbunden sind. Jede Fassade erscheint anders, doch die einheitliche Aufgliederung suggeriert dennoch den Eindruck eines homogenen Baukörpers. So ist jede der vier Fassaden in zwei Zonen unterteilt, die von Säulen betont werden; Zusammenhalt stiften auch die auf der Balustrade des Daches platzierten Statuen. Die der Newa zugekehrte Nordfassade ist mit ihren zwei übereinander angeordneten Säulenreihen und ihrem klaren Rhythmus deutlich auf Fernwirkung hin konzipiert, während die dem Schlossplatz zugewandte Südfassade den Blick mit sehr viel komplizierterem Dekor in Bann schlägt. Als Ruhepunkt bietet sich hier allein der dreifache Durchgang zum Hof mit dem schönen schmiedeeisernen Gitter an. Die West- und die Ostfassade beziehen ihre Wirkung vor allem aus den kraftvoll hervorspringenden Risaliten. Verkröpfte Gesimse, üppige Fensterrahmungen, Pilaster und Säulen sowie eine Vielzahl von Kapitellen und Ornamenten bereichern den Bau, den Elisabeth I. »einzig und allein zum Ruhme des russischen Reiches« errichten ließ.

Die Südfassade des Winterpalastes besticht mit reichen Schmuckformen

An der Innenausstattung des Winterpalastes waren alle bedeutenden in Petersburg wirkenden Baumeister beteiligt. Die Gestaltung der Räume wurde entsprechend der Moden und wechselnder Stile mehrmals verändert, nach dem Brand von 1837 hinterließen vor allem Stassow und Brjullow ihre Handschrift in den Sälen. Prunk und Überfluss verbinden alle Gala-Gemächer, Prunk und Überfluss sprechen auch aus den Größenverhältnissen des Palastes mit 1050 Sälen bei einer Gesamtfläche von 46 000 m^2, 1945 Fenstern, 117 Treppen und 1886 Türen. Wer die gigantischen Dimensionen vor Augen hat, versteht, dass die Zaren nur ungern im Winterpalast residierten und statt dessen ihre bescheideneren Sommerresidenzen bevorzugten. Seit 1917 beherbergen der Winterpalast und die angrenzenden Gebäude die Sammlungen der Eremitage.

Von Bartolomeo Francesco Rastrelli verwendete Variationen barocker Fenstereinfassungen und -giebel am Winterpalast

Der Winterpalast ist Auftakt einer Reihe von Gebäuden, die das Newa-Ufer säumen. 1764 errichteten Jean Baptiste Vallin de la Mothe und Jurij Felten im Auftrag Katharinas II., die sich in der Zimmerflut des Winterpalastes verloren fühlte, die **Kleine Eremitage (3,** *Malyj Eremitasch).* Der Gebäudekomplex besteht eigentlich aus zwei Teilen, dem frühklassizistischen Bau de la Mothes an der Newa und dem Pavillon Jurij Feltens an der uliza Millionnaja (ул. Миллионная), die durch einen einstöckigen Trakt miteinander verbunden wurden und dessen Dach ›hängende Gärten‹ aufnahm. Die Nordfassade der Kleinen Eremitage schmückt ein sechssäuliger korinthischer Mittelportikus, der von Statuen der Flora und Pomona flankiert wird. Die Südfassade beleben Pilaster und Reliefs.

Bemüht um ein einheitliches Erscheinungsbild bei der Uferbebauung, gab Katharina II. 1771 bei Jurij Felten auch die **Alte Eremitage (4,** *Staryj Eremitasch)* in Auftrag, die ihre frühklassizistische Fassade der Newa zuwendet. Bis zur Errichtung des Marien-Palais am Isaak-Platz tagte hier der Staatsrat.

Die Nordfassade des Winterpalastes ist dem Fluss zugewandt. Gerade in den Weißen Nächten spiegeln sich Rastrellis Fassaden gold-grün in den Wassern der Newa

Ein Rundbogen verbindet die Alte Eremitage über den Winterkanal hinweg mit dem **Eremitagetheater (5),** das Giacomo Quarenghi, ein Hauptvertreter des frühen Klassizismus in Russland, zeitgleich als Hoftheater errichtete. Quarenghi, der im Bann der Architektur Palladios stand, schuf mit dem Eremitagetheater einen blockhaften, monumentalen Bau, dessen Dreiviertelsäulen mit korinthischen Kapitellen in Kolossalordnung die tektonischen Kräfte der Gebäudestruktur betonen. Nur leicht aus dem Mauerwerk hervortretende Risalite rahmen die Kolonnade und nehmen in ihren Nischen Statuen und Büsten auf, die auf die Funktion des Gebäudes als Theater verweisen. Anstelle der üblichen Form des Logentheaters gab Quarenghi dem Amphitheater den Vorzug, indem er den Zuschauerraum, den ebenfalls Dreiviertelsäulen gliedern, im Halbkreis anlegte und nach oben hin öffnete. Bei der Raumfindung stand vor allem das Teatro Olimpico in Vicenza Pate.

Dass man in St. Petersburg mitunter beherzt aus dem Fundus der Kunstgeschichte zitierte, belegt auch der zeitgleich mit dem Theater entstandene Gebäudeflügel, den Quarenghi im rechten Winkel an die Alte Eremitage anfügte. Die sogenannten **Loggien Raffaels** nahmen die im Auftrag Katharinas II. angefertigten Kopien der großen Freskenzyklen Raffaels in den Vatikanischen Stanzen auf. Das nationale und geistige Hochgefühl im Rom des frühen 16. Jh., das in den in idealisierter Weise dargestellten historischen Ereignissen und Legenden Raffaels und seiner Schüler seinen genuinen Ausdruck findet, sollte nun auch in St. Petersburg Früchte tragen, das sich in seiner Architektur gerne als IV. Rom in der Nachfolge Moskaus ausgab.

Bei der Projektierung der **Neuen Eremitage (6,** *Nowyj Eremitasch)* bezog der deutsche Architekt Leo von Klenze 1842 den Gebäudeflügel am Ufer des Winterkanals in seinen Museumsbau mit ein: Es war der erste Museumsbau Russlands (Raum 227). Die ständig wachsende Gemäldesammlung der Zaren hatte einen Neubau notwendig gemacht, für den Nikolaj I. den bedeutendsten Museumsarchitekten seiner Zeit, Leo von Klenze, anwerben konnte, der mit dem Bau der Münchener Glyptothek und der Alten Pinakothek bereits bedeutende Museumsgebäude geschaffen hatte. Ihre großartige Hauptfassade wendet die Neue Eremitage der uliza Millonnaja zu, der ›Straße der Millionäre‹: Ein Portikus mit zehn mächtigen Atlanten aus Granitmonolithen, die die weise und harmonische Verteilung der Kräfte bei der Handhabung der architektonischen Massen verkörpern, lenkt ›selbstsüchtig‹ den Blick auf sich – alles in der Architektur der Neuen Eremitage ist auf pathetische Sensation und eine verschiedenen Zeitstilen verpflichtete Monumentalität hin angelegt. Statuen von Künstlern und Kunsthistorikern der Antike wie der Renaissance in den Ädikulen des Erdgeschosses sowie neben den Fenstern der Seitenrisalite verweisen auf die Funktion des Gebäudes als Museum sowie auf seinen enzyklopädischen Auftrag.

Den Portikus der Neuen Eremitage zieren zehn mächtige Atlanten. Boris W. Ignatowitschs Aufnahme (Detail) von 1929 betont das Befremdliche dieses monumentalen Ensembles. Wie Alexander Rodtschenko war Ignatowitsch dem ›Neuen Sehen‹ der Gruppe ›Oktjabr‹, verpflichtet

Auch bei der Gestaltung der **Innenräume** hat Klenze den hohen Gestus beibehalten: Die Wände sind mit farbigem Marmor verkleidet, vergoldetes Schmuckwerk, Wandfriese, Deckenfresken sowie aufwendige Parkettböden schaffen jenes kunst- und prachtvolle Ambiente, für das die ausgestellten antiken Skulpturen, die heute zum Bestand der Eremitage gehören, ursprünglich gedacht waren.

Der von einem Sechsergespann samt Victoria gekrönte Triumphbogen des Generalstabsgebäudes soll an den Sieg über Napoleon erinnern

Vom Generalstabsgebäude bis zum Marmorpalais

**Kunstforum
Schlossplatz**

*In den Ostflügel des
Generalstabsgebäudes
zogen 1999 prächtige
Empire-Interieurs und
Großformate der Nabis
aus der gegenüber-
liegenden Eremitage
als Teil der ständigen
Ausstellung ein. Der
Eremitage-Direktor
Michail Petrowskij
plant Großes – ganz in
der Tradition des Mu-
seums – und will den
gesamten Schloss-
platz in ein Kunst-
forum verwandeln.*

Das **Generalstabsgebäude (7,** *Glawnyj schtab)* setzt sich aus zwei im Halbbogen errichteten Baukomplexen zusammen, die in der Mitte ein monumentaler doppelter Triumphbogen verbindet. Über 580 m erstreckt sich die gelb-weiße Fassade gegenüber dem Winterpalast; im Westen säumt der linke Flügel das Mojka-Ufer. Das Generalstabsge-bäude, das 1819–29 nach einem Entwurf von Carlo Rossi entstand, will gleichsam Ruhepunkt gegenüber dem überschwenglichen und pompösen Dekor des Winterpalastes sein. Allein an den Stirnseiten und zur Mitte hin geben hochgestellte Halbsäulen der Fassade eine optisch kompliziertere Struktur, die den Betrachter auf Distanz hält. Das Generalstabsgebäude, vor allem aber der **Triumphbogen,** sind Teil der Gedächtnisarchitektur St. Petersburgs zu Ehren des Sieges über Napoleon. Über der gestuften Attika halten zwei römische Krie-ger das Sechsergespann mit Victoria, der geflügelten Göttin des Sie-ges, die dem Zaren im Winterpalast gegenüber den Lorbeerkranz und die Standarte mit dem russischen Staatswappen symbolisch über-reicht. Die Künstler des Triumphgespanns, Stepan Pimenow und Was-silij Demut-Malinowskij, mit denen Rossi bevorzugt zusammenar-beitete, schufen auch die kriegsverherrlichenden Skulpturen und Kup-ferblechreliefs zu beiden Seiten des Bogens sowie im inneren Geviert.

An der Mojka

Die Mojka, die sich von Osten nach Westen durch die Petersburger Stadtlandschaft windet, um nach etwa 5 km in die Große Newa zu münden, ist einer der schönsten Petersburger Kanäle. Das Ufer schmü-cken zahlreiche Stadtpalais der ersten Hälfte des 19. Jh. Heute erweckt der Luxus die alte, oftmals verfallene Pracht zu neuem Leben: Auch am Ufer der Mojka mehren sich die Anzeichen, dass Russlands neu-reiche Hautevolee sich der Stadtresidenzen bemächtigt, die der hohe Petersburger Adel einst geschaffen hatte. Nach der Einfassung ihrer Ufer in Granit war die Mojka in der ersten Hälfte des 19. Jh. zu einer gefragten Adresse geworden, boten ihre sanften Windungen doch be-sonders reizvolle Stadtansichten.

Mojka-Kai 19

*Unsentimentale Funk-
tionalität, die man mit-
unter in den barocken
und klassizistischen
Straßenzügen als
wohltuend empfindet,
verbreitet das Haus
der Druckergewerk-
schaft am Mojka-Kai
19, eines der seltenen
Werke, die der Kon-
struktivismus in der
Petersburger Innen-
stadt hinterlassen hat.*

Gleich hinter dem Schlossplatz gelangt man über die mit einem schö-nen schmiedeeisernen Geländer verzierte **Sängerbrücke (8)** zur **Glinka-Kapelle (9),** aus der neben ungeduldigen Anweisungen der Musik-lehrer auch mal Kostproben russischen Gesangs schallen. Sie ging aus einem Singkreis am Hofe Peters des Großen hervor, und ihr berühm-ter Chor prägt bis heute das musikalische Leben der Stadt. Im 19. Jh., in dem der Gesangsunterricht um den Instrumentalunterricht erwei-tert wurde, unterstand die Kapelle zunächst der Leitung Glinkas, spä-ter Rimskij-Korsakows. Die zunehmende musikalische Bedeutung er-forderte schließlich auch ein repräsentatives Gebäude, das ab 1866 in mehr als zwanzigjähriger Bauzeit nach Plänen von Leontij Benois am Mojka-Kai (Nr. 20, наɓ. реки Мойки) errichtet wurde.

In dem frühklassizistischen, kaisergelb-weißen Stadtpalais am Mojka-Kai 12 verbrachte Alexander **Puschkin** die letzten Monate seines Lebens. Der Dichter war mit seiner Frau, Natalja Gontscharowa, im Oktober 1836 in das Haus des befreundeten Fürsten Sergej Wolkonskij eingezogen, nachdem dieser sich 1825 am Dekabristenaufstand beteiligt hatte und nach Sibirien zur Zwangsarbeit verbannt worden war. Heute ist in dem ›Haus an der Mojka‹, wie man Puschkins Domizil zu seinen Lebzeiten apostrophierte, ein **Wohnungsmuseum (10,** *Musej kwartira Alexander S. Puschkina)* des in Russland wohl meistverehrten Dichters eingerichtet. »Sein Haus wurde ein Heiligtum für sein Vaterland«, schwärmte Anna Achmatowa über das 1927 gegründete Museum, eines der vielen für die russische Kultur typischen Wohnungsmuseen, in denen biografische Realität und literarische Fiktion oftmals nicht mehr zu unterscheiden sind. Puschkin hatte nur vier Monate im Palais des Freundes gelebt, als er an den Folgen eines Duells mit dem Franzosen Georges d'Anthès starb. Zum hundertsten Todestag des Dichters 1937 rekonstruierte man acht seiner Wohnräume anhand einer Skizze und möblierte sie mit charakteristischem Mobiliar des 19. Jh., das man sogar mit einigen Stücken aus dem persönlichen Besitz Puschkins bereichern konnte.

Zwischen der Mojka und dem Gribojedow-Kanal entstand 1817–1823 nach den Plänen Stassows der kaiserliche **Marstall (11,** *Konjuschennoje wedomstwo)* mit einer für das russische Empire charakteristischen lang gestreckten, weiten Fassade, die der Windung der Mojka an dieser Stelle folgt. Stassow hatte in das Gebäude, das mit seinen imposanten Ausmaßen zur Keimzelle einer Stadtteilbebauung zwischen den beiden Kanälen werden sollte, einen älteren Bau miteinbezogen. Daher rührt der unregelmäßige Grundriss des Marstalls, der eigentlich die ästhetische Forderung des Klassizismus nach Ebenmaß nicht erfüllte. Mit dem Marstall hat Stassow durchaus einen spannungsreichen Bau hinterlassen: Die **Hauptfassade** ist der Konju-

Puschkins Leichnam

In der an den Marstall angrenzenden Kirche, deren Fassade zwei Basrelief von Wassilij Demut-Malinowskij zieren, wurde 1837 der Leichnam Puschkins aufgebahrt, nachdem eine Totenmesse in der Isaaks-Kathedrale am Widerstand des Metropoliten gescheitert war, der ein Duell für Selbstmord und somit als eine Sünde erachtete. Das Kloster von Swjatogorsk bei Pskow erklärte sich schließlich bereit, den Dichter kirchlich zu bestatten.

Puschkin-Museum

nabereschnaja reki Moiki 12 Tel. 81 25 71 35 31 Mi–Mo 11.30–18 (Tickets bis 17) Uhr, am letzten Fr des Monats geschl.

Souvenirs

Bei der Konjuschenna-ja ploschtschad bietet ein Souvenirmarkt russisches Kunsthand-werk an – allerdings zu hohen Preisen. Auch sollte man die Qualität der Schmuck-kästchen aus Palech oder der Matrioschkas kritisch überprüfen.

schennaja ploschtschad (Конюшенная площадь, Pferdestallplatz) zugewandt und fällt mit einem Kirchentrakt in der Mitte auf, den zwei Pavillons an den Stirnseiten der Flügelbauten flankieren. Die Fassade zur Mojka betont ein großer Kubus in der Mitte; wie die Hauptfassade wird auch sie von zwei Pavillons abgeschlossen. Die abgerundete Schmalseite des Marstalls schmücken 22 dorische Säulen.

Überquert man die Mojka nun auf der Marstallbrücke, gelangt man zum Marsfeld. Bis ins 18. Jh. war das Gebiet rund um das **Marsfeld** (*Marsowo pole*, Марсово поле) Sumpfland. Nach der Trockenlegung wurde das Gelände zur Wiese der Zarinnen, die aus dem nahen Sommerpalais zur Erholung hierher kamen, im Sommer fanden auch Volksfeste statt. Die Idee eines Marsfeldes setzte sich erst zu Beginn des 19. Jh. durch, nachdem Paul I. die Volksfestwiese unterhalb des Ingenieurschlosses, in dem er sich vor innenpolitischen Feinden verschanzen wollte, als Exerzierplatz nutzte. Ein Denkmal des Heerführers Alexander Suworow und ein Obelisk zu Ehren Pjotr Rumjanzews sollten die neue Funktion der Zarinnenwiese zum Ausdruck bringen. Suworow, der sich als Generalissimus in den siegreichen Türkenkriegen 1768–74 um die Krim hervorgetan hatte und die russischen Truppen im Kampf gegen die Grande Armée befehligte, wurde im Harnisch des römischen Kriegsgottes Mars als unbesiegbarer Feldherr dargestellt. 1818 zog der Bau der Pawlowsker Kaserne eine Neugestaltung des Marsfeldes nach sich, bei der das **Denkmal Suworows** ein Stück näher in Richtung Newa verschoben wurde, wo es heute die Mitte des Suworow-Platzes schmückt. Der Obelisk hingegen wanderte auf die Wassilij-Insel, wo er in einem kleinen Park am Ufer der Newa seinen neuen Platz fand.

Nach der Februar- und der Oktoberrevolution geriet der Exerzierplatz in den Dienst der Bolschewiki, die hier ihre im Kampf gefallenen Genossen beisetzten, an die ein 1919 geschaffenes Denkmal erinnert. 1957 entzündete man außerdem zum 40. Jahrestag der Revolution eine ewige Flamme.

Im Westen gab Alexander I., der wie sein Vater Paul eine Vorliebe für alles Militärische hatte, bei Stassow die **Kaserne des Pawlowsker Regiments** (12, *Kasermy Pawlowskogo polka*) in Auftrag. Der 1817–21 entstandene, mit seiner gelb-weißen Fassade eine gewisse Festlichkeit suggerierende Bau ehrte das 1796 von Paul I. formierte Grenadierregiment, das sich im Krieg gegen Napoleon verdient gemacht hatte und in der Folgezeit von Alexander I. zur Leibgarde erkoren wurde. 1917 verbündeten sich die Soldaten der Pawlowsker Kaserne als erste mit den revolutionären Truppen.

Strenge Würde dominiert die 140 m lange Fassade der Kaserne, deren Mitte ein imposanter Portikus mit zwölf dorischen Säulen schmückt, den eine mit Wappen, Trophäen und geflügelten Siegesgöttinnen bestückte Attika abschließt. Die rhythmische vertikale Gliederung der Hauptfassade setzen die sechssäuligen Portiken fort, die von Giebeln abgeschlossen werden. Im Sockelgeschoss übernehmen Rundbogenfenster die rhythmische Gliederung. An den Seitenfassaden setzen wiederum zehnsäulige Portiken Akzente.

Marmorpalais (13)

Am Ende der Millionnaja uliza liegt gleichsam als ihr Höhepunkt der Marmorpalast *(Mramornyj dworez)*, den Katharina II. 1768 bei Antonio Rinaldi in Auftrag gegeben hatte. Über 17 Jahre zogen sich die Bauarbeiten an dem frühklassizistischen Palast hin, da die Fassade gänzlich mit Marmor und Granit verkleidet ist. 30 verschiedene Marmorarten tragen zu den feinen Farbnuancierungen und zur Erlesenheit des Palastes bei. All die raffinierte Pracht schenkte Katharina II. dem Grafen Grigorij Orlow, der maßgeblich an der Verschwörung gegen Peter III. beteiligt war und Katharina dazu verhalf, den Thron zu besteigen. Orlow seinerseits zeigte sich mit dem berühmten grau-grünen Orlow-Diamanten erkenntlich, der fortan das Zarenzepter schmückte. Die Ironie der Geschichte wollte es jedoch, dass Katharinas Günstling noch vor Fertigstellung des Marmorpalastes starb und die Zarin den Bau von seinen Erben zurückerwerben musste.

Rinaldi errichtete den Palast über dem Grundriss eines Rechtecks mit stark vorspringenden Seitenrisaliten. Hellrosa Pilaster mit korinthischen Kapitellen fassen die beiden mit hellgrauem Granit verkleideten Obergeschosse zusammen; die Hauptfassade, die sich dem einst offenen Ehrenhof zuwendet, beleben vorgelagerte Säulen. Im feinen Dekor, in den ausgewählten Details und in den erlesenen Materialien zeigen sich noch die für den russischen Frühklassizismus charakteristischen Spuren des Rokoko. Von der ursprünglichen Innenausstattung des Marmorpalastes sind allein die Große Treppe und der Marmorsaal erhalten. Alle anderen Räume Rinaldis unterlagen den pseudo-gotischen Umbauten unter der Leitung Alexander Brjullows Mitte des 19. Jh. Bis 1992 beherbergte das Marmorpalais die Sammlungen des Lenin-Museums und bot den hochherrschaftlichen Rahmen zur Dokumentation der proletarischen Revolution. Heute gehört der Palast zum Russischen Museum und wird für wechselnde Ausstellungen genutzt.

Marmorpalais

*Millionnaja uliza 5/1
Tel. 81 25 95 42 48
Mi–So 10–18 (Mo
bis 17) Uhr*

Am Ufer der Fontanka entlang bis zur Anitschkow-Brücke

Die Fontanka, die beim Sommergarten von der Newa abzweigt, ist der breiteste Kanal St. Petersburgs und umschließt in einem weiten Bogen den Stadtkern. Ein Blick auf den Stadtplan verrät noch heute, dass der Fontänenfluss bis zum 19. Jh. Stadtgrenze war – alle wichtigen Gebäude auf der **Großen Seite** liegen diesseits seines Verlaufs. Die Petersburger ließen sich an der Fontanka Landvillen mit weitläufigen Parks anlegen, und auch Paul I. sprach vom Michaels-Schloss oftmals als Landsitz. Ende des 18. Jh. wurden die Ufer der Fontanka, die bis heute die wichtigste Wasserstraße von St. Petersburg ist und viel befahren wird, in Granit eingefasst. Sieben gleiche, ebenfalls aus Granit gefertigte, mit Türmen und Ketten schwer geschmückte Brü-

Palmyra des Nordens

Im Süden des Sommergartens, dort wo sich Mojka, Schwanenkanal und Fontanka unter laternengeschmückten Brücken treffen, wird man unweigerlich der Schönheit St. Petersburgs verfallen, wenn das Licht in den Abendstunden weich und gefällig wird und die gußeisernen Geländer der Brücken sich sanft im Wasser der Kanäle spiegeln. Dann, wenn auch die Autos hier nicht mehr lärmen, ist alles von einer fast perfekten Harmonie, die angeschwärmt werden will. Hier versteht man, warum die Dichter St. Petersburg als ›Palmyra des Nordens‹ besungen haben.

cken verbanden den Stadtkern mit dem besiedlungsschwachen Gebiet jenseits der Fontanka. Mit Beginn der rasanten Industrialisierung Russlands Ende des 19. Jh. reihten sich am Ufer der Fontanka Mietshäuser von mitunter beachtlichen Ausmaßen, die den aus der Provinz in die Stadt strömenden Arbeitsuchenden Unterkunft boten. Bis heute prägt der geschlossene Charakter dieser Unterkünfte das Ufer.

Sommergarten und Sommerpalast

Der **Sommergarten** *(Letnyj sad)* ist der beliebteste Park der Petersburger. In der Gesellschaft all der Nymphen, Götter und Faune, die Peter der Große bei venezianischen Meistern anfertigen ließ, und unter dem großen Schattendach der prachtvollen Ahornbäume lässt sich die oft so bedrückende Wirklichkeit schnell für ein paar Stunden vergessen. Auf der Insel, die der Sommergarten bedeckt – zwischen dem 1718 angelegten Schwanenkanal, der Fontanka und der Mojka – ist der graue Alltag weit entfernt. Der Sommergarten ist der älteste Park der Stadt und war Teil des 1703 am Newa-Ufer errichteten Palasts Peters I. Seither arbeiteten die verschiedensten Gartenarchitekten beständig an seiner Verschönerung. Eine Fülle von Brunnen und Fontänen, die, wie der Name noch besagt, aus der Fontanka gespeist wurden, inszenierten ein üppiges Wasserspiel, die in rechten Winkeln angelegten Wege hingegen begleiteten Skulpturen, von denen noch heute einige die Alleen säumen. Seine berühmteste Zierde erhielt der Sommergarten in der zweiten Hälfte des 18. Jh. Nach Plänen von Jurij Felten und Pjotr Egorow entstand an der zur Newa gewandten Seite ein **Eisengitter** mit vergoldeten Rosetten und Spitzen, dessen Schönheit allerorts Bewunderung hervorrief. 30 mit Vasen und Urnen bekrönte Säulen aus rosa Granit halten das Gitter, das in seiner noblen Eleganz

Inmitten des Sommergartens liegt der Palast Peters I. Die für die erste Bauperiode St. Petersburgs repräsentative Schlichtheit der Architektur steht in auffälligem Kontrast zu den barocken und klassizistischen Schlössern der nachfolgenden Zaren

sicherlich unübertroffen ist. Im Süden begrenzt den Sommergarten ebenfalls ein schmuckes Gitter, wenngleich weniger prachtvoll, das in gusseisernen kannelierten Säulen verankert ist, die Medusen und Adler schmücken.

1777 überschwemmten die Fluten der Newa auch den Sommergarten. Dem Geschmack der Zeit entsprechend dominierte bei seiner Instandsetzung die Idee eines Landschaftsgartens, in dem Bäume und Sträucher nicht mehr gestutzt wurden. Nun verschwanden auch die Brunnen. 1826 errichtete Rossi ein **Caféhaus** im Stil des Empire für die Besucher des Sommergartens, zu dem seit 1820 auf Senatsbeschluss hin auch Bürger Zutritt hatten, unter der Voraussetzung ›anständiger‹ Kleidung. Im Jahre 1855 wurde im Sommergarten das erste **Dichterdenkmal St. Petersburgs** aufgestellt, das dem Fabelerzähler Iwan Krylow gewidmet ist, der zahlreiche Fabeln Äsops und La Fontaines nachgedichtet hat. Der Bildhauer Peter Klodt, dessen bedeutendem Werk wir später auf der Anitschkow-Brücke nochmals begegnen werden, schmückte das Piedestal des Denkmals mit Basreliefs nach Szenen aus Krylows Fabelwelt.

Der **Sommerpalast (14,** *Letnyj dworez)* Peters I. trägt die schlichte Handschrift der ersten Petersburger Bauperiode und zählt zu den wenigen aus dieser Zeit unverändert erhalten gebliebenen Gebäuden. Der Sommerpalast entstand 1710–12 nach Plänen von Domenico Trezzini seitlich zur Mittelachse des Sommergartens versetzt, dort, wo sich die Fontanka von der Newa trennt. Der Name Trezzinis verbindet sich mit den herben und nüchternen Formen skandinavischer Baukunst, die später unter russischem Einfluss gefälliger werden sollten. Trezzini gehörte zu den bevorzugten Architekten Peters I., die Klarheit und Zeitlosigkeit seiner Bauten kam dem Geschmack des Zaren sehr entgegen. Das kleine, eher unscheinbare zweigeschossige Haus mit hohem Dach, das sich über einem rechteckigen Grundriss erhebt, ist allein mit Reliefs zwischen den Fensterreihen der beiden Etagen geschmückt sowie mit einem Flachrelief von Andreas Schlüter über dem Eingang. In den **Innenräumen** ist z. T. die ursprüngliche Ausstattung erhalten, darunter Delfter Kachelöfen und Paneele, Plafondmalerei und kunstvoll geschnitzte Möbel sowie einige Kleidungsstücke Peters I., die seine hünenhafte Größe von über 2 m vor Augen führen. Peter I. bewohnte die sechs Räume im Erdgeschoss, seine Frau, Katharina I., hatte ihre Gemächer mit venezianischen Spiegeln und zahlreichen Gemälden weitaus prunkvoller im ersten Stock eingerichtet.

Kirche des hl. Pantaleon und Christi-Verklärungs-Kathedrale

Die kleine **Kirche des hl. Pantaleon (15,** *Zerkow swetoj Pantelejmona)*, die den Auftakt zur uliza Pestelja (ул. Пестеля) bildet, hat sich erst vor wenigen Jahren ihrer Fremdbestimmung als Schlachtenmuseum entledigt und wird, soweit die finanziellen Mittel reichen, gerade

Sommergarten
*Mai–Sept. 10–22
(Okt.–März bis
20) Uhr*

Sommerpalast
*Mi–So 10–18 (Mo
bis 17) Uhr, Tickets
bis eine Std. vor
Schließung*

Die von Andreas Schlüter gestalteten Terracotta-Reliefs gliedern die Fassade des Sommerpalastes und zeigen auf die Siege Russlands bezogene Motive aus der antiken Mythologie

Nikolaj A. Nekrassow

Im Haus Nr. 36 des Litejnyj prospektes lebte Nikolaj A. Nekrassow über 20 Jahre, bis zu seinem Tod 1878. Ein Wohnungsmuseum erinnert mit Gemälden, Manuskripten und Erstausgaben sowie Dingen aus dem persönlichen Besitz an das literarische Schaffen des Dichters und Publizisten.

Joseph Brodskij in den 1970er-Jahren

notdürftig restauriert. Die schlichte, einschiffige Kirche mit hoher Kuppel auf achteckigem Tambour trägt noch die Handschrift der ersten Petersburger Bauperiode. Zarin Anna gab sie 1735 an der Stelle in Auftrag, an der Peter der Große bereits eine Holzkirche zum Gedenken an die russischen Siege über die Schweden bei Gangut 1714 und Grenham 1720 errichten ließ. Pantaleon erhielt das Patrozinium der Kirche, da die Schlacht bei Gangut (Hangö) an seinem Gedenktag, dem 27. Juli, für die Russen siegreich endete.

Am Ende der uliza Pestelja, nach dem Dekabristen Pawel Pestel benannt, liegt auf einer Fluchtlinie mit der Kirche des heiligen Pantaleon die **Christi-Verklärungs-Kathedrale (16,** *Preobraschenskij sobor),* die erste Kreuzkuppelkirche St. Petersburgs, die fünf eng aneinandergerückte Kuppeln krönen. Die Kathedrale ist ein Werk Wassilij Stassows, der den sowohl altrussisch als auch klassizistisch inspirierten Bau 1827 in nur zwei Jahren auf den Fundamenten eines Vorgängerbaus errichtete, der 1825 abgebrannt war. Die Fassaden sind zurückhaltend mit einigen Reliefs versehen, den Eingang im Westen schmückt ein eleganter Giebelportikus mit vier ionischen Säulen. Im Innenraum zieht ein kunstvoll nach Stassows Plänen geschnitzter Ikonostas mit Pilastern und korinthischen Kapitellen alle Aufmerksamkeit auf sich, von dessen goldenem Glanz der ganze Raum ›profitiert‹. 1893 nahmen hier die Petersburger bei einem Trauergottesdienst von Tschaikowskij Abschied. Für den martialischen Zaun des Kathedralenhofes verwendete man in den Türkenkriegen eroberte Kanonen.

Die uliza Pestelja war eine beliebte Adresse vieler Dichter und Komponisten: Im Haus Nr. 5 hatte Puschkin 1833/34 sein Domizil, im Haus Nr. 11 war Mussorgskij zuhause, gleich nebenan Rimskij-Korsakow und vorübergehend Tschaikowskij, und im Eckhaus zum Litejnyj prospekt (Литейный проспект), in dem auch bis zu ihrer Emigration nach Paris Dmitrij Mereschkowski und seine Frau Sinaida Gippius gewohnt hatten, lebte Joseph Brodskij 17 Jahre zusammen mit seinen Eltern in den berühmt gewordenen eineinhalb Zimmern einer Kommunalka. Eine Tafel an der Fassade des Hauses identifiziert **Brodskijs Petersburger Domizil (17),** das in den »Erinnerungen an Leningrad« (1986) eine große Rolle spielt.

Michaels-Schloss (Ingenieurschloss, 18)

Paul I. hatte seinen 1792–1800 nach Plänen von Baschenow errichteten Palast im Winkel zwischen Fontanka und Mojka nach dem Erzengel Michael benannt, der gerüstet und mit großen Flügeln den Drachen zu seinen Füßen mit der Lanze durchbohrt. Der ikonografische Bezug war Programm, das Schloss, in dem sich Paul I. verschanzte, eine Bastion, von der aus er seinen innenpolitischen Feinden den Krieg erklärte. Nach kurzer Zeit fiel auch der Baumeister in Ungnade und wurde durch Vincenzo Brenna ersetzt. Paul I. betonte später seine persönliche Mitwirkung an der architektonischen Konzeption des Schlosses.

Michaels-Schloss

Sadowaja uliza 2 Tel. 81 25 70 51 12 Mi–So 10–18 (Mo bis 17) Uhr, Tickets bis eine Std. vor Schließung

Der Nachfolgebau des alten Sommerpalastes Elisabeths I. erhebt sich über einem quadratischen Grundriss mit abgerundeten Ecken. Im Innern der Anlage öffnet sich ein achteckiger Paradehof. Von der Mojka her nähert man sich der **Nordfassade,** deren Massivität durch die zwischen Seitenrisaliten eingeschlossene niedrige Kolonnade aus rosafarbenem Marmor aufgelockert wird. Den Gesamteindruck beherrscht jedoch auch hier die hohe, mit Karyatiden und Basreliefs geschmückte Attika, die schwer auf den ohnehin wuchtig wirkenden Baumassen zu lasten scheint. Die **Hauptfassade** im Süden akzentuiert ein mächtiger Giebel, dem zweipaarige Säulen auf einem massigen Rustikasockel Halt geben. Obelisken zu beiden Seiten des Durchgangs zum Paradehof verstärken den Eindruck der Schwere. Das Schloss Pauls I. wies alle Elemente eines Wehrbaus auf: Wassergräben rund um die Anlage sollten mögliche Angreifer auf Abstand halten, und eine Fülle von postierten Kanonen ließen keinen Zweifel an Pauls I. entschlossenem Verteidigungswillen. Doch alle Drohgebärden konnten seine Gegner nicht beeindrucken, geschweige denn davon abhalten, ihn bereits sechs Wochen nach seinem Einzug ins Michaelsschloss im März 1801 im Schlaf zu erdrosseln. An der Palastrevolte, die Offiziere seiner Garde initiiert hatten, war auch Pauls Sohn, Alexander I., maßgeblich beteiligt. Nach dem Tod des Bauherrn stand das Schloss, dessen Formensprache gleichsam die Exaltiertheit des Zaren visualisiert, lange Zeit leer. 1823 bezog eine technische Schule den mit zahlreichen Kostbarkeiten ausgestatteten Palast, der fortan als ›Ingenieurpalast‹ bezeichnet wurde. Berühmtester Schüler war Fjodor Dostojewskij, der zeitweilig gar ein Zimmer in der alten Trutzburg bewohnte. Heute beherbergt der Ingenieurpalast die Zentrale Marinebibliothek und fungiert als Außenstelle des Russischen Museums. Einige Räume im südlichen Schlosstrakt sowie die Schlosskirche Pauls I. im Westen wurden originalgetreu restauriert.

Zirkus und Simeon-und-Anna-Kirche

Unmittelbar vor der Belinskij-Brücke liegt der **Zirkus (20,** *Zirk)* am Ufer der Fontanka, der aus einem Raubtierhof des 18. Jh. hervorging. In der uliza Belinskogo (ул. Белинского) setzt die hohe Spitze des viergeschossigen Glockenturms der **Simeon-und-Anna-Kirche (21,** *Zerkow ssw. Simeona i Anny)* einen unübersehbaren vertikalen Akzent im Stadtbild. Die einschiffige Kirche ist ein Werk Michail Semzows, an den 1731 der Auftrag von Zarin Anna erging. Die Architektur der Kirche zeigt eine auffällige stilistische Verwandtschaft mit der Peter-und-Paul-Kathedrale auf der Haseninsel, von der sie die Anordnung des Glockenturms mit Spitze im Westen übernimmt sowie die auf einem achteckigen Tambour aufsitzende Kuppel im Osten. Semzow verquickte darüber hinaus einige altrussische Bauelemente mit den Grundformen der schlichten Hallenkirche. In dem mit üppigen Fensterrahmungen geschmückten **Palais in der uliza Belinskogo Nr. 3** lebte 30 Jahre der Romancier Iwan Gontscharow.

**Reiterstandbild
Peters des Großen**

Vor der Hauptfassade des Ingenieursschlosses fand 1800 ein bronzenes Reiterstandbild Peters des Großen Aufstellung, das Bartolomeo Rastrelli noch zu Lebzeiten des Zaren mit Hilfe einer Gipsmaske, die er Peter abgenommen hatte, anfertigte. Die Bronzereliefs im Sockel rühmen Peters erfolgreiche Schlachten im Nordischen Krieg. Dieses Reiterstandbild ist Pauls bescheidene Antwort auf den von seiner Mutter, Katharina II. gestifteten »Ehernen Reiter«.

257

Die der Fontanka zugewandte Fassade des Scheremetjew-Palais

Scheremetjew-Palais und Anna-Achmatowa-Museum

Das prachtvolle barocke **Palais der Scheremetjews (22)** kündigt sich mit einem aufwendig gearbeiteten Eisengitter an, das das Anwesen einer der einflussreichsten Familien Russlands seit der Mitte des 19. Jh. umgibt. Feldmarschall Boris Scheremetjew hatte in den Diensten Peters des Großen gestanden und sich als Heerführer im Nordischen Krieg vor allem in der für Russland entscheidenden Schlacht von Poltawa (1709) verdient gemacht. Peter der Große dankte ihm sein militärisches Geschick mit einem Grundstück an der Fontanka, auf dem 1750 ein prachtvoller Adelssitz nach Plänen Sawwa Tschewakinskijs entstand. Die glatten Wände des Palastes werden durch eine Reihe von Fenstern durchbrochen, die festliche Stuckrahmungen tragen. Sechs Pilaster mit korinthischen Kapitellen leiten in der Mitte des Palastes optisch zum Attikageschoss und zum abgerundeten Giebel über, in dem zwei Löwen das Wappen der Scheremetjews halten, das die Hoffnung verkündet: *Deus conservat omnia* (Der Herr bewahrt alles). Die von Fjodor Argunow gestalteten Innenräume des Palastes sind leider nicht mehr vollständig erhalten. Den Scheremetjews, zu deren Besitz 140 000 Leibeigene gehörten, aus deren Mitte auch ein angesehener Chor hervorging, verdankt Petersburgs kulturelles Leben im 19. Jh. zahlreiche Veranstaltungen sowie einen bei Dichtern, Malern und Komponisten gleichermaßen beliebten Salon.

Ausstellung im Scheremetjew-Palais

Im ersten Obergeschoss des Palais dokumentiert ein kleines Museum mit einer Ausstellung von Musikinstrumenten des 18. Jh. sowie Möbeln und Gemälden den Kunstsinn der Scheremetjews.

Nach der Oktoberrevolution bewohnte eine der bedeutendsten russischen Dichterinnen, Anna Achmatowa mit Unterbrechungen nahezu 35 Jahre lang den im 19. Jh. an das Palais angefügten Seitenflügel. Anna Achmatowa prägte den Begriff des »Fontänenhauses« *(Fontannyj dom)*, unter dem das Scheremetjew-Palais in der russischen Lyrik mehrmals Erwähnung findet. 1989 wurde zum 100. Geburtstag der Achmatowa in den Wohnräumen der Dichterin das **Achmatowa-**

Museum *(Musej Anny Achmatowoj)* eingerichtet, dessen Eingang im zweiten Hinterhof des Hauses am Litejnyj prospekt 53 (Литейный проспект) liegt. Die Schulfreundin Walerija Sresnewskaja erinnert an den ersten Besuch bei der Achmatowa, die 1918 zu ihrem zweiten Mann, dem exzentrischen Orientalisten und Dichter Wladimir Schilejko, ins Fontänenhaus gezogen war: »In den Labyrinthen des Scheremetjew-Palais kennen sich nur wenige aus. Innenhöfe, Nebentreppen, Türen, die zu endlosen Gängen führen, Kälte, Dunkelheit, Jagdtrophäen an den Wänden; schließlich eine Tür. Ich trete ein. Ein lang gezogener Raum. Ein Bett. Ein Diwan. Ein großer runder Tisch. Alles sehr eigenartig, klobig und düster. Eine Tischlampe spendet spärliches Licht.«

1921 scheiterte die Ehe an Schilejkos selbstgefälligem Auftreten, im selben Jahr wurde ihr erster Mann, der Dichter Nikolaj Gumiljow, wegen konterrevolutionärer Tätigkeit erschossen. Mitte der 1920er-Jahre führt abermals eine Ehe die Achmatowa in das Fontänenhaus, diesmal mit dem Kunsthistoriker Nikolaj Punin, der in der Sammlung der Kostbarkeiten aus ehemaligen Adelssitzen arbeitete, die nach der Revolution im Scheremetjew-Palais zusammengetragen wurde. Punin lebte in einer Dienstwohnung im Gartenflügel, die er nun mit seiner Tochter, seiner geschiedenen Frau und Anna Achmatowa teilte. Das Museum dokumentiert anhand von Fotografien, Briefen, Manuskripten, Erstausgaben und Dingen aus ihrem persönlichen Besitz, darunter ein Porträt, das Amedeo Modigliani in Paris von der Dichterin anfertigte, das bewegte Leben Anna Achmatowas und ihr außerordentliches lyrisches Schaffen, das **Joseph Brodskij** so nachhaltig inspirierte, für den im Erdgeschoss ein **Gedenkzimmer** eingerichtet.

Neben dem Scheremetjew-Palais erstreckt sich das klassizistische **Katharinen-Institut (23,** *Ekaterinskij institut),* das Alexander I. 1804 bei Giacomo Quarenghi als Mädchenschule für den verarmten Adel in Auftrag gab und damit den Geist der Bildungsreformen Katharinas II. fortführte. Quarenghi konzipierte einen strengen, durch sachliche Schlichtheit auffallenden Bau, den ein imposanter achtsäuliger korinthischer Portikus mit Giebel in der Mitte schmückt. Das durch Rustikamauerung betonte Erdgeschoss zog Quarenghi ebenfalls in der Mitte vor und verlieh ihm eine gewisse Leichtigkeit durch Bögen, die eine offene Terrasse tragen.

In dem vierstöckigen **Mietshaus Nr. 38** am Fontanka-Kai lebte Mitte des 19. Jh. **Iwan Turgenjew (24):** Bei seinen Aufenthalten in St. Petersburg stieg hier Leo Tolstoj ab. Eine Gedenktafel am Haus erinnert an den großen Romancier, der zwar mitunter an die Newa zu Besuch kam, aber mehr dem »weiblichen Charakter Moskaus« zuneigte.

Die Fassade des monumentalen **Schuwalow-Palais (25,** *Schuwalowskij dworez)* an der Fontanka 21 verquickt Bauformen von Renaissance und Klassizismus und stellt ein charakteristisches Beispiel für die Neostile Mitte des 19. Jh. dar, denen der ausgehende Klassizismus Raum gegeben hatte. Graf Schuwalow hatte den Ende des 18. Jh. für die Naryschkins errichteten Landsitz 1844 erworben und umbauen lassen, wobei er Nikolaj Jefimow, der auch unter Klenzes

Achmatowa-Museum

*nabereschnaja reki Fontanki 34
Tel. 81 22 72 20 34
Mo–Fr 10–18 (Sa bis 16.30) Uhr*

Nathan Altmann, Porträt der Achmatowa (1914; Russisches Museum, St. Petersburg)

Regie an dem Bau der Neuen Eremitage mitwirkte, mit der Fassadengestaltung sowie mit der Ausstattung der Innenräume beauftragte.
Von der ursprünglich klassizistischen Ausstattung zu Beginn des
19. Jh. ist allein der Große Säulensaal erhalten.

St. Petersburg, Metro

Eremitage

Übersichtsplan S. 262

Die Eremitage ist ein wahres Schatzhaus. Nicht nur weil ihr Bestand mehr als 2,7 Mio. Exponate zählt, darunter zahlreiche Meisterwerke der europäischen Malerei, sondern auch weil alle Gemälde, Gobelins, Porzellansammlungen und Skulpturen, Kostüme und Silberarbeiten in den historischen Sälen des Winterpalastes ausgestellt werden. Der Trend einer nüchtern-funktionalen Ästhetik konnte sich in Russland niemals mit solcher Beflissenheit durchsetzen wie in westlichen Museen, wo man neuerdings ja auch wieder ein historisierendes Ambiente schafft. In der Eremitage umgibt viele Gemälde theatralischer Pomp, und der Blick will sich nur langsam in der verwirrenden Fülle zurechtfinden. Hier ist man bis heute zu Gast beim Zaren.

Eremitage-Museum

Dworzowaja nabereschnaja 34 Tel. 81 27 10 90 79, für Führungen: 81 25 71 84 46 www.hermitage museum.org Di–So 10.30–18 (So bis 17) Uhr, Tickets bis eine Std. vor Schließung. Fotografieren nur mit einer speziellen Erlaubnis

Paradesäle

Von der originalen Innenausstattung des Winterpalastes, an der Vallin de la Mothes, Antonio Rinaldi, Jurij Felten, Giacomo Quarenghi und später Carlo Rossi, Wassilij Stassow und Auguste Montferrand mitwirkten sowie nach dem Brand von 1837 Alexander Brjullow und abermals Wassilij Stassow, sind einige Paradesäle im ersten Stock erhalten, zu denen die prachtvolle **Jordan-Treppe (1)** führt. Die Paradetreppe des Winterpalastes ist nach dem Jordan-Fest benannt, dem russisch-orthodoxen Fest der Wasserweihe, das auf den Dreikönigstag am 6. Januar fällt, an dem man Mitte des 18. Jh. auch das Wasser der Newa segnete. Der weiße Marmor der Treppe, vergoldete Stukkaturen und verspiegelte Fenster suggerieren Pracht und Reichtum im Überfluss, ein Versprechen, das der Winterpalast hält. Der Entwurf der freudig-festlichen Treppe geht auf Bartolomeo Rastrelli zurück, Wassilij Stassow übernahm nach dem großen Brand ihren originalgetreuen Wiederaufbau.

Vom **Avantsaal (2;** offizieller Führer: Raum 192), den Giacomo Quarenghi gestaltete, gelangt man in den mit 1103 m² größten Saal des Schlosses, den **Weißen Saal (3;** Raum 191), den Quarenghi durch die Verbindung dreier Räume schuf. Ihm schließt sich der **Konzertsaal (4;** Raum 190) an, von dem sich ebenfalls ein schöner Blick auf die Newa bietet. Der Saal bewahrt russisches Silber vom Ende des 17. Jh. bis heute. Prachtvollstes Exponat ist der aus 1425 kg Silber gearbeitete Sarkophag für Alexander Newskij. Durch den ›Dunklen Korridor‹ und die **Rotunde (5;** Raum 156), ein kreisförmiger nüchterner Raum, den Auguste Montferrand konzipierte, gelangt man in den Nordwestflügel des Winterpalastes. Der an die Rotunde angrenzende **Arabersaal (6;** Raum 155) diente der Zarenfamilie als Speisezimmer. Durch ihn gelangt man in den schönsten Raum des Schlosses, den **Malachitsaal (7;** Raum 189), dem Alexander Brjullow seine Hand-

◁ **Tipp zur Metro** *Entlang der Linie Kirowsko-Wyborgskaja sind zahlreiche Stationen im schönsten ›Stalin-Barock‹ und Neuklassizismus gestaltet.*

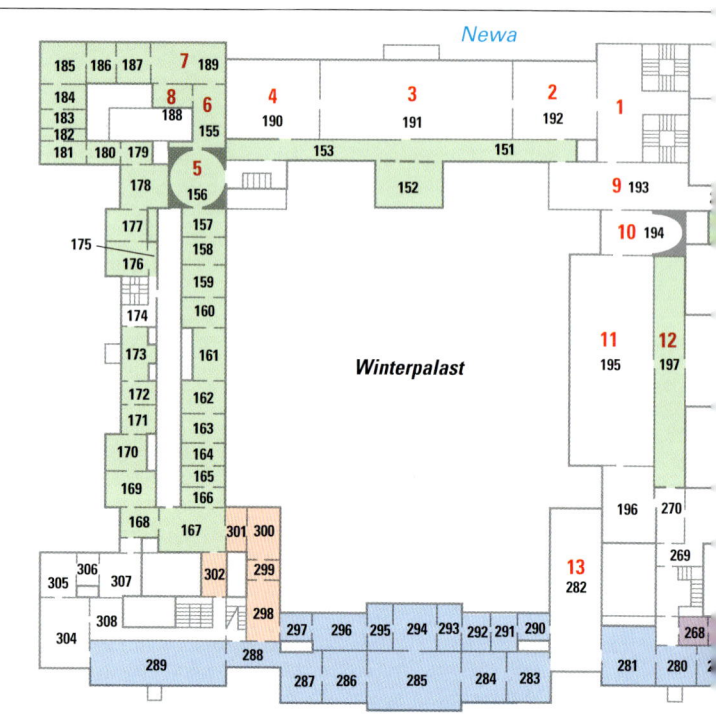

Eremitage, Erstes Obergeschoss

Übersicht über die Paradesäle und die wichtigsten nationalen Malschulen (die Säle 154, 199, 223 und 303 sind ständig geschl.):

1 Jordan-Treppe
2 Avantsaal (192)
3 Weißer Saal (191)
4 Konzertsaal (190)
5 Rotunde (156)
6 Arabersaal (155)
7 Malachitsaal (189)
8 Weißer Speisesaal (188)
9 Saal der Feldmar-schälle (193)
10 Kleiner Thronsaal (194)
11 Wappensaal (195)
12 Galerie der Gene-räle (197)
13 Alexander-Saal (282)
14 Georgs-Saal (198)
15 Pavillonsaal (204)

schrift aufdrückte. Der Saal überwältigt zunächst aufgrund seiner schieren Farbigkeit: das tiefe Grün des Malachits kontrastiert mit dem tiefen Rot der Vorhänge, und das Gold der Türen, der Basen und der Kapitelle, der Spiegel und Deckenornamente verleihen dem Saal seinen festlichen Glanz. Brjullow ließ jeweils acht Säulen und Pilaster sowie zwei Kamine mit feinstem Malachit aus dem Ural in der Technik des russischen Mosaiks verkleiden, die die feinen Farbnuancen des Steins effektvoll zum Ausdruck bringt.

Der kleine **Weiße Speisesaal (8;** Raum 188) erlangte in der Nacht vom 25. zum 26. Oktober (8./9. November) 1917 welthistorische Bedeutung, als es den Roten Garden gelang, die Mitglieder der Provisorischen Regierung hier festzusetzen. Russen haben viel Sinn für Symbolisches, und die Uhr auf dem Kamin zeigt noch die Uhrzeit an, zu der für Russland seinerzeit eine ›neue Zeit‹ anbrach.

Im Ostteil des Palastes sind noch weitere Paradesäle zugänglich, zu denen man durch eine Seitentür am oberen Absatz der Jordan-Treppe gelangt. Auftakt der östlichen Saalflucht ist der **Saal der Feldmarschälle (9;** Raum 193), den Montferrand 1833 gestaltete. Er geleitet den Weg zum **Kleinen Thronsaal (10;** Raum 194), den Montferrand

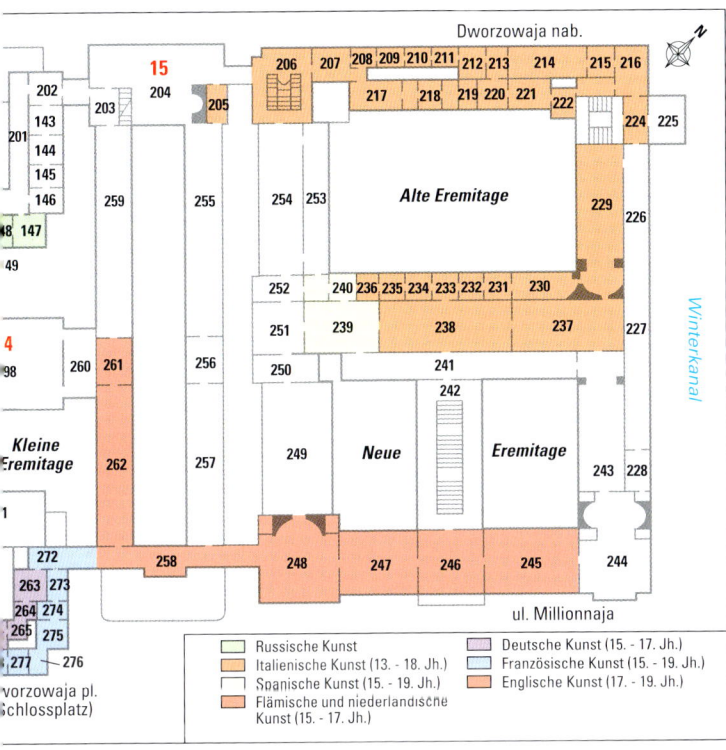

Dworzowaja nab.

Alte Eremitage

Winterkanal

Kleine Eremitage

Neue   **Eremitage**

ul. Millionnaja

vorzowaja pl.
chlossplatz)

☐ Russische Kunst
☐ Italienische Kunst (13. - 18. Jh.)
☐ Spanische Kunst (15. - 19. Jh.)
☐ Flämische und niederländische
    Kunst (15. - 17. Jh.)
☐ Deutsche Kunst (15. - 17. Jh.)
☐ Französische Kunst (15. - 19. Jh.)
☐ Englische Kunst (17. - 19. Jh.)

gleichsam als Gedächtnisraum an Peter den Großen schuf. Der silberne Thron des Zaren ist eine Londoner Arbeit des frühen 18. Jh., das Gemälde des Venezianers Jacobo Amigoni zeigt »Minerva und Peter«, ein Paar, dem man in Schloss Peterhof noch einmal begegnen wird. Der **Wappensaal (11;** Raum 195) schließt sich an: vergoldete kannelierte Doppelsäulen mit korinthischen Kapitellen, die einen Balkon halten, geben dem Raum seine prunkvolle Festlichkeit. Die Leuchter zierten einst die Wappen aller russischen Gouvernements und gaben dem Saal, der oft für Bälle und Empfänge genutzt wurde, seinen Namen. Die ursprüngliche Konzeption stammte noch von Rastrelli, der hier eine Galerie vorgesehen hatte, die Jurij Felten aber nach dem Brand zu einem Saal erweiterte. Als Galerie erhalten blieb der **Gedächtnisraum an den Großen Vaterländischen Krieg (12;** Raum 197) von 1812, den Carlo Rossi 1826 gestaltete. 332 Porträts der Generäle, gemalt von dem Engländer George Dawe, die im Krieg gegen Napoleon teilnahmen, schmücken die Galerie. Die 13 leeren Plätze gedenken Generälen, von denen man keine Abbildung besaß.

Thematisch verwandt zeigt sich der **Alexander-Saal (13;** Raum 282), ein von Brjullow allein dem Andenken Alexanders I. aufwendig ge-

stalteter Raum, den Reliefmedaillons mit allegorischen Szenen des Krieges schmücken. Ein Flachrelief hingegen zeigt Alexander I. als römischen Krieger, der aber auch Ähnlichkeiten zum slawischen Kriegsgott Rodomysl aufweist.

Der Galerie schließt sich der **St.-Georgs-Saal (14;** Raum 198) an, 1795 nach einem Entwurf von Quarenghi entstanden. Stassow stellte ihn nach dem Brand im spätklassizistischen Stil wieder her. 48 Marmorsäulen tragen die umlaufende Galerie und verleihen dem Saal seine Festlichkeit. Die Stirnwand schmückt das gewaltige Relief »St. Georg als Drachentöter«, unter dem früher der Zarenthron stand. Den St.-Georgs-Saal oder auch Großen Thronsaal nutzte die russische Duma als ersten Versammlungsort, bevor sie 1906 in das Taurische Palais (s. S. 319) umzog.

Über den Raum 260 gelangt man in die Kleine Eremitage, die auf Veranlassung Katharinas II. von Jurij Felten 1764 errichtet wurde.

Von der Ausstattung der prunkvollen Gemächer der Zarin ist heute leider nichts mehr erhalten. 1858 hatte jedoch Andrej Stakenschneider unter Einbeziehung eines Wintergartens der Zarin einen **Pavillonsaal (15;** Raum 204) geschaffen, der, reich mit Marmorsäulchen, Lüstern, Statuen und Brunnen ausgestattet, einen von der Romantik inspirierten Orient suggeriert. Das oktogonale Bodenmosaik ist die stark verkürzte Kopie einer römischen Arbeit, die einst ein Bad schmückte. Es heißt, Stakenschneider wollte mit der eklektischen Ausgestaltung des Pavillonsaales Puschkins Gedicht »Die Fontäne von Bachtschisaraj« (1822) illustrieren.

Zur Geschichte der Kunstsammlungen

Die Förderung der Kunst verstand Peter I. als Teil seiner staatsmännischen Mission. Wie in der Architektur sollten die petrinischen Reformen auch in der Malerei Widerhall finden. Der Geschmack des Zaren war auf die niederländische Malerei eingestimmt, deren genrehafter Realismus dem Zeitgeist entsprach. Von seiner zweiten Europareise brachte Peter I. erste Gemälde aus dem Westen mit, die er in seiner Kunstkammer ausstellte. Das Sammeln von Gemälden im großen Stil betrieb erst Katharina II. Ihre Kunstagenten erschienen bei allen Versteigerungen und Veräußerungen von Gemälden in Westeuropa, das nicht ohne Unbehagen den systematischen Abtransport der Meisterwerke nach St. Petersburg beobachtete.

In England kam es 1778 zu einem Sturm der Entrüstung, als Katharinas Kunstagenten 198 Gemälde aus der Sammlung Sir Robert Walpoles, dem früheren Premierminister Großbritanniens, erwarben. Bereits gegen Ende des 18. Jh. war die Eremitage eine der bedeutendsten Gemäldesammlungen der Welt. 3986 Exponate zählte sie beim Tod der Zarin, die sich in einem Brief beklagt hatte: »Nur die Mäuse und ich ergötzen uns an all den Herrlichkeiten«.

Eine enorme Erweiterung erfuhr die Sammlung der Eremitage schließlich nach der Oktoberrevolution. Mit der Übernahme von Teilen der Kunstkollektionen Jussupow, Stroganow, Mjatlew, Scheremetjew oder Kuselew-Besborodko, Oldenburg und Durnow sowie Morosow und Schtschukin vervierfachte sich der Bestand.

Die Sowjetrepublik, die wirtschaftlich durch die Folgen der Revolution und des Bürgerkriegs sowie durch die Handelsblockade in Bedrängnis geraten war, musste ebenfalls Meisterwerke veräußern. Durch den Verkauf verlor die Eremitage u. a. Gemälde von Rubens, Tiepolo, Rembrandt, Watteau sowie von van Dyck. Nach Hitlers Angriff auf die Sowjetunion 1941 wurde ein großer Teil des Museumsbestandes ausgelagert. Der Krieg füllte die Sammlungen der Eremitage durch in Deutschland erbeutete Kunst auf, die im November 1992 erstmals in einer vielbeachteten Ausstellung der Öffentlichkeit präsentiert wurde. Die Rückführung der sogenannten ›Beutekunst‹ ist trotz laufender diplomatischer Verhandlungen äußerst fraglich.

Rundgang

www.hermitage museum.org

Die Eremitage zeigt ihre Kunstschätze auch im Internet. Die Exponate sind in digitalen Bibliotheken gespeichert und werden dem virtuellen Museumsbesucher über multimediale Kiosksysteme angeboten. Etwa 3000 Gemälde und Skulpturen sind bisher abrufbar.

Ein Besuch der Eremitage kann sich nur auf einige wenige Werke und Kunstepochen beschränken, es sei denn, man hat mehrere Tage zur Verfügung. Der hier beschriebene Rundgang stellt daher nur einzelne Meisterwerke vor. (Die Raumbezifferung entspricht dem offiziellen an der Kasse erhältlichen Führer.) Informationssäulen mit Bildschirmen helfen ebenfalls bei der Orientierung im Kunstschloss.

Erdgeschoss

Im Erdgeschoss des Winterpalastes ist in den Sälen 11–24 die **prähistorische Kultur** vertreten. Besondere Beachtung verdient hier die Kunst und Kultur der **Skythen** (Räume 15–18), ein teils sesshaftes, vorwiegend aber nomadisierendes Volk, das in der zweiten Hälfte des vorchristlichen Jahrtausends die osteuropäischen Steppen beherrschte. Ihre Kunst, die starken hellenistischen Einflüssen ausgesetzt war, dominiert das zeichenhafte Einzelbild, das stilisierte Tier, das symbolisch gedeutet wurde und Waffen, Kleidung, Pferdegeschirr sowie Arbeitsgeräte ziert. Die Skythen hinterließen einen legendären Gold- und Silberschatz. Vor allem als Grabbeigaben in den berühmten eiskonservierten Kurganen des Altai-Gebirges und im Hochgebirgstal von Pasyryk fand man Schmuck und aus Gold und Silber gefertigtes Arbeitsgerät. Die wertvollsten Stücke bewahrt die Eremitage in der **Schatzkammer der Skythen,** die leider nur mit einer Sondergenehmigung zu besichtigen ist.

Die Kultur und Kunst des Orients beherbergen die Säle 34–69 sowie der Übergang zur Alten Eremitage, Saal 100, der Exponate aus dem alten Ägypten zeigt, darunter die Mumie eines Priesters, Schmuck und Papyrus-Schriftstücke. Der Saal 34 beherbergt einen besonders schönen Fries, den »Airtam-Fries«, der im 2. Jh. im Kuschaner Zarenreich (Usbekistan) angefertigt wurde und musizierende Halbfiguren zwischen Akanthusblättern zeigt.

Die Kunst und Kultur der **Antike** ist im Erdgeschoss der Neuen Eremitage vertreten, zu der man durch Raum 100 sowie durch Raum 102 gelangt, dem Entree der Alten Eremitage mit der Mitte des 19. Jh. von Andrej Stakenschneider konzipierten **Ratstreppe.**

Die mit künstlichem Marmor verkleideten und mit Säulen und Pilastern ausgestatteten Räume von Klenzes **Neuer Eremitage** korrespondieren der Antikensehnsucht des 19. Jh. und bieten einen prachtvollen, historisierenden Rahmen für die Kunst des antiken Griechenland, des antiken Italien und des antiken Rom sowie der antiken Städte der Schwarzmeerküste. In Raum 109 findet man die berühmte »Taurische Venus«, die Peter der Große 1720 bei Papst Clemens XI. gegen die Gebeine der hl. Brigitta eingetauscht hatte. Die Taurische Venus, eine römische Kopie des griechischen Originals aus dem 3. Jh. v. Chr., war der Auftakt der antiken Skulpturensammlung der russischen Zaren.

Der von mächtigen Atlanten getragene Raum 110 war das prachtvolle Entree zu Klenzes Neuer Eremitage, gleichsam Prolog all des Prunks, der im **Zwanzigsäulensaal** (Raum 130) mit grauen Granitsäulen seinen Höhepunkt erreicht. Hier sind Werke der etruskischen Kunst ausgestellt.

Erstes Obergeschoss (s. Plan, S. 262/63)

Die Abteilungen russische Kultur und westeuropäische Kunst, zu der auch Silberarbeiten, Porzellan, Gobelins sowie Waffen gehören, liegen im ersten Obergeschoss, das man über die Jordan-Treppe erreicht. In der **russischen Abteilung,** zu der auch die Paradesäle des Winterpalastes gehören, wird eine Auswahl von Arbeits- und Kriegsgerät, Erstdrucken, Ikonen und Silberarbeiten aus der Zeit der Kiewer und der Moskauer Rus ausgestellt. Die Zeit Peters I. vertreten Bücher, Kupferstiche, Gemälde sowie eine lebensgroße Figur Peters des Großen (Raum 156), die Carlo Rastrelli nach Wachsabdrücken fertigte, die er dem Zaren nach dessen Tod abgenommen hatte. Die Kunst seit Peter dem Großen ist durch Gemälde und Kunsthandwerk dokumentiert.

Die Schätze der Abteilung der **westeuropäischen Malerei** verteilen sich auf das erste Obergeschoss der Neuen Eremitage, der Alten und der Kleinen Eremitage sowie auf den Südtrakt des Winterpalastes im ersten und zweiten Stock. Die Fülle der Bilder ist nach Ländern und Schulen geordnet. Die Säle 207–224 und 229–238 versammeln **italienische Kunst des 13.–18. Jh.** Im Raum 207 finden wir eine »Madonna« (um 1338) des Sienesen **Simone Martini.** Wie kaum ein anderer toskanischer Maler stand Martini unter dem Einfluss der Gotik, den man in den verfeinerten Gesichtszügen erkennt, in der harmonischen Linienführung beispielsweise im Gewand sowie in der höfisch-vornehmen Auffassung der Figur.

Saal 214 zeigt zwei Madonnen **Leonardo da Vincis:** die lebensvolle »Madonna Benois« (1478) und die »Madonna Litta« (1490). Die frühere Madonna ist von einem geheimnisvollen Licht umgeben und von einer inneren Dynamik bewegt, die von den sanft geschwungenen schönen Linien getragen wird, die die Szenerie vom linken unteren Bildraum an durchziehen. Die »Madonna Litta« hingegen begegnet uns mit einem wächsernen Gesicht, gleichsam als Statue, die an die Ewigkeit erinnert. Symbol des Leidens und des Todes, aber auch der Auferstehung ist der Fink, den das Kind in der linken Hand hält, während es trinkt.

Raffael bindet seine »Madonna Conestabile« (um 1502/03) in einen Kreis ein, Symbol der Vollkommenheit und Ganzheit, in dessen Geist 1506 auch die »Heilige Familie« entstand (229).

Eines der schönsten Bilder der Eremitage ist die »Judith« von **Giorgione,** die so anmutig sanft ihren Fuß auf das abgeschlagene Haupt des Holofernes gesetzt hat, dass sich aller Schrecken der Szenerie in Wohlgefallen auflöst. Die Ruhe, die fein abgestuften Hell-Dunkel-Übergänge, die betonte Linearität der Kontur sowie die na-

Seit Vasari vermuten die Kunsthistoriker, dass die »Madonna« Martinis ein Bildnis der Laura Petrarcas sei, worum ihn der Dichter in einem Sonett gebeten hatte. Martini hatte Petrarca am päpstlichen Hof in Avignon kennengelernt, an dem er einige Jahre bis zu seinem Tode tätig war

Leonardo da Vinci, »Madonna Litta« (1490): Die Darstellung vom ikonografischen Typ der Maria lactans verbindet eine statische Haltung mit kaum verborgener Erotik

Eine andere Art von Sinnlichkeit strahlt Caravaggios »Lautenspieler« (um 1595) aus, dessen Gesichtszüge und Haltung samt tief ausgeschnittenem Hemd auf einen Kastraten im römischen Mäzenatentum seiner Zeit hindeuten

türliche Schönheit der Judith, die sie als Waffe im Kampf gegen den assyrischen Feldherrn und Feind der Juden einsetzte, sind charakteristische Merkmale der venezianischen Malerei des Cinquecento.

Der nächste bedeutende Vertreter der venezianischen Schule ist **Tizian,** dem die Räume 219 und 221 gewidmet sind. Auch die Eremitage ist im Besitz einer »Danae«, die der Maler zu einer der monumentalsten und sinnlichsten Frauengestalten des 16. Jh. machte. Kraft prägt die Figur, Leidenschaft das Gesicht. In der Größe der Passionen der Figuren Tizians deutet sich oftmals auch die damit verbundene Tragik an. Tizian war ein Meister der Farbe, der er immer neue Nuancen, Valeurs und Ausdruckswerte abgewinnen konnte. Über die Arbeiten seines Spätwerks, das in der Eremitage mit der »Maria Magdalena« und dem »Hl. Sebastian« repräsentiert ist, schrieb Vasari, dass sie mit breiten Pinselstrichen ausgeführt seien, »sodass man nichts sieht, wenn man sie von Nahem betrachtet, sie aber aus der Ferne vollkommen erscheinen«.

Saal 232 zeigt **Caravaggios** »Lautenspieler« (um 1595), einen weiblich aufgefassten Jüngling in einem nach geometrischer Ordnung gestalteten Bildraum, den allein die Blumen und Früchte auflockern. Caravaggios Darstellung des Lautenspielers zielt auf alle fünf Sinne ab: das Hören und Sehen, den Geruchssinn, der durch die Blumen angesprochen wird, den Geschmackssinn, den die Früchte aktivieren, und den Tastsinn, den die Hände des Jungen auf dem Instrument wecken. Italienische Malerei des Barock setzen die Säle 233 bis 245 fort sowie der Raum 128 mit Beispielen aus der Genueser, der Neapolitanischen und Venezianischen Schule.

Spanische Malerei des 15.–19. Jh. ist in den Räumen 239 und 240 vertreten, darunter El Grecos »Apostel Petrus und Paulus« oder Velázquez' »Porträt des Grafen Olivares«, dessem feierlichem Ernst das ewig freundliche Lächeln der Figuren Bartolomé Esteban Murillos gegenüberstehen. Von **Francisco de Goya y Lucientes,** der überragenden Künstlerpersönlichkeit des späten 18. und frühen 19. Jh., findet sich in der Sammlung der Eremitage lediglich ein Porträt der Schauspielerin Antonia Zárate. Wie an vielen anderen europäischen Höfen fand man auch in Petersburg wenig Gefallen an Goyas Porträtstil, der der Verunsicherung des Individuums innerhalb einer Gesellschaft im Umbruch unmittelbaren Ausdruck verleiht.

Flämische Kunst des 17. Jh. ist in den Räumen 245 bis 247 vor allem von drei Malern repräsentiert, die für sie größtes Gewicht haben: Peter Paul Rubens, Anton van Dyck sowie Jacob Jordaens. Primus inter pares ist Rubens, von dem die Eremitage einige bedeutende Werke versammelt. **Rubens** führt uns ein weites Spektrum der Gefühle und Leidenschaften vor, konfrontiert uns mit lebendigen Kompositionen

Blick in den spanischer Malerei des 16.–19. Jh. gewidmeten Saal 239

269

der Historienmalerei, deren Themen neben Altem und Neuem Testament vor allem der antiken Literatur entnommen sind. Einen seiner besten Schüler fand Rubens in **Antonis van Dyck** (Raum 246), dessen Farbsinn auf venezianische Vorbilder, allen voran Tizian, deutet.

Landschafts- und Genremalerei, Brüsseler Gobelin sowie ein Holzaltar aus Antwerpen bilden den Kern der Sammlung **niederländischer Kunst des 15. bis Anfang des 17. Jh.** in den Räumen 248, 258 und 261 sowie 262. Die holländische Kunst des 17. Jh. und der ersten Hälfte des 18. Jh. prägt vor allem das Kunstschaffen **Rembrandts** (eigentlich Rembrandt Harmensz. von Rijn), von dem die Eremitage eine beachtliche Sammlung an Gemälden aus allen Werkphasen zeigen kann (Raum 254). Seine Porträts wie das »Porträt einer Alten« (1654) oder das »Männliche Bildnis« (1661) zeugen von Rembrandts großer Kunst einer eindringlichen Erfassung des Menschen, bei der der Bildraum infolge der Ausdruckskraft des Bedeutungslichts und des Helldunkels zum ›psychischen Raum‹ wird. In der »Kreuzabnahme« (1634) offenbart sich Rembrandts Mitgefühl in dem Realismus der Darstellung eines Körpers in Schmerzen. Die Kreuzabnahme bei Nacht handelt aber gleichermaßen von der Mystik der Schmerzüberwindung, die wesentlich von dem Lichteinfall übermittelt wird.

Die Räume 263 bis 268 sind der **deutschen Kunst des 15.–17. Jh.** gewidmet, unter deren Werken vor allem die um starken Ausdruck ringende Arbeit **Lucas Cranachs d. Ä.** »Venus und Amor« (1509) herausragt. Die Darstellung einer römischen Göttin als weiblicher Akt ist zu Beginn des 16. Jh. noch eine Seltenheit in Nordeuropa. Einer erotischen Auslegung kommt Cranach aber mit einer lateinischen Inschrift zuvor, die auffordert: »Sei bestrebt, Amors Freuden zu entsagen/ Damit Venus nicht dein verzaubertes Herz erobert.«

Französische Plastik

Da in den französischen Sälen auch jeweils die zeitgenössischen Plastiken und Büsten namhafter Bildhauer wie Etienne-Maurice Falconet und Jean-Antoine Houdon ausgestellt sind, gewinnt man hier einen umfassenden Einblick in das Kunstschaffen des 18. und 19. Jh. Herausragende Werke Falconets sind z. B. der »Amor« von 1757 und die in seiner russischen Schaffenszeit entstandene Statue »L' hiver«.

Französische Kunst des 15.–19. Jh. ist vor allem durch Werke Nicolas Poussins, Claude Lorrains sowie Antoine Watteaus vertreten (Säle 272 bis 297). **Nicolas Poussin** erzählt in elegischen Stimmungen von Schönheit und Vergänglichkeit, von Liebe, Tod und Verwundung. Die Themen entnahm Poussin Dichtungen wie den Metamorphosen Ovids, den Eklogen Vergils sowie den Epen Ariosts und Torquato Tassos. **Claude Lorrain** (Saal 280) ist mit seinen vier nach Tageszeiten benannten Werken in der Eremitage vertreten, die sich der Darstellung biblischer Themen annehmen. »Der Morgen« (1666) schildert eine Begegnung Jakobs mit Lea und Rachel, »Der Mittag« hat die Ruhe bei der Flucht nach Ägypten zum Thema, »Der Abend« (1663) zeigt die Begegnung Tobias' mit dem Engel und »Die Nacht« (1672) schildert Jakobs Kampf mit dem Engel. Die biblischen Themen werden unter der Hand des philosophierenden Malers zur Mythologie auf der Bühne der Natur. Von **Jean-Antoine Watteau** (Raum 284), dem französischen Maler der Frühzeit des Rokoko, dessen vorrangiges Interesse der Darstellung der irdischen Liebe galt, zeigt die Sammlung ebenfalls die »Ruhe auf der Flucht nach Ägypten« (1719).

Englische Kunst des 17.–19. Jh. ist mit Werken von Joshua Reynolds, Thomas Gainsborough und Thomas Lawrence vertreten.

Zweites Obergeschoss

Das zweite Obergeschoss der Eremitage beherbergt die Sammlungen westeuropäischer Kunst des 19. und 20. Jh., die Numismatik-Abteilung sowie die Sektion Kultur und Kunst des Ostens.

Der Schatz der Sammlung **westeuropäischer Kunst des 19. und 20. Jh.** sind die Werke der künstlerischen Moderne aus den Kollektionen der beiden Moskauer Mäzene Morosow und Schtschukin, die nach der Oktoberrevolution in den Bestand der Eremitage kamen. Neben Arbeiten von Auguste Renoir, Edgar Degas, Claude Monet und Camille Pissarro versammelt die Eremitage eine Fülle von Werken Paul Cézannes, Vincent van Goghs, Henri Rousseaus, Paul Gauguins, Pablo Picassos, Henri Matisses (»Der Tanz« und »Die Musik«, beide Werke sind von 1910) sowie der Künstlergruppe der ›Nabis‹. Raum 315 zeigt darüber hinaus Skulpturen von **Auguste Rodin.**

Die Säle 338 und 339 präsentieren **deutsche Kunst des 19. Jh.,** darunter die weltweit größte Werksammlung von Ölgemälden **Caspar David Friedrichs.** Zu ihr gehört eine Schilderung der Hochzeitsreise des Künstlers mit seiner Frau »Auf dem Segler« (1818/19), das Nikolaj I. noch als Großfürst bei seinem Dresdenbesuch im Atelier Caspar David Friedrichs erworben hatte.

Die Abteilung der **Kunst und Kultur des Ostens** umfasst Exponate aus China (Schriften, Grabungsfunde, Porzellan, Emaille, Lack- und Elfenbeinarbeiten), aus Indonesien und Indien (Seiden, Samt, Teppiche, Waffen, Malerei) aus Japan, darunter einige schöne Holzschnitte sowie Kunstgegenstände aus den Ländern des Nahen und Mittleren Ostens, darunter die weltgrößte Sammlung von sassanidischen Silberschalen aus dem Iran, die, so lässt sich vom Fundort im Ural schließen, gegen sibirische Pelze getauscht wurden. **Byzantinische Kunst des 4. Jh.–15. Jh.** finden wir in den Räumen 381 und 382.

Die Raumhöhe des zweiten Obergeschosses ist derart niedrig, dass die Wirkung der beiden großformatigen Werke Matisses leider etwas gemindert wird (hier »Der Tanz« aus dem Jahre 1910)

271

St. Petersburg, Weg 2:
S. 282/283

Von der Peter-Paul-Festung über die Petrograder Seite zur Wassilij-Insel

Aufstand der Kronstädter Matrosen

Die dem Newa-Delta vorgelagerte Insel Kronstadt wurde durch die Matrosen berühmt, die 1905 rebellierten und sich 1917 den Bolschewiki anschlossen. Den blutigen Aufstand von 1905 nahm Eisenstein zum Anlass seines Films »Panzerkreuzer Potemkin« (1925). Nachdem die Revolution nicht die erhoffte Freiheit und Gleichheit aller gebracht hatte, erhoben sich die Kronstädter Matrosen 1921 abermals in einem Aufstand, der jedoch von der Roten Armee brutal niedergeschlagen wurde.

Die Stadtgründung St. Petersburgs hat ihren Ursprung auf der kleinen Haseninsel in der Newa gegenüber dem Winterpalast, auf der 1703 die Bauarbeiten für eine Festung begannen, die den soeben im Nordischen Krieg von den Schweden eroberten Zugang zur Ostsee sichern sollte. Der ›Kampf um das Wasser‹ sollte schließlich zur wichtigsten Triebkraft der Stadtentwicklung werden. Bereits im Jahre 1704 war die Haseninsel im Delta der Newa mit Wällen und Bastionen aus Holz befestigt, und auf der Insel Kotlin vor dem Newa-Delta entstand zur Verstärkung die Festung Kronschlot, später Kronstadt genannt. (Bis 1992 war Kronstadt militärisches Sperrgebiet, seither kann man Teile der Insel besichtigen.) Zu dieser Zeit beschäftigte sich Peter I. auch bereits mit der Planung einer neuen Stadt am Meer, einer Hafenstadt, die Russland aus seiner kulturellen und ökonomischen Rückständigkeit führen sollte. 1706 holte man Domenico Trezzini, einen am Kopenhagener Hof tätigen Architekten aus dem Tessin nach St. Petersburg und beauftragte ihn mit dem steinernen Ausbau der Peter-Paul-Festung *(Petropawlowskaja krepost)*. Über dem Grundriss eines lang gezogenen unregelmäßigen Sechsecks entstand ein imposanter Festungsbau mit vorspringenden Bastionen, die nach den Heerführern des Nordischen Krieges und Mitstreitern des Zaren benannt sind: neben Peter dem Großen *(gossudarjew,* der Herrscher), Naryschkin, Trubezkoj, Sotow, Golowkin und Menschikow. 300 Kanonen waren auf vermeintliche Angreifer gerichtet, denen sich die Festung jedoch nie stellen musste. Dennoch ist täglich Punkt 12 Uhr ein Kanonenschuss hinter den Mauern der Peter-Paul-Festung zu vernehmen: er zeigt die Mittagsstunde an.

Peter-Paul-Festung

Im Innern der Festung richtete Peter I. eine Kanzlei für städtische Angelegenheiten ein, deren Oberaufsicht Domenico Trezzini übertragen wurde. Die schlichte und sachliche Handschrift des Baumeisters prägt die Architektur der Festungsanlage, die man vom Dreifaltigkeitsplatz über die teils aus Holz, teils aus Stein gefertigte **Johannes-Brücke (1,** *Ioannowskij most)* erreicht, die als erste Stadtbrücke die Haseninsel mit der Petrograder Seite verband. Das **Johannes-Tor (2,** *Ioannowskie worota)* öffnet den Weg zum Haupteingang der Peter-Paul-Festung, dem wuchtigen **Peters-Tor (3,** *Petrowskie worota),* das den Sieg Zar Peters I. über die Schweden sowie über alle innenpolitischen Widersacher allegorisch in Szene setzt. Das Tor, zunächst in Holz, 1717 dann in Stein errichtet, ist als Triumphbogen angelegt mit einer Durchfahrt, die Statuen der römischen Göttinnen Minerva (Weisheit) und Bellona (Krieg) flankieren. Das militärische Geschick Peters I. rühmt auch das hölzerne Basrelief Konrad Osners im Segmentgiebel, das die

Peter-Paul-Festung

Tel. 81 24 98 05 11
Do–Mo 10–18 (Di bis 17) Uhr

biblische Begebenheit »Der Erdsturz des Magiers Simon durch den Apostel Petrus« darstellt. Den Durchgangsbogen schmückt das russische Staatswappen eines doppelköpfigen Adlers mit Reichsapfel und Zepter in den Klauen.

Im Innern der Festung erstreckt sich linker Hand das eingeschossige **Ingenieurhaus (4),** gegenüber liegt das **Zeughaus der Artillerie (5).** Das bronzene Denkmal Peters des Großen auf dem Platz vor der **Hauptwache (6)** ist ein Werk des avantgardistischen Künstlers Michail Schemjakin, der 1972 wegen erschwerter Arbeitsbedingungen über Paris in die Vereinigten Staaten emigrierte. Das so wenig dem Diktat historischer Größe entsprechende Denkmal sorgte nach seiner Aufstellung 1991 für viel Diskussionen und Aufregung im klassizistisch verwöhnten St. Petersburg. Schemjakin sah Peter den Großen als einen kahlköpfigen Kraftmenschen, dem der Kopf etwas zu klein geraten war. Kerzengerade, mit langen Krallenhänden die Armlehnen umfassend, sitzt der Stadtgründer auf einem breiten Stuhl und verzieht das Gesicht zu einer grimmigen Miene.

Den Mittelpunkt der Festung bildet die 1712–33 errichtete **Peter-Paul-Kathedrale (7,** *Petropawlowskij sobor),* deren schlichte Herbheit und kühle Zurückhaltung sie als ein Werk Domenico Trezzinis ausweist. Die lang gezogene, mit einem Kreuzgewölbe abgeschlossene Saalkirche markiert augenscheinlich den Bruch mit der altrussischen Bautradition und erinnert an die Kirchen Skandinaviens. Einen markanten Blickfang bildet der dreigeschossige **Glockenturm** an der Westfassade, dessen hohe vergoldete Spitze, die einen fliegenden Engel mit Kreuz trägt, zum Wahrzeichen St. Petersburgs wurde. 122,5 m ragt der Glockenturm samt Spitze in den Himmel und übertrifft damit den Moskauer Glockenturm Iwan Welikij, dessen Höhe (81 m) jahrhundertelang im alten Russland unübertroffen blieb. Auch die klare, nüch-

Erdsturz des Magiers Simon durch den Apostel Petrus

Die biblische Geschichte besagt, dass Petrus (Peter) durch ein Gebet die Dämonen bezwang, deren Kraft der Magier Simon die Gabe zu fliegen zu verdanken hatte. Der Magier stürzte wieder auf die Erde und bat wegen seines Hochmuts um Vergebung. Entsprechend sollte die vom Giebel des Peters-Tors verkündete Bildaussage alle Zweifler an Peters Plan einer neuen Hauptstadt zum Verstummen bringen.

Blick auf die Peter-Paul-Festung von der Bolschaja Newa her, 122,5 m hoch ragt der Glockenturm samt Spitze

*Das 1762 geschaffene
Bootshaus birgt das
›Großväterchen der
russischen Flotte‹*

terne Architektur mit ihren vereinfachten Pilastern und sparsamen
Fensterverdachungen sowie Voluten, die in der petrinischen Epoche
stilbildend wirkten, müssen die Zeitgenossen ästhetisch befremdet haben. Den prunkvollen Innenraum gliedern klobige Pfeiler mit vergoldeten korinthischen Kapitellen in drei Schiffe. Das Schmuckstück ist
ein holzgeschnitzter, vergoldeter Ikonostas, der die Form eines Triumphbogens nachbildet. Das Zusammenspiel von barocker Innenausstattung mit Stuck, ornamentaler Wandmalerei sowie einer mit
vergoldeten Statuen geschmückten Kanzel einerseits und einem ba-
rockisierenden Ikonostas andererseits macht die eigentümliche Adaptation westlicher Stile in St. Petersburg sinnfällig. Das Ergebnis der
freien Verfügbarkeit aller Schulen und Stile, sozusagen der ›Postmo-
dernität St. Petersburgs avant la lettre‹, ist künstlerisch freilich nicht
immer überzeugend – so auch im Falle der Peter-Paul-Kathedrale.

Peter I. hatte die erste Kathedrale seiner Stadt als neue Begräbnis-
stätte der Zaren konzipiert. Gleich links vom Eingang befindet sich
das schlichte Grab von Peters Sohn Alexej (1690–1718), der vor der
Vollstreckung des Todesurteils den Folgen der Folter erlag. 1725 wurde
Peter der Große selbst in der Peter-Paul-Kathedrale beigesetzt. Seinen
weißen Marmorsarkophag schmücken auch heute noch immer frische
Blumen – im überlebten Sozialismus wirken die Großen der russischen
Geschichte identitätsstiftend. Neben Peter dem Großen ruhen auch
alle anderen Romanow-Zaren hier – seit 1998 auch Zar Nikolaj II.
samt Familie –, allein Peter II. wurde in Moskau bestattet. In der **Grab-
kapelle der Großfürsten (8),** die Ende des 19. Jh. an der Nordseite der
Kathedrale angefügt wurde und durch eine Galerie mit ihr verbunden
ist, setzten die Petersburger 1992 den Großfürsten Wladimir Kirillo-
witsch bei, den Sohn eines Vetters Nikolajs II. Sein Grab war lange
Zeit Treffpunkt national-konservativer Kräfte in St. Petersburg.

Gegenüber der Kathedrale erstreckt sich der seit 1724 bezeugte Petersburger **Münzhof (9,** *Monetnyj dwor),* der den Kathedralenplatz

nach Westen begrenzt. In dem klassizistischen, 1798 entstandenen Bau werden noch heute Münzen und Orden geprägt, daher ist er unzugänglich. Das **Bootshaus Peters des Großen (10),** ein Memorialbau, der 1762 bei dem Architekten Alexander Wist in Auftrag gegeben wurde, birgt das Boot des Zaren, auf dem er seine ersten Segelversuche auf der Jausa bei Moskau unternahm. Das liebevoll gehütete und umsorgte ›Großväterchen der russischen Flotte‹ gehört heute zum Bestand des Zentralen Kriegsmarine-Museums in der alten Börse und ist Teil der vielen Geschichts- und Gründungslegenden St. Petersburgs, die unablässig fortgeschrieben wurden. Die Architektur des kleinen Pavillons, dessen Ost- und Westfassade strenge dorische Portiken hervorheben, verquickt bereits barocke mit klassizistischen Gestaltungsformen. Das Dach des Pavillons krönt eine hölzerne Frauengestalt mit einem Ruder in der Hand – eine Allegorie der Schifffahrt.

Im Südwesten der Festung liegt die **Trubezkoj-Bastion (11),** bis 1924 die Endstation vieler Oppositioneller. Die Liste der Gefangenen, die in den Kerkern und Zellen der Bastion einsaßen, umfasst zahlreiche Namen der russischen Kultur- und Geistesgeschichte, darunter Dostojewskij, Nikolaj Tschernyschewskij und Maxim Gorkij und legt trauriges Zeugnis von der Jahrhunderte währenden Unterdrückung der Meinungsfreiheit in Russland ab. Die Nutzung der Bastion als Gefängnis reicht bis 1718 zurück, als Peters Sohn Alexej I., des Komplotts gegen seinen Vater verdächtigt, von diesem zu Tode gefoltert wurde.

Gefangene, die zur Hinrichtung in der Schlüsselburg oder zur Verbannung verurteilt waren, wurden vom Kommandanten-Landesteg im Süden der Festung abtransportiert, zu dem das massive **Newa Tor (12,** *Newskie worota)* führt. Die Wasserstandsmarkierungen am Tordurchgang halten die Erinnerung an die vielen Überschwemmungskatastrophen wach, denen St. Petersburg immer wieder ausgesetzt war. Die Massivität des Tores unterstreicht die der Newa zugewandte Seite mit dorischen Doppelsäulen, die den Durchgangsbogen flankieren und von zwei Diamantquadern verbunden werden. Ein strenger Giebel schließt das Tor ab. Vom **Kommandanten-Landesteg** kann man eine der besten Aussichten auf die Stadtsilhouette genießen.

Kronwerk (13)

Im Norden der Festung und durch den Kronwerkskij-Kanal von ihr getrennt liegt das Kronwerk, eine Befestigungsanlage, die 1707/08 zum Schutz der Peter-Paul-Festung errichtet wurde. 1850–60 entstand hier ein Artillerie-Arsenal, das bereits zwölf Jahre nach seiner Fertigstellung als Museum genutzt wurde. Noch heute beherbergt der Backsteinbau über dem Grundriss eines Hufeisens die Sammlungen des **Artilleriemuseums,** die Kriegsgerät seit dem Mittelalter zeigen. Das Ende des Sozialismus führte auch den gepanzerten Wagen Lenins ins Museum, von dem aus der Parteiführer der Bolschewiki nach seiner Ankunft im revolutionären Petrograd vor dem Finnischen Bahnhof der Provisorischen Regierung offen den Kampf ansagte.

Drei Fragen

Die russischen Schriftsteller und Gesellschaftskritiker haben immer drei berühmte, die russischen Zustände charakterisierenden Fragen bewegt, die heute wieder uneingeschränkte Aktualität haben:
»Was tun?« (Nikolaj Tschernyschewskij),
»Wer ist schuldig?« (Iwan Gontscharow)
»Wer lebt gut in Russland?« (Nikolaj Nekrassow)

Denkmal für die Opfer des Staatsterrors

Gegenüber dem Gefängnis am Ufer der Newa, dem ›kresty‹ (Kreuz), durch das Hunderttausende von Häftlingen des stalinistischen Vernichtungswillens wanderten, hat Schemjakin 1997 ein Denkmal für die Opfer des Staatsterrors aufstellen können. Zwei Sphingen, die am Newa-Ufer Tradition haben, flankieren ein an ein frühchristliches Kreuz oder ein Gefängnisgitter erinnerndes Gebilde. An den Postamenten sind kleine Tafeln mit Lyrik von Petersburger Dichtern wie der Achmatowa, Gumiljow oder Brodskij angebracht, die staatlicher Unterdrückung ausgesetzt waren.

275

Petrograder Seite

Eisensteins»Oktjabr«

Den Mythos zum Panzerkreuzer Aurora lieferte später Sergej Eisensteins Revolutionsfilm »Oktjabr«, in dem die Aurora auf den Winterpalast feuert und die Volksmassen den Sitz der Regierung Kerenskijs stürmen. »Mit meinen Dreharbeiten im Winterpalais hole ich ein Stück Geschichte nach, das ich in meiner eigenen Biografie ausgelassen habe«, schrieb Eisenstein über seinen zum 10. Jahrestag der Revolution 1927 vollendeten Film, der die Ereignisse entsprechend ihrer historischen Bedeutung dramatisiert.

Panzerkreuzer Aurora

*Petrowskaja naberschnaja 2
Tel. 81 22 30 84 40
www.aurora.org.ru
Di–Do, Sa, So
10.30–16 Uhr*

Museum der politischen Geschichte Russlands

*in der Villa Kschessinskaja
ul. Kyibyschewa 2/4
Tel. 81 27 34 72 10,
für Führungen 81
25 71 84 46
tgl. 10–18 Uhr*

Das erste Stadtzentrum St. Petersburgs entwickelte sich auf der Petrograder Seite, dem der Haseninsel am nächsten gelegenen Gebiet. Am **Dreifaltigkeits-Platz** *(Troizkaja ploschtschad,* Троицкая пл.), den man über die Johannes-Brücke erreicht, befand sich der erste Militär- und Handelshafen, in dessen Nähe sich auch Wirtshäuser und Geschäfte niederließen. 1730 wurde der Hafen jedoch an die Gabelung von Kleiner und Großer Newa verlegt, an die Strelka, und die Petrograder Seite geriet mehr oder weniger in Vergessenheit. Erst die Errichtung der **Dreifaltigkeits-Brücke** *(Troizkij most,* Троицкий мост) 1903, die das nördliche Stadtgebiet erstmals mit der Großen Seite verband, bewirkte auf der Petrograder Seite erneute städtebauliche Aktivität. Im Zuge der Industrialisierung boomte der Bau großer Mietskasernen, und am Bolschoj und Kamennoostrowskij prospekt auf der Petrograder Seite entstanden große Wohnkomplexe, vielfach im stil modern, der bis heute das Erscheinungsbild des Viertels prägt.

Folgt man der Uferstraße, dem **Petrowskij-Kai** *(Petrowskaja nabereschnaja,* Петровская наб.), stößt man auf zwei Fabelwesen aus der Mandschurei, deren Physiognomie zwischen einem Löwen und einem Frosch auszumachen ist. Sie fanden 1907 Aufstellung und tragen seither zur manieristischen Vielfalt der Stile bei, auf die man in St. Petersburg allerorten trifft.

Auf der gegenüberliegenden Seite des Petrowskij-Kais liegt das **Wohnhäuschen Peters I. (14,** *Domik Petra I.),* ein aus Fichtenholz gezimmertes altrussisches Holzhaus, das bereits im 18. Jh. aus konservatorischen Gründen mit Steinmauern umgeben wurde. 1703 wurde es für den Zaren am Ufer der Newa errichtet, der von hier aus den Aufbau seiner neuen Stadt kontrollierte. Die Prunksucht, die später alle Petersburger Herrscher überfallen sollte, war Peter anfangs offenbar noch fremd. Mit seiner Größe von 2,04 m erreichte er fast die Höhe des nur etwa 12 m langen und 5 m breiten Häuschens. Der Zar gab sich hier ganz als Zimmermann, wie ihn dann auch Albert Lortzing in seiner 1837 uraufgeführten volkstümlichen Oper »Zar und Zimmermann« auftreten lässt. Die Einrichtung des Hauses entspricht zeittypischer Bürgerlichkeit.

An der Gabelung von Newa und Bolschaja Newka liegt mit dem **Panzerkreuzer Aurora (15)** ein Revolutionsmythos vor Anker. Seit 1948 dient die Aurora als Museum, das die Wirklichkeit des Oktoberputsches der historischen Tragweite entsprechend stilisiert. Die Aurora, ein 1903 vom Stapel gelaufenes Schlachtschiff, das im Russisch-Japanischen Krieg von 1905 zum Einsatz gekommen war, gab in der Nacht des 25. Oktobers (7. November) 1917 mit einer Salve den Roten Garden das Zeichen zur Erstürmung des Winterpalais, in dem sich die Minister der Provisorischen Regierung aufhielten. Richtung Sampsoniewskij-Brücke verdient der pseudo-barocke Bau der **Nachimow-Marineschule (16)** in blau-weißer Farbgebung, ein Werk des ersten Dezenniums des 20. Jh., noch kurz Beachtung.

*Blick auf den Panzer-
kreuzer Aurora und
auf die Nachimow-
Marineschule*

In der uliza Kujbyschewa (ул. Куйбышева) wohnte die legendäre Primaballerina Mathilda Kschessinskaja. »Das Haus der Kschessinskaja – dem Schwung schöner Schenkel geschenkt einst« spottete Wladimir Majakowskij über das Präsent Nikolajs II. an seine Geliebte. 1904 wurde Alexander Hogen (russ. Gogen) mit dem Bau einer Villa im Stil modern beauftragt. Der Baumeister der **Villa Kschessinskaja (17,** *Osobnjak Kschessinskoj)* schuf eine asymmetrische Anlage, in der sich unterschiedlich große Baukörper zusammenfügen. Dabei projizierte Hogen das Bild altrussischer *choromy*-Bauten, die nach dem Prinzip der Schachtelarchitektur aneinandergereiht, auf eine Bauweise, die moderne Funktionalität und künstlerischen Anspruch miteinander in Einklang bringt. Eine eindrucksvolle Gedenktafel an der Fassade der Villa erinnert an die ›revolutionären Zeiten‹ des Hauses: 1917 hatten die Bolschewiki die Villa der mittlerweile in Paris weilenden Primaballerina in ihren Besitz genommen und hier ihr Zentralkomitee eingerichtet. Nach seiner Rückkehr aus dem Schweizer Exil traf auch Lenin in der Villa ein, von deren Balkon er manch agitatorische Rede an die ›Massen‹ schwang. Bis zur Auflösung der Sowjetunion beherbergten die großzügigen Räumlichkeiten der Villa das Revolutionsmuseum, dessen Sammlung 1992 in überarbeiteter Form in das Museum der politischen Geschichte Russlands überführt wurde.

Nach dem Vorbild des Gur-Emir-Mausoleums im usbekischen Samarkand entstand 1910 die Petersburger **Moschee (18,** *Metschet)* am Kronwerksij prospekt (Кронверкский просп.), deren türkisblau facettierte Glasurziegelkuppel der Stadtsilhouette einen orientalischen Akzent verleiht, gleichsam aber auch den weltoffenen Charakter St. Petersburgs bis zur Oktoberrevolution zum Ausdruck bringt. Neben der Moschee hält der Tatarskij pereulok (Татарский переулок) in der Nähe des Kronwerks die Erinnerung an die auf der Petrograder Seite ansässigen muslimischen Tataren wach.

Am **Kronwerkskij prospekt Nr. 23 (19)** lebte Maxim Gorkij im revolutionären Petrograd, bevor er sich nach Capri aufmachte, um politischen Meinungsverschiedenheiten mit den Bolschewiki aus dem Weg zu gehen. Folgt man dem Kronwerkskij Prospekt, der in einem weiten Bogen den **Alexander-Park** umschließt, gelangt man über die Börsenbrücke zur Strelka, der in die Bolschaja Newa vorstoßenden Spitze der Wassilij-Insel.

Wassilij-Insel

Die größte Insel im Newa-Delta, die Wassilij-Insel *(Wassiljewskij ostrow)* machte Peter der Große seinem Freund Alexander Menschikow zum Geschenk, der sogleich einen Palast für sich am Newa-Ufer in Auftrag gab. Nachdem Peter jedoch bei dem Ausbau St. Petersburgs auf der Großen Seite mit erheblichen Schwierigkeiten konfrontiert worden war, fasste er 1717 den Plan, das Stadtzentrum auf der bis dahin nahezu unbebauten Wassilij-Insel zu gründen. Die Absicht scheiterte später an den ungünstigen Voraussetzungen der Insel für eine Bebauung, war sie doch noch sumpfiger als das übrige Terrain.

Nichtsdestoweniger spielte die durch die Kleine Newa im Norden und die Große Newa im Süden von den anderen ›Seiten‹ abgeteilte Insel eine wichtige Rolle bei Peters städtebaulichen Vorhaben. So entstanden im Zuge der Uferbebauung in seinem Auftrag die zwölf Kollegien neben dem Menschikow-Palast sowie die Kunstkammer. Die urbane Gestaltung der Wassilij-Insel hatte der Zar dem Franzosen Jean Baptiste Leblond überlassen, der die bis heute erhaltene Aufteilung durch ein rechtwinkliges Straßennetz analog dem ästhetischen Forderungen der Idealstadt nach betonter Regelmäßigkeit vornahm. Die streng parallel laufenden, die Insel von Norden nach Süden durchziehenden Straßen werden noch heute unverblümt als ›Linien‹ bezeichnet und der Einfachheit halber durchnumeriert. Von Nordosten nach Südwesten hingegen durchlaufen die Insel der Große, Mittlere und Kleine Prospekt. Ende des 19. Jh. wurden an den Linien der Wassilij-Insel unzählige Mietshäuser errichtet, um den Zustrom der armen Bevölkerung aus dem Landesinneren abzufangen. Dabei sind verwechselbare Straßen entstanden, in denen die gleichbleibenden architektonischen Motive den Eindruck der Eintönigkeit festigen. Der Kern der Wassilij-Insel nimmt die Kasernierung in den Neubauvierteln der Petersburger Peripherie gleichsam vorweg.

Strelka

Die prononcierte Lage der gleich einem Pfeil (russ. *strelka*) in die Newa vorstoßenden Ostspitze der Wassilij-Insel hatte seit Peter dem Großen die Fantasie der Architekten herausgefordert. Aber erst die umfangreichen städtebaulichen Aktivitäten des frühen 19. Jh. brachten der Strelka eine einheitliche Bebauung. 1805–10 entstand nach

Deutsche auf der Insel

Neben Fabrikarbeitern siedelten vor allem Deutsche auf der Wassilij-Insel, die den lockenden Begünstigungen Peters des Großen wie der Befreiung vom Militärdienst und den Steuern gefolgt waren. Mitte des 19. Jh. zählte die deutsche Gemeinde in Petersburg 40 000 Mitglieder. Die Mehrheit der deutschen Schlosser, Bäcker, Färber, Sattler, ›perukmacher‹ (Perükenmacher) und ›kolbasniki‹ (Wurstmacher), als welche man die Deutschen gern verspottete, hatte sich auf der Wassilij-Insel niedergelassen.

Blick auf Strelka mit Börse und Rostra-Säulen. Die allegorischen Figurengruppen an den Schmalseiten der Börse feiern Russland als Seehandelsmacht. An der der Newa zugewandten Ostseite erkennt man Neptun mit dem Dreizack, der gebieterisch über den Fluss weist, flankiert von der Newa und dem Wolchow. An der Westfassade schuf der Künstler eine gekrönte Personifikation des Handels, der links eine Figur Merkurs, des Handelsgottes, zur Seite gestellt ist und rechts zwei weibliche Gestalten, wiederum Personifikationen von Flüssen

dem Plan des Schweizer Architekten Thomas de Thomon die **Börse (20,** *Birscha)* im Stil des reifen Klassizismus. Bereits Quarenghi war mit dem Projekt einer Börse beauftragt worden, sein Bau konnte jedoch wegen leerer Staatskassen nicht vollendet werden und wurde nach dem Tod Katharinas II. wieder abgetragen. Thomas de Thomon machte die Börse, die der Architektur eines antiken Tempels nachempfunden ist, zum Blickfang eines großen Stadtensembles, das die durch die Newa-Arme getrennten Stadtteile optisch verbindet. Auf einem hohen Sockel thront die Börse in der Tiefe des auf der Strelka angelegten Platzes und setzt mit ihren 44 dorischen Säulen, die den rechteckigen Baukörper umgeben, einen feierlichen Akzent. Der in seinen Ausmaßen imposante Innenraum der Börse mit einem kassettierten Tonnengewölbe beherbergt seit 1939 die Sammlungen des Kriegsmarine-Museums, in der auch das legendäre ›Großväterchen der russischen Flotte‹ Aufnahme fand.

Beiderseits der Börse entstanden die beiden stilistisch verwandten Bauten der **Packhäuser (21),** die heute das Bodenkundemuseum sowie das sehenswerte Zoologische Museum mit einem eindrucksvollen ausgestopften Mammut aufnehmen. Das lang gezogene **Zollamt (22)** am Ufer der Kleinen Newa mit einem achtsäuligen ionischen Portikus schmückt ein Giebel, dessen Eckpunkte Figuren Neptuns, Merkurs sowie der römischen Fruchtbarkeitsgöttin Ceres akzentuieren. Das alte Zollamt beherbergt heute das Institut für Russische Literatur, auch ›Puschkin-Haus‹ genannt, dem auch ein Literaturmuseum mit einer bemerkenswerten Sammlung von Briefen, Erstausgaben und anderen literarischen Dokumenten angeschlossen ist.

Die **Rostra-Säulen (23,** *Rostralnyje kolonny)* auf dem halbrunden Vorplatz der Börse schließen das Ensemble der Strelka ab. Die aus Ziegelstein gemauerten Säulen sind mit Nachbildungen von Schiffsschnäbeln (lat. rostrum) geschmückt, die ihnen den Namen gaben.

Börse

Bischewaja ploschtschad 4 Tel. 81 23 28 25 02 Mi–So 11–18, Einlass bis 17.15 Uhr

An den Sockeln lagern allegorische Figuren, die die Wolga, die Newa, den Dnepr und den Wolchow personifizieren. Darüber hinaus bereichern geflügelte Nymphen, Tritonen und Wölfe die massiven Granitsockel. Die Rostra-Säulen waren nicht allein Blickfang der Strelka, sondern hatten auch die Funktion von Leuchttürmen. Heute brennen die bis zu 7 m hohen Ölflammen nur noch an besonderen Fest- und Feiertagen – dann gewinnt St. Petersburgs Architektur den Eindruck der Kulissenhaftigkeit.

Newa-Ufer der Wassilij-Insel

Den Auftakt zur prachtvollen Bebauung des Universitätskais (Universitetskaja nabereschnaja, Университетская наб.) bildet die **Kunstkammer (24,** *Kunstkamera)* Peters des Großen, deren zentraler, von einer kleinen Kuppel gekrönter Turm einen Akzent in die Vertikale setzt (s. hintere Umschlaginnenklappe). Zudem sticht die türkis-weiß gehaltene Fassade des Gebäudes, das zu den ältesten der Stadt gehört, hervor. 1719 hatte Peter der Große bei dem deutschbaltischen Baumeister Georg Johann Mattarnovi einen Museumsbau für seine Raritätensammlung in Auftrag gegeben, die er auf seiner ersten Europareise 1716/17 angelegt hatte.

Das Museum in der Kunstkammer umfasst eine anthropologische und ethnografische Sammlung. Im **Turmgeschoss,** in dem früher eine Sternwarte eingerichtet war, macht darüber hinaus eine liebenswürdig zusammengestellte Dokumentation mit dem russischen Universalgelehrten Michail Lomonossow (1711–65) bekannt, der 1755 die Gründung der Moskauer Universität initiierte. Mit der Niederschrift einer Grammatik der neurussischen Schriftsprache wurde der Fischer-

Der berühmte Gottorper Globus im Turmgeschoss der Kunstkammer

sohn aus dem russischen Norden zum ›Vater der russischen Grammatik und Literatur‹. Dass auch Naturwissenschaften zum Forschungsfeld Lomonossows gehörten, belegen einige technische Geräte sowie verschiedene Modelle. Berühmtestes Exponat des kleinen Museums ist der Gottorper Globus, eine Weltkugel riesigen Ausmaßes, die Herzog Friedrich III. von Holstein-Gottorp Peter dem Großen zum Geschenk machte. Vier Jahre hatte der über 3000 kg schwere Globus für seine Überfahrt nach St. Petersburg gebraucht. Nachdem er durch den Brand in der Kunstkamera 1747 zu Schaden gekommen war, ließ Elisabeth I. eine originalgetreue Kopie anfertigen, die 1941 in die Hände der deutschen Besatzer fiel und nach Lübeck verschleppt wurde. Im Zuge der ›Beutekunst‹-Rückerstattung kam der Globus, der sehr gut die Geografiekenntnisse des 17. Jh. dokumentiert, 1948 schließlich wieder in die Kunstkammer.

Die anthropologische und ethnografische Sammlung gibt anhand von Schmuck- und Kleidungsstücken, Arbeitsgerät und Modellen sowie Fotografien Einblicke in die Kultur der asiatischen, ozeanischen, afrikanischen und nordamerikanischen Völker. Zahlreiche Exponate stammen aus dem 18. Jh., darunter die besonders umfangreichen Eskimo- und Indianerkollektionen, die sich Katharina II. von den Nordamerika- und Nordostasienexpeditionen hatte mitbringen lassen. Die größte Attraktion des Museums ist die wundersame Raritätensammlung Peters des Großen, in die der Zar seine Untertanen mit freiem Wodkaausschank lockte. Zähne, Herzen, Skelette, Augen, Ohren, Embryos, Schädel sowie alle Arten anatomischer Fehlentwicklungen gehörten zu den bevorzugten Sammelobjekten Peters des Großen. In all diesen Kuriosa teilt sich das wissenschaftliche Interesse der petrinischen Zeit mit, die dem Positivismus Vorschub leistete und dem weit verbreiteten Aberglauben in Russland den Kampf ansagte.

Mit dem Beginn von Peters Regentschaft wurde Petersburg ein Entwicklungszentrum der Wissenschaften. Der große Aufwand, der hier in Forschung und Lehre betrieben wurde, war gleichsam Ausdruck eines neuen Selbstverständnisses, das seinen wesentlichen Impuls von der westeuropäischen Aufklärung erhielt. Peter der Große war in einen regen Ideenaustausch mit Gottfried Wilhelm Leibniz getreten, den er in den Jahren zwischen 1711 und 1716 mehrmals auch persönlich getroffen hatte. 1783 gab Katharina II. für die 1724 von Peter gegründete **Akademie der Wissenschaften (25,** *Akademija nauk)* bei Quarenghi einen eigenen Bau in Auftrag. Nach dem Vorbild einer palladianischen Villa mit Säulenportal schuf Quarenghi ein lang gestrecktes, rechteckiges Gebäude mit leicht vorspringenden Risaliten. Das Motiv der strengen Fassaden der Seitenflügel, die von einem achtsäuligen ionischen Portikus in der Mitte verbunden werden, zeigt darüber hinaus eine stilistische Verwandtschaft zur architektonischen Dreiteilung der Kunstkammer. Das in seiner ursprünglichen Gestalt erhaltene Treppenhaus schmückt ein von Lomonossow gefertigtes Glasmosaik, das die Schlacht von Poltawa darstellt. Ein Denkmal gleich neben der Akademie ehrt den Künstler und Gelehrten.

Kunstkammer

Uniwersitetskaja naberschnaja 3
Tel. 81 23 28 07 12
www.kunstkamera.ru
Di–So 11–18 Uhr,
Tickets bis eine Std. vor Schließung

Musterbau aus der petrinischen Bauperiode St. Petersburgs. Charakteristisch sind die schlichten Gesimse und Giebel, die einfachen Fenstereinfassungen, rustizierte Ekken und eine vertikale Fassadengliederung durch Pilaster. In leicht abgewandelter Form sind dafür der Sommerpalast sowie die Zwölf Kollegien gute Beispiele

Weg 2

0   250   500 m

WASSILIJ-INSEL

Malyj pr.

Bolschoj pr.

Tutschkow most
ТУЧКОВ МОСТ

nab. Makarowa

Jubilejnyj-
Sportpalast

Srednij pr.

Mal. Newa

НАБЕРЕЖНАЯ МАКАРОВА

20+21 Linii
18+19 Linii
16+17 Linii
14+15 Linii
12+13 Linii
10+11 Linii
8+9 Linii
6+7 Linii
4+5 Linii
2+3 Linii
1 Linii
Sjesdowskaja 1 Linii

29

ev.-luth. Kirche
der hl. Katharina

Bolschoj Prospekt

22

21

26

20

21

30

nab. Lejtenanta Schmidta

НАБЕРЕЖНАЯ ЛЕЙТЕНАНТА ШМИДТА

28

27

25   24

Universitetskaja nab.

most Lejtenanta Schmidta

Bol. Newa

Admiraltejskaja nab.

Admiralität

32   31   Anglijskaja nab.

St. Petersburg, Weg 2: Petrograder Seite und Wassilij-Insel

Im rechten Winkel zur Newa reihen sich neben der Akademie zwölf selbstständige, gleichartige, rostrot-weiß gestrichene Gebäude aneinander, die an den jeweiligen Stirnseiten miteinander verbunden sind. Die ungewöhnliche Konzeption des Gebäudes der **Zwölf Kollegien** (**26**, *Dwenadzat kollegii*) geht auf einen Entwurf von Domenico Trezzini zurück. Im Jahre 1721 schuf er ein Gebäude für die zehn Ministerien des russischen Staates sowie für den Senat und Synod, dessen Formensprache die unter Peter dem Großen reformierte Administration des Russischen Reiches widerspiegelt. 1737 schloss Trezzini an der Westfassade eine alle Kollegien verbindende Galerie an; die Ostfassade hingegen gliedern Risalitvorsprünge mit Attiken in zwölf Teile.

Die ungewöhnliche Anlage der Zwölf Kollegien mit ihrer Schmalseite zur Newa verdankt sich einer Legende zufolge einem Befehl Alexander Menschikows, der während der Abwesenheit des Zaren den Baumeister angewiesen haben soll, das 400 m lange Gebäude nicht längs der Newa zu errichten, da er wegen der breiten Audehnung der Kollegien Teile seines eigenen Grundstücks hätte aufgeben müssen.

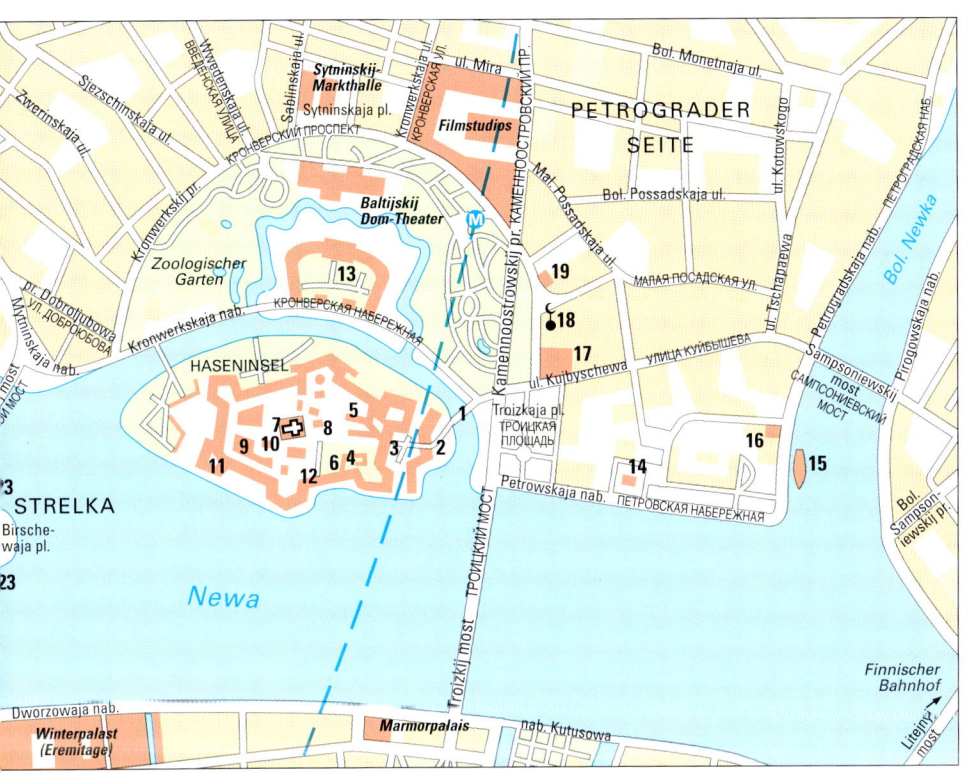

In der ersten Hälfte des 19. Jh. zog die 1819 gegründete Petersburger Universität in das Gebäude der Kollegien und hat bis heute hier ihren Sitz. Von der ursprünglichen Innenausstattung ist allein der 1736 eingerichtete Peters-Saal mit aufwendig gestalteten Wänden erhalten. Doch auch die Büsten ehrwürdiger Gelehrter, die alten holzvertäfelten Bücherschränke, die schöne Bibliothek sowie die knarrenden Holzböden vermitteln den Studenten noch Respekt vor der Gelehrsamkeit. Einer der bedeutendsten Professoren der Petersburger Universität war Dmitrij Mendelejew, der 1869 das nach ihm benannte Periodensystem der chemischen Elemente aufgestellt hatte. Der Chemiker wohnte im Erdgeschoss an der Ostseite der Kollegien, wo heute ein Wohnungsmuseum eingerichtet ist, in dem man das Arbeitszimmer Mendelejews besichtigen kann. Im Rektorenhaus der Universität wurde 1880 der Dichter Alexander Blok geboren, der 1903 die Tochter Mendelejews, Ljubow Dmitrijewna heiratete, die der Dichter zur Muse des Symbolismus stilisieren sollte.

1710 hatte Alexander Menschikow bei Giovanni Maria Fontana ein Palais am Ufer der Newa in Auftrag gegeben, das erst nach zehnjähriger Bauzeit unter Mitwirkung nahezu aller Architekten der ersten

Marineschule
17 Villa Kschessinskaja
18 Moschee
19 Wohnhaus Gorkijs
20 Börse
21 Packhäuser
22 Zollamt
23 Rostra-Säulen
24 Kunstkammer
25 Akademie der Wissenschaften
26 Zwölf Kollegien
27 Menschikow-Palais
28 Kunstkademie
29 Musterhaus
30 Berg-Institut
31 Rumjanzew-Haus
32 ehem. englische Kirche

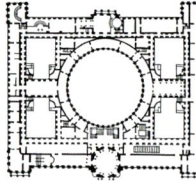

Grundriss und Front-ansicht der Kunst-akademie

Petersburger Bauperiode fertiggestellt war. Der **Menschikow-Palast** (27, *Menschikowskij dworez*) war das erste Steinpalais an der Newa, eines der prächtigsten Russlands, das sogar Zar Peter bei Staatsempfängen zu nutzen pflegte. Umbauten in der zweiten Hälfte des 18. Jh. hatten die ursprüngliche Architektur des Palastes nahezu gänzlich zerstört, doch machte man sich in den 60er-Jahren des 20. Jh. wieder daran, den Bau von allen Anbauten und späteren Veränderungen zu reinigen. Dennoch kommt kein geschlossenes Bild mehr zustande, die Aufschüttungen der Wassilij-Insel machten beispielsweise das eigentliche Erdgeschoss zum Souterrain.

Seit 1981 ist das Menschikow-Palais der Eremitage angeschlossen und dient als **Museum der Kultur der Epoche Peters des Großen.** In der Tat häufte wohl noch nicht einmal der Zar so viele Kostbarkeiten, gleichsam museale Bestände an wie sein Freund Menschikow, der zur Ausstattung seines Palastes, an der noch bis zu seiner Verbannung 1727 gearbeitet wurde, die raffiniertesten Intarsienböden bestellte, aus Italien antike und venezianische Statuen kommen ließ, die Wände mit flandrischen Gobelins und holländischen Kacheln schmückte. Einer der schönsten Räume ist das Kabinett Menschikows, das einen großartigen Blick auf die Newa, die Peter-Paul-Festung und die Admiralität freigibt. Das Panorama lässt das nahe Meer gewahr werden und hielt Peter den Großen lange am Fenster fest, wenn er seinen Freund besuchte. Kunst und Kunsthandwerk wirken in dem Nussbaumholz-Kabinett Menschikows besonders gelungen zusammen: Pilaster geben dem reich mit Gold geschmückten Raum Struktur, der u. a. mit einem kunstvoll aus schwarzem Holz, Schildpatt und Bronze gearbeiteten Sekretär möbliert ist. Über dem Sekretär hängt ein Porträt Peters des Großen, eine holländische Arbeit, die der Zar von seiner ersten Europareise mitbrachte. Das Deckenfresko »Sieghafter Ritter« ehrt ebenfalls den Zaren.

Die Gründung einer **Kunstakademie (28,** *Akademija chudoschestw)* 1757 in St. Petersburg sollte der eigenen, russischen kulturellen Identität Nachdruck verschaffen. Studenten konnten fortan Architektur, Bildhauerei und Malerei auch in Russland studieren und mussten nicht unbedingt die europäischen Kunstmetropolen aufsuchen. In der Folgezeit sollte auch die russische Kunst immer mehr Eigenständigkeit gewinnen, doch war sie bis zum Ausbruch der Wanderer aus der Akademie einem strengen Regelkanon unterworfen, der selbst die Sujets vorgab.

Menschikow-Palast
Uniwersitetskaja naberesnaja 15
Tel. 81 23 23 11 12
Di–Sa 10.30–18 (So bis 17) Uhr

Das imposante Gebäude der Petersburger Kunstakademie am Ufer der Newa ist ein Werk Jean Baptiste Vallin de la Mothes, der im Gründungsjahr der Akademie nach St. Petersburg kam, um hier eine Professorenstelle zu übernehmen, sowie des russischen Baumeisters Alexander Kokorinow, der gemeinsam mit dem Franzosen die Architekturklasse leitete. Die beiden Baumeister konzipierten 1764 auf Veranlassung Katharinas II. eine rechteckige Anlage um einen großen, runden Innenhof, um den sich vier weitere kleine Höfe gruppieren, die den jeweiligen Klassen der Akademie zugeordnet sind. Die Weichheit der abgerundeten Risalite mit Portiken, die der Hauptfassade zur Newa rhythmische Struktur geben, verrät ein frühklassizistisches Formenvokabular ebenso wie die schön geschwungenen Bögen der Fensterarkaden. Figuren von Herkules und Flora schmücken die Zwischenräume der paarweise plazierten toskanischen Säulen des Mittelrisaliten und geleiten den Weg in das Innere der Akademie, in dem sich dem Besucher rasch der strenge akademische Geist mitteilt, der hier noch heute die künstlerische Ausbildung beherrscht.

Vor der Akademie thronen an der Newa zwei **ägyptische Sphingen,** bei deren Anblick der symbolistische Dichter Wjatscheslaw Iwanow sich fragt: »War's Zauberwerk in weißer Nächte Weben,/Nur Widerschein polarer Wundermacht?/Hat Isis bleich euch in Haft gebracht/Tierwunder aus dem hunderttor'gen Theben?« Die 1820 in Theben ausgegrabenen Sphingen kamen auf Wunsch Nikolajs I. nach St. Petersburg und sind Ausdruck eklektizistischer Positionen der 30er-Jahre des 19. Jh. Der Zar beauftragte den von ihm favorisierten Architekten Konstantin Thon, einen Meister des historischen Stilpluralismus, mit der Anlage einer Treppe zur Newa, die die zwei Sphingen aus der Zeit Amenophis' III. (15. Jh. v. Chr.) flankieren. Bereits einige Jahre zuvor war über die Fontanka eine ägyptische Brücke mit Sphingen gespannt worden, deren Portale ägyptischen Tempeln nachempfunden waren.

Petersburg, das ›Palmyra des Norden‹: Die ägyptischen Sphingen vor der Kunstakademie stammen aus dem 15. Jh. v. Chr.). Die große Ägyptenmode um 1800 ist vor allem auf den Ägyptenfeldzug Napoleon Bonapartes 1798 zuruckzuführen: In der Folgezeit fanden zahlreiche ägyptische Motive Eingang in die repräsentative Kunst des Empire und des späten Klassizismus. Sowohl in Westeuropa als auch in Russland kursierten reich illustrierte Beschreibungen des alten Landes am Nil, die allerorts eine wahre Ägyptophilie auslösten. Ausdruck der euphorischen Wiederentdeckung Ägyptens sind auch eine Vielzahl von Obelisken, die in Petersburg in der ersten Hälfte des 19. Jh. Aufstellung fanden

In der 6. Linie ist mit dem Haus Nr. 13 noch eines der sogenannten ›**Musterhäuser**‹ (29) erhalten, die Domenico Trezzini für die neue Stadt Peters des Großen geplant hatte. Derartige Musterhäuser sollten ein einheitliches und rationelles Stadtbild fördern. Ihre Sparsamkeit im Dekor, die vereinfachten Pilasterformen, ihre schlichten Gesimse und Giebel sowie die leicht vortretenden, dreiachsigen, zweigeschossigen Mittelrisaliten nahmen in der petrinischen Bauperiode Petersburgs programmatischen Charakter an. Peters Sommerpalast sowie die einzelnen Gebäudetrakte der Zwölf Kollegien zeigen sich stilistisch ebenfalls diesem Formenkanon verpflichtet.

Folgt man dem Ufer der Newa weiter, gelangt man nach kurzer Zeit zum **Berg-Institut** (30, *Gornyj institut*), einem Werk Andrej Woronichins, der ein Leibeigener des Grafen Stroganow war. Das Gebäude, das für Reisende über den Seeweg der architektonische Auftakt St. Petersburgs war und folglich eine ästhetisch herausragende Stellung einnahm, wiederholt in seinem Grundriss die an dieser Stelle von der Newa vollzogene Krümmung. Unter Einbeziehung einiger älterer Bauten schuf Woronichin einen überaus lang gezogenen Gebäudekomplex im Stil des reifen Empire, dem eine gewaltige Kolonnade dorischer Säulen vorgesetzt ist. Zu beiden Seiten der leicht ansteigenden Treppe, die die horizontale Grundordnung des Berg-Instituts unterstreicht, bereichern Skulpturengruppen die Wirkung der Fassade. »Herakles und Anteus« ist eine Arbeit Stepan Pimenows; die Gruppe »Raub der Prosperpina durch Pluto« schuf Wassilij Demut-Malinowskij.

Am gegenüberliegenden Ufer der Newa, zu dem man über die Leutnant-Schmidt-Brücke gelangt, der letzten über die Newa, wurde in der ersten Hälfte des 19. Jh. das **Haus Rumjanzew (31**, *Dom Rumjanzewa*) errichtet. Das Stadtpalais, ein Bau der sich durch außerordentliche Noblesse auszeichnet, war im Petersburg des 19. Jh. einst ein bedeutendes kulturelles Zentrum, als Nikolaj Rumjanzew, ein kunstsinniger Nachfahre des berühmten Feldherrn Pjotr Rumjanzew, eine große Kunstsammlung sowie eine umfangreiche Bibliothek anlegte, aus der später die Moskauer Nationalbibliothek hervorgehen sollte.

Erlesen war auch die Architektur des Hauses, in dem nach dem Tod des Hausherrn 1831 das Rumjanzew-Museum eingerichtet wurde, das in den 60er-Jahren des 19. Jh. allerdings nach Moskau umzog. Ein zwölfsäuliger korinthischer Portikus auf einem Rustikasockelgeschoss ist der Fassade in ganzer Länge vorgeblendet und wird von einem Thympanon abgeschlossen, dessen Hochrelief »Apollo im Parnassos« zeigt, ein Werk von Iwan Martos, der auch das Minin-und-Poscharskij-Denkmal auf dem Roten Platz in Moskau schuf. Das Haus Rumjanzew dient heute als Außenstelle des Museums für Stadtgeschichte, die die Historie St. Petersburgs seit der sozialistischen Oktoberrevolution erzählt.

Das südliche Ufer der Newa gegenüber der Wassilij-Insel war fest in der Hand der Engländer, worauf der Name des Kais noch hindeutet: *Angliskaja nabereschnaja*. Die Engländer besaßen auch eine eigene **Anglikanische Kirche (32)**, die Quarenghi konzipierte und die heute, den Zeichen der Zeit entsprechend, als Souvenirladen genutzt wird.

Von der Admiralität über den Theaterplatz zum Heumarkt

*City-Detailplan
St. Petersburg Weg 3:
S. 294*

Admiralität

Die 1704 am Newa-Ufer gegenüber der Wassilij-Insel gegründete Admiralität (**1**, *Admiraltejstwo*) zählt zu den eindrucksvollsten Bauwerken St. Petersburgs. Architektur und Plastik vergegenwärtigen gleichermaßen Russlands Anspruch auf seine Rolle als Seemacht. Alle Formen und Figuren feiern Peter den Großen als Herrscher über die Meere.

Der Bau der Admiralität, deren Fassade sich in 406 m Länge vom Schlossplatz bis zum Senatsplatz zieht, ist eine kollektive Schöpfung mehrerer Baumeister der verschiedensten Epochen. Aus der ersten, von Peters Ideen geprägten Bauphase stammt noch der U-förmige Grundriss. Die zweite Bauphase begann 1732 mit Iwan Korobow, der alle Holzbauten durch Steingebäude ersetzte. Korobow hinterließ der Admiralität auch ihr deutlichstes Kennzeichen, den **Turm mit der goldenen Nadel,** die mit der Spitze der Peter-Paul-Kathedrale korrespondiert. Gleich Schiffsmasten über dem Meer ragen sie weithin sichtbar über der Petersburger Stadtlandschaft auf. Zu Beginn des 19. Jh. entsprach der schlichte Bau Korobows nicht mehr den Repräsentationsbedürfnissen des mächtig gewordenen Russlands. 1806 erhielt Andrejan Sacharow daher den Auftrag für einen klassizistischen Umbau. Sacharow schuf einen monumentalen, symbolträchtigen Bau, der Korobows Motiv des Turmes in seine Architektur einbezog, es jedoch klassizistisch variierte.

Der Turm der Admiralität erhebt sich über einem mächtigen, von einem Durchfahrtsbogen aufgelockertem Kubus. Über dem Torbogen halten zwei kraftvolle Allegorien des Ruhmes offenbar vom Meerwasser nasse Banner hoch, während zwei Gruppen von jeweils drei Meeresnymphen zu beiden Seiten des Durchfahrtsbogens die Erd- bzw. Himmelskuppel tragen. Die den Atlanten eigene Kraft, die sowohl die Figuren des Hochreliefs als auch die zarten Nymphen der Skulpturengruppe von Feodosij Schtschedrin ganz offensichtlich aufbringen müssen, um ihre Symbole tragen zu können, korrespondiert mit dem Stärke suggerierenden Unterbau des Turmes. Das Hochrelief der Attika von Iwan Terebenew rühmt die »Schaffung der russischen Flotte« und entfaltet vor dem Hintergrund einer Newa-Landschaft eine allegorische Szenerie, die Peter den Großen in Gesellschaft der antiken Götter zeigt. Sie alle sind in Handlungen verwickelt, die Russlands Sieg über die Meere vergegenwärtigen. Im Mittelpunkt der Darstellung überreicht Neptun Peter I., abgebildet im römischen Harnisch, den Dreizack.

Den **zweiten Kubus** der Admiralität umgeben 28 ionische Säulen, in denen sich bereits die Vertikale der Nadel ankündigt. Gleichsam als Verlängerung der Säulen erheben sich 28 Statuen über dem

Peter I. und der Schiffsbau

1705 ließ Peter I. seine Schiffswerft aufgrund der aktuellen Bedrohung durch die Schweden zur Festung ausbauen. Die Pläne dazu hatte der Zar selbst geliefert. Auch den Schiffsbau trieb Peter, der das Amt des Obermeisters der Werft selbst bekleidete, weiter voran, sodass 1706 die erste Fregatte vom Stapel laufen konnte.

287

Der Turm der Admiralität korrespondiert mit dem Glockenturm der Peter-Paul-Kathedrale auf der Haseninsel. Der Turm ist nicht nur der Mittelpunkt der Anlage der Admiralität, sondern auch das kompositorische Zentrum der urbanen Ordnung der Großen Seite mit ihren drei Strahlen, die auf die Nadel der Admiralität zulaufen. Die Mitte der Seitenflügel betonte Sacharow mit einem zwölfsäuligen Portikus; ihre Stirnseiten konzipierte er analog zum Untergeschoss des Turmes mit einem monumentalen Durchfahrtsbogen

Gesims, umfangen von einer neugewonnenen Freiheit, aus der heraus sie nach allen Seiten hin die neue Seemacht Russlands zu verkünden scheinen. Die Plastiken verkörpern die vier Jahreszeiten, die vier Elemente und vier Himmelsrichtungen sowie mythologische Figuren, zu deren Wirkungsbereich Schiffsbau und Astronomie zählen.

Im **Alexander-Garten** vor der Admiralität, der auf Veranlassung Alexanders II. 1872 angelegt wurde, erinnert eine eigentümlich zusammengestellte **Gruppe von Denkmälern** an Gogol und Lermontow sowie an Glinka und den Geografen Nikolaj Prschewalskij, der als erster russischer Ostasienforscher die Wüste Gobi erkundete.

Um den Senatsplatz

Im Westen grenzt der Alexander-Garten an den **Senatsplatz (2,** *Senatskaja ploschtschad*, Сенатская пл.), der in seiner Geschichte des öfteren den Namen wechselte – bis vor wenigen Jahren hieß er noch ›Dekabristenplatz‹ – und auch in seiner stilistischen Präsenz mehrmals gestalterische Änderungen erfuhr. Seinen ursprünglichen, und heute wieder aktuellen Namen verdankt der Platz dem von Peter I. 1711 gegründeten **Senat (3,** *Senat).* Die Regierungsbehörde war zunächst im Falle der Abwesenheit des Zaren als vertretende Instanz geplant, erwies sich jedoch für die Regierungsgeschäfte als durchaus nützlich und blieb bestehen. Dabei oblag ihr die gesamte staatliche Verwaltung sowie die Gerichtsbarkeit. Die Gesetzgebung blieb selbstverständlich weiterhin allein dem Zaren vorbehalten. An Stelle des Moskauer Patriarchats, das 1721 auf Befehl Peters des Großen abgeschafft worden war, rief der Zar den **Regierenden Heiligen Synod (4,** *Uprawljajuschij Swjatoj sinod)* ins Leben, eine Kirchenbehörde, der ein weltlicher Oberprokuror vorstand. Die Selbstständigkeit der Kirche wurde damit in ein staatliches Abhängigkeitsverhältnis verkehrt.

Die Gebäude für die beiden obersten Regierungsbehörden gehen auf einen Entwurf Carlo Rossis zurück. Zwei rechteckige, lang gestreckte Bauten, die ein Triumphbogen in der Mitte verbindet, wurden als Begrenzung des Platzes nach Westen hin geschaffen. Die Tordurchfahrt, gleichsam Verbindungselement der weltlichen und geistlichen Macht, ist dank üppiger Bauplastik sowie vier weit auseinander gerückter Säulenpaare architektonischer Blickfang. Anders als bei der Admiralität nimmt der Figurenschmuck bei Rossi aber bereits ornamentalen Charakter an. Die selbstständige Rolle der Plastik im frühen Empire nimmt Rossi wieder zurück, indem er die Statuen in Nischen zwischen den Säulen positioniert. Die Attika schmücken drei symbolträchtige Basreliefs: während das rechte die weltliche und das linke die göttliche Gesetzgebung versinnbildlichen, zeigt das mittlere Basrelief den Gründer des Senats, Peter den Großen, und die Reformatorin des Senats, Katharina II., in deren Mitte eine weibliche Figur Russland personifiziert. Als krönenden Abschluss des Triumphbogens setzte Rossi über die Attika das russische Staatswappen, flankiert von zwei sitzenden Frauenstatuen, von denen die mit verhülltem Gesicht und geschlossenem Buch die Frömmigkeit personifiziert und die mit unverhülltem Gesicht und offenem Buch die Gerechtigkeit. Der weich abgerundete, zur Newa gewandte Ecktrakt des Gebäudes ist mit einer achtsäuligen Kolonnade geschmückt.

»Wie ehern ist des Reiters Sinn« so besingt Puschkin in seinem Poem »Der eherne Reiter« Falconets Denkmal

»Der eherne Reiter« (5)

Am Ufer der Newa gibt das berühmte Denkmal Peters I., der sogenannte Eherne Reiter *(Mednyj wsadnik),* dem Senatsplatz seine geografische und ideelle Mitte. Literarisch verewigt wurde die imposante Bronzefigur Peters I. in Puschkins Poem »Der eherne Reiter« (1833).

»Wohin er den Lauf auch lenkt, ihm nach mit schwerem Stampfen sprengt der Eherne Reiter«. So illustrierte Alexander Benois das Fontispiz zu Puschkins Poem in einer Ausgabe von 1905. Die Impulsivität des Ehernen Reiters inspirierte auch Andrej Belyj, der das Ross in seinem Roman »Petersburg« (1913) mit Peter durch die Stadt jagen sah und zu den Überlegungen kommt: »Steil aufgerichtet und mit den Augen die Luft messend, wird das eherne Ross niemals die Hufe senken. Es wird den Sprung über die Geschichte wagen. Groß wird der Aufruhr sein. Die Erde wird sich spalten (…) und die Ebenen werden sich zu Hügeln wölben. Auf ihren Rücken werden sich Nishnij, Wladimir und Uglitsch erheben. Petersburg aber wird versinken«

Das Denkmal zu Ehren Peters des Großen hatte Katharina II. Mitte des 18. Jh. bei dem französischen Bildhauer Etienne-Maurice Falconet in Auftrag gegeben, der 1766 nach St. Petersburg kam. Zwölf Jahre sollte die Arbeit an der Monumentalplastik dauern, für deren Sockel ein Granitfindling von 1600 t aus Karelien in die Hauptstadt gebracht wurde. Mehr als tausend Arbeiter waren mit dem schwierigen Transport des Monolithen beschäftigt, der zwei Jahre in Anspruch nahm und längst zu einem öffentlichen Ereignis geworden war. Falconet gab ihm die Form einer aufbrausenden Welle, die ebenso wie das sich aufbäumende Pferd und die erhobene Hand Peters I. den stürmischen kulturellen Aufbruch Russlands im 18. Jh. versinnbildlicht. Bei dieser enormen, gleichsam in die Zukunft gerichteten Bewegung, zertritt das Pferd mit den Hinterbeinen eine Schlange. Die Analogie zur Ikonografie von Russlands Nationalheiligem, Georgij dem Drachentöter, ist nur allzu offenkundig und assoziiert den Sieg über das Böse in Gestalt einer Schlange. So krönt denn auch den Kopf Peters des Großen, der in einem frei fallenden römischen Feldherrenmantel abgebildet ist, ein Lorbeerkranz.

An dem Sockel ließ Katharina II., die das Denkmal zum hundertjährigen Thronjubiläum Peters des Großen 1782 enthüllen ließ, eine russische und eine lateinische Inschrift anbringen, die bündig formuliert: »Peter dem Ersten von Katharina der Zweiten«.

Gleich neben dem Synod liegt die **Gardekavalleriemanege (6,** *Konnogwardejskij manesch),* an deren strenger und feierlicher Fassadengestaltung leicht die Handschrift Giacomo Quarenghis zu erkennen ist. 1817 wurden vor dem achtsäuligen Portikus die Dioskuren aufgestellt, die Paolo Triscorni nach dem Vorbild der antiken Originale vor dem Quirinalspalast in Rom schuf. Die Manege hat sich seit einigen Jahren zu Petersburgs bedeutendstem Ausstellungssaal zeitgenössischer Kunst entwickelt, in dem beispielsweise Arbeiten der Künstlergruppen *Mitki* oder *Tut i Tam* (Hier und Dort) ausgestellt werden. Führender Kopf der Tut i Tam ist Alexej Kostroma, ein Künstler, der mittlerweile auch in Westeuropa immer mehr Beachtung findet und dessen künstlerisches Schaffen von einem schier unermüdlichen Erfindungsreichtum rund um Hühnerfedern getragen wird.

Isaaks-Kathedrale (7)

Die Baugeschichte der mächtigen Isaaks-Kathedrale *(Isaakiewskij sobor)* zerfällt in mehrere Epochen. Anlass für den Bau einer Isaak von Dalmatien geweihten Kathedrale gab eine kleine Holzkirche, die unter Peter dem Großen am Ufer der Newa entstanden war. Der Nachfolgebau aus Stein fiel im 18. Jh. einer Feuersbrunst zum Opfer. Die neue Standortwahl einer Isaaks-Kirche fiel nun auf das heutige, von der Newa etwas zurückversetzte Gebiet, das bessere Voraussetzungen für das Fundament bot. 1768 ging der Auftrag an Rinaldi, eine neue Isaaks-Kirche zu errichten, die Vincenzo Brenna vollendete. Doch schon sieben Jahre nach ihrer Fertigstellung ließ Alexander I. 1816 einen Ideenwettbewerb für ihren Umbau ausschreiben. Die führenden Architekten der Zeit antworteten jedoch mit Entwürfen für einen Neubau. 1818 übernahm schließlich Auguste de Montferrand, ein eher unerfahrener Baumeister des Eklektizismus, die Bauleitung einer neuen Isaaks-Kathedrale, die erst nach vierzigjähriger Bauzeit vollendet wurde.

Zur Unterfangung der 300 000 t schweren Kathedrale mussten 24 000 Baumstämme in den sumpfigen Untergrund gerammt werden. Technische Höchstleistungen erforderte auch die Aufstellung der 112 Granitsäulen mit einem Gewicht von bis zu 114 t. Die Schwere sieht

Isaaks-Kathedrale

Isaakiewskaja ploschtschad 4 Tel. 81 23 14 21 68 Do–Di 10–20 Uhr, Kassen und Glockenturm schließen eine Stunde früher.

man der Isaaks-Kathedrale in jedem baulichen Detail an – sie wurde ihr schließlich zum ästhetischen Verhängnis. Ihr einziges Schmuckstück ist die große, aber dennoch grazil wirkende Kuppel, die golden über der Stadt leuchtet. Die **Fassaden** geben sich finster, ein Eindruck, den der graue Marmor hervorruft, der das Mauerwerk verkleidet. Montferrand, der nur den Altarbereich von seinen Vorgängern übernahm, legte der Kathedrale einen rechteckigen Grundriss zugrunde. Die **vier Portiken** aus poliertem finnischen Granit, die besonders stark an den Seitenschiffen hervortreten, erwecken jedoch den Eindruck einer Kreuzkuppelkirche. Auf die altrussische Baukunst spielen auch die kleinen, überkuppelten Glockentürme an den Ecken an. Im Tambour hingegen variiert Montferrand das Turm-Motiv der Admiralität mit den umstehenden Säulen und ihrer optischen Verlängerung durch freistehende Skulpturen. An der Isaaks-Kathedrale gerät das Gestaltungsmotiv allerdings zum bloßen Zitat ohne bindende Kraft.

Der **Innenraum** ist beeindruckend in seiner Größe und grandios in seiner luxuriösen Pracht: 400 kg Gold, 1000 t Bronze, 16 t Malachit und nahezu ebenso viele Tonnen Lapislazuli wurden hier verarbeitet. Ohne Zweifel sollte hier ein Kirchenbau entstehen, der das in jeder Hinsicht gestärkte Russland unter Alexander I. repräsentierte. Bei der Ausgestaltung des Kirchenraumes griff Montferrand beherzt in den Fundus der Architekturgeschichte: Stilelemente der klassischen Antike, der Renaissance und des Barock finden hier zu einem eigenwilligen Eklektizismus zusammen, der freilich das Gefühl für Proportionen an die allgemeine Suggestion des Grandiosen verloren hat. Ein Beispiel für die Willkür des Formenvokabulars des Eklektizismus ist auch Leo von Klenzes Buntglasfenster im Altarraum, das keinerlei kulturelle Verankerung in Russland hat.

Wladimir Nabokow

1998 wurde in der Bolschaja Morskaja uliza 47 im Geburtshaus Wladimir Nabokows (1899–1977) ein Wohnungsmuseum des in der Sowjetunion geschmähten, weltweit aber gefeierten Romanciers eröffnet. Bis zu seiner Emigration 1917 hatte der Autor des Skandalromans »Lolita« (Paris 1955) in diesem Stadtpalais gelebt und erste Verse geschrieben.

Isaaks-Platz

Auf dem Isaaks-Platz *(Isaakiewskaja ploschtschad,* Исаакиевская пл.) tobten sich ebenfalls eklektizistische Positionen aus, sodass sich kein einheitliches Bild mehr fügen will. Das **Reiterstandbild Nikolajs I. (8)** geht ebenfalls auf einen Entwurf Montferrands zurück, den Peter Klodt Mitte des 19. Jh. ausführte. Der Volksmund spottete über den scheinbar Peter nacheifernden Nikolaj unverblümt: »Der Trottel jagt dem Schlaukopf hinterher, doch stört Sankt Isaak da sehr«. Die Bronzereliefs am Sockel schildern die wichtigsten historischen Ereignisse unter Nikolajs I. Herrschaft; die allegorischen Frauenfiguren symbolisieren die Gerechtigkeit und die Weisheit sowie den Glauben und die Macht.

Das **Hotel Astoria (9,** *Gostinniza Astoria)* entstand 1910 nach Plänen Fredrik Lidvals, eines Vertreters des stil modern. Das ehemalige Hotel Angleterre, das heute zum Komplex des Astoria-Hotels gehört, gelangte zu trauriger Berühmtheit, nachdem sich der Dichter Sergej Jessenin am 27. Dezember 1925 hier das Leben nahm. Das **Haus der**

Deutschen Botschaft (10) ist ein Werk des deutschen Architekten Peter Behrens, der stilistisch dem Bauhaus nahestand. Im Süden des Platzes errichtete Andrej Stakenschneider 1839 bis 1844 das **Marien-Palais (11,** *Mariinskij dworez),* in das er ein bereits bestehendes Gebäude Vallin de la Mothes einbezog. Den für die Tochter Nikolajs I., Maria, errichteten Palast, nutzt heute das Petersburger Stadtparlament. Vor dem Palast führt die **Blaue Brücke (12)** über die Mojka, die man kaum als solche wahrnehmen wird, da sie eine Breite von 100 m hat. Damit erzielte man zwar einen bruchlosen Übergang vom Isaaksplatz zum Marienpalais, andererseits verstieß man aber gegen eine wichtige, seit Peter dem Großen geltende urbane Regel, die dem Wasserlauf der Kanäle bei der Uferbebauung den optischen Vorrang ließ.

Für die Konstruktion der gewaltigen Kuppel der Isaaks-Kathedrale verwendete Montferrand gusseiserne Tragwerke

Jussupow-Palais

Die Jussupows waren eine der reichsten Familien des Landes. 1830 bezogen sie das **Palais (13)** an der Mojka, das Vallin de la Mothe unter Einbezug eines bereits bestehenden Gebäudes in der zweiten Hälfte des 18. Jh. errichtet hatte. Den Mittelbau des gelb-weißen Stadthauses schmückt ein **dorischer Portikus;** das zweite Stockwerk bildete

Jussupow-Palais

nabereschnaja reki Moiki 94
Tel. 81 23 14 98 83
www.yusupov-palace.ru.
nur mit Führung:
Mo–Sa 11–17 Uhr,
zur vollen Std.

Weg 3

0   250   500 m

Peter-Paul-Festung

Mal.Newa

nab. Makarowa

Newa

Sommergarten

WASSILIJ-INSEL

STRELKA

Börse

Srednij pr.

Siesdowskaja 1 Linie

2-3 Linie

Birschewaja Linie

Mendelejewskaja Linie

Birschewol most

Zwölf Kollegien
(Universität)

Katharinen-
Kirche

Akademie der
Wissenschaften

Dworzowyl most

Dworzowaja nab.

Winterpalast
(Eremitage)

Milionnaja ul.

Mojka

Konjuschen-
naja pl.

Bolschoj Prospekt

8-9 Linie

Menschikow-
Palais

Universitetskaja nab.

Dworzowaja pl.
(Schlossplatz)

Bol. Konjuschennaja ul.

Mal.
Konjuschennaja ul.

Akademie
der Künste

Bol. Newa

Admiraltejskaja nab.

Admiraltejskij pr.
АДМИРАЛТЕЙСКИЙ ПР.

Alexander-Garten
(Admiraltejskij sad)

Newskij pr.
НЕВСКИЙ ПР

Moskauer
Bahnhof

most Leitenanta Schmidta

nab. Leitenanta Schmidta

1

Admiraltejskij pr.
АДМИРАЛТЕЙСКИЙ ПР.

Admiraltejskij pr.

Kasaner
Kathedrale

ADMIRALTEJSKIJ
VIERTEL

5

2

3

Anglijskaja nab.
АНГЛИЙСКАЯ НАБ.

6

Gorochowaja ul.

ul. Mal. Morskaja

ul. Bol. Morskaja
УЛ. БОЛЬШАЯ МОРСКАЯ

Rumjanzew-
Haus

ehem.
englische Kirche

Galernaja ul.

Konnogwardejskij bul.

7

ul. Jakubowitscha

Isaakiewskaja pl.
ИСААКИЕВСКАЯ ПЛ.

9

10

8

12

11

Gribojedow Kanal

nab. kan. Griboedowa
НАБ. КАН. ГРИБОЕ

ГОРОХОВАЯ УЛИЦА

УЛИЦА ПЛЕХАНОВА

per. Grivzowa

Bobrinskij
Palais

nab. Admir.

Admiraltejskij
Kanal

Mojka

Blagoweschtschenskaja pl.
БЛАГОВЕЩЕНСКАЯ ПЛ.

Počtamtskaja ul.
ПОЧТАМТСКАЯ УЛИЦА

Geburtshaus
W. Nabokows

KASANSKIJ
VIERTEL

ul. Plechanowa

GORODEZKAJA ULICA

ГОРОДЕЦКАЯ УЛИЦА

Schröder-
Villa

NEU-
HOLLAND

nab. reki Mojki

ul. Truda

13

NAB. REKI MOJKI

GROSSE SEITE

Sennaja pl.
СЕННАЯ ПЛОЩАДЬ

18

SPASSKIJ-
VIERTEL

MATISOW-
INSEL

Schröder-

pr. Maklina

ul. Pisarewa

ul. Dekabristov

14

15

Teatralnaja pl.
ТЕАТРАЛЬНАЯ ПЛ.

Krjukovskaja-kanal

Prjaschka

nab. reki Prjaschki

16

Synagoge

Lermontowskij pr.

Wosnessenski pr.

VOZNESENSKIJ PR

Jussupow-Garten
(Jussupowskij sad)

Obuchowskaja pl.

Fontanka

nab. reki Fontanki

Moskowskij prospekt

KOLOMENSKIJ
VIERTEL

pr. Rimskogo-Korsakowa

ul.

17

Nikolskaja pl.

Lomanskaja ul.

pl. Turgenewa

pl. Repina

Sadowaja ul.
САДОВАЯ УЛИЦА

POKROWSKIJ-
VIERTEL

nab. reki Fontanki

Fontanka

Dreifaltigkeits-
Kathedrale

Sagorodnyj pr.

МОСКОВСКИЙ ПРОСПЕКТ

Siegesplatz/
Flughafen ▼

Vallin de la Mothe als Attika aus. Hinter der zurückhaltenden Fassade erwartet den Besucher noch heute unvorstellbare Pracht, die der des Winterpalastes in nichts nachsteht. Feudale Lebenswelten, die noch jeden Russen zum Träumen bringen, St. Petersburg ist voll davon: 2400 Bauwerke tragen den UNESCO-Stempel ›Architektonisches Denkmal‹.

Entsprechend dem Geschmack der Zeit ließen die Jussupows in den 30er-Jahren des 19. Jh. alle Räume des Palastes in unterschiedlichen Stilen mit kostbarsten Materialien ausgestalten. Das Ergebnis ist ein reicher Eklektizismus, der sowohl den Stiltendenzen des Rokoko, des Barock, der italienischen Renaissance, des Klassizismus sowie den Gestaltungsprinzipien persischer, maurischer oder türkischer Architektur Raum gibt.

Im **Haustheater** der Jussupows, das 200 Zuschauern Platz bot, gastierten viele Berühmtheiten, darunter Fjodor Schaljapin. Kunstsinn bewiesen die Jussupows auch mit ihrer berühmten Kunstsammlung, die sie aus ihrem Moskauer Palais nach St. Petersburg mitbrachten. Dem Palais war auch ein weitläufiger Garten angeschlossen, der sich von der Mojka bis zur Sadowaja uliza (›Gartenstraße‹, Садовая ул.) ausdehnt, und in dem Dostojewskijs Raskolnikow, über die Ungerechtigkeit der Welt sinnierend, spazieren geht.

Anfang des 20. Jh. wurde das Palais Schauplatz des grausigen Mordes an Rasputin. Rasputin zählt zu den faszinierendsten Personen des ausgehenden Zarenreichs, zahlreiche Schauer-Legenden ranken sich um seine Gestalt. Rasputin, ein ungepflegter Bauer aus Sibirien mit speckigem, langem Haar, gelang es, die Hämophilie, eine seltene Bluterkrankung, des Zarewitsch' zu stillen. Dem Wunderheiler öffneten sich daraufhin die Türen zum Winterpalast, in dem er seinen Einfluss geschickt zu nutzen wusste. Seine willkürlichen Prophezeiungen, in deren Folge es oftmals Entlassungen hagelte, sowie seine Trinkgelage und sein ungehemmter Lebenswandel brachten immer mehr Stimmen gegen ihn auf. Da die Zarenfamilie, allen voran die mystisch-spekulativ veranlagte Zarin, nichtsdestotrotz an ihm festhielt, beschloss eine Gruppe von Adeligen, Rasputin, zur Rettung Russlands, wie der Mord später ausgelegt wurde, in der Nacht vom 17. auf den 18. Dezember 1916 zu töten.

Im **Souterrain** halten Wachsfiguren die Erinnerung an die schaurige Begegnung zwischen Felix Jussupow und Rasputin bei diffuser Beleuchtung lebendig; prompt wechselt die Tonlage der Palais-Führerin denn auch in einen bedeutungsvollen Flüsterton. Eine an Nuancen reiche Legende begleitet den spektakulären Mord, bei dem Fürst Felix Jussupow, der Großfürst Dmitrij Pawlowitsch sowie ein Duma-Abgeordneter zunächst vergeblich versucht hatten, Rasputin zu vergiften. Erst nach mehreren Schüssen versiegte endlich die Lebenskraft des Wunderheilers, dessen Leichnam die Mörder in die gefrorene Newa warfen. Jussupow floh später nach Paris und rechtfertigte den Mord in einer kleinen, damals sehr populären Schrift: »J'ai tué Rasputin«.

Der Mönch und be-
rühmte Wunderheiler
Grigorij Rasputin
(1912)

Neu-Holland

Das Viertel um die kleine Insel Neu-Holland *(Nowaja Gollandija)* ist mit ihren verschwiegenen Straßenzügen, den großen alten Bäumen und den schwarzen Kanälen eines der schönsten Petersburgs, in dem man noch die in der Literatur oftmals beschriebene fantastische und rätselhafte Stimmung der Stadt findet. Die kleine, von Backsteinbauten bestandene Insel liegt in einem Wasserdreieck, das die Mojka, der Krjukow- und der Krustejn-Kanal bilden. Seit Mitte des 17. Jh. nutzte man das Gebiet für die Lagerung von Holz, das man für den Schiffsbau benötigte. Mitte des 18. Jh. entstanden zwei Lagerhäuser aus Ziegelsteinen von Vallin de la Mothe, die ein triumphaler Bogen mit kraftvoller architektonischer Geste verbindet.

Seit einigen Jahren schon überlegt man, wie die kleine, stimmungsvolle Insel, die lange Zeit militärisches Sperrgebiet war, neu zu beleben wäre. Dabei wechseln sich Pläne einer kulturellen Nutzung mit denen eines neuen Büro- und Gewerbezentrums ab.

Theaterplatz

Das Kirow-Theater heißt seit 1993 wieder Mariinskij-Theater: Von allen Namensänderungen unberührt, blieb das hohe Niveau der weltberühmten Ballettaufführungen

Alexander-Blok-Hausmuseum

uliza Dekabristow 57
Tel. 81 27 13 86 31
Do–Di 11–17 Uhr,
am letzten Di des
Monats geschl.

Die darstellenden Künste versammeln sich in St. Petersburg am Theaterplatz *(Teatralnaja ploschtschad,* Театральная пл.) im Westen der Stadt. Seinen Namen erhielt der Platz zwischen der Mojka und dem Gribojedow-Kanal nach dem Großen Theater, das seit der zweiten Hälfte des 18. Jh. bestanden hatte, 1811 jedoch abbrannte. An seiner Stelle entstand das 1862 gegründete **Konservatorium (14,** *Konservatoria),* dessen Leitung Anton Rubinstein übernahm. Ein Denkmal von Glinka sowie von Rimskij-Korsakow flankieren das Gebäude.

An der Stelle des alten Zirkus, der Mitte des 19. Jh. bei einem Brand schweren Schaden genommen hatte, errichtete Albert Cavos das **Mariinskij-Theater (15,** *Mariinskij teatr).* Seit seiner Eröffnung 1860 wurde es zur bedeutendsten Opern- und Ballettbühne St. Petersburgs, von der wesentliche Impulse der Musik- und Tanzkultur ausgingen. Seit 1988 untersteht das Mariinskij-Theater, das zu dieser Zeit noch nach dem 1935 ermordeten Leningrader Parteisekretär Kirow benannt war, der Leitung Walerij Gergijews, eines ebenso eigenwilligen wie erfolgreichen Stars der Musikszene, der zu den bedeutendsten Dirigenten der Welt zählt. In den nächsten Jahren entsteht nach den Plänen des französischen Architekten Dominique Perrault ein Erweiterungsbau in Form eines schwarzen Quaders, der von einem Kokon aus glänzendem Metall verhüllt ist – Petersburgs erstes Zugeständnis an die zeitgenössische Architektur.

In der uliza Dekabristow 57 (ул. Декабристов) wohnte 1912–1921 der symbolistische Dichter Alexander Blok. Zu seinem 100. Geburtstag 1980 verwandelte man die Räume in ein **Blok-Museum (16),** das sein auf das engste mit der Petersburger Stadtlandschaft verbundenes literarisches Schaffen dokumentiert. Sein persönlicher Werdegang –

Blok war zunächst Parteigänger der Revolution, bis er sich in den Jahren des Kriegskommunismus enttäuscht abwandte – ist symptomatisch für die Mehrheit der avantgardistischen Dichter.

Im Süden des Theaterplatzes liegt, mit ihren fünf goldenen Kuppeln weithin sichtbar, die **Nikolaus-Marine-Kathedrale (17,** *Nikolskij morskoj sobor),* die Sawwa Tschewakinskij 1753 auf Veranlassung Elisabeths I. in altrussischen, barocken Bauformen schuf. Die prachtvolle Kathedrale zeigt stilistische Verwandtschaft zu der Auferstehungskathedrale Rastrellis im Smolnyj-Kloster, doch stellte Tschewakinskij die Kuppeln weiter auseinander, wodurch ein ruhigerer, gleichsam erdverbundener Charakter der Kathedrale erzielt wurde. Seine große Wirkung zieht der Bau auch aus dem Kontrast der blauen Fassaden, von denen sich weiße gebündelte Säulen sowie üppiger Bauschmuck effektvoll abheben.

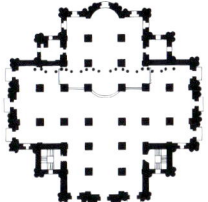

Der Innenraum ist in eine warme untere und eine kalte obere Kirche unterteilt. Während einen im Erdgeschoss ein dunkler Raum empfängt, in dem die Kerzen und der Goldgrund der Ikonen nahezu die einzige Lichtquelle sind, erwartet einen im Obergeschoss ein lichtdurchfluteter, heller, mit reichlich Stuck verzierter saalartiger Raum. 1966 fand hier der Trauergottesdienst für Anna Achmatowa statt.

Von der Kathedrale getrennt errichtete Sawwa Tschewakinskij 1756 bis 1758 einen viergeschossigen **Glockenturm** am Krjukow-Kanal, der in seiner weichen und schlanken Silhouette einen spannungsvollen Kontrast zu dem schwer lagernden Bau der Kathedrale bildet.

Frontalansicht und Grundriss der Nikolaus-Marine-Kathedrale. Die kleinen schmiedeeisernen Balkone vor den großen Fenstern verleihen der Kirche einen gewissen weltlichen Charakter und rücken sie stilistisch in die Nähe des Katharinen-Palastes von Zarskoje Selo

Heumarkt

Der **Heumarkt (18,** Sennaja ploschtschad, Сенная пл.) ist eine legendäre Petersburger Adresse. Er ist seit jeher das Zentrum des einfachen St. Petersburg, in dem die Stadt ihre andere, ihre gleichsam schäbige Wahrheit findet, die weitab aller Paläste der Paläste zu liegen scheint. Der Heumarkt war einmal der ›Bauch‹ St. Petersburgs und zog die Menschen der Schattenseite all des goldenen imperialen Prunkes an. In den letzten Jahren hat man ihn jedoch in einen nichtssagenden, mehr oder weniger gesichtslosen zubetonierten Platz verwandelt. In der Literatur wurde dem Heumarkt und dem angrenzenden Viertel ein Denkmal gesetzt. Dostojewskij erhob den Platz in seinem berühmten Roman »Verbrechen und Strafe« (»Schuld und Sühne«, 1866) zum topografischen und symbolischen Zentrum der Handlung. Der Protagonist des Romans, Raskolnikow, »hatte eine Vorliebe für diese Gegend, ebenso für die Gassen in der näheren Umgebung, wenn er ziellos durch die Straßen wanderte«. Die Spuren Raskolnikows, die im Roman mit den Anfangsbuchstaben bezeichneten Straßen, Plätze, Gassen und Brücken, lassen sich heute noch mühelos rekonstruieren. Und bei einem Gang vorbei an den dunklen Kanälen sowie durch die verschwiegenen Häuserkorridore in dieser Gegend werden einem auch andere Gestalten der russischen Literatur begegnen.

St. Petersburg, Weg 4:
S. 305

Newskij prospekt und Umgebung

Im Unterschied zur Moskauer Twerskaja hält der Newskij, was sein ihm vorauseilender Ruf verspricht: er ist bis heute der Boulevard St. Petersburgs, seine große Vergangenheit kann man ihm auf Schritt und Tritt noch ablesen – so manchem Elend der Gegenwart zum Trotz. Wie in einem Brennspiegel konzentriert sich am Newskij das gesellschaftliche Leben St. Petersburgs: Banken, Kaufhäuser, Cafés und Restaurants, Buchhandlungen und Konditoreien sorgen zu jeder Tageszeit bis in den späten Abend für lebhaftes Treiben. »Um den Newskij-Prospekt kommt keiner herum, der einmal die Stadt betreten hat oder aus ihr heraus will. Er ist unumgehbar«, beschreibt Karl Schlögel die zwingende Präsenz der Petersburger ›Großen Perspektive‹. Auf Schritt und Tritt kündet der Newskij vom Willen zum schönen Schein, überall schmeichelt er dem Flaneur mit üppiger Pracht, sodass ihn Théophile Gautier als »Resümee ganz Petersburgs« betrachten konnte.

Die Geschichte des Newskij beginnt 1712, als er als ›**Große Perspektive**‹ in den Stadtplänen auftaucht, gleichsam als Verbindungsprospekt vom geistlichen Zentrum des Alexander-Newskij-Klosters zum weltlichen Zentrum der Admiralität. Der Newskij war einer der drei ›Strahlen‹ auf der Großen Seite (Newskij prospekt, uliza Gorochowaja und Wosnessenskij prospekt), eine urbane Ordnung, die Peter der Große in Versailles kennengelernt hatte. Zur Realisierung dieses Prinzips, das von der Admiralität ausgehend in Verbindung mit der Mojka, dem Gribojedow-Kanal und der Fontanka eine Art Fächer bildet, kam es erst Mitte des 18. Jh., als Katharina II. verfügte, den Newskij allein mit Steinbauten zu begrenzen. Mit dem Bau der ersten großen Paläste sowie des *Gostinnyj dwor*, des großen Kaufhauses, verlagerte sich das gesellschaftliche Leben zunehmend von der Petrograder auf die Große Seite, die nun zum Zentrum Petersburgs avancierte. Seine prachtvollsten Bauten hinterließen der Barock und das 19. Jh. dem Newskij im Abschnitt von der Admiralität bis zur Anitschkow-Brücke. Hier lockern auch Fassaden im stil modern sowie einige Kolonnaden die strenge Häuserfront auf. Recht eintönig und spröde hingegen gibt sich der Prospekt hinter der Krümmung vom Moskauer Bahnhof zum Alexander-Newskij-Kloster, eine Strecke, die den Petersburgern als ›Alter Newskij‹ gilt.

Vom Haus Wawelberg zum Gribojedow-Kanal

An der Ecke zur Malaja Morskaja uliza (ул. Малая Морская) bezog 1911 die St. Petersburger Handelsbank ein Gebäude, dessen Architektur in stilistischer Verwandtschaft zum venezianischen Palazzo Ducale und zum florentinischen Palazzo Pitti der Medici steht. Das mit groben Granitquadern verkleidete Sockelgeschoss des **Hauses Wawelberg (1,** *Dom Wawelberga)* sticht aus der zurückhaltend klassizistisch geprägten Fassadenflucht hervor.

Warntafel aus dem II. Weltkrieg

Auf der gegenüberliegenden Straßenseite vom Haus Wawelberg erkennt man am Gebäude Nr. 14 noch eine blaue Warntafel aus der Zeit der Blockade Leningrads durch die deutsche Wehrmacht: »Bürger, bei Artilleriebeschuss ist diese Straßenseite gefährlicher«, so fordert sie zum Wechsel auf die Schattenseite des Newskijs auf.

Das aprikotfarbene **Haus Tschitscherin (2,** *Dom Tschitscherin)* am Newskij Nr. 15 entstand 1768–71 nach Plänen von Vallin de la Mothe auf Veranlassung Katharinas II. für den Petersburger Generalpolizeimeister. 1858 übernahmen es die Kaufleute Jelissejew, die 1917 vor der Revolution nach Paris flohen. Das leerstehende Haus bezogen nun Künstler und Literaten: der Kritiker und Schriftsteller Kornej Tschukowskij hatte 1919 aus Moskau die Idee eines Künstlerhauses *(dom isskustw)* mitgebracht, das den kulturellen Bestand des bürgerkriegsgebeutelten Petrograds sichern sollte. Gemeinsam mit Maxim Gorkij, der 1918 den Verlag ›Weltliteratur‹ ins Leben gerufen hatte, um das Überleben der Künstler in der hungernden Stadt zu erleichtern, schuf Tschukowskij einen Zufluchtsort für Petersburger Künstler und Schriftsteller. Das *disk,* wie das *dom iskusstw* abgekürzt wurde, beherbergte Anna Achmatowa, Nikolaj Gumiljow, Ossip Mandelstam, Wladislaw Chodassewitsch, Viktor Schklowskij sowie eine Reihe von unkonventionellen Literaten, die sich im Jelissejew-Haus zu der Gruppe der ›Serapionsbrüder‹ zusammenschlossen, darunter Lew Lunc, Michail Soschtschenko oder Michail Slonimskij (s. S. 300).

Das **Kotomin-Haus (3,** *Dom Kotomina)* am Newskij prospekt Nr. 18 trägt in seiner schlichten Eleganz die Handschrift Wassilij Stassows, der das Haus unter Einbeziehung zweier bereits existierender Bauten 1812 konzipierte. Der linke Flügel beherbergt ein schönes Antiquariat für Bücher, dessen Bestand im Übrigen belegt, wie verbreitet die Lektüre deutscher Literatur in St. Petersburg war. Das

Die herrschaftliche Pracht des Newskijs bot den Modesalons, den Juwelieren und Delikatessenläden den würdigen Rahmen für ihre Geschäfte. »Kaum betrittst du den Newskij prospekt, riecht es auch schon nach Bummeln. (…) Hier ist der einzige Ort, wo die Menschen nicht aus Notwendigkeit erscheinen«, schrieb Nikolaj Gogol in seinen »Petersburger Novellen« (1835); Ansicht des Newskij zur Jahrhundertwende auf der Höhe des Gostinnyj dwor

Viktor Schklowskij

Neben Roman Jakob-son (1896–1982) war Schklowskij der ein-flussreichste Theoreti-ker (1893–1984) des russischen Formalis-mus. Seine in den 1920er-Jahren entwi-ckelte »Theorie der Prosa« war grundle-gend für eine nicht von der Hermeneutik abgeleitete Neube-stimmung der Poetik, die u. a. auch die fran-zösischen Struktura-listen beeinflusste.

Literaturcafé im rechten Flügel lebt noch von seinem Ruhm im 19. Jh., als es noch unter dem Namen Wolff & Béranger geführt wurde und Gäste wie Puschkin, Dostojewskij, Lermontow oder Tschernyschews-kij bewirtete. Puschkin kam im Jahre 1837 vor seinem tödlichen Du-ell mit dem Gardeoffizier Georges d'Anthès am Schwarzen Flüsschen *(Tschornaja retschka)* noch ins Café, um mit seinem Sekundanten Danzas letzte Details der fatalen Begegnung zu bereden. 1893 wurde das Café Zeuge des Freitods Tschaikowskijs, der sich infolge seiner Homosexualität vom Ehrenkodex der damaligen Zeit so bedrängt fühlte, dass er sich mit Coniin vergiftete.

Stroganow-Palais (4)

Die Stroganows gehörten zu den reichsten und mächtigsten Familien des Landes. Ihr großes Vermögen verdankten sie dem Handel mit Salz, den sie seit dem 15. Jh. nahezu konkurrenzlos in Russland be-trieben. Bodenschätze hatten die Stroganows darüber hinaus an den Ural gelockt, von dem aus sie nach der Eroberung Sibiriens unter dem kosakischen Ataman Ermak Timofejew auch in diese Gebiete vorstie-ßen, um nach wenigen Jahren bereits den gesamten Sibirienhandel zu kontrollieren. Ein Ausdruck ihrer Macht war u. a. die Aufstellung ei-ner Privatarmee zu Beginn des 17. Jh., die erst Peter der Große wie-der abschaffte. Wie alle einflussreichen russischen Familien waren auch die Stroganows bedeutende Förderer der Kunst. Sie unterhiel-ten eine Werkstatt für Ikonenmalerei, die den ›Stroganow-Stil‹ der lieblichen, feinen Figurenauffassung im Kleinformat prägte, und in ih-rem Petersburger Palast am Newskij war eine der größten russischen Kunstsammlungen untergebracht.

1752 erging an Bartolomeo Rastrelli der Auftrag für einen Peters-burger Stadtpalast, der an der Ecke des Newskij zur Mojka einen der schönsten barocken Paläste hinterließ. Risalite, paarweise angeord-nete korinthische Dreiviertelsäulen, reiche Bauplastik sowie ein ver-kröpfter Giebel, in dem zwei Zobel das Wappen der Stroganows hal-ten, kennzeichnen die Palastfront zum Newskij als **Hauptfassade.** Auch die **Fassade zur Mojka** ist plastisch stark ausgebildet. Die in je-dem Geschoss unterschiedlich gestalteten Fenster sind mit Rahmen, Gesimsen und Stukkatur versehen, und vier korinthische Dreivier-telsäulen, die von zwei Pilastern gerahmt werden, verbinden die Bel-etage mit dem oberen Halbgeschoss. Doch während sich hier viel Kan-tiges und Eckiges ins Blickfeld rückt, ist die Hauptfassade von einer weichen, gleichsam fließenden Eleganz, wie man sie einige Jahre spä-ter in der Architektur des Winterpalais wiederfindet.

Im **Innern** des Palais ist aus der ersten Bauphase ein Saal mit rei-chen Stukkaturen und Plafondmalerei erhalten. Zahlreiche weitere Innenausstattungen stammen vom Ende des 18. Jh., als Andrej Wor-onichin, ein Leibeigener der Stroganows, die Räume im klassizisti-schen Stil umbaute. Heute nutzt das Russische Museum den Palast als Dependance.

Michail Soschtschenko

In der Malaja Konju-schennaja uliza 4/2 lebte der russische Satiriker Michail Soschtschenko (1895–1958), der mit lako-nischer Geste alle Ab-sonderlichkeiten des ›neuen revolutionären Lebens‹ aufspürte. In seiner einstigen Woh-nung erinnert ein klei-nes Museum an ihn.

Blick vom Newskij prospekt auf die 1801–11 erbaute Kasaner Kathedrale, im Vordergrund steht das Denkmal von Feldmarschall Kutusow

Zwischen Mojka und Katharinen-Kirche

Die **Holländische Kirche (5,** *Gollandskij zerkow)* auf der anderen Straßenseite, bei der nur die kleine Kuppel auf ihre Bedeutung schließen lässt, bildet den Auftakt zu einer Reihe nichtorthodoxer Kirchen, die eindrucksvoll die religiöse Toleranz des alten St. Petersburg belegen.

1728 gab die protestantische Gemeinde Petersburgs die Lutherische **Kirche des hl. Petrus (6,** *Ljuteranskaja zerkow swjatogo Petra)* am Newskij in Auftrag. In der Tiefe des sich zum Newskij hin öffnenden Grundstücks entstand nach Plänen von Alexander Brjullow ein eigenwilliger basilikaler Bau mit zwei flankierenden Fassadentürmen, dessen Architektur Stilformen der europäischen Romanik zitiert. Basreliefs der vier Evangelisten schmücken die Loggia über dem Mittelportal, die dem klobigen Bau ein wenig Leichtigkeit verleiht. Die Peterskirche wurde seit den 50er-Jahren des 20. Jh. als Schwimmbad zweckentfremdet, dessen Sprungturm an die Stelle des Altars trat. Heute ist die Kirche aus den Mitteln der protestantischen Gemeinde aufwendig restauriert worden.

Kasaner Kathedrale, Grundriss. Dem orthodoxen Kanon entspricht die Ausrichtung nach Osten, die weit ausgreifenden Kolonnaden an den Seiten zitieren dagegen überraschenderweise Berninis Kolonnaden vom Petersplatz in Rom

Die **Kasaner Kathedrale (7,** *Kasanskij sobor)* breitet gleichsam zum Empfang der Gläubigen ihre halbrunde Doppelkolonnade aus kannelierten korinthischen Säulen aus, als wolle sie sich in der Umgebung der ineinanderübergehenden Häuser am Newskij Platz verschaffen. Dabei umfängt sie einen halbrunden Park, der ein beliebter Treffpunkt der Petersburger ist und als politisches Forum auf eine lange Tradition zurückblickt.

Die Silhouette der Kasaner Kathedrale dominiert den gesamten oberen Abschnitt des Newskij und entstand im Zuge der großen urbanen Raumfindungen zu Beginn des 19. Jh. Ihr Schöpfer ist Andrej Wor-

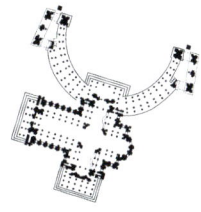

onichin, der die Pläne 1801 vorlegte. Anstelle einer kleinen, der Gottesmutter von Kasan geweihten Steinkirche konzipierte Woronichin eine monumentale Kathedrale auf dem Grundriss eines lateinischen Kreuzes, die ihre Nordfassade dem Newskij zuwendet. Die **Säulenkolonnaden,** die Woronichin in Anlehnung an die ›Arme‹ des Petersdoms in Rom schuf, laufen in mächtigen Portalen aus, die Attiken krönen. Die imposante Kolonnade erforderte eine entsprechende **Kuppelhöhe,** die sich über der Vierung auf einem von Fenstern durchbrochenen Tambour ebenfalls nach dem Vorbild des Petersdoms erhebt. Reiche Steinplastik unterstreicht die Exklusivität der Kathedrale, die während des Großen Vaterländischen Krieges, der die Bauarbeiten unterbrach, zum nationalen Denkmal des Sieges stilisiert wurde. So war es denn auch eine Sensation, dass sich ausschließlich russische Künstler an der Errichtung der Kathedrale beteiligten, die mit ihren reichen Schmuckformen gleichsam den Beweis ihrer Meisterschaft führen sollte. Die Bildhauer Iwan Martos und Iwan Prokofjew schufen den Figurenfries der Attika, der die Befreiung des Volkes Israel aus Ägypten thematisiert.

Der **Innenraum,** der während des Sozialismus als Museum des Atheismus diente, zeigt sich in der erwarteten Monumentalität mit mächtigen doppelten Säulenreihen aus poliertem finnischem Granit. Im nördlichen Seitenschiff befindet sich das Grab Feldmarschall Kutusows, dessen Standbild zusammen mit dem des Fürsten Barclay de Tolly auch im Park an das militärische Geschick der Feldmarschälle im Befreiungskrieg gegen die Grande Armée erinnert.

Das **Singer-Haus (8,** *Dom Singera*) auf der gegenüberliegenden Straßenseite setzt mit seiner Kuppel, auf der Nymphen einen gläsernen Globus halten, einen stupenden Blickfang am Newskij. Pawel

Greifenpaare an der Bankbrücke (Bankowskij most), die zu den schönsten Brücken Petersburgs zählt. Im Hintergrund der den Gribojedow-Kanal überspannenden Brücke ist die für St. Petersburg untypische Christi-Auferstehungs-Kirche zu erkennen

Sjusor hinterließ mit dem Bau des Geschäftshauses für die amerikanische Nähmaschinenfirma Singer eines der originellsten Beispiele des stil modern in St. Petersburg. Erstmals fand eine Eisenbetonkonstruktion bei der Errichtung des Hauses Anwendung, gleichsam Ausdruck des Interesses der Jahrhundertwende an der Ingenieurbaukunst und ihren bis zu diesem Zeitpunkt ungebräuchlichen Materialien.

Der Blick, der sich nun auf das dunkle Wasser des Gribojedow-Kanals bietet, dessen Flucht die in altrussischen Bauformen errichtete **Christi-Auferstehungs-Kirche (9,** *Chram Woskressenija)* begrenzt, könnte unwirklicher nicht sein. Das schönste Panorama bietet sich von der von goldenen Greifen gehaltenen Bankbrücke hinter der Kasaner Kathedrale: hier fügen sich die Säulen vor den gelb-weißen klassizistischen Fassaden, in deren Umgebung die volkstümliche Erlöserkirche mit kräftigen Farben und üppigem Schmuckwerk exotisch wirkt, zu einem einzigartigen Bild.

Die Auferstehungs-Kirche, die stilistisch keinerlei Verankerung in Petersburg hat, ist ein Memorialbau, der 1883–1907 nach dem Vorbild der Moskauer Basilius-Kathedrale an der Stelle des Attentats auf Alexander II. errichtet wurde. Daher rührt ihr Beiname ›auf dem Blut‹. Am 1. (13.) März wurde Alexander II. Opfer einer Bombe der *Narodnaja wolja* (Wille des Volkes), einer radikalen, sozialistisch orientierten politischen Gruppierung, der auch Lenins Bruder Alexander Uljanow angehörte. Das Bemühen um altrussische Bauformen für die Gedächtniskirche an den Zarenmord indiziert die tiefe Unsicherheit des autokratischen Systems zu Beginn des 20. Jh., in der auch die Beschwörung der Vergangenheit nicht mehr über die Rückständigkeit des politischen Systems und seine strukturellen Widersprüche hinwegtäuschen konnte. Der Innenraum, der wegen Restaurierungsarbeiten jahrzehntelang geschlossen war, ist nahezu gänzlich mit Mosaiken ausgekleidet und wurde als Museum für Mosaikkunst im Jahre 1997 wiedereröffnet.

Der **Glinka-Saal der Philharmonie (10,** *Malyj sal filarmonii imena Glinka)* am Newskij prospekt Nr. 30 schrieb mit Konzerten von Franz Liszt, Johann Strauß, Richard Wagner, Hektor Berlioz und Clara Schumann Musikgeschichte. Die berühmten Maskenbälle im Glinka-Saal boten Lermontow indes reichlich Stoff für seine Tragödie »Die Maskeraden« (1842). Umbauten des 19. Jh. veränderten den ursprünglich nach einem Entwurf Bartolomeo Rastrellis errichteten Saal leider bis zur Unkenntlichkeit.

Die **Katharinen-Kirche (11,** *Kostel swatej Ekateriny),* die gleich der Peterskirche in der Tiefe des Grundstücks liegt, ist ein Werk Jean-Baptiste Vallin de la Mothes und Antonio Rinaldis. Klare Rhythmen und eine klare Gliederung zeichnen den 1762–83 entstandenen Bau aus, dessen Hauptfassade als feierlicher Triumphbogen gestaltet ist, den zwei freistehende Säulen flankieren. Statuen der vier Evangelisten und von zwei Engeln, die ein Kreuz halten, schmücken die hohe Attika.

303

Platz der Künste

Durch die Michailowskaja uliza (Михайловская ул.), an der sich in ganzer Länge die Front des **Grand Hotel Europa (12)** entlangzieht, das von Fredrik Lidval 1910 im stil modern umgebaut wurde, gelangt man zum Platz der Künste (ploschtschad Iskusstw, пл. Искусств), an dessen einheitlicher Gestaltung in gelb-weißer Farbpräsenz die Handschrift Carlo Rossis abzulesen ist. Rossi schuf nicht nur dem Namen nach einen Platz der Künste, dem ein Puschkin-Denkmal in einem kleinen Park seine Mitte gibt: den Platz rahmen das Michael-Palais, das seit 1898 die Sammlungen des Russischen und Ethnografischen Museums birgt, die Petersburger Philharmonie sowie das kleine Operntheater im Westen. Im Haus Nr. 3 lebte der Maler **Isaak Brodskij,** der sich zunächst für Landschaften interessierte, später aber auf Parteilinie einschwenkte und sich als Lenin-Porträtist hervortat. In seiner Wohnung ist heute ein **Museum (13)** eingerichtet, das neben Bildern Brodskijs auch Arbeiten von anderen russischen Malern und die Wende des 19. zum 20. Jh. zeigt. Das berühmte künstlerische Kabarett ›Der streunende Hund‹ war 1913–15 zwei Häuser weiter in der Italjanskaja uliza Nr. 5 (Итальянская ул.) untergebracht. Unter der Leitung der Schauspielerin Vera Komissarschewskaja entwickelte sich hier ein schriller Treffpunkt von Künstlern und Literaten, dessen Stimmung Anna Achmatowa in ihren Erinnerungen eindringlich beschrieben hat.

Das **Kleine Operntheater (14,** *Malyj opernyj teatr)* errichtete Alexander Brjullow 1831 in stilistischer Anlehnung an die von Rossi vorgegebene Platzgestaltung. Der Innenraum des Theaters, in dem heute Ballettvorführungen und Opern stattfinden, ist ein Werk von Albert Cavos aus dem 19. Jh.

Michaels-Palais (15) …

Russische Plastik

In den Arbeiten Carlo Bartolomeo Rastrellis, der Vater des Barockbaumeisters, nimmt die russische Plastik ihren Ausgang, die ihre entscheidende Entwicklung im Klassizismus erfährt und mit den Werken eines Fjodor Schubin, Iwan Martos oder Wassilij Demut-Malinowskij durchaus westeuropäisches Niveau erreicht.

Das Michaels-Palais (*Michailowskij dworez)* beherrscht mit seiner strengen Festlichkeit den Platz der Künste. Ein hohes Schmiedeeisengitter grenzt den Ehrenhof zum Platz ab und lenkt über die vergoldeten Speerspitzen den Blick auf die Säulenordnung des korinthischen Portikus sowie auf die Dreiviertelsäulen der Flügelbauten. Die Fassade zum Michailowskij-Garten schmückt eine zwölfsäulige Loggia, deren Motiv die sechssäuligen Portiken mit Giebeln der Seitenrisalite fortführen. Carlo Rossi baute das Palais nach Art eines Landschlosses 1819–25 für den Großfürsten Michail Pawlowitsch, den jüngeren Bruder Alexanders I. Seine kunstsinnige Gemahlin organisierte hier häufig musikalische Soireen, deren Leitung Anton Rubinstein übernahm. Von der Pracht der ursprünglichen Innenausstattung geben allein das Vestibül mit der Paradetreppe sowie der mit Plafondmalerei und reichem Stuckwerk ausgestattete Weiße Säulensaal noch eine Vorstellung. Alle anderen Räume fielen dem Umbau zum Russischen Museum zum Opfer, das Nikolaus II. 1898 hier gründete. Um die Sammlungen russischer Kunst aufzunehmen, die bereits

St. Petersburg, Weg 4:
Newskij prospekt
und Umgebung

1 Wawelberg-Haus
2 Tschitscherin-Haus
3 Kotomin-Haus
4 Stroganow-Palais
5 Holländ. Kirche
6 Lutherische Kirche
7 Kasaner
   Kathedrale
8 Singer-Haus
9 Christi-Auferste-
   hungs-Kirche
10 Glinka-Saal der
   Philharmonie

11 Katharinen-Kirche
   (röm.-kath.)
12 Grand Hotel Europa
13 Brodskij-Museum
14 Kleines Opernthea-
   ter
15 Michaels-Palais
   (Russisches
   Museum)
16 Ethnografisches
   Museum
17 Haus der Peters-
   burger Adels-
   versammlung
   (Schostakowitsch-
   Philharmonie)

18 Stadtduma
19 Großer Kaufhof
20 Passage
21 Denkmal
   Katharinas II.
22 Russische Natio-
   nalbibliothek
23 Alexandra Fjodo-
   rowna-Theater
24 Waganowa-
   Ballettschule
25 Theatermuseum
26 Jelissejew-Haus
27 Anitschkow-Palais
28 Kabinett
29 Antischkow-Brücke

30 Belosselskij-Be-
   loserskij-Palais
31 Wladimir-Kirche
32 Markthalle/Dosto-
   jewskij-Denkmal
33 Dostojewskij-
   Museum
34 Rimskij-Korsakow-
   Museum
35 Nikolaus-Kirche
   (Arktis- und Ant-
   arktis-Museum)
36 Puschkinskaja 10
37 Moskauer Bahnhof
38 Haus der
   Schauspieler

Alexander III. zusammengetragen hatte, wurde 1914 noch ein Westflügel zum Gribojedow-Kanal angebaut, der nach seinem Baumeister
›Benois-Flügel‹ genannt wird.

… und die Sammlung des Russischen Museums

Mit 300 000 Exponaten ist das Russische Museum neben der
Moskauer Tretjakow-Galerie das bedeutendste Museum russischer
Kunst. Die Präsentation der Bildwerke richtet sich nach der Chrono-
logie ihrer Entstehung. Schmuckstück der Abteilung **altrussischer
Kunst** ist die Ikone »Der Engel mit dem goldenen Haar«, die älteste

**Russisches
Museum**

*Inschenernaja uliza
4/2
Tel. 81 23 14 83 68
Mi–So 10–18 (Mo
bis 17) Uhr, Tickets
bis eine Std. vor
Schließung*

Die Ikone »Engel mit dem goldenen Haar« (12. Jh.) ist die älteste Ikone der altrussischen Sammlung des Russischen Museums

Alexej G. Wenezianow (1780–1847) schuf in den 20er-Jahren des 19. Jh. Bilder mit bäuerlichen Sujets. Die in ihrer Komposition an Ikonen und Werken der Renaissance geschulte »Schnitterin« ist sein bekanntestes Werk

der Sammlung, die aus dem 12. Jh. stammt und noch deutlich byzantinische Züge trägt. In der leidenschaftlichen Expression des Engels, den offenbar Trauer umfängt, kündigt sich aber bereits eine russische Vorliebe für die Darstellung von menschlichen Seelenzuständen an. Von **Andrej Rubljow** stammen die Ikonen »Apostel Peter«, »Apostel Paul«, »Prophet Sophonie« sowie die Ikone »Mariä Reinigung«, die er gemeinsam mit Daniil Tschornyj 1408 für den Ikonostas der Uspenskij-Kathedrale in Wladimir geschaffen hatte.

Den Beginn profaner Malerei markiert in Russland die Porträtkunst, dessen herausragendster Vertreter **Iwan Nikitin** (1688–1741) war. Sein Bildnis Peters I. bekräftigt die Bewunderung, die der Maler für sein Gegenüber empfand. Zahlreiche andere Porträts im Russischen Museum bebildern gleichsam die russische Kulturgeschichte und verleihen ihr Anschaulichkeit.

Dem Maler **Fjodor Rokotow** (1736–1808) war es 1763 vorbehalten, erstmals ein Porträt von Katharina II. als lebendiges Gegenüber zu malen. Neben der Porträtmalerei, zu deren Vertretern **Dmitrij Lewitzkij** (1735–1822) und **Wladimir Borowikowskij** (1757–1825) gehören, zählt die Historienmalerei mit den Werken von **Anton Loschenko** (1737–73), **Fjodor Bruni** (1799–1875), **Karl Brjullow** (1799–1842) und **Alexander Iwanow** (1806–58) zu der favorisierten Bildgattung im 18. und 19. Jh. Die Landschaftsmalerei findet in der russischen Kunst ihren stärksten Widerhall bei **Semjon Schtschedrin** (1745–1804) und in den naturwahren Studien eines **Silwestr Schtschedrin** (1791–1830). Mitte des 19. Jh. löst die Genremalerei die Historienmalerei ab und entlarvt mit vorsichtig formulierter Kritik, oftmals in Form der Satire, gesellschaftliche Missstände. Über drei Jahrzehnte dominierten nun die Werke der ›Wanderer‹ das russische Kunstleben, die sich gegen den Akademismus in der Kunst wandten und auf eine national gestimmte Kunst setzten, die im Werk des größten russischen Realisten, **Ilja Repin,** schließlich ihren Höhepunkt findet. Seine Fähigkeit der psychologischen Durchdringung zeigt sich eindrucksvoll in den »Porträts des Komponisten Alexander Glasunow« oder dem »Bildnis Lew Tolstojs« (1901). Die russische Malerei der Jahrhundertwende schließlich, die im Russischen Museum mit Werken von **Michail Wrubel** (1856–1910) und einigen Gemälden der Künstler der ›Welt der Kunst‹ *(Mir is-kusstwa)* vertreten ist, bricht die realistische Tradition auf. Dabei findet eine Akzentverschiebung vom Inhaltlichen zum Formalen statt, die der Malerei der Avantgarde den Boden ebnet.

Die Sammlung der **Moderne** wurde vor wenigen Jahren mit zahlreichen Bildwerken aus dem Magazin des Russischen Museums erweitert. Die Zusammenstellung der Werke ist jedoch keineswegs repräsentativ für die Entwicklung der modernen Malerei, da wichtige Vertreter der Avantgarde ganz fehlen oder mit wenig aussagekräftigen Arbeiten vertreten sind. Zu sehen ist das noch impressionistisch geprägte Frühwerk von **Michail Larionow** (1881–1964), darunter ein stimmungsvoll flirrender »Garten«; von Alexander Kuprin sieht man ein sehr flächenhaftes »Stilleben mit einer schwarzen Flasche« (1917). **Nathan Altmann** ist mit seinem berühmten »Porträt Anna Achmatowas« (1915) und mit »Sonnenblumen« (1915) vertreten, und die Entwicklung von **Natalja Gontscharowa** dokumentieren zahlreiche Arbeiten, angefangen bei ihrem Frühwerk wie etwa der »Heuernte« (1907) bis zu den ab 1911 entstehenden *rayons*, gleichsam schilfartige Strahlenbündel, die sich prismatisch über die Fläche legen. Umfangreich ist das Werk von **Kasimir Malewitsch** vertreten; am Ende (oder Anfang?) ist das berühmte »Schwarze Quadrat« zu sehen.

Kasimir Malewitschs »Rotes Quadrat. Malerischer Realismus einer Bäuerin in zwei Dimensionen« (1925) begründete mit »Schwarzes Quadrat« (frühe 1920er) den sog. Suprematismus (von ›supremus‹, der Höchste): »Unter Suprematismus verstehe ich die Suprematie der reinen Empfindung in der bildenden Kunst. (...) Das schwarze Quadrat auf dem weißem Feld war die erste Ausdrucksform der gegenstandslosen Empfindung: das Quadrat = die Empfindung, das weiße Feld = das Nichts außerhalb dieser Empfindung.« (Kasimir Malewitsch, 1927)

Im Ostflügel des Michaels-Palais hat das **Ethnografische Museum** (**16**, *Etnografitscheskij musej*) seinen Sitz, das die Kultur der Völker auf dem Territorium der ehemaligen Sowjetunion vorstellt.

Petersburger Adelsversammlung (17)

An der Ecke des Platzes der Künste und der Michajlowskaja uliza gab die Petersburger Adelsversammlung *(Dworjanskoje sobranie)* 1834 ein Gebäude bei Paul Jaquot in Auftrag. Die Pläne für die Fassade hatte noch Carlo Rossi vorgelegt. Seit Mitte des 19. Jh. nutzte auch die Philharmonische Gesellschaft den Saal, der über eine außerordentlich gute Akustik verfügt. Nach der Oktoberrevolution und der Abschaffung des Adelsstandes wurde der mit korinthischen Säulen geschmückte Saal Sitz der Philharmonie, die seit 1976 den Namen des Komponisten der Leningrader Symphonie trägt. Noch heute wird jede Saison mit Dmitrij Schostakowitschs 7. Symphonie eröffnet.

Von der Stadtduma zum Ostrowskij-Platz

Gegenüber vom Grand Hotel Europa setzt der Feuerwachturm der **Stadtduma** (**18**, *Gorodskaja duma)* am mittleren Newskij einen eigenwilligen Akzent. Der 1799–1804 über einem rechteckigen Grundriss hochgezogene, mehrfach gestaffelte Turm, auf dem auch ein Spiegeltelegraf installiert war, wurde an das orangefarbene Gebäude der Stadtduma angebaut, das Quarenghi Ende des 18. Jh. errichtet hatte. 1804 bezog die Duma, der Petersburger Stadtrat, das lang gestreckte Gebäude. Katharina II. hatte die Duma 1785 ins Leben gerufen, gleichsam ein Organ städtischer Selbstverwaltung, dessen Handlungsspielraum aber in Wirklichkeit sehr begrenzt war, da viele städtische Angelegenheiten in die Kompetenzen der Magistrate fielen.

Wie in vielen anderen russischen Städten entstand 1761 auch in St. Petersburg ein **Großer Kaufhof** (**19**, *Bolschoj gostinnyj dwor)*, der mit 53 000 m^2 das Geviert zwischen dem Newskij, der Sadowaja uliza, (Садовая ул.), der uliza Lomonossowa (ул. Ломоносова) und der Dumskaja uliza (Думская ул.) einnimmt. Den Entwurf lieferte noch Bartolomeo Rastrelli, da sich das Bauvorhaben aber noch mehrere Jahre hinzog, blendete schließlich Vallin de la Mothe den Ladenreihen eine Fassade vor. Bei ihrer Gestaltung griff er auf offene Arkaden

Etnografisches Museum

*Inschernernaja uliza 4/1
Tel. 81 25 70 56 62
www.ethno museum.ru
Di–So 10–18 Uhr, Tickets bis eine Std. vor Schließung, am letzten Fr des Monats geschl.*

Tipp: Theaterkarten

Der kleine, 1797 von Rossi entworfe- ne Portikus zwi- schen der Duma und dem Gostinnyj dwor wurde nach dem Abriss in den 1960er-Jahren 1972 wieder aufgebaut. Seitdem ist hier die zentrale Theater- kasse unterge- bracht.

für beide Geschosse des Kaufhauses zurück, die er optisch mit Pila-stern verband. Umfangreiche Restaurationsarbeiten haben den ur-sprünglichen Charakter des Kaufhauses, das Ende des 19. Jh. stark verändert wurde, wiederhergestellt. Die gesteigerten Luxusbedürfnisse einer in den letzten Jahren entstandenen neuen Bourgeoisie haben den Großen Kaufhof wieder in ein Einkaufsparadies verwandelt.

Auf der gegenüberliegenden Straßenseite des Newskij erstreckt sich hinter einer von der italienischen Renaissance inspirierten Fassade die **Passage (20,** *passasch*), eine mit einem Glasdach überdeckte La-denstraße aus dem Jahre 1848, die den Newskij mit der Italjanskaja uliza verbindet.

Den **Ostrowskij-Platz** *(ploschtschad Ostrowskogo,* пл. Остров-ского) schmückt ein **Denkmal Katharinas II. (21),** mit dem Alexan-der II. 1837 seiner Bewunderung für die Zarin des aufgeklärten Ab-solutismus Ausdruck verlieh. In der Mitte thront Katharina II. im Staatsornat und Zepter in der Hand, als halte sie Hof für alle ihre ›Ad-ler‹, als welche ihre engsten Mitarbeiter galten. Um den Piedestal grup-pieren sich unter ihrem Emblem die Statuen Potjomkins, der Favorit, Alexander Suworows, der Feldmarschall in den Türkenkriegen 1768 und 1774, sowie Pjotr Rumjanzews, Oberbefehlshaber der russischen Truppen im Türkenkrieg 1770. Die folgende Gruppe bilden Alexan-der Besborodko, der Kanzler, Sekretär und Leiter der Außenpolitik in Auseinandersetzung mit dem Leiter der Kunstakademie und der Baukommission Iwan Betzkoj. Dem Puschkin-Theater zugewandt fin-den wir den triumphierenden Wassilij Tschitschagow, der Komman-dant der baltischen Flotte war, zusammen mit Admiral Grigorij Or-low, Liebhaber Katharinas und Sieger der Seeschlacht gegen die Tür-ken in der Bucht von Tschesme. Die Kunst während der Herrschaft Katharinas II. schließlich repräsentieren der Dichter und Sänger Gaw-ril Derschawin und die hochbegabte Fürstin Ekaterina Daschkowa, die 1783–1796 der Akademie der Wissenschaften als Präsidentin vor-stand.

Im Westen begrenzt die Front der **Russischen Nationalbibliothek (22,** *Russkaja nazionalnaja biblioteka)* den Platz, dem sie ihre Haupt-fassade zuwendet. Die Geschichte des lang gestreckten Baus zerfällt in drei unterschiedliche Bauphasen ab 1796. In der zweiten Bauphase, etwa von 1828 bis 1834, schuf Carlo Rossi in stilistischer Abstimmung auf das ebenfalls zu dieser Zeit entstandene Alexandra-Fjodorowna-Theater einen ihm zugewandten Trakt, dem eine ionische Loggia mit 18 vorgestellten Säulen noble Zurückhaltung verleiht. Die Statuen von antiken Gelehrten und Dichtern deuten auf die Nutzung des Gebäu-des als Bibliothek. 27 Mio. Bücher und Zeitschriften zählen zu ihrem Bestand, darunter die 7000 Bände umfassende Bibliothek Voltaires, die Katharina II. nach seinem Tode erwarb, sowie zahlreiche mittelal-terliche Handschriften und kostbare Wiegendrucke.

Der architektonische Blickfang des Ostrowskij-Platzes ist Rossis **Alexandra-Fjodorowna-Theater (23,** *Alexandrinskij teatr)* mit dem für seine Handschrift charakteristischen dekorativen Prunk. Großar-

tig thront es am Kopf des Platzes bzw. am Ende der Rossi-Straße. Die theatralisch wirkende Hauptfassade zum Ostrowskij-Platz akzentuiert eine Loggia, die von zwei Nischen flankiert wird, in denen Statuen der Musen Melpomene (Schauspiel) und Terpsichore (Tanz) den inhaltlichen Anschluss an die Funktion des Gebäudes vollziehen. Den sichern auch die Skulpturengruppe der Attika mit der Quadriga Apollons sowie der mit tragischen und komischen Masken geschmückte Fries, der den rechteckigen Bau umgurtet. Die Seitenfassaden beleben achtsäulige Portiken.

Seine Fähigkeit, strenge und zugleich großzügige Gesamtkonzeptionen mit vielfältigen Detaillösungen zu verbinden, offenbarte Rossi auch mit der Anlage der nach ihm benannten **Rossi-Straße** *(uliza sodtschego Rossi,* ул. содчего Росси*)*. Von der Rückfront des Theaters bis zum Lomonossow-Platz an der Fontanka schuf Rossi einen Korridor, in dem er zwei 220 m lange, 22 m breite und 22 m hohe Gebäude gegenüberstellte. In der strengen Regelmäßigkeit dieses Straßenzugs, der alles, was das Leben an Asymmetrien bereit hält, außen vor lässt, konzentriert sich der steife, bürokratische und formelle Geist St. Petersburgs, der den Moskauern so verhasst ist. Die Säulenstraße des antiken Palmyra war Rossi Anlass zur Konzeption einer antiken Bauprinzipien verpflichteten Straße in St. Petersburg, wo man laut Gogol »plötzlich bis an das Ende der Welt sehen konnte«. 23 Paare dorischer Halbsäulen auf einem hohen, von Arkadenbögen durchbrochenen Sockel, geben beiden Fassaden einen gleichläufigen Rhythmus, der den Spaziergänger durch die Rossi-Straße begleitet. Ihre unterkühlte Strenge schuf gleichsam das passende Ambiente für die **Waganowa-Ballettschule (24),** die hier ihren Sitz hat und aus der bedeutende Tänzer wie Nischinskij oder die Pawlowa hervorgingen.

Theatermuseum

*Poschtschad
Ostrowskogo 6
Tel. 81 25 71 21 95
www.theatre
museum.ru
Sa–So 11–18, Mi
13–19 Uhr*

Im alten Wohnhaus des Theaterdirektors am Ostrowskij-Platz 6 hat die zweite Etage das **Theatermuseum (25,** *Teatralnyj musej)* bezogen, dessen liebevoll präsentierte und von drei ganz der Schauspielkunst ergebenen alten Damen gehütete Sammlung anhand von Requisiten, Modellen, Fotografien, Plakaten und Zeichnungen die Entwicklung des Theaters in St. Petersburg dokumentiert.

An der Ecke des Newskijs zur Malaja Sadowaja uliza liegt die Petersburger **Filiale des Feinkosthändlers Jelissejew (26),** die der Architekt Gawriil Baranowskij 1902 mit einer überbordenden Fülle an Dekor im stil modern ausstattete. Die Skulpturen der Jugendstilfassade symbolisieren die fruchtbare Verbindung des Handels mit der Kunst und den Wissenschaften zu Beginn des 20. Jh. Baranowskij schuf 1909–15 auch den Buddhistischen Tempel am Primorskij prospekt 91. In seiner Architektur, die glasierter und vergoldeter Dekor bereichern, folgt der Tempel tibetischen Vorbildern.

Von der Anitschkow-Brücke die Fontanka entlang

Am Ufer der Fontanka, der alten Stadtgrenze St. Petersburgs, gab Elisabeth I. 1741 bei dem Barockbaumeister Michail Semzow einen Palast in Auftrag. Der Architekt starb jedoch noch vor der Fertigstellung des Palais. In den folgenden Jahrhunderten hat das nach der nahen Brücke benannte **Anitschkow-Palais (27,** *Anitschkow dworez)* insgesamt sieben gravierende Um- und Anbauten erfahren. Von dem Ursprungsbau, der bereits 1745 wieder verändert wurde, sind daher nur einige Fragmente erhalten. Ein geschlossenes architektonisches Bild kommt so leider nicht mehr zustande. Stassow blendete dem Palais eine zur Fontanka gewandte Fassade im Stil des Frühklassizismus vor.

**Die Günstlinge
der Zarinnen**

*Ebenso verschlungen
wie seine Bauge-
schichte gestalten
sich auch die Eigen-
tumsverhältnisse des
Anitschkow-Palais,
das ein beliebtes Prä-
sent der Zarinnen an
ihre Liebhaber war.
Eliabeth schenkte es
ihrem Favoriten Alexej
Rasumowskij, Katha-
rina II. beehrte Pot-
jomkin mit dem Palast,
der ihn jedoch in
finanzieller Bedräng-
nis verkaufte, worauf-
hin Katharina den Bau
zurückerwarb und
abermals Potjomkin
schenkte, der dreist
genug war, ihn wieder
zu Geld zu machen.*

Von Giacomo Quarenghi stammt das 1805 vollendete **Kabinett (28)** im Park des Anitschkow-Palasts, das dessen Wirkung erheblich beeinträchtigt und die Sicht auf ihn fast völlig verstellt. Carlo Rossi fügte schließlich noch einen Gartenpavillon hinzu und einen halbrunden Flügel im Südwesten des Palastes, den sowohl Nikolaus I. als auch Alexander III. dem Winterpalast als Wohnstatt vorzogen. 1935 fand der letzte Umbau statt und machte aus dem Anitschkow-Palast den ›Palast der Pioniere‹.

Die **Anitschkow-Brücke (29,** *Anitschkow most,* Аничков мост), die wohl die prächtigste im ›Venedig des Nordens‹ ist, geht auf einen Entwurf von 1839 zurück. Bereits 1715 ist hier eine hölzerne Brücke über die Fontanka belegt, die unter der Leitung Oberstleutnant Michail Anitschkows entstand. Das maritime Geländer der heutigen, dreibogigen Steinbrücke mit Seepferdchen, Meerjungfrauen und Delfinen ist ein Werk Karl Brjullows, der es in stilistischer Anlehnung an Schinkels Berliner Schlossbrücke schuf. Zu einer weltweiten Attraktion wurde die Brücke aber erst mit den vier Rossbändiger-Figuren des Bildhauers Peter Klodt, die den Zähmungsprozess eines Pferdes

darstellen, der in der dramatischen ersten Annäherung vor dem Anitschkow-Palais beginnt und schließlich in die Freundschaft zwischen Mensch und Tier mündet. Die vierte Skulptur, die Pferd und Mensch in trauter Eintracht zeigt, stellt den ideologischen Bezug zur Stadt her: Die Pferdedecke hat sich nun in ein Löwenfell verwandelt, das Löwenfell des russischen Herakles Peters des Großen, der beim Bau St. Petersburgs sowohl die widrige Natur des Newa-Deltas als auch seine politischen Widersacher bezwang und zähmte. 1850 hatte Klodt alle Bronzeskulpturen für die Anitschkow-Brücke fertiggestellt. Die zunächst gefasste Idee zweier Paare hatte er dabei zugunsten vier einzelner Darstellungen des Zähmungsprozesses verworfen, was für St. Petersburg zum Glücksfall wurde. Besonders effektvoll nehmen sich die Rossbändiger vor der kirschroten, mit Atlanten geschmückten Fassade des **Palais Belosselskij-Beloserskij (30)** aus, einem prachtvollen Bau, den das 19. Jh. dem Newskij hinterließ.

Im Anschluss an die Anitschkow-Brücke prägen vor allem das späte 19. Jh. und frühe 20. Jh. den Newskij. Rechter Hand zweigt nach etwa 400 m der Wladimirskij prospekt (Владимирский пр.) ab, der nach der 1761 errichteten **Wladimir-Kirche (31,** *Wladimirskaja zerkow)* benannt ist. Das Viertel rund um die Kirche ist eines der belebtesten der Stadt dank eines bunten **Obst- und Gemüsemarktes** am Kusnetschnyj pereulok (Кусночный пер.), vor dem Bauern und Datschabesitzer aus der Umgebung Kefir, Hühner, Blumen, Dill oder Honig verkaufen. Das Angebot in den Markthallen indes bereichern zahlreiche

Ein Rossebändiger vor dom Belosselskij-Beloserskij-Palais: Die Rossebändiger Peter Klodts stießen in ganz Europa mit ihrer eindringlichen Expressivität auf Bewunderung, sodass sich Nikolaus I. veranlasst sah, ein Paar seinem Schwager Wilhelm IV. von Preußen zu vermachen, der die Pferdezähmer 1842 vor dem Berliner Schloss platzierte. Ein weiteres Paar ging 1846 an den Hof von Neapel

kaukasische Händler mit Nüssen, Trockenfrüchten sowie Südfrüchten. Die südlich des Newskijs gelegene Gegend war immer schon ein Wohnviertel für ›Arme Leute‹, denen Dostojewskij, der selbst eine Wohnung hier bezog, seinen ersten Roman widmete. Die Straßennamen erinnern noch an all die Köche, Schneider, Schmiede und Stallknechte des Hofes, die hier lebten.

Der Baumeister der Wladimir-Kirche, einer barocken Fünf-Kuppel-Anlage über einem kreuzförmigen Grundriss, ist nicht überliefert, die Schlichtheit des Baus legt aber Domenico Trezzini als Schöpfer der Baupläne nahe. Der freistehende **Glockenturm** entstand 1783 in klassizistischem Stil nach Plänen von Quarenghi; Luigi Rusca erhöhte ihn 1848 um ein weiteres Geschoss auf vier Etagen, davon zwei Oktogons, auf denen wiederum zwei Rotunden aufsitzen.

Der **Innenraum** unterteilt sich in eine obere, kalte Kirche und in eine untere, warme Kirche. Lange Zeit zweckentfremdet, sind beide Gemeinderäume aber noch nicht vollständig wiederhergestellt.

Über die Puschkinskaja zum Moskauer Bahnhof

An der Ecke der **Markthalle (32)** wurde 1997 ein **Denkmal für Dostojewskij** aufgestellt, um das sich einige heftige Debatten entzündet hatten, da es, nach Meinung vieler, zu konventionell ausgefallen war. Die Typen, die sich hier versammeln, scheinen indes geradewegs den Romanen Dostojewskijs entsprungen.

Wie alle seine Wohnungen, war auch Dostojewskijs letzte Wohnstatt in St. Petersburg am Kusnetschnyj pereulok 5/2 (Куснечный пер.) ein Eckhaus in der Nähe einer Kirche. Die Gasse bot mit ihren zwielichtigen Gestalten viel Stoff für die Romane des Romanciers. 1878 war Dostojewskij in die Sechs-Zimmer Wohnung gegenüber dem

Den Witebsker Bahnhof sollte man nicht nur für einen Ausflug zu den prächtigen Zarenresidenzen Pawlowsk und Zarskoje Selo aufsuchen: Der 1902–04 erbaute Bahnhof zählt zu den schönsten Zeugnissen des Jugendstils in Petersburg. Achtung: Der Ticketschalter für die ›elektrischka‹ befindet sich außerhalb der Schalterhallen am Winokurtschewskij projesd

Markt eingezogen, die man nach Zeichnungen und Fotografien rekonstruiert hat und von der man sogar die Tapeten nachfertigen ließ. Das **Dostojewskij-Museum (33,** *Musej Dostojewskogo)* bewahrt neben einigen Dingen aus dem persönlichen Besitz des Dichters eine Fülle von aufschlussreich präsentiertem Material, das das gesamte literarische Leben des 19. Jh. im Umfeld des Romanciers dokumentiert. Am Schreibtisch im Arbeitszimmer schrieb Dostojewskij bei viel schwarzem Tee und Papyrossis »Die Brüder Karamasow« (1879/80).

Am Sagorodnyj prospekt 28 (Загородный пр.), der an den Wladimirskij prospekt anschließt, ist in der ehemaligen **Wohnung Nikolaj Rimskij-Korsakows (34)** ein Museum eingerichtet, in dem von September bis Mai auch Konzerte stattfinden.

An der Ecke von Kusnetschnyj pereulok und uliza Marata (ул. Марата) liegt die **Nikolaus-Kirche der Altgläubigen (35),** die zu Beginn des 19. Jh. entstanden war. Die *raskolniki* waren seit Peter dem Großen, der in die ideologische Auseinandersetzung um den rechten Glauben längst nicht mehr involviert war, wieder in Russland geduldet, mussten aber doppelt hohe Steuern zahlen. 1934 wurde die Kirche aber zu einem Museum umgebaut, das die Arktis- und Antarktissammlungen Russlands aufnahm, die zu den bedeutendsten der Welt gehören.

Folgt man dem Kusnetschnyj pereulok weiter, gelangt man zur Puschkinskaja uliza (Пушкинская ул.), die in den Jahren nach der Auflösung der Sowjetunion eine legendäre Adresse für russische Subkultur war. 1989 hatte eine Gruppe von Künstlern den Häuserblock der **Puschkinskaja 10 (36)** besetzt und in einem zermürbenden Kampf mit der Stadtverwaltung vorübergehend Bleiberecht ausgehandelt. Über 150 Künstler und Musiker fanden hier Wohn-, Arbeits- und Ausstellungsräume, darunter einige international bedeutende Künstler wie Timor Nowikow oder Sergej Bugajew, der unter dem Pseudonym ›Afrika‹ Wirklichkeiten inszeniert. Einen Teil des Anwesens in der Puschkinskaja 10 konnten die Künstler nach der Renovierung halten, man betritt das Gebäude über den Ligowskij prospekt 53 (durch den Innenhof). In dem Künstlerhaus sind neben zahlreichen Ateliers und einigen Musikclubs mehrere Museen untergebracht, die die Geschichte der inoffiziellen Kunst dokumentieren sowie die Entwicklung der Kunstrichtung ›Neue Akademie‹.

Nur wenige Gehminuten verbleiben von hier bis zum **Snamenskaja-Platz** *(Snamenskaja ploschtschad,* снаменская пл.), der bis vor kurzem noch Platz des Aufstandes hieß und an die Weigerung der zaristischen Truppen erinnerte, eine Demonstration streikender Arbeiter durch Schüsse aufzulösen. Die Truppen schlossen sich vielmehr der Kundgebung vom 26. Februar (11. März) 1917 an. Seinen einzigen Schmuck findet der verkehrsreiche Platz im **Moskauer Bahnhof (37,** *Moskowskij woksal),* der nach Plänen von Konstantin Thon 1843–51 errichtet worden war. Die Fassade beleben doppelte korinthische Säulen; ein zweigeschossiger Uhrenturm, der dem Bau ein wenig Romantik verleiht, akzentuiert ihre Mitte. 1851 wurde der Zugverkehr zwischen St. Petersburg und Moskau aufgenommen.

Dostojewskij-Museum

*Kusnetschnyj pereulok 5
Tel. 81 25 71 40 31
www.md.spb.ru
Di–So 11–18 (Tickets bis 17.30) Uhr*

Rimskij-Korsakow-Museum

*Sagorodnyj prospekt 28
Tel. 81 27 13 32 08
Mi–So 11–18 Uhr,
am letzten Fr im Monat geschl.*

Fjodor Dostojewskij

1881 wurde in der Wladimir-Kirche für Dostojewskij das Totenamt gehalten. Der Romancier gehörte einem der Petersburger Geheimbünde an, die sich während der Regierungszeit Nikolaus' I. formiert hatten und auf der Grundlage des französischen Frühsozialismus eine neue Gesellschaftsordnung für Russland diskutierten. Einmal wöchentlich trafen sich die revolutionär gesinnten Intellektuellen bei Michail Petraschewskij und berieten über Reformen. 1849 flog der Zirkel auf. Dostojewskij wurde nach einer Scheinhinrichtung schließlich begnadigt und nach Sibirien verbannt.

Vom Alexander-Newskij-Kloster zum Taurischen Palais

Alexander-Newskij-Kloster

Am Ende des Alten Newskijs liegt das Alexander-Newskij-Kloster, das dem Prospekt seinen Namen gab. Alexander Newskij, Fürst von Nowgorod und Wladimir, ist ebenso Nowgorods wie St. Petersburgs Schutzheiliger. Diese Gemeinsamkeit der beiden Städte war gesucht, wollte Peter der Große doch einen historischen Bezug zu seiner eigentlich geschichtslosen Stadt im Newa-Delta herstellen. Dabei kam es ihm gelegen, dass Alexander Newskij 1240 am Ufer der Newa einen entscheidenden militärischen Schlag gegen die vordringenden Schweden ausgefochten hatte. Nachdem auch Peter I. in der Schlacht von Poltawa 1709 gegen die Schweden gesiegt hatte, gründete er im Jahre 1710 das Kloster. 1724 ließ er die Gebeine des Nowgoroder Fürsten aus Wladimir nach St. Petersburg überführen, die in einem silbernen Reliquienschrein in der Mariä-Verkündigungs-Kirche aufbewahrt wurden, heute aber zum Bestand der Eremitage gehören.

Mit der Projektierung des Alexander-Newskij-Klosters hatte Peter der Große seinen favorisierten Architekten Domenico Trezzini beauftragt. Die Bauarbeiten sollten sich jedoch das ganze 18. Jh. hinziehen, weshalb man wohl eher von einer kollektiven Schöpfung sprechen muss, die sich aber durchaus zu einem einheitlichen Bild fügt. Die erste Bauphase prägt der nüchtern-schlichte Barockstil Trezzinis, den Michail Rastorgujew, der 1753 die Leitung des Baukontors im Kloster übernahm, um kraftvolle plastische Formen bereicherte, die ein intensives Spiel mit Licht und Schatten inszenieren. Seine Handschrift tragen die Treppenanbauten der Fjodor- und Verkündigungs-Kirche sowie das Metropolitenhaus, dessen ursprüngliche Architektur durch Umbauten im 19. Jh. wesentlich entstellt wurden. Auch die leicht geschwungenen Seitentrakte, der Seminartrakt im Süden und der Hostientrakt im Norden, gehören zu seinen Schöpfungen. Die dritte Bauphase bestimmen die Pläne des russischen klassizistischen Baumeisters Iwan Starow, nach denen sowohl der runde Vorplatz des Klosters und die Torkirche als auch die Dreifaltigkeits-Kathedrale angelegt wurden.

Die malerische Silhouette der rot-weißen Klosteranlage verdankt sich vor allem den schlanken **Seitentürmen.** Ihre Kuppeln krönen zierliche Tambours, auf denen dekorative, goldene Zwiebelkuppeln aufsitzen. Unwillkürlich drängen sich Parallelen zu den Klosterbauten des 17. Jh. auf, die belegen, dass die alten nationalen Traditionen um die Mitte des 18. Jh. auch in St. Petersburg wieder Anwendung fanden. Mit dem ersten Schritt durch die **Torkirche (1)** Starows scheint man eine gleichsam abgeschiedene Welt zu betreten. Der Lärm des Autoverkehrs ist nun weit weg, und das Grün der Bäume ist den Augen eine willkommene Abwechslung.

Paul I. erhob das Kloster 1797 zur ›lawra‹, einem mit besonderen Privilegien ausgestatteten Kloster, zu dessen Besitz riesige Ländereien samt Dörfern und Bewohnern gehörten sowie zahlreiche Petersburger Stadtpalais. Auch der Verkauf von den hier sehr gefragten Grabplätzen entwickelte sich für das Kloster zu einem lukrativen Geschäft. Ein Rundgang über den Tichwiner Friedhof vergegenwärtigt die russische Kultur des 19. Jh. in teilweise aufwendig gestalteten Grabmälern. Hier befinden sich die letzten Ruhestätten Tschaikowskijs, Glinkas, Rimskij-Korsakows, Mussorgskijs, Borodins, Cuis, Rubinsteins, des Malers Boris Kustodiew, Dostojewskijs sowie Georgij Towstonogows, des bedeutenden Theaterregisseurs, der 1989 Aufnahme in den Kreis der ›Unsterblichen‹ fand.

Im Norden der Anlage liegen vor dem Monastyrka-Kanal linker Hand der **Lazarus-Friedhof (2)** des 18. Jh., auf dem wir zahlreiche Gräber der Petersburger Architekten, Adeligen und Künstler sowie Gelehrten finden. Den **Tichwiner Friedhof (3)** auf der rechten Seite, der im 19. Jh. als Erweiterung angelegt wurde, verwandelte man Ende der 40er-Jahre des 20. Jh. in die ›Nekropole der Meister der Kunst‹, woraufhin zahlreiche Grabstätten aus anderen Orten hierher verlegt wurden.

Die eigentliche Klosteranlage erreicht man über eine kleine Brücke, die sich über die Monastyrka spannt. Souvenirverkäufer bieten hier Andenkenkitsch an, neben dem Bettler kauern und auf die Mildtätigkeit der Touristen hoffen.

Man stößt zunächst auf die **Mariä-Verkündigungs-Kirche (4,** *Blagoweschtschenskaja zerkow)*, die älteste, 1717 nach Plänen Trezzinis entstandene Kirche des Klosters. In stilistischer Verwandtschaft zu ihr entstanden im Südosten der Anlage die **Fjodor-Kirche (5)** und zwei Ecktürme im Nord- und Südwesten. Die Eckpunkte verbinden zweigeschossige, an Galerien erinnernde Bauten zu einem geschlossenen Rechteck.

Besonders prachtvoll fiel das **Metropoliten-Haus (6)** aus, das Michail Rastorgujew bis 1759 im Westen baute. Halbsäulen und Pilaster zwischen den Fenstern und den Fensterrahmungen sowie verkröpfte Gesimse verleihen dem enorm lang gestreckten Gebäude einen pittoresken Akzent. Das 19. Jh. veränderte aber leider nicht nur den Außenbau, sondern auch die Inneneinrichtung, von deren ursprünglich prachtvoller Eleganz heute allein noch der Empfangssaal kündet.

Dreifaltigkeits-Kathedrale (7)

Im Zentrum der Klosteranlage liegt die Dreifaltigkeits-Kathedrale *(Troizkij sobor)*, die Iwan Stassow 1778 im Stil des Frühklassizismus als monumentales Grabdenkmal für Alexander Newskij schuf. Bis zur Errichtung der Isaaks-Kathedrale 1768 war sie die größte Kirche der Stadt. Nähert man sich ihr über den Klosterweg, kündigt sie sich durch ihre mächtige Kuppel an – eine Wirkung, die Stassow durchaus beabsichtigte. Auch die **Fassadengestaltung** fällt durch schlichte Eleganz auf, die es wiederum der großen Rippenkuppel mit Laterne überlässt, den nachhaltigsten Akzent zu setzen. Die nach Westen gewandte Hauptfassade mit zwei quadratischen, gedrungen wirkenden Glockentürmen betont ein sechssäuliger Portikus mit Frontgiebel.

Das **Innere** ist klassizistische Raumwirkung in reinster Form: klar, gar von geometrischer Strenge, in der Beschaffenheit der Materialien exklusiv, vom Licht durchflutet. Der aus Carraramarmor und rotem sibirischem Achat gefertigte Ikonostas mit vergoldeten, geschnitzten Pforten nimmt Kopien von Werken europäischer Maler auf, darunter solche von Rubens und van Dyck.

Smolnyj-Kloster

Im Norden des Alexander-Newskij-Klosters entstand ebenfalls an der Newa auf Veranlassung Elisabeths I. 1748 das Smolnyj-Auferstehungs-Kloster *(Woskressenskij Smolnyj monastyr)*. An der Flussbiegung lag zuvor der Teerhof *(smola* = Teer), der dem Gebiet seinen Namen gab und diesen für den Schiffsbau unentbehrlichen Werkstoff lieferte.

1748 beauftragte Elisabeth I. ihren Hofarchitekten Rastrelli mit dem Bau eines Klosters an der Flussbiegung, in das sie sich in hohem Alter zurückziehen wollte. Dazu sollte es nicht mehr kommen, denn als sie 1761 starb, waren weder die Kathedrale noch die Klosterbauten fertiggestellt. Katharina, die Rastrelli nicht schätzte, ließ die Bauarbeiten ohne Architekten, aber nach den ursprünglichen Plänen, fortführen. Allein ein von Rastrelli geplanter 140 m hoher Glockenturm wurde nicht mehr verwirklicht. Die nach den Türkenkriegen leeren Staatskassen brachten die Bauarbeiten jedoch immer wieder ins Stocken. Erst 1835 vollendete Wassilij Stassow die Kathedrale im Sinne Rastrellis. Dem Innenraum gab er allerdings ein klassizistisches Gepräge.

Das Smolnyj-Kloster zählt zu den grandiosesten Werken Rastrellis, in dem westeuropäische und russische Stiltendenzen zu einer besonders harmonischen Verbindung finden. In der Anlage zeigt das Kloster eine konzeptionelle Verwandtschaft zum Alexander-Newskij-Kloster: Die Eckpunkte des der Anlage zugrunde liegenden Quadrats betonen vier kleine Kirchen, die stilistisch auf die Kathedrale in der Mitte bezogen sind. Die eleganten Ecktürme der Umfassungsmauer bereiten ebenfalls die starke Aufwärtsbewegung des ganzen Ensembles vor, die in einem leider nicht mehr realisierten Glockenturm kulminieren sollte. Das gleichmäßige Anwachsen der Bauteile zur Mitte hin kulminiert in der großen Kuppel der Kathedrale.

Die **Auferstehungs-Kathedrale (8,** *Woskressenskij sobor),* ein Meisterwerk, vor dem Quarenghi jedesmal im Vorbeigehen den Hut gezogen haben soll mit dem Ausruf: »Welch eine Kirche!«, suggeriert den Eindruck einer selbst für Rastrelli ungewöhnlichen Dynamik, die in einem mächtigen Baukörper aufgeht. Über dem palastähnlichen, die Kräfte bündelnden Unterbau erhebt sich die dynamisch nach oben strebende Fünf-Kuppel-Anlage. Die Seitentürme zog Rastrelli sehr nah an die Mittelkuppel, wodurch er ihr eine außerordentliche Wucht verlieh. Bereits im Unterbau schaffen gebündelte Säulen und Pilaster eine stark vertikale Bewegung, die jedoch von breit aufgefächerten Gesimsen optisch gebremst wird. Der Innenraum der Kathedrale wurde für Ausstellungen genutzt, daher ist die ursprünglich klassizistische Ausgestaltung nicht mehr erhalten. Heute finden hier Konzerte statt.

Im Süden des Klosters schuf Giacomo Quarenghi 1806–08 ein separates Schulgebäude, das **Smolnyj-Institut (9),** dessen Hauptfassade ein ionischer Portikus akzentuiert. Die strenge klassizistische Formensprache steht in starkem Kontrast zum barocken Klosterensemble. Im Sommer 1917 verlegten die Petrograder Arbeiter- und Soldatenräte ihren Sitz vom Taurischen Palais in das ›Institut für adelige Töchter‹. Die

Die Auferstehungs-Kathedrale des Smol-nyj-Klosters gilt als Bartolomeo Rastrellis Meisterwerk. Die Gliederung der Fassade durch Vorbauten, Säulen und Pilaster, die die mit aufgesetzten Giebeln geschmückten Fenster rahmen, verleiht den unteren Geschossen eine Beschwingtheit, die das Blau noch betont

Aula diente nun als Sitzungssaal. Bis zur Verlegung des Regierungssitzes nach Moskau, fanden im Smolnyj-Institut alle Zusammenkünfte der Sowjetregierung statt. Lenin hatte sogar mit seiner Frau Nadeschda Krupskaja ein Zimmer im Westflügel bezogen, das bis 1991 als Lenin-Museum zugänglich war. Nach dem Wechsel der Regierung nach Moskau diente das Gebäude bis 1991 als örtliche Zentrale der KPdSU.

Kikin-Palast

Der rot-weiße **Kikin-Palast (10,** *Kikina palata)* in der nahen Schpalernaja uliza (Шпалерная ул.) zeigt in seiner Architektur die charakteristische Formensprache der ersten Petersburger Bauperiode mit Pilastern, glatten Lisenen und Volutengiebeln. Die Pläne für das 1714 entstandene edle Palais mit einer schön geschwungenen **Freitreppe** lieferte Andreas Schlüter. Auftraggeber war Alexander Kikin, ein Staatsbeamter und Vertrauter des Zarewitsch, den Peter der Große ebenfalls der Verschwörung gegen sich verdächtigte und 1718 hinrichten ließ. Die *palata* (Gemach) seines Beamten nutzte er als Museum für die Raritätensammlungen, die nach dem Bau der Kunstkammer auf die Wassilij-Insel überführt wurden.

Taurisches Palais

Umgeben von einem bei den Petersburgern beliebten Landschafts-park mit Teichen und Kanälen liegt westlich des Smolnyj-Klosters das **Taurische Palais (11,** *Tawritscheskij dworez),* eines der Meisterwerke des russischen Klassizismus, das St. Petersburg der Freigebigkeit Katharinas II. verdankt. 1783 beauftragte sie Iwan Starow mit dem Bau eines klassizistischen Palastes, den sie ihrem Liebhaber Grigorij Potjomkin schenken wollte. Potjomkin war seit 1784 Regent der ein Jahr zuvor annektierten Krim, mit deren Eroberung Katharina II. einen alten expansiven Traum Russlands verwirklicht hatte. Das Gebiet am Ufer des Schwarzen Meeres hatten die Griechen als ›Tauris‹ bezeichnet, ein Name, den die Russen übernahmen. Für Potjomkins vielfältige Aktivitäten beim Anschluss der Krim an Russland, zu denen man wohl auch die sogenannten **Potjomkinschen Dörfer** zählen darf, bedankte sich die Zarin bei ihrem zum ›Fürsten von Taurien‹ avancierten Liebhaber mit dem Taurischen Palais. Starow hatte einen nahezu asketischen Bau von edler Zurückhaltung geschaffen. Strenge, rechteckige Fenster geben den gelb verputzten glatten Mauern ihren Rhythmus, vor denen sich im Mitteltrakt die weißen Säulen des dorischen Portikus abheben. Das glatte Giebelfeld leitet den Blick weiter zur großen **Kuppel,** die auf einem kurzen, von Fenstern durchbrochenen Tambour aufsitzt. Kein überflüssiges Detail stört hier den Eindruck wohlgeformter klassischer Ideale. Die Flügelbauten, die Starow bis zur Fluchtlinie der Straße vorzog, wenden ihre viersäuligen Portiken dem Ehrenhof zu.

Die **Innenräume,** die leider im 19. und zu Beginn des 20. Jh. stark verändert wurden, riefen bei den Zeitgenossen große Bewunderung hervor. Der Wintergarten, in dem nach Derschawin die Kunst mit den Reizen der Natur stritt, wurde nach der bürgerlichen Revolution von 1905 zum Sitzungssaal der Duma umgebaut. 1917 wurde das Taurische Palais für kurze Zeit Sitz der Arbeiter- und Soldatenräte.

Grigorij Potjomkin

Der Dichter Gawriil Derschawin nahm an den Feierlichkeiten Potjomkins im April 1791 anlässlich der Eroberung weiterer türkischer Gebiete teil und brachte die großartigen Raumfindungen Starows auf die bündige Formulierung: »Der Geist schwimmt in Wohlgefühl.«

Sehenswürdigkeiten außerhalb der Innenstadt

Inseln im Nordwesten des Newa-Deltas

Hinter der Petrograder Seite liegen im Nordwesten des Petersburger Stadtgebietes drei kleine Inseln, umflossen von der Bolschaja, Srednaja und Malaja newka: die Krestowskij-, die Jelagin- und die Kamennyj-Insel. Mit ihren Grünanlagen und romantischen Parks sind sie ein beliebtes Naherholungsziel der Petersburger, das man mit der Metro (Station: *Tschornaja retschka)* erreichen kann.

Überblickskarte Umgebung von St. Petersburg S. 322

Die Inseln, die heute zum Zentrum St. Petersburgs gehören, zogen erst in der zweiten Hälfte des 18. Jh. das städtebauliche Interesse auf sich. Unter Katharina II. ließ sich der hohe Petersburger Adel in den früheren Jagdgründen Peters des Großen Landvillen errichten. Darüber hinaus entstanden einige Sommerresidenzen der Zaren. Nach der Oktoberrevolution verwandelten die Bolschewiki die Datschen und Adelsvillen in Sanatorien und Erholungsheime, die Russlands neue *upper class* heute teilweise wieder erworben haben.

Auf der **Stein-Insel (1,** *Kamennyj ostrow)* entstand 1776–81 auf Veranlassung Katharinas II. ein Palast für ihren Sohn Paul. Die nach Plänen von Baschenow und Jurij Felten errichtete Sommerresidenz gehörte zu den bevorzugten Domizilen Alexanders I., der Stassow 1801 mit einem Umbau beauftragte. Heute dient der Kamennoostrowskij-Palast, den ein Portikus mit toskanischen Säulen schmückt, als Militärhospital und ist daher, ebenso wie der schöne Park, unzugänglich. Über den Bolschoj prospekt (Большой пр.) gelangt man zu der Teatralnaja alleja (Театральная аллея) mit einer architektonischen Kuriosität. 1827 entstand auf der Stein-Insel ein Theaterbau aus Holz im Stil des Klassizismus. Das ursprüngliche Gebäude kam leider bei einem Brand zu Schaden, doch hielt man sich beim Wiederaufbau unter der Leitung Albert Cavos weitgehend an die originale Architektur. Blickfang ist ein korinthischer Portikus mit acht Säulen. Im Tympanon deutet ein geschnitztes Relief mit Masken und einer Lyra auf die Nutzung des Baus.

Der Platz vor dem Theater bietet einen prachtvollen Blick auf das **Jelagin-Palais** *(Jelagin dworez)* auf der kleinsten und schönsten Insel im Nordwesten Petersburgs, der gleichnamigen **Jelagin-Insel (2,** *Jelagina ostrow),* die man über eine Fußgängerbrücke erreicht. 1818 entstand unter Einbeziehung eines älteren Baus der von Carlo Rossi konzipierte Palast über einem rechteckigen Grundriss. Seine streng klassizistische Hauptfassade mit einem sechssäuligen korinthischen Portikus wendet er der Insel zu. Den feierlichen Auftakt zum Palais bilden eine schön geschwungene Auffahrt sowie eine von Löwen flankierte, breite Treppe. Die Fassade zur Srednaja Newka betonte Rossi mit einem halbrunden, von korinthischen Säulen umstandenen Mittelrisalit, den gleich einer Halbrotunde eine flache Kuppel krönt.

Im Innern entfaltet das Jelagin-Palais, in dem die Mutter Alexanders I. lebte, eklektische Pracht. Rossi zog zur Ausgestaltung auch Bildhauer und Maler heran, die die Räume üppig mit Stukkaturen und Grisaillemalerei schmückten. Schmuckstück der Innendekoration ist der Ovale Saal in der Halbrotunde mit ionischen Säulen, Stuckkaryatiden und einer Deckenmalerei. Heute beherbergt der Palast das Museum für dekorative Kunst.

Im weitläufigen, wasserreichen Garten des Jelagin-Palais errichtete Rossi kleinere Wirtschaftsbauten im Stil der Parkarchitektur sowie einen schönen **Pavillon** mit einer Kolonnade.

Die **Kreuz-Insel (3,** *Krestowskij ostrow)* ist die größte der drei Inseln mit dem Kirow-Stadion und dem 1945 entstandene Siegespark.

Jelagin-Palais
Jelagin ostrow 4
Tel. 81 24 30 11 31
www.elaginpark.
spb.ru
Park: tgl. 6–24 (im
Winter bis 23) Uhr
Museum: Di–So 10–
18 Uhr, Tickets bis
eine Std. vor
Schließung

Tschesme-Ensemble

Im Süden St. Petersburgs liegt in der Nähe des Moskowskij prospekt (Московский пр.), dem der Stalinismus seine architektonische Prägung gab, der **Tschesme-Palast (4,** *Tschesmenskij dworez).* Katharina II. hatte den über einem dreieckigen Grundriss mit eingeschriebenem Kreis errichteten Palast 1774 bei Jurij Felten in Auftrag gegeben. Bei

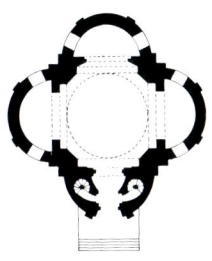

Die von Jurij Felten 1777–80 erbaute Tschesme-Kirche zählt zu den ersten neogotischen Bauwerken in Russland. Da alle vier Apsiden von einem kleinen Turm bekrönt werden und sich über dem in den Grundriss eingeschriebenen Quadrat eine zentrale Kuppel erhebt, entspricht auch diese Kirche der für die russische Orthodoxie kanonisierten Fünf-Kuppel-Anlage

einem Umbau in der ersten Hälfte des 19. Jh. wurden die Zinnen und Spitzbogenfenster entfernt, die dem Palast einst den Charakter einer neogotischen Festung gaben. Variationen gotischer Bauformen sind auch in die Architektur der nahen **Tschesme-Kirche Johannes des Täufers** (*Tschesmenskaja Predtetschenskaja zerkow*) eingegangen, die nach Vollendung des Tschesme-Palastes 1777 ebenfalls nach Plänen Jurij Feltens entstand. Die kleine, über dem Grundriss eines dreiblättrigen Kleeblatts errichtete Fünf-Kuppel-Kirche bezieht ihre ästhetische Wirkung neben ihrer ungewöhnlichen neogotischen Architektur auch aus der effektvollen Farbgebung, bei der sich weiße schmale Streben von der kirschroten Wandfläche abheben. Das Ensemble von Palast und Kirche, zu dem auch einige Wirtschaftsgebäude gehörten, ist Teil der Gedächtnisarchitektur, die dem Seesieg der Russen über die Türken 1770 bei Tschesme gewidmet wurde – ein militärischer Erfolg, den man als Festigung der Front des christlichen Europas bzw. des orthodoxen Russland gegen die Ungläubigen wer-

tete. Die Ambitionen sollten sich jedoch schon bald in Realitäten verwandeln, als nämlich die Krim 1783 in das Russische Reich einverleibt wurde.

Zwei Friedhöfe

Im Nordwesten der Stadt liegt auf der Wyborger Seite der 1955 angelegte **Piskarew-Gedenkfriedhof (5,** *Piskarjowskoje memorialnoje kladbischtsche)*, auf dem eine halbe Million Opfer der Blockade Leningrads durch die Deutsche Wehrmacht bestattet wurden. Das weite Feld der Massengräber all derer, die verhungerten, erfroren oder erschossen wurden überragt eine Statue der »Mutter Heimat«. In die Granittafel meißelte man ein Gedicht der Dichterin Olga Bergholz, die die Blockade überlebte und schwor: »Nichts ist vergessen. Niemand ist vergessen.« Die Pavillons am Eingang des Friedhofs dokumentieren die 900 Tage während Belagerung Leningrads, bei der 1,2 Mio. Menschen ums Leben kamen.

Im Süden der Stadt liegt der **Wolkow-Friedhof (6,** *Wolkowskoje kladbischtsche)*, auf dem man über Holzbretter, die über den sumpfigen Grund gelegt wurden, an den Gräbern von Alexander Radischtschew, Wissarion Belinskijs, Iwan Gontscharows und Iwan Turgenjews, Saltykow-Schtschedrins sowie Alexander Bloks vorbeikommt. Auch Georgij Plechanow fand am sogenannten ›Literatenpfad‹ seine letzte Ruhe. Und Lenin ließ hier seine Mutter und seine Schwester beisetzen.

Platz der Streiks

Im Südwesten des Stadtzentrums entstand 1831 ein von Stassow konzipiertes Tor als Denkmal des Sieges über Napoleon. Das **Narwa-Triumph-Tor (7)** schmücken weibliche Personifikationen des Ruhmes und des Sieges sowie das Sechsergespann der Victoria. Krieger in altrussischen Rüstungen nehmen den Zwischenraum zwischen den kannelierten Säulen ein.

An der ploschtschad Statschek (пл. Стачек) sind im revolutionären Petrograd einige Bauten im Stil des Konstruktivismus errichtet worden wie das **Kirow-Kaufhaus** mit Großküche oder der 1925 entstandene **Gorkij-Kulturpalast,** dessen Konzeption einen trapezförmigen Zuschauersaal mit 2000 Plätzen als Zentrum der Anlage ausweist, dessen verglaste, von Säulen gegliederte Fassade turmartige Treppenhäuser einschließen. Die hier wiederum angefügten fünfgeschossigen Klubgebäude verleihen dem Bau eine eindrucksvolle Größe.

Das **Arbeiterwohnviertel** um den Platz des Streikes wurde ebenfalls in den 20er-Jahren angelegt; die asketischen Häuserzeilen für den ›Neuen Menschen‹ bewahren noch etwas von der hochfahrenden Hoffnung auf sozial versöhnte Lebensverhältnisse.

Architektur der Moderne

Wer in St. Petersburg an moderner Architektur interessiert ist, für den ist die ploschtschad Statschek ein beeindruckendes Beispiel konstruktivistischer ›Formendiät‹.

Zarenschlösser in der näheren Umgebung von St. Petersburg

Peterhof

Peterhof ★★

Peterhof

*Tel. 81 24 50 61 29
www.peterhof
museum.ru
Oberer und Unterer
Garten: Mo–Fr 9–19
(am Wochenende
bis 20) Uhr. Der Un-
tere Garten ist kos-
tenpflichtig, Tickets
bis 16.30 Uhr.
Großes Schloss: Di–
So 10–17 Uhr, am
letzten Di im Monat
geschl.
Große Grotte: tgl.
11–16.30 Uhr
Marly: Di–So
10.30–17 Uhr, am
letzten Di des Mo-
nats geschl.
Eremitage: Di–So
10.30–17 Uhr
Monplaisir: Di, Do–
So 10.30–17 Uhr
Badehaus: Do–Di
10.30–17 Uhr*

*Zu erreichen mit
der ›raketa‹, einem
Schnellboot (ab An-
legestelle an der
Eremitage in ca. 30
Min.), oder mit der
›elektrischka‹ vom
Baltischen Bahnhof
bis Station Nowyj
Petergof.*

Peter I. hatte 1704 an der Südküste des Finnischen Meerbusens ein Landhaus in Auftrag gegeben, in dem er auf seinem 30 km langen Weg von der Peter-Paul-Festung nach Kronstadt oftmals eine Rast machte. 1714 war der Plan gereift, am Ufer der Ostsee ein ›russisches Versailles‹ zu errichten, dessen Anlage Peter selbst konzipiert hatte. Neben dem Aufbau St. Petersburgs galt Peters ganzes Interesse seiner Paraderesidenz am Finnischen Meerbusen. Auf einer Hügelkette entstand nun unter der Leitung des deutschen Architekten Johann Friedrich Braunstein der Große Palast. Aus der ersten Bauphase stammt auch das Lustschlößchen Monplaisir am Ufer der Ostsee. Die zweite Bauphase prägten vor allem die Entwürfe des Landschaftsarchitekten Jean-Baptiste Leblond, dem Peterhof (Petergof, Петергоф) seine regelmäßigen Gärten, seine Fülle von Fontänen und Kaskaden sowie den Ausbau des Großen Palastes und die Errichtung einiger Parkbauten verdankt. Leblond verwandelte Peterhof in eine Residenz des Herrschers über die Meere; überall braust, sprudelt, spritzt, fließt Wasser – gleichsam ein ›Hohelied‹ auf Russlands neuen Zugang zum Meer. So verbindet denn auch ein Seekanal, in den sich unterhalb des Schlosses das Wasser der Kaskaden ergießt, den Großen Palast mit der Ostsee.

Unter Nikolaus I. entstand östlich des Unteren Parks 1826 der Alexandra-Park, ein englischer Landschaftsgarten mit einer neogotischen Kapelle nach Plänen von Karl Friedrich Schinkel, einem neogotischen Cottage und einem Wirtschaftsgebäude.

Die Residenz in Peterhof ist heute eine Rekonstruktion. Nichts als Schutt und Asche hatte die Deutsche Wehrmacht während des Zweiten Weltkriegs hinterlassen. Nach dem Krieg, als die Residenz in *Petrodworez* umbenannt wurde, begann man mit den sich über Jahrzehnte hinziehenden Restaurierungsarbeiten, die erst in den 1990er-Jahren abgeschlossen wurden. Seit 1992 trägt die Paraderesidenz Peters des Großen wieder ihren ursprünglichen, deutschen Namen, der im Russischen allerdings ›Petergof‹ ausgesprochen wird.

Großer Palast

Im Zentrum der Anlage thront der Große Palast mit einer Länge von 306 m auf einem Hügelkamm erhaben über der dem Meer zugewandten Gartenanlage. Seine Größe und Pracht verdankt er Bartolomeo Rastrelli, der einen dreigeschossigen Mitteltrakt mit zwei vorspringenden Risaliten anlegte. An diese fügen sich beiderseits Seitentrakte an, die im Westen in den kuppelgekrönten **Wappenpavillon** münden und im Osten in die üppig geschmückte **Schlosskirche**.

Nach Süden schließen sich an die Kirche und den Wappenpavillon abermals Galerien an, die sich in den Oberen Garten erstrecken.

    Der Eingang zum Palast liegt im **westlichen Flügel,** in dem den Besucher eine Galatreppe mit vergoldeten Schnitzereien auf die zu erwartende Pracht einstimmt. Von der ursprünglichen Ausstattung, an der sich auch Peter I. beteiligt hatte, ist allein sein Eichenholzkabinett mit virtuosen Schnitzarbeiten erhalten. Katharina II. ließ einige von Rastrelli im Stil des Frühbarock geschaffenen Räume von Jurij Felten umbauen, und Vallin de la Mothe gestaltete in ihrem Auftrag, entsprechend dem Geschmack der Zeit, einige chinesische Kabinette. Der größte Raum im Palast ist der Thronsaal, der die gesamte Breite des Schlosses einnimmt und in den durch zahlreiche Fenster nach Norden und Süden üppig Licht fällt. Hinter dem Thron zeigt ein Gemälde Katharina II. in Gardeuniform auf einem Schimmel, das von zwei Basreliefs flankiert wird, deren Darstellungen die Wahrheit und Tugend sowie die Rechtsbeflissenheit symbolisieren. Im Zentrum des Kernbaus des großen Palastes liegt der Porträtsaal, einst der größte Raum des Schlosses, der einen prachtvollen Blick auf den Unteren Park bietet. Nach Plänen Vallin de la Mothes wurde er mit 368 Gemälden ausgestattet, die Frauen und Mädchen in verschiedenen Kostümen der russischen Gouvernements zeigen. Auch wenn die Vielzahl der Porträts anderes glauben machen will, für die Galerie der Mädchen und Frauen benötigte der italienische Maler Pietro Rotari lediglich acht Modelle.

Blick über die Große Kaskade auf den Meereskanal des Peterhofs

Unterer Garten

Direkt unterhalb des Schlosses ergießt sich die **Große Kaskade,** die eine Fülle von vergoldeten Bronzeskulpturen bereichert, in ein Marmorbecken. Unablässig sprudelnde Fontänen geben dem Wasserschauspiel, das ab 1715 auch nach Plänen Peters des Großen inszeniert wurde, seine Dramatik. In der Mitte des Marmorbeckens reißt Samson der Starke einem Löwen das Maul zu der höchsten Fontäne Petershofs auf – ein Sinnbild für den russischen Sieg über die Schweden in der Schlacht von Poltawa. Peter hatte die Heere des Schwedenkönigs Karl XII. endgültig am 27. Juni 1709, also am Tag des hl. Samson aus Konstantinopel, besiegt. Seither galt der hl. Wunderarzt als Symbol für die Stärke Russlands. Dabei wurde seine Verehrung um viele Details der Ikonografie des biblischen Löwentöters Samson bereichert. Die nach den Plänen Bartolomeo Carlo Rastrellis geschaffene Brunnenplastik ist heute nur als Kopie erhalten; das Original war während der Belagerung Leningrads in die Hände der Deutschen Wehrmacht gefallen, die es wahrscheinlich einschmelzen ließ.

Blick vom Deich auf Marly; das einstige Gästehaus ist heute wieder mit Möbeln aus der Zeit Peters I. eingerichtet

Den Übergang von der Großen Kaskade zum schnurgeraden Seekanal markieren zwei symmetrisch zu beiden Seiten angelegte **Säulenpavillons** mit vergoldeten Kuppeln und einer offenen Säulengalerie.

Im Westen des unteren Parks liegt am Ostseeufer eine **Eremitage,** ein kleiner kompakter Bau, der ein Werk des deutschen Architekten Braunstein ist. Ein kleiner Wassergraben umgibt die Einsiedelei, wohin sich Peter gern in intimem Kreis zurückzog. Im obersten, licht-durchfluteten Stockwerk lag der Speisesaal, dessen Tisch mittels eines Seilzugs in die ein Stockwerk tiefer liegende Küche hinabgelassen werden konnte, sodass die private Atmosphäre auch nicht durch Bedienstete gestört wurde.

Zur selben Zeit wie die Eremitage entstand ab 1720 auch das Schlösschen **Marly** nach den Plänen Braunsteins im äußersten Westen des Unteren Parks. Peter hatte bei der Projektierung eines kleinen, zweigeschossigen Rechteckbaus zwischen zwei Teichen die französische Residenz Marly-le-Roi bei Paris vor Augen, die einen nachhaltigen Eindruck auf ihn ausgeübt hatte. Das französische Vorbild wurde dabei aber in einer sehr eigenwilligen Auslegung adaptiert, gleichsam en miniature. Erst seit 1982 ist das Schlösschen wiedererrichtet, nachdem es von den deutschen Truppen gesprengt worden war.

Folgt man nun der unteren der drei, gleich Strahlen angelegten Hauptalleen durch den Unteren Park, gelangt man zum Schloss **Monplaisir** im östlichen Teil des Gartens. Der holländisch geprägte eingeschossige Ziegelsteinbau mit einem schönen, mehrfach abgestuften Walmdach und zwei niedrigen, durch zahlreiche Fenstertüren gegliederte Galerien, die in Eckpavillons münden, war Peters Lieblingsdomizil in Peterhof. Hier, direkt am Meer, zu dem sich eine breite Terrasse mit Balustrade öffnet, kostete er die neue Rolle als Flottenchef aus. Die Pläne für den sommerliche Leichtigkeit suggerierenden Bau hatte Andreas Schlüter geliefert. Nach dessen Tod führte Johann Friedrich Braunstein die Bauarbeiten bis 1722 zu Ende. Die Inneneinrichtung des Palais, zu der auch zahlreiche Gemälde gehören, zeigt die für Peters Zeit typische schlichte Eleganz und einen auf niederländische Sujets eingestimmten Geschmack. Diesem Zeitstil verdankt Monplaisir auch seinen schönen, mit zahlreichen Blumenbeeten vom Zaren persönlich angelegten Garten. In dessen Zentrum findet sich die **Fontäne »Garbe«** sowie vier transparente **Glockenfontänen** mit vergoldeten Mädchenskulpturen. Rund um Monplaisir gibt es auch einige Scherzfontänen, wie sie der Barock liebte. Eine der schönsten Fontänen Peterhofs ist die **Sonnenfontäne** Jurij Feltens, bei der feine Wasserstrahlen aus einer rotierenden Goldscheibe sprühen, um die sich vergoldete, wasserspeiende Delfine gruppieren.

Folgt man der nach Süden führenden Allee, vorbei an einem **Denkmal Peters des Großen** und den üppig rauschenden **Römischen Fontänen,** sieht man sich vor der **Schachberg-Kaskade,** einem exotisch anmutenden Wasserspektakel, bei dem aus dem Rachen dreier Bronzedrachen Wasserfontänen schießen, die über schwarz-weiß gemusterte Stufen abfließen. Mythologische Marmorfiguren flankieren die Stufen der 1739 nach Plänen Michail Semzows errichteten Kaskade.

Die **Pyramidenfontäne** bilden 505 abgestufte Wasserstrahlen, die die Architektur einer Pyramide vorstellen sollen.

Im Süden Marlys …

sprühen attische Masken Wasser, das sich über die 22 marmornen, mit vergoldeten Kupferblättern bereicherten Stufen der Kaskade Goldener Berg ergießt.

Wasserversorgung

Die Wasserversorgung der Peterhofer Fontänen und Kaskaden leisten Speicherteiche, die der Hydraulikspezialist Wassilij Tuwolkow zu Beginn des 18. Jh. im Süden des Großen Palastes anlegen ließ. Dank eines ausgeklügelten Systems von 18 natürlichen und gestauten Wasserreservoirs sowie Kanälen und Schleusen schießt das Wasser allein infolge des natürlichen Gefälles aus den Fontänen.

327

Wasserspiele von Peterhof

1 Neptun-Fontäne
2 Sommer-Fontäne
3 Frühling-Fontäne

4 Eichen-Fontäne
5 Große Kaskade und Samson-Fontäne
6 Schachberg-Kaskade

7 Römische Fontänen
8 Pyramiden-Fontänen
9 Fliegenpilz-Fontäne
10 Scherz-Fontäne

11 Sonnen-Fontäne
12 Adam-Fontäne
13 Eva-Fontäne
14 Löwen-Kaskade
15 Goldener Berg

Alexandra-Park

Im Osten schließt sich an den Unteren Garten der schöne, etwas ver-
wilderte Landschaftspark Alexandra an, dem eine von Karl Friedrich
Schinkel, Adam Menelas und Ludwig Charlemagne 1831–33 errichtete
neogotische Kapelle, ein neogotisches Cottage sowie der Pavillon Farm
bizarr-exotische Effekte abgewinnen. 1829 hatte Nikolaus I. im Westen
des nach seiner Frau benannten Parks eine **neugotische Kapelle** in Auftrag gegeben, ein rechteckiger, mit Bronzeplastiken geschmückter Bau,
dessen Fassaden jeweils ein Spitzbogenportal mit Fensterrose schmückt.
Das Dach der Alexander Newskij geweihten Kirche bereichern Pinna-
keltürmchen an den Eckpunkten. Nach Plänen von Adam Menelas war
1826–27 auch das Landhaus **Cottage** im neogotischen Stil östlich der
Kapelle errichtet worden. Den Charakter eines englischen Landhauses
suggerieren vor allem die hufeisenförmigen und stufenförmigen Dächer,
die Terrassen und Balkons, deren schmiedeeiserne Verzierungen im Tu-
dor-Stil ausgeführt wurden. Auch die Inneneinrichtung bestimmen go-
tische Stiltendenzen; die Grisaillemalereien im Treppenhaus, die Scotti
schuf, imitieren den Innenraum einer gotischen Kirche.

Gotische Kapelle
Di–So 10–17.30 Uhr

Cottage
Di–So 10–17 Uhr,
am letzten Di des
Monats geschl.

Westlich des Cottages entstand, ebenfalls nach Plänen von Adam
Menelas, der Pavillon **Farm,** ein vom Rousseauismus inspiriertes
Gebäude. Auch die Peterhofer **Stallungen,** die Tausenden von Pferden
Platz boten, entstanden im neugotischen Stil. Sie sind ein Werk des
Architekten Nikolaj Benois, der einer berühmten Petersburger Künst-
lerfamilie angehörte, deren vielfältiges Schaffen ein 1988 im Hoffräu-
leinkorpus eingerichtetes **Benois-Museum** dokumentiert. Mehrere Generationen Maler und Architekten gingen aus der Familie eines französischen Kochs hervor, der 1794 an den Zarenhof gekommen war.

Lomonossow (Oranienbaum)

Als 1710 die Bauarbeiten für den großen Palast in Peterhof begannen, beschloss auch Peters I. ehrgeiziger Freund und Favorit Alexander Menschikow, sich eine Residenz am Finnischen Meerbusen zu schaffen. Das nach Entwürfen von Giovanni Fontana und Gottfried Schädel errichtete Anwesen nannte Menschikow nach seinen Orangerien im Park Oranienbaum (*Oranienbaum*, Ломоносов/Ораниенбаум). Möglicherweise hat aber auch der barocke Landsitz Oranienbaum bei Dessau eine Rolle bei der Namensfindung gespielt. Seit Ende des Zweiten Weltkriegs trägt Oranienbaum den Namen des Universalgelehrten Lomonossow, der in der kleinen Stadt, die sich seit dem 18. Jh. hier entwickelt hatte, eine Mosaikmanufaktur unterhielt. Die Station der *elektrischka*, die vom Baltischen Bahnhof in Petersburg abfährt, heißt noch heute ›Oranienbaum‹. Ort und Anwesen fielen während des Zweiten Weltkriegs nicht in die Hände der Deutschen Wehrmacht, daher sind die Paläste in ihrer Bausubstanz noch original erhalten.

Menschikow hatte seinen 1725 vollendeten **Großen Palast** *(Bolschoj dworez)*, der ebenso wie der in Peterhof auf einer zum Meer hin abfallenden Terrasse entstand, nicht mehr lange nutzen können. Nach Beschlagnahme all seiner Besitz- und Reichtümer wurde er 1727 als Opfer politischer Intrigen nach Sibirien verbannt. Sein Anwesen in Oranienbaum fiel an Elisabeth I., die es ihrem Neffen Peter überließ. Der spätere Zar Peter III. hatte Antonio Rinaldi nach Oranienbaum geholt, der dem Ensemble eine klassizistische Prägung gab. Der Große Palast, 1710–25 errichtet, ist stilistisch mit dem Palast von Peterhof verwandt: an einen zweigeschossigen Mitteltrakt, den ein Türmchen mit Krone schmückt, fügen sich beiderseits eingeschossige Bogengalerien an, die in oktogonalen, von wuchtigen Kuppeln bekrönten Pavillons enden, der **Schlosskirche** und dem **Japanischen Pavillon.** Von Bartolomeo Carlo Rastrelli stammen die Wirtschaftsbauten, die sich an die Flügel anschließen und zum Oberen Garten hin einen Ehrenhof bilden.

Peterstadt und Chinesisches Dorf

Peter III. hatte seiner Leidenschaft für alles Militärische entsprechend eine Festung in Oranienbaum hinterlassen, die Peterstadt, in der er seine ›Leibgarde‹ von mehr als 1000 holsteinischen Soldaten befehligte. Der russische Hochadel sowie das Militär beobachteten den täglichen Drill der sogar in deutschen Uniformen gekleideten Soldaten mit großem Missfallen, war Russland doch 1756–62 mit Preußen in den Siebenjährigen Krieg verwickelt. Von der Festungsstadt Peters III. in Form eines zwölfeckigen Sterns sind das **Tor** im Südosten des Großen Palastes erhalten sowie das **Schloss Peters III.** *(Dworez Petra III.).* Das malerische Tor, das an die Torkirchen mittelalterlicher Klöster erinnert, ist ein Werk Antonio Rinaldis, der es in den 1750er-Jahren schuf. Über dem breiten Sockelbau erhebt sich ein oktogona-

Lomonossow

*Park: tgl. 9–20 Uhr
Großer Palast und
Rutschberg: Di–So
11–17 (Mo bis 16)
Uhr
Chinesisches Palais: Di–So 10.30–
16.30 (Mo bis
15.30) Uhr*

Alexander Menschikow

Eine der schillerndsten Persönlichkeiten des jungen St. Petersburg, verdankte er seine Laufbahn vom Pastetenverkäufer zu einem der mächtigsten und reichsten Männer Russlands Peter I. Nach der Gründung St. Petersburgs avancierte Menschikow zum Generalgouverneur der Stadt. Zu seinen Befugnissen gehörten dabei auch städtebauliche Aufgaben. Nach dem Tod des Zaren verhalf Menschikow Peters Frau, Katharina I. auf den Thron und übernahm die Regentschaft. Auf dem Höhepunkt seiner Macht verschaffte Menschikow sich durch intrigantes Taktieren zahlreiche Feinde, die ihn nach dem Tod der Zarin 1727 stürzten. Verarmt und vereinsamt starb er 1729 in der sibirischen Verbannung.

Chinoiserien

Den Musensaal des Chinesischen Palais gestaltete Stefano Torelli mit Fresken der neun Musen sowie einem Deckengemälde, das den »Triumph der Venus« darstellt. Das Große Chinesische Kabinett zeigt am ausgeprägtesten die Chinamode: Holzintarsien überziehen die Wände und stellen chinesische Landschaften mit Menschen und Fantasievögeln dar. Exotische Landschaften und Tiere schmücken auch das Glasperlenkabinett, dessen Wände nach Entwürfen von Jean Pillement gestickte Panneaux zieren.

les, dekoratives Türmchen, das eine Kuppel mit Spitze krönt. 1758–62 baute Rinaldi auch das Schloss für Peter III., ein zweigeschossiger Bau über einem quadratischen Grundriss mit vorgezogenem Eckteil. Im Untergeschoss mit horizontaler Rustika lagen die Wirtschaftsräume; das Obergeschoss war mehreren Wohn- und Repräsentationsgemächern vorbehalten, die man besichtigen kann, darunter der Große Saal mit der ›teppichartigen‹ Hängung von Tafelbildern, das Kabinett Peters III. oder sein Schlafgemach, die alle mit Lackmalereien ausgestattet sind.

Höhepunkt der Chinoiserie des 18. Jh. war ein ebenfalls von Rinaldi errichtetes Chinesisches Dorf, das Paul I. später zerstören ließ. Seit Beginn des 19. Jh. bürgerte sich daher für Katharinas Palast die Bezeichnung **Chinesisches Palais** *(Kitajskij dworez)* ein. Katharina II. hatte es 1762 bei Antonio Rinaldi in Auftrag gegeben. Der Baumeister schuf in der Mitte des eingeschossigen Baus an der Nordfassade eine durch Halbsäulen dynamisch belebte Halbrotunde, die Statuen auf dem Dach optisch betonen. Der Südfassade zum See hin hinterließ das 19. Jh., das den Bau um eine Etage aufstockte, eine verglaste Veranda zwischen den Risaliten. Weiße Pilaster mit girlandengeschmückten ionischen Kapitellen gliedern die Fassaden und heben sich harmonisch vom hellrosa gehaltenen Wandgrund ab. Die 17 Räume des Inneren warten mit einem Stilgemisch von chinesischem Rokoko bis zu orientalischen Schmuckformen auf, die alle noch in ihrem originalen Zustand aus dem 18. Jh. erhalten sind. Die Malereien schufen die drei Bologneser Maler Stefano Torelli sowie die Brüder Giuseppe und Serafino Barozzi. Auch venezianische Maler aus der Werkstatt Giambattista Tiepolos hatte Katharina II. nach Oranienbaum verpflichtet. Der Meister selbst hatte ein seidenes Deckengemälde »Der ruhende Mars« für den Großen Saal geschaffen, das jedoch über Umwege in die Hände der Deutschen Wehrmacht fiel und seitdem verschollen ist.

Der **Pavillon Rutschberg** *(Katalnaja gorka)* entstand auf Veranlassung Katharinas II. 1762–77 ebenfalls nach Plänen Antonio Rinaldis. Die äußerst bewegte Architektur des dreigeschossigen, sich nach oben verjüngenden Gebäudes, das eine glockenähnliche Kuppel auf hohem Tambour krönt, sowie der Reichtum der Schmuckformen wie etwa die Vasen der Balustraden sind für Rinaldi, der auf noble Zurückhaltung und Erlesenheit in seinen Werken setzte, eher ungewöhnlich. Die heitere Lebensfreude suggerierenden Bauformen des Rutschberg-Pavillons tragen aber der Bestimmung des Baus Rechnung. So konnte man sich nach einer Rutschpartie über einen künstlich angelegten Berg, von dem Katharina II. und ihre Gäste im Sommer in kleinen Wagen und im Winter mit dem Schlitten hinabsausten, in dem Lustschlösschen wieder erholen und den anderen bei der über mehrere hundert Meter langen Abfahrt zuschauen. Die Rutschbahn, der eine Holzkonstruktion zugrunde lag, wurde leider schon in der zweiten Hälfte des 19. Jh. abgetragen.

Eine schön geschwungene, doppelläufige Treppe führt zum ersten Obergeschoss, das eine toskanische Kolonnade umgibt, deren weiße Säulen sich wie die Fensterrahmungen und Pilaster von dem hellblauen Wandgrund abheben. Die drei Paradesäle liegen im zweiten Stock; an einen zentralen Rundsaal schließen sich das Jagd- und Porzellankabinett an, das Meißner Porzellan des 18. Jh. zeigt.

Zarskoje Selo

Das Zarendorf Zarskoje Selo (Царское Село) liegt 28 km südlich von St. Petersburg. Man erreicht es leicht mit der *elektrischka* vom Witebsker Bahnhof – dank seiner gut erhaltenen Jugendstilausstattung übrigens einer der schönsten Bahnhöfe St. Petersburgs – bis zur Station *Detskoje selo* (›Kinderdorf‹).

Großer Katharinen-Palast

Die Gründung Zarskoje Selos, das noch bis 1992 Puschkin hieß, geht auf Katharina I. zurück, die hier 1718 einen Palast von Johann Friedrich Braunstein errichten ließ. Das kleine Palais entsprach dem Repräsentationsbedürfnis der Tochter Elisabeth bereits nicht mehr. Zur Zarin gekrönt, beauftragte Elisabeth I. ihren Hofbaumeister Bartolomeo Rastrelli 1752 mit der Erweiterung des Palastes. Unter Einbeziehung eines bereits bestehenden Baus schuf Rastrelli einen der schönsten Barockpaläste Europas, den Großen Katharinen-Palast *(Bolschoj Ekaterinskij dworez)*. Weiße Säulen, ockerfarbene Atlanten und Karyatiden, Männer-, Frauen- und Kindermasken, Pilaster, Kapitelle und skulptierte ockerfarbene Kartuschen, die sich effektvoll vor dem lasurblauen Wandgrund der 325 m langen Fassade abheben, erwecken

Zarskoje Selo ★★

Zarskoje Selo
uliza Sadowaja 7
Puschkin
Tel. 81 24 65 53 08
www.tzar.ru
Großer Katharinen-Palast: Mi–Mo 10–17 Uhr, am letzten Mo des Monats geschl. Im Sommer haben Individualtouristen lediglich von 12 bis 14 Uhr und von 16 bis 17 Uhr Zutritt.

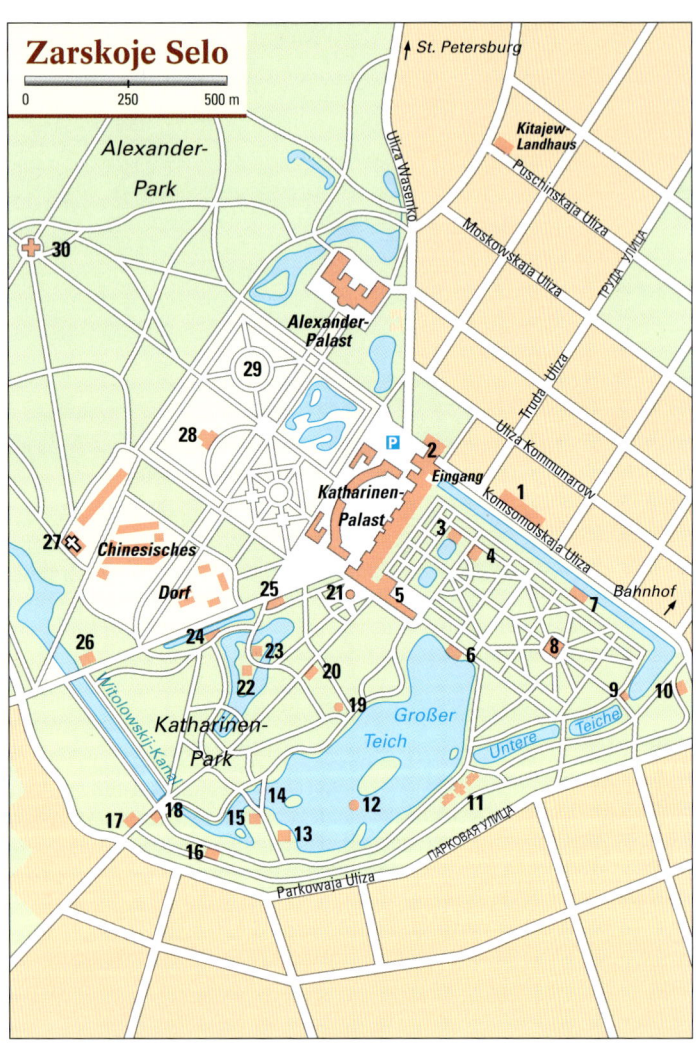

Zarskoje Selo

0   250   500 m

den Eindruck von ungetrübter Pracht und Überfülle. So sah Lomonossow in Zarskoje Selo denn auch »Russland, dem Himmel gleich« abgebildet. Die feierliche **Wirkung der Fassade** des Katharinen-Palastes erwächst weniger aus der architektonischen Gliederung, die Rastrelli eher unscheinbar mit nur wenig vorspringenden Risaliten und einer nahezu übergangslosen Folge der Galerie an die Baukörper löste, sondern vielmehr aus der reichen, gleichsam lebendigen Plastizität des Palastes, die immer neue Licht-Schatten-Effekte zu erzeugen vermag. Bis zur Zerstörung des Palastes im Zweiten Weltkrieg war die Bauplastik goldbetresst – heute blitzen allein die Kuppeln der 1746 von Sawwa Tschewakinskij angefügten Schlosskirche golden im Sonnenlicht. Den Ehrenhof bilden die im Halbkreis angeordneten Wirtschaftsgebäude an der Nordfassade. Den glanzvollen ›Prolog‹ zum Katharinen-Palast bildet ein vergoldetes Torgitter.

Die **Innenräume** gestaltete Rastrelli entlang einer Enfilade. Umbauten des 18. Jh. in klassizistischem Stil haben die Prunkräume jedoch weitgehend verändert und »aufgeräumt«, wie es Katharina II. sah. Nach einem Brand in den 1820er-Jahren, holte Alexander I. Stassow nach Zarskoje Selo, der dem Schloss noch einige spätklassizistische Säle hinterließ.

Auftakt der Innenräume ist das Weiße Vestibül mit der Paradetreppe, das seine Wirkung aus den weiß getünchten, mit Stukkaturen geschmückten Wänden bezieht, vor denen sich die kirschroten Markisen eindrucksvoll abheben. Rastrelli hatte den Eingang in den Kuppelbau an der Seitenfassade verlegt, sodass die Besucher des Katharinen-Palastes die ganze Länge der Fassade abschreiten mussten. Erst 1860 wurde der Zugang in die Mitte des Palastes verlegt. Glanzstück der Paradesäle der Bel-Etage ist der in seiner ursprünglichen Architektur wiederhergestellte Große Saal, ein Meisterwerk aus Licht und Glanz, von Bartolomeo Rastrelli. Durch zwei Fensterfronten fällt in den 80 m langen Saal üppig Licht, das die Spiegel reflektieren und die vergoldeten Rocaillen aufleuchten lässt. Die Weite des Großen Saales verstärkt auch das perspektivische Deckengemälde von Valeriani, das den Raum scheinbar ins Endlose öffnet und den Triumph Russlands im Krieg sowie auf dem Gebiet der Wissenschaften und Künste verherrlicht.

Dem Himbeerfarbenen und Grünen Speisesaal schließt sich der Porträtsaal mit den Bildnissen derjenigen an, die Zarskoje Selo zur prachtvollen Residenz verwandelten: Katharina I., Katharina II. sowie Elisabeth I. Der folgende Saal barg einst das berühmte Bernsteinzimmer, das König Friedrich Wilhelm I. Peter dem Großen 1716 auf dessen Auslandsreise geschenkt hatte. Im Gegenzug wurden 55 besonders hoch gewachsene russische Gardisten nach Preußen verpflichtet. Hitlers Truppen verschleppten die kostbaren **Panneaux** nach Königsberg. Dort verliert sich ihre Spur, auch wenn es mitunter kleine hoffnungsvolle Funde von Einzelteilen gab. Seit 1979 arbeiteten Restauratoren an der Rekonstruktion des Bernsteinzimmers, das seit dem 300-jährigen Stadtjubiläum im Jahre 2003 wieder in neuem Glanz erstrahlte.

Als die Lieferungen des Bernsteinkombinats in Königsberg ausblieben, leitete seit 1993 der Königsberger Zoll konfiszierten Bernstein für die Panneaux im Katharinen-Palast weiter. Tonnen von Bernstein waren zur Rekonstruktion des Zimmers nötig

Über eindrucksvolle 300 m erstreckt sich die ab 1752 von Bartolomeo Rastrelli geschaffene Parkfassade des Katharinen-Palastes in Zarskoje Selo. Den Abschluss der in fünf Gebäudeteile untergliederten Front bildet nach Osten die fünfkuppelige Palastkirche. Säulen, Pilaster, Atlanten und Fensterverzierungen lockern die Fassadenflucht zusätzlich auf. Nach schweren Zerstörungen durch die Wehrmacht im Zweiten Weltkrieg grenzt es fast schon an ein Wunder, dass der Palast wieder im alten Glanz erstrahlt.

Ab dem 19. Jh. waren der Katharinen- und der Alexander-Palast von Zarskoje Selo die bevorzugten Residenzen der Zaren. 1837 nahm die erste Eisenbahnstrecke Russlands zwischen Petersburg und Zarskoje Selo sowie Pawlowsk ihren Betrieb auf. Die neue, bequeme Verbindung lockte auch den Adel in die waldreiche Gegend, in der nun zahlreiche Palais entstanden

Im Blauen Chinesischen Salon geben die mit chinesischer Seide bespannten Wände einen guten Einblick in die Chinoiserie des 18. Jh.

Bei der sich anschließenden Gemäldegalerie Rastrellis handelt es sich ebenfalls um eine Rekonstruktion. 130 Gemälde europäischer Maler des 17. und 18. Jh. überziehen die Wände gleich einem Teppich und besitzen entsprechenden Dekorationswert.

Das noble, auf feine Farbnuancen setzende Grüne Esszimmer ist ein Werk Charles Camerons ebenso wie der **Blaue Chinesische Salon,** dessen Wände blaue, mit Landschaftsdarstellungen besetzte Seide überzieht. Auch das Paradeschlafgemach weist in seiner feinen Farbgebung sowie in seiner Tendenz zu ausgeprägter Pracht auf die Handschrift Camerons.

Der Palastkirche gab Sawwa Tschewakinskij dunkelblaue Wände, von denen sich leuchtend das barocke goldene Zierwerk abhebt sowie die von Blättern und Beeren umrankten Säulen.

Kaltes Bad, Achatzimmer und Cameron-Galerie

Weltkriegsschäden

Wie überall in Russland hatte die Deutsche Wehrmacht auch in Zarskoje Selo nichts als Trümmer und ein Trauma hinterlassen. Die Restaurierungsarbeiten im Palast und den Nebengebäuden sind bis heute nicht abgeschlossen, einige Säle noch immer nicht zugänglich.

1780 erhielt der schottische Architekt Charles Cameron, der in dem Ruf eines großen Zeichners nach Russland kam, der anhand »antiker Vorlagen erzogen« worden sei, von Katharina II. den Auftrag, am Südflügel des Katharinen-Palastes antike Thermen zu errichten. Cameron realisierte einen Baukomplex einzelner Gebäude, die kompliziert miteinander verbunden sind, so das Kalte Bad, den mit kostbaren Steinen ausgekleideten Achatpavillon sowie die offene Cameron-Galerie. Das **Kalte Bad** und die **Achatzimmer** *(cholodnaja banja i agatowyje komnaty)* variieren in ihrer Architektur Themen antiker Bauformen. Der zweigeschossige Bau, der das Katharinen-Schloss mit der Cameron-Galerie verbindet, bezieht seine architektonische Wirkung im wesentlichen aus dem Kontrast zwischen kompaktem Untergeschoss, das als rustifizierter Sockel behandelt wird, und der insgesamt blockhaften Fassade nach Nordwesten sowie dem aufsitzenden leichten Pavillon, der sich zu den hängenden Gärten hin öffnet. Von den **hängenden Gärten** führt eine Rampe in den Park hinunter, wo sie in eine Allee übergeht und in einen **Triumphbogen** mündet. Dieser Triumphbogen gedenkt des Admirals und Befehlshabers der Seeschlacht bei Tschesme, in der die Russen die türkische Flotte besiegten. Die Rampe führt über mehrere, langsam abfallende Brücken, die mit Masken geschmückt sind.

Die **Cameron-Galerie** *(Galereja Kamerona)* 1783–86 als zweigeschossiges, lang gestrecktes Gebäude errichtet, setzt ebenfalls auf die Wechselwirkung von schwerem Unterbau aus grob rustifizierten Steinen, die niedrige Bogenfenster durchbrechen, und einer offenen Außengalerie mit weit gestellten kannelierten ionischen Säulen. Der innere Teil des Pavillons ist der Cella eines antiken Tempels nachempfunden und für Spaziergänge bei schlechtem Wetter verglast. Die in der Galerie aufgestellten Büsten antiker Staatsmänner und Philosophen sollten wie die gesamte Architektur das Goldene Zeitalter vergegenwärtigen. An die Stirnseite der Galerie fügte Cameron eine doppelläufige Freitreppe an, deren komplizierte Form sich wiederum spannungsvoll vor dem tektonisch ›energielosen‹ viersäuligen Portikus der Stirnseite abhebt. Die hohen Sockel der Treppe schmücken zwei Statuen von Herkules und Flora. Es handelt sich um Nachbildungen von Originalen aus der römischen Villa Farnese.

Parkbauten

Vor dem Palast erstreckt sich ein mit beschnittenen Hecken, Alleen, geometrischen Beeten und Rabatten angelegter **Barockgarten.** Weiße Skulpturen heben sich hier prachtvoll vor dem Grün der Hecken und Bäume ab. Eine Allee führt zur **Eremitage,** die auf einer Fluchtlinie mit dem Palast liegt. Den Entwurf für das 1743–53 über einem komplizierten Grundriss errichtete Gebäude lieferte Michail Semzow, am Bau waren aber auch Rastrelli und Tschewakinskij beteiligt. Der oktogonale Mitteltrakt streckt vier diagonal verlaufende Arme von sich, die reich mit Säulen geschmückt sind. Der **Pavillon ›Unteres Bad‹,** ein rechteckiges, kleines Gebäude im Stil des Klassizismus, ist ein Werk des russischen Baumeisters Ilja Nejolow. Auch die **Eremitage-Küche** mit dem zinnengekrönten Dach ist 1775 nach seinen Plänen entstanden. Im Südwesten des Barockgartens wurde ein **Großer Teich** angelegt, an dessen Nordufer der von Rastrelli 1753 konzipierten **Pavillon ›Grotte‹** liegt. Die barocke Fassade schmücken Muschelwerk, Delphine sowie fantastische Meereswesen.

1768 hatte Katharina II. bei dem englischen Parkarchitekten John Bush einen **Landschaftsgarten** im Süden des Geländes in Auftrag gegeben, der mit Teichen, sanften Hügelketten und Wiesenflächen weitgehend Naturbelassenheit suggeriert, der man im 18. Jh. gerne die wohlgeformte Harmonie der Architektur gegenüberstellte. So entstand im Park denn auch eine Fülle von Erinnerungsarchitektur, die der mi-

Puschkin und Zarskoje Selo

Im Nordosten des Großen Katharinen-Palastes entstand 1788 ein viergeschossiger Flügel, den Wassilij Stassow 1810/11 zu einem Lyzeum für Kinder aus höchsten Adelskreisen umbaute. Zur ersten Schülergeneration zählte u. a. Alexander Puschkin, dem hier heute ein kleines Museum gewidmet ist. Die vollendete Schönheit Zarskoje Selos hatte in der Lyrik des noch jungen Dichters eine große Rolle gespielt. Ein weiteres Puschkin-Museum ist in dem Kitajew-Landhaus in der Puschkinskaja uliza eingerichtet, in dem der Dichter nach seiner Heirat den Sommer des Jahres 1831 verbrachte.

Die Zarenfamilie wird verbannt

Nikolaj II. zog sich nach seiner Abdankung am 2. (15.) März mit seiner Familie in den Alexander-Palast zurück und hoffte auf ein englisches Asylangebot. England aber lehnte ab und die Provisorische Regierung setzte die Zarenfamilie ab dem 7. (20.) März 1917 unter Hausarrest. Die Nähe der Zarenresidenz zum revolutionären Petrograd erschien Kerenskij aber als zu heikel, sodass er im Sommer 1917 den Abtransport der Zarenfamilie in das entlegene sibirische Tobolsk anordnete. Im darauffolgenden Frühjahr deportierte man die Familie weiter nach Jekaterinburg, wo sie in der Nacht zum 16. Juli 1918 erschossen wurde.

litärischen Erfolge Russlands gedacht, darunter eine **Tschesme-Säule,** eine Turmruine, gleichsam Sinnbild für das angeschlagene Osmanische Reich, ein **Türkisches Bad,** das an den russisch-türkischen Krieg von 1828/29 erinnert oder ein **achtsäuliges Tor,** das der Gefallenen im Großen Vaterländischen Krieg von 1812 gedenkt. Unter der **Pyramide,** einem Werk Camerons, ließ Katharina II. ihre Hunde bestatten. Die fünfbogige **Marmorbrücke** realisierte Ilja Nejelow nach einer Zeichnung Palladios. Jurij Felten steuerte dem bunten Architekturgemisch noch ein **neogotisches Tor** bei und schuf einige Chinoiserien, wie das **Chinesische Dorf,** die **Große Caprice** und die sogenannte **Knarrende Laube** an der Grenze zum Alexander-Park. Die drei pseudo-gotischen **Bauten der Admiralität** am Ostufer des großen Teichs hinterließ Nejelow.

Im Westen des Großen Katharinen-Palastes entstand Mitte des 19. Jh. ein ›quadratischer Garten‹, der nochmals in vier einzelne Quadrate unterteilt wurde, in denen der englische Gartenarchitekt A. Widow der Natur jeweils neue Formen abgewann.

Alexander-Palast und -Park

Der **Alexander-Palast** (*Alexandrowskij dworez*) entstand 1792 nach Plänen Giacomo Quarenghis, die palladianische Bauformen variierten und ein zweigeschossiges Landschloss vorsahen, dessen schlichter Fassade eine offene, doppelte korinthische Kolonnade vorgesetzt ist. In den 1830er-Jahren stellte man vor den Kolonnaden zwei Bronzeplastiken auf, die einen »Jüngling beim Knöchelspiel« zeigen sowie einen »Jüngling, mit der Swajka spielend«; *swajka* ist ein altrussisches Geschicklichkeitsspiel, bei dem ein Nagel in einen auf der Erde liegenden Ring treffen muss.

Der Alexander-Palast, der im Krieg völlig zerstört worden war und nach seinem Wiederaufbau lange Zeit von militärischen Institutionen genutzt wurde, ist heute leider noch unzugänglich, doch wird es nur eine Frage der Zeit sein, bis er Besuchern erstmals offenstehen wird.

Alexander-Palast

Mi–Mo 10–17 Uhr, am letzten Mi des Monats geschl.

In dem weitläufigen **Alexander-Park** schuf Cameron eine Chinesische Brücke über den Kreuzkanal, und Nikolaus I. favorisierter Architekt Adam Menelas hinterließ im Park eine neogotische Kapelle in Form einer Turmruine sowie ein **Ägyptisches Tor,** das Flachreliefs von Demut-Malinowskij schmücken.

Pawlowsk

Pawlowsk ★

Die nach Zar Paul I. benannte Sommerresidenz liegt nur 8 km südlich von Zarskoje Selo inmitten eines weitläufigen Landschaftsparks. Die Bahnstation Pawlowsk (Павловск) erreicht man mit der *elektrischka* vom Witebsker Bahnhof in St. Petersburg aus; von Zarskoje Selo fährt man nur eine Station weiter. Im 19. Jh. zählte Pawlowsk zu den beliebtesten Ausflugszielen der Petersburger Gesellschaft. Anzie-

hungspunkt war dabei auch eine Musikhalle, die neben dem Bahnhof errichtet und nach dem Londoner Vorbild *Vauxhall* genannt wurde. Der Name bürgerte sich schließlich nach slawischer Phonetik zum russischen Begriff für den Bahnhof – *woksal* – ein.

Wie die meisten Zarenresidenzen war auch Pawlowsk während des Zweiten Weltkriegs ein Ort der Verwüstung. Glücklicherweise war es hier gelungen, die Mehrheit der Kunstschätze vor dem Anrücken der Wehrmacht nach Leningrad zu evakuieren. Als die Deutsche Wehrmacht 1944 Pawlowsk verließ, war der Palast ausgebrannt und der Park gerodet. Die aufwendigen und durchweg beachtlichen Restaurationsarbeiten dauerten bis in die Mitte der 1990er-Jahre.

Schloss

Der Ausbau Pawlowsks zur Zarenresidenz ist vor allem mit dem Namen Charles Camerons verbunden, der in Zarskoje Selo nur angebaut hatte, hier aber ein Schloss und den umliegenden Park mit vielfältiger Architektur schaffen durfte. 1782 begannen die Bauarbeiten unter der Leitung des schottischen Architekten am Schloss Pawlowsk *(Pawlowskij dworez)*. Cameron schuf das nach englischem Geschmack von Natur umgebene Landhaus nach dem Vorbild palladianischer Villen. Die **Fassade** des kubischen dreigeschossigen Mittelbaus, den eine von 64 Säulen umstellte Rotunde mit einer flachen Kuppel krönt, schmückte Cameron zum Ehrenhof hin mit einem korinthischen Portikus, der Parkfassade setzte er einen Giebelportikus vor. **Säulengalerien** schließen sich beiderseits an den Mitteltrakt in einem schönen Bogen an und münden in Flügelbauten. Zwei weitere Anbauten nehmen hier ihren Ausgang und scheinen das **Oval des Ehrenhofs,** dem ein **Standbild Pauls I.** seine Mitte gibt, nahezu zu schließen. Die zweigeschossigen Trakte baute Vincenzo Brenna 1797

Pawlowsk, Ehrenhof des Schlosses: 1777 hatte Katharina II. ihrem Sohn Paul und seiner Frau Maria Fjodorowna, der Prinzessin Sophie von Württemberg, zur Geburt ihres Sohnes Alexander die weitläufigen Waldgebiete südlich von Zarskoje Selo zum Geschenk gemacht. Ab 1782 entstand unter Leitung von Charles Cameron der Große Palast

Pawlowsk

*Tel. 81 24 52 15 36
www.pavlovsk
museum.ru
Schloss: tgl. 10–18
Uhr, Tickets bis eine
Std. vor Schließung,
15. Sept.–15. Mai
Fr geschl.*

an. Darüber hinaus erhöhte er die Galerien und Flügelbauten um ein Geschoss. Nachdem Teile des Palastes 1803 in einem Brand zu Schaden gekommen waren, wurden Andrej Woronichin und Carlo Rossi sowie Giacomo Quarenghi mit dem Wiederaufbau betreut.

An der **Innenausstattung** des Pawlowsker Schlosses war eine Reihe bedeutender Architekten beteiligt, neben Cameron auch Woronichin, Brenna, Quarenghi und Rossi. Im Erdgeschoss liegen die Wohngemächer Pauls I. und Maria Fjodorownas, die sich durch erlesenen Wohnkomfort auszeichnen. Über die Paradetreppe gelangt man in das von Vincenzo Brenna mit kriegerischen Symbolen geschmückte Prunkvestibül des Obergeschosses, in dem die Repräsentationsräume liegen. Im Zentrum des Palastes richtete Cameron direkt unter dem Lichteinfall der Rotunde einen Italienischen Saal ein. Wird hier das antike Rom ›beschworen‹, so versucht der Griechische Saal mit zwei Säulenreihen aus künstlichem hellgrünen Marmor sowie Kopien antiker Statuen die griechische Antike ›wiederzubeleben‹. Neben dem Griechischen Saal schuf Brenna links den Saal des Friedens, dem rechts der Saal des Krieges korrespondiert. Während der mit kriegerischen Motiven geschmückte Saal eine Enfilade mit den Paraderäumen Pauls I. öffnet, schließt sich dem mit Füllhörnern, Blumengirlanden und Musikinstrumenten ausgestalteten Saal des Friedens eine Enfilade mit den Paradegemächern Maria Fjodorownas an.

In der **nördlichen Galerie** richtete Rossi die Bibliothek ein; die südliche Galerie birgt eine Gemäldesammlung mit eher mittelmäßigen Werken, die Paul I. auf einer Europareise erstand. Der Gemäldesammlung folgt der Thronsaal, dessen illusionistisches Deckengemälde, ein Werk des russischen Bühnenbildners Pietro Gonzaga, über einem antiken Bauwerk einen offenen Himmel vortäuscht. Gonzaga malte auch die dem Park zugewandten **Bogengalerien** mit perspektivischen Architekturlandschaften aus. In dem Rittersaal empfing Paul I. u.a. Vertreter des Johanniterordens, der nach seiner Vertreibung aus Malta durch Napoleon 1798 in Russland Zuflucht gefunden und Paul I. zum Großmeister erkoren hatte. Die sich anschließende Palastkirche ist derzeit noch nicht zugänglich.

Park

Der Landschaftsgarten der Residenz in Pawlowsk gleicht mit seinen sanften Hügelketten, der gewundenen Slawjanka und ihren stimmungsvollen Brücken, den Seen und Teichen, den Wiesen und Baumgruppen einer arkadischen Ideallandschaft im Geschmack des ausgehenden 18. Jh. Neben Charles Cameron zählten auch Vincenzo Brenna, Andrej Woronichin und Carlo Rossi zu den Gartenarchitekten, die Gestaltung der ›Natur‹ oblag Maria Fjodorowna, die hier sentimentale Landschaftsbilder entstehen ließ, die sie mit Erinnerungen und Assoziationen füllte. In jedem Teil des Parks gibt ein Pavillon, ein Tempel, ein Monument, ein Tor oder eine Voliere eine neue Gefühlswelt vor.

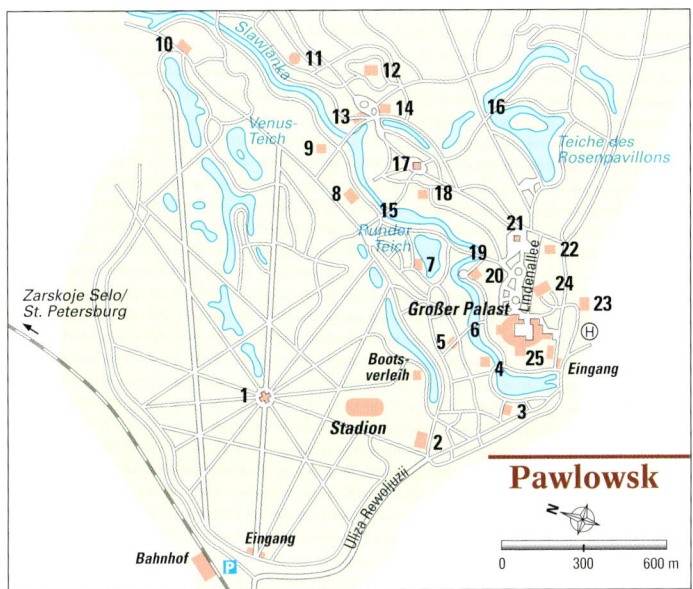

Das bedeutendste und älteste Bauwerk des Parks ist der im Tal der Slawjanka 1780–82 errichtete **Tempel der Freundschaft** von Cameron. Die kleine, geschlossene Rotunde, die ein Kranz von kannelierten dorischen Säulen umgibt, ziert ein umlaufender Fries mit Delphinen und Kränzen als Symbole der Freundschaft. Im Innern stellt eine Statue Katharina II. als römische Göttin Ceres vor. 1800 schuf Cameron den **Pavillon der Drei Grazien** am hohen Ufer der Slawjanka, seine letzte Arbeit in Petersburg und Umgebung. Den mit 16 ionischen Säulen umgebenen Tempel schmückt eine Skulpturengruppe »Drei Grazien« von Paolo Triscorni. Auf dem gegenüberliegenden Plateau am Ufer der Slawjanka entstand nach Plänen Camerons eine **Apollon-**

Kolonnade, ein ursprünglich geschlossener Kreis von doppelten dorischen Säulen, die ein Gebälk tragen. Nach einem Einsturz 1817 beließ man den Tempel der Poesie als malerische Ruine. Im Norden der Kolonnade liegt das 1799 von Cameron als Rotunde konzipierte **Kalte Bad;** hier führt eine **Kentauren-Brücke** über den Fluss, die Kopien griechischer Originale schmücken.

Im Norden des Schlosses liegt die von palladianischen Bauformen inspirierte **Voliere,** ein 1782 von Cameron gestalteter Pavillon mit einem zentralen Kuppelsaal, sowie der **Rossi-Pavillon** von 1814. Im Nordwesten des Maria Fjodorowna gewidmeten Baus ließ die Zarengemahlin ein **Denkmal für die Eltern** von Cameron errichten; später ließ sie Paul I. im Park ein Mausoleum bauen. Gleich einem Leitmotiv zieht sich die Ikonografie der Vergänglichkeit von Mensch und Natur – ein beliebtes Thema der romantischen Poesie und Literatur – durch die Anlage des Parks von Pawlowsk. Brenna legte im Norden des Elterndenkmals 12 Wege an, deren Schnittpunkt eine von neun Musen umgebene **Apoll-Statue** markiert.

Gatschina

44 km südwestlich von St. Petersburg liegt die Sommerresidenz Gatschina (Гатчина), der bevorzugte Aufenthaltsort Pauls I., der Pawlowsk gerne seiner Frau überließ und in Gatschina seine Garde auf dem Exerzierplatz kommandierte. Nach seiner Ermordung geriet der Große Palast mit dem stimmungsvollen Park in Vergessenheit, bis Alexander III. 1881 aus Sicherheitsgründen seine Residenz hierher verlegte.

Gatschina erreicht man mit der *elektrischka* vom Baltischen Bahnhof. Die Residenz ist vor allem mit dem Wirken Antonio Rinaldis verbunden, der im Auftrag Grigorij Orlows, dem Günstling Katharinas II., 1766 einen Palast errichtete, der von einem prächtigen Landschaftspark umgeben wurde. Nach dem Tod ihres Favoriten vermachte die Zarin das Anwesen ihrem Sohn Paul, der in seiner Furcht vor innenpolitischen Feinden (s. S. 255) das elegante Palais von Vincenzo Brenna in eine Festungsanlage umbauen ließ. Wie nahezu alle anderen Residenzen war auch Gatschina im Zweiten Weltkrieg völlig zerstört worden. Das Bemühen um einen Wiederaufbau stellte sich hier jedoch nur zögerlich ein, sodass die Restaurierungsarbeiten noch nicht gänzlich abgeschlossen werden konnten.

Trotzk

Anlässlich des 5. Jahrestages der Oktoberrevolution wurde Gatschina 1923 in ›Trotzk‹ umbenannt. Nach Trotzkijs Verbannung 1929 erhielt die Stadt wieder ihren ursprünglichen Namen.

Großer Palast

Rinaldi hatte 1766–81 einen dreigeschossigen, rechteckigen schlichten Bau errichtet, den zwei fünfeckige Ecktürme flankieren. Von ihnen nehmen die zweigeschossigen Galerien ihren Ausgang, die an der Hofseite in quadratische Flügelbauten münden, die das Motiv der Ecktürme wiederholen. Vincenzo Brenna schloss 1795 die dem Hof zugewandten, offenen Galerien und legte Gräben und Bastionen an. Erneute Umbauten Mitte des 19. Jh. setzten den Fünfecktürmen ein weiteres Geschoss auf und verblendeten die Fassaden mit grauem Kalkstein.

Das **Interieur** des Palastes war in ganz Europa für seine Delikatesse berühmt und entzündete die Fantasie ganzer Abendgesellschaften. Grigorij Orlow ließ zahlreiche Räume und Möbel mit erotischen Motiven bemalen, die die rechte Atmosphäre für seine Rendevous mit der Zarin schufen. Die Malereien ließ Paul I. später jedoch tilgen.

Die Paraderäume des Palastes, deren Gestaltung Rinaldi und Brenna oblag, sind in ihrer kostbaren Pracht nahezu alle wieder hergestellt. Sie beherbergen eine der kostbarsten Porzellansammlungen der Welt, darunter Exponate aus China und Japan sowie zahlreiche Service aus den Manufakturen von Sèvres und Meißen.

Park

Für die elegisch-idyllische Stimmung im Park sorgen der **Weiße** und der **Schwarze See,** zahlreiche Inseln und Pavillons wie der **Venus-Tempel,** der 1791 als rechteckiger Holzbau mit abgerundeten Ecken entstand. Das Deckengemälde »Triumph der Venus« ist ein Werk von Johann Mettenleiter. 1798 baute Sacharow eine **Voliere,** ein kleiner Bau mit erhöhtem Mittelteil, den ein Portikus dorischer Ordnung schmückt. An die Stirnseiten setzte er zweigeschossige Rundtürme. Brenna bereicherte den Park um einen **Adlerpavillon** und um ein monumentales **Maskenportal** mit doppelten, zu Vierergruppen zusammengerückten ionischen Säulen. Hinter dem Maskenportal liegt das **Birkenhäuschen.** 1798/99 errichtete der Baumeister Nikolaj Lwow einen **Prioratspalast** im Stil einer mittelalterlichen Burg.

Reisen & Genießen

Hotels

Während der Weißen Nächte von Mitte Mai bis Ende Juli empfiehlt es sich rechtzeitig zu reservieren, denn St. Petersburg ist in dieser Zeit sehr gefragt.

Luxus

Dieses Hotel am Isaaks-Platz steckt voller Geschichte und Geschichten. Literaten und Staatsmänner logierten hier, Bonvivants und Komponisten. Die Zimmer sind großzügig, hell und klar eingerichtet, erfüllt von der Eleganz einer skandinavischen Bürgerlichkeit.

****Astorija
Bolschaja Morskaja uliza 39
Tel. 81 24 94 57 57, Fax 81 24 94 50 59
www.thehotelastoria.com
Metro: Newskij prospekt

Tschaikowskij war mehrmals hier, George Bernhard Shaw speiste hier mit Maxim Gorkij zu Mittag. Hinter der klassizistischen Fassade von Carlo Rossi verbirgt sich ein prachtvolles Jugendstilhotel, in dem es an nichts mangelt. Manche Zimmer haben Ausblick auf die Petersburger Philharmonie, andere auf das Russische Museum und die Christi-Auferstehungs-Kirche. Höhepunkt ist aber sicher ein Abendessen im wunderbaren Jugendstil-Speisesaal.

*****Grand Hotel Europe
Michailowskaja uliza 1/7
Tel. 81 23 29 60 00, Fax 81 23 29 60 01
www.grandhoteleurope.com
Metro: Newskij prospekt

Großzügige Suiten und Räume machen das Ambassador zu einer gepflegten, ansprechenden Unterkunft. Zur Erholung steht ein großer Spa-Bereich zur Verfügung mit Pool, Sauna und Fitnessraum.

****Ambassador
Prospekt Rimskogo Korsakowo 5–7
Tel. 81 23 31 88 44, Fax 81 23 31 93 00
www.ambassador-hotel.ru
Metro: Sadowaja

Mittelklasse

In unmittelbarer Nachbarschaft zum Newskij prospekt liegt dieses Hotel in einem ruhigen Hinterhof. Die Zimmer in diesem edlen Bürgerhaus sind stilvoll eingerichtet und bieten jeglichen Komfort. Im Restaurant großes Frühstücksbuffet, mittags und abends gutbürgerliche russische Küche.

****Helvetia Hotel
Uliza Marata 11
Tel. 81 23 26 53 53, Fax 81 23 26 20 09
www.helvetiahotel.ru
Metro: Vladimirskaja,
ploschtschad Vosstanija

Eine charmante Unterkunft am Krjukow-Kanal mit großzügigen, geschmackvollen Zimmern. Die Atmosphäre ist persönlich und freundlich, getragen vom Hausherrn, einem ehemaligen Fernsehjournalisten, der sich mit seiner Frau nun leidenschaftlich dem Hotelfach widmet.

****Alexander House
27 Nabereschnaja Krjukova Kanala
Tel. 81 25 75 38 77, Fax 81 25 75 38 79
www.a-house.ru
Metro: Sadowaja

Das Comfort Hotel liegt nahe der Newa im historischen Zentrum. Zur Eremitage läuft man 10–15 Min. Komfortable Zimmer, sehr freundliche Atmosphäre, zuvorkommender Service und gutes Preis-Leistungsverhältnis.

***Comfort Hotel
Bolschaja Morskaja uliza 25
Tel. 81 23 14 65 23, Fax 81 25 70 67 00

www.comfort-hotel.org
Metro: Newskij prospekt

Eine angenehme Unterkunft zu einem guten Preis. Das Hotel liegt nahe der Isaaks-Kathedrale in einer relativ ruhigen und schönen Straße.
***Northern Lights Hotel
Bolschaja Moskaja uliza 50
Tel. 81 25 71 91 99, Fax 81 25 70 03 34
www.nlightsrussia.com
Metro: Newskij prospekt

Günstig
Die Schweizer Pension in einem Bürgerhaus an der Fontanka bietet einfache, saubere Zimmer und ist eine sympathische, preisgünstige Unterkunft.
Swiss Star
Nabereschnaja reki Fontanki 93
Tel. 91 19 29 27 93
www.swiss-star.ru
Metro: Sadowaja

Restaurants
Hoch gelobte russische Küche mit frischen Zutaten, viel Gemüse und sehr gutem Fleisch. Das Ambiente ist international, freundlich, der Service zuvorkommend:
Teplo
Bolschaja Morskaja uliza 45
Tel. 81 25 70 19 74
www.v-teple.ru
11–3 Uhr
Metro: Newskij prospekt

Armenische und europäische Küche in kaukasischem Ambiente: orientalisch angehauchte Vorspeisen, die Hauptgerichte drehen sich vor allem um Huhn und Lamm.
Kilikia
Gorochowaja uliza 26/40
Tel. 81 23 27 22 08
www.kilikia.restoran.ru
12 Uhr bis zum letzten Gast
Metro: Sennaja ploschtschad

Das Podworije liegt an der Straße nach Pawlowsk und ist nur mit dem Taxi zu erreichen. Der Ausflug lohnt sich, denn in dem trotz des hohen Besucheraufkommens sehr sympathischen Restaurant wird köstliche russische Küche zu russischer Livemusik serviert. Man mag denken, dass hier etwas dick folkloristisch aufgetragen wird, doch es sind vor allem Einheimische, die das Restaurant aufsuchen. Russen schätzen eben Üppigkeit – und gutes Essen.
Podworije
Filtrowskoje schaussee 16
Tel. 81 24 66 85 44
www.podvorye.ru
12–24 Uhr

Ein elegantes Restaurant auf einem Schiff, das eine kulinarische Reise um die Welt veranstaltet. Eine sehr ambitionierte Location, mit Blick über die Newa auf St. Petersburg.
Aquarelle
Dobroljubowa 14 a
Tel. 81 23 20 86 00
von 12 Uhr bis zum letzten Gast
Metro: Sportiwnaja

In unmittelbarer Nähe des Mariinskij-Theaters köstliche russische Küche in bohèmehafter Atmosphäre – zur Abwechslung mal ganz ohne russische Folklore:
Sadko
Uliza Glinki 2
Tel. 81 29 20 82 28
12–23.30 Uhr
Metro: Sennaja ploschtschad, Sadowaja

Man fühlt sich tatsächlich wie hinter der Bühne des Mariinskij-Theaters. Teures, aber ausgezeichnetes Essen in einer Atmosphäre zwischen Eleganz und Lässigkeit.
Backstage
Teatralnaja ploschtschad 18/10
Tel. 81 23 27 06 84
12–2 Uhr
Metro: Sennaja ploschtschad, Sadowaja

Karelien

Einsame Kulturlandschaft des Nordens

Karte Karelien S. 348

Karelien ist Grenzland zwischen Finn- und Russland. Tausende Seen, die durch unzählige Flüsse verbunden sind, bedecken das Territorium, das sich von der Onega-Bucht des Weißen Meeres im Norden bis zum Ladoga- und Onega-See im Süden erstreckt und zu den waldreichsten Gegenden Russlands gehört. Etwa 800 000 Menschen leben in der Republik Karelien, mehr als ein Viertel der Einwohner in der Hauptstadt Petrosawodsk. Auch hier wird man schnell gewahr, dass Karelien Grenzland ist; Straßennamen in kyrillischer und finnischer Sprache, das *gostinniza* und das *hotelli* verraten zwei benachbarte Kulturen. Russen und Finnen haben sich das Gebiet zumeist streitig gemacht, oftmals aber auch in friedlicher Nachbarschaft zusammengelebt. Heute stellen die Russen mit etwa 75 % das Gros der Bevölkerung. Die Ureinwohner der nördlichen Landesteile Russlands sind jedoch Karelier, Wepsen und Finnen, die heute ethnische Minderheiten bilden und ihre Kultur sowie ihre Sprache gegen die Dominanz der Russen behaupten müssen.

Geschichte

Vereinzelt hatten in Russlands Norden schon im 11. Jh. Bauern, Handwerker und Flüchtlinge des Tataren-Jochs gesiedelt. Angelockt wurden sie von den reichen Fischgründen, Salz, Pelzen, Honig, Walrosszähnen sowie Perlen – Handelsgüter, die die Nowgoroder später in Westeuropa absetzten. Vom Ilmen-See über den Wolchow zum Ladoga-See und weiter zum Onega-See bis hinauf zum Weißen Meer führte eine alte Handelsstraße, an der russische Siedler in meist friedlichem Nebeneinander mit Kareliern lebten. Im Austausch mit der ostslawischen Kultur übernahmen die Karelier schließlich gar den orthodoxen Glauben der Russen. Seit dem ausgehenden Mittelalter war die Region auch von Einsiedlermönchen aufgesucht worden, die hier Klöster gründeten, gleichsam Bollwerke gegen die katholische Mission der Schweden.

Mit dem Sieg Iwans III. über die Nowgoroder Stadtrepublik und der sich anschließenden Annexion geriet auch Karelien 1478 in den Machtbereich Moskaus. Im 17. Jh. wurde der Norden Russlands zu einer Hochburg der Altgläubigen, den *raskolniki*, die hier Zuflucht vor den Kirchenreformen des Patriarchen Nikon suchten. Während die einen Freiheit im Nordosten Russlands fanden, wo es keine Leibeigenschaft gab, war Karelien seit dem 19. Jh. für Oppositionelle des Zarenregimes das ›hauptstadtnahe Gefängnis‹. Durch die Abgeschiedenheit der Region bot sich Karelien als geeigneter Ort zur Verbannung politischer Häftlinge an. 1811 wurde Westkarelien Finnland unterstellt, das seit 1809 als autonomes Gebiet zum Zarenreich gehörte. Nachdem Finnland sich 1917 von Russland trennte, gehörte zunächst allein Ostkare-

◁ *Museumsinsel Kischi im Onega-See: Mariä-Schutz-Kirche (links) und Christi-Verklärungs-Kirche (rechts)*

Karelien

0   50   100 km

Medweschegorsk / МЕДВЕЖЕГОРСК
Belomorsk / Murmansk

K a r e l i e n

Joensuu

Girwas / ГИРВАС

A 123

FINNLAND

Suojarwi / СУОЯРВИ

Kondopoga / КОНДОПОГА

P 5

Kischi Pogost ★★

M 18

Archangelsk

Tschalna / ЧАЛНА

Petrosawodsk / ПЕТРОЗАВОДСК

P 2

Matrosy / МАТРОСЫ

Pudosch / ПУДОЖ

Lachdenpochja / ЛАХДЕНПОХЬЯ

Sortawala / СОРТАВАЛА

A 135

P 5

Walaam ★

A 130

M 18

Wytegra / ВЫТЕГРА

Imatra

Onega

Swetogorsk / СВЕТОГОРСК

Priosersk / ПРИОЗЕРСК

Ladoga-See (Ladoschskoje Osero)

A 129

Wyburg / ВЫБУРГ

Lodejnoje Pole / ЛОДЕЙНОЕ ПОЛЕ

Helsinki

E 18

Saporoschskoje / ЗАПОРОЖСКОЕ

M 10

M 18

Repino / РЕПИНО

A 129

A 123

St. Petersburg ★★

Sjasstroj / СЯССТРОЙ

M 18

Kronstadt / КРОНШТАДТ

Petrokrepost (Schlüsselburg) / ПЕТРОКРЕПОСТ (ШЛИССЕЛЬБУРГ)

P 36

Lomonossow (Oranienbaum) / ЛОМОНОСОВ (ОРАНИЕНБАУМ)

Peterhof ★★★

Tichwin / ТИХВИН

Kolp

Wologda / Jaroslawl / Kostroma

Zarskoje Selo (Puschkin) / Kolpino / КОЛПИНО

Pawlowsk / ПАВЛОВСК

Babajewo / БАБАЕВО

A 121

M 11

Gatschina / ГАТЧИНА

E 95

Kaduj / КАДУЙ

Narwa / НАРВА

M 20

M 10

Malaja Wischera / МАЛАЯ ВИШЕРА

Pestowo / ПЕСТОВО

P 8

Luga / ЛУГА

Nowgorod ★★ / НОВГОРОД

Borowitschi / БОРОВИЧИ

Pskow

Twer / Moskau

Wolchow

lien zur neugegründeten Sowjetunion. Westkarelien fiel erst nach dem finnisch-sowjetischen Winterkrieg 1940 wieder an die Sowjetunion. Knapp eine halbe Million Karelier wurden binnen weniger Tage nach Finnland ausgewiesen. Zeitgleich ließ Stalin 200 000 Sowjetbürger ansiedeln, viele aus den asiatischen Teilrepubliken. Nach dem Vorbild anderer Gebiete der Sowjetunion erklärte sich die Republik Karelien im August 1990 für souverän, blieb aber dem Verband der Sowjetunion treu. Erst nach dem Zerfall der UdSSR formierten sich politische Kräfte in Karelien, die die Grenze zu Finnland in Frage stellen. Die Idee einer ›Wiedervereinigung‹ hat vor allem bei den Exilkareliern Popularität, die heute wieder ihre Heimat besuchen können.

Karelien galt einst als die blühendste und reichste Region Finnlands. Heute bieten das Land und seine Wirtschaft ein trauriges Bild des Niedergangs. Trostlose Industrieruinen, verrottete Schiffe, bröckelnder Hausputz – der russische Norden ist von der Wirtschaftskrise besonders betroffen. Die großen Maschinenbaubetriebe in Petrosawodsk haben Tausende entlassen, seit die staatlichen Subventionen ausbleiben, die Betriebe der Radiotechnik und Elektronik mussten ihre Produktion ebenfalls auf ein Minimum drosseln. Auch die einst reichen Fischgründe des Ladoga- und Onega-Sees sind infolge der Wasserverschmutzung sowie der rücksichtslosen Ausbeutung zunehmend dezimiert und bieten den Fischern kaum noch eine Lebensgrundlage.

Doch Karelien hat auch eine Seite für Traumsucher. Im Sommer, wenn die Nächte nicht dunkel werden und das weiche Licht des Abends alles wieder ins Versöhnliche taucht. Wenn gleich Granitfestungen wilde und windige Inseln aus dem Ladoga-See aufsteigen, wenn die stille Wasserfläche der Seen am Horizont mit dem Himmel verschwimmt, wenn nur die Schreie der Möwen durch die dünne Luft gellen und wenn die Wolken am Himmel zu immer neuen Dramaturgien finden. Wenn im kurzen, heftigen nordischen Sommer die ganze Erde zu üppigster Vegetation aufbricht und wenn mitten in der Einsamkeit die schönsten Kirchen in den Himmel gebaut sind. Nirgends sonst haben sich so kunstvolle Bauten altrussischer Holzarchitektur erhalten.

Kunsthistorisch bedeutende Reiseziele in Karelien sind die Insel Kischi im Onega-See und der Archipel Walaam im Ladoga-See, die man am besten mit dem Schiff von St. Petersburg aus erreicht. Von Mai bis Oktober startet etwa jeden zweiten Tag ein Schiff vom Petersburger Flussbahnhof in Richtung Norden und steuert Walaam (eine Nacht) und/oder Kischi (anderthalb Tage) an. Wer den Weg über Land vorzieht, kann bis Petrosawodsk den Zug nehmen und von dort mit einem Schnellboot nach Kischi übersetzen.

Karelische Sprache

Das Karelische blieb eine schriftlose Volkssprache und findet heute nur noch wenig Anwendung. Nationale Kultureinrichtungen der Karelier gab es in der Vergangenheit so gut wie nicht, erst Ende der 1990er-Jahre formierten sich politische Parteien in Petrosawodsk, die unter anderem auf die kulturelle Identität der Ureinwohner pochen. Nicht grundlos verstehen sich aber auch die Russen als berechtigte Einwohner Kareliens. Der territoriale Anspruch auf den russischen Nordosten reicht bis ins 12. Jh. zurück, als die mächtige Republik Nowgorod ihren Einflussbereich in die Gebiete um den Onega-See ausdehnte.

Walaam – Klosterinseln im Ladoga-See

Die Reise von St. Petersburg zum Archipel Walaam (Валаам) im Norden des Ladoga-Sees, mit knapp 18 000 km² der größte Süßwassersee Europas, führt zunächst die mit 74 km vergleichsweise kurze Newa flussaufwärts. Nach etwa sechs Stunden erreicht man die **Schlüsselburg** (Шлиссельбург), eine Festungsruine auf der **Insel Orech** (›Nuss-Insel‹) am Austritt der Newa aus dem Ladoga-See. 1702 hatte Peter I. die vormals schwedische Festung Nöteborg erobern können und damit sprichwörtlich eine Schlüsselstellung im Kampf um den Zugang zur Ostsee besetzt. In späteren Zeiten nutzte man die Schlüsselburg als Gefängnis von politischen Oppositionellen. Zahlreiche Dekabristen saßen hier ein, der Anarchist Michail Bakunin, und 1887 wurde der Bruder Lenins, Alexander Uljanow, nach seinem Attentatsversuch

Walaam ★

349

Straße des Lebens

Während der 900 Tage dauernden Blockade Leningrads durch deutsche Truppen führte über das Eis des Ladoga-Sees die einzige Verbindung mit der vom Kälte- und Hungertod betroffenen Millionenstadt. Über die ›Straße des Lebens‹ konnten Lebensmittel und andere Hilfsgüter hinein- und Menschen herausgeschleust werden.

auf Alexander III. im Burghof hingerichtet. Artilleriebeschuss und Bomben des Zweiten Weltkriegs richteten die einst imposante Festung, die 1944 in Petrokrepost umbenannt wurde, zur Ruine.

Vom **Ladoga-See** her ist kein Ufer mehr zu erkennen. Als unendlicher Wasserspiegel dehnt er sich zwischen dunklen Fichten- und Tannenwäldern, einem hohen Felsenufer im Norden und seichten Buchten im Süden aus, Welten scheinbar von jeder Zivilisation entfernt. Allein der berühmte Wolkenhimmel Kareliens feiert hier seine größten Auftritte. Das bis zu 230 m tiefe Wasser ist noch reich an Fischen, Nahrungsgrundlage der Fischer Kareliens und der Ladoga-Robben.

Nach etwa 13 Std. Schifffahrt zeichnet sich im Norden der Klosterarchipel Walaam ab, zu dem 54 Inseln mit einer Gesamtfläche von 36 km² gehören. Die größte der felsigen Inseln ist **Walaam.** Die Herkunft des Namens ist ungeklärt, er leitet sich entweder von dem finnischen varrama für ›Hohes Land‹ ab oder von dem finnischen Begriff *valo* (›Licht‹). Eine andere Deutung belegt die Verwandtschaft mit dem Namen des slawischen Gottes Weles.

Der erste Blick auf die grünen Inseln mit ihren kleinen Buchten und grauen, runden Steinen an kantigen Felsstränden mag Niemandsland verheißen, doch bereits beim Betreten des Anlegers glänzen durchs dichte Grün der Nadelbäume die goldene Kuppel der **Kirche Andreas des Erstgerufenen** *(Zerkow Andreja Perwoswannogo).* Man ist in altem Pilgerland angekommen. Bereits im 1. Jh. nach Christi soll Andreas der Erstgerufene, ein Schüler Christi, fabelhafterweise ausgerechnet nach Walaam gekommen sein. Ab dem 14. Jh. entstanden in seinem Namen die ersten Kirchen und Klausen. Das 19. Jh. brachte Walaam reiche Kaufleute, die um ihr Seelenheil bangten und in der heiligen Inselwelt die verwitterten Klosterbauten durch Stein ersetzen ließen. Da auch die Pilgerreise nach Jerusalem für viele Russen zu beschwerlich geworden war, übertrug man die Topografie der heiligen Stadt auf die felsige Insel, benannte Hügel nach biblischen Bergen und Waldpfade nach heiligen Wegen und legte so gleichsam ein ›nördliches Jerusalem‹ an. Die Oktoberrevolution setzte dem regen Klosterleben in der Einsamkeit Kareliens ein Ende.

Heute ist Walaam aber wieder fest in der Hand der Kirche. Mehr als 150 Mönche sind seit 1989 gekommen und leben in den drei der insgesamt fünf noch verbliebenen Klausen. Vom Anleger erreicht man zunächst die **Auferstehungs-Klause** *(Woskressenskij skit),* 1906 von dem reichen Kaufmann Sibiriakow gestiftet. Um einen grasbewachsenen Innenhof, in dessen Mitte schwarzgekleidete Mönche Wasser mit schweren Eiseneimern aus einem Brunnen schöpfen, gruppieren sich die Kirche Andreas des Erstgerufenen, ein **Refektorium** und die **Mönchszellen.** Auf der rechten Seite des Tores lag die *banja.* Die Legende will, dass Andrej Perwoswannyj an der Stelle der noch nicht vollständig wieder restaurierten Kirche – sie wurde als Waschküche einer Kadettenschule genutzt – ein Kreuz aufgestellt hatte. In der unteren Kirche sollen zudem ein paar Steine des Bodens vom Grabe Christi stammen.

Dem bedächtigen Zug der Pilger folgend – spätestens auf Walaam wird man gewahr, wie lebendig das gläubige Russland wieder ist – gelangt man über den Klosterweg zum **Zionsberg,** an dessen Fuße die grell türkisfarbenen Kuppeln der **Gethsemane-Klause** durch das dichte Grün des Waldes leuchten. Die kleine Holzkirche von 1911 vermittelt noch unmittelbar den Eindruck eiligen Wiederaufbaus: Ikonen sind nur notdürftig restauriert und das Innere der Kirche ist nur soweit wiederhergestellt, wie man es für die tägliche Andacht braucht. Die Zellengebäude der Klause liegen am Fuße des **Berges Eleon,** auf dem die kleine **Himmelfahrts-Kapelle** mit türkisfarbenem Helmdach thront. Vom Gipfel des Berges Eleon kann man auf Spaziergängen Flora und Fauna der Insel entdecken, zu der auch ein kleiner Binnensee gehört, Flussläufe, regendurchtränkte Wiesen, Sumpfland sowie ein schöner Mischwald. Nahezu jeder Baum verbindet sich auf Walaam mit einer wunderlichen Geschichte, aus jedem Gewässer stiegen einst die Dämonen der Unterwelt auf, überall finden die Pilger die Orte der Zeichen und Erscheinungen. Glaube und Aberglaube gehen in Russland eine selbstverständliche, mitunter befremdliche Bindung ein.

Annäherung an die Klosterinsel Walaam

Aussicht

Vom Berg Eleon genießt man einen herrlichen Ausblick auf die Bucht und den Wald, über dem zuweilen dichte Nebelschwaden wabern können. Die herbe Schönheit der abgelegenen Inselwelt hat viele Künstler inspiriert, etwa Tschaikowskij, der auf Walaam zu den getragen melancholischen Klängen des zweiten Satzes der Ersten Symphonie fand, oder den Dichter Nikolaj Leskow, der die Natur des Nordens besang.

Auf der Hauptinsel

Zur Hauptinsel des Archipels mit der Christi-Verklärungs-Kathedrale gelangt man entweder über einen 6 km langen Waldweg oder aber mit einem kleinen Boot vom Anleger aus. Auf dem Seeweg tuckert man in die Klosterbucht ein, in der früher alle Schiffe anlegten. Kleine Kapellen geleiten zu beiden Seiten den Weg in den alten Hafen, in dessen Becken Fischerboote tauen und Holzpfähle auf ihren Abtransport warten. Walaam ist plötzlich zu weltlichem Leben erwacht. Fischer bieten den Ankommenden frisch geräucherten Fisch aus dem Ladoga-See an oder wobla, gesalzenen Trockenfisch, und die letzten noch auf Walaam verbliebenen Nicht-Kleriker versuchen, ihr bescheidenes Dasein mit dem Verkauf von Souvenirs, Tee und Kaffee oder Wodka etwas aufzupolstern und säumen den Weg zur Kathedrale mit Ständen und Kiosken. Ein **Museum** im alten Kutschenhaus veranschaulicht mit Mobiliar und Hausrat die karge Lebensweise im russischen Norden, aus der selbst die verklärteste Darstellung noch kein Idyll schafft.

Durch das **Heilige Tor,** in dessen Nachbarschaft eine **Marmorkapelle** im russischen Stil an den Besuch Alexanders I. auf Walaam erinnert, gelangt man in den Klosterhof mit altem Flieder. Die äußeren, heruntergekommenen Mönchszellen, in denen früher auch Werkstätten untergebracht waren, bewohnen noch Zivilisten, die die Kirche gerne auf Nimmerwiedersehen verabschieden würde. Doch noch zeichnet sich keine Lösung für das schwierige Zusammenleben zwischen Mönchen und den mehr trink- als bibelfesten Walaamern ab. Ein weiteres Tor führt in den inneren Klosterhof mit den **Mönchszellen aus dem 18. Jh.,** in dem heute die Brüder leben.

Petrosawodsk,
Russisches Theater

Die **Christi-Verklärungs-Kathedrale** *(Spaso Preobraschenskij sobor)*, 1887 von Georgij Karpow errichtet, wurde wieder in die Pracht des 19. Jh. zurückversetzt. Die untere, dunkle **Sergej-und-Herman-Winterkirche** dient ebenso wieder dem Gottesdienst.

Die Nikolskij-Klause und die Klause der Heiligen Insel kann man nicht besuchen – die Mönche leben auf Walaam nach strengen Regeln, zu denen auch die absolute Einsamkeit gehört. »Hier herrschen ewiges Fasten, Ruhe und Gebet«, berichtet der Dichter Nikolaj Leskow von seiner Pilgerreise.

Petrosawodsk – Hauptstadt Kareliens

Die alte russische Gouvernementstadt Petrosawodsk (Петрозаводск), Hauptstadt der Republik Karelien, empfängt den Besucher nicht gerade mit einem einladenden Bild. 70 Jahre sowjetischer Herrschaft haben Wunden, Narben und manch hässliche Wucherung im Stadtbild Petrosawodsks hinterlassen. Was an historischem Baubestand im Zweiten Weltkrieg nicht im Bombenhagel zertrümmert wurde, riss man in den 50er-Jahren hemmungslos ab, um Platz zu schaffen für die ins Weichbild der Stadt geklotzten Hochhäuser. Große Anziehungskraft hatte Petrosawodsk allerdings auch nicht in früherer Zeit; der Name assoziiert allein die Waffenschmiede Peters I. sowie den Verbannungsort politischer Häftlinge aus der Hauptstadt. Mit St. Petersburg indes teilt die Stadt am Onega-See ihr Alter. 1703 wurde auf Geheiß Peters I. an der Mündung der Lososenka (›Lachsflüsschen‹) in den Onega-See das ›Peterwerk‹ *(Petrosawod)* gegründet, das Kanonen und Schiffe für den Nordischen Krieg lieferte. Bis heute lebt Petrosawodsk vom Eisen und der eisenverarbeitenden Industrie.

Zentrum der Stadt und letzte historische Insel in Petrosawodsk ist der **Runde Platz** *(Kruglaja ploschtschad;* Круглая пл.) mit kaisergelben-klassizistischen Bauten. Zwei Bronzelöwen bewachen das Portal zur **Residenz des Gouverneurs.** Hier regierte 1784–86 der russische Dichter Gawriil Derschawin, Aufklärer und bedeutendster Wegbereiter russischer Dichtung vor Puschkin. Er hatte Katharina II. eine Ode gewidmet, die sich ihrerseits mit dem Gouverneursposten in Petrosawodsk erkenntlich zeigte. Die Mitte des Platzes krönte einst eine lebensgroße Skulptur Peters I., die nach der Oktoberrevolution zunächst im Keller verschwand, auf Befehl Stalins schließlich in einem kleinen Park am Hafen aufgestellt wurde. Wie lange Lenin den Platz noch besetzen darf, ist ungewiss.

Petrosawodsk ist eine der vielen russischen Städte, deren Grundriss nach aufklärerischen Prinzipien auf dem Reißbrett entstand. Vom Runden Platz führen strahlenförmig breite Prospekte in alle Himmelsrichtungen, zum Ufer des Onega-Sees fallen sie terrassenförmig ab. Der alte Außenposten des Zaren wäre wohl kaum eine Reise wert, eignete er sich nicht als Ausgangspunkt zu einer Fahrt nach Kischi,

Denkmal für Kriegsopfer in Afghanistan

In einem kleinen Park an der Peripherie von Petrosawodsk steht eines der wenigen Kriegsdenkmäler in Russland, die an die Opfer des Krieges in Afghanistan (1979–88) erinnern.

der Museumsinsel im Onega-See. Kischi ist nur eine von etwa 1369 Inseln, die man im **Onega-See** gezählt hat. Der See, dessen finnischer Name ›rauschendes Gewässer‹ auf die klatschenden Wellen bei Winterstürmen anspielen mag, ist mit 248 km Länge und 80 km Breite der zweitgrößte Europas. 58 Flussläufe speisen ihn mit Wasser, nur einer, die Swir, fließt auf einer Länge von 215 km zum Ladoga-See ab.

1848 entdeckte man am Ostufer des Onega-Sees **Felszeichnungen** der mittleren und neueren Steinzeit. Jäger und Fischer meißelten Bären, Elche und Hirsche, Boote und Naturgottheiten in den Granit.

Kischi – Höhepunkt altrussischer Holzarchitektur

Kischi Pogost ★★ Im westlichen Teil des Onega-Sees, vorbei an Uferstreifen mit Holzhütten und verwitterten Kirchtürmen, liegt etwa 70 km von Petrosawodsk die Museumsinsel Kischi (Кижи). In den Sommermonaten zwischen Mai und September verkehren Tragflächenboote. Wer privat ein Boot anheuert, sollte in jedem Fall vorher den Preis aushandeln.

Seit den 60er-Jahren hat man Werke der karelischen und nordrussischen Holzbaukunst auf die kleine Insel in das **Freilichtmuseum** gebracht: Badehäuser und Speicher, eine Schmiede, Bauernhäuser und Windmühlen, Wegkreuze, Kapellen, darunter auch die kleine einkuppelige **Lazarus-Kirche** aus dem Kloster Murom am Ostufer des Ladoga-Sees. Sie wurde um etwa 1390 als Kirche vom *klet*-Typus errichtet und gilt als ältester erhaltener Sakralbau aus Holz in Russland. Kischi schien der geeignete Ort für ein Freilichtmuseum, denn es steuert das ›Wunder‹ der russischen Holzbaukunst selbst bei: die Christi-Verklärungs-Kirche *(Preobraschenskaja zerkow)*, die Mariä-Schutz-Kirche *(Pokrowskaja zerkow)* und ein Glockenturm bilden eine Baugruppe, die mittlerweile zum Weltkulturerbe der UNESCO zählt.

Die beiden Kirchen waren einst das sakrale Zentrum eines pogost, eines Kirchspiels, zu dem alle Dörfer und Höfe der Region um den Onega-See *(saonesche)* gehörten. Spuren der Zivilisation lassen sich auf der nur 6 km langen und 1 km breiten, leicht hügeligen Insel bis in 11. Jh. zurückverfolgen. Großen Zulauf bekam das Gebiet rund um den Onega-See während des Tatarenjochs, als viele Menschen Schutz in den Wäldern des Nordens suchten. Weite Teile Kareliens gehörten zu dieser Zeit zum Machtbereich Nowgorods, sodass sich auch auf künstlerischem Gebiet eine gewisse Verwandtschaft zeigt. Ikonen aus dem 14. Jh., die man in *saonesche* fand, weisen ähnliche Züge auf wie Nowgoroder Heiligentafeln der selben Zeit. Zu Beginn des 15. Jh. setzten die Bautätigkeiten großer und prachtvoller Sakralbauten auf Kischi ein. Das heutige Ensemble stammt aus dem 18. Jh., der Blütezeit der Insel, die zugleich auch ihren Niedergang markiert. Während auf Kischi die großartigsten Holzkirchen Russlands entstanden, wurden die arbeitsfähigen Männer der Region zur Fronarbeit in Peters I. Waffenschmiede im nahen Petrosawodsk verpflichtet. 1770 wurde ein Aufstand durch das eilig herbeigesandte Militär niedergeschlagen. Im Laufe der Jahrhunderte entvölkerte die Insel beständig, und auch heute nehmen nur einige wenige Menschen als ständige Bewohner Kischis die Abgeschiedenheit, das Schneegestöber, die Dunkelheit und die Kälte des Winters über immerhin nahezu neun Monate auf sich.

Mariä-Schutz-Kirche

Vielkuppelige Kirchen entstanden in Russland vor allem seit dem 17. Jh. zu einer Zeit, als sich die Holzbaukunst und die Steinbaukunst gegenseitig befruchteten. Im Zuge der Landnahme der nordöstlichen Gebiete Russlands und der Erschließung immer neuer Reichtümer, vor allem der Bodenschätze, rückten weite Gebiete des Nordens aus ihrer Abgeschiedenheit und fanden Anschluss an die allgemeine Entwicklung des Landes. Fischer, Jäger und Bauern sahen sich erstmals städtischen Einflüssen ausgesetzt. Aber auch die Volkskunst, vor allem die Baukunst, unterlag nun neuen Impulsen. Das dekorative Wunder, das sich in der Steinbaukunst längst ereignet hatte, sollte auch in der Holzbaukunst geschehen. 1708 baute man auf Kischi die Mariä-Schutz-Kirche *(Pokrowskaja zerkow)*, nachdem der Vorgängerbau

Kischi, Grund- und Aufriss der Mariä-Schutz-Kirche

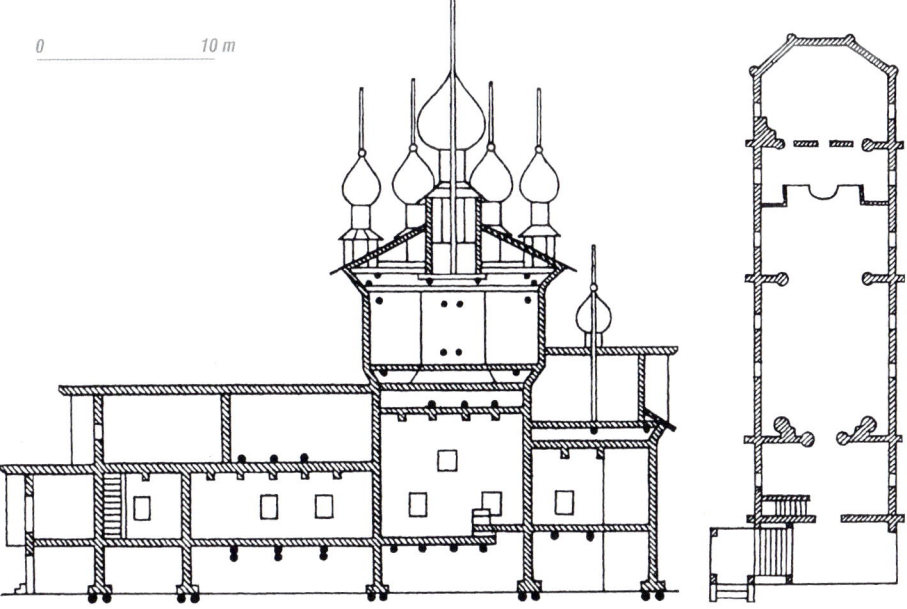

0 _____ 10 m

Der Ikonostas der Christi-Verklärungs-Kirche

abgebrannt war. Sie war zunächst als helmgedeckte Turmkirche errichtet worden, erst später, 1764, entschloss man sich zu einem vielkuppeligen Dachabschluss, der auf dem eher plumpen, mit einem Winkelstabfries geschmückten Oktogon aufsitzt. Die Mariä-Schutz-Kirche diente als heizbare Winterkirche. Neun Kuppeln krönen den Bau, der sich mit **Vorraum, Refektorium** und einem quadratischen **Gemeinderaum** samt Apsis über einem sehr lang gestreckten Rechteck erhebt. Der Grundriss erinnert an aneinandergereihte *klety*, die Grundraumeinheiten der russischen Holzbaukunst. Viele Fenster sorgen für viel Licht im Innenraum, der infolge seiner Zimmerfluchten eine Sogwirkung zum Ikonostas mit seinen bemalten Leisten entfaltet. Bei der Bilderwand handelt es sich um eine Rekonstruktion von 1955; der ursprüngliche Ikonostas ist seit dem 19. Jh. nicht mehr erhalten.

Christi-Verklärungs-Kirche

Wenn den Gesamteindruck der Mariä-Schutz-Kirche noch Unausgewogenheiten stören, wie etwa die im Verhältnis zum massigen Oktogon zu kurz geratene Hauptkuppel, zeichnet sich die benachbarte Christi-Verklärungs-Kirche *(Preobraschenskaja zerkow)* durch vollkommene Proportionen aus. Der Legende zufolge hat der Baumeister nach Vollendung seines Kuppelwunders seine Axt mit den Worten »So etwas gab es noch nie, gibt es nicht und wird es nicht noch einmal geben« in den See geworfen. Die Analogie zur Entstehungsgeschichte der Basilius-Kathedrale auf dem Roten Platz ist nur allzu offenkundig – Iwan IV. ließ den Baumeister der Legende nach blenden, damit er nie wieder ein Werk vergleichbarer Schönheit errichten könne. Ein Vergleich mit der Basilius-Kathedrale sowie der Gesamtansicht von Rostow Welikij drängt sich natürlich auch hinsichtlich der architektonischen Formen auf.

Sechs Jahre nach der Mariä-Schutz-Kirche wurde die Christi-Verklärungs-Kirche 1714 als Sommerkirche auf Kischi errichtet. Ihre Vorgängerin war noch eine Turmkirche. Die Christi-Verklärungs-Kirche ist ein Zentralbau, dessen Grundriss ein regelmäßiges Achteck bildet. **Vier Anbauten** gruppieren sich um das zentrale Oktogon. Mit Ausnahme der fünfwandigen Apsis im Osten erheben sich die Anbauten über dem Grundriss eines Rechtecks. Im Westen schließt sich der Baugruppe das **Refektorium** an, zu dessen strengem, schmucklosem Innenraum eine zweiflügelige Treppe führt, die der im Refektorium tagenden Volksversammlung, der wetsche nach dem Nowgoroder Vorbild, Tribüne und Tribunal war. Zweiundzwanzig, in sechs Abstufungen gleich einer Pyramide emporstrebende **Kuppeln** krönen die Kirche. Die Wirkung der Vielbildigkeit und der ›Himmelsstürmerei‹ ist auf alle Seiten berechnet. Der optische Überschuss an Kuppeln, mit dem die Suggestion der Auflösung von Flächen und Lasten einhergeht, ufert eigentümlich ins Bizarre aus und setzt einen machtvollen Akzent in der Umgebung des nur leicht gewellten Landes und der großen Wasserfläche des Sees. Silbrig schimmernde Schindeln aus Espenholz decken die Kokoschniki, Tamboure und Zwiebelkuppeln und erzeugen aus der Ferne einen beinahe phosphoreszierenden Glanz.

Im **Innenraum** überwältigt der plötzliche Eindruck lichter Weite. Der Raum verschmilzt übergangslos mit den Anbauten und entfaltet feierliche Größe. Auch die Höhe des Raumes ist imposant: 16 zur

Ohne Zeichnungen und Konstruktionspläne erbaut

Der komplizierte Bau der Christi-Verklärungs-Kirche entstand, auch wenn alle ausgeklügelten Details der Raumkomposition das Gegenteil vermuten lassen, ohne Zeichnungen und Skizzen des Baumeisters. Bei anderen ländlichen Kirchenbauten erwähnen die verlässlichen Quellen ebenfalls keine Baupläne. Die Konstruktion oblag offenbar allein der visionären Kraft des Holzbaumeisters.

Raummitte eilende, bemalte Rippen bilden trapezförmige Felder, die sich um einen Kreis in der Mitte gruppieren, den eine rote, altslawische Inschrift umläuft. Der Raum oberhalb des ›Kirchenhimmels‹, der leider nicht immer zugänglich ist, legt in beeindruckender Weise die komplizierte Dachkonstruktion mit einem Gewirr aus Balken, Streben und tragenden Pfeilern offen.

Schmuckstück des Gemeinderaums ist der barocke, vergoldete Ikonostas, der sich auch über die Ostwände der nächsten Anbauten ausbreitet. Kunstvolle Schnitzereien zieren die Säulchen, Architrave und Gesimse sowie die Zarentür in der Mitte. Doch der verschwenderische Gebrauch von Schnörkeln, Drehungen und komplizierten Windungen des Barock findet in der vergleichsweise schlichten und rohen Umgebung keine bindende Kraft.

Der relativ hohe **Glockenturm** verbindet die beiden Kirchen zu einem Ensemble. Die mit Brettern vernagelten Wände deuten bereits darauf hin, dass er kein originäres Bauwerk der Volkskunst ist, die allenfalls versteckte Holznägel nutzte. Er entstand vielmehr in der zweiten Hälfte des 19. Jh. anstelle eines alten Glockenturmes, den eine Galerie mit der Christi-Verklärungs-Kirche verbunden hatte. Etwa um 1875 wurden die Kuppeln der beiden Kirchen mit Eisenblech verkleidet und die Blockwände mit Brettern verschalt, unter denen die Bausubstanz der Kirchen zu faulen begann. Erst eine umfassende Restaurierung von 1949–59 hat das Bauensemble in seinem ursprünglichen Zustand wiederhergestellt.

Das Bauensemble von Kischi muss man zu verschiedenen Tageszeiten aufsuchen: morgens, bei Sonnenaufgang zeichnet es sich als dunkle, vielförmige Silhouette am Himmel ab, bald sind sie bleiern und grau wie der Himmel über ihnen, und das Licht der Weißen Nächte schließlich übergießt die Schindeln gleichsam mit silbrigem Glanz.

Repino – Refugium der Kunst

Den kleinen, nach dem großen Realisten Ilja Repin (1844–1930) benannten Ort Repino (Репино) am Finnischen Meerbusen, erreicht man mit der *elektrischka,* die vom Finnländischen Bahnhof in St. Petersburg abfährt (Station: *Repino).*

44 km nördlich von St. Petersburg hatte sich Repin 1900 ein den römischen Hausgöttern Penaten geweihtes Domizil zwischen rauschenden Kiefern und windschiefen Holzhäuschen errichtet. Zu dieser Zeit trug der Ort noch seinen finnischen Namen *Kuokkala.*

Repin-Museum
Primorskoje
Schosse 411
Tel. 81 23 23 64 96
im Winter Mi–So
10.30–17, im Sommer tgl. 10.30–18
Uhr

Im Obergeschoss des **Repin-Hauses** *(dom Repina),* das der Maler mit verschiedenen Dächern, Erkern und Veranden in ein pittoreskes Domizil verwandelte, richtete der Maler sein Atelier ein, in dem er nach eigener Aussage die besten Stunden seines Lebens verbrachte. Der Mittwochnachmittag in den ›Penaten‹ bei Ilja Repin war für viele Künstler und Intellektuelle ein Jour fixe, der jede Woche nach festen

Regeln verlief. Zu den Gästen im Hause des Malers zählten die Wissenschaftler Iwan Pawlow und Wladimir Bechterew, die Dichter Sergej Jessenin, Wladimir Majakowskij und Maxim Gorkij, die Komponisten Boris Assafjew und Alexander Glasunow sowie der Bass-Sänger Fjodor Schaljapin. Auch viele Malerkollegen gehörten zu der etwa 30 Personen umfassenden Mittwochsrunde, darunter Boris Kustodiew.

Zehn Jahre nach dem Tod Repins wurde in den ›Penaten‹ ein Wohnungsmuseum eingerichtet, das im Zweiten Weltkrieg zwar völlig abgebrannt war, in den 1950er-Jahren jedoch anhand von Plänen und Zeichnungen originalgetreu rekonstruiert wurde. Das **Interieur** des ursprünglichen Repin-Hauses, darunter Gemälde, Zeichnungen und Skizzen Repins, ist im Original erhalten; kurz nach Kriegsbeginn hatte man alles nach Leningrad evakuieren können. Das **Grab Repins,** der im Alter von 86 Jahren starb, liegt im Garten, den Repin mit Teichen, Wegen, Brücken und einem Osiris und Iris geweihten Tempel in eine Kunstlandschaft verwandelt hatte.

Eine Bahnstation weiter von Repino liegt **Komarowo** (Комарово), eine Schriftstellerkolonie St. Petersburgs. Verstreut zwischen hohen Fichten finden sich hier zahlreiche Datschen der Petersburger Intelligenzija, die sich hierhin an Wochenenden oder ganz zum Lebensabend zurückzieht. Auch Anna Achmatowa (1899–1966) verbrachte viele Wochen und Monate in Komarowo, wo ihr Grab neben dem zahlreicher anderer Künstler und Wissenschaftler auf dem Waldfriedhof zu finden ist.

Archangelsk

Die alte russische Stadt am Weißen Meer, war bis zur Gründung St. Petersburgs Russlands einzige Hafenstadt. Die ursprüngliche, oft in Holz ausgeführte Architektur fiel in den 1930er-Jahren Stalins Modernisierungswillen zum Opfer. Im örtlichen **Kunstmuseum** wird eine einzigartige Ikonensammlung bewahrt.

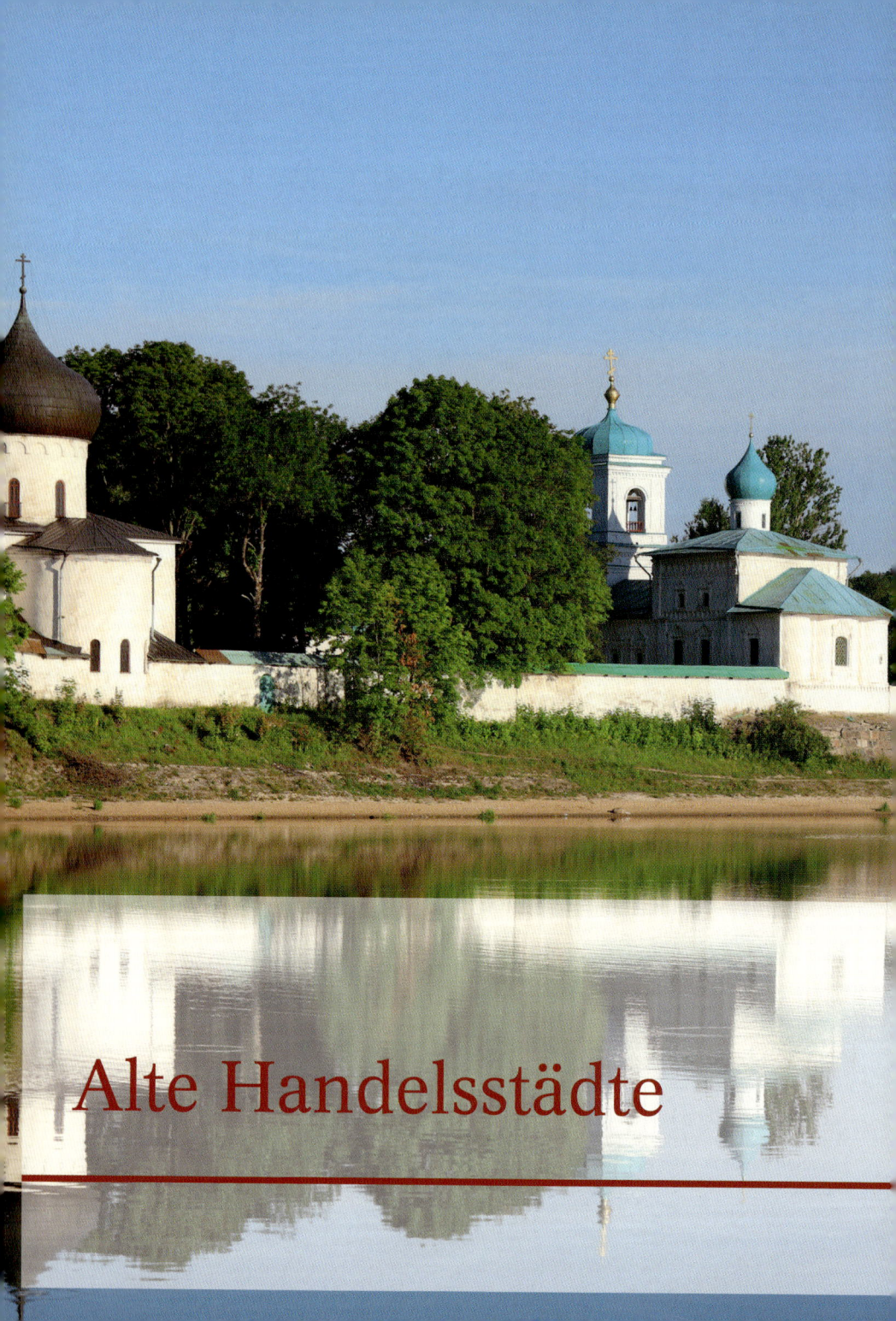

Alte Handelsstädte

Nowgorod – die alte Hanse-Stadt

*Cityplan Nowgorod
S. 369*

Nowgorod (Новгород) beansprucht im Reigen der alten Städte Zentralrusslands eine Sonderrolle. Die herausragende Stellung der Stadt am Wolchow ist keine Vermessenheit, sondern die Folge eines bemerkenswerten Freiheitswillens und einer lange Zeit entschlossen verteidigten Unabhängigkeit. Um die Ursprünge der Stadt, die sich im 14. Jh. den Ehrentitel ›Herr Groß-Nowgorod‹ gab, ranken sich einige, später in Kunstwerken thematisierte Legenden. So sollen sich die zwei Geschwister Slowena und Rus am Ausgang des Flusses Mutnaja aus dem Moisko-See niedergelassen haben, wo sie die Stadt Slowensk gründeten. See und Fluss nahmen später die Namen der Kinder Slowenas an, Ilmen und Wolchow. Im frühen 9. Jh., als die erste Siedlung längst verödet war, kam der Legende nach der Waräger Rjurik an den Wolchow und gründete eine ›neue Stadt‹: *Nowgorod.*

Nowgorod ★★
Besonders sehenswert:
Sophien-Kathedrale,
Jaroslawl-Hof,
Christi-Verklärungs-
Kathedrale in der
Elias-Straße,
Kunsthistorisches
Museum,
Jurjew-Kloster

Stadtgeschichte

Abseits aller Legenden ist es jedoch wahrscheinlicher, dass Slawen aus Böhmen und Polen in das Gebiet vorstießen und sich an der Kreuzung wichtiger Handelswege des Mittelalters niederließen, an dem Weg ›von den Warägern zu den Griechen‹ und entlang Wolchow und Wolga in die Länder des Orients. Die neue Stadt prosperierte, und seit dem 11. Jh. führte sie einen anhaltenden Kampf um die Unabhängigkeit von Kiew. Das Freiheitsstreben der Nowgoroder fand seinen Ausdruck auch in einer außergewöhnlichen Gesellschaftsstruktur, des *possadnitschestwo:* Eine Volksversammlung, die wetsche, als deren Vorsitzender der Erzbischof fungierte, wählte einen wohlhabenden Bojaren zum *possadnik*, zum Stadtoberhaupt. Zu seiner Aufgabe gehörte es, die Bojaren gegen den Fürsten und seine Gefolgsleute zu schützen. Nicht selten bezogen die Nowgoroder Bojaren dabei entschieden Stellung gegen einen neuen, von Kiew eingesetzten Fürsten.

Die Bevölkerung Nowgorods wuchs innerhalb kurzer Zeit auf 50 000 Einwohner an. Der immense Herrschaftsbereich umspannte im 11. Jh. ein Gebiet von Litauen im Westen bis jenseits des Urals im Osten sowie vom Weißen Meer bis zum Oberlauf der Wolga und war eines der größten Machtgebilde Europas. »Wer kann wider Gott und Nowgorod« lautete die machtbewusste Devise der Bojaren-Republik, deren Reichtum vor allem auf dem Handel mit Westeuropa beruhte. Über den Wolchow, die Newa-Mündung und schließlich die Ostsee vertrieben die Nowgoroder Kaufleute Pelze, Fische, Honig und Bienenwachs nach Schweden und in die deutschen Hansestädte, die längst Handelsniederlassungen in der ›Neuen Stadt‹ unterhielten. Den raschen wirtschaftlichen Aufstieg begleitete in Nowgorod eine ausgedehnte Bautätigkeit, die neben der Kirche und dem Adel auch von den Kaufleuten und Bürgern getragen wurde. Trotz lebhafter Han-

◁ *Pskow, Erlöser-Mirosch-Kloster*

361

Der Kreml (Detinez) von Nowgorod zählt zu den besterhaltenen der nordwestlichen Rus

Blutbad von 1570

»Und es dauerte dieses unsagbare Vergießen christlichen Blutes ... alle Tage ununterbrochen an, fünf Wochen und länger; und jeden Tag wurden etwa 1000 Menschen jeglichen Alters ins Wasser geworfen und ertränkt, und bisweilen waren es auch 1500, und wenn einmal nur 500 oder 600 Menschen ins Wasser geworfen wurden, so galt der betreffende Tag als ein leichter und des Dankes würdiger Tag«, beschreibt ein Chronist das von Iwan IV. 1570 angerichtete Blutbad.

delskontakte mussten sich die Nowgoroder mehrmals gegen Eindringlinge aus dem Westen zur Wehr setzen, so 1240 gegen die Schweden und 1242 gegen den Deutschen Orden, die der viel besungene Nowgoroder Fürst Alexander Newskij besiegte.

Seinen Ausnahmestatus innerhalb der russischen Kulturentwicklung verdankt Nowgorod dem Glück, vom tataro-mongolischen Überfall auf russische Gebiete verschont geblieben zu sein. Die Reiterheere des Batu-Khan konnten die Sumpfgebiete in der Nowgoroder Ebene nicht überwinden und machten auf ihrem Verwüstungsfeldzug 1238 etwa 100 km vor der Stadt halt. Alexander Newskij nutzte die Gunst der Stunde und unterstellte seine Stadtrepublik gegen den Widerstand einiger Bojaren freiwillig der Mongolenherrschaft in der Hoffnung, Nowgorod würde von der Vernichtung verschont. Der Plan ging auf; erst der Moskauer Großfürst Dmitrij Donskoj zog im Taumel des Sieges über die asiatischen Reiterheere 1386 nach Nowgorod, um der Autonomie ein Ende zu bereiten.

Die Eroberung der Handelsrepublik sollte aber erst Iwan III. gelingen, der Groß-Nowgorod 1478 nach erbitterten Kämpfen seinem Moskauer Staat einverleibte. Im Triumphzug brachte er die Nowgoroder Glocke der wetsche, die das Volk zur Versammlung rief, in den Moskauer Kreml. Mit der Selbstständigkeit und der damit verbundenen wirtschaftlichen Blüte war es nun endgültig vorbei. 1570 versetzte Iwan IV. der Stadt den Todesstoß, als er späte Rache unter dem fadenscheinigen Vorwand übte, die Bojaren Nowgorods suchten den Anschluss an das polnische Königreich. Die einheimische Oberschicht wurde nach Moskau und Sibirien verschleppt, an ihre Stelle traten Moskauer Familien. Nachdem Iwan die Stadt restlos geplündert hatte, ließ er 60 000 Männer, Frauen und Kinder von seiner Soldateska foltern und im Wolchow ertränken. Von diesem Vernichtungsschlag hat sich Nowgorod niemals mehr erholt.

Im Sommer 1941 musste die Stadt beim Einmarsch deutscher Truppen ein weiteres Mal Zerstörung und Gewalt erleiden. In den erbitterten Kämpfen an der sogenannten Wolchow-Front ließen Tausende ihr Leben, zahlreiche Kirchen wurden zerstört, und von 2500 Stadthäusern blieben lediglich 40 von den deutschen Granaten und Bomben verschont.

Heute ist Nowgorod eine verschlafene Provinzstadt, im Kino laufen ein Liebesfilm und ein Horrorfilm, das Ladendesign orientiert sich noch am Geschmack vergangener Jahre, und im Parkcafé dröhnt aus scheppernden Lautsprechern amerikanische Popmusik. Auch das hat seinen Reiz.

Detinez (Kreml)

Stolz beherrscht die alte, mit Türmen bewehrte Befestigungsanlage (1) das linke Ufer des Wolchow. Man erkennt, wie der Verlauf der Kremlmauer die Besiedlung der Sophienseite am linken Flussufer bestimmte und einen Wall gegenüber der Handelsseite am rechten Flussufer bildet. Vom Kreml her nahm die Stadtentwicklung ihren Ausgang. Sein Name *Detinez*, was sich etwa mit ›starker Bursche‹ übersetzen ließe, beschreibt die Imposanz der mächtigen roten Mauern und Türme, die Ende des 15. Jh. nach Moskauer Vorbild anstelle einer ersten Steinmauer von 1331 entstand. Großfürst Iwan III. hatte allen Grund, sich mit einer bis zu 10 m hohen und 3 m dicken Mauer gegen die widerspenstigen Nowgoroder Bürger abzusichern, unter denen sich noch der Widerstandsgeist gegen die Moskauer Unterwerfung regte. Aber auch das Aufkommen von Feuerwaffen konfrontierte die Festungsarchitektur mit neuen Herausforderungen, Mauern und Zinnen wurden verstärkt, um den Kugeln, von denen man sich vor der Sophien-Kathedrale ein Bild machen kann, standhalten zu können. Die Türme erhielten Schießscharten und dienten der Beobachtung. Von den ehemals 13 Türmen, die in rhythmischen Abständen die Mauer durchbrechen, sind heute leider nur noch neun erhalten, darunter sechs Tortürme.

Der Hauptzugang zum Detinez, das **Pretschistenskij-Tor (2)** liegt im Osten am Ufer des Wolchows, über den die Große Brücke die Sophien- mit der Handelsseite verband. Heute liegt der Haupteingang zum Kreml im Westen gleich neben dem frühklassizistischen **Metropolitenhaus (3),** in dem bis 1987 das Nowgoroder Theater seinen Sitz hatte, bevor es in einen gigantischen Neubau am Wolchow- Ufer umziehen musste.

Im Norden verstärken der runde Metropolitenturm und Fjodor-Turm sowie der behäbige Wladimir-Turm die Mauer. Der höchste und bemerkenswerteste Turm der Befestigungsanlage ist der **Kokui-Turm (4)** im Südwesten. Im Stil des Naryschkin- bzw. Moskauer Barock entstand er 1690 als ein charakteristisches Achteck auf einem Viereck in 34 m Höhe. Innen dokumentiert ein kleines Museum die Restaurierungsgeschichte zahlreicher Bauwerke Nowgorods nach dem Zweiten Weltkrieg. Neben dem Kokui-Turm erhebt sich der **Mariä-Schutz-Turm (5)**, in dem das Restaurant Detinez in altrussisch inspiriertem Ambiente eine traditionelle Küche pflegt. Der Turm bezieht seinen Namen von der gleichnamigen, an die Mauer gedrängten Kirche aus dem 14. Jh.

Sophien-Kathedrale (6)

Der Grundstein für die **Sophien-Kathedrale** *(Sofijskij sobor)* wurde 1045 im Auftrag des Fürsten Wladimir, Sohn Jaroslaws des Weisen, gelegt. Architektonisches Vorbild waren die Hagia-Sophia in Byzanz sowie die acht Jahre zuvor in Kiew begonnene fünfschiffige Sophien-Kathedrale. Von letzterer übernahm die Nowgoroder Kathedrale die Nord-Süd-Ausdehnung, die Höhe von 100 griechischen Fuß sowie den Namen, mit dem die Stadt am Wolchow ihren Anspruch auf Gleichstellung mit Kiew zu unterstreichen suchte, auch wenn sie in der baulichen Ausführung der Sophien-Kathedrale bescheidener auftreten musste. Anstelle von 12 Nebenkuppeln gruppieren sich in Nowgorod vier silbrige Nebenkuppeln um die imposante **goldene Hauptkuppel,** gleichsam Symbol der vier Evangelisten.

Die Sophien-Kathedrale, eine fünfschiffige Kreuzkuppelkirche mit drei Apsiden und Galerievorhallen, vermittelt den Eindruck eines sich nach außen verschließenden, unverrückbaren Quaders, der alle baulichen Kräfte bündelt. Kein Schmuck lenkt von der konsequenten Schlichtheit ab, mit der sich die allein durch starke Lisenen gegliederte **Fassade** präsentiert. Aus der »Nowgoroder Chronik« wissen wir aber, dass die ursprünglichen Fassaden die ungleichförmigen, grob behauenen und riesengroßen Sandstein- und Muschelsteinquader des Mauerwerks offenlegten, was sicher zum malerischen Erscheinungsbild der Kathedrale beitrug. Verändert wurden auch die **Galerien,** die man im Laufe der Jahre ein Geschoss aufstockte.

Der **Haupteingang** zur Kathedrale, der allein feierlichen Prozessionen vorbehalten war, liegt im Westen. Ihn schmückt ein wunderbar gearbeitetes, hochromanisches Bronzeportal, die Magdeburger Tür (Kopie im Germanischen Nationalmuseum Nürnberg). Wahrscheinlich zwischen 1152 und 1154 in Magdeburg entstanden, war sie ursprünglich wohl für die romanische Kathedrale in Pozk an der Weichsel bestimmt. Die Darstellungen des Magdeburger Erzbischofs Wichmann im rechten Türflügel sowie die des Bischofs Alexander von Plozk im linken Türflügel unter dem Löwenkopf legen diese Version der Herkunft jedenfalls nahe. Der Legende zuzuordnen ist die Annahme, die Tür stamme aus der antiken Stadt Chersones auf der Krim, daher rührt der zweite Name des Portals: ›Korssunsche-Tür‹. Wie das Portal letztlich nach Nowgorod gelangte, ist ungeklärt. Die einzelnen, insgesamt 26 bronzenen Bildfelder und Rahmenleisten sind auf die 3,60 m hohen, massiven Holzflügel der Tür aufgenagelt. Wahrscheinlich auf seinem Transportweg in Einzelteile zerlegt und

Die Sophien-Kathedrale: Nach dem Vorbild der Kiewer Sophien-Kathedrale (vgl. S. 21) wurde auch die gleichnamige Nowgoroder, Ende des 11. Jh. errichtete Eichenholz-Kathedrale mit zwölf Neben- und einer Hauptkuppel bekrönt. Mehrkuppelige Kirchen sind also schon seit dem 10. Jh. bekannt, die Zahl der Nebenkuppeln wurde jedoch bald von zwölf, der Symbolzahl der Apostel, auf vier, der Symbolzahl der Evangelisten, reduziert. Unten: Grund- und Aufriss der Sophien-Kathedrale

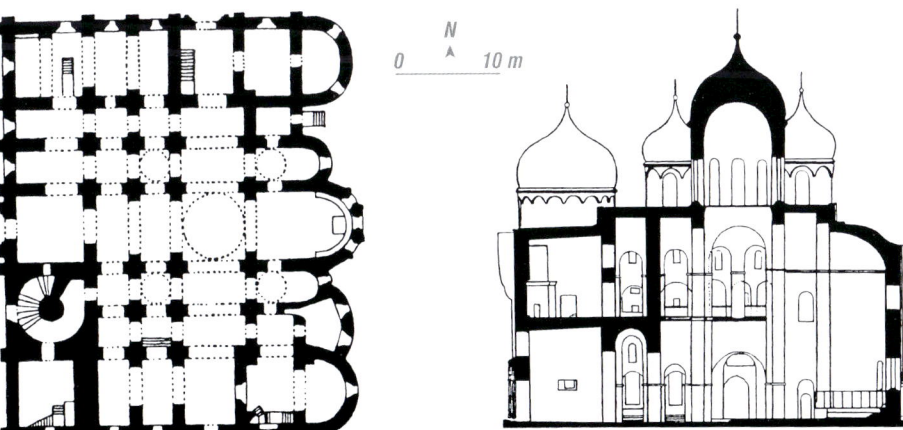

N
0 ▲ 10 m

Alexios-Kreuz

Ein besonderes Schmuckstück der Kathedrale, das Alexios-Kreuz, das einst die Nische an der Südecke der Westfassade füllte, gehört heute ebenfalls zur Sammlung des Museums. Das steinerne Sonnenkreuz mit minutiös gearbeiteten Reliefs stammt aus dem 14. Jh. und wurde von Erzbischof Alexej in Auftrag gegeben.

später wieder unter Verlust originärer und Hinzufügungen neuer Bildtafeln sowie russischer Inschriften zusammengesetzt, gibt das Portal bis heute ikonografische Rätsel auf, da sich keine stimmige Auslegung des Programms erschließen lässt. Die Darstellungen aus dem Alten und Neuen Testament, der christlichen Allegorien sowie der Bildnisse der Bischöfe und Künstler Richwin, Waismuth und Abraham prägt ein ernster, feierlicher Ausdruck sowie eine typenhafte Vereinheitlichung.

Der **Innenraum** beeindruckt sowohl durch seine Weite wie durch seine Ausstattung mit einer Reihe bedeutender Kunstwerke. Im dämmrigen Dunkel gewinnen die Wandfresken erst allmählich Konturen. Die erste Ausmalung datiert in das Jahr 1109 und ist nur noch fragmentarisch erhalten. Im Tambour der Mittelkuppel erkennt man noch die Propheten, eine Darstellung des byzantinischen Kaisers Konstantin und seiner Mutter Helena findet man am Pfeiler der Südgalerie. Die südliche Galerie, die als Grablege einflussreicher Bojaren und hoher Kleriker genutzt wurde und nach dem hier bestatteten Nowgoroder Erzbischof Maturi benannt ist, bewahrt eine in ihrer Expressivität bemerkenswerte Deesis mit der gut erhaltenen Figur des Petrus. Der Ikonostas ist ein Werk Nowgoroder Künstler aus dem 16. Jh. Die bedeutendsten Ikonen verwahrt heute aber das Kunsthistorische Museum Nowgorods.

Die breite **Glockenwand (7,** *Swonniza)* der Kathedrale ist ein Werk des 16. Jh., baut aber auf einem Vorgängerbau des 15. Jh. auf. Einst schmückten sie entsprechend der fünf Schallöffnungen fünf Zeltdächer, die jedoch im 19. Jh. einem *botschka-*Dach und einer Kuppel weichen mussten.

Weitere Bauten des Detinez

Die barocke **Kirche des Einzugs in Jerusalem (8,** *Zerkow wchoda w Jerusalim)* gegenüber wurde 1759 errichtet, nachdem man mit ihrer im 14. Jh. gefertigten Vorgängerin unzufrieden geworden war. In der Literatur ist sie mehrfach dem Italiener Bartolomeo Rastrelli zugeschrieben worden. Westeuropäer waren auch bei dem Bau des **Facettenpalastes (9,** *Granowitaja palata)* im Nordwesten des Detinez beteiligt. Erzbischof Euthymios hatte ihn 1433 in Auftrag gegeben und von deutschen Meistern einen gotisch gewölbten Sternsaal anfertigen lassen. Umbauten im 19. Jh. haben die ursprüngliche Architektur jedoch nahezu bis zur Unkenntlichkeit verfremdet. Die **Sergij-von-Radonesch-Kirche (10,** *Zerkow Sergija Radoneschskogo)*, die sich im Süden dem Facettenpalast anschließt, bewahrt noch sehenswerte Fresken aus ihrer Entstehungszeit im 15. Jh. Das Bauensemble, zu dem auch der **Wladytschnyj dwor (11)** gehört, in dem der Erzbischof residierte, überragt der 1443 ebenfalls von Euthymios gestiftete **Stundenläuter (12),** der in seinen Massen schwerfällig hoch in den Himmel ragt. Der Turm ist in seiner heutigen Gestalt im Wesentlichen ein Werk von Umbauten des 17. Jh.

Die Geschichte von 1000 Jahren Russland vergegenwärtigt das **Monumental-Denkmal (13)** in der Mitte des Detinez. Pathetische Beschwörungen der großen russischen Geschichte sollten Mitte des 19. Jh. die infolge überholter patriarchalischer und autokratischer Strukturen auseinanderdriftende Nation zusammenhalten. Der Bildhauer Michail Mikeschin schuf 1862 noch einmal die heile Welt von einer Zarenkrone, über der das orthodoxe Kreuz aufragt und ein Engel das personifizierte ›Mütterchen Russland‹ segnet. Den Reichsapfel umgeben Staatsgründer und -veränderer, denen sich Dichter, Denker, Künstler und andere bedeutende Persönlichkeiten im Bronzefries des Sockels anschließen.

Das dreistöckige Empire-Gebäude, 1817 für den Gouverneur Nowgorods errichtet, dem zu Beginn der 40er-Jahre des 19. Jh. Alexander Herzen als Beamter zur Seite stand, beherbergt das **Kunsthistorische Museum (14),** dessen Sammlungen sich in eine archäologische, in eine altrussische und in eine neuzeitliche Abteilung untergliedern. Den Kern des Museums bildet eine umfangreiche Ikonensammlung.

Die Nowgoroder Malerei (s. S. 29) ist im wesentlichen eine Kunst mit lokaler Tradition. Bereits im 13. Jh. entwickelte sie ein eigenes künstlerisches Profil, das sich außer durch kraftvolle Farbigkeit – vor allem Zinnoberrot fand viel Anwendung – durch reduzierte Kompositionsmuster auszeichnet. Um die Wende des 15. zum 16. Jh. dominiert die ausgefeilte Linienführung über die Farbe wie beispielsweise bei der »Verklärung‹ aus dem 16. Jh., und komplizierte Kompositionen verdrängen die einst so expressive Simplizität und Flächenhaftigkeit. Eines der beliebtesten Themen dieser Zeit ist die »Schlacht der Nowgoroder gegen die Susdaler« (s. Abb. S. 9). Die Kampfhandlungen gegen die Susdaler im 13. Jh., in die der Legende nach die Gottesmutter hilfreich auf Seiten der Nowgoroder eingriff, besaßen im 15. Jh. angesichts der Bedrohung aus Moskau neue Aktualität. Im 16. und 17. Jh. wurde die künstlerische Eigenständigkeit der Nowgoroder Schule durch die Moskauer Malerei ›absorbiert‹.

Kunsthistorisches Museum

*Sofijskaja polschtschad 2
Tel. 81 62 73 22 65
Di–So 10–17 Uhr*

Nowgoroder Malerei

Bevorzugtes Thema der Nowgoroder Malerei waren Darstellungen des heiligen Georg. In seinem Kampf mit dem Drachen verkörpert sich der Heldenmut, ja die Reckenhaftigkeit, welche die Bevölkerung der Stadtrepublik auch für sich in Anspruch nahm.

Handelsseite

Am sandigen Ufer des Wolchow begegnet man urbaner Geselligkeit. Kioske haben Stühle und Tische mit Reklamesonnenschirmen aufgestellt, Kinder baden im gemächlich dahinziehenden Wolchow, Alte versuchen ihr Glück beim Angeln. Idyllen dieser Art sind in Russland selten geworden. Seit 1133 ist eine **Große Brücke (15)** über den Wolchow belegt, die in das historische Handelsviertel Nowgorods führt, das in zwei *konzy* (›Ende‹, also ›Quartiere‹) aufgeteilt war, in den südlichen Slowenskij-Stadtteil, also das Slawenviertel, und den nördlichen Plotniki-Stadtteil, das Viertel der Zimmerleute. Die Handelsseite war der Basar der Stadt, hier kamen die Händler aus allen Teilen Groß-Nowgorods zusammen und tauschten ihre Waren mit denen aus Byzanz, dem Orient und Westeuropa.

Jaroslawl-Hof

Architektonischer Auftakt zur Handelsseite sind denn auch die im 17. Jh. entstandenen Ladenreihen des **Gostinnyj dwor (16),** des Kaufhofs. Man braucht heute Fantasie, sich das lebendige Treiben am Ufer des Wolchows vorzustellen. Die Länge der verbliebenen Arkaden des Kaufhofs deuten auf die damaligen Ausmaße des Handelsverkehrs in Nowgorod. 1500 Läden gehörten Mitte des 15. Jh. zum Nowgoroder Markt, dem torg, der im Norden an den Fürstenhof grenzte und dessen Handelsreihen sich bis zum Flussufer erstreckten.

Zutritt zum Warenumschlagplatz gewährte der bis heute erhaltene **Zeltdach-Torturm (17)** aus dem 17. Jh., dem sich im Osten ein wuchtiger, sechseckiger Kirchturm anschließt. Hinter dem Torturm lag im Süden der Fürstenhof oder Jaroslawl-Hof *(Jaroslawo dworischtsche),* an dem Fürst Jaroslaw der Weise residierte. Heute ist längst Gras über den Hof gewachsen, auf dem sich, gleich einer Ausstellung Nowgoroder Kirchenbaukunst, nahezu ein Dutzend Kirchen versammeln. Sie alle scheinen hier auf eine dringend anstehende Restaurierung zu warten. Mit Erstarken der Nowgoroder Bojaren und Bürgerschaft musste der Fürst ab 1136 seine Residenz der wetsche räumen und nach Gorodischtsche ziehen, einem 3 km südlich der Stadt gelegenen Ort.

Entscheidungen über Krieg und Frieden, Berufung und Absetzung der Fürsten oder über diplomatische Beziehungen zu anderen Fürstentümern traf die Volksversammlung, die unter freiem Himmel vor der ursprünglich fünfkuppeligen **Nikolaus-Kathedrale (19,** *Nikolskij sobor)* zusammenkam. Die 1113 von Fürst Mstislaw Wladimirowitsch gestiftete Kathedrale sollte ein architektonisches Gegengewicht zur Sophien-Kathedrale im Kreml bilden, doch ihre verschlungene

Nowgorod

St. Petersburg

ul. Alexandra Germana

Bol. Sankt Peterburgskaja ul.
БОЛЬШАЯ С. ПЕТЕРБУРГСКАЯ УЛ.

ul. Nowo-Luchanskaja

ul. Sabawskaja

SLOWENSKIJ

ul. Ljudogoschtschaja
УЛИЦА ЛЮДОГОЩАЯ

ul. Tschudinzewa
УЛИЦА ЧУДИНЦЕВА

Pskowskaja ul.

Desjatinaja ul.

Desjatinaja ulica ДЕСЯТИННАЯ УЛИЦА

ul. Roswaja

Sofijskaja pl.
СОФИЙСКАЯ ПЛ.

MAL. WLASSEWSKAJA UL. МАЛ. ВЛАСЬЕВСКАЯ УЛ.

Mal. Wlasjewskaja ul.

Bol. Wtassjewkaja ul.

ul. Troizkaja Protoinaja

Peter-und-
Paul-Kirche

Weißer
Turm

Jurewskoje Chaussee

Detinez

N

0   100   200 m

Sofijskaja nab. СОФИЙСКАЯ НАБ.

Welikaja ul.

Wolchow

nab. Alexandra Newskogo
НАБ. АЛЕКСАНДРА НЕВСКОГО

PLOTNIKI

Andrejewskaja ul.

Bol. Moskowskaja ul.

ul. Pankratowa

Staro
Moskowskaja ul.

Fjodorowskij Rutschei pr.
ФЁДОРОВСКИЙ РУЧЕЙ ПР.

Moskau

siehe Detailkarte unten

Bujan ul.

Michailows-kaja ul.

ul. Ilina

Nikolskaja ul.

ul. Ilinn

ul. Pankratowa

Slawnaja ul.

Snamenskaja ul.

Tarasowoz

Mal. Wolchow

Majtschino-See

Jaroslawl-
Hof

0   100   200 m

0   250   500 m

Nowgorod

siehe Detailkarte
oben

1
2
3
4   Detinez
5
6
7
8
9
10
11
12
13
14
15
16
17
18
19
20
21
22
23
24
25
26
27
28
29
30
31
32
33
34
35
36
37
38
39
40
41
42
43

369

Die Paraskewa Pjat-
niza-Kirche von 1207,
eine Stiftung der Gilde
der Überseekaufleute,
orientiert sich stilis-
tisch deutlich an der
Erzengel-Michael-
Kirche von Smolensk

Baugeschichte sowie zahlreiche Umbauten verhinderten die Entstehung eines ebenbürtigen Baus. Den einstigen Konkurrenzanspruch
vermittelt heute nur noch die Größe der dreischiffigen Kathedrale,
die im 12. Jh. mit dem Fürstenpalast durch eine Galerie verbunden
war. Der Innenraum wurde im 16. Jh. zweigeteilt und büßte dadurch
seine einheitliche Raumordnung ein. Die Wandmalereien aus der Zeit
der frühesten Kirchenausstattung (12. Jh.) sind leider nur fragmentarisch erhalten, darunter die rührende Darstellung von »Hiob im
Elend« an der Westwand des Erdgeschosses. Der nur in Versatzstücken erhaltene Hiob, dessen Aussätzigkeit mit zahlreichen Strichen
über seinem Körper gekennzeichnet ist, bekommt von seiner Frau ein
Mahl, das sie ihm unter Zuhilfenahme einer Stange reicht. Gleichsam
herausfordernd scheint die Frau dabei den Betrachter ins Visier zu
nehmen.

In direkter Nachbarschaft zur Kathedrale und seiner Handelsnie-
derlassung ließ 1510 der Moskauer Großkaufmann Iwan Syrkow die
Kirche der Myron tragenden Frauen (20, *Zerkow schen mironosiz)*
errichten. Sie war der erste Steinbau nach dem Fall Nowgorods an
Moskau und demonstriert bereits die Hinwendung zur Moskauer Bau-

tradition. Die für die Nowgoroder Baukunst typische Verkürzung der Apsiden wird nicht mehr berücksichtigt, ebenso wie die charakteristischen schmückenden Details wie in die Wand eingelassene Kreuze oder Rosetten, Archivoltenblenden oder Zahnfriese. Allein ein Bogenfries umgurtet noch den Kuppeltambour. Syrkow nutzte die Kirche vor allem als Warenlager, nur das oberste, eingewölbte Stockwerk diente dem Gottesdienst. 1575 war hier zeitweilig der berühmte Schatz Iwans IV. versteckt. 19 Jahre später ließ Syrkows Sohn gegenüber die **Prokopius-Kirche (21,** *Zerkow Prokopija)* errichten, die wieder der Nowgoroder Bautradition folgt.

Die der Patronin des Handels geweihte **Paraskewa Pjatniza-Kirche (22)** stiftete 1207 die Gilde der Überseekaufleute. Mit ihrem Schaufeldach, den Bündelpilastern und den tonnenüberwölbten Vorhallen schert sie auf den ersten Blick aus der Umgebung aus. Die für Nowgorod ungewöhnliche Architektur stammt von der Smolensker Erzengel-Michael-Kathedrale, deren Formensprache die Handelskirche weitgehend übernimmt.

Die **Mariä-Entschlafens-Kirche auf dem Markt (23,** *Zerkow Uspenija Bogomateri na torgu)* entstand im 12. Jh. im Auftrag Mstislaw Wladimirowitschs. Der schlichte Sechspfeilerbau mit einer Kuppel hat durch Umbauten im 15. Jh. und allmähliche Verwitterung die Kraft seiner Architektur weitgehend eingebüßt. Neben der im 17. Jh. stark veränderten, heute sehr heruntergekommenen **St.-Georgs-Kirche auf dem Markt (24,** *Georgiewskaja zerkow na torgu)* von 1356 erhebt sich die **Kirche Johannes' des Täufers auf dem Felsen (25,** *Zerkow Iwana na opokach),* ein Werk des 12. Jh., das Fürst Wsewolod in Auftrag gab. Die Mittel für den Bau der Kirche wurden z. T. von der Kaufmannsgilde bereitgestellt, die hier Kontrollgewichte und -maße aufbewahrte, mit denen diejenigen, die im Gebrauch waren, regelmäßig abgeglichen wurden.

Das frühklassizistische **Reisepalais (26)** im Norden des Handelsplatzes am Ufer des Wolchow baute Baschenow für Katharina II., die bei ihren seltenen Besuchen in Nowgorod hier abstieg.

Christi-Verklärungs-Kirche in der Elias-Straße (27)

Mehr als 50 Kirchen schenkte der Baueifer der Nowgoroder Bischöfe, Bojaren und Bürger, der Kaufmanns- und Handwerkergilden der Stadt, gleichsam als wolle sich ein jeder seinen Platz im Himmel mit einer Kirche auf Erden sichern. Eine erstaunliche Fülle an Bauwerken ist bis heute, versprengt in der Nowgoroder Stadtlandschaft, erhalten. Mitunter trifft man auch auf eine regelrechte Konzentration an Kirchen wie am Jaroslawl-Hof, die den ehrgeizigen Wettstreit der Stifter belegen. Die Kirchen scheinen sich auf den ersten Blick kaum voneinander zu unterscheiden, sie sind alle relativ klein, das Mauerwerk ist unregelmäßig, und die asymmetrisch angeordneten Fenster, die zudem noch häufig eine unterschiedliche Höhe aufweisen, lassen eher auf ein spontanes Bauen denn auf einen ausgereiften Bauplan schließen. Ihre Plastizität, gleichsam ihre ›Bauchigkeit‹, suggeriert vielmehr den Eindruck eines lebendigen Baukörpers. Nur allzuoft erfüllen die Nowgoroder Kirchen sehr schlicht und einfach das Schema einer Kreuzkuppelkirche. Allein die Lisenen gliedern die Wandfläche in drei Teile und geben damit die innere Struktur des viersäuligen, dreischiffigen Baus wieder.

Aus der Menge der Nowgoroder Kirchen sticht ganz besonders die **Christi-Verklärungs-Kirche** *(Zerkow Spasa Preobraschenija na Iljine ulize)* in der Elias-Straße heraus. 1347 gaben die Anwohner der Iljina-Straße *(uliza Iljina,* ул. Ильина) eine Bürgerkirche in Auftrag, wenige Jahre nachdem in der nahen Theodor-Straße eine Theodor-Stratilat geweihte Kirche entstanden war. Die **Fassade** beleben asymmetrisch angeordnete, volkstümliche Schmuckelemente wie unterschiedlich gestaltete Steinkreuze oder in die Mauer eingelassene Rosetten und Dreiecke. Sie folgen ganz offensichtlich allein der Lust und Laune des Baumeisters und legen der Wahrnehmung immer wieder spannungsreiche Stolpersteine in den Weg. 1378 beauftragten der Bojar Wassilij Danilowitsch und die Straßengemeinde Theophanes den Griechen (Feofan Grek) mit der ›Untermalung‹.

Unglücklicherweise ist die meisterhafte Ausmalung des **Innenraums** nur noch fragmentarisch erhalten, nachdem sie jahrzehntelang unter dicken Mörtelschichten verborgen lag, die erst ab 1910 entfernt wurden. Das Bildprogramm lässt sich heute nur schwer rekonstruieren, wahrscheinlich entspricht es aber dem Kanon des 14. Jh., der für die unteren Zonen Heiligenfiguren vorsah und für die oberen Zonen sowie am Gewölbe Darstellungen aus dem Evangelium. Die Malereien im Diakonikon sowie im Gemeinderaum sind leider in einem sehr schlechten Zustand und geben allein eine vage Vorstellung von der Kunst des Theophanes. Die Fresken des Tambours und der Kuppel sowie der nordwestlichen Eckkammer auf der Empore sind dagegen in weit besserem Zustand erhalten. Die Kuppel nimmt die Halbfigur des strengblickenden Pantokrators ein, den vier Erzengel und vier dämonisierte Seraphim, die als Leibwächter Gottes galten, umgeben. Um das Medaillon verläuft eine Inschrift, die verheißt: »Der Herr in der Höhe erhört der Gefesselten Klage und erlöst seine sterbenden Kinder«. Im Kuppeltambour sieht man Adam, die tragische Figur des Abel, den weisen Noah, Seth, den stolzen Melchisedek und Henoch sowie den Propheten Elias und Johannes den Täufer.

Die Wandmalereien in der nordwestlichen Kammer, der Dreieinigkeits-Kapelle, fügen sich heute noch mühelos zu einem Gesamtbild. Ein Fragment am Fuße der Ostwand deutet auf einen dekorativen Fries aus imitierten Draperien. Darüber verlief eine Bildreihe mit Heiligenfiguren, die sich frontal dem Besucher zuwandten. Über dem Eingang an der Südwand befindet sich noch eine Darstellung einer Halbfigur der Gottesmutter des Zeichens mit dem Erzengel Gabriel zur Seite. Die vier Bischöfe an der Ostwand und ihrer Umgebung sind Versatzstücke der im 13. und 14. Jh. beliebten Komposition »Anbe-

Die Kunst des Theophanes

Charakteristisch für die Fresken in der Verklärungs-Kirche ist das gedämpfte bräunliche Kolorit, in dem die stakkatoartig auf das Inkarnat aufgetragenen weißen Pinselstriche (›dwischki‹) gleich hellen Blitzen aufleuchten. Theophanes ist ein Meister der individuellen Personenzeichnung, er nimmt seinen Figuren jegliche Körperschwere, kleidet sie in Gewänder, die in spitze, blitzförmige Falten fallen, fasst sie elegant und streng vergeistigt, kennzeichnet sie als Charaktere mit widerstreitenden Leidenschaften, die der Kunst der Alten fremd war. So gilt der Maler mitunter als Begründer einer ›russischen Frührenaissance‹.

Die Christi-Verklä-
rungs-Kathedrale in
der Elias-Straße birgt
wertvolle Fresken des
14. Jh. von Feofan
Grek (hier »Abraham
und Sara im Kreis der
Engel«, um 1378).
Über den bedeutenden
Maler des mittelalter-
lichen Russland hat
der Miniaturenmaler
Epiphani der Weise
ein Zeugnis überlie-
fert, in dem er von ei-
nem »wundersamen
und berühmten Mann«
schwärmt; er sei »ein
ehrsamer Weiser, der
kunstvolle Feofan,
griechischer Herkunft,
ein erfahrener Buch-
maler und ausgezeich-
neter Ikonenmeister,
welcher eigenhändig
mehr als vierzig stei-
nerne Kirchen ausge-
malt« habe

tung des Opfers«. Ein dekorativer Fries leitet über zu dem bedeutendsten Wandstreifen mit der Dreieinigkeit, fünf Styliten, Medaillons
von Johannes Klimakos mit der Schriftrolle, Agathon und Akakios
sowie der Figur des Makarios von Alexandria, dessen weiße Haare
und weißer Bart mit einem weißen Gewand verschmelzen und so
ätherische Körperlosigkeit suggerieren. In den hier dargestellten Styliten sahen die Byzantiner gleichsam ›irdische Engel‹, die auf eine
Säule stiegen, um der Welt zu entsagen und sich allein dem Gebet zu
Gott widmeten. Theophanes fasst sie als Ideal eines vollkommen ver-
geistigten Menschen auf.

Weitere Sakralbauten auf der Handelsseite

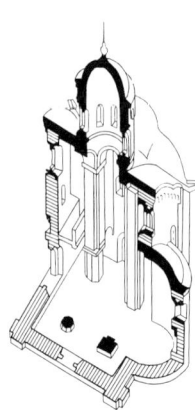

Der isometrische Schnitt der Theodor-Stratilat-Kirche zeigt die Mischbautechnik aus Ziegel (schwarz gekennzeichnet) und Stein (gestreift) der Nowgoroder Werkstätten. Dabei verwendeten die Baumeister grob behauene, meist unterschiedliche Gesteinsblöcke, Mörtel und Ziegel, die bei Pfeilern, Gurtbögen, Gewölben, dem oberen Fassadenabschluss sowie bei dem Kuppeltambour und der Bauornamentik zum Tragen kamen.

Die mächtige fünfkuppelige **Mariä-Erscheinungs-Kathedrale (28,** *Snamenskij sobor)* schräg gegenüber wurde 1688 von Baumeistern aus Jaroslawl vollendet. Der Einfluss der Wolga-Architektur zeigt sich außer in dem wuchtigen Bau auch in den dekorativen Fensterrahmungen sowie im Keramikschmuck. Für die Freskierung holte man Maler aus Kostroma.

Die elegante **Theodor-Stratilat-Kirche am Bach (29,** *Zerkow Fjodora Stratilata na Rutschju)* in der Fjodorowskij Rutschej-Straße 19/2 (Фёдоровский Ручей ул.) steht in zeitlicher wie stilistischer Verwandtschaft zur Christi-Verklärungs-Kirche in der Elias-Straße und gilt als eines der besten Beispiele der Nowgoroder Architektur des 14. Jh. Die Fassade dynamisieren ein dreilappiger Abschluss, zahlreiche Fenster sowie sparsam eingesetzter Dekor, der in der Nowgoroder Baukunst hier erstmals Verwendung fand. Im Innenraum sind noch Fragmente der Freskierung erhalten, die Schüler Feofan Greks ausführten. Der Straßenname sowie der Beiname der Kirche erinnern an den Fjodor-Bach, ein kleiner Flusslauf zum Wolchow, der erst in den 50er-Jahren des 20. Jh. kanalisiert wurde.

Im Norden der Handelsseite, an der Mündung der Witka in den Wolchow, lag die Vorstadt der Zimmerleute, die 1536 eine Kirche stifteten. An der Stelle einer kleinen Steinkirche von 1377 entstand der prachtvolle Bau der **Boris-und-Gleb-Kirche in Plotniki (30,** *Zerkow Borisa i Gleba w Plotnikach).* Mit ihrer außergewöhnlichen Größe, ihren fünf Kuppeln und dem Sakomar-Abschluss zitiert sie die Architektur einer Kathedrale, deren Funktion sie in der Vorstadt auch übernahm.

Hinter dem alten Stadtwall liegt in unmittelbarer Nachbarschaft die **Kirche Johannes' des Evangelisten in Radokowizach (31,** *Zerkow Ioanna Bogoslowa w Radokowizach)* an der Mündung der Witka. Der kleine, harmonisch proportionierte Bau aus dem Jahre 1383 ist stilistisch dem Vorbild der Theodor-Stratilat-Kirche sowie dem der Verklärungs-Kirche in der Elias-Straße verpflichtet. Das achtflächige Dach löste wie im Falle der Verklärungs-Kirche den ungleich sanfter fallenden dreilappigen oberen Abschluss ab.

Durch den Park, an warmen Tagen eine beliebte grüne Insel in der Stadt, gelangt man zum **Antonius-Kloster (32,** *Antoniew monastyr).* Die Anlage, zu der die Mariä-Geburts-Kathedrale, die Mariä-Reinigungs-Kirche mit Refektorium, die Mönchszellen aus dem 18. Jh., die Heilige Pforte, eine Bibliothek, das Geistliche Seminar sowie ein Wirtschaftsgebäude von 1700 gehören, befindet sich in einem denkbar desolaten Zustand. Lastwagen donnern durch die Heilige Pforte in den Klosterhof und bringen Waren, die in den verfallenden Gebäuden lagern. Im Geistlichen Seminar und im Wirtschaftsgebäude hat die Pädagogische Hochschule ihren Sitz. Allein die Mariä-Geburts-Kathedrale *(Sobor Roschdestwa Bogomateri),* die in ein Museum umfunktioniert ist, befindet sich in einem akzeptablen Erhaltungszustand.

Historische Quellen bezeugen, dass das Kloster zu Beginn des 12. Jh. von einem Westeuropäer namens Antonius gegründet worden ist, der auch als erster Abt des Klosters figurierte. Als Erbauer der Kathedrale gilt Meister Pjotr, der auch die stilistisch verwandte Kathedrale des Jurjew-Klosters schuf. Im Treppenturm ist zudem eine Darstellung eines Mannes unter den Sgraffiti erhalten, der mit einer Inschrift als Pjotr ausgewiesen wird. Aus der strengen Architektur der Kathedrale ›bricht‹ quasi der in der nordwestlichen Ecke plazierte Treppenturm aus, denn er scheint gleichsam aus dem kubischen Baukörper hervorzutreten. Von der ersten Ausmalung um 1125 bewahrt der Innenraum noch einige Fragmente, darunter eine sehr deutlich erkennbare Darstellung der »Enthauptung Johannes' des Täufers« im Diakonikon. Leider dominiert den Raum ansonsten die weniger gelungene Ausmalung des 19. Jh.

Im Südosten der Handelsseite liegt an dem kleinen Flusslauf der Nerediza die **Christi-Verklärungs-Kirche (33,** *Zerkow Spasa Preobraschenija)*, ein kleiner Bau von großer Plastizität. Man erreicht die Kirche am bequemsten über den Wasserweg – die Boote starten von der Anlegestelle an der Handelsseite oder dem Detinez. Auftraggeber dieses Kleinods im Osten der alten Vorstadtfürstenresidenz Gorodischtsche, von der heute nur noch Ruinen zeugen, war Fürst Jaroslaw Wladimirowitsch. Die 1198 errichtete Vier-Pfeiler-Kirche mit einer Kuppel wurde in der Folgezeit zum Vorbild zahlreicher fürstlicher Residenzkirchen in der ganzen Rus. Ihre lakonische, gleichzeitig aber markante Formensprache bewahrt noch viel von der Kraft ihres Ursprungs, obwohl die Kirche wie viele andere Sakralbauten auch den Kriegshandlungen an der am Malyj Wolchonez verlaufenden Front im Zweiten Weltkrieg zum Opfer fiel. Ihren Wiederaufbau in den 50er-Jahren werden die großartigen Fresken aus dem 12. Jh. motiviert haben, von denen aber nur die unteren Teile erhalten geblieben sind. Leider ist die Kirche meist verschlossen, nur mit Glück – bei Gottesdienst oder Reinigung – kommt man in den Genuss der Wandmalereien, deren Meister in seiner Figurenauffassung noch dem byzantinischen Ideal folgt, in der Expressivität des Ausdrucks aber Bemühungen zeigt, die erstarrte Kunsttradition zu lockern.

Sophienseite

Wie auf der Handelsseite gibt es auch hier eine Fülle von Kirchen, die das ›heilige Russland‹ allgegenwärtig ins Blickfeld rücken. Im Westen des Sophien-Platzes *(Sofijskaja ploschtschad,* Софийская пл.) liegt die **Wlassij-Kirche (34)** von 1407, die wiederum die Formensprache der Theodor-Stratilat-Kirche aufnimmt und einen häufig anzutreffenden Bau des 15. Jh. darstellt. In der uliza Desjatinnaja (ул. Десятинная), benannt nach dem gleichnamigen Kloster aus dem 13. Jh., das seit seiner Zerstörung im Zweiten Weltkrieg noch auf eine umfassende Restaurierung wartet, ist die in ihren architektonischen Formen verwandte **Zwölf-Apostel-Kirche (35,** *Zerkow dwenatzati apostolow)*

Hl. Antonius

Die Entstehungslegende des Antonius-Klosters will, dass Antonius, der Sprössling einer reichen römischen Familie, nach dem Tod seiner Eltern sein Erbe den Armen vermachte, den Schmuck seiner Vorfahren aber in ein Fass steckte, das er dem Meer übergab. Dann setzte er sich auf einen Felsen und vertiefte sich ins Gebet. Nach einem Jahr und drei Monaten stürzte der Felsen ins Meer und als Antonius am Heiligen Abend des Jahres 1106 erwachte, fand er sich fabelhafterweise am Ufer des Wolchow in Nowgorod wieder. Dem Himmel dankte er seine mirakulöse Reise mit einem Kloster. Der Stein, auf dem Antonius von Ostia nach Nowgorod kam, ist in der Kirche ausgestellt.

erhalten, die ihre Kraft aber besser in ausgewogenen Proportionen zu bündeln weiß. Auf dem Weg in den Nordteil der Sophienseite passiert man das Gelände des alten Heilig-Geist-Klosters in der Duchownaja uliza (Духовная ул.), auf dem noch der imposante Fünf-Kuppel-Ziegelsteinbau der **Dreifaltigkeits-Kirche (36,** *Troizkaja zerkow)* thront. Mit ihren fünf Kuppeln und ihren üppigen Schmuckformen, darunter zwei Reihen Ziergiebel um die Tambours, die Schindelkuppeln tragen, gibt sie sich als Bau der Moskauer Tradition des 15. Jh. zu erkennen.

Östlich des Klosters lag das alte Gerberviertel, das die uliza Bolschaja Petersburgskaja im Westen begrenzte. 1406 stifteten die Bewohner die **Peter-Paul-Kirche in Koschewniki (37,** *Zerkow Petra i Pawla w Koschewnikach).* Der kleine, gleichsam märchenhafte Bau liegt am Stadtrand auf einer Kleewiese, die seine Ziegelsteinmauerung, in die sich grobe Kalksteinblöcke fügen, malerisch zur Geltung bringt. Schmuckvolle Fassaden wendet die wohlproportionierte Kreuzkuppelkirche, die eine stattliche Holzschindel-Helmkuppel krönt, nur ihrer Schauseite

Die Peter-Paul-Kirche in Koschewniki geht auf eine Stiftung von 1406 zurück

im Westen und im Süden zu, die nördliche und östliche Fassade bleiben schlicht. Einen pittoresken Akzent setzt auch das einer *botschka* ähnelnde Schindeldach.

Im Norden der Gerbervorstadt lagen die fürstlichen Jagdgründe, der swerinez, die heute noch im Namen der Straße, der Swerinskaja uliza (Сверинская ул.) sowie im Namen des im 14. Jh. gegründeten Swerin-Klosters *(Swerin monastyr)* fortleben. Der alte Stadtteil mit seinen kleinen verwitterten Häuschen, die dem Spaziergänger ihre Gemüsegärten mit bunten Staketenzäunen entgegenstrecken, bewahrt noch eine Fülle an alten Kirchen, etwa die **Mariä-Schutz-Kirche (38)** und die **Kirche Simeon des Gottesträgers (39)** aus dem Swerin-Kloster, deren einheitliche Formensprache aus dem 15. Jh. jedoch den vielen Um- und Anbauten zum Opfer fiel. Vor dem Nikola-Belogo-Kloster steht noch die kleine, **Nikolaus dem Weißen** (gemeint ist der ›Reine‹) geweihte **Kirche (40).**

Freilichtmuseum für Holzarchitektur

Mi–So 10–17 (im Sommer bis 18) Uhr

Weitere Sehenswürdigkeiten

Im Süden der Stadt liegt das bedeutende Jurjew-Kloster, das einst das größte geistliche und kulturelle Zentrum Nowgorods darstellte. Man erreicht es über die Jurjewskoje Chaussee (Юревское шоссе), der Verlängerung der uliza Troizkaja Probojnaja (ул. Троицкая Пробойная), die am Weißen Turm, einer von einst 50 Wachtürmen der alten Stadtmauer, vorbeiführt sowie wieder an einigen Kirchen. Die Straße verläuft parallel zum Ufer des Wolchow, der sich hier, im Süden der Stadt, vielfach verzweigt und den kleinen Mjatschino-See bildet, den man nach wenigen Kilometern auf einem Damm überquert. Ein lichter Birkenhain begleitet nun die Straße, aus dem wie im russischen Märchen einige Holzbauten schimmern. Das **Freilichtmuseum für Holzarchitektur (41)** hat in dem alten Dorf Witoslawitzy am Ufer des Wolchow seinen Sitz und stellt mit Bauernhäusern, Kirchen sowie Windmühlen die Holzbaukunst im Nowgoroder Gebiet vor.

Jurjew-Kloster (42)

Die Jurjewskoje Chaussee endet vor den Toren des **Jurjew-Klosters** *(Jurjew monastyr)* am Ufer des Wolchow, nahe dem Ilmen-See. Auf dem Vorplatz haben sich einige Souvenirverkäufer niedergelassen und empfangen die Besucher mit hypnotischem Blick. Es sind jedoch vor allem Pilger, die das Jurjew-Kloster aufsuchen und sich bei seiner Restaurierung nützlich machen. 1994 wurde die Anlage der Kirche zurückgegeben, die seither mit der Instandsetzung beschäftigt ist. Durch die klassizistische **Torkirche,** in dessen Durchgangsbogen ein Mönch jeden Ankömmling unter der schwarzen Haube heraus mustert, gelangt man in den grasbewachsenen Innenhof, auf dem ein grob gepflasterter Weg zur **Georgs-Kathedrale** *(Georgiewskij sobor)* führt. Es ist nicht allein die beeindruckende Architektur der Kathedrale, die

Städtebauliche Achse

Die Georgs-Kathedrale des Jurjew-Klosters im Süden und die Mariä-Geburts-Kathedrale im Norden Nowgorods, gleichsam glänzender Auftakt des Stadtbildes, bilden eine städtebauliche Achse, die die Bedeutung der Sophien-Kathedrale als architektonischer Kern in der Mitte der Stadt nachhaltig betont.

Übernachten im Kloster

Für Pilger bietet das Kloster bescheidene Übernachtungsmöglichkeiten, die aber auch Touristen nutzen können.

dem Ort seinen eigentümlichen Reiz verleiht. Es sind auch die Bauern, die hier rund um das Kloster auf dem Feld arbeiten, und die freilaufenden Hühner, die dem gesamten Ensemble eine ländliche Atmosphäre verleihen.

Die Georgs-Kathedrale entstand 1119 im Auftrag des Nowgoroder Fürsten Wsewolod Mstislawowitschs. Die Großartigkeit des Ziegel- und Kalksteinbaus mag die Chronisten bewegt haben, erstmals in der russischen Architekturgeschichte den Schöpfer zu nennen: »Gearbeitet daran hat Meister Pjotr.« Seinem Werk sind wir bereits im Antonius-Kloster begegnet, und ebenso wie dort errichtete Meister Pjotr im Jurjew-Kloster einen wuchtigen Sechspfeilerbau mit drei asymmetrisch angeordneten silbernen Helmkuppeln, von denen eine den **Treppenturm** in der Nordwestecke krönt. Der Baumeister gab dem Turm der Georgs-Kathedrale jedoch einen quadratischen Grundriss und verband ihn, anders als bei der Mariä-Geburts-Kathedrale, organisch mit dem Baukörper. Die Westfassade des Turmes verschmilzt mit der Westfassade der Kathedrale, deren unmittelbare Fortsetzung sie bildet, zu einer Einheit. An der Südseite erkennt man im offenen Putz die Struktur des Mauerwerks. Nach einer aus Kiew überlieferten Technik wurden dunkelrote oder graue Kalksteinblöcke mit unregelmäßigen Reihen von Ziegeln aufeinandergeschichtet. Kalkmörtel verdichtete die Mauern, und einen dünnen, rötlichen Mörtel verwendete man als Putz. Die mittels dieser Mauertechnik erzielten bewegten Linien, ungleichmäßigen Wölbungen und ›auf- und abtauchenden‹ Flächen sowie die asymmetrisch angeordneten Fenster suggerieren den Eindruck eines ›lebendigen‹ Baukörpers voller plastischer Kraft. Dabei verstand es der Baumeister, einen spannungsreichen Kontrast zwischen einem eher freien Spiel der Bauformen einerseits und der klaren Raumordnung andererseits aufzubauen, die die stark profilierten, vom Erdboden bis zum Dach verlaufenden Blendbögen übernehmen. Mit ihnen korrespondieren kleine, profilierte Nischen, die die Kuppeltambours schmücken.

Der **Innenraum** überwältigt in seiner lichten Höhe. Er ist nicht immer frei zugänglich, aber der Klosterverwalter ist sehr entgegenkommend und lässt sich mitunter auch überreden, den Treppenturm zu öffnen. Im obersten Geschoss sind Fresken des 12. Jh., der Zeit der ersten Ausstattung der Kathedrale, erhalten. Von hier geht der Blick weit über den Wolchow hinaus auf den Ilmen-See, den lockere Baumgruppen säumen sowie in die Weite der Nowgoroder Ebene, aus der nur die goldenen Kuppeln der Kirchen in den Himmel ragen.

Alle weiteren Bauten des Jurjew-Klosters sind ein Werk des 19. Jh., so z.B. auch die **Kreuzerhöhungs-Kirche** (*Wosdwischenskij sobor*) mit ihren auffälligen fünf besternten Kuppeln.

Maria-Geburts-Kirche in Perun (43)

Am Austritt des Wolchows aus dem nur 7 m tiefen, im Sommer daher sehr warmen Ilmen-See liegt in 2 km Entfernung vom Jurjew-Kloster die Häuseransammlung Perun (Перун), die noch in ihrem Namen die Erinnerung an den altslawischen Gott Perun bewahrt, dem Blitze und Donner oblagen. Ihm zu Ehren errichteten die Slawen am Ufer des Wolchow eine steinerne Kultstätte in Form einer achtblättrigen Blüte, die nach der Christianisierung von einer zunächst hölzernen, um 1220 von der steinernen **Mariä-Geburts-Kirche** *(Zerkow Roschdestwa Bogomateri na Perune)* ersetzt wurde. Die Schlichtheit des kleinen Baus, den allein ein Arkaturfries am Tambour schmückt, beflügelt die Einbildungskraft, die sich ohnehin an diesem einsamen, vom starken Duft der Kiefern erfüllten Ort leicht entzündet.

Reisen & Genießen

Hotels und Restaurants

In Nowgorod steht die Zeit noch immer ein wenig still. Obwohl die Stadt eine der ältesten und schönsten Russlands ist, liegt sie ein wenig abseits der üblichen Touristenpfade. Daher ist das Hotelangebot übersichtlich, und es gibt vor allem große Häuser für Gruppenbesuche. Auf der Internetseite www.visitnovgorod.de kann man sich in deutscher Sprache einen Überblick über die Sehenswürdigkeiten vor Ort verschaffen sowie über alles Wissenswerte bezüglich eines Aufenthaltes in der Stadt.

Man erreicht die 180 km von St. Petersburg entfernte Stadt am besten mit dem Zug in etwa 2,5 Std.

Hotels

Das 1991 errichtete Hotel am Ufer des Wolchow ist eine praktische, saubere Unterkunft mit allem Komfort. Kein Charme nirgends, aber immerhin mit Pool und angeschlossenem Spa-Bereich. Die Lage ist recht zentral, man erreicht in wenigen Minuten zu Fuß den Nowgoroder Kreml.
****Hotel Best Eastern Beresta Palace
Studentitscheskaja uliza 2a
Tel. 81 62 23 33 15, Fax 81 62 23 17 07
www.beresta-palace.com

Das Hotel Wolchow liegt im historischen Zentrum in unmittelbarer Kremlnähe und ist in einem stattlichen fünfgeschossigen Bau untergebracht. Die Zimmer sind sauber und großzügig. Das Restaurant zählt zu den besten der Stadt.
***Wolchow
Predschestenskaja uliza 24
Tel./Fax 81 62 33 55 00
www.hotel-volkhov.ru

Ein weiteres sauberes, günstiges Hotel in der Nähe des Nowgoroder Kreml ist das
Akron
Uliza Frolowskaja 24
Tel. 816 22 13 69 18
Fax 816 22 13 69 34

Restaurant

Russischer Landhausstil, Kellnerinnen in Trachten und altrussische Rezepte – im Jurjewskoje Podworje (etwa 20 Min. vom Stadtzentrum) wird viel Wert auf slawische Gastlichkeit gelegt. Sehr gemütliche Atmosphäre.
Jurjewskoje Podworje
Jurjewskoje Chaussee 6a
Tel. 81 62 94 60 66
tgl. 8–11, 12–17 und 18–24 Uhr

Pskow – Russlands Vorposten im Westen

Pskow ★

Blick auf die Dreifaltigkeits-Kathedrale im Kreml von Pskow

Deutsches in der russischen Sprache

Der russische Begriff für Deutsche ›nemzy‹ leitet sich von ›nemoj‹ (stumm) ab. Bemerkenswerterweise gingen erstaunlich viele Vokabeln der ›Stummen‹ in den russischen Sprachschatz ein wie etwa ›buterbrot‹, ›masstab‹, ›straf‹, ›landschaft‹, ›schlagbaum‹, ›losung‹ oder ›raschpil‹.

Die heute etwas verschlafene Provinzstadt Pskow (Псков) blickt auf eine große Vergangenheit zurück, die eng mit der historischen Rolle Nowgorods verbunden war. Im 9. Jh. als Festung an der Westgrenze der alten Rus gegründet, war Pskow bis 1348 sogenannte ›Beistadt‹ *(prigorod)* von Groß-Nowgorod. In zahlreiche Grenzkämpfe mit den Litauern und dem Deutschen Orden verwickelt, konzentrierte Pskow, gleichsam Russlands westlichster Vorposten, seine Bautätigkeit vor allem auf die Erneuerung und den Ausbau von Festungen. Ähnlich wie Nowgorod gab sich Pskow als autonome Stadtrepublik eine erstaunlich freiheitliche Verfassung. Die Regierung oblag der wetsche, der Volksversammlung, auf die die Händler und Handwerker entscheidenden Einfluss nahmen. In der Baukunst beschritt Pskow nach seiner Selbstständigkeit indes eigene, von der Nowgoroder Architektur weitgehend unabhängige Wege.

Auf einer Anhöhe am Zusammenfluss der Pskowa und Welikaja erhebt sich der **Kreml,** von einer mächtigen, turmbewehrten Mauer aus dem 15. Jh. umgeben. In seinem Zentrum steht die **Dreifaltigkeits-Kathedrale** *(Troizkij sobor)*, in ihrer jetzigen Gestalt ein Werk des 17. Jh., das auf den Fundamenten des Vorgängerbaus aus dem 12. Jh. entstand. Der **Glockenturm** des 17. Jh. war Teil der Befestigungsanlage des Kreml, dessen Mauern sich bis in die Mittelstadt ziehen. Hier entstanden im 15. Jh. zahlreiche kleine Pfarrkirchen, die eine Vielzahl von An- und Nebenbauten umgab und die eine für Pskow charakteristische Häuslichkeit aufwiesen. Dem auf vier Pfeilern ruhenden, kubischen Kreuzkuppelbau werden in der Regel eine breite westliche Vorhalle, seitliche Kapellen, Galerien und Vorratsspeicher angefügt. Die für Pskow typischen Glockenwände vervollständigen die Baugruppe. Leider sind nur wenige Kirchen in ihrer ursprünglichen Architektur erhalten – die **Georgs-Kirche** *(Georgiewskaja zerkow)* mit Aufgang ist ein seltenes Beispiel.

Am Zusammenfluss von Mirosch und Welikaja entstand 1156 die **Christi-Verklärungs-Kathedrale** *(Spaso Preobraschenskij sobor)*, die zum Erlöser-Mirosch-Kloster gehört. Der Vierpfeilerbau mit einer Kuppel und niedrigen Eckräumen wurde im Auftrag des Nowgoroder Bischofs Nifont errichtet und belegt dessen Vorliebe für byzantinische Architektur. Griechische und Pskower Maler schmückten die Kathedrale prachtvoll mit Fresken. Wie die zu Beginn des 14. Jh. entstandenen Fresken der **Mariä-Geburts-Kathedrale** *(Sobor Roschdestwa Bogomateri)* im Snetogorskij-Kloster weisen sie die expressive Figurenauffassung der Pskower Künstler auf, die mit einem gedämpften Kolorit einhergeht. Die ansatzweise psychologisierende Darstellung ist auch ein Charakteristikum der Ikonenmalerei in Pskow. Nachdem Pskow als letzte freie Stadt 1510 dem Moskauer Staat einverleibt wurde, fiel die Stadt weitgehend in die Bedeutungslosigkeit.

Twer – einstige Rivalin Moskaus

Die Gründung Twers (Тверь) durch Nowgoroder Handelsreisende geht in das 12. Jh. zurück. Infolge der strategisch günstigen Lage an der oberen Wolga entwickelte sich Twer schnell zu einem bedeutenden Handelszentrum im Fürstentum Wladimir-Susdal. Der wirtschaftliche und politische Aufschwung beflügelte auch eine rege Bautätigkeit, in deren Zuge ein mächtiger Kreml, Kirchen und Befestigungsmauern entstanden. 1246 wurde Twer Hauptstadt eines gleichnamigen Fürstentums, 1271 erhielt die Stadt eine eigene Eparchie. Als

»Ipatii von Gangra«: Die Ikone aus der Twerer Schule des 15. Jh. (Tretjakow-Galerie, Moskau) zählt zu dem in der Rus verbreiteten Typus der ›Lebenslauf-Ikonen‹, in denen über die wichtigsten Stationen im Leben des Heiligen berichtet wird. Ipatii von Gangra ist ein in der orthodoxen Kirche verehrter Märtyrer, der um 326 starb. Die 16 Randbilder illustrieren u.a. die Legende von den sieben Toden des Heiligen

Pinakothek

Uliza Sowjetskaja 3
Tel. 48 22 34 71 68
Mi–So 11–18 Uhr

bischöfliche und städtische Hauptkirche entstand seit 1285 nach dem Vorbild der Mariä-Himmelfahrtskathedrale von Wladimir die Christi-Verklärungs-Kathedrale, von der leider nur noch Ruinen erhalten sind. Der enorme Bedeutungszuwachs des Fürstentums ließ Twer im 13. Jh. zur gefährlichsten Rivalin Moskaus im Kampf um die Vormachtstellung in der Rus werden. Als im Jahre 1327 tatarische Steuereintreiber in Twer erschlagen wurden und ein Aufstand ausbrach, schloss sich der Strafexpedition der Goldenen Horde auch Iwan Kalita mit seinen Truppen an. Aber erst 1485 gelang es Iwan III., das Füstentum Twer dem Moskauer Reich einzuverleiben.

Iwan IV. gab 1563 die bis heute erhaltene **Kirche der Weißen Dreifaltigkeit** *(Zerkow belaja Troiza)* in Auftrag, der man wundertätige Kräfte nachsagt. So berichten die Chroniken, dass ihre Mauern bluteten aus Mitleid mit den Opfern der Verteidigungskämpfe Twers gegen äußere Eindringlinge.

Die **Mariä-Entschlafens-Kathedrale** *(Uspenskij sobor)* am Zusammenfluss von Wolga und Twerza ist ein Werk des Naryschkin-Barock von 1722. Sie gehörte zu dem einst prachtvollen Ortotsch-Uspenskij-Wehrkloster, das heute leider nicht mehr erhalten ist. Nahezu der gesamte alte Baubestand Twers fiel einer Feuersbrunst zum Opfer, die 1763 innerhalb nur weniger Stunden die Stadt verwüstete. Der Wiederaufbau fand im Stil des Frühklassizismus statt. Katharina II. hatte unter anderem die bedeutenden klassizistischen Architekten Carlo Rossi sowie Matwej Kasakow nach Twer verpflichtet, deren Bauten sie schließlich zu dem Urteil verleiteten, dass Twer nach St. Petersburg die schönste Stadt des Russischen Reiches sei.

Kasakow schuf u.a. den Twerer **Reisepalast,** in dem die Zaren auf ihrer Reise von Petersburg nach Moskau oftmals übernachteten. Die Innenausstattung des heute als Museum genutzten Palastes ist ein Werk Carlo Rossis. In der kleinen **Pinakothek** der Stadt findet man zahlreiche Werke Alexej Wenezianows (1780–1857), einem Genremaler, der das Leben der kleinen Leute sowie der Bauern aus idealisierter Sicht schildert. Wenezianow hatte viele Jahre auf dem Land in der Nähe von Twer gelebt. Am Ufer der Wolga erinnert ein Denkmal an eine weitere berühmte Twerer Persönlichkeit, den Weltreisenden Afanassij Nikitin, der als erster Europäer von Twer aus über die Wolga nach Indien gelangte. Die Eindrücke dieser beschwerlichen Reise beschrieb er in seinem Bericht »Die Fahrt des Athanaius Nikitin über die drei Meere«.

Smolensk – Kunstzentrum im Westen der Rus

Die Gebietshauptstadt Smolensk (Смоленск) am Ufer des oberen Dnepr ist eine der ältesten russischen Städte. Im Jahre 863 taucht der Name Smolensks erstmals in den Annalen der Geschichte auf. Die gewaltige turmbewehrte Festungsmauer, die den Kreml am hohen linken Dnepr-

Ufer umgibt, lässt auf die Begehrlichkeiten schließen, die Smolensk als wichtiger Stützpunkt auf dem Handelsweg von der Ostsee zum Schwarzen Meer bei verschiedenen Großmächten weckte. Im 12. Jh. war Smolensk Bischofssitz und Zentrum eines gleichnamigen Teilfürstentums im Westen Moskaus. Die Unabhängigkeit der prosperierenden Stadt endete 1404, nachdem das Großfürstentum Litauen Smolensk einverleibte. Bis 1514 unterlag die Stadt am oberen Dnepr westlichen Kulturtraditionen. Den Litauern folgten 1610 die Polen, denen es gelang, die Stadt bis 1654 unter ihrer Herrschaft zu halten.

Aus dem 12. Jh. stammt noch die **Peter-Paul-Kirche** *(Petropawlowskaja zerkow),* die ihre ursprüngliche Formensprache bei dem Anbau des Metropolitenpalastes im 17. Jh. und bei Umbauten im 18. Jh. leider weitgehend einbüßte. Die **Erzengel-Michael-Kirche** ist ebenfalls ein Werk des 12. Jh. und folgt dem Muster des Vierpfeiler-Kirchenbaus mit Vorhallen im Norden, Westen und Süden. Beide Kirchen sowie die fünfkuppelige **Mariä-Entschlafens-Kathedrale** *(Uspenskij sobor)* von 1677 liegen auf dem Gebiet des **Kreml,** der 1595–1602 als imposante Festungsanlage mit einer über 6 km langen, 10–12 m hohen und 5 m starken Mauer ausgestattet wurde. 3 m hohe Zinnen sowie 38 Türme unterstreichen den Wehrcharakter des Smolensker Kreml an der Straße von Wilna nach Moskau.

Die rege Bautätigkeit des 17. und 18. Jh. hinterließ der Stadt eine Vielzahl von Kirchen, darunter die eigens von Peter I. konzipierte Kirche des **Auferstehungs-Klosters.** Zu Beginn des 19. Jh. erhielt Smolensk wie andere russische Gebietshauptstädte einen klassizistischen Stadtgrundriss mit rechtwinklig gegliederten Stadtvierteln sowie einem radialen Straßensystem um den alten Stadtkern. Durch starke Zerstörungen im Zweiten Weltkrieg hat sich das einst vielgerühmte Stadtbild Smolensks aber leider sehr zum Nachteil verändert – und was im Krieg an altem Baubestand unversehrt blieb, mußte später oftmals sowjetischen Baukomplexen weichen.

In der Umgebung

13 km von Smolensk liegt **Talaschkino** (Талашкино), eine frühere Künstlerkolonie, die die Fürstin Tenitschewa ins Leben gerufen hatte. Zu Beginn des 20. Jh. gab sie bei den Künstlern aus Abramzewo, zu denen Viktor Wasnezow, Michail Wrubel oder Valentin Serow gehörten, ein Gutshaus in Auftrag, in denen sie Werkstätten für Keramik und Holzschnitzereien sowie eine Schule für Spitzenklöppelei eingerichtet hatte. Das kleine Holzhaus nach dem Vorbild eines altrussischen terem-Palastes entstand 1901 nach Plänen von Maljutin. Ferner sind in Talaschkino noch einige Tore erhalten sowie andere Bauten der Künstlerkolonie, in der man im russischen Märchen angekommen ist.

Die Christi-Erlöser-Kirche ist ein Werk Viktor Suslows unter Beteiligung des Künstlers Nikolaj Roerich, eines Hauptvertreters der Künstlervereinigung *Mir iskusstwa* (›Welt der Kunst‹).

Glossar kunst- und kulturgeschichtlicher Begriffe

Akanthus   distelartige Pflanze, deren gezähnte Blätter als Vorlage für ein weit verbreitetes Architekturornament dienen

Ambo   in der Kreuzkuppelkirche der Platz in der Mitte der Solea (vor der Königstür des Ikonostas), der für die Predigt bestimmt ist

Apsis   im Grundriss halbkreisförmiger oder mehreckiger Abschluss des Bemas, der von einer Halbkuppel überwölbt wird

Attika   niedrige, geschlossene Wand über dem Hauptgesims eines Bauwerks

Archivolten   Bogenlauf eines Portals oder Fensters mit Gewände oder die bandartig abgesetzte Stirn eines Bogens

Basrelief   Flachrelief

Bema   Allerheiligstes, der zumeist erhöhte Raum am Ostende des Mittelschiffs mit dem Altar

Blendarkaden   vorgeblendetes Gliederungselement der Wand in Form einer Arkade

Botschka   Dachform in Gestalt eines Halbzylinders mit hochgezogenem Oberteil

Deesis (griech. ›Bitte‹)   aus Byzanz stammende Darstellung des thronenden Christus zwischen Maria und Johannes dem Täufer

Diakonikon   südlich des Altars gelegener Raum, in dem Gewänder sowie liturgisches Gerät aufbewahrt wird (ähnlich der Sakristei)

Dioskuren   Kastor und Pollux, die Söhne des Zeus

Duma   russische Bezeichnung für Rat oder Versammlung

Enfilade   Raumfolge, bei der die Türen in einer Flucht liegen

Eremitage (franz. ›Einsiedelei‹)   besonders im Barock beliebte Bezeichnung für ein Garten- oder Lustschloss, dessen Abgeschiedenheit betont werden sollte.

Fiale   graziles, spitzes Türmchen, das Strebepfeilern aufsitzt oder Tür- und Fensterüberdachungen schmückt

Fries   waagerecht verlaufendes Schmuckband zur Untergliederung der Fassade

Gesims   vorspringendes, zumeist horizontales Bauelement

Girka   Schmuckelement in Form eines Zapfens, das in der Mitte eines Zwillingsbogens hängt

Griechisches Kreuz   Kreuz mit vier gleichlangen Armen

Grisaille   Grau-in-Grau-Malerei, mit der sich besonders gut plastische Werke nachahmen lassen

GULag   Abkürzung für russisch *Glawnoje Uprawlenije Lagerej;* Hauptverwaltung der Lager

Hesychasmus   Mönchsbewegung, die Mitte des 14. Jh. auf dem Berg Athos aufkam. Die Hesychasten lehrten die innere Versenkung sowie das Schweigen, um zu einer mystischen Verbindung mit Gott zu gelangen

Hodegetria (griech. ›Wegführerin‹)   altbyzantinischer Typus der Madonna in Halbfigur mit dem Kind auf dem linken Arm, benannt nach dem Urbild in der Hodegon-Kirche (Mitte des 5. Jh., Byzanz)

Igumen   Abt eines Klosters

Ikonostas   Bilderwand mit drei Türen, die den Gemeinde- vom Altarraum trennt

Inkarnat   nicht von Kleidern bedeckte Körperteile in der Malerei

Intarsie Einlegearbeit mit verschiedenfarbigen Hölzern oder anderen Materialien

Isba Wohnhaus im Blockbau

Karyatide Frauengestalt, die anstelle von tektonischen Stützen ein Gebälk trägt

Klet (russ. ›Zelle‹) rechteckige Raumeinheit im Blockbau

Königstür Durchgang in der Mitte des Ikonostas, auch heilige Pforte oder Zarentor genannt

Kokoschnik Blend- oder Ziergiebel, halbkreisförmig oder mit kielbogenförmigem Abschluss, die meist in mehreren Reihen um die Trommel angeordnet sind

Kolokolnja Glockenturm (s. Abb. re.)

Kreml gesellschaftliches Zentrum einer altrussischen Stadt, das von einer Festungsmauer umgeben ist (auch *detinez* genannt)

Kreuzkuppelkirche Kirche über dem Grundriss eines griechischen Kreuzes mit einer Kuppel über der Vierung. Auch die vier Querarme können von Kuppeln oder Tonnengewölben überfangen sein

Lawra Ehrentitel eines Hauptklosters

Lisene senkrechter Mauerstreifen zur Gliederung einer Wand

Naos Kirchenschiff, Gemeinderaum

Narthex Vorhalle der mittelalterlichen Kirche

Oklad prunkvolle Verkleidung der Ikone, die nur das Inkarnat freilässt

Pantokrator in der Orthodoxie ikonographisch verbindliche Darstellung Christi als Allherrscher und Weltenrichter

Pendentif architektonisches Konstruktionselement in Form eines sphärischen Dreiecks, das zwischen dem quadratischen Grundriss des Unterbaus und dem Rund der Kuppel vermittelt

Pilaster eckiger Wandpfeiler mit Basis, Schaft und Kapitell

Pogost Kirchspiel und Handelsplatz ausserhalb einer Siedlung

Possad Vorstadt der Handwerker und Kaufleute ausserhalb des Kreml

Raskol Abspaltung der ›Altgläubigen‹ von der Russisch-Orthodoxen Kirche, weil sie die Reformen des Patriarchen Nikon in der zweiten Hälfte des 17. Jh. ablehnten

Refektorium Speisesaal in einem Kloster (auch *trapesnaja* genannt)

Rundbogenfries eine fortlaufende Reihe von kleinen, der Wand vorgeblendeten Bögen, die profiliert oder auf Konsolen gesetzt sein können

Rustika Quadermauerwerk, bei dem die Vorderseite der Quader roh bearbeitet ist

Sakomar Rundgiebel, der meist der Form der inneren Wölbungen entspricht

Schirinka kleine quadratische oder rechteckige Vertiefung in der Wand, oft mit Fayence oder Steinskulptur aufgefüllt

Skit Einsiedlerkloster

Slucha Schein-Schallöffnungen am Glockenturm zur Dekoration

Sobor ursprünglich Versammlung, heute Kathedrale

Solea Podium for dem Ikonostas

Swonniza Glockenwand

Tambour Unterbau einer Kuppel, meist zylindrisch

Terem turmartiges Dachgeschoss

Torg Marktplatz (altruss.)

Tympanon Giebelfeld, das meist mit Skulpturen geschmückt ist

Ukas Verordnung des Zaren

Usadba Herrensitz auf dem Land

Volute Ornament in Form einer Spirale, ursprünglich am ionischen Kapitell

Zeltdach pyramidenförmiges Dach

Zerkow Kirche

Ziborium auf Säulen ruhender Baldachin über dem Altar oder dem Taufbecken

Kolokolnja, hier: der sechsgeschossige Glockenturm des Moskauer Neujungfrauen-Klosters

St. Petersburg, Mosaik im Pavillonsaal der Eremitage ▷

Reiseinformationen
von A bis Z

Anreise

… mit dem Flugzeug

Von Frankfurt/Main fliegen Lufthansa und Aeroflot täglich nach Moskau, von allen anderen großen deutschen Flughäfen sowie ab Wien und Zürich bestehen mehrmals wöchentlich Verbindungen nach Moskau und St. Petersburg. Die Flugzeit beträgt 2,5–3 Std.

Vom Moskauer Flughafen **Domodedowo** besteht eine gute Zugverbindung mit dem *Paweletzkij wogsal*, der mit dem Metro-Netz verbunden ist. Der Zug fährt alle 30 Min. und braucht für die 20 km lange Strecke etwa 30 Min. Vom Flughafen **Scheremetewo II** fahren Busse in die Innenstadt. Die Haltestelle liegt gleich neben dem PKW-Parkplatz noch unter dem Vordach, wo die Linien 851 und 817 in Richtung Zentrum starten. Die Busse fahren zu den Metro-Stationen *Planernaja* und *Retschnoj woksal*, die an das Innenstadt-Netz angeschlossen sind.

Vom St. Petersburger Flughafen **Pulkowo II** in (17 km bis zum Stadtzentrum) fährt der Bus Nr. 13 bis zur Metro-Station Moskowskaja.

… mit der Bahn

Schon fast legendär ist eine Fahrt mit dem Ost-West-Express, der zwischen Paris und **Moskau** verkehrt und viele Schicksale erlebt und mitbestimmt hat. Auf seiner mehr als 40-stündigen Fahrt durchquert er auch Deutschland, wo er in Köln, Hannover, Magdeburg und Frankfurt/Oder hält. Wer diese abenteuerliche Fahrt auf sich nehmen möchte, sollte bereits mehrere Monate vor Antritt der Fahrt einen Platz im Schlafwagen reservieren.

Nach **St. Petersburg** besteht eine Direktverbindung von Berlin aus. Die Fahrtzeit beträgt etwa 36 Std.

… mit dem Auto

Eine Reise mit dem Auto birgt gewisse Risiken. Auf keinen Fall sollte man mit dem neuesten Modell der Luxusklasse aufbrechen. Doch auch andere Modelle gehören nachts auf einen bewachten Parkplatz. Von Nachtfahrten ist in jedem Fall abzuraten, vor allem wegen der nicht zuverlässigen Qualität des Straßenbelags. Wer mit dem Auto nach Russland reist, muss sich darauf gefasst machen, dass man relativ allein ist mit einem westlichen Kennzeichen.

Bei Unfällen gilt es, immer sofort die Miliz herbeizurufen. Russische Sprachkenntnisse sind von großem Vorteil. Automobilclubs erteilen Auskunft über die Einreisebedingungen mit dem Auto.

Apotheken

Wer auf die regelmäßige Einnahme bestimmter Medikamente angewiesen ist, muss diese auf jeden Fall in ausreichender Menge für die Dauer des Aufenthalts mitnehmen. Tabletten gegen Magen-Darm-Erkrankungen gehören in die Reiseapotheke ebenso wie ein linderndes Mittel gegen Insektenstiche. (Im Sommer hat man es im Norden Russlands mit Mückenschwärmen zu tun.) Gut sortierte Apotheken findet man in St. Petersburg und Moskau.

Ärztliche Versorgung

Zwischen Deutschland und Russland gibt es kein Krankenversicherungsabkommen, daher empfiehlt es sich, eine Auslandskrankenversicherung mit Rücktransport abzuschließen. Dringende Hilfe in Russland bieten

EMC (European Medical Center)
2. Twerskoj Jamskoj pereulok 10
Moskau
Tel. 49 52 51 60 99,
in Notfällen nachts 49 52 29 65 36
Metro: Majakowskaja

Regionalarzt der Deutschen Botschaft
Moskau
Tel. 49 59 39 92 69
werktags 8–13 Uhr

AMC (American Medical Center)
Serpuchowskaja uliza 10
St. Petersburg
Tel. 81 23 26 17 30
www.amcenters.com
Medizinische Versorgung auf westlichem Niveau, sehr teuer

Auskunft

Nach Auflösung der Sowjetunion ist das zuvor allgegenwärtige Tourismusunternehmen Inturist privatisiert worden. An die Stelle des zentralen Fremdenverkehrsamtes sind seither eine Reihe von kleinen Tourismusbüros getreten, die Informationen zu Unterkünften, Stadtrundfahrten und Ausflügen geben. Das vor einigen Jahren neu gegründete **Russische Fremdenverkehrsbüro** bietet Informationen sowie Visaanträge unter www.russlandinfo.de im Internet an. Telefonische Auskünfte unter der Nummer 0190 76 16 55 sind gebührenpflichtig (etwa 1,15 Euro/Min.).

Im **Internet** findet man gute Informationen über Reisen in Russland auf den Seiten www.russia.com, www.ryh.ru und www.waytorussia.net. Veranstaltungstipps für St. Petersburg: www.spbguide.ru oder www.city-guide.spb.ru, Tipps für Moskau: www.afischa.ru.

Informationsstellen und Reiseanbieter

... in Deutschland

CVJM-Reisedienst GmbH
An der Alster 40
20099 Hamburg
Tel. 040 284 09 56 70; Fax 040 280 20 11
www.cvjm-russlandreisen.de

Lernidee Reisen
Eisenacher Str. 11
10777 Berlin
Tel. 030 786 00 00; Fax 030 786 55 96
www.Lernidee.de

Go East Reisen GmbH
Bahrenfelder Chaussee 53
22761 Hamburg
Tel.040 896 90 90; Fax 040 89 49 40
www.go-east.de

Wostok Reisen
Weinbergsweg 2
10119 Berlin
Tel. 030 30 87 10 22; Fax 030 30 87 10 28
www.vostok.de

Sebastian Brandt/TourEast
Schreinerstr. 44
10247 Berlin
Tel. 030 42 02 71 71;
Fax 030 42 02 71 72
www.TourEast.de

Kompass Tours GmbH
Friedrichstraße 185–190
10117 Berlin
Tel. 030 203 919 50;
Fax 030 203 919 60
www.kompasstours.com

... in Russland

WAO Inturist
Miljutinskij pereulok 13/1
Moskau
Tel. 49 57 30 19 19
www.intourist.ru

WAO Inturist
uliza Mochowaja 13
Moskau
Tel. 49 52 92 12 78

Ost-West-Kontaktservice AG
Newskij prospekt 105
St. Petersburg
www.ostwest.com
Uliza Mjasnitskaja, Office 216
Moskau
Tel. 81 23 27 34 16
www.ostwest.com

Banja

Der Besuch einer *banja* ist für Russen bis heute ein allwöchentliches Ritual. Die Sitzung im Dampfbad, in dem man sich gegenseitig mit gebündelten Birkenzweigen den Rücken zur besseren Durchblutung abklatscht, stärkt laut Volksmeinung die Abwehrkräfte, wirkt gegen Depressionen und Allergien und fördert schließlich auch die Kommunikation. Auf dem Land gehört zu nahezu jedem Haushalt eine *banja*, in den Städten verfügt jedes Stadtviertel über ein russisches Dampfbad.

Diplomatische Vertretungen

… in Moskau

Deutsche Botschaft
Mosfilmowskaja 56
Tel. 49 59 56 10 80,
49 59 37 95 00,
24-Std.-Notruf 49 59 37 95 00
Fax 49 59 38 23 54
www.deutschebotschaft-moskau.ru

Rechts- und Konsularabteilung
Leninskij prospekt 95a
Tel. 49 59 33 43 11, 49 59 36 23 65

Österreichische Botschaft
Starokonjuschennyj pereulok 1
Tel. 49 57 80 60 66
Fax 49 59 37 42 69

Schweizerische Botschaft
Ogorodnoj slobody pereulok 2/5
Tel. 49 52 58 38 30
Fax 49 56 21 21 83

… in St. Petersburg

Deutsches Generalkonsulat
Furschtatskaja uliza 39
Tel. 81 23 20 24 00
Fax 81 23 27 31 17

Österreichisches Honorarkonsulat
Furschtatskaja uliza 43
Tel. 81 22 75 05 02
Fax 81 22 75 11 70

Vertretungen der Russischen Föderation

… in Deutschland

Botschaft der Russischen Föderation
Konsularabteilung
Unter den Linden 63
10117 Berlin
Tel. 030 22 48 71 31,
22 65 11 84
Fax 030 22 65 19 99
www.russische-botschaft.de

Generalkonsulate
Am Feenteich 20
22085 Hamburg
Tel. 040 229 53 01
Fax 040 229 77 27

Turmgutstr. 1–3
04155 Leipzig
Tel. 0341 585 18 76
Fax 0341 564 95 89

Maria-Theresia-Str. 17
81675 München
Tel. 089 59 25 28, 59 25 03
Fax 089 550 38 28

Rudolphstr. 28
90489 Nürnberg
Tel. 0911 530 77 62
Fax 0911 530 77 63

… in Österreich

Botschaft
Reisnerstr. 45–47
1030 Wien II
Tel. 01 712 32 33
Fax 01 712 33 88

Generalkonsulat
Bürglsteinstr. 2
5020 Salzburg
Tel. 0662 62 41 84
Fax 0662 621 74 34

… in der Schweiz

Botschaft
Brunnadernstr. 53
3006 Bern
Tel. 031 352 05 62
Fax 031 352 64 60

Generalkonsulat
Rue Schaub 24
1202 Genève
Tel. 022 734 79 55
Fax 022 740 34 70

Einkaufen

Die Geschäftszeiten werden in Russland relativ flexibel gehandhabt. Für die meisten Geschäfte gelten jedoch folgende **Öffnungszeiten:** Mo–Fr 9–20 Uhr, Kaufhäuser sind meist bis 21 Uhr geöffnet. In St. Petersburg und Moskau gibt es ferner zahlreiche Supermärkte, die 24 Stunden geöffnet sind. In Moskau nennt sich diese Lebensmittelmarkt-Kette »Siebter Himmel« – und sie hält, was sie verspricht.

Für einen Einkaufsbummel muss man mitunter etwas Geduld mitbringen, denn häufig steht man dreimal an: zunächst um das Gewünschte in Augenschein zu nehmen und den Preis zu erfragen, dann, um an der Kasse zu zahlen und schließlich, um die Ware mit dem Kassenbon wieder abzuholen. Wer kein Russisch spricht, sollte daher zum Einkaufen immer einen Stift und Papier mitnehmen, auf dem die Verkäuferinnen den Preis notieren können.

Beim Einkauf von Antiquitäten, alten Büchern und Ikonen ist zu beachten, dass sie nur mit einer Genehmigung des Kultusministeriums ausgeführt werden dürfen, die für private Zwecke nicht erteilt wird.

Einreise und Zoll

Für die Einreise in die Russische Föderation benötigen Deutsche, Schweizer und Österreicher neben einem noch mindestens drei Monate gültigen Reisepass ein **Visum.** Den Antrag stellt man mindestens zwei Wochen vor Reiseantritt bei den konsularischen Vertretungen Russlands; neben dem Reisepass braucht man ein Passbild, einen Hotelvoucher oder eine offizielle Einladung aus Russland. In Russland muss man sich binnen drei Tagen im Hotel oder beim OWIR (nur Reisende ohne Hotelvoucher) registrieren lassen.

Bei der **Einreise** in die Russische Föderation gibt es einen grün gekennzeichneten Durchgang, den man wählen kann, wenn man nichts zu verzollen hat. Geldbeträge über 10 000 US-$ müssen angemeldet werden. In diesem Fall ist eine Zollerklärung auszufüllen, die man bei der Ausreise, bei der ebenfalls eine Deklaration verlangt wird, wieder abgeben muss. Formulare liegen in verschiedenen Sprachen beim Zoll aus. Die Ein- und Ausfuhr von Rubeln ist nicht gestattet.

Die **Ausfuhr** von Kunstgegenständen sowie Antiquitäten ist grundsätzlich verboten, es sei denn, man hat zuvor eine Genehmigung vom Kultusministerium eingeholt.

Essen und Trinken

Die russische Küche ist einfach und ländlich. Sie kennt keine aufwendigen oder raffinierten Rezepte; vielmehr bringt sie die Produkte relativ unverfälscht zur Geltung. Beim Einlegen von Gurken, Auberginen, von Fisch oder süß-sauren Aprikosen zeigt sie jedoch einen außergewöhnlichen Erfindungsreichtum.

Russen essen gern und viel, davon zeugen bereits die überdimensionierten Einmachgläser für Marmelade oder Sauerkraut. Bereits das **Frühstück** fällt üppig mit *kascha* (›Brei‹) aus, die Buchweizengrütze, Hirse- oder Griesbrei sein kann. Im Winter gibt es dazu auch Bratkartoffeln, Spiegeleier, Omelettes oder Würstchen.

Auftakt eines **Mittagessens** ist meist eine **Suppe.** Zu Weltruhm gelangte der *borschtsch*, eine Rote-Bete-Suppe mit Tomaten, Paprika und Kohl, die man mit fettem Sauerrahm anreichert. Der *schtschi* ist eine weiße Kohlsuppe, *ucha* eine Fischsuppe, und die *soljanka* machen eingelegte Gurken, Kartoffeln, Fisch oder Fleisch aus. Eine rare Köstlichkeit ist die *botwinja*, eine kalte Suppe, die aus *kwas* (leicht vergorene Limonade aus getrocknetem Schwarzbrot mit Hefe und Honig), Gurken, Rettich und Räucherfisch zubereitet wird. Neben Suppen gehören zu den Vorspeisen die **sakuski,** eine Reihe von Kleinigkeiten, die man zum Wodka verzehrt. Das kann Lachs, Stör oder Kaviar sein, Hering ›unter dem Pelz‹, der aus roter Bete zubereitet wird, saure Gurken, Sauerkraut, eingelegter Knoblauch, Auberginenpüree, der ›Kaviar der Armen‹, ein Salat aus Meeresalgen, Tomaten und Gurken mit Sauerrahm oder Wurst- und Bratenaufschnitt. Eine Köstlichkeit sind auch *bliny*, dünne Buchweizenpfannkuchen, die man mit Kaviar oder süßer Marmelade serviert, sowie *piroschki*, mit Sauerkraut, Hackfleisch oder Kartoffeln gefüllte Hefeteigtaschen, die oft auch auf der Straße angeboten werden.

Das **Hauptgericht** besteht meist aus Fleisch, Fisch oder Huhn. Zum **Dessert** stehen Eis, *kissel* (eingedickter Fruchtsaft), Kompott oder Gebäck zur Auswahl.

Restaurants

Zahlreiche kleine Restaurants haben die russische Küche wiederbelebt und bereiten die Gerichte nach alten, traditionellen Rezepten zu. Daneben spezialisiert sich aber auch eine Vielzahl von Restaurants auf die internationale Küche, mitunter mit sehr unterschiedlichem Erfolg. Empfehlenswert sind armenische, usbekische, georgische oder aserbaidschanische Speiselokale.

Kulinarisch gilt für Moskau und St. Petersburg: Es gibt nichts, was es nicht gibt. Sterneköche aus aller Welt werden für einen Tag oder länger eingeflogen, Designer wie Philippe Starck schaffen Kristallräume zum Dinieren und in die Ausgestaltung der Moskauer Chinoiserie Turandot flossen Unsummen. Die ›New York Times‹ schrieb: »Wäre Marie-Antoinette noch am Leben, dann wäre das wohl ihr Restaurant.«

Feste und Feiertage

1. Januar: Neujahrsfest
Am Abend vor dem Neujahrstag kommen *ded moros* (›Väterchen Frost‹) und seine Gehilfin *snegurotschka* (›Schneemädchen‹) und bringen Geschenke für die Kinder. Da das Neujahrsfest nach der Oktoberrevolution auch Weihnachten ersetzte, schmückt man nach wie vor einen kleinen Tannenbaum und backt traditionelles Weihnachtsgebäck wie Lebkuchen und Roggenbrötchen. In den kleineren Städten am Goldenen Ring ziehen die Kinder singend von Tür zu Tür und sammeln Brezeln sowie Gebäck. In Moskau und St. Petersburg treffen sich die Menschen auf dem Roten Platz bzw. auf dem Schlossplatz, um an dem prachtvollen Feuerwerk teilzunehmen, das die Regierung alljährlich veranstaltet.

7. Januar: Weihnachten
Das orthodoxe Weihnachtsfest fällt auf den 7. Januar. Traditionelle Rituale setzen sich erst langsam wieder durch, denn bis 1992 war Weihnachten in Russland ein ganz normaler Arbeitstag.

Februar: *Masleniza*
Die ›Butterwochen‹ im Februar vor dem langen Fasten bis Ostern nutzen die Russen zu üppigen Gelagen mit viel Wodka und *bliny*.

8. März: Internationaler Frauentag
Blumen für die Ehefrau, Kolleginnen oder Freundinnen an diesem Tag sind ein Muss.

Ostern
Bei einem festlichen Gottesdienst weiht der Priester die bemalten Ostereier und Hefekuchen.

1. Mai: Tag der Arbeit
Der Tag endet üblicherweise im Wodka-Rausch, zahlreiche Veteranentreffen.

Mai: Moskauer Sterne
Im Mai findet in Moskau alljährlich ein international besetztes Musikfestival statt, bei dem auch Musiktheater aus aller Welt auftreten. Karten für die einzelnen Veranstaltungen erhält man an den städtischen Theaterkassen.

9. Mai: Tag des Sieges
Russen feiern jedes Jahr das Ende des Zweiten Weltkrieges und den Sieg über den Faschismus. Überall treffen sich ordensgeschmückte Veteranen. Am Grab des Unbekannten Soldaten in Moskau wird ein Kranz niedergelegt.

27. Mai: Stadtgeburtstag von St. Petersburg
Am ersten Sonntag nach dem 27. Mai, auf den nach der gregorianischen Zeitrechnung die Gründung St. Petersburgs fiel, feiert die Stadt ihr Bestehen mit Musik und Straßentheater.

12. Juni: Tag der Unabhängigkeit Russlands
Mit einem Feuerwerk feiern die Russen den Tag ihrer staatlichen Unabhängigkeit.

Weiße Nächte: Vom 21. bis zum 29. Juni findet das Festival der Weißen Nächte statt.

Russischer Winter: Traditionelles Zentrum des altrussischen Winterfestes vom 25. 12.–5.1. ist Susdal, wo Troikaschlittenfahrten stattfinden und Bärenführer durch die Straßen gehen.

Geld

Rubel dürfen weder ein- noch ausgeführt werden. **Wechseln** kann man in allen Banken sowie in den Wechselstuben. An den Flughäfen sowie bei den Banken gibt es auch **EC-Geldautomaten.**

Wer mit American Express, Diners Club, Eurocard und Visa bezahlen will, muss den Pass oder den Personalausweis vorzeigen. Bei Verlust wende man sich an die Geschäftsstellen in Deutschland. In der russischen Provinz wird nur Bargeld angenommen, mit EC-Automaten darf man hier nicht rechnen.

Angesichts der schwankenden Rubelnotierungen können hier leider keine Wechselkurse angegeben werden.

Gottesdienst

Gottesdienste werden in russisch-orthodoxen Kirchen morgens um 8.30 Uhr und abends um 18 Uhr gefeiert. Frauen müssen ein Kopftuch tragen, in manchen Klöstern wie auf Walaam ist auch ein langer Rock angebracht. In jedem Fall aber müssen Oberarme und Beine – das gilt auch für Männer – bedeckt sein. Während des Gottesdienstes herrscht in der russisch-orthodoxen Kirche mitunter viel Betriebsamkeit, wenn die Gläubigen unablässig von einer Ikone zur anderen huschen, um den Heiligen mit einem Kuss ihre Verehrung entgegenzubringen.

Klima und Reisezeit

Eine Schönwettergarantie gibt es für Russland zu keiner Jahreszeit. Mit den meisten Sonnentagen kann man aber von Mai bis Ende September rechnen. In den Sommermonaten kann es mitunter sehr heiß werden; im Juli steigt die Temperatur bis auf 32 °C. Für eine Reise nach St. Petersburg sowie nach Karelien bietet sich der Juni mit seinen Weißen Nächten als idealer Reisemonat an. (Mückenspray nicht vergessen!)

Im Frühjahr und Herbst muss man in Russland mit viel Regen rechnen; dann sollte man unbedingt passendes Schuhwerk im Gepäck haben. Mit ein wenig Glück kann der von Puschkin vielbesungene Herbst in Russland aber auch zur »goldenen« Jahreszeit werden, wenn das Gelb der Laubbäume mit dem warmen Licht der Herbstsonne verschmilzt.

Die Tage werden ab September schon kurz, im November und Dezember wird es dann ab 16 Uhr dunkel.

Der russische Winter macht seinem vorauseilenden Ruf alle Ehre. Temperaturen von 20 °C unter dem Gefrierpunkt sind vor allem im Januar und Februar keine Seltenheit. Dennoch kann eine russische Winterreise von besonderem Reiz sein, wenn die bunten Kirchen in Moskau und am Goldenen Ring für die einzigen Farbkleckse in der weißen Landschaft sorgen. St. Petersburg zeigt sich im Winter gern schemenhaft hinter dicken Nebelschwaden. Russen nehmen hohe Minustemperaturen mit Gelassenheit, man sieht sie beim Eisfischen und mitunter beim erfrischenden Bad in einem Eisloch der Moskwa oder Newa, in Parks wird auch bei hohem Schnee noch Schach gespielt.

Karelien und seine Inseln lassen sich im Winter nicht bereisen, da die Seen zufrieren und keine Schiffe mehr verkehren. Auf das Frühjahr kann man sich mit Igor Strawinskijs Ballett »Le sacre du Printemps« (1913) einstimmen, für das der heftige, russische Frühling die Bilder lieferte. »Er (der Frühling) schien in einer Stunde zu beginnen, und die gesamte Erde schien mit ihm aufzubrechen. Dies war das herrlichste Ereignis in jedem Jahr meiner Kindheit.« Diesen Aufbruch der Natur kann man ab Ende April erleben. Die Kleidung sowie das Schuhwerk sollten für eine Russlandreise robust sein, im Winter sind gefütterte Stiefel und eine Mütze unabdingbar.

Kriminalität

Das Risiko, in Moskau oder St. Petersburg überfallen zu werden, ist nicht größer als in anderen Millionenstädten dieser Welt. Die russische Mafia operiert nicht gegen Touristen, schließlich ist ja auch sie an dem Geschäft mit ihnen beteiligt.

Nichtsdestotrotz sollte man auch nicht zu vertrauensvoll durch die Straßen schlendern, für viele ist ein Diebstahl angesichts des alltäglichen Existenzkampfes eine verlockende Sache. Daher gilt es vor allem, keinen auffälligen Schmuck oder extravagante Handtaschen zu tragen. Geld trägt man am besten am Körper. Nachts sind abgelegene Gebiete unbedingt zu meiden; die Metro im Innenstadtbereich Moskaus und St. Petersburgs ist ungefährlich. Zur Hauptverkehrszeit gilt es jedoch, sehr genau auf die Tasche zu achten. Vorsicht ist geboten, wenn man nachts allein in ein Taxi steigt, unbekannte Dritte sollte man niemals mitnehmen. Im Hotel denke man daran, die Tür immer von innen zu verriegeln und keine Wertsachen im Zimmer zu lassen.

Literatur im Handgepäck

Andrej Belyj: Petersburg, Frankfurt am Main 1991. Belyj, ein Vertreter des Symbolismus, fängt in diesem Roman die vorrevolutionäre Stimmung in St. Petersburg ein, schwankend zwischen Lächerlichkeit und Wahnsinn, Messianismus und Massenmobilisierung. Ein großes Epochenpanorama, das alle literarischen Register zieht.

Michail Bulgakow: Meister und Margherita, München 1986. Eine satirische Bestandsaufnahme der atheistischen Sowjetunion der 20er-Jahre, in der der Teufel sein Unwesen treibt und vieles nicht mit rechten, irdischen Dingen zugeht. Bulgakows Roman war die wohl meistgelesene Samisdat-Lektüre der Sowjetunion.

Fjodor Dostojewskij: Verbrechen und Strafe, Zürich 1994. Dostojewskij hat seinen in St. Petersburg angesiedelten Kriminalroman als einen »psychologischen Bericht über ein Verbrechen« charakterisiert. Der Roman stellt eine Sonderform der Kriminalerzählung dar, da der Leser gleich zu Beginn erfährt, wer der Mörder ist. Die Spannung baut sich zwischen den beiden Polen des Titels auf, dem Verbrechen und der Strafe. Der Student Raskolnikow ermordet zwei Frauen und lebt in der ständigen Furcht, entdeckt zu werden. Nebenbei schildert der Romancier detailliert die Lebensverhältnisse in der russischen Hauptstadt im ausgehenden 19. Jahrhundert.

Nikolaj Gogol: Petersburger Novellen, München 1961. Schwankend zwischen romantischer Fantastik und sozialkritischem Realismus, erzählt Gogol, ein Meister der Groteske, von unerhörten Begebenheiten. Da macht sich etwa die Nase des Kollegienassessors Kowalew selbständig und spaziert durch St. Petersburg. Katastrophen, Krux, Krise und Schlamassel waren Gogols ureigenes Terrain. Und so komisch wie er schildert kaum ein anderer Schriftsteller des 19. Jahrhunderts die Unwägbarkeiten des Lebens.

Viktor Jerofejew: Russische Apokalypse, Berlin 2009. »Eine fröhliche Hölle« nennt Viktor Jerofejew seine Heimat und ruft den Russen mit den Worten eines unbekannten Leidensgenossen zu: »Den Kommunismus habt ihr nicht hingekriegt, Kapitalismus läuft auch nicht, dafür Apokalypse vom Feinsten.« Bei seiner kritischen Bestandsaufnahme der russischen Wirklichkeit geht der Schriftsteller hart ins Gericht mit Russland: mit dem Staat und der ewigen Korruption, mit all den russischen Gedächtnislücken, der menschenverachtenden Gesinnung unter Staatsdienern, den sozialen und moralischen Missständen in der Gesellschaft.

Wenedikt Jerofejew: Die Reise nach Petuschki, Zürich 2005. Selbst hartgesottene Leser befällt irgendwann der Schwindel, irgendwann steigt einem allein von der Lektüre der Wodka zu Kopf. Jerofejews Buch ist das alkoholhaltigste Buch der Weltliteratur, jede Seite enthält genug Hochprozentiges, um halb Russland ins Delirium zu schicken. Ein wodkaseliges russisches Endspiel, in dem der Suff eine ernste Sache ist. Wodka ist in dem Kultbuch ›weiße Magie‹, die die ganze Öde und Monotonie des sowjetischen Alltags so lange verwässert, bis ein hellsichtiges Delirium heraufzieht, ein grotesker, komischer, sinnentleerter und höllischer Karneval.

Natalja Kljutscherowa: Endstation Russland, Berlin 2010. Der sympathische und freundliche Held in Natalja Kljutscherowas Roman fährt kreuz und quer mit dem Zug durch seine Heimat – dritter Klasse. Im sogenannten *Obschij wagon*, im Gemeinschaftswagen, trifft Nikita all jene, die der Kapitalismus *po russkij* rücksichtslos auf der Strecke gelassen hat. Ein eindrucksvolles Panorama russischer Lebenswirklichkeit im Jahre 2010.

Vladimir Nabokow: Erinnerung, sprich. Wiedersehen mit einer Autobiografie, Reinbek bei Hamburg 1999. Der 1899 in St. Petersburg geborene, durch die Revolution zur Emigration gezwungene Autor schreibt über Tradition und Revolution, über Liebe und Entsagung, Heimat und Exil.

Anna Politkowskaja: Russisches Tagebuch, Köln 2007. Das Buch der am 7. Oktober 2006 ermordeten Journalistin entstand zwischen 2003 und 2005 und setzt mit Putins Kampagne zu seiner Wiederwahl ein. Am Ende des Bandes fragt sich die engagierte Verteidigerin der Freiheit: »Habe ich Angst?«

Viktor Pelewin: Generation P, Berlin 1999. Mit seinem Roman über die Pepsi-Cola-Generation schrieb Viktor Pelewin eine ebenso kluge wie unterhaltsame Satire auf das postsowjetische ›Absurdistan‹, in der Kriminelle das Sagen haben. War nichts mit der großen Freiheit – *game over…*

Lew Tolstoj: Anna Karenina, München 2009. Einer der schönsten und einfühlsamsten Liebesromane der Weltliteratur, der von Ehe und Moral in der russischen Gesellschaft des 19. Jahrhunderts erzählt. Mit einer Überfülle an Details schildert Tolstoj verschiedene Lebensentwürfe und Ehekonzepte und begleitet seine Figuren auf der Suche nach ihrem Lebensglück.

Anton Tschechow: Frühe Erzählungen, Zürich 2002. Männer-, Jagd- und Saufgeschichten, Geschichten von Provinzlern, Schwätzern und verkrachten Künstlern, von Feigheit, läppischem Aufbegehren, von Langeweile, Unrecht und Liebe. Die Seelen der Menschen sind abgründig. Sie schauen sich selbst nie auf den Grund. Tschechow hingegen schaut genau hin – humorvoll und anteilnehmend.

Notruf

Die Notrufnummern gelten landesweit. Sie sind von öffentlichen Fernsprechern gebührenfrei anzuwählen.

Feuer: 01
Miliz: 02
Notarzt: 03
Notrufnummer für Ausländer in St. Petersburg: 81 21 64 97 87 (hier wird Englisch gesprochen).

Öffnungszeiten

Klöster und Kirchen wollen nicht mehr als Museen gelten und geben daher keine verbindlichen Öffnungszeiten heraus. Die **Kirchen** in den großen Städten sind meist täglich 10–20 Uhr zu besichtigen, kleine und abgelegene Kirchen sind aufgrund häufiger Diebstähle meist verschlossen. Es lohnt sich aber in jedem Fall, Anwohner nach dem Schlüssel zu fragen.

Große **Klöster** wie Sergijew Possad sind täglich geöffnet.

Post und Telefon

Briefmarken erhält man nur auf den Postämtern. Der Postweg von Briefen und Postkarten dauert etwa 10 Tage.

Sicher und schnell verläuft der Postweg über die Firma **Westpost** in St. Petersburg (Newskij prospekt 86, Tel. 81 23 36 63 52). Das Unternehmen gibt alle Sendungen in Helsinki auf.

Telefongespräche aus dem Hotel sind in der Regel sehr teuer, daher empfiehlt es sich, von einer öffentlichen Telefonzelle aus anzurufen. Telefonkarten erhält man an den Kassen der Metrostationen oder bei der Post.

Die **Vorwahl** nach Deutschland ist 8 – Freizeichen abwarten – 10 49. Bei der anschließenden Ortsvorwahl fällt die Null weg. Nach Österreich: 8 – 10 43, in die Schweiz 8 – 10 41.

Unterkunft

Hotels

In Moskau und St. Petersburg hat sich die Hotellandschaft in den letzten Jahren deutlich zum Vorteil verändert. Mittlerweile findet man in beiden Städten ein breites Angebot an Unterkünften vor, wobei sich der Standard immer mehr an den Westeuropas annähert. Als Individualtourist muss man allerdings mit besonders hohen Hotelpreisen rechnen, während Gruppen oft Glück haben und sogar in Luxushotels einen günstigen Gruppenpreis verhandeln können.

Moskau ist Europas teuerste Stadt, entsprechend luxuriös fallen die Spitzenklassehotels aus, die man hier in unvergleichlich hoher Dichte vorfindet. Natürlich mangelt es in den Luxushäusern an keinem nur erdenklichen Komfort, alles ist Eleganz und Glamour. Die Mittellage ist hingegen noch immer unzureichend bestückt, es fehlt an kleinen, charmanten Häusern, was sich vielleicht auch daraus erklärt, dass es wenig internationale Individualtouristen in Moskau gibt – die meisten Reisenden besuchen die russische Hauptstadt in Gruppen, die in großen Hotels unterkommen. Günstige Übernachtungsmöglichkeiten sind eher rar gesät, man findet sie zumeist außerhalb des historischen Stadtzentrums. Dank der Metro und der vielen Busse und Kleinbusse ist die Unterbringungen außerhalb des historischen Zentrums jedoch eine mehr oder weniger geringfügige Einschränkung.

In den Hotelfoyers von Moskau und St. Petersburg versammelt sich zuweilen ein zwielichtiges Publikum, darunter vor allem Prostituierte.

Die Hotels am **Goldenen Ring** und in der russischen Provinz stammen zum großen Teil noch aus sozialistischer Zeit und dienen der Massenunterkunft.

Bei der Ankunft müssen Pass und Visum zwecks Registrierung an der Hotelrezeption abgegeben werden.

Privatunterkünfte

Seit einigen Jahren nehmen vor allem Jugendliche die Möglichkeit in Anspruch, privat zu wohnen. Land, Stadt und Menschen lernt man so natürlich am besten kennen. Man kann auch eine Wohnung mieten – eine preisgünstige Alternative zur Unterkunft im Hotel. Privatunterkünfte vermitteln der CVJM (s. S. 388) sowie die Ost-West-Kontaktservice AG in St. Petersburg (s. S. 388).

In Berlin vermittelt die internationale Mitwohnzentrale Infas Unterkünfte in St. Petersburg (Brahestr. 37, 10589 Berlin, Tel. 030 349 93 31 oder 345 83 29, Fax 030 349 93 38.

Verkehrsmittel

Metro

Die Metro ist das sicherste, schnellste und bequemste Verkehrsmittel in Moskau und St. Petersburg. In Stoßzeiten fährt sie etwa jede halbe Minute, ansonsten etwa alle 2 Min. **Magnetstreifenkarten** kann man in der Eingangshalle kaufen.

An den Metrostationen hat man jeweils auch Anschluss an Straßenbahnen sowie Auto- und Trolleybusse, die meist hoffnungslos überfüllt sind. Sie verkehren jedoch in relativ kurzen Abständen und decken ein breites Verkehrsnetz ab. **Fahrscheine** erhält man entweder während der Fahrt vom Schaffner oder an Kiosken. Sie müssen im Bus oder der Straßenbahn entwertet werden. Da es im dichten Gedränge des Busses meist kein Fortkommen gibt, reicht man die Fahrkarten einfach weiter. Alle öffentlichen Verkehrsmittel fahren von 6 Uhr morgens bis 24 Uhr bzw. 1 Uhr nachts.

Bahn und Bus

Für Reisen in Russland empfiehlt sich vor allem die Bahn. Die Züge sind das schnellste und sicherste Verkehrsmittel im Land. Zwischen St. Petersburg und Moskau besteht nahezu stündlich eine Verbindung.

Die **Fahrkarten** sollte man unbedingt einige Tage vor der Abfahrt besorgen, da die Züge oft ausgelastet sind. Die nähere Umgebung von Moskau und St. Petersburg kann man bequem mit der *elektrischka* erkunden, einem Vorortzug, der alle 20 Min. verkehrt. In den Städten am Goldenen Ring wird man teilweise auf Busse ausweichen müssen, Susdal ist z. B. nicht an das russische Schienennetz angeschlossen. Die Busbahnhöfe liegen immer in unmittelbarer Nähe der Bahnhöfe.

Autofahren und Mietwagen

Falls man mit dem Pkw auf eigene Faust unterwegs ist, sollte man möglichst nicht nach Einbruch der Dunkelheit fahren und für die Nacht nach einem bewachten Parkplatz Ausschau halten. In Großstädten ist das heute kein Problem mehr.

Russlands Straßen bergen so manches Risiko: Die Beleuchtung ist spärlich, und auf kleineren Straßen hat man es oft mit Schlaglöchern zu tun. Die Fahrweise der Russen ist zudem mehrheitlich rüpelhaft. In jedem Fall sollte man daher achtsam und zurückhaltend fahren.

Neben internationalen Mietwagenanbietern, die in Moskau und St. Petersburg mit Filialen vertreten sind, kann man auch über das Hotel einen Leihwagen mieten. Die Preise liegen deutlich über westeuropäischem Niveau.

Hertz
Leningradskij prospekt 68
Tel. 49 59 37 32 74
Flughafen Scheremetjewo
Tel. 49 55 78 56 46

Scarlet
Tel. 49 59 37 99 65
Autovermietung mit Fahrer

Budget
Wolgogradskij prospekt 43
Tel. 49 57 37 04 07

Flugzeug

Ein russischer Inlandsflug kann vom Ausland
aus nur im Rahmen eines organisierten Touristik-
programms gebucht werden. Unabhängig von
einem derartigen Arrangement kann per Fax und
Telefon (auf englisch) Inlandsflüge buchen bei:
Aerotour
c/o Sergej Pitourkin
Leningradskoje Schossee 80, Moskau
Tel. 49 59 25 30 40

Schiffsverbindungen

Die Inseln Kareliens, Walaam und Kischi, werden von St. Petersburg mit Fährschiffen ange-
steuert. Von Petrosawodsk fahren Schnellboote
nach Kischi. Die Schiffe verkehren von Mitte
Mai bis Ende Oktober. Fahrkarten müssen in St.
Petersburg mehrere Tage vor Abfahrt im Zentralen Reisebüro *(Zentralnoje bjuro puteschestwij),*
Bolschaja Konjuschennaja uliza 27, Tel. 81 23 11
85 83 bestellt werden oder direkt beim Flussha-
fen *(Retschnoj woksal),* prospekt Obuchowskij
oborony 195, Tel. 2 62 02 39 gekauft werden.

Zeit

Es gilt die Osteuropäische Zeit, d. h. man muss
zur MEZ 2 Std. hinzurechnen. Diese zeitliche
Differenz besteht auch im Sommer, da Russland
ebenfalls die Sommerzeit eingeführt hat.

Zeitrechnung

1699 verfügte Peter der Große die Umstellung
von der byzantinischen Zeitrechnung auf den Julianischen Kalender. Dem 31. Dezember 7208
seit Erschaffung der Welt folgte der 1. Januar
1700 nach Christi Geburt. Der Julianische Kalender, der 46 v. Chr. von Julius Caesar eingeführt
worden war, galt von nun an bis kurz nach der
Oktoberrevolution 1917. Lenin verfügte 1918 die
Anpassung an den Gregorianischen Kalender,
nach dem man sich in Westeuropa richtete. Auf
den 31. Januar 1918 ließ man den 14. Februar
folgen. Die zeitliche Differenz zwischen dem Julianischen und dem Gregorianischen Kalender
beträgt im 18. Jh. 11 Tage, im 19. Jh. 12 Tage und
im 20. Jh. 13 Tage. Das Kirchenjahr der orthodoxen Kirche folgt weiterhin dem Julianischen Kalender.

Zeitungen

Deutsche Zeitungen erhält man in den Luxushotels St. Petersburgs und Moskaus sowie an den
Flughäfen. Wer sich über das kulturelle Programm der beiden Städte kundig machen will,
findet Tipps und Termine in der 14-tägig erschei-
nenden Zeitschrift ›Afischa‹ und in der englisch-
sprachigen ›Moscow Times‹, die in Hotels, Restaurants und Cafés ausliegt.

Kleiner Sprachführer

Kyrillisches Alphabet mit Transkription

А	а	a	П	п	p
Б	б	b	Р	р	r
В	в	w	С	с	s
Г	г	g	Т	т	t
Д	д	d	У	у	u
Е	е	e	Ф	ф	f
(Е	е	jo)	Х	х	ch
Ё	ё	jo	Ц	ц	z
Ж	ж	sch	Ч	ч	tsch
З	з	s	Ш	ш	sch
И	и	i	Щ	щ	schtsch
Й	й	i/j	Ъ	ъ	
К	к	k	Ы	ы	y
Л	л	l	Ь	ь	
М	м	m	З	з	e
Н	н	n	Ю	ю	ju
О	о	o	Я	я	ja

Die diesem Kunst-Reiseführer zugrunde gelegte Umschrift des Kyrillischen folgt aus Gründen der leichteren Aussprache im Wesentlichen der Transkription des Duden. ›ъ‹ und ›ь‹ sind lautlose Vokalbuchstaben, vor dem Vokal ›о‹ wird ›ъ‹ als ›j‹ wiedergegeben, ebenso lautet ›и‹ innerhalb eines Wortes und am Ende ›j‹. Das russische ›ж‹ wird mit ›sch‹ transkribiert, aber wie das englische ›J‹ in ›Jack‹ ausgesprochen.

Die nachstehend aufgelisteten Vokabeln und Redewendungen dienen der Grundverständigung vor Ort.

Begrüßung, Höflichkeitsformeln

guten Morgen!	dóbroje útro!	Доброе утро!
guten Tag!	dóbryj den!	Добрый день!
guten Abend!	dóbryj wétscher!	Добрый вечер!
auf Wiedersehen!	do swidánija!	До свидания!
ja	da	Да
nein	njet	Нет
danke	spassíbo	Спасибо
bitte	poschálujsta	Пожалуйста
gut	choroschó	Хорошо
schlecht	plócho	Плохо
Ich heiße … (Name)	Menjá sowút …	Меня зовут…
Wie heißen Sie?	Kak was sowút?	Как вас зовут?

Auf Reisen, Hotel, Unterkunft

Hotel	gostínniza	Гостиница
freies Zimmer	swobódnyj nómer	Свободный номер
alles belegt!	wsjo sánjato!	Всё занято!
funktioniert nicht	ne rabótajet	Не работает
die Post	pótschta	почта

ein Restaurant	restorán	ресторан
ein Museum	musej	музей
der Bahnhof	woksal	вокзал
der Flughafen	aeropórt	аэропорт
links	naljéwa	налево
rechts	napráwa	направо
geradeaus	prjámo	прямо
Fahrplan (Zug)	raspissánije pojesdów	Расписание поездов
Zug	pójesd	Поезд
1. Klasse	mjágkij wagón	Мягкий вагон
Schalter	kássa	Касса
Abfahrt	otprawlénie	Отправление
Ankunft	pribýtie	Прибытие
Gleis	put	Путь
Fahrkarte	bilét	Билет
nicht einsteigen	possádki net	Посадки нет
Flugzeug	samolet	Самолёт
Autobus	awtóbus	Автобус
Straßenbahn	tramwáij	Трамвай
Haltestelle	ostanówka	Остановка

Essen und Trinken

Mineralwasser	minerálnaja wodá	Минеральная вода
Kaffee	kófe	Кофе
Tee	tschaij	Чай
Saft	sok	Сок
Milch	molokó	Молоко
Wein	winó	Вино
Sekt	Schampánskoje	Шампанское
trocken	suchóje	Сухое
Brot	chleb	Хлеб
Ei	jajzo	Яйцо
Honig	mjod	Мёд
Zucker	sáchar	Сахар
Marmelade	warénje/dschem	Варенье/Джем
Butter	máslo	Масло
Käse	syr	Сыр
Schinken	wéttschina	Ветчина
Wurst	kolbasá	Колбаса
Speiseeis	moróschenoje	Мороженое
Vorspeise	sakúski	Закуски
Suppe	sup	Суп
Nachspeise	desért	Десерт
Salz	sol	Соль
Pfeffer	pérez	Перец
Fisch	rýba	Рыба
Fleisch	mjáso	Мясо
Kaviar	ikrá	Икра

Huhn	kuríza	Курица
Salat	salát	Салат
Würstchen	sosíski	Сосиски
gefüllte Teigtaschen	waréniki/pelméni	Вареники/Пельмени

Hinweisschilder

Vorsicht!	ostoróschno!	Осторожно!
Halt!	stoj! stojte!	Стой! Стойте!
Eingang	wchod	Вход
kein Eingang	wchóda net	Входа нет
Ausgang	wýchod	Выход
kein Ausgang	wýchoda net	Выхода нет
geschlossen	sakrýto	Закрыто
Reparatur	remónt	Ремонт
geöffnet	otkrýto	Открыто
besetzt	sánjato	Занято
Notausgang	sapásnoj wýchod	Запасной выход
Erste Hilfe	skóraja pómoschtsch	Скорая помощь
Toilette (D/H)	tualét (Sch/M)	Туалет (Ж/М)

Zahlen

1	odín	один
2	dwa	два
3	tri	три
4	tschetýre	четыре
5	pjat	пять
6	schest	шесть
7	sjem	семь
8	wósjem	восемь
9	djewjat	девять
10	djésjat	десять

Literaturtipps

Allenow, M., Dmtrjewa, N., Medwedkowa, O.: Russische Kunst, Freiburg, Basel, Wien 1992

Almedingen, E. M.: Die Romanows. Die Geschichte einer Dynastie. Russland 1613–1917, München 1991

Alpatow, N., Brunow N.: Geschichte der altrussischen Kunst, New York 1969

Arnold, S.: Stalingrad im sowjetischen Gedächtnis. Kriegserinnerung und Geschichtsbild im totalitären Staat, Bochum 1998

Bechtolsheim, H. von: St. Petersburg. Biographie einer Stadt, München 1980

Behrens, E.: Kunst in Russland. Ein Reisebegleiter zu russischen Kunststätten, Köln 1969

Benjamin, W.: Moskauer Tagebuch, Frankfurt am Main 1972

Bielfeldt, S.: Moskau. Der literarische Führer, Frankfurt a. M. 1993

Bird, A.: A History of Russian Painting, Oxford 1987

Blankoff, J.: L'Art de la Russie ancienne, Brüssel 1963

Borisowa, H. A./Sternin, G. J.: Jugendstil in Russland, Stuttgart 1988

Brodsky, J.: Flucht aus Byzanz, München/Wien 1988

Bunin, A. W.: Geschichte des russischen Städtebaus bis zum 19. Jh., Berlin 1961

Bussow, C.: Zeit der Wirren – Moskowitische Chronik der Jahre 1584–1613, Berlin 1991

Clark, T.: Kunst und Propaganda. Das politische Bild im 20. Jh., Köln 1997

Donnert, E.: Altrussisches Kulturlexikon, Leipzig 1985

ders.: Das Kiewer Russland, Leipzig/Jena/Berlin 1983

ders.: Russland im Zeitalter der Aufklärung, Leipzig 1983

Drews, P.: Die slawische Avantgarde und der Westen, München 1983

Düwel, W./Grasshoff, H. (Hg.): Geschichte der russischen Literatur von den Anfängen bis 1917, Berlin/Weimar 1986

Egorov, J. A.: The architectural Planning of St. Petersburg, Athen/Ohio 1969

Faensen, H.: Kirchen im Moskauer Kreml, Berlin 1980

ders.: Kirchen und Klöster im alten Russland. Stilgeschichte der altrussischen Baukunst von der Kiewer Rus bis zum Verfall der Tatarenherrschaft, Leipzig 1982

ders.: Siehe die Stadt, die leuchtet. Geschichte, Symbolik und Funktion altrussischer Baukunst, Leipzig 1989

Faensen, H., Iwanow, W.: Altrussische Baukunst, Berlin 1974

Farbmann, M. S.: Geschichte der russischen Kunst, Dresden 1957

Felicetti-Liebenfels, W.: Geschichte der byzantinischen Ikonenmalerei von ihren Anfängen bis zum Ausklange, Olten/Lausanne 1956

Figes, Orlando: Die Flüsterer. Leben in Stalins Russland, Berlin 2008

ders.: Nataschas Tanz. Eine Kulturgeschichte Russlands, Berlin 2003

Fischer, H.: Die Ikone. Ursprung, Sinn, Gestalt, Freiburg 1989

Fleischhauer, I.: Die Deutschen im Zarenreich, Stuttgart 1986

Florenskij, P.: Die Ikonostase. Urbild und Grenzerlebnis im revolutionären Russland, Stuttgart 1990

Grabar, I. E./Lasarew, W. S., Kemenow, W. S.: Geschichte der russischen Kunst in 4 Bänden, Dresden 1957

Gray, C.: Das große Experiment. Die russische Kunst 1863–1922, Köln 1974

Groys, B.: Gesamtkunstwerk Stalin, München/Wien 1988

Hallmann, G.: Russische Malerei des 19. Jahrhunderts, Leipzig 1988

Hamel, Christine: Bitte anschnallen Richtung Zukunft! Moskauer Pirouetten, Wien 2004

dies.: Puschkinkult in weißen Nächten. St. Petersburger Seelensprünge, Wien 2003

Heller, K.: Russische Wirtschafts- und Sozialgeschichte. Vom 9. bis 17. Jahrhundert, Kiew/Moskau/Darmstadt 1987

Herberstein, S. von: Das alte Russland. 1549, Neuausgabe Zürich 1984

Hinz, Antje: Russland hören. CD zur Kulturgeschichte Russlands, Tüschow 2008

Hoetzsch, O.: Grundzüge der Geschichte Russlands, Stuttgart 1949

Honolka, K.: Die Musik Russlands, Stuttgart 1964

Kornilovic, K.: Illustrierte Geschichte der russischen Kunst, Berlin 1976

Kudrjawzew, F.: Der Goldene Ring, Leningrad 1983

Kuntze, K. (Hg.): Reise Textbuch Moskau, München 1990

Lange, W.: Petersburger Träume. Ein literarisches Lesebuch, München 1992

Lasarew, V. N.: Ikonen der Moskauer Schule, Berlin 1977

ders.: Theofanes der Grieche, Dresden 1968

Lebedewa, J.: Andrej Rubljow und seine Zeitgenossen, Dresden 1962

Lemke, H./Widera, B.: Russisch-Deutsche Beziehungen von der Kiewer Rus bis zur Oktoberrevolution, Berlin 1976

Lichatschow, D. S.: Die Kultur Russlands während der europäischen Frührenaissance vom 14. bis zum Beginn des 15. Jh., Dresden 1962

Lisajewitsch, J. J.: Doma raskasywajut, Leningrad 1991

Martinowa, M., Tschornyj, V.: Der Kreml, Leipzig 1986

Maschkowzew, N. G. (Hg.): Geschichte der russischen Kunst. Von den Anfängen bis zur Gegenwart, Dresden 1975

Mikitisch, L.: Literaturnyj Petersburg, Petrograd, Moskau 1991

Milowskij, A.: Ancient Russian Cities, Moskau 1986

Miranowa, A.: Kunstschätze Altrusslands, Leipzig 1990

Nemitz, F.: Die Kunst Russlands. Baukunst, Malerei, Plastik vom 11. bis zum 19. Jahrhundert, Berlin 1940

Neubauer, E.: Kunst und Literatur im alten Russland, Leipzig/Düsseldorf 1988

Onasch, K.: Altrussische Heiligenleben, Berlin/Wien 1977

ders.: Die Ikonenmalerei. Grundzüge einer systematischen Darstellung, Leipzig 1968

ders.: Grundzüge der russischen Kirchengeschichte, Göttingen 1967

ders.: Liturgie und Kunst in der Ostkirche in Stichworten unter Berücksichtigung der alten Kirche, Leipzig/Wien/Köln/Graz 1981

Porss-Werth, H.: Moskau. Von der Siedlung im Wald zur Kapitale einer Weltmacht, Frankfurt a. M. 1980

Parigi, I.: Der Goldene Ring und Moskau. Altrussische Städte, Stuttgart 1976

Raeff, M.: Imperial Russia 1682–1825. The Coming of Age of Modern Russia, New York 1971

Rauch, G. von: Geschichte der Sowjetunion, Stuttgart 1990

Reissner, I. (Hg.): Das heilige Russland. 1000 Jahre russisch-orthodoxe Kirche, Freiburg 1988

Sarabianow, D.: Arte russa, Mailand 1990

ders.: St. Petersburg um 1800. Ein goldenes Zeitalter des russischen Zarenreiches, Recklinghausen 1990

Schlögel, K.: Jenseits des Großen Oktober. Das Laboratorium der Moderne. Petersburg 1909–1921, Berlin 1988

Schmidt-Voigt, J.: Russische Ikonen, München 1978

Schrade, R., Markowa, V.: Der Kreml, Leipzig 1945

Skerst, H. von: Altrussische Kulturstätten. 1000 Jahre Christentum in Kiew, Nowgorod, Susdal, Moskau und St. Petersburg. Stuttgart 1975

Smirnowa, E.: Moskauer Ikonen des 14. bis 17. Jahrhunderts, Leningrad/Wiesbaden 1989

Stöckl, G.: Russische Geschichte. Von den Anfängen bis zur Gegenwart, Stuttgart 1990

Toreke, H. J. (Hg.): Lexikon der Geschichte Russlands, München 1985

Troyat, H.: Leningrad. Architekturensembles und Denkmäler, Leningrad 1978

Tschizewskij, D.: Das heilige Russland. Russische Geistesgeschichte, Hamburg 1959

Uspenskij, L.: Symbolik des orthodoxen Kirchengebäudes und der Ikone, Stuttgart 1962

Waslenizyn, S.: Ikonen der Schule von Jaroslawl, Berlin 1980

Weiss, E. (Hg.): Kasimir Malewitsch, Köln 1995

Wendt, C.: Ikonen. Wesen und Wirklichkeit, Baden-Baden 1951

Wittram, R.: Peter I., Zar und Kaiser. Zur Geschichte Peters des Großen in seiner Zeit, Göttingen 1964

Woronin, N. N.: Der Moskauer Kreml. Architektur und Malerei, Prag/Moskau 1965

Verzeichnis der Karten und Grundrisse

Kartografie

DuMont Reisekartografie, Fürstenfeldbruck

© DuMont Reiseverlag, Ostfildern

Abbildungs- und Zitatnachweis

Archiv für Kunst und Geschichte, Berlin: S. 38, 39, 40, 42 u., 44 u., 52, 66, 67 o., 141 u., 242

Bildagentur Huber, Garmisch-Partenkirchen: S. 1 (Foto-Sa), 386 (Mezzanotte)

Bildarchiv Galerie Edition Dressler, Worpswede: S. 16, 96, 139, 171, 200, 210, 216, 232, 273, 277 o., 279, 325, 339, 380

Andrea Dippel, Köln: S. 26, 243, 255, 264, 269, 271, 274, 321, 333

dpa/Picture Alliance, Frankfurt/Main: S. 19, 106, 123 (Schulze/Transit), 103 (Scheidemann)

Colin Eisler, Die Gemäldesammlungen der Eremitage in Leningrad (Köln 1991): S. 267 (2), 268

Christine Hamel, München: S. 112, 122, 129 o., 134, 165, 208, 215, 373 (2)

Georg-W. Költzsch (Hg.), Morosow-Schtschukin: Die russischen Sammler (Köln 1993): S. 109

laif, Köln: hintere Umschlagklappe, S. 15, 240, 246, 248, 254, 258, 277 u., 280, 293, 296, 301, 302, 309, 311, 326 (Püschner)

LOOK, München: Titelbild, S. 10/11, 70, 158, 230 (age fotostock), 68/69, 98/99, 110, 136 (Frei), 94 (van Velzen), 226, 360 (Terra)

Florian Monheim, Meerbusch: S. 249 u., 318, 365, 370, 376

Gregor M. Schmid, Gilching: Rückumschlag oben, S. 9, 14, 22, 25, 28, 44 o., 73, 77, 78, 80, 82, 84, 87, 92, 95, 100, 104, 105, 114, 115, 118, 119, 142, 145, 149, 151, 155, 162, 172, 176, 179, 180, 187, 189, 190, 196, 197, 199, 202, 204, 205, 211, 213, 222, 225, 238, 251, 285, 288, 289, 297, 312, 331, 334/335, 336, 342, 346, 351, 352, 356, 359, 362

Staatliches Russisches Museum, St. Petersburg: S. 13, 35, 37unten, 117, 259, 306 (2)

Staatliche Tretjakow-Galerie, Moskau: S. 31, 32, 129 u., 132, 381

Evelyn Weiss (Hg.), Kasimir Malewitsch: Werk und Wirkung (Köln 1995): S. 133, 307

Alle übrigen Abbildungen entstammen dem Archiv der Autorin und des Verlages.

Das Zitat auf S. 244 stammt mit freundlicher Genehmigung aus: Joseph Brodsky, Flucht aus Byzanz, ©1988 Carl Hanser Verlag, München/Wien.

Register

Der Haupteintrag ist **fett** hervorgehoben

Der Haupteintrag ist **fett** hervorgehoben

Der Haupteintrag ist **fett** hervorgehoben

Der Haupteintrag ist **fett** hervorgehoben

Der Haupteintrag ist **fett** hervorgehoben

Das Klima im Blick

atmosfair

Reisen bereichert und verbindet Menschen und Kulturen. Wer reist, erzeugt auch CO_2. Der Flugverkehr trägt mit einem Anteil von bis zu 10 % zur globalen Erwärmung bei. Wer das Klima schützen will, sollte sich für eine schonendere Reiseform (z. B. die Bahn) entscheiden – oder die Projekte von *atmosfair* unterstützen. *Atmosfair* ist eine gemeinnützige Klimaschutzorganisation. Die Idee: Flugpassagiere spenden einen kilometerabhängigen Beitrag für die von ihnen verursachten Emissionen und finanzieren damit Projekte in Entwicklungsländern, die dort den Ausstoß von Klimagasen verringern helfen. Dazu berechnet man mit dem Emissionsrechner auf *www.atmosfair.de,* wie viel CO_2 der Flug produziert und was es kostet, eine vergleichbare Menge Klimagase einzusparen (z. B. Berlin – London – Berlin 13 €). *Atmosfair* garantiert die sorgfältige Verwendung Ihres Beitrags. Klar – auch der DuMont Reiseverlag fliegt mit *atmosfair!*

Umschlagvorderseite: Türme der Basilius-Kathedrale in Moskau
Vordere Umschlagklappe innen: Zentral-Russland
Vignette: Blick von der Peter-Paul-Festung in St. Petersburg
Hintere Umschlagklappe: Blick über die Kunstkammer auf Strelka,
  Peter-Paul-Festung und Moschee (St. Petersburg)
Hintere Umschlagklappe innen: Cityplan Moskau
Umschlagrückseite: Überblickskarte Russland (der Westen);
  Schlosskapelle von Zarskoje Selo;
  Grundriss des Kremls in Rostow Welikij;
  Filmplakat zu Eisensteins »Panzerkreuzer Potemkin«

Über die Autorin:
Christine Hamel, geb. 1964, studierte in Florenz, London und München
italienische Philologie, Germanistik und Politologie. Seit 1991 zahlreiche
Veröffentlichungen sowie Rundfunkbeiträge über Russland und Italien.
Christine Hamel arbeitet in der Kulturredaktion des Bayerischen Rund-
funks.

Danksagung
Für ihre Unterstützung an der Entstehung dieses Buches sei Aleksej Krem-
liov, Cornelia Wendt, Ulrike Beck, Ruth Klumpp, Philipp Kreisselmeier,
Tanja Leikina und Vera Jakimowa gedankt.

5., aktualisierte Auflage 2011
© DuMont Reiseverlag, Ostfildern
Alle Rechte vorbehalten
Grafisches Konzept: Ralf Groschwitz, Hamburg
Printed in China

FSC
www.fsc.org

MIX
Papier aus verantwor-
tungsvollen Quellen
FSC® C020056